Frank Ueberschaer
Vom Gründungsmythos zur Untergangssymphonie

Beihefte zur Zeitschrift für die alttestamentliche Wissenschaft

Herausgegeben von
John Barton, Ronald Hendel,
Reinhard G. Kratz und Markus Witte

Band 481

Frank Ueberschaer

Vom Gründungsmythos zur Untergangssymphonie

Eine text- und literaturgeschichtliche
Untersuchung zu 1Kön 11–14

DE GRUYTER

ISBN 978-3-11-042515-4
e-ISBN (PDF) 978-3-11-042130-9
e-ISBN (EPUB) 978-3-11-042139-2
ISSN 0934-2575

Library of Congress Cataloging-in-Publication Data
A CIP catalog record for this book has been applied for at the Library of Congress.

Bibliografische Information der Deutschen Nationalbibliothek
Die Deutsche Nationalbibliothek verzeichnet diese Publikation in der Deutschen
Nationalbibliografie; detaillierte bibliografische Daten sind im Internet
über http://dnb.dnb.de abrufbar.

© 2015 Walter de Gruyter GmbH, Berlin/Boston
Druck und Bindung: CPI books GmbH, Leck
♾ Gedruckt auf säurefreiem Papier
Printed in Germany

www.degruyter.com

Inhalt

Vorwort

Bei der vorliegenden Studie handelt es sich um die leicht überarbeitete Fassung meiner Habilitationsschrift, die im September 2014 von der Theologischen Fakultät der Universität Zürich angenommen wurde. Ihre Veröffentlichung bietet die Gelegenheit, längst überfälligen Dank zum Ausdruck zu bringen.

Sehr herzlich danke ich Prof. Dr. Thomas Krüger für die Ermöglichung dieser Arbeit, für die Freiheit der eigenen Forschung, für die Förderung und die zahlreichen Impulse weit über den Gegenstand dieser Arbeit hinaus, vor allem aber auch für die freundschaftliche Verbindung, die im Lauf der Zeit entstanden ist.

Ebenfalls danke ich Prof. Dr. Konrad Schmid und Prof. Dr. Christoph Uehlinger für ihre Förderung und Unterstützung, Christoph Uehlinger insbesondere dafür, dass er mir die Ikonographie erschlossen hat.

Bedanken möchte ich mich auch bei meinen Kolleginnen und Kollegen, aus denen Freunde geworden sind: Dr. Anke Dorman und Dr. Peter Altmann.

Einen besonderen Dank verdient meine Frau Nadine, die das Werden dieser Arbeit nicht nur miterlebt hat, sondern mir immer eine hilfreiche Gesprächspartnerin war. Ihr widme ich diese Arbeit.

Den Herausgebern der Beihefte zur Zeitschrift für die Alttestamentliche Wissenschaft danke ich für die Aufnahme meiner Arbeit in die Reihe und den Mitarbeiterinnen und Mitarbeitern bei de Gruyter für ihre engagierte und freundliche Betreuung.

Frank Ueberschaer, Zürich, im März 2015

1 Einleitung

„Jedem Anfang wohnt ein Zauber inne", schrieb Hermann Hesse 1941 in seinem Gedicht „Stufen" und offenbarte darin eine Vorstellung von einem Leben mit mehreren aufeinander folgenden Abschnitten, die es jeweils gelte, ohne Trauer zurückzulassen und mit Tapferkeit die neuen zu beginnen.[1]

Viele Anfänge hielt Israel in seiner Geschichtsschreibung fest: die Schöpfung, den Neubeginn nach der Flut, die eigene Entstehung durch die Erzeltern, die Volkwerdung in Ägypten, die Rettung aus der Sklaverei, die Herausführung aus Ägypten und die Hinaufführung in das Land, den dortigen Neubeginn, die Anfänge des Königtums, die Entstehung der beiden Königreiche Israel und Juda sowie, nach deren Untergang, die Hoffnung auf einen Neuanfang. Dabei hielten die Geschichtsschreiber in Israel nicht nur den „Zauber" fest, der diesen Anfängen innewohnte, sondern sahen auch die Brüche, die sich im Laufe der Entwicklungen in diesem Zauber aufgetan hatten. Doch sie verstanden diese Brüche nicht als im Laufe der Zeiten entstanden und als Folgen einer geschichtlichen Entwicklung, sondern führten sie gewissermaßen ätiologisch auf die jeweiligen Anfänge selber zurück und sahen sie dort bereits verankert. So wohnt, nach der israelitischen Geschichtsschreibung, jedem Anfang nicht nur ein Zauber, sondern auch ein Schatten inne, der diesen Zauber zugleich in Frage stellt und gefährdet.

Ein Abschnitt in der Geschichtsdarstellung Israels, bei dem Zauber und Bruch sehr nahe beieinander liegen, ist der Textkomplex in 1Kön 11–14. Es handelt sich um eine Episode des Umbruchs, sowohl historisch als auch literarisch.

Historisch betrachtet entsteht im ausgehenden 10. Jh. das Königreich Israel, das im Laufe der geschichtlichen Entwicklung zwar ein kleinerer, aber ein durchaus nicht unbedeutender Levantestaat wird. Seine wirtschaftliche und militärische Bedeutung spiegelt sich nicht nur in der biblischen Notiz von Ahabs Elfenbeinhaus in 1Kön 22,39 wider, sondern auch in der Erwähnung seiner militärischen Unterstützung im Bericht Salmanassars III. auf dessen Stele in Kerh-i-Dicle (Z. 91f)[2]. Aus der Perspektive des südlichen Nachbarn Juda war das Königreich Israel zweifellos das mächtigere und hatte etwas Bedrohliches; im Blick auf die weltpolitische Lage und deren Veränderungen jedoch war das nördliche das gefährdetere von beiden Reichen. Dies zeigen dessen früher Untergang 722 und bereits zuvor die lang anhaltende Bedrohung bzw. der äußere Druck, wie er sich gerade auch in solchen von Salmanassar III. erhobenen Unterstützungsfor-

---

1 Hesse, Stufen, 187.
2 Edition bei Rasmussen, Salmanassar, Taf IXf; Text in Weippert, Textbuch, 254–259.

derungen ausgedrückt haben wird. In der rückblickenden Geschichtsschreibung wollte all dies bearbeitet werden und Berücksichtigung finden.

So stellt 1Kön 11–14 auch in der literarischen Darstellung der Geschichte Israels bzw. seiner Könige einen Umbruch dar. Dieser ist nicht nur der Tatsache geschuldet, dass von nun an zwei Königreiche im Blickfeld liegen, sondern äußert sich auch in einer grundlegenden Änderung der literarischen Art und Weise, wie nun Geschichte erzählt wird: Die Darstellung vor dem Textkomplex von 1Kön 11–14 ist durch lange Erzählstränge geprägt, wie die umfangreiche und literarisch äußerst hochwertige Davidgeschichte und die zwar kürzere, aber mit neun Kapiteln immer noch ausführlich ausgestaltete Salomoerzählung; ab 1Kön 15 orientiert sie sich stärker an einer Chronologie, präsentiert wesentlich knapper das Material und erhält dadurch einen auflistenden Charakter kürzerer Einheiten, in die dann einzelne Erzählkreise aufgenommen worden sind, die in dieser Zeit angesiedelt waren. Den Kapiteln 11–14 kommt darin eine Scharnierfunktion zu. Denn einerseits ist die Darstellungsweise als Erzählung ausgestaltet, andererseits finden sich hier zugleich erstmalig Gestaltungselemente, die auch die stärker an Formularen orientierte Geschichtsschreibung von 1Kön 15–2Kön 25 prägen. So leitet 1Kön 11–14 nicht nur thematisch, sondern auch stilistisch dorthin über.

Dabei hat der Textkomplex von 1Kön 11–14 einen eigenen Charakter. Vordergründig wird von Ereignissen berichtet, die zur Teilung des davidischen Großreiches geführt hätten bzw. in ihrem zeitlichen Umfeld geschehen seien. Dabei erscheinen sie jedoch bei genauerer Betrachtung insbesondere der Textüberlieferung als erstaunlich unverbunden und nebeneinander stehend. Jenseits der Funktion des Gesamtkomplexes innerhalb von 1–2Kön stellt sich daher die Frage nach der Zielsetzung der einzelnen Erzählungen, die je für sich einen Schwerpunkt zu setzen scheinen, wie es sich in der späteren Geschichtsdarstellung in dieser Art und in solcher Konzentration nicht mehr findet. So spiegelt sich in 1Kön 11–14 durchaus der Zauber eines neuen Anfangs wider, vor allem aber zeigt sich ein tiefgreifender Bruch, gar ein Trauma, um das sich sehr verschieden geartete Erzählungen angesammelt haben. Auf diese Weise wird deutlich, dass es sich nicht nur um eine historisch geschehene Verwerfung innerhalb eines Königreiches handelt, die zu zwei Reichen geführt hat, die jahrhundertelang nebeneinander existiert haben. Es geht zugleich auch um einen tiefen Riss in der Selbstwahrnehmung des Südens, aus dessen Feder die heutige Konzeption letztlich stammt. Dies kommt gerade darin zum Ausdruck, dass im Zusammenhang mit den als Reichsteilung verstandenen Vorgängen zahlreiche weitere Konfliktfelder zur Sprache gebracht werden. So wird nicht nur die Trennung selber aus mehreren Perspektiven beleuchtet, sondern es kommen weitere Themen hinzu, die gewissermaßen paradigmatisch Verwerfungen, Brüche und Probleme der Gesellschaft (nicht nur des Nordens, sondern vor allem des Südens) aufzeigen.

Die „Reichsteilung" ist zum literarischen Ort kritischer Auseinandersetzungen geworden.

Diesen Auseinandersetzungen auf die Spur zu kommen, ist das Ziel der vorliegenden Untersuchung. Dabei wählt sie einen Ansatz, der gleichermaßen klassisch und innovativ ist. Am Anfang steht die Beschäftigung mit den Texten der Überlieferungen in 1Kön 11–14. Von Grund auf werden die hebräische, griechische, syrische und lateinische Texttradition miteinander durch ihre Zeugen, den masoretischen Text (MT), die Septuaginta (LXX) in ihren verschiedenen Überlieferungssträngen, darunter auch der Antiochenische Text (Ant), die Peschitta (P), die Vulgata (Vg) und, wenn möglich, die Vetus Latina (VL) bedacht. Dieser lange Weg ist deshalb notwendig, weil er nicht nur zeigt, dass keine der einzelnen Texttraditionen den ursprünglichen Text bewahrt hat, sondern auch, wie stark und wie lange an den Texten noch gearbeitet worden ist, bevor sie ihre jeweils „endgültige" Form erhalten haben. Als besonders eindrückliche Beispiele seien hier die beiden Texte 3Kgt 12,24a–z LXX und 1Kön 14,1–20 MT erwähnt. Denn während 3Kgt 12,24a–z LXX ausschließlich in der Septuaginta, dafür aber bis zur Vereinheitlichung durch Origenes in allen ihren Textzeugen überliefert worden ist, findet sich 1Kön 14,1–20 MT zwar im masoretischen Text und den in der Regel von ihm abhängigen Übersetzungen, nicht aber in der Textüberlieferung der alten Septuaginta. An diesen beiden Beispielen zeigt sich die Problematik eines weitaus überwiegenden Teils alttestamentlicher Forschung, der fast ausschließlich vom masoretischen Text her arbeitet. Während darin 1Kön 14,1–20 MT fraglos als zum ursprünglichen Textbestand gehörig und sogar als einer der Grundpfeiler des deuteronomistischen Geschichtswerks betrachtet wird, erregt 3Kgt 12,24a–z LXX nur selten Aufmerksamkeit.

Diese Studie kann demgegenüber durch ihre umfangreiche und detaillierte textkritische Diskussion für weite Teile der Textüberlieferung von 1Kön 11–14 einen gesicherten Ausgangstext herausarbeiten und darüber hinaus verschiedene Nachträge und Erweiterungen identifizieren, die in früheren Untersuchungen, wenn überhaupt, lediglich unter literarkritischen Gesichtspunkten wahrgenommen worden sind. Es bleiben aber auch einige Passagen, in denen ein solcher Ausgangstext nicht mehr mit Sicherheit herausgearbeitet werden kann. Auch dabei geht die vorliegende Arbeit neue Wege, indem sie diese Fälle benennt und das von David Carr formulierte Modell der „oral-written transmission", das dieser vor allem im Blick auf literarkritische Fragestellungen hin entwickelt hat,[3] nun auf textkritische Überlegungen überträgt.[4] So lassen sich viele der textkritisch nicht sicher klärbaren Einzelphäno-

---

3 Carr, Writing, 2005; Carr, Formation, 2011.
4 Siehe dazu ausführlicher Ueberschaer, Eindeutigkeit, 273–276.280f.

mene entweder als Parallelüberlieferungen im Zuge einer schriftlich-mündlichen Überlieferung verstehen oder als Weiterentwicklungen, deren textliche Ausgangsbasis sich nicht mehr rekonstruieren lässt. In der vorliegenden Untersuchung werden diese Phänomene als gleichberechtigte Varianten betrachtet und in die weiteren Überlegungen und Analysen mit einbezogen.

Trotz der umfangreichen textkritischen Analyse und Diskussion zu 1Kön 11–14 handelt es sich bei der vorliegenden Studie nicht um eine textkritische oder textgeschichtliche im engeren Sinn. Vielmehr macht sie die Erkenntnisse der Textkritik und der Textgeschichte nutzbar für die weitere Arbeit an den Texten, für ihre Entstehung und ihre Aussageabsichten. Das zeigt sich vor allem in den Passagen, in denen sich unterschiedliche Konzeptionen insbesondere des masoretischen und des Septuagintatextes erkennen lassen. An diesen Stellen wird die Grenze zwischen Text- und Literarkritik gewissermaßen transzendiert und für die Frage nach der literargeschichtlichen Entstehung der Texte fruchtbar gemacht.

Auf dieser Basis wird hier ein Modell zur Entstehung des Textkomplexes von 1Kön 11–14 vorgelegt, in dem sich gleichermaßen der Zauber und die „Brüche" in den Erzählungen um den Anfang der Geschichte der beiden Reiche zeigen. Als literarkritische Maßstäbe gelten dabei neben sprachlichen Beobachtungen vor allem tendenzkritische Überlegungen. Die Faszination des „Zaubers" zeigt sich in einer Quelle J, die von den Anfängen Jerobeams als erstem König des Nordreichs erzählt. Diese wird von einem wesentlich später arbeitenden Verfasser (H) in sein Werk integriert und dabei radikal uminterpretiert, denn H hat kein Interesse am Ruhm Jerobeams, sondern gestaltet ihn vielmehr zum Paradigma des Abtrünnigen, der Gott und seinen Vorfahren nicht treu gewesen ist. So betont H den Bruch zwischen beiden Reichen, bemerkenswerterweise nicht im politischen, sondern trotz aller politischen Überlegungen ausschließlich im religiösen Sinn. Dies wird auch von den weiteren Bearbeitern aufgenommen und fortgeführt.

Der besondere Wert der umfangreichen textkritischen Analysen zeigt sich zudem in ihrer Bedeutung für die Literarkritik. Auf ihrer Grundlage sind innerhalb von 1Kön 11–14 ganze Erzählungen herauszulösen, die sonst in der Forschung zumeist als ursprünglicher Bestandteil des Textkomplexes behandelt werden. Dazu gehört vor allem die Erzählung in 1Kön 13, aber auch 1Kön 12,1–18 stellt sich als anfänglich einmal selbstständig heraus, sodass die jeweilige ursprüngliche Funktion und Botschaft der betreffenden Texte nachgezeichnet werden können. Daneben gibt es Texte, die für ihren heutigen Kontext geschrieben worden sind, wie 1Kön 11,14–25, ein Text, dessen Überlieferung zeigt, wie lange an ihm noch gearbeitet worden ist, und ebenso 1Kön 12,21–24, ein spätes „Friedensangebot" an den Norden. Hinzu kommen einige Glossen und Zusätze, ohne dass sie alle einer planvollen und umfassenderen Redaktionstätigkeit zugeschrieben werden könnten. Zwischen eigener Überlieferung und späterer Einschreibung in den

Kontext stehen die beiden Texte 3Kgt 12,24a – z LXX und 1Kön 14,1– 20 MT, die gewissermaßen als „Sondergut" ihrer jeweiligen Texttradition zu bezeichnen sind. Unter Einbeziehung weiterer Textbeobachtungen kann an ihnen deutlich gemacht werden, dass es keine abschließende gemeinsame Redaktion der biblischen Texte gab, sondern allenfalls jeweils eigene Schlussredaktionen der Textzeugen.

Abschließend ist noch die Frage der Textabgrenzung zu klären, die im Vergleich mit der sonstigen Forschung ungewöhnlich ist.[5] Üblicherweise wird Kap. 11 zur Salomoüberlieferung gezählt, sodass sich eine Zäsur zwischen Kap. 11 und 12 ergibt. Dies hat zweifellos einen Anhaltspunkt darin, dass 1Kön 12,1– 19 gewissermaßen den Bruch zwischen Norden und Süden markiert und sogar zu begründen scheint. Doch kann nicht darüber hinweggesehen werden, dass Jerobeam als erster König des Nordreichs bereits in Kap. 11 eingeführt wird. Das hat dazu geführt, dass ein Teil der Forschung die Abgrenzung zwischen 1Kön 11,25 und V 26 setzt. Dies wiederum trägt nicht der Tatsache Rechnung, dass die in V 26ff erzählten Geschehnisse in V 9 – 13 vorweggenommen werden, die wiederum auf V 1– 8 aufbauen. Aus diesem Grund wird hier die Zäsur zum Vorhergehenden vor 1Kön 11,1 gesetzt, weil die Salomoüberlieferung ab dem ersten Satz in 1Kön 11,1 anders gefärbt ist als in den voranstehenden Kapiteln 1Kön 3 – 10, auch wenn mit der Notiz zu den 1000 Frauen Salomos in 11,1–2/3 zweifellos eine Verschränkung mit der Kap. 10 zugrunde liegenden Überlieferung besteht. Das Ende des Textkomplexes von 1Kön 11– 14 liegt demgegenüber unproblematisch und unstrittig am Ende des 14. Kapitels.

Weshalb wohnt nun der Beschäftigung mit 1Kön 11– 14 ein besonderer Zauber inne? Es ist gerade das Nebeneinander von Zauber und Bruch, von Anfang und „Anfang vom Ende"; es ist aber auch das Phänomen, dass die Erzählung zur Gründung des Nordreichs und deren Bearbeitung von späteren Redaktoren als ein Anknüpfungspunkt ohnegleichen verstanden worden ist und so im Laufe der Zeiten zu einem Sammelbecken verschiedener Darstellungen von weiteren „Brüchen" und der Abrechnung geworden ist, auch wenn diese, einmal in den Kontext eingefügt, eine neue Bedeutung bekamen und nun ganz der Herausstellung des einen großen Bruches dienen, den Salomo durch seine Zuwendung zu fremden Göttern, Rehabeam durch seine Dummheit und Jerobeam durch seine illegitime Kultgründung verursacht haben – eines Bruches, der rückblickend ganz offensichtlich zum Kristallisationspunkt eines der schwersten Traumata der judäischen Geschichte geworden ist in einer Zeit, in der ein aktuelles Trauma, der Verlust von Stadt, Land und Kult, bearbeitet werden musste und etwas später die Herausforderungen des Neuanfangs im Land Antworten verlangten.

---

5 Siehe dazu auch Kap. 7 dieser Studie.

2 Die Erzählungen zur Gründung der beiden Königreiche in der neueren Forschung. Ein Überblick

Die Forschungsgeschichte zu den Königebüchern (1–2Kön), insbesondere zur Frage nach dem deuteronomistischen Geschichtswerk, von seinen Entstehungsphasen bis zur Infragestellung, ist in den letzten Jahren durch mehrere detaillierte Überblicke aufgearbeitet worden. Neben der knappen, aber sehr informativen Darstellung von Rainer Albertz[5] sei auf die beiden aktuelleren Beiträge von Michael Avioz und den kompendienähnlichen Band von André Lemaire und Baruch Halpern hingewiesen.

Michael Avioz gibt in zwei Darstellungen auf dem Stand von 2005 einen Überblick über die Forschung seit 1990 mit einem knappen Ausblick auf die Zeit davor.[6] Seine beiden Artikel sind thematisch voneinander unterschieden: Im ersten geht er zunächst auf die methodologische Ausrichtung verschiedener Kommentare ein und referiert dann Arbeiten, die sich verschiedenen Schwerpunktthemen widmen. Dazu gehören Fragen der Buchkomposition und des Buchwachstums, der Struktur und der Zielsetzung bzw. Aussageabsicht, der Datierung und der Textgeschichte. Es geht um mögliche 1–2Kön zugrunde liegende Quellen, um das Verhältnis von 1–2Kön zu anderen biblischen Büchern und die historische Verlässlichkeit bzw. Auswertbarkeit der Darstellungen in 1–2Kön. Darüber hinaus stellt er die Forschung zu Themenbereichen wie Kult und Religion, der königlichen Verwaltung, dem Verhältnis Israels zu seinen Nachbarvölkern sowie der beiden Staaten Juda und Israel untereinander dar. Den Abschluss bilden methodische Ansätze wie der literaturwissenschaftliche. Im zweiten Überblick widmet sich Avioz einzelnen literarischen Komplexen in 1–2Kön: der Salomo-Erzählung mit ihren Einzelthemen, eher knapp Rehabeam und Jerobeam, Ahab, Jehu, Joasch, Ahas, Hiskia, Menasse, Josia und schließlich Gesamtthemen wie der Frage nach der Prophetendarstellung (darin sehr ausführlich Elia und Elischa) und der Darstellung von Frauen (Abischag, Bathseba, die Königin von Saba, Isebel und Hulda).

Einen aktuelleren Stand repräsentiert der von André Lemaire und Baruch Halpern herausgegebene Sammelband „The Book of Kings" von 2010, dessen Beiträge zugleich auch einen wesentlich größeren Zeitraum der Forschungsgeschichte umfassen als die Darstellung von Avioz.[7] Lemaire und Halpern haben ihren monu-

---

5 Albertz, Exilszeit, 212–214.
6 Avioz, Recent Research I, von 2005 und Avioz, Recent Research II, von 2006.
7 Lemaire/Halpern, Book of Kings.

mentalen Forschungsüberblick in sechs Kapitel gegliedert. Im ersten geht es um die Textgeschichte mit Beiträgen von Schenker zum Septuagintatext, Trebolle zu den Qumranfragmenten und Nodet zu dem von Josephus verwendeten Text. Im zweiten Abschnitt wird das literaturgeschichtliche Werden von 1–2Kön mit Beiträgen unter anderem von Knoppers sowie von Halpern und Lemaire zu Fragen der Entstehung von 1–2Kön und von Cohn zur literarischen Struktur aufgearbeitet. Der dritte Abschnitt widmet sich schwerpunktmäßig dem Verhältnis von 1–2Kön zur sonstigen altorientalischen Geschichtsschreibung (Liverani) und zu altorientalischen Quellen (Millard). Die vierte Abteilung hat die in 1–2Kön erwähnten Völker und deren Darstellung zum Thema, und im fünften werden Einzelthemen aufgegriffen wie Prophetie (Ben Zvi), Priestertum und Kult (Zwickel), Kalenderfragen (Galil), das Verhältnis zu den Rechtsbüchern des Pentateuch (Westbrook), die königliche Verwaltung und gesellschaftliches Leben (Eph'al-Jaruzelska und Master) sowie die Archäologie (Dever). Der sechste und letzte Themenkomplex ist der Rezeptionsgeschichte in Judentum und Christentum gewidmet.

Auf einen neueren Schwerpunkt der Forschung an 1–2Kön insgesamt ist noch hinzuweisen: Die Textforschung an 1–2Kön, das heißt die Untersuchung der vorhandenen Textzeugen selber, insbesondere an der griechischen Textüberlieferung, hat in den letzten Jahren einen immer höheren Stellenwert gewonnen, wesentlich höher, als es die Ausblendung des Themas bei Avioz und die kurze Darstellung Schenkers im Band von Lemaire und Halpern erahnen lassen. Hinzuweisen ist auf die Arbeiten von Schenker[8], Talshir[9], Turkanik[10] und van Keulen[11] sowie die bereits ältere Studie von Vanoni[12], aber auch die Textstudie zu Josephus von Feldman[13]. Darüber hinaus fällt auf, dass es seit Langem keine monographische Studie zu den um die Reichsteilung bzw. die Reichsgründungen angesiedelten Erzählungen insgesamt mehr gab.[14]

In der Darstellung von Avioz und den Beiträgen bei Lemaire/Halpern, aber auch in den zahlreichen Forschungsüberblicken in Untersuchungen zum deuteronomistischen Geschichtswerk werden die Forschungspositionen nach verschiedenen Gesichtspunkten strukturiert wiedergegeben. Eines der wesentlichen Kriterien ist die Frage nach den Entstehungsmodellen und deren Fortentwicklung,

---

8 Unter anderem Schenker, Division; Schenker, Älteste Textgeschichte; Schenker, Jeroboam's Rise and Fall.

9 Insbesondere Talshir, 1Kgs 11; Talshir, Alternative Story.

10 Turkanik, Kings and Reigns.

11 Van Keulen, Two Versions.

12 Vanoni, Literarkritik, die sich allerdings nur auf 1Kön 11–12 erstreckt.

13 Feldman, Josephus.

14 Hinzuweisen ist allenfalls auf Toews, Monarchy, von 1993.

die an Begriffen wie Blockmodell oder Schichtenmodell, an Namen wie Martin Noth und Frank M. Cross oder an Orten wie beispielsweise Göttingen festgemacht werden. Diesen verschiedenen Kriterien schließt sich der nachfolgende Forschungsüberblick nicht an, denn es hat sich gezeigt, dass sich selbstverständlich auch in der Bearbeitung des Textkomplexes von 1Kön 11–14 all diese Modelle niederschlagen, doch sind innerhalb dieser Modelle an den einzelnen Texten die Unterschiede im Detail wiederum so groß, dass sich die Zuordnung zu ihnen für diese Studie nicht bewährt. So wird hier auf eine streng chronologische Darstellung zurückgegriffen und der Frage nachgegangen, wie 1Kön 11–14 in der jeweiligen Forschungsposition bearbeitet bzw. dessen Genese erklärt und einzelnen thematischen Schwerpunkten nachgegangen wird.[15] Während im ersten Teil Gesamtdarstellungen, Kommentare und Arbeiten zu 1–2Kön in den Blick kommen, werden in einem zweiten exemplarisch Untersuchungen zu Einzeltexten innerhalb von 1Kön 11–14 dargestellt.

2.1 Der Text von 1Kön 11–14 in Gesamtdarstellungen und Untersuchungen zu 1–2Kön

Martin Noths „Überlieferungsgeschichtliche Studien" von 1943 liegen fast aller Beschäftigung mit 1–2Kön zugrunde.[16] Ganz gleich ob Noths Untersuchung rezipiert wird, und sei es kritisch, oder gar Ablehnung erfährt, bildet sie nach wie vor einen zentralen Bezugspunkt in der Forschung, und sei es auch nur, dass man sich mit der Bezeichnung „Deuteronomistisches [Geschichts-] Werk" auseinandersetzt, die wesentlich durch Noth geprägt ist. Den Anfang des Textkomplexes 1Kön 11–14 in 11,1–13 versteht er als deuteronomistisch und die Passagen im Anschluss daran (11,14–25) als Material aus alten Quellen, die der Deuteronomist vorgefunden und so eingefügt habe, dass insgesamt das Bild eines schnellen und problematischen Endes der Herrschaft Salomos entstehe. Dem habe der Deuteronomist den Anfang einer Prophetengeschichte, die Noth „Jerobeam und Ahia von Schilo" nennt, angefügt und diese erweiternd überarbeitet und schließlich die „Abschlußformel" angehängt (71 f). Die so bezeichnete Prophetengeschichte hat nach Noth einen relativ großen Umfang. So beginnt sie seines Erachtens mit dieser Passage in

---

15 Darüber hinaus soll darauf hingewiesen werden, dass die jeweiligen Forschungspositionen lediglich dargestellt werden. Eine Auseinandersetzung mit ihnen findet innerhalb der Studie selber an den jeweiligen Einzeltexten statt, weil sich die jeweiligen Modelle daran bewähren müssen.

16 Literaturnachweise stehen im Text oben als Zahlenangaben in Klammern und beziehen sich auf das jeweils vorgestellte Werk.

Kap. 11, umfasst aber auch die Rehabeam-Erzählung in 1Kön 12,1–20 sowie die politischen und kultischen Maßnahmen Jerobeams in 12,26–31, mit denen erzählt werde, dass Jerobeam vom rechten Weg abgewichen sei, bevor sie dann in Kap. 14,1–18 ende (79). Diese Erzählung sei vordeuteronomistisch und in jedem Fall vor dem Ende des Staates Juda schriftlich fixiert worden (79), wogegen der Deuteronomist nach Noth Mitte des 6. Jhs. wirkte (91). Auf das Kap. 13 geht er nicht ein. Auch die unterschiedlichen Textüberlieferungen thematisiert Noth nicht.

Walter Dietrich beschäftigt sich in seiner Studie „Prophetie und Geschichte" von 1972 unter anderem mit den Passagen in 1Kön 11,29–39; 13; 14(,7–11). Für 1Kön 11,29–39 geht er von zwei Schichten aus, deren erste aus einer Zeichenhandlung Achias und deren Deutung bestehe, dass Jerobeam die Herrschaft über die zehn Stämme erlangen werde (11,29–31.33a.34a.35abα.37aβγb), und deren zweite kommentierend über die erste gelegt worden sei, wobei sie einen nomistischen und prodavidischen Ansatzpunkt habe (11,32.33b.34b.35bβ.36.37aα.38abα) (19f). Insgesamt handele es sich um einen späteren Zusatz zur Erzählung von einem Aufstand Jerobeams, deren Ursprung in V 26.40 liegt (54f). Für 1Kön 13 nimmt Dietrich eine alte Prophetenerzählung an, die zuerst noch als Einzelerzählung im Blick auf die Josianische Reform überarbeitet und dann durch den deuteronomistischen Verfasser der Prophetentexte in 1–2Kön eingefügt und ein weiteres Mal überarbeitet worden sei (118f). Einen ähnlichen Vorgang erkennt er in 1Kön 14, dem ein alter Bestand zugrunde liege, der durch den Verfasser der deuteronomistischen Prophetenerzählungen in den Kontext eingefügt und in diesem Zuge zugleich zum heutigen Bestand erweitert worden sei. Dabei datiert Dietrich das Deuteronomistische Geschichtswerk (DtrG) kurz nach der Eroberung Jerusalems noch vor 580, den nomistischen Deuteronomisten (DtrN) in die Zeit nach der Rehabilitierung Jojachins um 560 und positioniert den prophetischen Deuteronomisten (DtrP) zwischen beiden (143f).

In seiner Studie „Das Königtum in der Beurteilung der deuteronomistischen Historiographie" von 1977 bezieht sich Timo Veijola vor allem auf die Darstellung Sauls in 1Sam und die das Königtum in den Blick nehmenden Texte in Ri, doch greift er auch immer wieder auf Texte aus 1Kön 11–14 zurück. Dabei ist seine Bearbeitung der Erzählungen aus 1Kön 11–14 stark von einer unkritischen historischen Interpretation derselben geprägt. Das zeigt sich im Blick auf die in 1Kön 11,26–33 erzählten ersten kultischen Maßnahmen Jerobeams ebenso wie im Umgang mit 1Kön 12,1–18.[17] Veijola repräsentiert damit einen Forschungszweig, der den Komplex in 1Kön 11–14 vor allem als historische Quelle verstehen möchte.

---

[17] Siehe Veijola, Königtum, 26f und 66f. Ähnlich sieht er auch in 1Kön 13 einen historischen Hintergrund, wie sich aus seinen Bemerkungen a.a.O., 22.86, erschließen lässt.

1980 hat Hans-Detlef Hoffmann in seiner Dissertation eine Untersuchung zu den kultische Fragen behandelnden Texten in 1–2Kön vorgelegt. Aus dem Textkomplex 1Kön 11–14 geht er insbesondere auf 1Kön 11,1–13 und 1Kön 12,26–32 ein, beschäftigt sich aber auch mit 1Kön 14,21–24. All diese Texte stehen seines Erachtens nicht zufällig am Anfang der Königszeit, sondern hätten „programmatischen Charakter" (47). In 1Kön 11 geht es um die Kultpolitik Salomos. Das ganze Kapitel sei dtr (47), jedoch nicht alles von einem Deuteronomisten formuliert. So handele es sich bei 11,14–25 um eine „unbearbeitete Übernahme einer vorgegebenen Darstellung", bei 11,26–28.40 um die „freie Erweiterung der vorgegebenen Skizze vom Aufstand Jerobeams" und bei den darin enthaltenen V 29–39 um eine dtr ausformulierte Begegnungsszene. In 11,1–13 liege eine dtr Deutung der Geschichte vor, die ihrerseits ebenfalls ältere Überlieferungselemente aufnehme, ohne dass diese eindeutig zu identifizieren seien, wogegen V 41–43 rein dtr sei.[18] Die Abschnitte 12,26–32 und 14,21–24 hält er demgegenüber für geschlossen dtr.[19] Dabei nimmt Hoffmann als dtr Geschichtswerk eine einheitliche Komposition an, die von Dtn bis 2Kön reicht, und schließt sich damit ausdrücklich Noth an (316–318).

Auch Georg Hentschel baut in seinem Kommentar von 1984 zu 1Kön auf der Annahme einer dreistufigen Entstehung von 1–2Kön durch eine dtr Grundschrift (DtrG), eine prophetische (DtrP) und eine nomistische Bearbeitung (DtrN) auf. Dabei rechnet er nicht nur 1Kön 11,14–25, sondern auch 1Kön 12,1–18 dem Grundbestand von DtrH bzw. diesem zugrundeliegenden Quellen zu, 1Kön 11,1–13 dagegen DtrH selber (10) sowie die mit Achia verbundenen Erzählungen (inklusive 1Kön 14,1–18) und 1Kön 13 DtrP.[20]

Ernst Würthwein geht in der zweiten Auflage seines Kommentars im Rahmen des ATD von 1985 (für diese zweite Auflage hat er Erkenntnisse aus der Bearbeitung von 1Kön 17–2Kön 25, d. h. aus dem zweiten Band seines Kommentars, in den ursprünglichen Text der ersten Auflage eingearbeitet) von einer dtr Grundschrift (DtrG), einer prophetischen (DtrP) und einer nomistischen Bearbeitung (DtrN) aus.[21] Die Grundschrift umfasst dabei im Wesentlichen die Königsnotizen sowie einzelne ältere Traditionsstücke, die in sie aufgenommen worden seien, jedoch keine in 1Kön 11–14.[22] Für 1Kön 11–14 vermutet Würthwein einen sehr vielschichtigen Entstehungsprozess, der hier nicht im Einzelnen nachgezeichnet werden kann. Er baut zwar grundsätzlich auf der Theorie von DtrG, DtrP und DtrN

---

18 Hoffmann, Reform, 48, unter Übernahme von Noth, 1Könige, 246.
19 Hoffmann, Reform, 73 und 77.
20 Hentschel, 1Könige, 8.11 f.15.
21 Würthwein, Bücher der Könige, 489–501.
22 Vgl. Würthwein, Bücher der Könige, 489 f.

auf,[23] nimmt aber in Details maßgebliche Differenzierungen vor, sodass sein Kommentar zu Recht als einer der grundlegenden gelten kann.

Simon DeVries' Kommentar zu 1Kön im „Word Biblical Commentary" von 1985 hat seinen besonderen Wert in der durchgehenden Beachtung der außermasoretischen Texttraditionen. Zwar diskutiert er darin nicht viel und belässt es zumeist bei Behauptungen, doch ist dieser Schwerpunkt im Unterschied zur sonstigen Kommentarlandschaft auch späterer Zeiten hervorzuheben.[24] Literaturgeschichtlich versteht er 1Kön als Werk eines dtr Verfassers, der gegen Ende der Königszeit schreibt und dabei ihm überliefertes Material aufnimmt (XLIX). Hinzu kommen einige nach-dtr Erweiterungen (LII).

In einer knappen Darstellung hat Peckham 1985 einen Entwurf vorgelegt, in dem er unter dem Titel „The Composition of the Deuteronomistic History" das gesamte biblische Material von Gen bis 2Kön auf die klassischen Pentateuchquellen J, E und P sowie auf zwei deuteronomistische Quellen Dtr^1 und Dtr^2 aufgeteilt hat.[25] Dabei setzt er eine Entstehungsabfolge von J, Dtr^1, P, E und Dtr^2 voraus. Dtr^1 datiert er also vorexilisch und versteht Dtr^1 explizit als Fortsetzung der Quelle J, die die Geschichte Israels von Mose bis Hiskia erzähle (7). Das Nordreich Israel komme dabei nur in den Blick, wenn es das Südreich tangiere. Insofern erzählt Dtr^1 auch von den Konflikten nach Salomos Herrschaft, die als Abspaltung des Nordens vom Süden dargestellt werden (8). Peckham gliedert diese Konfliktgeschichte in sechs Abschnitte, in denen Dtr^1 zunächst Jerobeam mit dessen Flucht einführt (1Kön 11,26.40), dann von Salomos Tod und Jerobeams Rückkehr erzählt (11,42 – 43; 12,1.3b – 4) sowie im Anschluss daran von Rehabeams folgenschwerem Fehler in Sichem (12,6 – 11 und 12,13 – 15a), von Jerobeams Königswerdung und seinen kultischen Maßnahmen (12,20a.26.27a.28a.29) und schließlich von Rehabeams Regierungszeit und seinem Tod (14,21a.25.26a.30 – 11).[26] Dtr^2 habe dieses einer „comprehensive and systematic revision" unterzogen und biete seinen Stoff nun in acht Büchern, die im Großen und Ganzen dem heutigen Bibeltext entsprächen.[27] 1 – 2Kön bilden dabei das achte Buch, das Peckham wiederum in sieben Abschnitte gliedert. Der Textkomplex 1Kön 11 – 14 ist dabei aufgeteilt in den ersten Abschnitt 1Kön 1 – 11 über die Bewahrheitung der Verheißung an David und den Tempelbau sowie den zweiten (1Kön 12 – 15) über den Aufstand des Nordreichs und

---

23 Die Studie Dietrich, Prophetie, spielt dabei eine maßgebliche Rolle.
24 Siehe auch seine einleitenden Abschnitte in DeVries, 1Kings, LII-LXIV.
25 Einen tabellarischen Überblick gibt er in Beckham, Composition, 96 – 140.
26 Peckham, Composition, 101 (Fig. 2: Episode 2, Paragraph 5 – 9).
27 Peckham, Composition, 21. Vgl. auch Fig. 5 im Anhang.

den Beginn der Sünde Jerobeams.[28] Einen zeitlichen Rahmen für die Entstehung seiner Quellen gibt Peckham nicht an.

Antony F. Campbell hat in seiner Studie „Of Prophets and Kings" von 1986 eine prophetische Urkunde aus dem 9. Jh. herausgearbeitet, in der er die Salbungen Sauls, Davids und Jehus, Erwählungen und Verwerfungen von Jerobeam, Ahab und Jehu sowie die Verbindungen zwischen diesen beiden Themensträngen vereint sah (17). Für den Bereich von 1Kön 11–14 betrifft dies 1Kön 11,31–39 und 14,7–11. In 11,31–39 identifiziert er in V 31.37.38b einen Grundtext ohne dtr Beeinflussung, der dann in V 32–36 durch die Konsequenzen für das Königtum und in V 38a.39 für Jerobeam selber erweitert worden sei (17). In 14,7–11 sieht er V 7–8a.9bβ–11 als Grundtext ohne dtr Einfluss und V 8b–9aα als dtr Erweiterung (33f) an.[29]

Als „Reassessment" möchte Marc O'Brien seine Arbeit zum Deuteronomistischen Geschichtswerk verstanden wissen. Es sei eine „story of Israel's leaders, from Moses to DTR's contemporary Josiah" (288), womit er zugleich Zielpunkt und Datum der deuteronomistischen Geschichtsschreibung bestimmt. Diese stelle nun die Geschichte in drei Perioden dar: die Zeit von Mose und Josua, die Epoche der Richter und die Ära der Könige und Propheten.[30] Für die Königszeit hätten die Verfasser des Gesamtwerkes auf drei Quellen zurückgegriffen: auf prophetische Überlieferungen über die Anfangszeit des Königtums, auf ebenfalls prophetische Überlieferungen aus dem Norden aus der Zeit unmittelbar nach dessen Untergang 722 und schließlich auf Aufzeichnungen aus dem Süden, die die Geschichte von Rehabeam bis Hiskia umfassten und deren Ziel es war nachzuweisen, dass der Höhenkult des Volkes der Grund für die außenpolitischen Bedrängnisse Judas gewesen sei. Den Verweis auf Jerobeams Sünde, insbesondere seine frevelhaften Priesterinvestituren, die letztlich der Grund für den Untergang des Reiches gewesen seien, ordnet er der nördlichen Überlieferung zu (290). Wie alle prophetischen Vorlagen sei sie in ein Schema von Verheißung und Erfüllung gebracht worden. Dabei sei sie dahingehend bearbeitet worden, dass Jerobeams Maßnahmen als Bruch mit dem einzigen legitimen Kult in Jerusalem erscheinen und er sogar das Wort Achias missachtet habe. Nachdem dann alle Nordreichkönige Jerobeam gefolgt seien, hätte der Untergang des Nordreichs dementsprechend in 2Kön 17,23 als Erfüllung der prophetischen Ankündigungen bezeichnet werden können (290). Im Unterschied dazu habe nicht einmal die Untreue Salomos die Dynastie im Süden gefährden können, wie ebenfalls bereits von Achia gesagt (1Kön 11,34.36) (290f); darin zeige sich ein Muster, nach dem dann auch die

---

28 Peckham, Composition, 39. Eine Charakterisierung von Dtr[2] bietet er a.a.O., 60–68.
29 Seine weitere Textzusammenstellung bietet er a.a.O., 87–92.
30 Siehe dazu die Darstellung in O'Brien, Deuteronomistic History, 28–44.

nachfolgenden Herrscher des Südreichs behandelt würden (291). Erst bei Josia zeige sich kein Quellenmaterial mehr, das entsprechend hätte bearbeitet werden müssen; er sei stattdessen zu einem „model king" wie David und Hiskia gestaltet worden, unter dem Juda wieder zu seinem ursprünglichen Zustand vor dem Abfall Salomos zurückkehren konnte (291). Mit der Notwendigkeit, die Erfahrung des Exils aufzuarbeiten, seien dann die Vorgänger Josias, insbesondere Menasse, zu einem zweiten Jerobeam I. gestaltet worden, wegen dessen Sünde Israel mit dem Exil bestraft worden sei (291f). Die Darstellung findet nach O'Brien ihre Aussage zunächst in der Josianischen Zeitgeschichte und dann in der Aufarbeitung des Exils; eine historische Auswertung des erzählten Materials nimmt O'Brien dementsprechend folgerichtig nicht vor.

Unter dem eine tiefe Wahrheit beinhaltenden Titel „The Trouble with Kings" hat Steven L. McKenzie 1991 eine Studie zur Entstehung der Bücher 1–2Kön vorgelegt, in der er eine kritische, aber sehr wohlmeinende Auseinandersetzung mit Noths These des deuteronomistischen Geschichtswerks führt.[31] Er datiert die Grundfassung des DtrG in die Zeit Josias, unter anderem aufgrund der עיר-Notizen (in 1Kön 11–14 in 11,36) (149). Für den Abschnitt 1Kön 11–14 ist festzuhalten, dass er als einer der wenigen Autoren auch 3Kgt 12,24a–z LXX bearbeitet, den er als „Reader Digest ® Account of Jeroboam" bezeichnet (21). Damit gibt McKenzie bereits zu erkennen, dass er den Text für eine sekundäre Einfügung in LXX hält: Er sei auf der Basis von MT verfasst und in LXX eingefügt worden, um die Lücke des fehlenden Textes von 1Kön 14,1–18 MT zu kompensieren, den er für einen integralen Bestandteil des deuteronomistischen Geschichtswerks hält (29.39). Im Textkomplex 1Kön 11–14 MT betrachtet er vorwiegend das Achia-Orakel in 11,29–39, die Rolle Jerobeams in Sichem 11,41–12,3.12 und das Kapitel 13. Er versteht sie als „fountainhead of several of the most important themes in the DH" (56), insbesondere für die Davidverheißung und das Motiv der Sünde Jerobeams, die hier miteinander verbunden werden. Dabei geht er davon aus, dass das deuteronomistische Geschichtswerk auf Quellen zurückgegriffen habe, darunter 1Kön 11,26–28; 12,25 über Jerobeam, die Königsformulare, 1Kön 14,19–31 und eine Grundlage für 1Kön 12,1–20, die als Erfüllung des Achia-Orakels eingefügt worden sei (56–59). Die Verbindung zwischen diesem Material habe erst der Deuteronomist geschaffen (59).

In den Jahren 1993–1994 hat Gary Knoppers unter dem Titel „Two Nations under God" zwei umfangreiche Bände über die Zeit und die Literatur von Salomo bis Josia vorgelegt (I 59). In ihnen geht er von einer josianischen Edition von 1–2Kön aus, weil die Maßnahmen Josias der Zielpunkt der Geschichtsdarstellung seien (I 54–56). Der

---

31 So geht auch McKenzie davon aus, dass es sich um einen einzigen Autor handelt, dessen Werk später nach und nach ergänzt worden sei (McKenzie, Trouble, 150).

Wert seiner Studie liegt vor allem in der differenzierten Wahrnehmung des Textes, auch in dessen verschiedenen Textzeugen, und deren Auswertung; jedoch spricht er aufgrund seines Entstehungsmodells für 1–2Kön sehr allgemein von „deuteronomistisch", was er wiederum nicht weiter differenzieren möchte (I 144).

Volkmar Fritz stellt in seinem Kommentar zu 1Kön (Zürcher Bibelkommentare, 1996) Dtn 12 als Kriterium der Geschichtsdarstellung des deuteronomistischen Geschichtswerks heraus.[32] Ob das deuteronomistische Geschichtswerk durch ein Stufen- oder Schichtenmodell zu erklären ist, möchte Fritz nicht entscheiden und legt sein Augenmerk darauf, die Hintergründe der biblischen Texte zu erklären (8 f). Für 1Kön 11 geht er von vier voneinander unabhängigen Erzählungen aus, die unter verschiedenen Aspekten alle die Trennung von Norden und Süden zum Thema haben (123). In Kap. 12 sieht er in V 1–19* eine unabhängige vor-dtr Erzählung, in V 21–24 eine späte Einfügung und in V 25–33 verschiedene dtr Darstellungen bzw. Überarbeitungen (132–139). Für Kap. 13 schließt er sich der Trennung in zwei Erzählungen (V 1–10 und V 11–31) an und möchte zudem einzelne Zusätze erkennen (141–143). In Kap. 14 nimmt er in V 1–18 eine ursprüngliche Erzählung an, die lediglich aus V 1–6.12–13a.17 f besteht, ohne die LXX-Dublette einzubeziehen,[33] und ansonsten eine Sammlung von Einzelnotizen.

Einen stark systematisierenden Zugang zu 1–2Kön wählt Provan in seiner kurzen Einführung in die Bücher „1 & 2 Kings" (1997), wenn er sie jeweils als Literatur, Geschichtsschreibung, religionsgeschichtlich, als didaktische Literatur und schließlich im Gesamtzusammenhang der Bibel darstellt. Die Kapitel 1Kön 11–14 behandelt er vornehmlich unter narratologischen und religionsgeschichtlichen Gesichtspunkten sowie als didaktische Literatur. Der Kürze der Darstellung ist es wohl geschuldet, dass sie häufig auf der Textoberfläche stehen bleibt und den Eindruck erweckt, dass sie die erzählten Ereignisse für historische Gegebenheiten hält, aus denen dann der biblische Autor seine Darstellung bzw. Aussagen gewinne.

Von Martin Mulders Kommentar zu 1Kön im Rahmen des „Historical Commentary on the Old Testament" (1998) sind bislang nur Kap. 1–11 erschienen. Ihm geht es der Programmatik des HCOT folgend vor allem um die historische Einbettung der Texte. Dabei verwahrt er sich noch vor einer Gesamtrekonstruktion der Entstehung von 1–2Kön und beschränkt sich zunächst auf 1Kön 1–11, für das er Listen und anderes Material aus Archiven annimmt, aus dem ein oder mehrere Verfasser die Grundschrift von 1–2Kön gestaltet hätten (17). Diese möchte er eher früher als später datieren, legt sich aber nicht fest (17 f). Im Blick auf die Struktur

---

32 Fritz, 1Kön, 8. Sein Rückgriff auf Dtn 12 macht sich vor allem bei seiner Auslegung von 1Kön 12,26–30a bemerkbar.
33 Fritz, 1Kön, 144–146. Auf die besondere Textüberlieferung geht er nicht ein.

des Textes betrachtet er Kap. 11 im Zusammenhang von Kap. 9–11 als eine Ab-
wärtsbewegung für Salomo, die mit erschreckenden Träumen beginne (Kap. 9).[34]

Paul Ash hat in seinem Beitrag „Jeroboam I and the Deuteronomistic Historian's Ideology of the Founder" von 1998[35] den von Carl Evans[36] in der Diskussion
um Jeroboam I. forcierten Begriff des „Unheilsherrschers" aufgenommen und
danach gefragt, warum der deuteronomistische Historiker DtrH Jeroboam I. und
nicht den fast noch mehr Aufmerksamkeit auf sich ziehenden König Ahab bzw.
Omri als negatives Paradigma genommen habe. Ausführlich beschäftigt er sich
mit innerbiblischen und altorientalischen Bezugstexten und arbeitet daran für die
Geschichtsschreibung des Alten Orients eine „ideology of the founder" heraus,
nach der der Gründungskönig eines Reiches letztlich verantwortlich für dessen
Wohlergehen oder Untergang sei. Daran habe der deuteronomistische Historiker
DtrH Anteil und gestalte entsprechend seine Darstellung der Geschichte der Kö-
nige Israels und Judas.

Mordechai Cogan hat sich 2000 im Rahmen seines Kommentars in „The Anchor
Bible" mit dem Textkomplex 1Kön 11–14 beschäftigt. Sein Ansatzpunkt ist primär
literarisch, dennoch stellt er sich historischen Fragen der geschichtlichen Hintergründe, aber auch der Textentstehung. In den einleitenden Kapiteln arbeitet Cogan
die Quellen heraus, die in 1Kön selber angegeben werden bzw. erkennbar seien, und
charakterisiert sie kurz: die Chroniken der Könige von Israel, die Chroniken der Könige
von Juda, ein Buch der Taten Salomos, Prophetenerzählungen, Tempelaufzeich-
nungen und weitere ungenannte Quellen (89–95). In 1Kön 11–14 erkennt er vor allem
in 1Kön 11,29–38; 14,1–18 eine Achia-Geschichte (92). In der Frage nach der Entstehung von 1–2Kön folgt er im Wesentlichen Cross und seinen Schülern und geht von
einem zweistufigen Modell aus, nach dem eine erste Fassung unter Josia entstanden
und dann in einem zweiten Schritt im Exil überarbeitet worden sei.[37] Im Textkomplex
1Kön 11–14 versteht er Kap. 11 als Ende der Salomo-Geschichte und Kap. 12 als den
Beginn der Geschichte der beiden Königreiche.

Nur knapp mit dem Text 1Kön 11–14 beschäftigt sich Reinhard Kratz in seinem
grundlegenden Entwurf der „Komposition der erzählenden Bücher des Alten
Testaments" von 2000 (168 f). Er sieht in der Jeroboam-Erzählung, die seines Erachtens 1Kön 11,26(-28).40.41–43; 12,2.20a.25.26–30*; 14,19–20 umfasst, und der
Erzählung in 1Kön 12,1.3–19 zwei Ätiologien der Reichstrennung, von denen die
zweite in die Jeroboam-Erzählung eingefügt worden sei. 1Kön 13 und 14,1–18
betrachtet er als „midraschartige Prophetenerzählungen" (169), die bereits das

---

34 Mulder, 1Kings, 20, ohne dabei jedoch auf Kap. 10 einzugehen.
35 Ash, Jeroboam, 16–24.
36 Evans, Naram-Sin, 97–125.
37 Cogan, 1Kings, 97 (vgl. 96–100).

erste Gebot voraussetzten und Nähen zur Chronik aufwiesen, sowie 1Kön 12,21–24 und 12,31–33 als Ergänzungen, ohne dass er sich jeweils zu genaueren Datierungen äußern möchte.

Marvin Sweeney hat mit seinem Kommentar in „The Old Testament Library" von 2007 eine Gesamtbearbeitung von 1–2Kön vorgelegt, in der er historische und literarische Perspektiven miteinander vereint, letzterer jedoch deutlich den Vorzug gibt, indem er zu sehr großen Einheiten der Textentstehung neigt und den historischen Entstehungsprozess des Textes an diesem nur selten aufzeigt, obwohl er ihn in seiner Einleitung deutlich benennt. Sweeney betrachtet 1–2Kön als ein Werk, das sich der Theodizeefrage stellt und darin Gott für unschuldig und das Volk, insbesondere seine Könige, für schuldig hält. Indem in 1–2Kön immer wieder auf die Tora verwiesen werde, legten die beiden Bücher eine Grundlage für das Wiedererstehen Israels auf deren Basis (3). 1–2Kön als Ganzes hat also einen exilischen Horizont, doch gilt dies nicht für alle seine Entstehungsstufen. Vielmehr geht Sweeney von einem fünfstufigen Prozess aus: Der Anfang liege in der Darstellung der Herrschaft Salomos, der eine Darstellung Jehus gefolgt sei. Diese seien eingearbeitet worden in eine hiskianische und diese wiederum in eine josianische Auflage, bevor es zur abschließenden Ausgabe im Rahmen des deuteronomistischen Geschichtswerks in exilischer Zeit gekommen ist (4–32). Für die vorliegende Studie besonders interessant ist das Ende der Darstellung Salomos und der Beginn der Königsnotizen. Diese gehören für ihn zur letzten Auflage der Bücher (7f). Die ursprüngliche Darstellung Salomos sieht Sweeney in 1Kön 10 beendet; ihr Anfang liege jedoch nicht in 1Kön 3, sondern diesen bilde die Davidsgeschichte, sodass es sich bei 1Sam 1–1Kön 10 um das erste größere Geschichtswerk handele, das dem Ruhm Salomos diene und die Grundlage für alle weitere Geschichtsschreibung biete (31f).

Einen Meilenstein in der Forschung zur Entstehungsgeschichte von 1–2Kön stellt die Monographie zu den Beurteilungstexten in 1–2Kön von Felipe Blanco Wißmann aus dem Jahr 2008 dar. Blanco Wißmann vergleicht die Beurteilungen in den Rahmentexten der Königsdarstellungen mit den Texten des Dtn sowie mit altorientalischen Paralleltexten. Er kann damit nachweisen, dass sich die Königsbeurteilungen entgegen der üblichen Bezeichnung als deuteronomistisch nicht auf das Dtn beziehen, sondern Kriterien aufnehmen, die in zeitgenössischen neubabylonischen Texten Verwendung fanden und vertreten wurden.[38] Dazu gehören, für die vorliegende Studie wichtig, insbesondere die Beurteilungen als gut bzw. schlecht sowie der Vergleich mit den Vätern (42–58). Blanco Wißmann

---

38 Vgl. Blanco Wißmann, Beurteilungskriterien, 218, mit Verweis auf seine Einzeluntersuchungen.

kann nachweisen, dass ein wesentliches Unterscheidungsmerkmal zwischen der Darstellung bzw. den Beurteilungen in 1–2Kön und dem Dtn bzw. dtr Denken darin liegt, dass letztere das Volk im Blick haben und dessen Vergehen thematisieren. Dabei handelt es sich in 1–2Kön jedoch um spätere Ergänzungen, während der Blick auf das Volk für tatsächlich dtr Darstellungen wie Jos und Ri durchgehend konstitutiv ist.[39] Zudem wird in 1–2Kön auf David rückverwiesen, aber nicht auf Dtn-Ri.[40] So kommt Wißman zu einer Datierung der Grundschicht zwischen 550– 520 und einer Lokalisierung im Exil (251–255).

Keith Bodner nimmt in seinem Buch „Jeroboam's Royal Drama" (2012) eine Gesamtbetrachtung des Jerobeam-Stoffes auf literarischer Ebene vor. Dabei stützt er sich ausschließlich auf den masoretischen Text. Nach einer Einleitung stellt er die Saul-, David- und Salomo-Erzählungen als vorlaufenden Kontext dar. Danach folgen Betrachtungen der Einzelerzählungen des Jerobeam-Stoffes, in denen Bodner immer wieder zahlreiche Querbezüge zu anderen biblischen Erzählungen und Inhalten aufzeigt und diese für die Interpretation von 1Kön 11–14 fruchtbar macht. Da er bewusst ahistorisch arbeitet, bleiben diese Bezüge auch auf einer intertextuellen Ebene. Am Ende nimmt er einen kurzen Ausblick vor, in dem er auf die zahlreichen weiteren Entdeckungen hinweist, die zu machen wären, wenn LXX und 2Chr einbezogen würden. Die Stärke dieser Studie liegt aber gerade in ihren intertextuellen Querbezügen, die gelegentlich auch die Augen für entstehungs- bedingte Bezüge öffnen können.

2.2 Untersuchungen zu Einzeltexten innerhalb von 1Kön 11–14

Zu den wenigen Studien, die sich auf den Text von 1Kön 11–14 als Ganzen kon- zentrieren, gehören der bereits ältere Beitrag von Ina Willi-Plein, die Monographie von Wesley Toews und der jüngst erschienene Aufsatz von Lissa M. Wray Beal.

Ina Willi-Plein hat mit ihren „Erwägungen zur Überlieferung von I Reg 11,26– 14,20" einen der grundlegenden Beiträge zum Textkomplex 1Kön 11–14 vorge- legt.[41] Darin beschäftigt sie sich intensiver mit zwei Texten. So arbeitet Willi-Plein 1Kön 12,1–19 als selbstständige Erzählung heraus und datiert sie auf der Basis von V 19 vor 722, sodass sie auch nicht einem Deuteronomisten zugeordnet werden

---

39 Vgl. Blanco Wißmann, Beurteilungskriterien, 236, sowie seine Einzeluntersuchungen.
40 Vgl. Blanco Wißmann, Beurteilungskriterien, 245, im Zusammenhang mit der Frage nach dem Umfang der ursprünglichen Geschichtsdarstellung, die Blanco Wißmann in 1Sam 1–2Kön 25 sieht (a.a.O., 245 f).
41 Der Beitrag ist noch unter ihrem Geburtsnamen Plein, Erwägungen, veröffentlicht.

kann.[42] Stattdessen stellt sie eine Nähe zur Davidgeschichte heraus und schließt daraus, dass beide kurz nach der Reichsteilung verfasst worden seien (11–13). In 1Kön 11,29–40 sieht sie dagegen sehr altes Material, das aus dem Nordreich stamme und sogar noch Spuren der Amphiktyonie in sich trage (18). Als diesen alten Bestand rekonstruiert sie 1Kön 11,28aβ.29.30b; 13,33b; 12,32aα.bα (21), der dann durch die Deuteronomisten um 11,26 ff; 12; 14,1–20 erweitert worden sei (24). Äußerst knapp beschäftigt sich Willi-Plein mit 1Kön 12,21–24; 3Kgt 12,24a–z LXX und 1Kön 13. 3Kgt 12,24a–z LXX beurteilt sie als „sekundäre, ‚judaisierende‘, den wirklichen Ereignissen zeitlich und im Verständnis fernstehende Kompilation aus dem masoretischen Text" (18). 1Kön 13 ist ihres Erachtens ebenfalls unabhängig von den Erzählungen um die Reichsteilung entstanden; dieser Erzählung lägen eine Lokaltradition aus Beth El sowie eine Legende über einen wandernden Gottesmann zugrunde (17). 1Kön 12,21–24 erklärt sie unter Verweis auf Noth für sekundär und beschäftigt sich gar nicht damit (17).

Wesley Toews geht in seiner Dissertation „Monarchy and Religious Institution in Israel under Jeroboam I" von 1993 den Auseinandersetzungen um Jerobeams Kultpolitik nach, wie sie sich in den biblischen Texten 1Kön 12; 13; 14,1–18; Ri 17 f; Ex 32 widerspiegeln. Nach einem Entwurf israelitischer Religion in vormonarchischer Zeit (5–22) stellt er den Textkomplex 1Kön 11,26–14,20 im Blick auf seine textliche Bezeugung, literarischen Besonderheiten und Bausteine vor (23–39). So erkennt er drei Prophetenerzählungen nördlichen Ursprungs (11,29–39; 13,1–3; 14,1–18), eine Prophetenerzählung aus dem Südreich (12,21–24), die Jerusalemer Erzählung 12,1–20* und eine Sammlung ebenfalls aus Jerusalem in 12,25–32.[43] Insgesamt versteht er Jerobeam als einen König, der kultisch an den bereits vorhandenen Traditionen anknüpft und damit mehr als Bewahrer denn als Gründer zu betrachten ist.[44] Dies habe auch seine Akzeptanz gefördert; die fundamentale Kritik sei erst durch DtrH eingetragen worden (149).

Lissa M. Wray Beal hat bei ihrer Bearbeitung der prophetischen Texte in 1Kön 11–14[45] herausgestellt, dass deren Ausrichtung nicht nur von Jerobeam auf Josia zielt, sondern ebenso auf Salomo rückverweist. Dabei nimmt sie als eine der wenigen 1Kön 11–14 als einen Textkomplex wahr und spricht von einem „bounded set" (110) und später von „unit" (117). Sie geht jedoch einzig vom masoretischen Text als „final form" aus und arbeitet mit dessen literarischer Struktur, was sich in

---

42 Plein, Erwägungen, 8.
43 Vgl. Toews, Monarchy, 39.
44 Vgl. die Zusammenfassung Toews, Monarchy, 147.
45 Wray Beal, Prophets, 105–124.

dieser Eindimensionalität in der vorliegenden Studie jedoch als methodisch fragwürdig herausstellen wird.[46]

Daneben gibt es zahlreiche Untersuchungen zu Einzeltexten innerhalb von 1Kön 11–14, von denen exemplarisch auf die Folgenden hingewiesen werden soll.

Zu 1Kön 12,1–20 hat Uwe Becker in seinem Beitrag „Die Reichsteilung nach I Reg 12"[47] von 2000 die Frage nach der historischen Verwertbarkeit dieser Erzählung gestellt und durch eine intensive literarkritische Analyse herausgearbeitet, dass sie eher zu den Erzählungen gehört, mit denen „die entscheidenden staatlich-religiösen Setzungen (und Verfehlungen!) in der Früh-Zeit, der ‚Ur-Zeit' der Geschichte verankert [werden], um ihren fundamentalen Charakter für die Gegenwart des Volkes hervorzuheben." (211) In ihrem Geflecht mit den umliegenden Erzählungen betont er die Rollen und Beiträge der verschiedenen Akteure zur Reichsteilung. Ihre Herkunft sieht er im Südreich (216), ihre Entstehung im 7. Jh. (227).

Joachim Debus kommt mit seiner Studie „Die Sünde Jerobeams" von 1967 das Verdienst zu, sich erstmalig intensiver neben dem hebräischen Text auch mit dem LXX-Sondergut in 3Kgt 12,24a–z beschäftigt zu haben. Für den hebräischen Text in 1Kön 11–14 geht er von einer Grunderzählung zu Jerobeam aus, die 1Kön 11,26.40; 12,2.20.25 und Teile von Kap. 14 umfasst, die dann um die Propheten-Erzählung in 11,29–31 und danach deuteronomistisch erweitert wurde. Dabei betrachtet er die deuteronomistischen Bearbeitungen als in sich einheitlich. Die Erzählung von Rehabeam in Sichem versteht er als eine Geschichte aus dem Nordreich, die im Südreich überarbeitet worden sei. Ausführlich setzt er sich in diesem Zusammenhang mit der These Malamats zu advisory bodies auseinander, verwirft diese Idee jedoch (30–34). 1Kön 13 versteht er als eine späte Prophetenlegende, die erst in nach-dtr Zeit eingefügt worden sei (35). Als eine der ersten Studien beschäftigt sich Debus auch mit 3Kgt 12,24a–z LXX, wenn auch sehr oberflächlich und vor allem an der Frage ihres historischen Wertes orientiert. Sein besonderes Verdienst ist aber, darauf hingewiesen zu haben, dass 3Kgt 12,24a–z LXX nicht einfach auf den hebräischen Text zurückzubeziehen ist, sondern es sich um eine eigenständige Überlieferung neben dem später zum masoretischen Text gewordenen handelt.

Zipora Talshir hat mit ihrer Monographie „The Alternative Story. 3 Kingdoms 12:24 a–z" nach Debus die zweite größere Studie zum Sondergut der LXX in 3Kgt 12,24 LXX vorgelegt. Sie weist zunächst den hebräischen Ursprung nach und präsentiert dann eine vierspaltige Synopse mit 3Kgt 12,24a–z LXX in Griechisch, dessen rekonstruierter hebräischer Vorlage sowie den entsprechenden Parallel-

---

46 Vgl. ihre Bearbeitung 1Kön 11,29–39, a.a.O., 113, und die Ergebnisse der vorliegenden Untersuchung durch die Einbeziehung der textlichen Überlieferung.
47 Becker, Reichsteilung, 210–229.

texten in 1Kön 11–14 nach LXX und nach MT und bietet dazu einen detaillierten Kommentar sowie anschließend eine intensive Auseinandersetzung über die Struktur von V 24a–z LXX und dessen Verhältnis zum Text in 1Kön 11–14. Talshir versteht 3Kgt 12,24a–z LXX dabei als eigenständige Erzählung, die sich um die Erzählung zu Jerobeams Sohn in V 24d–n herum entwickelt, dann um Jerobeams Flucht nach Ägypten sowie seinen Versuch, Rehabeam zu entmachten, erweitert wird und schließlich ihre endgültige Form durch Ergänzung der Rehabeam-Erzählstücke (V 24a.n–u.x–z) findet (281f). Entstanden sei die Erzählung in nachexilischer Zeit vor dem Hintergrund der rückkehrenden Exulanten im 4. Jh. (285) aus literarischen Ambitionen des Verfassers heraus, um sich mit Jerobeam zu beschäftigen, aber auch Rehabeam mit einzubeziehen (287–289).

Für den nachfolgenden Text 1Kön 12,26–33 hat Juha Pakkala in seinem Beitrag „Jeroboam without Bulls" (2008)[48] die Beobachtung ausgewertet, dass die Kälber, die Jerobeam nach 1Kön 12,28 aufgestellt haben soll, abgesehen von Ex 32 nur noch in 1Kön 14,9; 2Kön 10,29; 17,16 Resonanz gefunden haben. Letztere betrachtet er jedoch als späte Glossen in 1–2Kön (515). Demgegenüber streicht er das Fehlen eines Hinweises auf sie in der unmittelbar nachfolgenden Erzählung in 1Kön 13 sowie von Hinweisen auf Beth El und Dan im ganzen Text von 1–2Kön heraus (516–519). Aus diesem Befund schließt er, dass die Kälber im Text von 1Kön 12,26–33 eine späte Ergänzung darstellen,[49] die auf Ex 32 zurückgeht (524).

Ein Großteil der Untersuchungen zu Einzeltexten in 1Kön 11–14 beschäftigt sich mit der Erzählung in 1Kön 13.

Alfred Jepsen stellt sich in seinem Beitrag „Gottesmann und Prophet" (1971) zahlreichen Fragen, die sich im Umfeld von Barths Exegese von 1Kön 13 in KD II/2 ergeben haben. Seines Erachtens geht es in der Erzählung darum nachzuweisen, „daß der Altar von Bethel keine legitime Jahwekultstätte mehr ist, da Josia ihn, entsprechend einem alten Jahwewort, entweiht hat" (174). Es geht also nicht um einen Vorverweis auf Josia, sondern um eine nachträgliche Legitimation, deren historischer Anhaltspunkt im Wiederaufleben der Kulttätigkeit nach Josias Tod liegen könnte (176). Jepsen hält ausdrücklich fest, dass die Erzählung für diese Verwerfung keinen Grund nennt (174), dass sie aber alle Einzelaspekte der Erzählung durchzieht und alles in ihrem Dienste steht (178ff). Darin erkennt er schließlich einen Hinweis darauf, dass ausschließlich in Jerusalem der rechte Kult zu suchen sei (182).

Frank Lothar Hossfeld und Ivo Meyer beschäftigen sich im Rahmen ihrer Analysen alttestamentlicher Texte zum Thema „Wahre und falsche Propheten"

---

48 Pakkala, Jeroboam, 501–525.
49 Ebenso Beth El (Pakkala, Jeroboam, 503).

von 1973 unter anderem auch mit 1Kön 13.[50] In ihrem kanonischen Kontext diene die Erzählung der Sichtbarmachung des göttlichen Verwerfungsurteils gegenüber dem Kult in Beth El, doch dabei handele es sich um spätere Anpassungen. Dies zeigten die rahmenden Verse sowie zahlreiche Eingriffe in die Erzählung selber (24). Vielmehr gehe es um „Jahwes Geheiß" (26), das in der Geschichte die zentrale Rolle spiele. Es handele sich um eine „Lehrerzählung", die jedoch nicht ohne Haftpunkte in der Geschichte oder den topographischen Gegebenheiten sei.[51] Mit der Erzählung solle gezeigt werden, „daß Gottes Wort sich unabhängig von Treue und Untreue des Boten durchsetzt" (27).

Thomas Dozeman betrachtet 1Kön 13 wieder unter dem Blickwinkel wahrer und falscher Prophetie. Er sieht darin das durchgehende Thema der Erzählung, deren Kernbestand er als vor-dtr datiert (379). Mit einer Analyse der durchlaufenden Motive und rhetorischen Figuren möchte er zeigen, dass V 32a der Zielpunkt der Erzählung ist, weil dort das Wort des Propheten vom Erzählanfang bewahrheitet wird. Dabei arbeitet er drei Kriterien zur Beurteilung einer rechten Prophetie heraus, die der Erzählung zu entnehmen seien: die Erfüllung, die Bestätigung durch einen anderen Propheten, die Unauflöslichkeit der Einheit von Botschaft und Verhalten eines Propheten.[52]

Jerome Walsh widmet sich in seinem Beitrag „The Context of 1 Kings 13" dem (masoretischen) Endtext und betrachtet die Erzählung literarisch in drei verschiedenen Bezügen: sie selbst, im Kontext der Jerobeam-Erzählung und schließlich im Zusammenhang des deuteronomistischen Geschichtswerks (355). 1Kön 13 teile sich in drei Einzelerzählungen (V 1–10; 11–32; 33–34), von denen die ersten beiden selbstständig gelesen werden könnten. Großen Wert legt Walsh auf literarische Strukturen. Im Kapitel 13 selber sieht er in V 1–10 eine konzentrische und in V 11–32 eine in sich parallele Struktur. Für den Komplex 1Kön 11,26–14,20 versteht er 1Kön 13,1–10 und 13,11–32 als Gegenüber von 12,1–20 und 12,21–25 innerhalb einer um 12,26–31 angelegten konzentrischen Struktur. Im Blick auf 1–2Kön zeigt er zum einen den Bezug zu 2Kön 23 sowie das ab 1Kön 14 durchlaufende Motiv der „Sünde Jerobeams" auf, zum anderen versteht er die beiden Protagonisten als Repräsentanten ihrer beiden Königreiche: Juda sage Israel das Wort Gottes, sterbe aber selber in einem fremden Land, wenn es sich nicht daran hielte (368).

Unter der Frage nach wahrer und falscher Prophetie („1 Kings XIII. True and False Prophecy") bearbeitet Dwight van Winkle 1Kön 13 und stellt heraus, dass es in der Erzählung ein deutlich erkennbares Kriterium zur Unterscheidung gebe: der

---

50 Hossfeld/Meyer, Prophet, 21–27.
51 Dazu gehörten der Altar in Beth El, die Terebinthe und das Grab (Hossfeld/Meyer, Prophet, 26).
52 Konzentriert Dozeman, Man of God, 392f.

unbeirrte Gehorsam gegenüber Gottes Gebot. Van Winkle bietet zunächst die Forschungsgeschichte, fragt dann nach einer ursprünglichen, das heißt für ihn vor-dtr Fassung, zeigt V 1–10 und 11–32 als die beiden Einheiten von Kap. 13 auf und bestimmt schließlich die Erzählung als „prophetic parable" (36 f). Dann geht er auf die Frage nach einem Kriterium zur Unterscheidung von wahrer und falscher Prophetie ein. Dieses müsse sowohl für den Gottesmann als auch für jeden Israeliten einsichtig und einhaltbar sein, will man die pädagogische Absicht der Erzählung als Parabel ernst nehmen (37). So gelangt er zum Kriterium der Einhaltung des Gebotes Gottes (40 – 42).

David Marcus hat in seinem Buch „From Balaam to Jonah. Anti-Prophetic Satire in the Hebrew Bible" (1995) einen Abschnitt dem Kapitel 1Kön 13 als der Geschichte des „Lying Prophet" gewidmet (67– 91). Darin arbeitet er die fantastischen Elemente der Erzählung heraus („Fantastic situations"),[53] dann die ironischen („Irony"),[54] die lächerlich machenden („Ridicule")[55] und die parodistischen („Parody")[56]. Schließlich zeigt er Schlüsselbegriffe und rhetorische Figuren auf (89 – 91). Marcus datiert die Erzählung in die Zeit Josias oder kurz danach (73). Ihre Aussageabsicht sieht er darin, die handelnden Personen zu verspotten (91).

Uriel Simon hat in seinem Beitrag „A Prophetic Sign Overcomes Those Who Would Defy It", einer 1997 publizierten überarbeiteten Version seiner früheren Studie „I Kings 13. A Prophetic Sign – Denial and Persistance" von 1976, eine Analyse von 1Kön 13 vorgelegt. Er betrachtet die Erzählung nur mit dem Abschnitt 2Kön 23,16–18 als vollständig und arbeitet in dieser angenommenen Gesamterzählung eine interne parallele Struktur mit zahlreichen Querbezügen heraus, bevor er dann die Funktion der verschiedenen Zeichen und Wunder in der

---

53 Marcus, Balaam, 73 – 76: Die unhistorische Rückdatierung in eine graue Frühzeit, obwohl der Autor seines Erachtens zu Josia zeitgenössisch ist; die steife Hand Jerobeams und deren Heilung; das Zerbrechen des Altars; das Verhalten des Löwen.

54 Marcus, Balaam, 76 – 82: Dass der Gottesmann durch Gott selber zu Tode kommt; dass der alte Prophet den Gottesmann ins Verderben stürzt, ihm seine Strafe ankündigt und schließlich doch seine Wahrhaftigkeit feststellt; dass sich die Wahrhaftigkeit der Botschaft des Gottesmannes erst durch seinen Tod herausstellt; dass der Löwe den Esel verschont; dass die Gebeine des Gottesmannes ausgerechnet den schützen, der ihn indirekt zu Tode gebracht hat.

55 Marcus, Balaam, 82 – 86: Der Gottesmann spricht den Altar an, nicht Jerobeam; Jerobeam ignoriert das Zerbersten des Altars und kümmert sich nur um seine Hand und lädt schließlich den Gottesmann zu sich ein; der Gottesmann wird durch den Propheten „hereingelegt" („fooled", a.a.O., 83); der Prophet wird als Lügner bezeichnet; beim Begräbnis des Gottesmannes geht es ihm mehr um sein eigenes.

56 Marcus, Balaam, 87 – 89: Die Geburtsankündigung Josias ist eine Parodie auf Geburtsankündigungen von Königen; dass der Prophet den Gottesmann erst einlädt und ihm dann selber Gottes Strafe ankündigt, ist parodistisch, weil solche Strafankündigungen sonst unmittelbar an den Betroffenen ergehen.

Geschichte bespricht. Aussageabsicht sei, die Prophetie durch die Kritik an den Propheten zu rühmen, denn das Wort Gottes stehe sowohl über denen, die es bekämpfen, als auch über denen, die es vertreten sollen (131): „From beginning to the end the story dwells on a single theme – the fulfillment of the word of the Lord in its appointed time, after it transcends the weakness of its bearer and converts into affirmers those who would violate it." (154).

Erhard Blum hat in seinem Beitrag „Die Lüge des Propheten" für die Festschrift für Rolf Rendtorff aus dem Jahr 2000 eine synchrone und diachrone Analyse von 1Kön 13 vorgelegt. Er sieht in der Geschichte vom Gottesmann aus Juda und dem alten Propheten eine Erzählung aus der späteren Perserzeit, in der es durch eine geschichtlich frühzeitig positionierte Verurteilung des Heiligtums in Beth El um die Desavouierung einer neuen Akzeptanz gehe. Durch Querverweise in der diachronen Betrachtung gewinnt er zahlreiche weitere Deutungsperspektiven für die Erzählung. Blum hält dabei die synchrone und die diachrone Perspektive zusammen, indem er davon ausgeht, dass 1Kön 13 für den Kontext geschrieben worden sei und deshalb auch als Ganzes aus einer Feder stamme.

Barbara Schmitz hat mit ihrer Habilitationsschrift 2008 eine „narratologisch-historische Methodologie" entworfen, die sie exemplarisch an 1Kön 13 und 1Kön 22 ausführt. Dabei betrachtet sie 1Kön 13 vom (masoretischen) Endtext aus zunächst in seinem Kontext und danach unter dem Titel „Eine Textlektüre"[57] sehr ausführlich als Erzählung. Sie arbeitet intertextuell zahlreiche Querbezüge zu weiteren biblischen Texten heraus und interpretiert vor allem Einzelzüge, weil „die Erzählung voller Offenheiten, rätselhafter Widersprüche und perspektivischer Mehrdeutigkeiten ... kein einfaches Fazit zu[lasse]" (221). Ihre Grundlage ist in der gesamten Studie die Erzählung ausschließlich in ihrer masoretischen Textform, die sie in die josianische Zeit datiert (220).

David Bosworth konzentriert sich in seiner Beschäftigung mit 1Kön 13 auf die V 11–32 und versteht diese als eine in sich geschlossene Einheit mit Bezug auf 2Kön 23,15–20 (118). Dabei geht er davon aus, dass es sich bei 1Kön 13,11–32 um ein ‚Mise en abyme', eine Erzählung innerhalb einer Erzählung handelt, die die Handlung der Großerzählung im Kleinen noch einmal abbildet. Beide Propheten repräsentierten ihre Herkunftsländer und stellten in ihrem Handeln die Geschichte der beiden Reiche in nuce dar.[58]

Der Überblick über die Forschungslage zeigt, dass zwar einerseits intensiv an der Frage nach den Quellen von 1–2Kön und andererseits an Einzeltexten in-

---

57 Schmitz, Prophetie, 154–211.
58 Vgl. die Übersicht in Bosworth, Story, 132f, und die anschließende Besprechung. Dabei wirken manche Parallelen allerdings auch „gesucht".

nerhalb von 1Kön 11–14 gearbeitet worden ist, sich jedoch nur ein kleiner Teil der Forschung mit 1Kön 11–14 als Einheit bzw. als Textkomplex mit eigenem Profil auseinandergesetzt hat. In diesem Kontext widmet sich die vorliegende Untersuchung beiden Fragestellungen: der Frage nach dem Zusammenhang von 1Kön 11–14 und derjenigen nach den 1Kön 11–14 zugrunde liegenden Erzählungen, Quellen und Bearbeitungen. Vorangestellt ist eine intensive Auseinandersetzung mit der Textgeschichte und eine Rekonstruktion des wahrscheinlich ältesten Textes von 1Kön 11–14, soweit diese möglich ist.

3 Der Text von 1Kön 11–14 und seine Überlieferung

Der Textkomplex um die sogenannte Reichsteilung setzt sich aus vielen kleinen Einheiten zusammen, deren erzählerischer Anfang noch in der Regierungszeit Salomos liegt (1Kön 11,1–8) und deren Ende durch den Tod der beiden Hauptfiguren und ersten Könige der beiden Reiche Israel und Juda, Jerobeam und Rehabeam, markiert ist. Indem sie an ihrem Ende die gleiche Form aufweist, wie sie für die Geschichtsdarstellung von 1–2Kön prägend ist, bildet die Gesamteinheit von Kap. 11–14 eine Überleitung von der „Gründerzeit" zur nachfolgenden Geschichte der beiden Reiche.

Einen ersten Überblick gibt die Gliederung des Textkomplexes.

11,1–3MT‖11,1–2LXX	Salomo liebt viele Frauen
11,4–8	Salomo baut Kultstätten für fremde Götter (in unterschiedlicher Erzählfolge in MT und LXX)
11,9–13	Gott kündigt Salomo an, dass er ihm das Königtum entreißen werde
11,14–25	Hadad und Reson – zwei Satane für Salomo
11,26–40	Jerobeam empfängt Achias Prophetie
11,41–43	Todesnotiz Salomos, Rehabeam wird König
12,1–19	Rehabeam reist nach Sichem, um in Israel König zu werden
12,20	Jerobeam wird König in Israel
12,21–24	Schemajas Prophetie gegen einen Krieg Judas mit Israel
12,24a–z	Erzählungen zu Rehabeam und Jerobeam (nur LXX)
12,25–30.31–33	Jerobeams erste politische und religiöse Maßnahmen
13,1–32.33–34	Der Gottesmann in Beth El
14,1–18	Jerobeams Sohn (nicht LXX)
14,19–20	Todesnotiz Jerobeams (nicht LXX)
14,21–28	Rehabeams Regierung
14,29–31	Todesnotiz Rehabeams, darin Notiz über Kriege zwischen Juda und Israel

Wie bereits die Übersicht zeigt, ist der Text von 1Kön 11–14 nicht nur im masoretischen Text (MT)[59] überliefert, der meist der Beschäftigung mit diesem Abschnitt zugrunde gelegt wird, sondern mit bemerkenswerten Abweichungen auch in der Septuaginta sowie in den weiteren Übersetzungen, auch wenn diese in der Regel MT nahestehen. Dabei verdienen für die Septuaginta insbesondere zwei Editionen besondere Beachtung: die zumeist die Kodizes Vaticanus, Sinaiticus

---

59 Biblia Hebraica Stuttgartensia, hg.v. Karl Elliger/Wilhelm Rudolph, Stuttgart ⁵1997. Das Faszikel zu 1–2Kön der Biblia Hebraica Quinta liegt noch nicht vor.

und Alexandrinus repräsentierende Ausgabe von Rahlfs und Hanhart (LXX)[60] sowie die den wieder neu ins Bewusstsein der Forschung gerückten Antiochenischen Text (Ant) edierende Ausgabe von Fernández Marcos und Busto Saiz[61]. Eine Edition des Göttinger Septuagintaprojekts liegt zur Zeit noch nicht vor. Ebenso gibt es für die Vetus Latina noch keine Edition, allerdings findet sie Berücksichtigung in der Ausgabe des Antiochenischen Texts von Fernández Marcos und Busto Saiz, wo sie auch partiell abgedruckt wird, sowie in der Septuaginta-Ausgabe von Brooke/McLean/Thackeray[62]. Für die stärker vom MT abhängigen Textzeugen gibt es die Leidener Peschitta-Ausgabe[63] sowie die Stuttgarter Vulgata-Ausgabe[64].

So ist heute neben MT der griechischen Überlieferung durchgängig Beachtung zu schenken sowie auch die syrische und lateinische Texttradition mit einzubeziehen.[65] Über das Verhältnis der verschiedenen Textzeugen zueinander ist in der jüngeren Forschung viel gearbeitet worden, insbesondere durch das wieder erstarkte Interesse an der Septuaginta.[66] Die LXX[67] bietet in 1Kön 11 – 14 mit dem Codex Vaticanus (Ms B) einen alten Text, der nicht von der καιγε-Rezension

---

60 Septuaginta. Editio altera, hg.v. Alfred Rahlfs/Robert Hanhart, Stuttgart 2006.

61 El Texto Antioqueno de la Biblia Griega, Bd. 2: 1–2 Reyes, hg.v. Natalio Fernández Marcos/José Ramón Busto Saiz, Madrid 1992. Siehe auch Fernández Marcos, Der antiochenische Text; ders., Editorial Features, sowie Busto Saiz, Lucianic Manuscripts.

62 The Old Testament in Greek according to the Text of Codex Vaticanus, Supplemented from Other Uncial Manuscripts, with a Critical Apparatus Containing the Variants of the Chief Ancient Authorities for the Text of the Septuagint, Bd. 3, hg.v. Alan E. Brooke/Norman McLean/Henry St. J. Thackeray, Cambridge 2009 (Nachdruck der Ausgabe von 1935).

63 The Old Testament in Syriac according to the Peshiṭta Version, Bd. 2/4: Kings, hg.v. Peshiṭta Institute, Leiden 1976. Siehe dazu auch die Studien Berlinger, Peschitta, und Dyk/van Keulen, Language System.

64 Biblia sacra iuxta Vulgatam Versionem, hg.v. Robert Weber/Roger Gryson, Stuttgart [5]2007.

65 In Qumran ist lediglich 1Kön 12,28 – 31 sehr fragmentarisch im Ms 6Q4 erhalten und an dieser Stelle ohne textkritische Bedeutung. Zur allgemeinen Beurteilung sowie zur Datierung siehe Lange, Handbuch, 226 f.

66 Siehe beispielsweise die drei Bände Fabry/Offerhaus, Brennpunkt 1; Kreuzer/Lesch, Brennpunkt 2; Fabry/Böhler, Brennpunkt 3, sowie die Tagungsbände von Septuaginta Deutsch: Karrer/Kraus, Septuaginta Lebenswelten; Kraus/Karrer, Septuaginta Einflüsse; Kreuzer/Meiser/Sigismund, Septuaginta Geschichte, aber auch die Berücksichtigung dieser Forschung in Lehrbüchern wie Fischer, Text des AT; Fabry, Geschichte, 59 – 64; dagegen sehr traditionell Tilly, Einführung in die LXX, insb. 93 – 96; eher indifferent Berlejung, Quellen und Methoden, 26 – 30, und ebenso zum Text von 1Kön Gertz, Tora, 297 – 304. Zum Antiochenischen Text konkret siehe Fernández Marcos, Der antiochenische Text; ders., Septuagint in Context, 231 – 236; ausführlicher Fernández Marcos, Scribes and Translators.

67 Unter LXX wird in dieser Untersuchung in der Regel die gesamte griechische Texttradition verstanden, sofern nicht Ant explizit erwähnt wird. Dann wird dieser separat besprochen und LXX ist als LXX ohne Ant zu verstehen.

(1.Jh.v.–50n.)[68] erfasst ist.[69] Auch wenn damit dem Antiochenischen Text (Ant)[70] nicht dieselbe Bedeutung zukommt wie in den καιγε-Abschnitten, ist es dennoch sinnvoll, ihn zu berücksichtigen.[71] So lässt sich für die griechische Sprachtradition auf einen relativ alten und gut bezeugten Textbestand zurückgreifen.[72] Ähnliches gilt für die syrische Texttradition der Peschitta (P), die ebenfalls in das 1. Jh. n. reicht, wie neuere Studien und Gesamtdarstellungen zeigen; sie belegen zudem, dass es sich bei P nicht bloß um eine Übersetzung des MT handelt, sondern sie

---

68 Barthélemy, Aquila, 271; siehe überblicksartig auch Fischer, Text des AT, 129.

69 Vgl. grundlegend Thackeray, Septuagint, und präzisierend Shenkel, Chronology (Thackeray hatte den nicht-καιγε-Abschnitt in 2Sam bis inklusive Kap. 11,1 angenommen; Shenkel hat dem-gegenüber nachgewiesen (a.a.O., 117–120), dass sich auch in Kap. 10 καιγε-Elemente finden, und daher den Beginn der καιγε-Rezension in 2Sam bereits in Kap. 10,1 plausibel gemacht), und als Überblicksdarstellung Kreuzer, Textform, der aufgrund seiner Arbeiten zu 2SamLXX auch bei den nicht-καιγε Abschnitten von einer Bearbeitung ausgeht, die er „semi-kaige" nennt; diese ist jedoch in 1Kön 11–14 nicht auszumachen.

70 Ant bezeugt einen alten Text, der insbesondere für 1–2Sam Äquivalente in den hebräischen Texten von Qumran und bei Josephus aufweist (s. Ulrich, 4QSamᵃ, 24–39; ders., Qumran Text; zu 1–2Sam siehe auch die detaillierte Studie Kim, Textformen). Für 1–2Kön fallen diese Gegenproben weg, weil die Bücher in Qumran zu schwach bezeugt sind und die Wiedergabe der Inhalte bei Josephus in Ant. V–X in Sprache und Form wesentlich stärker hellenisiert ist als die von 1–2Sam. Dennoch lässt sich Ant für 1–2Sam und 1–2Kön gleichermaßen nachweisen, und auch bei Jo-sephus zeigt sich in den von der καιγε-Rezension erfassten Texten eine wesentlich höhere Übereinstimmung mit Ant als in den nicht von der καιγε-Rezension erfassten Abschnitten (vgl. Fernández Marcos, Der antiochenische Text, 202–205; Spottorno, Josephus, insb. 282–284; dies., 1–2Kings, 151f; vgl. auch De Troyer, Der lukianische Text). So gestehen auch Lehrbücher wie Fischer, Text des AT, 138f, die der traditionellen Sicht folgen und Ant in das 4. Jh.n. datieren und ihn so weiterhin als lukianischen Text behandeln, ihm textgeschichtlich eine mindestens ebenso alte Stufe zu wie der καιγε-Rezension. Kurz, demgegenüber aber präzise: Fabry, Geschichte, 62f. Tilly, Einführung in die LXX, 93–96, geht dagegen von einer eigenständigen hebräischen Vorlage aus und rezipiert die neuere Forschung sehr eingeschränkt.

71 Fernández Marcos, Der antiochenische Text, 191f, geht davon aus, dass sich der antioche-nische Text im 1.Jh.n. von der Septuagintatradition gelöst hat und von da ab nicht mehr mit ihr in Berührung gekommen ist. Allerdings weist er auch darauf hin, dass Ant nicht einfach identisch ist mit OG, sondern gegenüber OG v. a. stilistisch bearbeitet worden sei. Ant ist identifizierbar durch bestimmte textliche Charakteristika (vgl. a.a.O., 193–196). Fernández Marcos und ein Großteil der Septuagintaforschung setzen sich damit deutlich ab von den vormals einflussreichen Studien von Rahlfs (ders., Lucians Rezension) und seinen Ergebnissen, die auch seine Ausgabe prägen.

72 Siehe dazu zuletzt Kreuzer/Meiser/Winter, Basileion I-IV, 714–744, insbesondere die von Kreuzer verfassten Abschnitte zu Textzeugen und Textformen (a.a.O., 715–719). Schenker, Älteste Textgeschichte, 184–187, geht mit seinen Überlegungen noch weiter zurück und nimmt an, dass die von ihm rekonstruierte älteste Textgestalt schon im 3.Jh.v. in quasi-kanonischer Geltung stand und dann in der zweiten Hälfte des 2.Jh. in der Hasmonäerzeit einer Revision unterzogen wurde, die langfristig zu MT führte. Dagegen bezeuge LXX in ihrer ursprünglichen Gestalt, also OG, den Textbestand vor der Revision.

vielmehr als vollwertiger Textzeuge in Betracht zu ziehen ist.[73] Schwieriger ist die Forschungslage für die lateinischen Texte der Vetus Latina (VL) und der Vulgata (Vg), für die kaum umfassende Studien existieren.[74]

Insgesamt zeigt die Arbeit mit den verschiedenen Textzeugen, dass es zweifellos eine Urtexttradition gab, sich diese aber nur noch bedingt, und stellenweise auch nur noch in Grundzügen inhaltlich mit den Methoden der Textkritik bestimmen lässt[75] und zudem gelegentlich bereits die Grenze zur Literarkritik überschritten wird. Als hilfreich erweisen sich dabei Ansätze, wie sie David Carr als „Oral-Written Transmission" wieder in die Diskussion eingeführt hat.[76] Im Folgenden wird es um einen Versuch gehen, diese Urtexttradition nachzuzeichnen, so weit es möglich ist. Dabei folgt die Darstellung der oben genannten inhaltlichen Gliederung.

3.1 1Kön 11,1–3 MT ‖ 3Kgt 11,1–2 LXX – Salomo liebt viele Frauen

Der Textabschnitt, der in MT mit V 1–3 und in LXX mit V 1–2 markiert ist, beinhaltet so viele textgeschichtliche Fragen, die nicht mit einer Wort-für-Wort-

---

73 Siehe jüngst Weitzmann, Syriac Version, und Brock, Bible in Syriac. Auch die vorliegende Studie wird dies stützen.

74 Einen Überblick zur Vetus Latina gibt Zelzer, Vetus Latina, 352–367. Siehe auch Fernández Marcos, Vetus Latina, 153–163. Textfragmente bietet Moreno Hernández, Glosas marginales. Eine Einführung in die Vulgata steht noch aus. Zu zahlreichen Einzelheiten innerhalb des Textes von 1Kön 11 f siehe Vanoni, Literarkritik, 24–30.

75 Methodisch sinnvoll und hilfreich bei der Bearbeitung der Textversionen ist Schenkers Ansatz des dreifachen Ausschlusses (keine Textverderbnis, keine innergriechische Veränderung, keine literarische oder redaktionelle Veränderung), wobei stets von Fall zu Fall zu entscheiden ist. Vgl. Schenker, Älteste Textgeschichte, 4, der dies im Blick auf die hebräische und griechische Texttradition ausarbeitet. Eine bei aller Zustimmung notwendige kritische Auseinandersetzung mit Schenker bietet Pietsch, Von Königen, der sich jedoch vor allem mit 2Kön 23, das heißt mit einem von der καιγε-Rezension betroffenen Text beschäftigt. Methodisch dagegen kaum gangbar ist Turkaniks einseitiges Verständnis der LXX als Übersetzung von MT (Turkanik, Kings and Reigns). Zu den verschiedenen Texttheorien allgemein siehe den knappen, aber guten Überblick in Fischer, Text des AT, 146–151.

76 Carr, Formation, 13–102, sowie seine Darstellung in Carr, Empirische Perspektiven, 1–17, und zuvor bereits seine umfangreiche Studie Carr, Writing, insb. 287–297.

Die sonst übliche Annahme einer neukonzipierenden Bearbeitung durch LXX (vgl. Wevers, Exegetical Principles; van Keulen, Two Versions; Turkanik, Kings and Reigns; bereits differenzierter: Talshir, 1Kgs 11, die davon ausgeht, dass Proto-MT in hebräischer Sprache überarbeitet und dann Wort für Wort ins Griechische übersetzt wurde (vgl. a.a.O., 98)) stößt demgegenüber immer wieder an Grenzen, wie die nachfolgende Diskussion zeigen wird.

Diskussion eingefangen werden können, dass sich ein abschnittsweises Vorgehen anbietet.

MT bezeugt 1Kön 11,1–3:	LXX bezeugt 3Kgt 11,1–2[77]:
1 a Der König Salomo[78]	1 a Der König[79] Salomo
hat viele fremde Frauen geliebt	war frauenliebend[80].
	b Und er hatte siebenhundert Hauptfrauen
	und dreihundert Nebenfrauen.
	c Und er nahm fremde Frauen
b und die Tochter des Pharao,	d und die Tochter des Pharao,
c Moabiterinnen, Ammoniterinnen,	e Moabiterinnen, Ammoniterinnen,
Edomiterinnen, Sidoniterinnen,	Syrerinnen und Idumäerinnen, Hetite-
Hetiterinnen,	rinnen und Amorräerinnen,[81]
2 a von den Völkern,	2 a aus den Völkern,
b von denen JHWH gesagt hatte	b von denen der Herr
zu den Kindern Israel:	den Kindern Israel verboten hatte[82]:
c Ihr sollt nicht zu ihnen gehen,	c Ihr sollt nicht zu ihnen gehen,
und sie sollen nicht zu euch gehen,	und sie sollen nicht zu euch gehen,
d sodass sie eure Herzen abwenden	d damit sie nicht eure Herzen abwenden
hinter ihren Göttern her.	hinter ihren Götterbildern[83] her.
e An ihnen[84] hing Salomo zu lieben.	e An sie[85] schloss sich Salomo an zu lieben.
3 a Und er hatte Frauen,	
b siebenhundert Hauptfrauen[86]	

---

77 Ant wird in der Ausgabe von Fernández Marcos und Busto Saiz mit einer anderen Verszählung dargestellt: 1 Der König Salomo … 2 Und er nahm fremde Frauen … 3 aus den Völkern … Dieses Problem im Vergleich mit den sonst gängigen Ausgaben (zu 1–2Kön insbesondere zu Rahlfs/ Hanhart) zieht sich durch diese Edition durch. In dieser Studie wird der besseren Übersicht wegen die Kapitel- und Verszählung der Rahlfs/Hanhart-Ausgabe verwendet.

78 MT setzt nach 1Kön 10,29 mit einem Nominalsatz neu ein: וְהַמֶּלֶךְ שְׁלֹמֹה אָהַב, wobei das ו hier unübersetzt bleibt.

79 LXX liest wie MT καὶ ὁ βασιλεύς. Um die Parallelität zu wahren, bleibt auch hier das καί unübersetzt.

80 Die LXX weist an dieser Stelle eine gewisse Bandbreite in der Wiedergabe auf. Während die meisten Textzeugen nur φιλογύναιος lesen, bezeugt Ms B φιλογύνης und Ant ἀνὴρ φιλογύναιος. Dabei ist das alleinige φιλογύναιος innerhalb der griechischen Texttradition als kürzeste Lesart vorzuziehen.

81 Ant bezeugt vor jeder Nennung ein καί.

82 Ant ergänzt hier λέγων, was in der hebräischen Vorlage ein לֵאמֹר voraussetzt. LXX übersetzt ihre Vorlage interpretierend, was aber textkritisch nichts am anzunehmenden Grundbestand ändern muss.

83 Ant gibt εἰδώλων determiniert wieder.

84 MT: בָּהֶם, sodass sich „ihnen" auf die Völker bezieht.

85 „αὐτούς", sodass sich „sie" auch in der LXX auf die Völker bezieht.

86 Zur Übersetzung von שׂרות mit ‚Hauptfrauen' siehe zur Stelle in Kap. 4.

und dreihundert Nebenfrauen.
c Und seine Frauen wandten sein Herz ab.

P stützt im Wesentlichen MT. Bei der Wendung נָשִׁים נָכְרִיּוֹת רַבּוֹת (V 1) weist P eine
Umstellung auf (ܢܫܐ ܣܓܝܐܬܐ ܢܘܟܪܝܬܐ), die allerdings übersetzungsbedingt sein
kann, zumal sie von Vg nicht gestützt wird. Eine weitere Umstellung gegenüber MT
besteht in der Liste der Völker, aus denen Salomos Frauen stammen sollen. So
werden in P die Ammoniterinnen vor den Moabiterinnen bezeugt.[87] Dieser Unterschied fällt stärker ins Gewicht, weil sich an dieser Stelle auch eine massive
Diskrepanz zwischen MT und LXX zeigt. Einen verstärkenden Akzent setzt P in V 2,
wenn תָבֹאוּ bzw. יָבֹאוּ mit ܬܬܚܠܛܘܢ bzw. ܢܬܚܠܛܘܢ (Anteil haben, zusammen sein, sich
vermischen) übersetzt wird. Doch handelt es sich dabei angesichts der übrigen
Textzeugen um eine interpretierende Übersetzung ohne Auswirkungen auf Fragen
des Textbestands. Bemerkenswerter ist das Ende von V 2, an dem P ܕܐܝܟ ܦܪܨܘܦܗ
bezeugt.

Auch Vg stützt im Wesentlichen MT.[88] Vermerkenswert ist nur das Ende von
V 2, an dem Vg ‚ardentissimo amore' bezeugt, sodass dieses Versende bei allen
Textzeugen unterschiedlich belegt ist.

Die wesentlichen Unterschiede zeigen sich jedoch in den Gestalten von MT
und LXX. Nach MT beginnt der Abschnitt mit einem Nominalsatz (V 1a MT), der
das Folgende stilistisch deutlich vom Vorangegangenen, der Aufzählung des
Reichtums Salomos in 1Kön 10, abtrennt. Dabei ist dieser Satz auffällig lang, denn
er reicht bis V 2d, sodass er thematisch nicht nur die Mitteilung enthält, Salomo
habe viele fremde Frauen gehabt, sondern neben der Tochter des Pharao auch die
Herkunft dieser Frauen aufzählt und danach an ein Verbot Gottes erinnert, sich mit
diesen Völkern zu verbinden, um eine Hinwendung zu fremden Göttern zu verhindern. V 2e MT folgt dem wie ein Abschluss, nimmt aber thematisch nur die
Liebe aus V 1a MT auf. V 3a – b MT wirkt daran anschließend wie ein Neueinsatz,
der die Zahl der in V 1a MT genannten Frauen zu präzisieren scheint und deren
soziale Stellung nennt, ohne dass hier auf eine fremde Herkunft rekurriert würde.
V 3c MT holt dies gewissermaßen wieder ein, indem ein zweites Mal ein abschließender Satz folgt, diesmal im Rückgriff auf V 2d MT und damit auf das dort
angeführte Verbot. So wird festgehalten, dass bei Salomo genau das eingetreten
sei, was das Verbot verhindern sollte.

In LXX umfasst der erste Satz nur V 1a LXX und ist damit wesentlich kürzer als
in MT. So wirkt er auch eher wie eine Überschrift zum Folgenden. Dabei weist V 1a

---

[87] Korrigiert und an MT angeglichen in 9a1fam (s. Peshitta-Version, XI).
[88] Vgl. Details bei Vanoni, Literarkritik, 24.

LXX durch den Begriff φιλογύναιος eine Stilistik auf, die in dieser Art kaum hebräischen Ursprungs sein kann und bei der es sich wohl um eine griechisch-
zielsprachlich ausgerichtete Wiedergabe der Aussageabsicht des Textes handelt.[89]
Auffällig ist jedoch die inhaltliche Divergenz, die sich zwischen MT und LXX zeigt.
Während MT von vielen fremden Frauen spricht, hat LXX nur die Vielheit der
Frauen im Blick. Das wird dadurch unterstrichen, dass in V 1b LXX deren Anzahl
und soziale Stellung genannt wird – inhaltlich identisch mit V 3a–b MT, jedoch
textpragmatisch an vorgezogener Stelle. Erst V 1c LXX nimmt das Motiv der
fremden Herkunft auf und nennt dabei die Tochter des Pharao und die Völker, aus
denen diese fremden Frauen stammen sollen. Textpragmatisch bleibt durch diesen Neueinsatz offen, ob diese fremden Frauen unter die 1000 vorher genannten
Frauen zu rechnen sind oder noch hinzukommen. Zudem setzt LXX durch die
Wendung καὶ ἔλαβεν einen eigenen Akzent; denn nun geht es um eine aktive
Heiratspolitik Salomos mit seinen politischen Nachbarn. Daran angeschlossen
befindet sich die Erinnerung an das Verbot, sich auf andere Völker einzulassen,
um eine Hinwendung zu fremden Göttern zu verhindern. Diese verläuft in MT und
LXX weitgehend parallel, jedoch werden diese Götter in LXX deutlicher als in MT
als Götzenbilder diffamiert (εἰδώλων αὐτῶν). Die Passage schließt in LXX ab mit
einem Vollzugssatz (V 2e LXX), der trotz Differenzen in Wortwahl und Syntax
inhaltlich V 2e MT entspricht. Ein Pendant zu V 3c MT findet sich in LXX nicht.

Im Vergleich beider Textüberlieferungen fallen einige Differenzen auf. Am
offensichtlichsten ist die unterschiedliche Positionierung von V 3a–b MT bzw.
V 1b LXX. Des Weiteren gibt es Unterschiede bei der Frage nach der Vielzahl und
der Fremdheit der Frauen Salomos; das betrifft V 1a MT sowie V 1a.c LXX, aber
auch V 3c MT und dessen Fehlen in LXX. Als Drittes zeigen sich vielfältige
Überlieferungen über die Herkunftsvölker der Frauen Salomos in allen Texttraditionen. Und schließlich ist das Ende von V 2e ebenfalls in allen Texttraditionen
unterschiedlich überliefert.

Da die ersten beiden genannten Differenzen eng mit V 3a–b MT bzw. V 1b LXX
zusammenhängen, kristallisiert sich die Positionierung dieser Notiz als Haupt-

---

89 Zu dieser zielsprachlich orientierten Wiedergabe gehört wohl auch die Bezeugung von ἀνήρ in
Ant, sodass sich aus dieser innergriechischen Differenz keine textkritischen Schlüsse ziehen
lassen. Zu ähnlichen Wortbildungen in LXX siehe Talshir, 1Kgs 11, 88. In der Tat bleibt diese
Formulierung bei der ansonsten großen Treue zur Vorlage auffällig (die von Talshir, 1Kgs 11, 89,
herangezogene weitere Stelle in 1Kön 12,8 geht jedoch auf ein anderes Phänomen zurück und lässt
sich hier nicht einreihen).

Außer Acht bleiben hier die innergriechischen Differenzen bei der Wiedergabe von Lauten,
beweglichen Endkonsonanten und der Deklinationen von Namen (Σαλωμων undekliniert vs.
Σαλομων, -ωντος). Vgl. dazu die umfangreiche Studie von Walters, Septuagint.

problem der Textentstehung heraus. Denn von ihr her lassen sich auch die Divergenzen der Textüberlieferungen um sie herum erklären. So ist davon nicht nur die Gestaltung von V 1a MT in einem bzw. V 1a.c LXX in zwei Sätzen abhängig, sondern auch die Existenz von V 3c MT.

Die Frage ist nun, welcher Text von beiden als Ausgangspunkt anzunehmen ist. Da MT gerade im Zusammenhang mit V 3a – b MT zweifellos deutlicher und unverblümter Wachstumsspuren zeigt als LXX – so scheint der Wechsel von V 2e MT zu V 3a MT so unvermittelt, dass er mit V 3c MT erzählerisch wieder eingeholt werden muss –, liegt es zunächst nahe, MT als Ausgangspunkt für eine Textentwicklung anzunehmen.

Im Blick auf V 1a MT bzw. V 1a.c LXX könnte man dann in LXX von einem Auseinanderziehen der Aussage von MT ausgehen, die durch das Vorziehen von V 3a – b MT notwendig geworden wäre. So würde LXX durch die Voranstellung der Aussage eine Glättung einführen, indem sie thematisch unterscheidet und zuerst von der Vielzahl der Frauen spricht und danach von deren fremder Herkunft. Dabei erscheint die Vielzahl der Frauen durchaus ohne Wertung, jedenfalls wird sie weder explizit negativ konnotiert, noch spielt sie eine Rolle im abschließenden Satz V 2e LXX. Setzt man dabei einen bewusst im Gegenüber zu MT gestaltenden Willen voraus, könnte man annehmen, dass Salomo auf diese Weise zumindest teilweise von der in MT formulierten doppelten Schuld – Vielheit der Frauen und verbotene fremde Herkunft der Frauen – befreit werden sollte, denn zumindest die große Zahl der Frauen erhielte ein geringeres Gewicht. Die Neuformulierung in V 1c LXX mit καὶ ἔλαβεν würde dann den eigentlichen Anklagepunkt einleiten und vom Vorherigen absetzen.

Es stellt sich jedoch die Frage: Zu welchem Zweck sollte ein solcher Eingriff in der griechischen Übersetzung geschehen oder in ihrer Vorlage formuliert worden sein? Percy van Keulen hat genau solche Überlegungen stark gemacht und spricht von einer „dissatisfaction with the structure of the original"[90] und dem Bestreben, Salomo in ein besseres Licht zu rücken. Er setzt dabei voraus, dass LXX oder ihre Vorlage bewusst in den Textbestand, wie er in MT bezeugt ist, eingegriffen habe. So ließen sich die oben genannten Beobachtungen erklären, und auch das Ausfallen von V 3c MT wäre als ein glättender Eingriff zu verstehen. Doch stehen dem andere Beobachtungen und Überlegungen entgegen.

So muss sich die Annahme einer Relativierung der Schuld Salomos dem Problem stellen, dass er in beiden Texttraditionen klar verurteilt wird und dass in beiden Texttraditionen weniger die Vielzahl der Frauen im Vordergrund steht als deren fremde Herkunft – und mit dieser fremden Herkunft die Hinwendung zu

---

90 Van Keulen, Two Versions, 209.

fremden Göttern. Dabei ist nicht zu bestreiten, dass die LXX Akzente setzt, doch setzt sie sie gerade an Punkten, die gegen Salomo sprechen.[91] So redet sie gerade nicht von fremden Göttern, sondern von (Götzen-) Bildern und konnotiert sie damit eindeutig negativ. Zudem wird das Verbot in V 2b LXX nicht mit einem neutralen אמר, sondern mit einem klar wertenden ἀπεῖπεν eingeführt.[92]

Wenn sich nun LXX nicht einfach als Bearbeitung von MT erweist und zugleich eine umgekehrte Entwicklung von LXX zu MT, also von einem stilistisch eleganteren zu einem Text mit unbestritten schwierigem Duktus, kaum wahrscheinlich ist,[93] stellt sich die Frage nach einem dritten Weg. Dabei kann bei allen Unterschieden von einem gemeinsamen Grundbestand ausgegangen werden. So halten beide Textüberlieferungen die implizite, aber dennoch deutlich formulierte Verurteilung Salomos fest. Die Grundlage ist in beiden Fällen eine Erinnerung an ein Verbot, sich mit fremden Völkern einzulassen, weil diese zu fremden Göttern verführen könnten. Dieses Gebot wird in beiden Texttraditionen sogar fast identisch wiedergegeben. Daneben steht die Aussage, dass Salomo viele Frauen gehabt habe. In beiden Fällen scheint die Vielzahl der Frauen aber nicht der Kern des Problems zu sein; in LXX ist sie es eindeutig nicht, aber auch in MT wird die Anzahl der Frauen Salomos erst nach dem Verbot und nach der Feststellung in V 2e, dass sich Salomo an die fremden Frauen gehängt habe, genannt und muss zudem durch V 3c MT wieder thematisch eingeholt werden. In beiden Textüberlieferungen deutet sich so auf unterschiedliche Weise eine Bruchlinie an: in MT stilistisch, in LXX thematisch.[94]

So ist es bereits in der Textkritik naheliegend, textgenetisch von zwei Überlieferungen auszugehen, die miteinander verbunden werden, zum Zeitpunkt der Verschriftlichung aber noch nicht so miteinander fixiert waren, dass sie gleichberechtigt in unterschiedlichen Anordnungen überliefert wurden, jedoch beide mit derselben Aussageabsicht. Dann würde sich die unterschiedliche Einordnung der Notiz über die vielen Frauen Salomos als überlieferungsgeschichtlicher Ausgangspunkt wahrscheinlich machen lassen. Sie würde sich in der Tat thematisch an die Aufzählung der Reichtümer Salomos (1Kön 10,14 – 29) anschließen, in der diese Reichtümer unter

---

91 So auch vorsichtiger Linville, Israel, 136, bei der Beurteilung der beiden großen Texttraditionen.

92 Zudem entspräche die Zusammenstellung der Sätze Καὶ ὁ βασιλεὺς Σαλωμων ἦν φιλογύναιος. καὶ ἦσαν αὐτῷ ἄρχουσαι ἑπτακόσιαι καὶ παλλακαὶ τριακόσιαι in V 1 wesentlich deutlicher dem Verbot in Dtn 17,17 als MT, denn auch in Dtn 17,17 geht es um die Vielheit und nicht um die Fremdheit der Frauen. – Eine Überlegung, die jedoch von vornherein in die Irre führt, da sich im Hebräischen das Vokabular zwischen Dtn 17,17 und 1Kön 11 deutlich unterscheidet.

93 Vgl. auch van Keulen, Two Versions, 209.

94 Vgl. auch van Keulen, Two Versions, 208, der von einem logischen Bruch durch V 3a – b MT spricht.

anderem mit ויהיל aufgezählt werden. Möglicherweise stammt sie noch aus einer diesem Abschnitt zugrunde liegenden Liste und war ursprünglich auch positiv gemeint: Salomo als großer König mit großem Harem.[95] Von Fremdheit wird dabei entweder keine Rede gewesen sein,[96] oder sie war ebenfalls positiv konnotiert, um zu zeigen, mit welchen Völkern Salomo Heiratspolitik betrieben haben soll.[97] An diese Notiz könnte sich dann die Kritik, von der beide Textformen geprägt sind, angehängt haben. Nur scheint sie eben zum Zeitpunkt des Auseinandergehens der Wege zwischen MT und LXX in schriftlicher Form noch nicht so verfestigt gewesen zu sein, dass sie einheitlich schriftlich ausformuliert tradiert worden ist.[98] Das würde bei einem hohen Grad an inhaltlicher Übereinstimmung den unterschiedlichen Aufbau am plausibelsten erklären.[99]

In dieses Modell ließen sich auch gut die unterschiedlichen Überlieferungen der Völker einfügen, aus denen Salomos Frauen stammen sollen.[100] Denn diese stimmen bei keinem der Textzeugen überein, und auch Josephus, Ant. VIII,191, bietet eine weitere Aufzählung, in der er Sidonierinnen, Tyrerinnen, Ammaniterinnen und Idumäerinnen nennt.[101] Am Versende scheint die Form לאהבה

---

95 Vgl. auch Talshir, 1Kgs 11, 79, die von einer Quelle, möglicherweise dem in 1Kön 11,43 genannten ספר דברי שלמה, ausgeht (im Anschluss an Noth, 1Könige, 244, der ebenfalls von zwei „ältere[n] Nachrichten" ausgeht, ohne diese jedoch durch eine Bezeichnung näher zu bestimmen).
96 Ähnlich auch van Keulen, Two Versions, 208, der jedoch ausschließlich diese Möglichkeit in Betracht zieht.
97 Ein Gedanke, der durch die dieser Liste vorangestellte Erzählung von der Anerkennung der Königin von Saba (1Kön 10) unterstützt würde.
98 Vgl. dazu Carrs Konzept der „Oral-Written Transmission"; siehe dafür oben in der Einleitung zu diesem Kapitel.
99 Barrick, Cemeteries, 208 f, meint, eine MT und LXX gemeinsame Vorlage herausarbeiten zu können. Dabei erklärt er diese jedoch nicht, sondern konstatiert vor allem die Differenzen zwischen MT und LXX und legt den Text als Übersetzung vor. Grundsätzlich betrachtet er den Text von 1Kön 11,1–13 als der Darstellung in 2Kön 22 f nachgeordnet.
100 Schon Noth, 1Könige, 241, hat sie als „das Nebeneinander zweier Textvarianten" erkannt und keinen Grund gesehen, in eine der beiden Richtungen zu korrigieren.
101 Bösenecker, LXX.E, 918, erklärt die Differenz zwischen MT und LXX mit einer Übernahme aus verschiedenen anderen Textstellen wie 2Sam 8,13; Dan 7,3 f und Est 9,1 ff, ohne aber diese genaue Auswahl begründen zu können. Talshir, 1Kgs 11, 90 f, zieht eine Linie zu Ez 16,3. Van Keulen, Two Versions, 217 f, lässt sie seinem Ansatz folgend, LXX als Übersetzung von MT bzw. einer Vorlage zu betrachten, konsequenterweise als unerklärlich offen. Siehe dort auch eine Darstellung weiterer Überlegungen zu diesem Problem. Sweeney, I & II Kings, 153 f, leitet die Syrerinnen über einen Lesefehler (ארם statt אדם) her und die Idumäerinnen über die Wurzel צוד, die der Übersetzer in den Sidonierinnen gesehen und aufgrund der Wurzelbedeutung „jagen" vor dem Hintergrund von Gen 25,27 f; 27,3 mit Esau bzw. Edom in Verbindung gebracht habe. Für die Ergänzung der Amoräer verweist er auf Dtn 7,1–16 (ebd.), sieht darin dann aber einen sekundären Rückgriff darauf und keinen Aussagewillen des ursprünglichen Verfassers von 1Kön 11,1–3. Das ist insofern ange-

Schwierigkeiten gemacht zu haben. LXX gibt sie richtig mit einem Infinitiv wieder,[102] lässt jedoch die besondere Form nicht mehr erahnen.[103] P bezeugt eine Ergänzung (ܩ̈ܕܡ ܪ̈ܚܡ) und Vg mit ‚ardentissimo amore' eine völlig andere Satzkonstruktion, obwohl beide bei den weiteren Belegen in der Regel relativ treu MT folgen. So werden sie in diesem Fall zu Zeugen einer Textunsicherheit bzw. eher eines noch offenen Textüberlieferungsbestandes, der sich hier, wie im ganzen Abschnitt, ausdrückt. Für die weitere Arbeit kann also MT bzw. der Infinitiv beibehalten werden.

So lässt sich als gemeinsame Überlieferung festhalten, dass es in beiden Fällen um die Vielzahl der Frauen geht – ursprünglich einmal positiv konnotiert, dann jedoch als problematisch empfunden – und um deren Fremdheit. Die Kombination beider Motive wird unterschiedlich vorgenommen: in MT unmittelbar, in LXX nacheinander, aber mit derselben Aussageabsicht.[104]

Über diese gemeinsame Überlieferung hinaus sind für 1Kön 11,1–3 MT || 3Kgt 11,1–2 LXX zwei Textmodelle textkritisch fassbar, die sich auf diesem inhaltlichen Grundgerüst entwickelt haben:[105]

---

messen, als schon Cogan, 1Kings, 325, darauf hingewiesen hatte, dass die genannten Völker eigentlich nicht unter das Verbot von Dtn 7 fallen (mit Ausnahme der Hetiter). Die von Sweeney vorgeschlagene Lösung ist zwar sehr kreativ, wäre aber selbst, wenn man eine schriftliche Listenbearbeitung annähme, einfacher durch die Annahme einer Vertauschung von Edom und Sidon durch LXX und einer aktualisierenden Übersetzung zu erklären. Auch seine Verbindung der Völkerliste mit den Völkern, mit denen David in Kontakt gestanden habe, überzeugt nicht, weil Sweeney stillschweigend die Syrer mit den Philistern identifizieren muss.

Schließlich ist auch für die Liste des Josephus festzuhalten, dass sie sich ebenfalls nicht einfach aus MT, nicht einmal aus LXX herleiten lässt (gegen Nodet, Text of 1–2Kings, 50). Ob es sich dabei um einen konkreten Gestaltungswillen handelt, wie es Feldman, Josephus, 197 f, für das Auslassen der Moabiterinnen vermutet, ist angesichts der weitreichenden Unterschiede wohl eher zweifelhaft.

102 Es handelt sich um einen modalen Infinitiv (vgl. Noth, 1Könige, 241).

103 Die Form findet sich bei 13 Belegen achtmal in Dtn (10,12.15; 11,13.22; 19,9; 30,6.16.20), zweimal in Jos (22,5; 23,11) sowie weiter verstreut in 2Sam 19,7; 1Kön 11,2 MT; Jes 56,6.

104 Van Keulen, Two Versions, 209, weist zwar zu Recht darauf hin, dass sich mit dem unterschiedlichen Aufbau durchaus auch unterschiedliche Akzentsetzungen ergeben: „As a consequence his [Salomos] sin does not look as massive in the LXX as it does in MT." Das ändert aber nichts an der gemeinsamen Grundaussage, und es lässt sich kaum zeigen, dass LXX Salomo entschuldigen wollte, wie er es in der Folge annimmt (a.a.O., 209–214, was nicht bedeutet, dass dies für andere Textstellen als die vorliegende zutreffend ist). Dagegen spricht schon allein im vorliegenden Abschnitt die Wiedergabe der Aussage von אמר mit ἀπαγορεύω (V 2) – was van Keulen selbst vermerkt (a.a.O., 215), ohne daraus Schlüsse zu ziehen.

Josephus setzt in Ant. VIII,190 f klar den LXX-Aufbau voraus.

105 Vgl. auch Crawford/Joosten/Ulrich, Sample Edition, 357–361, die für das Oxford Hebrew Bible-Projekt ebenfalls zwei Texte verwenden.

⇒ MT	⇒ LXX
1 וְהַמֶּלֶךְ שְׁלֹמֹה אָהַב נָשִׁים נָכְרִיּוֹת רַבּוֹת	והמלך שלמה אהב נשים רבות
וְאֶת־בַּת־פַּרְעֹה	ויהי לו נשים, שרות שבע מאות ופלגשים שלש מאות
Aufzählung der Volkszugehörigkeiten	ויקח נשים נכריות [ואת בת פרעה]
2 מִן־הַגּוֹיִם אֲשֶׁר אָמַר־יְהוָה אֶל־בְּנֵי יִשְׂרָאֵל	Aufzählung der Volkszugehörigkeiten
לֹא־תָבֹאוּ בָהֶם וְהֵם לֹא־יָבֹאוּ בָכֶם	מן הגוים אשר אמר יהוה אל בני ישראל (לאמר)
אָכֵן יַטּוּ אֶת־לְבַבְכֶם אַחֲרֵי אֱלֹהֵיהֶם	לא תבאו בהם והם לא יבאו בכם
בָּהֶם דָּבַק שְׁלֹמֹה לְאַהֲבָה:	פן יטו את לבבכם אחרי אלהיהם
3 וַיְהִי־לוֹ נָשִׁים שָׂרוֹת שְׁבַע מֵאוֹת וּפִלַגְשִׁים שְׁלֹשׁ מֵאוֹת	בהם דבק שלמה לאהב(ה)
וַיַּטּוּ נָשָׁיו אֶת־לִבּוֹ:	

3.2 1Kön 11,4–8 MT ‖ 3Kgt 11,4–8 LXX – Salomo baut Kultstätten für fremde Götter

Im Abschnitt 1Kön 11,4–8 zeigt sich ein ähnliches Phänomen wie in 1Kön 11,1–3 MT ‖ 3Kgt 11,1–2 LXX, denn auch hier weichen MT und LXX stark voneinander ab. Allerdings ist weniger der Wortbestand betroffen als vielmehr die Versreihenfolge und damit die Struktur des Textes. So werden beide Haupttextzeugen auch zu dieser Stelle in Übersetzung geboten:

1Kön 11,4–8 MT:	3Kgt 11,4–8 LXX:
4 a Und es geschah in der Zeit[106] von Salomos Alter[107]	4 a Und es geschah in der Zeit von Salomos Alter.
b – seine Frauen hatten sein Herz abgewandt, anderen Göttern nach –,[108]	
c und[109] sein Herz war nicht mehr ganz mit JHWH, seinem Gott,	b Und[110] sein Herz war nicht vollkommen beim Herrn, seinem Gott[111],
d wie das Herz Davids, seines Vaters.	c wie das Herz Davids, seines Vaters.
	d Und die fremden Frauen wandten sein Herz ab, ihren Göttern nach.
	5 a Damals baute Salomo eine Kulthöhe
	b für Kemosch, das Bild Moabs,

---

106 P bezeugt ein Suffix der 3. Person Singular, doch das ist der veränderten Genitivkonstruktion im Syrischen mit ܝ geschuldet.

107 Vg übersetzt mit ‚esset senex‘ und verbalisiert damit den Ausdruck.

108 Vg übersetzt auch hier relativ frei, indem sie den zweiten Teilsatz mit ‚ut‘ final anschließt.

109 Vg bezeugt kein ‚und‘.

110 Dieses καί ist in Ant nicht bezeugt.

111 Ant fügt einen Artikel ein: μετὰ κυρίου τοῦ θεοῦ αὐτοῦ.

c und Milkom[112], das Bild der Kinder Ammons,

6 a und die Astarte, den Gräuel der Sidonier.

7 a Und so tat er allen seinen fremden Frauen;

b sie räucherten und opferten ihren Bildern.

5 a Und Salomo folgte[113] der Astarte,
  der Göttin der Sidonier,[114]

b und dem Milkom[115],
  dem Abscheulichen[116] der Ammoniter[117].

6 a Und Salomo tat
  das Böse in den Augen JHWHs,

b er war nicht vollständig bei JHWH[118]

c wie David, sein Vater.[119]

7 a Damals baute Salomo eine Kulthöhe[120]

b für Kemosch, den Abscheulichen[121] Moabs,

c auf dem Berg, der gegenüber von Jerusalem
  liegt,

d und den Molech[122], den Abscheulichen[123]
  der Kinder Ammons.

8 a So tat er für alle seine fremden Frauen,

b die räucherten und ihren Göttern opferten.

8 a Und Salomo tat
  das Böse vor dem Herrn;

b er wandelte nicht hinter dem Herrn

c wie David, sein Vater.

Innerhalb der hebräischen Texttradition ist die Überlieferung der Anordnung des
Erzählstoffes sehr einheitlich,[124] allerdings zeigen sich im Vergleich zu P und Vg

---

112 Ant bezeugt an dieser Stelle τῷ Μελχόμ und nicht τῷ βασιλεῖ αὐτῶν.

113 Vg übersetzt sinngemäß mit ‚colere' verehren.

114 P tradiert hieran anschließend noch den Satz: „und dem Kemosch, dem Schrecken der
Moabiter", wobei in P ܕܚܠܬܐ nicht zwingend negativ besetzt ist, sondern auch dem hebräischen
יראה bzw. לירא entsprechen kann. Allerdings ist es in dieser Passage durchgängig die Übersetzung
für שִׁקֻּץ und damit negativ konnotiert (vgl. V 7 MT/P). Vg bezeugt diesen Satz nicht.

115 Vg bezeugt Moloch.

116 P übersetzt neutral mit ܐܠܗܐ, Vg mit ‚idolum'.

117 P liest hier ܒܗ und entspricht damit V 7.

118 Vg bezeugt abweichend: ‚et non adimplevit ut sequeretur Dominum' – er vollzog es nicht,
dem Herrn nachzufolgen.

119 Vg bietet: ‚wie sein Vater' ohne die Nennung von Davids Namen. Abweichungen im Apparat
der Ausgaben Vulgata (Rom), 136, und Vulgata (Weber/Gryson), 477.

120 P übersetzt mit ܥܠܬܐ, was sowohl das Opfer als auch den Opferplatz und den Altar bezeichnen kann. Vg übersetzt ‚fanum'.

121 Vg: idolo.

122 P bezeugt hier ܡܠܟܘܡ und führt damit denselben Namen an wie in V 5 MT/P. Vg nutzt hier
ebenfalls dieselbe Bezeichnung wie in V 5 MT/Vg, jedoch „Moloch".

123 Vg: idolo.

124 Vgl. dazu auch die textkritischen Apparate der BHK³ und BHS.

zahlreiche Abweichungen in Details. In V 4a MT verbalisiert Vg die Zeitangabe,[125] was jedoch den Textbestand von MT angesichts der parallelen Konstruktion von P nicht in Frage stellt. In V 4b MT steht der Teilsatz in MT und P unverbunden zur vorangegangen Aussage; dies wird in Vg durch die Umwandlung in einen ‚ut'-Satz geändert, doch ist auch hier angesichts der Textbezeugung an MT und P festzuhalten und die Übersetzung von Vg als Harmonisierung zu verstehen.[126] In V 5 MT findet sich eine gravierendere Abweichung: Hier bezeugt P gegenüber MT und Vg ein Mehr, indem sie zwischen Astarte als Göttin der Sidonier und Milkom als Gott der Ammoniter noch Kemosch als Gott der Moabiter aufzählt. Dabei handelt es sich wahrscheinlich um eine Ergänzung aus V 7, in dem nicht nur Kemosch selber erwähnt wird, sondern auch, dass Salomo ihm eine Kulthöhe in der Nähe von Jerusalem gebaut habe; diese im Rahmen von V 4–8 außergewöhnliche Mitteilung macht es wahrscheinlicher, dass er in P in V 5 ergänzt worden ist, als dass er in MT und Vg eliminiert worden sei.[127] P bezeichnet ihn dabei als ܕܚܠܬܐ, d. h. im Kontext als Objekt der Ehrfurcht. Was an sich eine wertneutrale Bezeichnung wäre, beinhaltet im Zusammenhang dennoch eine eindeutig negative Konnotation, denn in den mit MT gemeinsamen Passagen wird ܕܚܠܬܐ als Übersetzung von שִׁקֻּץ gebraucht (vgl. V 7 MT/P). Bemerkenswerterweise folgt P im Unterschied dazu bei Milkom (V 5b MT) dieser Negativwertung nicht, sondern bezeichnet ihn wertneutral als Gott, ebenso wie Astarte in V 5a MT (in dem sie übereinstimmend von allen Textzeugen als Göttin bezeichnet wird). Das lässt auf den ursprünglichen Textbestand schließen: Die Bezeichnung Milkoms als שִׁקֻּץ in V 5b MT erscheint angesichts von P als eine spätere Polemik, die dann auf ihre Weise auch Vg übernommen hat.[128] Im Unterschied dazu ist aber die Differenzierung in MT

---

125 ‚cumque iam esset senex' (ohne die Nennung Salomos) für וַיְהִי לְעֵת זִקְנַת שְׁלֹמֹה.

126 In V 4c MT bietet Vg kein „und". Doch dies hat keine Relevanz für die Rekonstruktion des Textes, denn Vg folgt hier nur ihrem Textduktus. Insofern wird sie auch nicht durch Ant gestützt, wo ebenfalls ein καί fehlt.

127 Vg übersetzt in V 5a MT/Vg die Wendung ללכת אחרי mit ‚colere'. Das entspricht einer Tendenz zu sinngemäßen Wiedergaben (vgl. dazu die Verbalisierung in V 4a, aber auch die Wendung וְלֹא מִלֵּא אַחֲרֵי יְהוָה in V 6b MT/Vg, die sie frei mit ‚et non adimplevit ut sequeretur Dominum' übersetzt).

128 Die dann im Unterschied zu ihrem Kontext polemisierende Bezeichnung Kemoschs im Zusatz von P spricht in diesem Zusammenhang ebenfalls für die Annahme einer Übernahme der Erwähnung Kemoschs aus V 7 MT/P, denn dort wird er bereits als ܕܚܠܬܐ bezeichnet. Es fand also nicht nur Kemosch Eingang in V 5 MT, sondern auch seine negative Konnotation.

Vg übersetzt die negativen Gottesbezeichnung in MT mit ‚idolum'; das gibt der Bezeichnung zwar eine andere Konnotation, indem sie auf die Bildhaftigkeit anspielt, die im Hebräischen nicht im Fokus ist, zeigt aber im Zusammenhang mit einem anderen kulturellen Kontext die negative Wertung.

zwischen מִלְכֹּם (V 5 MT) und מֹלֶךְ (V 7 MT) beizubehalten.[129] In beiden Fällen weisen P und Vg eine vereinheitlichende Namensgebung auf, die zeigt, dass die Übersetzungen hier von ein und demselben Gott ausgehen.[130] In V 6 MT gehen die textkritischen Varianten auf eine Tendenz der Vg, sinngemäß zu übersetzen, zurück und geben keinen Anlass, an MT zu zweifeln.[131] In V 7 übersetzen P und Vg den Begriff במה mit ܒ݁ܠܬ݂ܐ[132] bzw. ‚fanum'. Wie ein Blick auf die Übersetzungspraxis von P und Vg zeigt, ist mit diesen Begriffen keine Wertung verbunden.[133] Doch ist auch im Begriff במה keine Wertung enthalten, sieht man von der dtr Einschätzung dieser Institution ab,[134] sodass er wohl als historischer Begriff und damit als alt einzuschätzen ist, der zudem durch LXX gestützt wird.[135] So bleibt für MT als einzige wirklich textkritisch relevante Änderung in V 5b MT die einzuführende Lesart אלהי statt שִׁקֻּץ.[136]

Innerhalb der griechischen Texttradition ist insbesondere die Abweichung bei der Übersetzung des Gottesnamens Milkom zu erwähnen (V 5c LXX), ohne dass damit allerdings der Textbestand in Frage gestellt würde. Während LXX „ihrem König" übersetzt und damit eine mögliche Lesart des hebräischen Konsonantenbestands מלכם wiedergibt, versteht Ant den gemeinten Gottesnamen auch als solchen und lässt ihn unübersetzt.[137] Auch wenn es sich in LXX um eine Übersetzung einer möglichen Vokalisierung des Konsonantenbestands handelt und

---

129 Zu den beiden Göttern vgl. Puech, Milkom, 575 f, und Heider, Molech, 581–585.

130 P nennt ܡܰܠܟ݁ܘܡ und Vg Moloch.

Zwischen den unterschiedlichen Bezeichnungen der Ammoniter als עמנים oder בני עמון ist wohl nicht zu entscheiden. עמנים kann als Parallele zu צדנים im vorangegangenen Versteil verstanden werden, was je nach Argumentationswillen für oder gegen diese Lesart spricht. Eine Lesart בני עמון kann sich auf P stützen, wäre aber parallel zu V 7d MT, was ebenfalls je nach Argumentationswillen für oder gegen diese Lesart angeführt werden kann. Ein Blick in die LXX hilft nicht, weil V 5b MT keine Entsprechung in LXX hat.

131 Vg übersetzt die Wendung וְלֹא מִלֵּא אַחֲרֵי יְהוָה frei mit ‚et non adimplevit ut sequeretur Dominum'. Am Versende fehlt in Vg die Apposition „sein Vater", wohl eine klassische Haplographie durch Parablepsis.

132 ܒ݁ܠܬ݂ܐ bezeichnet sowohl das Opfer selber als auch den Opferplatz und den Altar.

133 Vgl. Gen 22; Ex 10,25; 20,24; 29–32; 40; Lev; Num u.v.m.

134 Was die Übersetzung in P und Vg allerdings umso bemerkenswerter macht, müssten beide Übersetzungen den Text, wie er uns heute erscheint, doch durch dieselbe dtr Brille lesen.

135 Noth, 1Könige, 241, stellt ihn as in der LXX-Tradition fehlend dar und argumentiert ausführlich für den Verbleib dieses Teilverses. Das ist angesichts seiner Textbezeugung auch in LXX nicht nötig; der Teilvers ist ursprünglich.

136 So auch schon Noth, 1Könige, 241, unter Verweis auf die unterschiedlichen Übersetzungen in LXX. Ohne diesen Verweis, aber mit derselben Annahme Talshir, 1Kgs 11, 84.

Zu weiteren Hinweisen zu Vg siehe Vanoni, Literarkritik, 24.

137 Dabei zeigt sich innerhalb von Ant eine gewisse Bandbreite in der Wiedergabe des Namens, die aber wohl dem innergriechischen Überlieferungsprozess geschuldet ist.

LXX damit sogar der Etymologie des Gottesnamens auf der Spur ist, ist wohl eher von einem Irrtum der LXX auszugehen als von einer bewussten Etymologisierung.[138] Das zeigt insbesondere das Possessivpronomen αὐτῶν als Übersetzung für die Endung ם-. Bemerkenswert ist diese Abweichung insofern, als dieser Beleg in einem Abschnitt steht (V 5.7 LXX), der mit V 7 f MT inhaltlich parallel geht, in dem in MT aber מֹלֶךְ und nicht מִלְכֹּם bezeugt ist. Das ist als Indiz dahingehend zu verstehen, dass in der späteren Textüberlieferung die beiden Götterbezeichnungen nicht mehr differenziert zu werden scheinen.[139]

Bei allen Abweichungen im Detail innerhalb der verschiedenen Texttraditionen sind die Unterschiede zwischen MT und LXX wesentlich tiefgreifender. Dabei geht es weniger um den Wortbestand, als viel grundlegender um die Anordnung des Erzählstoffes, die sehr unterschiedlich ausfällt. Am Anfang beginnen beide Textversionen noch gleich, indem sie aus der Zeit erzählen, in der Salomo bereits alt geworden war (V 4a MT/LXX). Die Wendung וַיְהִי לְעֵת זִקְנַת שְׁלֹמֹה signalisiert einen neuen Erzählanfang, sodass dieser Abschnitt vom vorherigen erzählerisch abgetrennt ist, auch wenn er auf der Textoberfläche den Gedanken fortzuführen scheint.[140] In MT folgt dann in V 4b MT unverbunden eine knappe Notiz darüber, dass es Salomos Frauen waren, die sein Herz von JHWH ab- und anderen Göttern zugewandt hätten. In V 4c–d MT wird der in V 4a MT begonnene Satz fortgeführt (וְלֹא־הָיָה). In ihm wird festgehalten, dass Salomo nicht mehr ungeteilt und ausschließlich JHWH verehrt habe. Dem Textduktus folgend, handelt es sich in MT dabei um eine Folge dessen, dass ihn nach V 4b MT seine Frauen dazu verführt hätten. So hält V 4c–d in MT gewissermaßen ein Resultat fest. In LXX ist ein anderer Akzent gesetzt. Hier ist die Einheit des Satzes V 5a.c–d MT noch deutlich sichtbar (V 4a–c LXX). Dagegen ist die Notiz aus V 4b MT nachgestellt (V 4d LXX). Im Unterschied zu MT spricht LXX explizit von fremden Frauen; MT holt dieses Motiv allerdings wiederum ein, indem dort von

---

138 Eine Etymologisierung wäre die wohl einzig plausible Erklärung für dieses Vorgehen. Von einem „conscious effort on the part of the translator to disguise the full force of the meaning of the word" oder „euphemism for מֹלֶךְ" (Turkanik, Kings and Reigns, 136) kann wohl keine Rede sein, ist LXX doch sonst sehr deutlich darin, Götter zu Abgöttern zu machen.

139 Es gibt zwar keine weitere Stelle, an der beide Götter unmittelbar miteinander verwechselt werden. Wohl aber zeigt die LXX die große Schwierigkeit der Übersetzer, sich etwas unter diesen Göttern vorstellen zu können. So wird מֹלֶךְ in Lev 18,21; 20,2–5 mit ἄρχων übersetzt; die Wendung τῷ βασιλεῖ αὐτῶν gibt in LXX in 1Kön 11,5 LXX מֹלֶךְ und in 1Kön 11,33 מִלְכֹּם wieder, in Ant steht dagegen in beiden Fällen Μελχόμ; in Jer 39,35 LXX (‖ 32,35 MT) wird der Namensumschrift Μολοχ noch βασιλεῖ zugefügt. מִלְכֹּם seinerseits wird in 2Kön 23,13 Μολχολ, in Ant dagegen Μολοχ genannt und in 1Kön 11,5 LXX mit τῷ βασιλεῖ αὐτῶν übersetzt. Μολοχ kann zudem die Übersetzung für מַלְכְּכֶם sein (Am 5,26).

140 Ähnliche Erzählanfänge mit ויהי und fortführendem Nominalsatz finden sich häufiger, vgl. beispielsweise Gen 22,1.

אלהים אחרים die Rede ist und nicht nur von „ihren Göttern" (θεοὶ αὐτῶν) wie in LXX. So ergibt sich in LXX ein Erzählanfang, in dem zunächst festgehalten wird, dass Salomo (!) nicht ungeteilt seinen Gott verehrte, und erst danach, dass die fremden Frauen sein Herz zu ihren Göttern hinwandten. Dabei ist letzteres so formuliert, dass es sich um die Wiedergabe eines Narrativs handeln könnte,[141] sodass V 4d LXX nicht vorzeitig zu V 4a – c LXX wäre. Möglicherweise handelt es sich um V 3c MT, der hier in LXX seinen Ort gefunden hat und mit der Aussage von V 4b MT verschmolzen ist.[142] Aber auch wenn man in der Vorlage von V 4d LXX keinen Narrativ annehmen möchte, gibt der Duktus des Verses keine Vorzeitigkeit zu erkennen, sondern stellt einen Schritt in der fortlaufenden Erzählung dar. So legt es sich nahe, LXX so zu verstehen, dass erst, nachdem Salomo nicht mehr ungeteilt seinen Gott verehrt hatte, er für die Kulte seiner ausländischen Frauen anfällig geworden war. Letzteres ist nun damit ausgedrückt, dass es die Frauen gewesen seien, die ihn verführt hätten.

In V 5 hält MT fest (Anschluss im Narrativ), welche Götter Salomo jetzt (auch) verehrt habe. Dafür fehlt ein Pendant in LXX. Einzig Astarte wird in V 6 LXX wieder erwähnt, allerdings innerhalb einer anderen Götterliste, die inhaltlich einerseits V 7 f MT entspricht, in der aber andererseits zwei Götternamen erscheinen, die in MT in V 5 stehen: Astarte und Milkom.

V 6 MT führt nun eine Wertung an und bringt V 4 – 6 MT damit gedanklich zu einem gewissen Abschluss. Der Vers weist eine bemerkenswerte Differenz auf. Während es in MT heißt: וְלֹא מִלֵּא אַחֲרֵי יְהוָה, drückt LXX dasselbe aus mit der Formulierung: οὐκ ἐπορεύθη ὀπίσω κυρίου, die klar als dtr Ausdruck zu identifizieren ist.[143] Erstere findet sich in dieser Verwendung sonst nur in Num 14,24; 32,11.12; Dtn 1,36; Jos 14,8.9.14, also vergleichsweise selten. Dies spricht ebenso wie die Tatsache, dass P diese Wendung, wie hier auch, konstant mit ܟܠܒ ܗܟ im Schaf'el übersetzt und dass es sich bei der Wendung in LXX um eine dtr Formel handelt, dafür, dass MT zumindest innerhalb seiner Texttradition ursprünglich ist, möglicherweise als seltenere Lesart sogar der Vorlage beider großen Texttraditionen entsprechen könnte. Denn es ist, wie van Keulen zutreffend argumentiert hat, angesichts der seltenen Verwendung von מִלֵּא אַחֲרֵי durchaus denkbar, dass der Übersetzer „was not familiar

---

141 So entscheidet sich Talshir, 1Kgs 11, 86.

142 Vgl. auch Rahlfs, Lucians Rezension, 215 f, und unter Verweis darauf Bösenecker, LXX.E, 918.

143 Gemeint ist die Wendung ללכת אחרי, die sich v. a. in dtr geprägten Texten findet: Dtn 6,14; 8,19; 28,14; Ri 2,12.19; 1Kön 18,18.21; 21,26; 2Kön 17,15; 23,3; Jer 2,5; 7,9; 8,2; 11,10; 16,11; 25,6; 35,15 MT || 42,15 LXX. Meist handelt es sich bei dem genannten Objekt um einen Gott, sei es der eigene oder andere. Mit dem Ausdruck kann aber auch eine Geisteshaltung bezeichnet werden, wiederum insbesondere in dtr geprägten Schriften: Jer 3,17; 9,13; 13,10; 16,12, aber gelegentlich auch in anderen, z. B. Ez 13,3.

with the expression";[144] umgekehrt ist aber auch nicht auszuschließen, dass LXX tatsächlich הלך אחרי in der Vorlage stehen hatte, wie Talshir annimmt.[145] In LXX steht die Aussage dieses Verses am Schluss des ganzen Abschnitts in V 8 LXX. Die kompositorische Funktion ist dieselbe. Während in MT jedoch nur eine kleine Sequenz abgeschlossen wird, ist es in LXX der ganze Abschnitt.

V 7 MT setzt mit אָז יִבְנֶה שְׁלֹמֹה neu ein. Die Narrativ-Folge der vorangegangenen Verse wird nicht fortgesetzt, vielmehr scheint es sich um einen Rückblick zu handeln, der das Vorangegangene konkretisiert, denn hier wird nun ausgedrückt, worin „das Böse" bestand, das Salomo nach V 6 MT tat, und wie es sich zeigte, dass er fremden Göttern gefolgt sei (V 5 MT). Dieser Abschnitt befindet sich in LXX unmittelbar nach den einleitenden Sätzen (V 5.7 LXX). Im sprachlichen Duktus besteht kein Unterschied zwischen MT und LXX; die größte Differenz stellt die Erwähnung der Göttin Astarte in V 6 LXX dar.[146] Die Diffamierung der anderen Götter als Bilder in V 7b LXX entspricht so stark dem Duktus des Verses, dass demgegenüber die neutralere Bezeichnung als Götter in V 8b MT die ursprünglichere sein wird. Überhaupt ist es wahrscheinlich, dass beiden Textversionen ursprünglich einmal eine Überlieferung zugrunde lag, in der zwar einerseits die neutrale Bezeichnung der Götter als אלהים stand, andererseits aber ihre Diffamierung – gewissermaßen „neben" dem Text – mit kommuniziert worden ist. Dies wird wohl mündlich geschehen sein, denn das würde am besten erklären, warum sie nicht durchgängig ist und zudem unterschiedliche Aspekte betrifft (MT spricht von Abscheulichkeit,[147] LXX v. a. von Bildern und suggeriert damit einen Bilderkult[148]).[149]

---

144 Van Keulen, Two Versions, 216. Dass die Wendung im Kontext schwer zu verstehen war, zeigt darüber hinaus auch die interpretierende Übersetzung von Vg.

145 Talshir, 1Kgs 11, 90.

146 Van Keulen, Two Versions, 210 f, weist zusätzlich darauf hin, dass sich eine Liste mit denselben Göttern auch in V 33 findet. Diese stehen dort jedoch in einer anderen Reihenfolge, was dafür spricht, dass die in 1Kön 11 benutzten „Götterlisten" zwar in den Götternamen einheitlich waren, aber nicht in deren Anordnung und, wie V 5 MT zeigt, auch nicht unbedingt in der Anzahl (vgl. dagegen die Ergänzung von P).

147 Freedman/Welch, שקץ, Sp. 462, nennen als Grundbedeutung „abscheulich" bzw. beim Verb „sich abscheulich verhalten" (zur Etymologie ebd.). Für Dtn und 1 – 2Kön weisen sie auf, dass sich שקוץ immer auf Fremdgötterverehrung bezieht (a.a.O., 463 f).

148 Nur in V 6 LXX übernimmt LXX die Wertung βδέλυγμα, allerdings an einer Stelle, an der in MT Astarte neutral als אלהים bezeichnet wird. Auch diese Abweichung lässt sich plausibler durch das Modell der oral-written transmission erklären als durch die Annahme eines Aktualitätsbezugs des LXX-Übersetzers im Blick auf das ferne Sidon (vgl. Bösenecker, LXX.E, 918).

149 Van Keulen, Two Versions, 216 f, sieht dieses Phänomen auch, kann aber angesichts seines Modells der Abhängigkeit von Texten daraus keine Konsequenzen ziehen, sondern nimmt nur eine von MT verschiedene Vorlage für LXX an. Talshir, 1Kgs 11, 87, postuliert für LXX eine hebräische Vorlage, in der bereits שקץ stand.

Durch die unterschiedliche Positionierung von V 7f MT bzw. V 5–7 LXX entsteht in LXX eine in sich geschlossene Einheit, die durch den Hinweis, dass Salomo nicht wie sein Vater David gewesen sei bzw. gehandelt habe, gerahmt ist. Am Anfang stehen ein Verweis auf Salomos Alter und bereits ein Urteil, am Ende das ähnlich lautende Fazit, wie sie danach auch bei vielen Königen nach ihm stehen werden. Dazwischen teilt LXX mit, worin sich Salomo „geteilte Aufmerksamkeit" gezeigt habe. In MT ist das gleiche Material disparater angeordnet. Das Urteil am Anfang und am Ende sind näher aneinander gerückt. Den konkretisierenden Mittelteil übernimmt der allgemeine Verweis auf Astarte und Milkom in V 5 MT. Erst danach folgt abgesetzt die Mitteilung dessen, was Salomo konkret getan habe.[150]

Wie schon im vorangegangenen Abschnitt zu 11,1–3 MT ‖ 11,1–2 LXX lassen sich diese Differenzen nicht allein textkritisch erklären, sondern finden ihre Erklärung in der unterschiedlichen schriftlichen Fixierung eines länger anhaltenden Prozesses einer oral-written transmission. So kann bereits im textkritischen Vergleich unterschieden werden zwischen dem wertenden Rahmen und der Notiz zu von Salomo gebauten Kulthöhen. Diese beiden Überlieferungen werden nun in den unterschiedlichen Versionen verschieden zusammengeführt und verarbeitet. Das Modell der oral-written transmission scheint auf den ersten Blick mehr in der Schwebe zu lassen als die Annahme einer redaktionellen Tätigkeit in LXX, die den Stoff neu angeordnet habe.[151] Doch kann dadurch der aufweisbaren logischen Struktur in beiden Texttraditionen (in MT: V 4–6 als Ringkomposition, V 7–8 als „Baunotiz"; LXX: Ringkomposition mit den beiden wertenden Urteilen am Anfang und Ende und der „Baunotiz" im Zentrum) besser Rechnung getragen werden, als mit der Annahme einer Korrektur durch LXX.[152]

---

150 Insofern ist das Material disparater angeordnet, aber nicht „oddly placed" (van Keulen, Two Versions, 208).

151 So van Keulen, Two Versions, 209, der ausschließlich mit dem Modell der redaktionellen Tätigkeit an MT durch LXX arbeitet.

152 Gegen Annahmen wie bei Noth, 1Könige, 244. Bei einem einseitigen Weg von MT zu LXX lässt sich zwar erklären, dass V 5a MT als V 6a LXX in LXX Aufnahme gefunden hat und V 5b MT aufgrund der bereits vorhandenen Erwähnung des Molech in V 7d MT weggefallen ist, doch lässt sich kaum plausibel machen, warum gerade V 7c MT nicht übernommen wurde, obwohl das für eine griechisch sprechende Gemeinde eine wissenswerte Information gewesen sein müsste. Auch die Umstellung von V 4b MT zu V 4d LXX wäre erklärungsbedürftig, denn dem Duktus beider Textversionen folgend ist nun klar, dass es Salomos fremde Frauen waren, die ihn zu ihren Göttern verführt haben, sodass vom Versuch einer Entlastung Salomos in LXX nun keine Rede mehr sein kann. So nimmt van Keulen, Two Versions, 210, an, dass Salomo in LXX vom Vorwurf der Götzenverehrung entlastet werden solle, weil LXX die Wendung ללכת אחרי aus V 5a MT nicht wiedergebe und den Bau der Kulthöhe bei Jerusalem verschweige. Außerdem würde LXX betonen,

Da sich LXX sonst eng an den hebräischen Wortlaut hält, lassen sich auch hier beide Texttraditionen auf je eine hebräische Vorlage zurückführen:[153]

=> MT	=> LXX
4 וַיְהִי לְעֵת זִקְנַת שְׁלֹמֹה	ויהי לעת זקנת שלמה
נָשָׁיו הִטּוּ אֶת־לְבָבוֹ אַחֲרֵי אֱלֹהִים אֲחֵרִים	ולא היה לבבו שלם עם יהוה אלהיו
וְלֹא־הָיָה לְבָבוֹ שָׁלֵם עִם־יְהוָה אֱלֹהָיו	כלבב דויד אביו
כִּלְבַב דָּוִיד אָבִיו:	ויטו הנשים הנכריות את לבבו אחרי אלהיהן
5 וַיֵּלֶךְ שְׁלֹמֹה אַחֲרֵי עַשְׁתֹּרֶת אֱלֹהֵי צִדֹנִים	אז יבנה שלמה במה
וְאַחֲרֵי מִלְכֹּם שִׁקֻּץ עַמֹּנִים:	לכמוש אלהי מואב
6 וַיַּעַשׂ שְׁלֹמֹה הָרַע בְּעֵינֵי יְהוָה	ולמלכם אלהי בני עמון
וְלֹא מִלֵּא אַחֲרֵי יְהוָה	ולעשתרה אלהי צדנים
כְּדָוִד אָבִיו:	וכן עשה לכל נשיו הנכריות
7 אָז יִבְנֶה שְׁלֹמֹה בָּמָה	מקטירות ומזבחות לאלהיהן
לִכְמוֹשׁ אֱלֹהֵי מוֹאָב	ויעש שלמה הרע בעיני יהוה
בָּהָר אֲשֶׁר עַל־פְּנֵי יְרוּשָׁלָ͏ִם	לא הלך אחרי יהוה
וּלְמֹלֶךְ אֱלֹהֵי בְּנֵי עַמֹּון:	כדויד אביו
8 וְכֵן עָשָׂה לְכָל־נָשָׁיו הַנָּכְרִיֹּות	
מַקְטִירוֹת וּמְזַבְּחֹות לֵאלֹהֵיהֶן:	

3.3 1Kön 11,9–13 – Gott kündigt Salomo an, dass er ihm das Königtum entreißen werde

Ab dieser Passage laufen die Versionen der verschiedenen Textzeugen wieder parallel, sodass sie gemeinsam besprochen werden können.

In V 9 ist MT im Konsonantenbestand beizubehalten. LXX zeigt demgegenüber keine Abweichungen, und auch die innergriechischen Differenzen zu Ant sind

---

dass nicht alle Frauen Salomos ihn zu fremden Göttern verführt hätten, wie es V 4b MT („seine Frauen") festhält, sondern nur die fremden Frauen (V 4d LXX). Zwar ist das letztgenannte Motiv durchaus plausibel (auch im Kontext der Annahme einer oral-written transmission), doch steht gerade die Notiz in V 4d LXX der Annahme einer Entlastung Salomos entgegen. Denn es ist kaum anzunehmen, dass damit eine Distanz Salomos zu den Fremdgötterkulten ausgedrückt werden sollte (gegen Turkanik, Kings and Reigns, 145), spricht doch auch LXX von „seinem Herzen". Schließlich ist das Urteil über Salomo in LXX ebenso eindeutig und unmissverständlich wie in MT; das stellt auch van Keulen, Two Versions, 214, fest, wertet es jedoch nicht aus. Dasselbe gilt für die Verschärfung der Götterpolemik in LXX gegenüber MT, die er lediglich benennt (a.a.O., 214 f). Das einzige Moment in diesem Abschnitt, das eventuell als Entschuldigung gelten könnte, ist die Mitteilung über Salomos Alter, doch dies nennen beide Textversionen gleichermaßen.
153 Vgl. auch Crawford/Joosten/Ulrich, Sample Edition, 357 f.361–363.

textkritisch irrelevant.[154] Nur P weist eine Abweichung auf, die jedoch klar als Vereinheitlichung zu verstehen ist.[155] Vg wiederum bezeugt nur Varianten, die durch die Übersetzung entstanden sind und keine textkritische Bedeutung haben.[156] Fragen wirft allerdings die Vokalisierung von הַנִּרְאָה auf. Denn bei dieser Form handelt es sich (ohne Artikel) um eine 3. Person Singular femininum (!) Nifal; der Artikel legt aber nahe, dass an ein Partizip gedacht ist, das jedoch הַנִּרְאָה zu vokalisieren wäre. Die Lesung als Partizip ist zumindest historisch in LXX/Ant bezeugt und damit gegenüber MT beizubehalten.

In V 10 zeigen sich demgegenüber einige Schwierigkeiten. So wird durch die Unstimmigkeit zwischen den Texttraditionen das Adjektiv אחרים fraglich. Während LXX nach Ms B dem MT entspricht und ἑτέρων übersetzt, bezeugt Ant ἀλλοτρίων. Dies wiederum hat eine Entsprechung in P, die die Götter als ܐ̈ܠܗܐ ܢܘܟܖ̈ܝܐ bezeichnet, sodass sich für den ursprünglichen Wortlaut der Aspekt der Fremdheit eher nahelegen würde als der der Andersheit. Doch zeigt sich bei einer Durchsicht der hebräischen Texte und der Übersetzungen, dass keine einheitliche Übersetzung durchgehalten wird. So wird in LXX mit θεοί ἀλλότριοι sowohl der Aspekt der Fremdheit wiedergegeben (zumeist אֱלֹהֵי הַנֵּכָר[157] und einmal אֵל זָר[158]), als auch der Begriff אֱלֹהִים אֲחֵרִים[159], wobei P an diesen Stellen dem Wortlaut von MT immer folgt.[160] Umgekehrt zeigt sich bei θεοί ἕτεροι eine einheitliche Übersetzungspraxis, in der θεοί ἕτεροι fast ausschließlich אֱלֹהִים אֲחֵרִים wiedergibt.[161] So spricht der Konkordanzbefund für MT als ursprüngliche Lesart. Im weiteren Verlauf des Verses beginnt MT mit וְלֹא שָׁמַר einen neuen Satz, LXX setzt dagegen die V 10a begonnene Infinitivkonstruktion fort. Aber auch LXX und Ant differieren, denn LXX bezeugt durch den Infinitiv im Medium: „... und sich zu hüten zu tun, was ...", Ant dagegen aufgrund der

---

154 Ant bezeugt ὀργίσθη statt ὠργίσθη (wohl ein Fehler), flektiert den Namen Salomo (so im ganzen Text) und determiniert die Wendung καρδίαν αὐτοῦ.
155 P übersetzt die Wendung ויתאנף יהוה בשלמה כי נטה לבבו mit ܠܗܘܢ ܣܓ̈ܕ ܕܗܘܐ ܥܠ ܣܠܝܡܘܢ ܥܠ ܐ̈ܠܗܐ ܐܚܪ̈ܢܐ.
156 Übersetzungstechnisch ist allenfalls die Wiedergabe von לבב mit ‚mens' bemerkenswert.
157 Gen 35,2.4; Dtn 31,6; 32,12; Jos 24,23; Ri 10,16; 1Sam 7,3; Jer 5,19; Mal 2,11; Ps 81,10; Dan 11,39; 2Chr 33,15.
158 Ps 44,21 MT.
159 Dtn 31.18.20; 1Kön 9,9; Jer 1,16; 7.6.9.18; 11,10; 13,10; 16,11; 19,4.13; 22,9; 25,6; Hos 3,1; 2Chr 28,25; 34,25.
160 Eine Ausnahme wäre 1Kön 9,9, wo P statt אלהים אחרים die Lesart ܐ̈ܠܗܐ ܢܘܟܖ̈ܝܐ bezeugt.
161 Ex 20,3; 23,13; 34,14; Dtn 5,7; 6,14; 7,4; 8,19; 11,16.28; 13,3.7.14; 17,3; 18,20; 28,14.36.64; 29,25; 30,17; Jos 23,16; 24,2.16; Ri 2,12.17.19; 10,13; 1Sam 8,8; 26,19; 1Kön 9,6; 2Kön 17,7.35.37.38; 22,17; Jer 16,13; 32,29 MT‖39,29 LXX; 35,15 MT‖42,15 LXX; 44,3.5.8.15 MT‖51,3.5.8.15 LXX; Dan 3,29; 2Chr 7,19.22. Nur eine Ausnahme: אלהי נכר (Jos 24,20).
In P fast ebenso einheitlich: ܐ̈ܠܗܐ ܐܚܪ̈ܢܐ (nur zwei Ausnahmen: ܐ̈ܠܗܐ ܢܘܟܖ̈ܝܐ (Dtn 8,19) und ܐ̈ܠܗܐ ܢܘܟܖ̈ܝܐ (Jos 24,20)). Vg übersetzt fast durchgängig ‚dei alieni'.

mit καί verbundenen Reihung: „.... und zu beachten und zu tun, was ...". P stützt wiederum MT, ebenso Vg. Dabei lassen sich beide griechische Lesarten als Fehllesungen erklären: Statt וְלֹא שָׁמַר könnte Ant einen Infinitiv im Qal ולשמר gelesen haben, LXX einen Infinitiv im Nifal ולהשמר. ποιῆσαι wäre dann als sinngemäße Ergänzung zu verstehen, sodass auch hier MT der Vorzug zu geben ist.[162] Ebenfalls um eine sinngemäße Ergänzung handelt es sich bei der Wiedergabe der Wendung אֵת אֲשֶׁר־צִוָּה יְהוָה in LXX, Ant, P und Vg. Sie alle lesen übereinstimmend צִוָּהוּ, ergänzen also ein Pronomen der 3. Person Singular maskulinum.[163] Angesichts dieser Bezeugung ist hier MT in seinem Konsonantenbestand beizubehalten und צִוָּהוּ als eine Lesetradition zu verstehen, die je nach Schreibung nicht einmal eine Veränderung des Konsonantenbestandes erfordert.[164] Das Versende, das in der Ausgabe von Brooke/McLean/Thackeray von B ebenso zu sehen ist wie in der Ausgabe von Fernández Marcos und Busto Saiz von Ant, das jedoch von Rahlfs in den Apparat verbannt wurde, ist trotz der Bezeugung in B und Ant als Ergänzung in Anlehnung an V 4b zu werten.[165] Dabei hat Talshir plausibel gemacht, dass dieser Schlusssatz hier eingefügt wurde, um nach der Lesart ולשמר bzw. ולהשמר festzuhalten, dass Salomo sich tatsächlich verfehlt habe.[166]

In V 11 stellen sich zwei textkritische Fragen: zum einen ist, von MT aus gesehen, der Begriff בְּרִית umstritten, zum anderen der Ausdruck מֵעָלֶיךָ. So wird in V 11 בְּרִית einmalig in LXX und Ant mit ἐντολαί übersetzt,[167] d. h. zum einen geht es um einen Gebotscharakter, zum anderen handelt es sich um einen Plural.[168] Auch P weist eine Besonderheit auf. Sie bezeugt ܩܝܡܐ, womit im Singular zwar durchgängig בְּרִית wiedergegeben wird, doch steht es hier im Plural, womit in der

---

162 Angesichts der graphischen Nähe der in der griechischen Übersetzung bezeugten Varianten zu MT muss nicht von einer intentionalen Veränderung ausgegangen werden, wie sie Turkanik, Kings and Reigns, 153, annimmt. Sie erscheint dadurch vielmehr unwahrscheinlich.

163 Dem Apparat der BHS zufolge ebenso zwei weitere hebräische Handschriften neben dem Codex Leningradensis.

164 Denn צִוָּהוּ kann auch צִוָּה geschrieben bzw. so gelesen und mündlich tradiert worden sein, sodass die Änderung durch die Ergänzung eines Personalpronomens in den Übersetzungen nicht einmal einen Eingriff in den Konsonantenbestand bedeuten muss, sondern eine Lesetradition repräsentieren kann.

165 B und Ant bieten als Versende: οὐκ ἦν ἡ καρδία αὐτοῦ τελεία μετὰ Κυρίου κατὰ τὴν καρδίαν Δαυὶδ τοῦ πατρὸς αὐτοῦ. Dabei handelt es sich um eine leicht variierende Wiederholung aus V 4 LXX.

166 Talshir, 1Kgs 11, 101f.

167 Tov, Textcritical Use, 21, nennt nur drei Fälle, in denen בְּרִית nicht mit διαθήκη wiedergegeben wird: Gen 14,13; 1Kön 11,11; 2Chr 16,3.

168 Das zweite Glied im Paar, τὰ προστάγματα, bezieht sich wohl auf חֻקּוֹת, ist in LXX aber die Übersetzung für mehrere Begriffe aus diesem Begriffsfeld.

Regel חֻקָּה übersetzt wird[169], allerdings neben dieser Stelle auch zweimal בְּרִית[170]. Auffälliger ist jedoch, dass P im Unterschied zu allen anderen Textzeugen eine dreigliedrige Aufzählung bietet (ܡܣܒ, ܘܙܢܝ ܘܦܘܩܕܢܝ). Vg dagegen geht mit MT und bezeugt ‚pactum'. Dabei lässt sich die dreigliedrige Reihung in P wohl am besten als Ergänzung im Zuge des Übersetzungsprozesses verstehen, zumal sie sich häufiger findet.[171] Die Abweichung zwischen MT und LXX kann in zwei Richtungen verstanden werden: Sie kann darauf hinweisen, dass es dem Übersetzer (oder der ihm vorgegebenen Textüberlieferung) zu absolut war, dass Salomo den Bund mit Gott nicht beachtet haben soll, und deshalb den Ausdruck mit einer bewussten Aussageabsicht abgemildert hat;[172] sie kann aber auch darauf hinweisen – und dabei handelt es sich um die wahrscheinlichere Variante –, dass es zwei Textüberlieferungen gab, die unabhängig voneinander bestanden und je auf ihre Weise das Nicht-Beachten des Gotteswillens durch Salomo bewahrt und formuliert haben.[173] Kaum vorstellbar ist einzig der Weg von der LXX-Textüberlieferung zu MT.[174] In MT würde durch den Begriff בְּרִית festgehalten, dass er insgesamt das Verhältnis zu Gott beschädigt habe.[175] Die LXX-Textüberlieferung würde allgemeiner von der Missachtung der Gebote sprechen. Die zweite textkritisch relevante

---

169 Gen 26,5; Ex 15,26; Lev 10,11; 18,26; 1Kön 2,3; 3,14; 6,12; 8,58; 9,4.6; 11,33.34.38; 2Kön 17,13.15.37; 23,3. Dyk/van Keulen, Language System, 180, weisen darauf hin, dass TJon denselben Befund aufweist.

170 Lev 26,15; 2Kön 17,38.

171 In P nachweisbar in 1Kön 2,3; 8.58.61; 11,11; 2Kön 17,37.

172 Dies wäre allerdings nur an dieser Stelle der Fall. Denn gegen die Annahme einer theologischen Grundüberzeugung in LXX, nach der ein Mensch Gottes Bund nicht brechen könne, sodass sie von der sonst üblichen Übersetzung mit διαθήκη abweicht, spricht die treue Wiedergabe von בְּרִית mit διαθήκη beispielsweise in Dtn 17,2; 29,24; 31,16 oder auch Dtn 4,23 sowie in Gen 17,14 und öfter.

173 Eine Entscheidung aufgrund der sonstigen Verwendung des Syntagmas ist nicht möglich: Die Verbindung von לשמר und בְּרִית bezieht sich in Dtn 7,9.12; 1Kön 8,23; Dan 9,4; Neh 1,5; 9,32; 2Chr 6,14 auf Gott, in Ex 19,5; Dtn 33,9 (29,8); Ps 78,10; 103,18; 132,12 auf Israel und nur in 1Kön 11,11 auf den König und damit auf eine Einzelperson. Zwar könnte vor dem Hintergrund eines ähnlichen Falles in 1Kön 19,10 – hier wird בְּרִיתְךָ mit σε wiedergegeben, wogegen auch P mit MT ܩܝܡܟ bezeugt – eine Tendenz zur ersten Option wahrscheinlich gemacht werden, doch wäre dann in Betracht zu ziehen, dass die gewählten Übersetzungen innerhalb von LXX differieren.

174 Die Verbindung von בְּרִית und חֹק bzw. חֻקָּה findet sich in Aufzählungen nur an dieser Stelle und in 2Kön 17,15, in Parallelsetzung dagegen ein wenig häufiger in Jes 24,5; Ps 50,16; 105,10; 1Chr 16,17. Die seltene Verwendung des Begriffs spricht also eine deutliche Sprache dahingehend, dass es sich in 1Kön 11,11 nicht um eine Änderung durch den Sprachgebrauch handelt.

175 In der Salomo-Erzählung ist von בְּרִית meist nur im Zusammenhang mit der Lade die Rede (1Kön 3,15; 6,19; 8,1.6), wobei eben 1Kön 8,21 einen Eindruck davon gibt, wie man sich das konkret vorgestellt hat. Der Bund bezieht sich nach 1Kön 8,21 auf die Zeit der Vorväter; während Gott ihn beachtet (1Kön 8,23), bricht ihn der König (1Kön 11,11).

Abweichung bezieht sich auf מֵעָלֶיךָ. Stattdessen bezeugen sowohl LXX/Ant ἐκ χειρός σου als auch P ܡܢ ܐܝܕܟ,[176] während Vg die Wendung auslässt. Dabei handelt es sich nicht um eine Frage der Übersetzung, denn מֵעָלֶיךָ wird in der Regel mit ἀπό + Personalpronomen bzw. ܡܢ + Personalsuffix übersetzt, wogegen diese Übersetzungen in der Regel מיד + Personalsuffix wiedergeben. Nun mag die Wendung in MT von 1Kön 1,30 und dem sich „auf" (על) Achia befindlichen Mantel inspiriert sein, ursprünglich ist sie aber angesichts der Textbezeugung (und auch angesichts der Wendung in V 31: הִנְנִי קֹרֵעַ אֶת־הַמַּמְלָכָה מִיַּד שְׁלֹמֹה) kaum. So ist wohl מידך als ursprünglich anzunehmen. Daneben zeigen in diesem Zusammenhang LXX und Vg eine gemeinsame weitere Variante: Vg bezeugt ‚regnum tuum' und stimmt darin mit LXX überein (τὴν βασιλείαν σου), wogegen MT, Ant und P kein Suffix bieten. Da es sich im Hebräischen nur um ein Suffix handeln würde und es sowohl in Teilen der griechischen Textüberlieferung als auch in der sonst MT nahe stehenden Vg erscheint, lässt es sich am besten als eine Ergänzung im hebräischen Überlieferungsprozess noch vor dem Auseinandergehen der Wege zwischen hebräischer und griechischer Textüberlieferung oder als eine im Überlieferungsprozess als sinngemäß empfundene Ergänzung erklären, die unabhängig voneinander geschehen ist.

In V 12 ist vor allem das Verb im zweiten Versteil umstritten. Während MT, P und Vg Verben mit der Bedeutung „reißen, zerreißen, wegreißen" bezeugen, lesen LXX und Ant dagegen λαμβάνομαι im Futur.[177] Diese Abweichung ist insofern bemerkenswert, als sie nur in V 12 und V 13 vorliegt; sonst übersetzt LXX קרע in diesem Abschnitt mit (διαρ)ρήγνυμι. Was zunächst wie eine Verlesung von אֶקְרָעֶנָּה (V 12) bzw. אֶקְרַע (V 13) zu אקחנה bzw. אקח aussieht, verändert sich, wenn man den Wortgebrauch der Achia-Geschichte in 1Kön 11,30f in Betracht zieht, in der dem gewaltsamen Moment des Reißens eine besondere Bedeutung zukommt. Während es dort inhaltlich eine zentrale Rolle spielt und auch textlich gut bezeugt ist, ist es hier gut vorstellbar, dass das Vokabular der Achia-Geschichte auf V 12f eingewirkt hat. Dann wäre die Lesart von LXX/Ant vorzuziehen und אקחנה bzw. אקח statt אֶקְרָעֶנָּה (V 12) bzw. אֶקְרַע (V 13) zu lesen.[178] Eine weitere Abweichung besteht in der Textüberlieferung von P, in der David nicht wie in allen anderen Texttraditionen als „dein Vater" apostrophiert wird, sondern im Rückbezug auf Gott als „mein Diener". Dabei handelt es sich aber wohl

---

176 P weist eine geringe Varianz auf: So ist einmal ܚܒܝ bezeugt, doch sonst bleibt es bei ܐܝܕ, auch wenn es gelegentlich im Plural belegt ist (vgl. Peshitta-Version, 41).
177 LXX und Ant gehen dabei in der Schreibung der Verbform auseinander: Während LXX λήμψομαι bietet, liest Ant λήψομαι. Doch beide sind in Form und Bedeutung identisch.
178 Vgl. auch Talshir, 1Kin 11, 99 f. Gegen Montgomery, Kings, 245, der annimmt, dass LXX den harten Ausdruck vermeide.

um eine Übernahme aus V 13, in dem David einhellig in der gesamten Textüberlieferung als „mein Diener" bezeichnet wird.

In V 13 ist neben der bereits oben erwähnten Variante ein Mehr in LXX, Ant und P zu erwähnen. Sie alle bezeugen „die Stadt" als Apposition zur Erwähnung Jerusalems. Dem stehen MT und Vg gegenüber. Dabei ist die Lesart von MT und Vg als kürzere Lesart vorzuziehen, zumal sie eine Angleichung an den Kontext darstellt (vgl. 1Kön 11,32.36 und im weiteren Verlauf des Komplexes 1Kön 11 – 14 auch 14,21).[179] Allerdings zeigt die Bezeugung in P, dass es sich dabei bereits um eine Ergänzung im Überlieferungsprozess des hebräischen Textes handelt, weil P sonst im allgemeinen MT folgt bzw. nahe steht.

So ergibt sich für den Abschnitt 1Kön 11,9 – 13 ein wie folgt geänderter Textbestand:

9 וַיִּתְאַנַּף יְהוָה בִּשְׁלֹמֹה
כִּי־נָטָה לְבָבוֹ מֵעִם יְהוָה אֱלֹהֵי יִשְׂרָאֵל
הַנִּרְאָה אֵלָיו פַּעֲמָיִם:
10 וְצִוָּה אֵלָיו עַל־הַדָּבָר הַזֶּה
לְבִלְתִּי־לֶכֶת אַחֲרֵי אֱלֹהִים אֲחֵרִים
וְלֹא שָׁמַר אֵת אֲשֶׁר־צִוָּה(וֹ) יְהוָה:
11 וַיֹּאמֶר יְהוָה לִשְׁלֹמֹה
יַעַן אֲשֶׁר הָיְתָה־זֹּאת עִמָּךְ
וְלֹא שָׁמַרְתָּ בְּרִיתִי|מצותי וְחֻקֹּתַי אֲשֶׁר צִוִּיתִי עָלֶיךָ
קָרֹעַ אֶקְרַע אֶת־הַמַּמְלָכָה מידך
וּנְתַתִּיהָ לְעַבְדֶּךָ:
12 אַךְ־בְּיָמֶיךָ לֹא אֶעֱשֶׂנָּה
לְמַעַן דָּוִד אָבִיךָ
מִיַּד בִּנְךָ אקחנה:
13 רַק אֶת־כָּל־הַמַּמְלָכָה לֹא אקח
שֵׁבֶט אֶחָד אֶתֵּן לִבְנֶךָ
לְמַעַן דָּוִד עַבְדִּי
וּלְמַעַן יְרוּשָׁלַ͏ִם אֲשֶׁר בָּחָרְתִּי:

3.4 1Kön 11,14 – 25 – Hadad und Reson – zwei Satane für Salomo

Im nachfolgenden Text werden drei Widersacher Salomos vorgestellt: Hadad, Reson[180] und schließlich Jerobeam (V 26 ff). In den V 14 – 25 wird zunächst von den

---

179 So auch Turkanik, Kings and Reigns, 93.
180 Da die Namensgebung dieses Widersachers Salomos in der Textüberlieferung sehr unterschiedlich ausfällt, wird hier die hebräische Namensform verwendet, ohne dass damit eine Präferenz für diesen letztlich nicht mit Sicherheit zu bestimmenden Namen ausgedrückt werden soll.

ersten beiden berichtet, die auf das Ganze der Erzählungen um das Ende der Herrschaft Salomos und der Entstehung der beiden Königreiche Israel und Juda betrachtet eher eine Nebenrolle spielen. Textgeschichtlich ist dieser Abschnitt dennoch bemerkenswert, da er Textabweichungen beinhaltet, die ähnlich gelagert sind wie in V 1–3,4–8. So werden die beiden Widersacher Hadad und Reson in der Textüberlieferung unterschiedlich positioniert: Während MT Reson erst in V 23–25 anführt, nennt LXX ihn bereits zu Beginn des Abschnitts innerhalb von V 14. Dabei weisen beide Texttraditionen Brüche und Schwierigkeiten auf, die sich aus der Rückschau wohl nicht mehr vollständig klären lassen, denn in beiden Fällen ist die Passage über Reson merkwürdig in den Anfang bzw. das Ende der Erzählung über Hadad eingefügt, indem sie jeweils von deren erstem oder letztem Satz umschlossen wird.[181] Darüber hinaus zeigt die Erwähnung Resons aber auch in sich selber zahlreiche weitere textkritische Schwierigkeiten, sodass sie hier zuerst besprochen werden soll.

Die Passage 1Kön 11,14–25 beginnt in V 14 in allen Texttraditionen gemeinsam mit der Einführung des Edomiters Hadad als Widersacher Salomos. Zwar bezeichnet ihn LXX als Idumäer, doch dies ist klar als Aktualisierung der Übersetzung zu erkennen. Eine weitere Differenz besteht in der Namensnennung: statt הדד hat LXX הדר gelesen, eine Namensform, die sich auch in einigen hebräischen Handschriften findet, jedoch auf eine Buchstabenverlesung zurückgeführt werden kann.[182]

Die größte textgeschichtliche Differenz zeigt sich nach diesem Satz. Während MT, P und Vg in V 14b mit der Information fortfahren, dass Hadad aus dem Königshaus Edoms stamme, folgt in LXX die Passage über Reson (LXX: Esrom) und erst danach dieselbe Information wie in MT. Dabei setzt LXX am Ende von V 14 mit der Hadad-Erzählung neu ein: καὶ Αδερ ὁ Ιδουμαῖος. Auf den ersten Blick scheint LXX dem eigenen Duktus zu folgen, sodass der Neueinsatz als stilistische Notwendigkeit erscheint. Doch in der Zusammenschau mit den Differenzen zu MT, P und Vg sowie auch zwischen diesen Texttraditionen deutet der Neuanfang in LXX darauf hin, dass der Satz von V 14a ursprünglich nicht einfach fortgeführt worden ist, wie es MT nahelegen könnte, auch wenn dort die Satzstellung auffällig ist. So scheint P mit dem Wort ܓܝܪ, das keine Entsprechung in MT und Vg hat, im Syrischen aber meist analog zum griechischen γάρ am Satzanfang verwendet wird, verbunden mit ܗܘܐ auf den Rest eines Satzes hinzuweisen. Ähnlich offenbart auch

---

181 Diesem Aspekt trägt van Keulen, Two Versions, 234 f, nicht genügend Rechnung, wenn er behauptet, dass die Reson-Notiz an den Anfang gestellt worden sei, um eine integre Hadad-Erzählung herzustellen. Auch Turkanik, Kings and Reigns, 34, wird der Sachlage nicht gerecht, wenn er einfach MT für den besseren Text erklärt.
182 Auch Josephus, Ant. VIII,199, mit der Bezeugung von Αδερος kommt keine Beweiskraft für die Ursprünglichkeit von LXX zu.

Vg die Problematik der Stelle, wenn sie einen Nebensatz liest: ‚de semine regio qui erat in Edom'. Ein erster Ansatzpunkt ergäbe sich, wenn man היה statt הוא läse, denn das würde sowohl P als auch Vg erklären, aber auch, warum der Schlusssatz in V 14 LXX ein Nominalsatz ist. Offen blieben dabei allerdings die unterschiedlichen Wortstellungen, die die Übersetzungen jeweils vorauszusetzen scheinen. So lässt sich wohl nicht mehr sagen, als dass es sich bei diesem letzten Teil von V 14 ursprünglich um einen eigenständigen Satz gehandelt haben wird, in dem Hadads Abstammung aus dem Königshaus[183] in Edom festgehalten wird.

Mitten in V 14 LXX eingeschoben bzw. im Anschluss an die Hadad-Erzählung in V 23 – 25a MT/P/Vg befindet sich die Erwähnung Resons. Hier setzt nun MT/P/Vg neu ein und LXX führt den in V 14a begonnenen Satz so fort, dass Reson unmittelbar als zweiter Widersacher Salomos eingeführt wird. In diesem V 23a betreffenden Neueinsatz bezeugen MT und Vg אלהים bzw. setzen dieses voraus, während P mit ܡܪܝܐ eine Lesart mit dem Gottesnamen nahe legt.[184] Letzteres entspricht der gleich lautenden Einleitung in V 14a, sodass P V 23a wohl an diese angeglichen hat und אלהים als ursprünglich für die Variante der Textüberlieferung anzusehen ist, in der Reson erst am Ende der Passage tradiert wurde. Die Ortsangabe in LXX ἐν bzw. ἐκ Ραεμ(μ)αθ lässt sich als Verlesung aus ברד מאת erklären.[185] Infolge dieses Fehlers war die griechische Texttradition gezwungen, den Namen Hadadesers[186] als Erwähnung eines weiteren Gegners Salomos zu verstehen. In Ant wird dies durch die Einfügung von καὶ τόν unübersehbar deutlich. Dass es sich dabei um einen Fehler handelt, zeigt auch der weitere Verlauf des Textes, in dem auch nach LXX/Ant von Hadadeser keine Rede mehr ist.[187] Im

---

183 Auch dieser Begriff ist unterschiedlich überliefert. Während MT einen König voraussetzt, nennt P (allerdings nur der Punktierung folgend) einen Plural und ist in LXX das ‚Königreich' bezeugt, wogegen Vg das Adjektiv ‚königlich' verwendet. Auch diese Beobachtung am Detail lässt sich wohl am besten als sinngemäße Wiedergabe infolge mündlich-schriftlicher Überlieferung erklären, da die inhaltliche Veränderung keinen nennenswerten Unterschied ausmacht. Auch Noth, 1Könige, 242, nimmt für LXX keine andere Vorlage an.

184 In LXX gibt es kein Pendant, weil der Satz aus V 14a fortgeführt und Reson als zweiter Widersacher Salomos einfach mit καί angeschlossen wird.

185 Wie auch die Lesart von Ms B sowie der Apparat in der Ausgabe von Brooke/McLean/Thackeray, 249, bezeugen, hat die weitere griechische Texttradition mit dem Namen wenig anfangen können und ihn in den verschiedensten Varianten überliefert. Vgl. auch Rahlfs, Lucians Rezension, 577, der bemerkenswerterweise davon ausgeht, dass sich die griechische Form „in L am reinsten erhalten" hat, obwohl er sonst Ant, von ihm als L bezeichnet, nicht besonders hoch schätzt.

186 LXX zeigt nicht nur eine andere Vokalisierung, sondern belegt gemeinsam mit P auch, dass mit dem Schwinden der Kenntnis des religionsgeschichtlichen Hintergrunds des Namens Hadad die Kompetenz abnimmt, eine Vertauschung von ד und ר zu korrigieren. Dagegen folgt Vg dem MT.

187 Siehe dazu auch unten zu den Singular- und Plural-Formen in V 14 LXX bzw. V 24 MT/P/Vg.

nachfolgenden Satz stellt sich noch einmal das Problem der Textüberlieferung insgesamt: Hier übersetzt LXX καὶ συνηθροίσθησαν ἐπ᾽ αὐτὸν ἄνδρες und gibt damit einen hebräischen Text wieder, der nicht וַיִּקְבֹּץ עָלָיו אֲנָשִׁים lautet, wie ihn MT und Vg bezeugen, sondern ויקבצו עליו אנשים, in dem das Verb in der 3. Person Plural im Nifal bezeugt ist (ähnlich auch P (ܐܬܟܢܫܘ ܠܘܬܗ ܓܒܪ̈ܐ), wenn auch nicht einheitlich in der syrischen Texttradition). Die Differenz im Konsonantentext ist denkbar klein: Ein ו markiert den Unterschied, und es kann plausibel für beide möglichen Subjekte argumentiert werden. So lässt sich die Frage, ob es Reson ist, der die Männer um sich schart, oder ob diese zu ihm kommen, kaum letztgültig in eine der beiden Richtungen beantworten. Da jedoch der Unterschied im Verlauf der Reson-Notiz ebenfalls denkbar klein ist und inhaltlich keine besondere Rolle spielt, ist es wohl am plausibelsten, nicht nur bei der Frage der Positionierung dieser Verse, sondern auch an dieser Stelle eine Folge schriftlich-mündlicher Überlieferung zu vermuten, in der den Texten eine je eigene Gestalt gegeben wurde, ohne den Inhalt maßgeblich zu ändern. Im weiteren Verlauf des Verses findet sich in MT/P/Vg die Wendung בַּהֲרֹג דָּוִד אֹתָם; diese fehlt sowohl in LXX als auch in Ant. Das deutet darauf hin, dass es sich bei ihr um eine spätere Ergänzung in der hebräischen Texttradition handelt, mit der auf 2Sam 10,15 – 18 angespielt werden soll. Ein Beispiel für die Trennung der griechischen und hebräischen Texttradition sind die Numeri der Verben. Nachdem es in LXX heißt, dass sich Männer bei Reson versammelt haben, wird er der Anführer, nimmt Damaskus ein, lässt sich darin nieder und herrscht dort.[188] In MT, P und Vg demgegenüber versammelt Reson die Männer und wird Anführer, danach gehen aber sie (Plural!) nach Damaskus, lassen sich darin nieder und herrschen dort.[189] Dieses Problem findet seine Lösung darin, dass LXX/Ant im Unterschied zu MT/P/Vg nicht וַיֵּלְכוּ, sondern וילכד zugrunde liegen haben.[190] Der Ursprung liegt also in einer Verwechselung von ד und ו innerhalb der hebräischen Texttradition.[191] Danach wurde der Numerus der Verben an וַיֵּלְכוּ angepasst und bis zum Ende von V 24 MT durchgehend in den Plural verändert.[192] Dadurch entsteht allerdings auch eine

---

188 Die beiden letzten Verben sind in Ant bezeugt, der im Gegensatz zu MT einen Singular bietet, also keine Korrektur aufgrund von MT darstellt, sondern belegt, dass in LXX eine Kürzung vorliegt.

189 An dieser Stelle schert P aus und bezeugt, dass Hadad herrsche.

190 προκαταλαμβάνω ist in LXX die gängige Übersetzung von לכד.

191 Van Keulen, Two Versions, 233, verweist auf 2Sam 8,3, wonach die Stadt vorher David gehört habe. Doch solch innerbiblische Bezüge zur Entscheidung textkritischer Fragen heranzuziehen, ist ein problematisches Vorgehen, auch wenn sie, wie in diesem Fall, das Ergebnis stützen.

192 Im Unterschied zu MT und Vg führt P hier erneut Hadad an. Das könnte auf eine andere inhaltliche Gliederung als in MT und Vg hinweisen, in der die Notiz über Reson mit dem Satz ܘܗܘܐ ܣܛܢܐ endet und nun wieder von Hadad die Rede ist. Doch hätte Hadad dann unmittelbar hintereinander stehend zwei Herrschaftsbereiche: Damaskus nach V 24 P und Edom nach V 25 P. Wahrscheinlicher ist,

unterschiedliche Schwerpunktsetzung der beiden Texttraditionen: Während MT an den גְּדוּד, die Horde, das heißt die Herrschaft vieler, anschließt und damit zweifellos auch eine Wertung verbindet, hebt Ant Reson hervor und hält sich so an die klassische Fokussierung auf den Machthaber.

Wie am Anfang des Abschnitts zu Reson, so zeigen sich auch an dessen Ende in den unterschiedlichen Textversionen die Naht- und Bruchstellen, die durch die Einfügung der Notiz entstanden sind. V 25aα MT ist zwar in allen Versionen gleich bezeugt, doch danach gehen sie alle weit auseinander. So scheint MT den in V 25aα begonnenen Vers mit וְאֶת־הָרָעָה אֲשֶׁר הֲדָד durch den Anschluss mit ו fortzuführen. Doch die textliche Schwierigkeit zeigt sich daran, dass es sich in MT nicht um einen vollständigen Satz handelt, weder für sich genommen noch im Zusammenhang mit V 25aα. Als Verb wäre עשה zu erwarten, wie es LXX und P bezeugen, doch gibt P – im Unterschied zu LXX – in diesem Zusammenhang nicht den Namen Hadads wieder, sondern nennt ihn erst im nachfolgenden Satz, in dem MT Hadad wiederum – mit LXX – als genannt voraussetzt. Doch selbst mit Verb wäre der Satzanfang in MT sehr ungewöhnlich. Dabei gibt es nur eine Version, die einen logisch und grammatikalisch konsistenten Text bietet: LXX. Sie liest statt וְאֶת־הָרָעָה αὕτη ἡ κακία, also זאת הרעה, und spricht namentlich von Hadad (bzw. Adar). Dabei führt LXX, dem eigenen Aufbau folgend, den Abschnitt über ihn mit diesen Schlusssätzen zu Ende. Bemerkenswerterweise bietet auch Vg diesen Satzanfang, weist dann aber keinen Relativsatz wie die übrigen Texttraditionen auf, sondern gibt mit ‚malum Adad' eine Genitivverbindung wieder. So legt es sich nahe, davon auszugehen, dass LXX einen ursprünglichen Schlusssatz zum Abschnitt über Hadad bewahrt hat, dessen Anfang auch noch Vg bezeugt, der aber in MT, P und auch in Vg im weiteren Verlauf auf je unterschiedliche Weise korrupt überliefert ist. Da Vg im Wesentlichen MT folgt, muss die Korruption des Satzanfangs erst relativ spät in der Textüberlieferung geschehen sein; das Satzende scheint demgegenüber schon früh Probleme bereitet zu haben.[193] Eine weitere Textdifferenz, die wohl eine späte Folge des Einschubs der Reson-Notiz darstellt, ist die Behauptung in MT, Hadad habe in Aram geherrscht.[194] Hier hat wohl die Reson-Notiz eingewirkt, in der von Damaskus, Hadadeser und Zoba die Rede war; LXX/Ant und P bezeugen jedenfalls richtig Edom. Früher als diese Variante muss ein Wechsel des Verbs im vorletzten Satz von V 25 geschehen sein: MT bezeugt וַיָּקֻץ. Darauf geht die Übersetzung von LXX mit ἐβαρυθύμησεν und wohl auch die Wendung ‚odium

---

dass statt Hadad hier ursprünglich ebenfalls ܪܨܝܢ gestanden hat und unter dem Einfluss der rahmenden und elaborierteren Erzählung über Hadad dessen Name aus ܪܨܝܢ nun ܗܕܕ wurde.
193 Van Keulen, Two Versions, 226 f, ist bei der Rekonstruktion des ursprünglichen Textes pessimistischer und greift dafür zu weiteren Emendationen.
194 Vg übersetzt aktualisierend „in Syria".

contra Israel' in Vg zurück, die in Vg jedoch den vorangegangenen Satz ‚et hoc est malum Adad' fortführt. Dem steht Ant gegenüber, der ἐβαρύθη bezeugt, was auf ויצק (von צוק I Hifil) zurückgehen könnte, dem auch P nahe steht (ܐ‍ܟ‍ܣ). Auch dabei handelt es sich wohl um eine Folge der oral-written transmission, denn die Tendenz beider Entwicklungen zeigt in dieselbe Aussagerichtung, auch wenn sie im Verhältnis zueinander eine inhaltliche Verschiebung bedeutet.[195] Damit seien die Notiz um Reson, ihr engeres Umfeld und die durch den Einschub an ihren jeweiligen Ort entstandenen textlichen Probleme verlassen; der übrige Teil des Abschnitts 1Kön 11,14 – 25 widmet sich Hadad und seinem Hintergrund.

Textkritisch sind in V 15 vor allem der erste und der letzte Satz interessant. Im ersten Satz bezeugt MT בִּהְיוֹת, dagegen LXX ἐξολεθρεῦσαι bzw. Ant ἐξολοθρεύειν, was wohl beides auf בהכרית zurückgeht.[196] Auch P folgt dieser Lesart (ܕܢ‍ܘܒ‍ܕ), wogegen Vg sich MT anschließt (‚cum enim esset David'); beide Übersetzungen lösen damit den Infinitiv auf. Dabei weist MT selber den Weg zur textkritischen Korrektur, denn bei dem von MT bezeugten Satz stellt sich die Frage nach der Verwendung des אֵת. Mit בִּהְיוֹת würde ein Verständnis als nota accusativi ausscheiden, doch auch eine Übersetzung als „mit/bei" stellt keine befriedigende Lösung dar, weshalb Vg wohl auch „in" übersetzt. Lösen lässt sich dieses Problem allerdings, wenn man LXX, Ant und P als Repräsentanten des ursprünglichen Wortlauts sieht, denn dann wäre את einfach als nota accusativi zu verstehen und es ergäbe sich ein vollständiger, konsistenter Satz, der zudem zum Folgesatz, aber auch zu V 16b passen würde. So ist von בהכרית als ursprünglichem Text auszugehen.[197] Die zweite Differenz dieses Verses betrifft וַיַּךְ, das in LXX mit ἔκοψαν, also, im Unterschied zu MT, im Plural wiedergegeben wird. Dem folgt jedoch keine andere Texttradition, sodass MT vorzuziehen ist.[198]

In V 16 findet sich in LXX (ohne Ant) in der Versmitte die lokale Angabe ἐν τῇ Ιδουμαίᾳ. P bezeugt ebenfalls ein Mehr gegenüber MT, fügt aber ܟ‍ܠ‍ܗ an „ganz Israel" an, das klar als Apposition zu erkennen und somit anders gelagert ist als

---

195 Sweeney, I & II Kings, 154, behauptet dagegen sehr schlicht: „LXX reworks", ohne sich mit alternativen Möglichkeiten auseinanderzusetzen.

196 Im Apparat der BHK[3] schlagen Kittel und Noth ebenfalls unter Verweis auf LXX und P die Lesart בהכות vor, doch sind die in LXX bzw. Ant bezeugten Verben in der Regel die Übersetzung für להכרית. So lautet dann auch der Hinweis im Apparat der BHS, und Noth selbst präferiert diese Lesart als ursprünglich in Noth, 1Könige, 242.

197 Zwar erscheint בִּהְיוֹת als lectio difficilior, doch ist das angesichts der äußeren Bezeugung allein kein ausreichender Grund für die Lesart von MT.

198 Das gilt auch, wenn man tatsächlich David und Joab zusammen wiederfinden möchte, denn im hebräischen Sprachgebrauch wird der Singular häufig auch bei mehreren Akteuren verwendet.

Eine Abweichung zwischen LXX und Ant betrifft noch den Artikel bei Ιοαβ (τὸν) ἄρχοντα. Doch dies ist an dieser Stelle ohne textkritische Relevanz für den ursprünglichen Text.

die Erweiterung in LXX. Ant und Vg entsprechen dem kürzeren MT. Angesichts dieser äußeren Bezeugung ist wohl davon auszugehen, dass es sich in LXX um eine Ergänzung handelt. Sie könnte im Übersetzungsprozess vom Ende des Verses hierher gelangt sein. Die Annahme, dass es sich um einen Vorgang während des Übersetzungsprozesses handelt, würde erklären können, warum es hier ἐν τῇ Ιδουμαίᾳ und dort ἐκ τῆς Ιδουμαίας heißt: Während der Übersetzer von LXX/Ant bei seiner aberratio oculi seiner Vorlage genau folgt (MT bezeugt übereinstimmend mit P und Vg בֶּאֱדוֹם[199]), übersetzt er am Versende das ב seinem Verständnis der Aussage folgend partitiv.[200] Da dieses Verständnis in der Versmitte nicht möglich war, belegt die dortige Ergänzung auf ihre Weise die Ursprünglichkeit von בֶּאֱדוֹם.

In V 17 bietet LXX καὶ πάντες ἄνδρες statt וַאֲנָשִׁים. Sie steht darin allein und auch Ant widerspricht ihr, was zunächst für sie sprechen würde, doch ist dennoch MT als kürzerer Text vorzuziehen und die Lesart in LXX als ergänzt zu werten.[201] Unmittelbar danach bezeugt Ant δοῦλοι, das ebenfalls als Ergänzung zu verstehen ist, da es in keiner anderen Textversion zu finden ist und zudem eine Doppelung zu παῖδες darstellt. Schwieriger ist die Frage, ob לָבוֹא in MT (mit P) oder ויבא mit Ant (καὶ εἰσῆλθεν) oder gar ויבאו mit LXX (καὶ εἰσῆλθον) zu lesen ist. Vg („ut ingrederetur') steht gewissermaßen zwischen MT/P und Ant, indem sie den Aspekt der Finalität festhält, andererseits aber klar von einem Singular ausgeht; sie ist jedoch aufgrund des Finalsatzes als näher an MT zu werten. Nun besteht zwischen ל und וי zweifellos eine graphische Nähe, sodass es hier zu einer Verlesung gekommen sein kann, ohne dass damit die ursprüngliche und die abweichende Version zu bestimmen wäre. Deutlich ist nur sowohl aufgrund der Textüberlieferung als auch aufgrund des graphischen Erscheinungsbildes, dass bei der Annahme eines finiten Verbs als Prädikat ein Singular zu bevorzugen, also Ant der LXX vorzuziehen ist. Möglicherweise handelt es sich in LXX um eine Angleichung an die Pluralformen in V 18.[202]

LXX scheint die Schwierigkeit dieser Pluralformen in V 18 erkannt zu haben und damit lösen zu wollen, dass im ersten Satz ἄνδρες ἐκ τῆς πόλεως (Μαδιαμ) zur

---

199 Das in Ms B bezeugte ἐν τῇ Ιδουμαίᾳ ist entweder ursprünglich oder schon eine Angleichung an MT.

200 Jenni, Beth, 285, führt es als Teilklasse an, genauer als „Personenklasse in anderen Gruppen".

201 Van Keulen, Two Versions, 235 f, hält es für eine Glättung, um dem durch die Lesung von ויבא(ו) entstandenen Problem zu entgehen, dass Hadad und seine Leute nach V 17 LXX bereits in Ägypten sind und V 18 als Itinerar nicht mehr passt. LXX habe nun eine dritte Partei eingeführt, die aus Paran komme. Doch übersieht van Keulen, dass diese Ergänzung in der griechischen Texttradition nicht einheitlich bezeugt ist und Ant sie gerade auslässt.

202 Die Lesung אדד statt הדד in V 17 geht wohl auf einen Fehler zurück, denn אדד ist nur einmal in MT bezeugt. Noth, 1Könige, 242, nimmt einen Schreib- oder Hörfehler an.

Verdeutlichung des Subjekts eingefügt wird. Dies fehlt jedoch in allen anderen Textzeugen und ist so klar als interpretierende Übersetzung zu erkennen.[203] Dass diese Pluralformen nicht unumstritten waren, gibt die Textbezeugung von P zu erkennen: innerhalb der P-Textüberlieferung gibt es einen starken Strang, in dem die ersten beiden Sätze im Singular übersetzt sind und sich somit auf Hadad (und nur in einem kollektiven Sinn auf seine Leute) beziehen.[204] Doch ist am Plural sowohl angesichts der Textbezeugung als auch als lectio difficilior festzuhalten. Im zweiten Satz des Verses bezeugen MT, P und Vg וַיִּקְחוּ אֲנָשִׁים עִמָּם מִפָּארָן, wogegen LXX und Ant מִפָּארָן übereinstimmend nicht bieten. Das gleiche Bild zeigt sich beim Wort מִצְרַיִם im nachfolgenden Satz. An diesen beiden Stellen wird wohl der kürzere Text der ursprünglichere sein, und MT, P und Vg repräsentieren eine verdeutlichende Erweiterung. Mit demselben Kriterium ist dann der nachfolgende Satz καὶ εἰσῆλθεν Αδερ πρὸς Φαραω in LXX und Ant auszuscheiden.[205] Am Ende von V 18 steht in MT eine Folge von drei Sätzen, die nach dem Narrativ im ersten Satz mit zwei Perfecta consecutiva aufeinander aufbauen. Sie finden sich auch in Ant und Vg, und auch P bezeugt sie, auch wenn P die Dreierfolge der Sätze anscheinend nicht verstanden hat und deshalb in den Text eingreift.[206] In LXX fehlt jedoch das letzte Glied; als kürzerer Lesart ist ihr der Vorzug zu geben.[207]

In V 19 zeigt sich in LXX/Ant, dass mit dem Fehlen des entsprechenden kulturellen Hintergrunds auch die Kompetenz abnimmt, einen Text adäquat zu übersetzen. So versteht LXX die hebräische Übertragung des ursprünglich ägyptischen Titels ‚t3 ḥm.t nsw.t' (תַּחְפְּנֵיס) ins Hebräische mit גבירה nicht als solche, sondern als Komparativ von μέγας und bezieht die Angabe wohl auf das Le-

---

203 In Ms B ist zudem die Bezeugung ἄρχοντες für ἔρχονται als Fehler innerhalb der griechischen Texttradition zu werten. Ebenfalls keine weitere textkritische Bedeutung hat die Differenz zwischen μετ᾽ αὐτῶν (LXX) und μεθ᾽ ἑαυτῶν (Ant).

204 Vgl. Peshitta-Version, 41.

205 Bösenecker, LXX.E, 919, hält zu Recht fest, dass es sich um eine Ergänzung handelt, durch die der harte Übergang zum nachfolgenden Satz, in dem nur noch von Hadad die Rede ist, ohne ihn namentlich zu erwähnen, vermieden werden soll.

206 P versteht das ܘ von ܡܠܟܐ nicht als Anfang des neuen Satzes, sondern als Aufzählung und fügt deshalb an ܐܙܠ ein ܘ an. Da nun ein weiteres Satzelement fehlt, wird eine direkte Rede des Pharao an Hadad eingefügt: ܕܠ ܠܗ. Vgl. auch Weitzmann, Syriac Version, 35. Berlinger, Peschitta, 29, bietet, wie sonst auch, nur eine Problembeschreibung.

207 Die Textüberlieferung lässt sich entweder durch eine frühe Ergänzung oder eine gegenseitige Beeinflussung erklären. Die Anzahl der an den Narrativ angehängten Perfecta consecutiva spielt in der Entscheidung keine Rolle (vgl. dazu Gesenius/Kautzsch/Bergsträsser, Grammatik, 343f (§112.1c)).

bensalter der Schwester. P lässt mit der Übersetzung ܪܒܬܐ einen gewissen Interpretationsspielraum, doch Vg (,regina') trifft den Kern der Sache.[208]

In V 20 ist in LXX/Ant im ersten Satz mit der Wendung τῷ Αδερ Hadad also noch einmal erwähnt, obwohl er auch im Griechischen unmittelbar nach dem Verb bereits durch ein Personalpronomen bzw. ursprünglich im Hebräischen durch ל mit Suffix erzählerisch präsent ist. So ist die Version in LXX/Ant als erläuternder Zusatz zu verstehen.[209] Im weiteren Verlauf des Verses haben LXX/Ant in V 20aβ בני פרעה statt בית פרעה gelesen, wie es von MT, P und Vg bezeugt wird. Darüber hinaus bietet MT in V 20b mit einem erneuten בית פרעה ein Mehr gegenüber LXX/Ant.[210] In beiden Fällen scheint es sich um eine aberratio oculi zu handeln: Während LXX aus dem letzten Versteil den Ausdruck בני פרעה in den ersten übernimmt, scheint im hebräischen Tradierungsprozess die Wendung בית פרעה in den zweiten übernommen worden zu sein. So würde im Ganzen MT abzüglich des בית פרעה in V 20b den Vorzug genießen. Offen bleiben muss die Frage, ob Genubath ursprünglich als Sohn Hadads (so MT, P) oder als Sohn der Tachpenes (so LXX/Ant) bezeichnet worden ist; auch dies ist wohl eine Folge der oral-written transmission, in der die Zugehörigkeit wechseln kann; dass diese Bestimmung Genubaths ganz gefehlt hat, wie es Vg überliefert (Vg bezeichnet Genubath nur als filium), ist angesichts der Satzstellung dagegen unwahrscheinlich.[211]

In V 21 gibt es keine nennenswerten Differenzen.[212]

In V 22 wird in LXX/Ant im ersten Satz Hadad namentlich genannt, in MT, P und Vg dagegen nicht, sondern durch ל mit Suffixpronomen bzw. durch ein selbstständiges Pronomen bezeichnet. Da Hadad in keinem Fall doppelt erwähnt wird, kann hier nicht wie in V 20 gesagt werden, dass es sich um eine Ergänzung

---

208 Innerhalb der griechischen Texttradition nimmt Ant bei der Wendung γυναῖκα τὴν ἀδελφὴν τῆς γυναικός die Determination des hebräischen אֶת־אֲחוֹת אִשְׁתּוֹ ernst und bildet so genauer den Wortlaut der Vorlage ab als LXX.

209 P und Vg folgen MT.

210 P folgt MT, Vg übersetzt ,eratque Genebath habitans apud Pharaonem cum filiis eius' und bezeugt damit zwar durch die Übersetzung verändert, aber dennoch ebenso den Ausdruck בית פרעה.

211 Die Differenz zwischen וַתְּגַמְלֵהוּ in MT und ἐξέθρεψεν in LXX ist nur eine Verschiebung der Nuance, die durch den Übersetzungsvorgang entstanden sein kann und nicht unbedingt einen anderen hebräischen Text wie beispielsweise ותגדלהו voraussetzt. So zu Recht auch Turkanik, Kings and Reigns, 67 f.

212 In P kann im letzten Satz des Verses ein ܘ verloren gegangen sein. Doch es ist auch denkbar, dass es nicht übersetzt worden ist, weil der Satz auch ohne ܘ als eigenständige Willensäußerung erkannt worden ist. In Vg fehlt im letzten Satz Hadads namentliche Erwähnung, doch auch dies muss keine textkritische Bedeutung haben, sondern kann auf den Übersetzungsprozess zurückgehen.

handele. Vielmehr wird auch hier eine Folge einer oral-written transmission vorliegen, in der der gemeinsame Nenner in der Erwähnung Hadads liegt. Schwieriger ist V 22b. Während MT bezeugt: וַיֹּאמֶר, und unmittelbar daran die direkte Rede anschließt, die mit einer Verneinung (לֹא) beginnt,[213] liest LXX αὐτῷ, bezeugt also לוֹ, führt den Namen Hadads als des Sprechenden ein und lässt die Rede erst mit ὅτι beginnen, mit dem כִּי übersetzt wird. P und Vg nehmen gewissermaßen eine Mittelstellung ein, indem sie sowohl לוֹ als auch die Verneinung bezeugen. So legt es sich nahe, davon auszugehen, dass die Bezeugung von P und Vg, die ja unabhängig voneinander besteht, die ursprüngliche ist, in der griechischen Textüberlieferung der Name Hadads zur Verdeutlichung ergänzt wurde, dagegen in der hebräischen eines der beiden ähnlich lautenden Worte לֹא oder לוֹ verloren gegangen ist. Am Versende bieten LXX/Ant einen abschließenden Satz statt des sonst offen bleibenden Endes in MT, P und Vg, in dem erzählt wird, dass Hadad in seine Heimat zurückgekehrt sei. Dabei kann es sich um eine Ergänzung handeln, die mit der ab dem nachfolgenden Vers vorliegenden, oben bereits besprochenen unterschiedlichen Textanordnung von V 23 – 25a MT zusammenhängt.[214] Es ist aber auch möglich, dass es sich um einen Teil der oral-written transmission handelt, nach der die Reson-Notiz eben unterschiedlich mit der Hadad-Erzählung verwoben worden ist, ohne dass damit ein ursprünglicher von einem sekundären Text zu unterscheiden wäre. Dass die Hadad-Erzählung in MT merkwürdig in der Schwebe endet, wird jedenfalls kaum die ursprüngliche Intention gewesen sein.[215]

Aufgrund der unterschiedlichen Platzierung der Reson-Notiz und der damit verbundenen Einflüsse auf die unmittelbare textliche Umgebung, ist es nur bedingt möglich, den hebräischen Text darzustellen, auf dem die unterschiedlichen Überlieferungen fußen.[216] Aus der Reson-Notiz lässt sich nach der Analyse folgender Textbestand als ursprünglich plausibel machen:

23 {וַיָּקֶם אֱלֹהִים לוֹ שָׂטָן}
אֶת־רְזוֹן בֶּן־אֶלְיָדָע
אֲשֶׁר בָּרַח מֵאֵת הֲדַדְעֶזֶר מֶלֶךְ־צוֹבָה אֲדֹנָיו:
24 וַיִּקְבֹּץ|וַיְקַבְּצוּ עָלָיו אֲנָשִׁים
וַיְהִי שַׂר־גְּדוּד
[בַּהֲרֹג דָּוִד אֹתָם]

---

213 Allerdings gibt es nach Ausweis des Apparats der BHS auch viele Handschriften, die לוֹ bezeugen.

214 So auch in LXX.D, 404, in der Anmerkung zur Stelle.

215 So auch van Keulen, Two Versions, 237, der dann allerdings dennoch undifferenziert von einer Ergänzung in LXX ausgeht.

216 Texte, die wohl aufgrund des Redaktionsprozesses entstanden sind, sind mit geschweiften Klammern {} markiert, unsichere mit eckigen Klammern [].

וַיֵּלְכוּ|וַיֵּלֶךְ דַּמֶּשֶׂק
וַיֵּשְׁבוּ|וַיֵּשֶׁב בָּהּ
וַיַּמְלִכוּ|וַיִּמְלֹךְ בְּדַמָּשֶׂק:
25 וַיְהִי שָׂטָן לְיִשְׂרָאֵל כָּל־יְמֵי שְׁלֹמֹה

Aus der Hadad-Erzählung lässt sich Folgendes rekonstruieren:

14 וַיָּקֶם יְהוָה שָׂטָן לִשְׁלֹמֹה
אֵת הֲדַד הָאֲדֹמִי
מִזֶּרַע הַמֶּלֶךְ היה בֶאֱדֹום: (Satzstellung unsicher)
15 וַיְהִי בהכרית דָּוִד אֶת־אֱדֹום
בַּעֲלוֹת יוֹאָב שַׂר הַצָּבָא לְקַבֵּר אֶת־הַחֲלָלִים
וַיַּךְ כָּל־זָכָר בֶּאֱדֹום:
16 כִּי שֵׁשֶׁת חֳדָשִׁים יָשַׁב־שָׁם יוֹאָב וְכָל־יִשְׂרָאֵל
עַד־הִכְרִית כָּל־זָכָר בֶּאֱדֹום:
17 וַיִּבְרַח אֲדַד
הוּא וַאֲנָשִׁים אֲדֹמִיִּים מֵעַבְדֵי אָבִיו אִתּוֹ
לָבוֹא|ויבא מִצְרָיִם
וַהֲדַד נַעַר קָטָן:
18 וַיָּקֻמוּ מִמִּדְיָן
וַיָּבֹאוּ פָּארָן
וַיִּקְחוּ אֲנָשִׁים עִמָּם
וַיָּבֹאוּ אֶל־פַּרְעֹה מֶלֶךְ־מִצְרַיִם
וַיִּתֶּן־לוֹ בַיִת וְלֶחֶם אָמַר לוֹ:
19 וַיִּמְצָא הֲדַד חֵן בְּעֵינֵי פַרְעֹה מְאֹד
וַיִּתֶּן־לוֹ אִשָּׁה אֶת־אֲחוֹת אִשְׁתּוֹ אֲחוֹת תַּחְפְּנֵיס הַגְּבִירָה:
20 וַתֵּלֶד לוֹ אֲחוֹת תַּחְפְּנֵיס אֵת גְּנֻבַת בְּנוֹ|בנה
וַתִּגְמְלֵהוּ|ותגדלהו תַחְפְּנֵס בְּתוֹךְ בֵּית פַּרְעֹה
וַיְהִי גְנֻבַת בְּתוֹךְ בְּנֵי פַרְעֹה:
21 וַהֲדַד שָׁמַע בְּמִצְרַיִם
כִּי־שָׁכַב דָּוִד עִם־אֲבֹתָיו
וְכִי־מֵת יוֹאָב שַׂר־הַצָּבָא
וַיֹּאמֶר הֲדַד אֶל־פַּרְעֹה
שַׁלְּחֵנִי וְאֵלֵךְ אֶל־אַרְצִי:
22 וַיֹּאמֶר לוֹ|להדד פַּרְעֹה
כִּי מָה־אַתָּה חָסֵר עִמִּי
וְהִנְּךָ מְבַקֵּשׁ לָלֶכֶת אֶל־אַרְצֶךָ
וַיֹּאמֶר לוֹ
לֹא כִּי שַׁלֵּחַ תְּשַׁלְּחֵנִי
{וישב הדד אל ארצו}:
25 זאת־הָרָעָה אֲשֶׁר הֲדַד עשה
וַיָּקֶץ|ויצק בְּיִשְׂרָאֵ
וַיִּמְלֹךְ עַל־אדם:

3.5 1Kön 11,26 – 40 – Jerobeam empfängt Achias Prophetie

In V 26 wird mit Jerobeam ein dritter Widersacher Salomos eingeführt. Dabei fällt auf, dass er der einzige der drei ist, von dem konkret berichtet wird, wie er sich der Herrschaft Salomos entgegenstellt, der dabei aber auch der einzige der drei ist, der nicht als שטן, Widersacher, bezeichnet wird. Die Textüberlieferung läuft ab diesem Abschnitt wieder weitgehend parallel, sodass sie Vers für Vers besprochen werden kann.

In V 26 wird Jerobeam durch einen Nominalsatz eingeführt. MT überliefert im nachfolgenden Satz den Namen seiner Mutter und die Notiz, dass sie Witwe gewesen sei. Dem folgen P und Vg. LXX/Ant dagegen nennen keinen Namen, sondern halten ausschließlich fest, dass er der Sohn einer (namenlos gehaltenen) Witwe gewesen sei, fügen dafür aber das Wort υἱός ein, das keine Entsprechung in MT hat. Eine mögliche Erklärung ist eine Parablepsis durch die graphische Ähnlichkeit des Ortsnamens צרדה, der für LXX ohnehin schwierig zu lesen gewesen zu sein scheint, weil er durch Vertauschung von ד und ר als צררה gelesen wird, und des Namens der Mutter, der seinerseits in MT wohl ursprünglich nicht צרועה (die von Ausschlag Befallene, unter Berücksichtigung der sozialen Auswirkungen: die Aussätzige), sondern צרויה (die nach Mastix-Harz Duftende) gelautet haben wird.[217] Doch wird damit nicht erklärt, warum LXX/Ant υἱός, also ein בן, hinzugefügt haben, das in der Vorlage, diesem Vorschlag folgend, nicht gestanden habe. Ein zweiter Blick des Übersetzers wäre wahrscheinlich gewesen und der Fehler aufgefallen. So ist textgeschichtlich der umgekehrte Weg plausibler. LXX/Ant könnten den ursprünglichen Text bieten, der dann in der weiteren hebräischen Textüberlieferung erweitert wurde: Um Jerobeam zu verunglimpfen, wurde ihm im Stil der Einleitungstexte bei anderen Königen eine Mutter angedichtet, die mit ihrem Namen als Aussätzige gebrandmarkt wurde.[218] Dafür, dass

---

217 Zum Namen der Mutter Jerobeams: Debus, Sünde Jerobeams, 5; Würthwein, ATD, 142. Zur Textgeschichte: Bösenecker, LXX.E, 920.
218 Es ist also von exakt dem umgekehrten Weg auszugehen, den Turkanik, Kings and Reigns, 158 f, vorschlägt, indem er behauptet, dass Jerobeam in LXX diskreditiert werden solle, indem ihm im Unterschied zu allen anderen Königen in 1 – 2Kön die Mutter aberkannt würde. So zuvor schon Wevers, Exegetical Principles, 303. Doch ist demgegenüber festzuhalten, dass es sich bei Jerobeam um einen König aus der Anfangszeit handelt, bei dem noch nicht dieselben Gesetzmäßigkeiten gelten wie bei späteren und der Name seiner Mutter eventuell gar nicht erhalten worden ist, weil es das Interesse, Geschichte zu schreiben, noch nicht in der Ausprägung gab, wie es sich später in den Quellen von 1 – 2Kön findet. Wenn, wie Turkanik behauptet, die LXX ein noch größeres Interesse an der Desavouierung Jerobeams gehabt habe, dann stellt sich in der Folge die Frage, warum ausgerechnet in der LXX der Schlusssatz וַיָּרֶם יָד בַּמֶּלֶךְ aus MT fehlen sollte (vgl. Turkanik, Kings and Reigns, 162).

innerhalb der hebräischen Textüberlieferung noch am Text weiter gearbeitet wurde, spricht auch der Schlusssatz in V 26 MT: וַיָּ֥רֶם יָ֖ד בַּמֶּֽלֶךְ. Denn damit überliefern MT, P und Vg gegen LXX/Ant einen Schlusssatz, der inhaltlich bereits etwas vorwegnimmt, was dem Duktus des Textes folgend erst in V 27 gesagt wird und dort eingebetteter ist als an dieser Stelle. Der Schlusssatz ist also zu streichen. Schließlich gibt es noch eine bemerkenswerte Differenz zwischen LXX und Ant im Blick auf den Ortsnamen Zareda/Sarira: während LXX die Ortsbezeichnung mit ἐκ τῆς Σαριρα wiedergibt, bietet Ant ἐκ γῆς Σαριρα. Dies lässt sich durch einen Fehler im Abschreibeprozess innerhalb der griechischen Textüberlieferung erklären. Die ursprüngliche Bezeichnung wird dabei wohl von LXX bezeugt, da sie exakt der Wendung in MT entspricht und Ant noch ארץ voraussetzen würde, das im Hebräischen auffälliger ist als eine Vertauschung von τῆς und γῆς. Allerdings ist auch zu sehen, dass beide griechischen Textüberlieferungen den Sinn der Wendung מִן־הַצְּרֵדָה wiedergeben, sodass es sich auch um eine Abweichung infolge eines schriftlich-mündlichen Überlieferungsprozesses handeln kann. Jedoch lässt auch das keinen Zweifel daran, dass MT in seiner Bezeugung als ursprünglicher hebräischer Textbestand zu verstehen ist.

V 27 enthält in seinem Konsonantenbestand keine größeren textkritischen Probleme und ist in diesem nach MT beizubehalten. Wie die Textüberlieferung zeigt, war jedoch die Frage nach der Satzabtrennung problematisch. So rechnen die Masoreten בַּמֶּלֶךְ dem ersten und שְׁלֹמֹה als Subjekt dem zweiten Satz zu. Dem folgt auch Ms B,[219] und diese Lesart ist auch dem von Rahlfs vorgeschlagenen Text folgend nach Änderung seiner Satzzeichen möglich.[220] P dagegen führt den ersten Satz bis einschließlich des Namens Salomos fort und schließt die folgenden Sätze mit ܘ an. Demgegenüber gehen Ant und Vg eigene Wege. Vg zieht den Namen Salomo zum zweiten Satz, übergeht im ersten Satz den Titel und erwähnt Salomo darin durch ein Personalpronomen; Ant dagegen verdoppelt die Nennung Salomos mitsamt Königstitel und führt beides im ersten und im zweiten Satz an. Zieht man nun in Betracht, dass המלך שלמה das übliche Syntagma zur Bezeichnung des Königs Salomo ist und lässt gleichzeitig die in biblischen Erzählungen ungewöhnliche, aber hier doch parallel durchgehaltene Struktur der nachfolgenden beiden Sätze ... בָּנָה אֶת und ... סָגַר אֶת zu, dann legt es sich nahe, beim Konsonantenbestand des MT zu bleiben, allerdings den ersten Satz bis inklusive שְׁלֹמֹה fortzusetzen und die beiden nachfolgenden Sätze daran anzuschließen.

V 28 weist im Vergleich von MT und LXX/Ant fast keine Abweichung auf. Es stellt sich lediglich die Frage, ob das Attribut כל in der Wendung לְכָל־סֵבֶל ur-

---

219 Vgl. Brooke/McLean/Thackeray, 250.
220 Vgl. Rahlfs/Hanhart, 658.

sprünglich ist oder nicht, denn in LXX/Ant heißt es nur ἐπὶ τὰς ἄρσεις.[221] Bemerkenswerterweise bezeugt auch Vg ein כל, jedoch nicht an derselben Stelle wie MT, sondern als וַיִּפְקֹד אֹתוֹ לְכָל־סֵבֶל בֵּית יוֹסֵף. Da der Aspekt der Gesamtheit in der folgenden Erzählung zudem keine Rolle spielt, kommt dem Wort כל kein bedeutungsveränderndes Gewicht zu. So ist auch hierin die Folge eines schriftlich-mündlichen Überlieferungsprozesses zu sehen, in dem כל in der weiteren hebräischen Textüberlieferung an unterschiedlichen Orten ergänzt worden ist.[222]

Mit V 29 beginnt die eigentliche Erzählung zu Jerobeam. Textkritisch fraglich ist zunächst וַיִּמְצָא, das zwar durch LXX, P und Vg gestützt, aber durch Ant (εἶδεν) in Frage gestellt wird. וירא wäre bei einer solchen Begegnung ungewöhnlich, aber denkbar, jedoch auch nicht zwangsläufig als schwierigere Lesart deswegen vorzuziehen; eine Wertung ist weder aus dem einen noch aus dem anderen Begriff abzuleiten; zudem besteht eine gewisse graphische Nähe zwischen וירא und וימצא. So legt sich auch hier nahe, dass beide Begriffe auf eine schriftlich-mündliche Überlieferung zurückgehen, deren ursprünglicher Wortlaut sich aus der Rückschau nicht mehr mit Sicherheit bestimmen lässt. Nach diesem Satz findet sich in LXX/Ant sowie bei Josephus, Ant. VIII,206, ein weiterer, der in MT/P/Vg nicht enthalten ist: καὶ ἀπέστησεν αὐτὸν ἐκ τῆς ὁδοῦ. Was sowohl als ein weiterer Schritt im Fortgang der Erzählung verstanden werden kann, indem der Prophet Achia Jerobeam von dem Weg, auf dem dieser reist, beiseite nimmt, um ungestört zu sein, eröffnet zugleich die Möglichkeit, als wertender Kommentar aufgefasst zu werden, der an das Stichwort ὁδος/דרך im ersten Satz anknüpft und das Urteil gleich zu Beginn der Erzählung festhält. Ersteres kann ein Hinweis auf eine empfundene Leerstelle sein, letzteres als ein Hinweis auf schriftgelehrte Tätigkeit gelten. In beiden Fällen ist der Satz in LXX/Ant auszuscheiden und MT als kürzerer Lesart zu folgen.[223] Im Anschluss an diesen Satz schließen LXX mit καὶ ὁ Αχιας und Ant mit καὶ Αχεια an, MT dagegen mit וְהוּא. Hier entspricht P der Bezeugung von LXX/Ant (ܘܗܘ); Vg formuliert mit einem Partizip ohne Nennung eines Akteurs. Aufgrund der Textbezeugung ist MT als ursprünglich anzusehen und davon auszugehen, dass die Namensnennung in LXX/Ant und P einem Bedürfnis nach Eindeutigkeit

---

221 Der Text von MT wird von P und Vg gestützt.

222 Die syrische und lateinische Texttradition weisen weitere Differenzen auf. So ergänzt P zu „Salomo" noch den Titel „König" und übersetzt עָשָׂה מְלָאכָה mit ܚܒܫ. Das erstere ist klar als Ergänzung zu erkennen; bei ܚܒܫ ܥܒܕ handelt es sich wohl um eine Angleichung an den Versanfang, denn mit ܥܒܕ wird in der Regel das Begriffsfeld צבא/כח/חיל übersetzt. Vg scheint die hebräischen Wendungen גִּבּוֹר חַיִל und עָשָׂה מְלָאכָה jeweils doppelt übersetzt zu haben.

223 Gegen Bösenecker, LXX.E, 920, der einen Ausfall durch Homoioteleuton vermutet, und Nodet, Text of 1–2Kings, 46. Wevers, Exegetical Principles, 303, nimmt demgegenüber an, dass der Übersetzer die palästinischen Straßenverhältnisse nicht gekannt habe; doch stellt sich die Frage, ob diese Verhältnisse an anderen Orten wirklich anders gewesen sind.

geschuldet ist. Am Schluss des Verses wird in LXX nach ἀμφότεροι das Pendant zu
לְבַדָּם, das in Ant mit μονοι wiedergegeben und auch sonst in der Textüberlieferung
bezeugt ist, ausgefallen sein, und das Schlusswort des Verses wird mit MT, LXX, P
und Vg gegen Ant בשדה und nicht בדרך (so Ant wahrscheinlich in einer Verschreibung von πεδίῳ zu ὁδῷ) gelautet haben.

In V 30 geht die Textüberlieferung lediglich an der Frage auseinander, ob der
Mantel Achias mit Personalsuffix versehen war (so LXX/Ant, Vg) oder nicht (so MT,
P). Dabei wird der Ausdruck wahrscheinlich ursprünglich, wie in den umliegen-
den Versen auch, ohne Suffix gewesen sein.

In V 31 ist der Ausdruck „zehn Stämme" in MT determiniert, in LXX/Ant
dagegen nicht. Hier legt es sich ausschließlich aufgrund der inneren Textbezeugung nahe, bei MT zu bleiben: Da es sich um eine Erzählung aus der Rückschau
handelt, gleichzeitig aber wohl auf die Zeit der Verfasser zielt und dabei „die" zehn
Stämme bekannt waren, wird die ursprüngliche Form wohl in der Tat determiniert
gewesen sein, wogegen LXX/Ant die Erzählung stärker aus der Logik des Erzählverlaufs betrachten.

Dasselbe Phänomen liegt in V 32 vor, in dem MT von einem Stamm spricht (so
auch P und Vg), LXX/Ant jedoch von zweien. Hier hält sich die griechische
Textüberlieferung eng an das den späteren Kanon bestimmende Bild von zwölf
Stämmen in Israel und vervollständigt die „Statistik", MT dagegen überliefert wohl
die alte Perspektive, nach der das Nordreich aus zehn Stämmen bestand und das
Südreich eigentlich nur aus einem, Juda.[224]

V 33 weist demgegenüber wieder mehrere textkritisch relevante Stellen auf.
Zunächst zeigt sich, dass in MT die Verben im Plural gehalten sind, was sich inhaltlich mit dem Versende כְּדָוִד אָבִיו nicht verträgt, bei dem das Personalsuffix im
Singular steht und sich auf Salomo bezieht, der im Zusammenhang ja auch als
Gegenbild zu Jerobeam dienen muss. Während Vg MT folgt, sind in LXX/Ant und P
demgegenüber die Verben im Singular bezeugt, und so ist es aufgrund innerer und
äußerer Bezeugung am plausibelsten, die Formulierung im Singular als ursprünglich anzunehmen.[225] Ein zweiter, den ganzen Vers betreffender Punkt besteht darin, dass LXX und Ant die neutrale Gottesbezeichnung aus MT (אֱלֹהִים; so
auch P und Vg) je unterschiedlich in diffamierende Götterbezeichnungen ändern
(βδέλυγμα, εἴδωλος, προσόχθισμα). Da kaum vorstellbar ist, dass aus ursprünglich

---

224 Vgl. auch Turkanik, Kings and Reigns, 68 f.
225 Bösenecker, LXX.E, 920, geht zu Recht davon aus, dass die Pluralformen eine nachträgliche
Ausweitung auf das ganze Volk darstellen. Noths Deutung, dass es sich um eine Schuldge-
meinschaft von König und Volk handele, kann zwar für diese Bearbeitung gelten, aber kaum für
den ursprünglichen Text (s. Noth, 1Könige, 260). Schon Seebass, Teilung, 363, hatte gegen Noth für
LXX und den Singular entschieden.

diffamierenden Bezeichnungen eine neutrale entstanden ist, wird MT die ursprüngliche Bezeichnung repräsentieren. Daneben stellen sich aber noch eine Reihe weiterer Einzelfragen. So bezeugt LXX τῷ Χαμως καὶ τοῖς εἰδώλοις Μωαβ, dagegen MT und Ant gemeinsam mit P und Vg: „Kamosch, dem Gott Moabs"[226]. Hier liegt offensichtlich ein Fehler in LXX vor,[227] und es ist MT zu folgen. Auch bei der Wiedergabe von מִלְכֹּם übersetzt LXX wieder falsch (siehe dazu oben zu 1Kön 11,5 MT bzw. 11,5 LXX). Ebenfalls ist LXX zweifellos nicht zu folgen bei der Wiedergabe von וישתחו (ursprünglich Singular, s. o.) mit ἐποίησεν, denn dabei handelt es sich um eine deutliche Abmilderung zugunsten Salomos.[228] Offen bleibt jedoch die Frage durch Ant, denn Ant gibt mit ἐδούλευσε ein Äquivalent für ויעבד. Das wäre allgemeiner als וישתחו, läge allerdings in einem ähnlichen Bedeutungsspektrum und ließe keine entschuldigende Tendenz zugunsten Salomos erkennen.[229] So ist auch hier von einer Folge schriftlich-mündlicher Textüberlieferung auszugehen. Am Versende weicht die Wendung τὸ εὐθὲς ἐνώπιον ἐμοῦ/μου von der sonst meist üblichen Übersetzung von הַיָּשָׁר בְּעֵינָי ab, ist aber durchaus nicht selten in 1–2Kön, wie beispielsweise 1Kön 11,38; 15,5.11; 2Kön 12,3 zeigen. Sie lässt also nicht den Rückschluss auf einen anders gearteten Text zu, als er in MT bezeugt ist. Dagegen lässt das Fehlen eines Äquivalents von וְחֻקֹּתַי וּמִשְׁפָּטַי in LXX/Ant darauf schließen, dass es ursprünglich nicht im Text stand.[230]

In V 34 existieren mehrere gravierende Unterschiede zwischen den Textversionen. Der erste besteht darin, dass Ant den ersten Satz in der Anordnung von MT, LXX, P, Vg als zweiten Satz anführt. Der Grund dafür liegt wahrscheinlich in einem fehlerhaften Verständnis von נָשִׂיא אֲשִׁתֶנּוּ. Leider lässt sich bei nur sechs Vorkommen in LXX kein reguläres Pendant in MT herauskristallisieren, da von den übrigen fünf Vorkommen drei kein Äquivalent in MT haben[231] und an einem weiteren der Text nach einem angenommenen Sinn übersetzt wurde.[232] Der sechste Beleg (Hos 1,6) ist demgegenüber besonders interessant, denn hier findet sich dieselbe Wendung wie in 1Kön 11,34. Sie übersetzt in Hos 1,6 den Ausdruck

---

226 P: „Moabiter", doch der Ausdruck ist an die übrigen Nennungen der Völker angeglichen.
227 Bösenecker, LXX.E, 920, geht davon aus, dass in der Vorlage von LXX das ו vor der Nennung Kemoschs irrtümlich vor der Bezeichnung אֱלֹהֵי מוֹאָב wiederholt und in der Folge der Ausdruck אֱלֹהֵי מוֹאָב als Plural „Götter" gedeutet und dann diffamierend übersetzt worden ist.
228 So zu Recht Bösenecker, LXX.E, 920, und vor ihm schon Wevers, Exegetical Principles, 309.
229 Möglicherweise hat LXX sogar ויעבד mit ἐποίησεν übersetzt. P und Vg folgen MT.
230 Hinzu kommt, dass die Wendung einmalig in einem solchen Kontext in 1Kön 11–14 ist, was sie ebenfalls aus inneren Gründen als fraglich erscheinen lässt. P hat dies erkannt und deshalb in der Übersetzung noch ein negiertes Verb eingeführt (ܘܠܐ ܢܒ).
231 In Est 3,4 steht im stark von MT abweichenden LXX-Text; zu Est 7,17 C4 gibt es kein Pendant in MT, ebensowenig in Spr 3,15, in dem es in einer Erweiterung steht.
232 In Spr 3,34 hat das יליץ Schwierigkeiten bereitet.

נְשָׂא אֶשָּׂא, der in dieser Form allerdings nicht ursprünglich sein kann, wie der Kontext zeigt. Entweder ist eine Negation verloren gegangen oder es handelt sich um eine Ellipse, die im Zusammenhang mit dem vorhergehenden Satz zu verstehen ist.[233] Aber auch in Hos ist unklar, wie es von einem Verb נשׂא zu ἀντιτάσσω kommen konnte. Wolff hat zur Hosea-Stelle שׂנא erwogen, doch auch wieder verworfen, weil שׂנא in LXX durchgängig mit μισέω übersetzt wird;[234] zudem würde ein Objekt (konkret: ein לי) fehlen. Da auch nicht geklärt werden kann, ob die Übersetzung von 1Kön 11,34 von derjenigen in Hos 1,6 abhängig ist oder umgekehrt, muss die Frage, wie es zu dieser Übersetzung kam, offen bleiben. Dass sie jedoch, nur weil sie unerklärlich ist, zugleich als die schwierigere Lesart zu gelten habe, erscheint fragwürdig. Sie kann gerade umgekehrt als Glättung verstanden werden oder als Versuch, einem unverstandenen Text einen Sinn abzugewinnen.[235] Da sich kein sinnvoller hebräischer Text rekonstruieren lässt, der mit der Übersetzung in LXX übereinstimmen würde, wird auch hier davon ausgegangen, dass MT der Vorzug zu geben und die griechische Übersetzung als ein Versuch zu verstehen ist, einem anscheinend als schwierig empfundenen Text einen Sinn abzugewinnen,[236] wie es ähnlich in Spr 3,34 geschehen ist. Dieser Versuch hat dann wohl auch in Ant (ungewöhnlicherweise) dazu geführt, dass der Versanfang umgestellt wurde, also nach der Feststellung der Schuld in V 33 zunächst die Strafe (ἀντιτασσόμενος ἀντιτάξομαι αὐτῷ) und danach die Abmilderung (καὶ οὐ μὴ λάβω ὅλην τὴν βασιλείαν...) ausgesagt wird. Im Unterschied zu Ant bietet LXX dieselbe Reihenfolge wie MT, jedoch dasselbe Missverständnis von נְשִׂיא אֲשִׁתֶנּוּ wie Ant. Da LXX gegen die gemeinsame Bezeugung von MT und Ant den dortigen Schlusssatz nicht bietet, kann es sich nicht einfach um eine Korrektur einer Vorlage, die Ant entspricht, auf MT hin handeln. So stellt sich die Frage nach dem Verhältnis von LXX und Ant. Da LXX nun einerseits die wohl fehlerhafte Lesung ἀντιτασσόμενος ἀντιτάξομαι αὐτῷ bietet, jedoch andererseits den Text nicht umstellt, präsentiert sie im Blick auf Duktus und Aussage des Gesamtverses im Verhältnis zu Ant die schwierigere Lesart von beiden. Sie lässt sich zudem unmittelbar aus MT erklären (der Schlusssatz wäre in der Übersetzung ausgefallen). Daher ist davon auszugehen, dass LXX gegenüber Ant die ältere Lesart bietet, in der eben auch der Schlusssatz fehlte. Ant hätte dann aufgrund von MT den Schlusssatz ergänzt, jedoch gegen MT aufgrund des Sinngehalts der griechischen Aussage den Text

---

233 Letzteres schlägt Wolff, Hosea, 7, nach ausführlicher Diskussion der Variante vor.
234 Wolff, Hosea, 7.
235 Vgl. Noth, 1Könige, 243, der überlegt, ob es sich bei LXX um die schwierigere Lesart handelt, dafür kein wirkliches Gegenargument nennt, beide Varianten als Schreibvarianten erklärt und sich dann für MT entscheidet.
236 Ähnlich auch Cogan, 1Kings, 341.

umgestellt.[237] So ist im Blick auf die Ordnung des Gesamtverses bei MT zu bleiben, jedoch der Schlusssatz als späterer Zusatz zu streichen.

In V 35 ist allein das Suffix an וּנְתַתִּיהָ strittig, weil es in LXX/Ant nicht bezeugt ist. Da es aber im Satzduktus problematisch erscheint, ist es als lectio difficilior beizubehalten.

In V 36 zeigt sich zunächst dasselbe Problem wie auch schon in V 32, dass MT von einem Stamm spricht, LXX/Ant dagegen von zwei Stämmen. Wie oben, ist auch hier MT zu folgen. Zum anderen ist die hebräische Wendung הֱיוֹת־נִיר in LXX mit ᾗ θέσις bzw. in Ant mit ᾗ θέλησις wiedergegeben. Hier scheint es eine technische Schwierigkeit bei der Lesung der Textstelle gegeben zu haben, denn an parallelen Stellen wird richtig übersetzt (vgl. 2Kön 8,19; 2Chr 21,7: נִיר als λύχνος). Da an diesen beiden Stellen allerdings als Verb נתן bzw. der Infinitiv לתת verwendet wird, erscheint es plausibel, zumindest die LXX-Lesart ᾗ θέσις als Emendation von diesen Stellen herzuleiten.[238] Dies ist bei der Bezeugung von Ant nicht möglich; gleichzeitig gibt es aber auch keine plausible Erklärung für diese Lesart.[239] So muss offen bleiben, was der Übersetzer hier tatsächlich gelesen hat bzw. zu verbessern meinte.[240] Beide Übersetzungen stellen also letztlich nicht sicher erklärbare Lesarten dar, geben aber auch keinen Anlass, an MT zu zweifeln.

In V 37 bezeugen MT und Vg im zweiten Satz בְּכֹל אֲשֶׁר, LXX/Ant dagegen ἐν οἷς, also באשר ohne כל, und P ܐ, also wohl כאשר. Da sowohl LXX/Ant als auch P gegen כל sprechen, ist es möglicherweise als eine Ergänzung im Zusammenhang der schriftlich-mündlichen Überlieferung zu verstehen, hier jedoch nicht im Sinne einer Parallelüberlieferung, sondern als Zusatz auszuscheiden.[241] Am ב ist gegen P allerdings auch nicht zu zweifeln, wird es doch nicht nur von MT, sondern auch von LXX/Ant und Vg bezeugt; stattdessen wird in P ein Lesefehler vorliegen, sodass mit LXX/Ant באשר zu lesen ist.

---

237 Bei dieser Bearbeitung wird dann auch das כל, das in MT und LXX bezeugt ist, ausgefallen sein. Die nur relativ komplex zu erklärenden Differenzen innerhalb der griechischen Sprachtradition lassen sich jedenfalls nicht nur durch eine Beschädigung der Vorlage erklären, wie es Bösenecker, LXX.E, 921, annimmt. Für eine bewusste Bearbeitung plädiert Rahlfs, Lucians Rezension, 202.

238 Ähnlich auch Bösenecker, LXX.E, 921.

239 θέλησις gibt in LXX mehreres wieder: רצון in Spr 8,35; 2Chr 15,15, חפץ in Ez 18,23, ארשת in Ps 21,3 MT||20,3 LXX und צבי in Dan 11,45. Ein Vorzug lässt sich aus diesen wenigen Belegen nicht erheben, und da keiner der hebräischen Begriffe der Stelle in 1Kön 11,36 graphisch nahekommt, lässt sich auch nicht auf eine Verlesung durch Buchstabenähnlichkeit schließen.

240 Die erneute Annahme einer Emendation, wie sie Rahlfs, Lucians Rezension, 202, vertreten hat, ist natürlich eine einfache Lösung.

241 Montgomery, Kings, 247, geht dagegen davon aus, dass es in LXX willkürlich ausgelassen wurde, nennt jedoch keine Gründe.

In V 38 liegt wahrscheinlich ein Fehler im hebräischen Überlieferungsprozess vor, sehen sich doch die Bezeugung von MT, אָם־תִּשְׁמַע, und die von LXX/Ant, אם תשמר, graphisch sehr ähnlich. Eine Entscheidung ist nur schwer zu fällen: Für die Bezeugung von LXX/Ant könnte die Korrespondenz mit dem später folgenden Infinitiv לִשְׁמוֹר sprechen, doch gilt dasselbe auch für die Bezeugung von MT, wenn man diese als schwierigere Lesart und jene von LXX als Angleichung verstehen möchte. Für beide Verben ist die Verbindung mit צוה belegt, sodass auch eine Wortstatistik nicht hilft. So ist diese Stelle textkritisch wohl nicht mehr zu entscheiden, und es kann davon ausgegangen werden, dass es sich um eine Folge schriftlich-mündlicher Überlieferung handelt und beide Bezeugungen in Betracht zu ziehen sind. Am Ende von V 38 zeigt LXX eine größere Auslassung, die den letzten Satz von V 38 und den gesamten V 39 umfasst. Auch wenn der Text in allen anderen Texttraditionen enthalten ist, inklusive Ant, ist LXX wohl als Repräsentantin des ältesten Textes aufzufassen, die Sätze aus V 38 f zu streichen und Ant als Korrektur auf eine später in MT geschehene Erweiterung anzusehen.[242]

In V 40 ist zunächst die erneute Nennung des Namens Jerobeam im zweiten Satz strittig, denn in LXX/Ant und auch in Vg ist er nicht bezeugt. So ist er wohl als verdeutlichende Ergänzung auszuscheiden. Am Versende weisen LXX/Ant ein finites Verb auf, MT dagegen einen Infinitiv. Während P ebenfalls ein finites Verb bezeugt, was allerdings an der zielsprachlichen Auflösung der hebräischen Satzkonstruktion durch die Übersetzung liegt und damit nicht weiter ins Gewicht fällt, bietet Vg mit „ad mortem Salomonis" eine interessante Lesart. Sie legt nämlich nahe, statt des heutigen Konsonantentextes eine defektive Schreibweise anzunehmen, die mit der nicht vokalisierten Form מת nicht nur viel Raum für Varianten lässt, sondern in der sich auch alle überlieferten Lesungen wiederfinden lassen.

So ist der ursprüngliche Text von 1Kön 11,26 – 40, sofern er sich rekonstruieren lässt, wie folgt zu lesen:

26 וְיָרָבְעָם בֶּן־נְבָט אֶפְרָתִי מִן־הַצְּרֵדָה
בֶן אִשָּׁה אַלְמָנָה
עֶבֶד לִשְׁלֹמֹה :
27 וְזֶה הַדָּבָר אֲשֶׁר־הֵרִים יָד בַּמֶּלֶךְ שְׁלֹמֹה
בָּנָה אֶת־הַמִּלּוֹא
סָגַר אֶת־פֶּרֶץ עִיר דָּוִד אָבִיו:

---

242 So Bösenecker, LXX.E, 921, allerdings ohne den Hinweis auf Ant, der insgesamt in der Bearbeitung von 1– 2Kön fehlt, und vor ihm schon Seebass, Teilung, 363. Zwar wäre es möglich, umgekehrt den Text in LXX als eine Kürzung des ursprünglich längeren Textes zu sehen, doch gibt es dafür keinen erkennbaren Anlass, sodass es unbewusst geschehen sein müsste. Gemäß dem Kriterium der kürzeren Lesart ist die erste Erklärung vorzuziehen, auch wenn um der Redlichkeit willen auch auf die zweite Möglichkeit hinzuweisen ist.

28 וְהָאִישׁ יָרָבְעָם גִּבּוֹר חָיִל

וַיַּרְא שְׁלֹמֹה אֶת־הַנַּעַר

כִּי־עֹשֵׂה מְלָאכָה הוּא

וַיַּפְקֵד אֹתוֹ לְכָל־סֵבֶל בֵּית יוֹסֵף׃

29 וַיְהִי בָּעֵת הַהִיא

וְיָרָבְעָם יָצָא מִירוּשָׁלָ͏ם

וַיִּמְצָא|וֹירא אֹתוֹ אֲחִיָּה הַשִּׁילֹנִי הַנָּבִיא בַּדֶּרֶךְ

וְהוּא מִתְכַּסֶּה בְּשַׂלְמָה חֲדָשָׁה

וּשְׁנֵיהֶם לְבַדָּם בַּשָּׂדֶה׃

30 וַיִּתְפֹּשׂ אֲחִיָּה בַּשַּׂלְמָה הַחֲדָשָׁה אֲשֶׁר עָלָיו

וַיִּקְרָעֶהָ שְׁנֵים עָשָׂר קְרָעִים׃

31 וַיֹּאמֶר לְיָרָבְעָם

קַח־לְךָ עֲשָׂרָה קְרָעִים

כִּי כֹה אָמַר יְהוָה אֱלֹהֵי יִשְׂרָאֵל

הִנְנִי קֹרֵעַ אֶת־הַמַּמְלָכָה מִיַּד שְׁלֹמֹה

וְנָתַתִּי לְךָ אֵת עֲשָׂרָה הַשְּׁבָטִים׃

32 וְהַשֵּׁבֶט הָאֶחָד יִהְיֶה־לּוֹ

לְמַעַן עַבְדִּי דָוִד

וּלְמַעַן יְרוּשָׁלַ͏ם הָעִיר אֲשֶׁר בָּחַרְתִּי בָהּ מִכֹּל שִׁבְטֵי יִשְׂרָאֵל׃

33 יַעַן אֲשֶׁר עֲזָבֻנִי

וישתחו|ויעבד

לְעַשְׁתֹּרֶת אֱלֹהֵי צִדֹנִין

לִכְמוֹשׁ אֱלֹהֵי מוֹאָב

וּלְמִלְכֹּם אֱלֹהֵי בְנֵי־עַמּוֹן

וְלֹא־הָלַךְ בִּדְרָכַי

לַעֲשׂוֹת הַיָּשָׁר בְּעֵינַי

כְּדָוִד אָבִיו׃

34 וְלֹא־אֶקַּח אֶת־כָּל־הַמַּמְלָכָה מִיָּדוֹ

כִּי נָשִׂיא אֲשִׁתֶנּוּ כֹּל יְמֵי חַיָּיו

לְמַעַן דָּוִד עַבְדִּי

אֲשֶׁר בָּחַרְתִּי אֹתוֹ

35 וְלָקַחְתִּי הַמְּלוּכָה מִיַּד בְּנוֹ

וּנְתַתִּיהָ לְךָ אֵת עֲשֶׂרֶת הַשְּׁבָטִים׃

36 וְלִבְנוֹ אֶתֵּן שֵׁבֶט־אֶחָד

לְמַעַן הֱיוֹת־נִיר לְדָוִיד־עַבְדִּי כָּל־הַיָּמִים לְפָנַי בִּירוּשָׁלַ͏ם הָעִיר אֲשֶׁר בָּחַרְתִּי לִי לָשׂוּם שְׁמִי שָׁם׃

37 וְאֹתְךָ אֶקַּח

וּמָלַכְתָּ בְּאֲשֶׁר־תְּאַוֶּה נַפְשֶׁךָ

וְהָיִיתָ מֶּלֶךְ עַל־יִשְׂרָאֵל׃

38 וְהָיָה אִם־תִּשְׁמַע|וֹאם־תשמר אֶת־כָּל־אֲשֶׁר אֲצַוֶּךָ

וְהָלַכְתָּ בִדְרָכַי

וְעָשִׂיתָ הַיָּשָׁר בְּעֵינַי

לִשְׁמוֹר חֻקּוֹתַי וּמִצְוֹתַי

כַּאֲשֶׁר עָשָׂה דָּוִד עַבְדִּי

וְהָיִיתִי עִמָּךְ

וּבָנִיתִי לְךָ בַיִת־נֶאֱמָן

כַּאֲשֶׁר בָּנִיתִי לְדָוִד

39 אַךְ לֹא כָל־הַיָּמִים׃

40 וַיְבַקֵּשׁ שְׁלֹמֹה לְהָמִית אֶת־יָרָבְעָם
וַיָּקָם
וַיִּבְרַח מִצְרַיִם אֶל־שִׁישַׁק מֶלֶךְ־מִצְרָיִם
וַיְהִי בְמִצְרַיִם עַד־מֹת שְׁלֹמֹה:

3.6 1Kön 11,41–43 – Todesnotiz Salomos, Rehabeam wird König

Der Abschnitt beinhaltet die Todesnotiz Salomos, wie sie in dieser Form in 1–2Kön mit geringen Abweichungen üblich ist.[243]

Die erste Differenz in V 41 betrifft die griechische Texttradition: Während LXX דבר mit ῥῆμα übersetzt, wählt Ant λόγος. Für die Frage nach dem ursprünglichen Text hat dies jedoch keine Auswirkungen. Dasselbe gilt für die unterschiedliche Wahl von Nominativ oder Akkusativ bei der Übersetzung von וְחָכְמָתוֹ (LXX bietet Akkusativ: πᾶσαν τὴν φρόνησιν, Ant Nominativ: πᾶσα ἡ φρόνησις). Dabei muss die Wahl von φρόνησις statt σοφία zur Übersetzung von חכמה nicht überraschen; sie findet sich häufiger.[244] Ant ergänzt am Versende den Ausdruck סֵפֶר דִּבְרֵי שְׁלֹמֹה zu ספר דברי הימים לשלמה, also eine ähnliche Wendung, wie sie sonst bei den Sterbenotizen der Könige verwendet wird. Stattdessen ist aber MT mit der kürzeren und unkonventionelleren Fassung beizubehalten.[245]

In V 42 findet sich die Wendung עַל־כָּל־יִשְׂרָאֵל nicht in LXX, sonst aber in allen Texttraditionen inklusive Ant. Dabei ist LXX als lectio brevior vorzuziehen; die Bezeugung der anderen Lesarten lässt sich als spätere Ergänzung, möglicherweise auch durch eine Beeinflussung aus 2Chr 9,30 heraus erklären.

Am Textbestand von V 43 MT gibt die Textüberlieferung allenfalls im Blick auf וַיִּקָּבֵר Grund, etwas zu ändern. Denn im Unterschied zu MT lesen LXX/Ant ebenso wie 2Chr 9,31 das Verb in der 3. Person Plural im Aktiv bzw. Qal und ergänzen dementsprechend auch ein Personalpronomen bzw. -suffix als Objekt. P und Vg folgen MT. Angesichts dieser Textüberlieferung und des uneinheitlichen Gebrauchs von Qal und Nifal in der Begräbnisformel der Könige in 1–2Kön kann an dieser Stelle von einer schriftlich-mündlichen Überlieferung ausgegangen werden, in der diese Wendung unterschiedlich tradiert wurde, ohne dass auf eine

---

243 Die unterschiedlichen Ausgestaltungen dieser Notizen haben zu einer umfangreichen Theoriebildung geführt; siehe dazu unten.

244 Siehe in der Salomo-Überlieferung 1Kön 3,1.28; 4,29 f; 5,9 f; 10,4.6.8.23 f, sonst jedoch nicht in LXX, wie Hatch/Redpath, Concordance, 1439, zeigt.

245 Auch P setzt trotz etwas anders lautender Übersetzung (ein positiv formulierter Aussagesatz statt einer verneinten Frage) keinen anderen Text voraus, denn sie bietet auch bei weiteren Sterbenotizen dieselbe Formulierung.

ursprüngliche Variante geschlossen werden könnte. Bemerkenswert ist jedoch ein Mehr in der griechischen Texttradition. Hier wird eine kurze Erzählung eingefügt, in der es noch einmal um Jerobeam geht und davon berichtet wird, dass er vom Tod Salomos hört und sich wieder nach Hause aufmacht. An ihrem Ende steht noch einmal die Todesnotiz Salomos. Dabei handelt es sich um Sätze, die zum Teil in MT ebenfalls enthalten sind, allerdings in teilweise anderer Formulierung und vor allem an anderer Stelle, nämlich in Kap. 12,2 – 3 MT. Dabei entspricht der erste Teil fast wörtlich 1Kön 12,2. Lediglich der Titel המלך fehlt bei der ersten Nennung Salomos und die namentliche Erwähnung Jerobeams bei seinem Aufenthalt in Ägypten.[246] Der zweite Teil weicht dagegen massiv von dem in 1Kön 12,3a MT überlieferten Text ab und bietet darin einen völlig anderen Aussagegehalt: Während nach MT die Nordstämme Jerobeam aus Ägypten zurückholen, was in Spannung zu 12,20 steht, ist es im Überlieferungsstück in LXX/Ant Jerobeam, der von sich aus zurückkehrt, und zwar anscheinend einfach nur nach Hause, auch wenn die genaue Ortsangabe nicht mit 11,26 übereinstimmt. Welche der verschiedenen Überlieferungen ursprünglich ist, ist keine Frage der Textkritik, sondern muss literarkritisch und überlieferungsgeschichtlich geklärt werden; textkritisch ist der mittlere Teil von V 43 LXX mit Ausnahme des Satzes כי מת שלמה jedenfalls gut zu rekonstruieren. So schließt das Kap. 11, wie es begonnen hat: mit einem Beispiel schriftlich-mündlicher Überlieferung. Denn die Sätze gehören zweifellos zwar nicht in ihrer exakten Formulierung, wohl aber ihrem Inhalt nach zu einem alten Überlieferungsbestand, der sich bei der Zusammenstellung der Texte an unterschiedlichen Orten niedergeschlagen hat.[247]

So lassen sich für 1Kön 11,41 – 43 zwei Texte rekonstruieren. Der eine entspricht weitgehend MT:

41 ויתר דברי שלמה
וכל אשר עשה
וחכמתו
הלא הם כתבים על ספר דברי שלמה
42 והימים אשר מלך שלמה בירושלם ארבעים שנה
43 וישכב שלמה עם אבתיו
ויקבר|ויקברוהו בעיר דוד אביו
וימלך רחבעם בנו תחתיו

---

246 Die Lesart von 2Chr 10,2 (וַיֵּשֶׁב יָרָבְעָם מִמִּצְרָיִם) stellt demgegenüber eine Harmonisierung mit dem Kontext dar.
247 Aus diesem Grund ist es auch nicht angemessen, diesen Text außer Acht zu lassen, nur weil MT in sich schlüssig ist, wie es bei Turkanik, Kings and Reigns, 160, trotz längerer Diskussion der Stelle der Fall ist.

Der andere hat die Notiz zum Geschick Jerobeams enthalten:

ויהי

כשמע ירבעם בן נבט

והוא עודנו במצרים

אשר ברח מפני שלמה

וישב במצרים

[כי מת שלמה]

ויצלח

ויבא אל עירו אל צרדה הר אפרים

וישכב המלך שלמה עם אבתיו

[וימלך רחבעם בנו תחתיו]

3.7 1Kön 12,1–19 – Rehabeam reist nach Sichem, um in Israel König zu werden

Der Abschnitt 1Kön 12,1–19 stellt eine in sich geschlossene Szene dar, in der Salomos Sohn Rehabeam nach dem Tod seines Vaters zum ersten Mal auftritt.

In V 1 bezeichnen LXX/Ant im Unterschied zu den anderen Texttraditionen Rehabeam als König. Dass es sich dabei nicht um eine zufällige Ergänzung handelt, belegen V 3.12, doch wird sie auch nicht vollständig durchgehalten, wie V 6.18 zeigen (V 18 nur für LXX, nicht Ant), in denen in LXX im Unterschied zu MT nur der Titel, nicht aber der Name Rehabeam erwähnt wird, und insbesondere V 13, in dem in LXX der Name, nicht aber der Titel gegenüber MT ergänzt ist. Alle diese Fälle lassen sich am besten als Ergebnisse schriftlich-mündlicher Überlieferung erklären und nicht einfach nur als Bearbeitung einer schriftlichen Vorlage. Im Laufe dieser schriftlich-mündlichen Überlieferung zeigen LXX/Ant die Tendenz, den Namen Rehabeams um den Titel zu erweitern (trotz V 13). So nehmen sie der Vorlage die stilistische Vielfalt, was in all diesen Fällen für das Beibehalten von MT spricht.[248] Innerhalb der griechischen Textüberlieferung ist dabei das Verb des ersten Satzes in LXX im Präsens und in Ant im Aorist wiedergegeben; im Blick auf den ursprünglichen Text der Erzählung hat dies keine Bedeutung, doch zeigt diese Differenz, dass mit einem komplexen Traditionsstrom zu rechnen ist.

Für die Textgeschichte wichtiger ist das Fehlen von V 2–3a MT in LXX/Ant. Wie bereits oben zum vorhergehenden Abschnitt besprochen, findet sich ein Pendant in 1Kön 11,43 LXX. Dieser Abschnitt zeigt sowohl in seiner Nähe als auch in seinen Differenzen, dass eine schriftlich-mündliche Tradition vorliegt, die sich

---

248 Allenfalls in V 6.18 kann LXX als die kürzere Lesart angenommen werden, was das Streichen des Namens Rehabeam zur Folge hat.

im Überlieferungsprozess unterschiedlich ausgeformt hat, je nach Aussagewillen. So zeigt V 3a MT deutliche Differenzen zum in 11,43 LXX überlieferten Text, die allerdings nicht textkritisch, sondern überlieferungsgeschichtlich zu erklären sind. Doch auch zu den nächsten Verwandten gibt es Unterschiede, die zu erkennen geben, dass geschichtliche und theologische Aussagen weiterformuliert wurden. Diese sind sogar noch in MT sichtbar. Während der Konsonantenbestand von MT Jerobeam und die ganze Gemeinde Israel gleichberechtigt zu Rehabeam kommen lässt („Und sie schickten und riefen ihn. Und *sie* kamen, Jerobeam und die ganze Gemeinde Israel, und sie sprachen zu Rehabeam"), ist in der Randmasora eine Textüberlieferung bewahrt, die die Israeliten in das Kommen Jerobeams einschließt („Und sie schickten und riefen ihn. Und Jerobeam kam und die ganze Gemeinde Israel, und sie sprachen zu Rehabeam"). Letzteres bezeugen auch P und Vg, sodass dieser Lesart als ursprünglicher zu folgen ist. Doch P bezeichnet Israel nicht als קהל, sondern als ܟܢܫܐ.[249] Das ist insofern auffällig, als P קהל in der Regel mit ܟܢܫܐ bzw. ܟܢܘܫܬܐ wiedergibt und nur ausnahmsweise mit ܥܡܐ (z. B. Ex 12,6). Das macht wahrscheinlich, dass es eine hebräische Textüberlieferung gab, die nicht קהל, sondern עם bezeugte, was sich wiederum besser durch schriftlich-mündliche Überlieferung erklären lässt als durch eine anzunehmende bewusste Änderung in eine der beiden Richtungen.[250]

In V 3b MT ‖ V 3 LXX nennen LXX/Ant über den Text von MT hinaus das Volk als Subjekt des Satzes und bezeichnen Rehabeam zudem mit dem Königstitel. Zu Letzterem siehe die Diskussion in V 1. Die Erwähnung des Volkes in LXX ist demgegenüber eine Folge des Fehlens von V 2 – 3a MT bzw. das Fehlen von העם in MT eine Folge der Einfügung dieser Sätze, die es nach der betonten Teilnahme von Jerobeam unmöglich machen, allein vom Volk als Akteur zu sprechen. In der Frage nach dem ursprünglichen Text ist also eher zugunsten von LXX/Ant zu votieren, da hier das selbstständige Überlieferungsstück zu Jerobeam fehlt, auch wenn MT ohne die Nennung des Volks allein durch den Plural des Verbs וידברו dieses bezeichnet, wenn man V 3b unmittelbar an V 1 anschließt.

In V 4 wird הִקְשָׁה (MT) in der griechischen Textüberlieferung unterschiedlich übersetzt. Während Ant mit ἐσκλήρυνε MT nahe steht, scheint LXX mit ἐβάρυνεν eher הכביד vorauszusetzen (vgl. V 10). So wird auch hier im Vers in LXX/Ant zwischen קשה und כבד unterschieden (σκληρός bzw. βαρύς).[251] Da eher eine

---

249 Vg bezeugt ‚multitudo', das allerdings zur Übersetzung zahlreicher hebräischer Begriffe dient, die den Aspekt der Vielheit enthalten: כל, רב, המון, aber auch עדה und קהל.

250 Vgl. dazu auch 2Chr 10,3: וְכָל-יִשְׂרָאֵל.

251 P unterscheidet nicht zwischen beiden Begriffen und übersetzt beide mit ܩܫܐ im Afel. Doch auch Vg differenziert, wenn sie in V 4 die hebräische Wendung auflöst: in V 4 ‚durissimum iugum inposuit' und in V 10 ‚adgravavit'.

Tendenz zur Vereinheitlichung anzunehmen ist, ist die variierende Version von MT und Ant beizubehalten.[252]

In MT, LXX und Vg verfügt der erste Satz in V 5 über kein genanntes Subjekt; dagegen ergänzen Ant ὁ βασιλεύς und P ܡܠܟܐ. Da beide Unterschiedliches bieten, ist von je einer individuellen Ergänzung im wahrscheinlich vor der Übersetzung geschehenen schriftlich-mündlichen Überlieferungsprozess auszugehen. In dieselbe Kategorie fällt wohl auch העם im letzten Satz des Verses, das zwar von MT, P und Vg bezeugt wird, jedoch nicht in LXX/Ant.[253] Eine weitere Differenz betrifft die Aussprache des Wortes עד. So ist MT mit עֹד punktiert, legt also den Akzent auf die zeitliche Erstreckung (so auch P), während LXX/Ant und Vg eher von einer Frist bis zu einem bestimmten Zeitpunkt ausgehen (ἕως), also עַד lesen. Die Bedeutung unterscheidet sich nur minimal,[254] sodass diese Differenz als ein weiteres Beispiel verstanden werden kann, wie sich unterschiedliche Überlieferungen von Texten in den verschiedenen Versionen niederschlagen.

In V 6 zeigt sich ein wichtiger Unterschied bereits im ersten Satz. Während MT וַיִּוָּעַץ bietet (so auch P und Vg), bezeugen LXX παρήγγειλεν und Ant ἀπήγγειλεν. Während also MT von einer Beratung ausgeht, zeichnen LXX und Ant mit zwei dieselbe Tendenz aufweisenden Verben Rehabeam als einen König, der die Initiative ergreift und seine Berater zu sich ruft, bevor er ihnen seine Frage vorlegt. Ein graphisch ähnliches Äquivalent könnte וַיִּצְעַק sein. Bemerkenswerterweise bietet die Parallelstelle in 2Chr 10,6 LXX συνήγαγεν (in LXX und Ant übereinstimmend). Es handelt sich also bei 1Kön und 2Chr um zwei nicht harmonisierte Übersetzungen, die sich aber beide gut auf וַיִּצְעַק zurückführen lassen. Das spricht für ebendiese Textbezeugung als einem alten Text.[255] Zugleich ist aber auch וַיִּוָּעַץ übereinstimmend in 1Kön 12 und 2Chr 10 bezeugt. So legt es sich nahe, eine Abweichung aufgrund schriftlich-mündlicher Überlieferung anzunehmen. Denn ginge man von einem Fehler aus, müsste aufgrund der voneinander unabhängigen Übersetzungen der LXX/Ant zugrunde liegende Text mit וַיִּצְעַק der Ausgangspunkt sein und es sich bei der Bezeugung von MT um einen Fehler handeln. Dieser müsste dann aber entweder sowohl in 1Kön 12 als auch in 2Chr 10 vorgekommen oder aber durch eine Harmonisierung beider Textstellen nach dem Entstehen des

---

252 Für die weitere Textüberlieferung ist noch eine bemerkenswerte Akzentverschiebung in P zu erwähnen. P übersetzt עבודה, das hier eine zu erbringende Arbeitsleistung und damit zweifellos ein unangenehmes Moment des Untertan-Seins bezeichnet, mit ܫܥܒܕܐ und präzisiert damit auf das Moment der Unterdrückung.

253 P bezeugt sogar ܠܗܘܢ ܟܠܗ.

254 So auch Noth, 1Könige, 267.

255 Vgl. auch Rehm, Textkritische Untersuchungen, 42.11, der וַיִּוָּעַץ für einen Fehler hält.

Fehlers an einer von beiden Textstellen entstanden sein.[256] Doch eine solche Überlegung muss auf einem hohen Grad an Hypothetik aufbauen, sodass eine Abweichung aufgrund schriftlich-mündlicher Überlieferung wahrscheinlicher ist. Eine weitere Differenz liegt im letzten Satz. Hier bezeugt MT להשיב, LXX dagegen ואשיב. Ant und Vg können als Übersetzung sowohl der einen als auch der anderen Variante verstanden werden; P löst die Konstruktion wie sonst auch auf, lässt also keine Rückschlüsse zu. So handelt es sich wohl auch hier um zwei unterschiedliche Ausformungen aufgrund schriftlich-mündlicher Tradition, bei denen es nicht mehr möglich ist, einen ursprünglichen Text zu rekonstruieren.[257] Neben diesen grundlegenden Unterschieden weist P einige Besonderheiten auf. So werden die alten Berater nur als die Berater von Rehabeams Vater bezeichnet, ohne Salomo beim Namen zu nennen. Da dem jedoch die gesamte weitere Textbezeugung entgegensteht, ist wohl von einer Auslassung auszugehen. Dasselbe gilt für das הזה nach העם am Versende, doch handelt es sich dabei angesichts desselben Phänomens in V 9 nicht um ein Versehen, sondern um eine andere Überlieferung. Dies dürfte auch bei der Bezeugung des ג in der nachfolgenden Rede Rehabeams der Fall sein, bei dem es sich um eine sinngemäße Ergänzung handelt. Eine graphisch bedingte Verlesung scheint der Übersetzung von לאמר mit ܘܐܡܪ zugrunde zu liegen: P hat offensichtlich ויאמר gelesen.

In V 7 erweist sich in MT וַעֲנִיתָם als Ergänzung, denn es fehlt in LXX/Ant.[258] Die Varianten zwischen LXX und Ant lassen sich gut als Folgen unterschiedlicher Textüberlieferungen verstehen, da sie am Sinn des Textes nichts ändern. Innerhalb der masoretischen Textüberlieferung ist am Versanfang dem Qere zu folgen und וידברו zu lesen; dafür sprechen sowohl die inneren Kriterien als auch die äußere Textbezeugung.[259]

V 8 enthält keine wesentlichen textkritischen Schwierigkeiten. Allein in der griechischen Texttradition unterscheiden sich LXX und Ant bei der Übersetzung von יְעָצֻהוּ (LXX im Medium: συνεβουλεύσαντο; Ant im Aktiv: συνεβούλευσαν). Möglicherweise hat LXX ein ו mehr gelesen und damit eine Nifal-Form, doch gibt gerade die Bezeugung von Ant keinen Grund, an MT zu zweifeln.

---

256 So Rehm, Textkritische Untersuchungen, 42.111; Bösenecker, LXX.E, 922, auch Montgomery, Kings, 258.

257 DeVries, 1Kings, 154, geht dagegen von ואשיב als ursprünglich aus, das in den weiteren Versionen sinngemäß, aber weniger textgetreu wiedergegeben worden sei.

258 Montgomery, Kings, 258, geht dagegen von einer Auslassung aus, weil LXX/Ant וַעֲנִיתָם möglicherweise im Piel gelesen hätten.

259 Mit Ausnahme von MT bezeugen alle anderen Überlieferungen das Verb im Plural. Wichtiger aber ist das innere Kriterium, denn es gäbe niemanden, der im Singular zu erwähnen wäre, erscheinen die זקנים doch gerade nicht als organisatorische Einheit, sondern als Gruppe von Mehreren.

In V 9 wiederholen sich in P zwei Spezifika, die sich schon in V 6 fanden: ג wird sinngemäß ergänzt und הזה ausgelassen. Komplexer gelagert ist der Fall bei וְנָשִׁיב in MT. Denn LXX/Ant, P und Vg bezeugen die 1.Person Singular, also ואשיב.[260] Trotz dieser starken äußeren Bezeugung ist auch zu berücksichtigen, dass die Verbform von MT so singulär im Text steht, dass sie allein dadurch als ursprüngliche Form in Betracht kommt. MT hätte dann die Tendenz, Rehabeam eng mit seinen jüngeren Beratern zusammenzubinden.[261] Doch kann es sich dabei ebenso um die Aussageintention eines Schreibers handeln wie bei der Veränderung zu ואשיב. So ist hier deutlich von der Existenz von zwei Versionen aufgrund des Überlieferungsprozesses auszugehen, deren Ursprung nicht mehr sicher zu rekonstruieren ist.

LXX/Ant bezeugen in V 10 über MT, P und Vg hinaus nach der Wendung אֲשֶׁר גָּדְלוּ∙ אִתּוֹ dieselbe Fortführung wie in V 8: οἱ παρεστηκότες (LXX)|τὰ παρεστηκότα (Ant) πρὸ προσώπου αὐτοῦ, geben also אשר העמדים לפניו wieder. Dabei handelt es sich wahrscheinlich um ein Ergebnis schriftlich-mündlicher Überlieferung, in deren Zuge diese Wendung ergänzt worden ist. Ant bietet darüber hinaus im Unterschied zu allen anderen Texttraditionen καὶ εἶπον und καὶ εἰρηκόσι, also eine finite Verbform bzw. ein Partizip statt לאמר. Dabei handelt es sich wohl um eine Verlesung, und es ist bei MT zu bleiben. Des Weiteren ergänzen LXX/Ant in der Wiedergabe der Aufforderung des Volkes וְאַתָּה הָקֵל מֵעָלֵינוּ ein νῦν und entsprechen damit dem Wortlaut in V 4, wodurch es es deutlich als Ergänzung aus dem Kontext erkennbar ist. Wiederum eine Folge schriftlich-mündlicher Überlieferung ist wohl der Satz ὁ πατήρ σου ἐβάρυνε τὸν κλοιὸν αὐτοῦ ἐφ' ἡμᾶς in Ant. Er lehnt sich stärker an die Wortwahl in V 4 an als LXX und MT, ist aber nicht mit dieser identisch. Darin unterscheidet er sich von den vorher besprochenen Fällen. Ant gibt also den Satz אביך הכביד את עלו עלינו wieder. Im Vergleich zu MT fällt auf, dass sich Ant gut als aus einer Dittographie entstanden erklären lässt: aus אֶת־עֻלֵּנוּ wurde את עלו עלינו. So ist bei MT zu bleiben.[262]

---

260 P ist allerdings insofern ein schwieriger Textzeuge, als sie in V 6 und V 9 zwei unterschiedliche Verben benutzt. Das könnte jedoch auch darauf hinweisen, dass die Formen verschieden waren und deshalb unterschiedlich übersetzt wurden.

261 Vgl. Noth, 1Könige, 267.

262 Daneben gibt es in V 10 eine Reihe kleinerer Abweichungen, die aber alle keinen Einfluss auf die Frage nach dem ursprünglichen Text haben. So bezeugt P wie schon in V 6.9 kein הזה, sondern nur ܐܡܪ. LXX und Ant differieren bei der Wiedergabe von כֹּה תְדַבֵּר אֲלֵיהֶם. LXX bezeugt τάδε λαλήσεις πρὸς αὐτούς, Ant dagegen τάδε ἐρεῖς πρὸς αὐτούς. Im letzten Satz ergänzt Ant gegenüber LXX ein ἐστί.

Für V 11 gibt es keine wesentlichen textkritisch relevanten Varianten.[263]

In V 12 finden sich demgegenüber wieder gravierende Abweichungen. So nennt MT Jerobeam als Akteur gemeinsam mit dem Volk (וְכָל־הָעָם). LXX/Ant dagegen erwähnen nur das Volk und bezeichnen es zudem als πᾶς Ισραηλ. Letzteres bezeugt auch P in Abweichung von MT, obwohl sie mit MT in der Nennung Jerobeams übereinstimmt.[264] So legen sich zwei textkritische Entscheidungen nahe. Zum einen ist Jerobeam als Akteur auszuscheiden und seine Erwähnung der Redaktion zuzuschreiben, die auch V 2 – 3a MT in MT eingefügt hat.[265] Ihr Ziel war es, ihn noch einmal zu erwähnen und in der Handlung als Akteur und Gegenspieler Rehabeams in Erinnerung zu halten. Zum anderen liegt es nahe, für die Bezeichnung des Volkes als Akteur mit LXX/Ant und P כל ישראל anzunehmen, auch wenn dies nicht so sicher ist wie die erste Entscheidung. Dafür spricht die Bezeugung in so unterschiedlichen Traditionen wie LXX/Ant einerseits und P andererseits, dagegen allerdings, dass es sich auch um eine Angleichung an V 1 handeln könnte. In V 12b ergänzen LXX und P durch ein Personalpronomen das Volk als Adressat der Rede Rehabeams. Doch MT und Ant sowie Vg sind als kürzere Lesarten beizubehalten.[266]

In V 13b ergänzen LXX/Ant Rehabeam namentlich als Subjekt, so ist MT als lectio brevior vorzuziehen.[267]

Auch in V 14 gibt es keine wesentlichen Varianten.[268]

In V 15 wird Rehabeams Verhalten darauf zurückgeführt, dass Gott seine durch Achia von Schilo gemachte Ankündigung nun umgesetzt habe. Dabei wird in V 15b der Gottesname in den Texttraditionen unterschiedlich oft erwähnt. Das erste Mal ist unstrittig in der Wendung סִבָּה מֵעִם יְהוָה. Dann gehen die unterschiedlichen Texttraditionen jedoch auseinander. Während MT den Gottesnamen im zweiten Teilsatz bezeugt (לְמַעַן הָקִים אֶת־דְּבָרוֹ אֲשֶׁר דִּבֶּר יְהוָה בְּיַד אֲחִיָּה), nennt ihn Ant im ersten (ὅπως στήσῃ Κύριος τὸ ῥῆμα αὐτοῦ ὃ ἐλάλησεν ἐν χειρὶ Αχεια), und LXX gar nicht. P folgt Ant und Vg LXX. So erweist sich eine zweite Nennung des Gottesnamens in V 15b als textlich unsicher, und es erscheint am wahrschein-

---

263 LXX und Ant unterscheiden sich in der Wiedergabe von הָעָמִים (LXX übersetzt medial, Ant aktivisch). P lässt וְעַתָּה aus, das allerdings sonst bezeugt und deshalb beizubehalten ist. Am Versende verdeutlicht P den Ausdruck עֲקְרַבִּים sinngemäß zu Geißel (ܡܚܘ̈ܬܐ).

264 Vg stimmt mit MT überein.

265 Vgl. Debus, Sünde Jerobeams, 21, sowie Klein, Jeroboam, 218.

266 Zur Bezeugung des Königstitels siehe die Besprechung zu V 1.

267 Darüber hinaus weichen LXX und Ant in der Verbform von συμβουλεύω voneinander ab (LXX medial, Ant aktivisch), doch dies hat keine Auswirkung auf die Frage nach dem ursprünglichen Text von V 13.

268 P übersetzt auch hier עֲקְרַבִּים sinngemäß als Geißel (ܡܚܘ̈ܬܐ). LXX und Ant unterscheiden sich in unwesentlichen Details, die allenfalls auf ihre Schreiberkonventionen Rückschlüsse erlauben.

lichsten, dass es ursprünglich keine zweite Nennung des Gottesnamens gab und sie im Lauf der Überlieferung an unterschiedlichen Orten ergänzt worden ist. So wäre an dieser Stelle LXX zu folgen. Eine weitere Differenz besteht am Versende. MT bezeugt אֶל־יָרָבְעָם, geht also davon aus, dass das Wort von Achia zu Jerobeam gesprochen wurde. LXX und Ant scheinen eher von einem Wort über (περί) Jerobeam auszugehen, also על ירבעם zu lesen. Auch P bezeugt ܠ, doch vereinigt dies in sich beide Bedeutungsaspekte. Vg geht demgegenüber klar von einer Rede an Jerobeam aus: ‚ad Hieroboam'. Da nach inneren Kriterien beide Varianten denkbar sind und es in allen Sprachtraditionen ein gewisses Bedeutungsspektrum bei den Präpositionen gibt, lässt sich diese Frage nicht letztgültig entscheiden, auch wenn aufgrund des Hebräischen als Originalsprache eine Tendenz zugunsten von MT besteht.

In V 16 zeigen sich wieder mehrere textkritische Schwierigkeiten. So ist zunächst in MT das Wort דבר aus dem Satz וַיָּשִׁבוּ הָעָם אֶת־הַמֶּלֶךְ דָּבָר לֵאמֹר zu streichen, denn es ist weder in LXX/Ant bezeugt noch in Vg.[269] Dabei scheint es für die Rede des Volkes selber sehr unterschiedliche Traditionen gegeben zu haben, denn alle Texttraditionen bezeugen einen anderen Wortlaut, bei dem sich keiner aus den anderen herstellen lässt, selbst wenn 2Sam 20,2 einbezogen wird. Sie bieten andererseits jedoch alle den gleichen Aussagegehalt.[270]

Problematisch ist auch V 17. Er ist in LXX nicht enthalten. Daher ist er aus dem ursprünglichen Textbestand auszuscheiden.[271] Sein junges Alter macht sich auch in den zahlreichen Varianten bemerkbar, die zwischen den Bezeugungen in MT, Ant und P bestehen.[272]

---

269 Im Anschluss daran scheint P ויאמר לו oder ויאמרו לו statt לאמר gelesen zu haben, denn sie übersetzt mit einem finiten Verb: ܘܐܡܪܘ ܠܗ. Allerdings gleicht auch die Wiedergabe der Rede des Volkes eher einer freien Übersetzung.

270 Dabei sollte auch die Frage offen bleiben, ob im ursprünglichen Text ראה (so MT, P, Vg) oder רעה (LXX/Ant) stand, denn Letzteres wäre als ein Reflex auf königliche Herrschaftsideologie denkbar.

271 So auch Bösenecker, LXX.E, 922.

272 Dabei ist bereits der Satzbau in MT nicht unproblematisch, denn der erste Versteil erscheint als unvollständiger Satz durch die Nennung eines Substantivs und eines angeschlossenen determinierten Partizips. Das erste finite Verb ist וַיִּמְלֹךְ, das sich als Qal auf Rehabeam als Subjekt bezieht (dem entspricht auch Vg). Diese Schwierigkeit spiegelt sich in den Übersetzungen wieder. So bezeugt Ant im Unterschied zu MT am Versanfang zusätzlich καὶ οἱ υἱοὶ Ιουδα. Dabei handelt es sich wohl um eine sinngemäße Ergänzung, weil in Ant das Verb וימלך als Hifil und im Plural gelesen wurde und die Ergänzung deutlichen machen sollte, dass es die Judäer waren, die Rehabeam zum König gemacht haben. Auch P weist bemerkenswerte Lesarten auf. So wird ערי nicht als Status constructus in Verbindung mit יהודה aufgefasst, sondern steht mit einem Suffix in der 3. Person Plural. P bezeugt also im ersten Versteil einen vollständigen Satz ohne יהודה: „Und die Kinder Israel wohnten in ihren Dörfern." יהודה wird stattdessen mit einem ו bezeugt und bildet mit dem als

In V 18 existieren nur wenige wichtige textkritische Probleme. Am auffälligsten ist neben den Unterschieden in der Verwendung des Eigennamens Rehabeam und des Königstitels[273] die unterschiedliche Namensform des Fronaufsehers. Während MT אֲדֹרָם bezeugt (damit einig Vg: ‚Aduram'), geben ihn LXX/Ant und P mit Αδων(ε)ιραμ bzw. ܐܕܘܢܝܪܡ wieder. Letzteres stimmt mit der Beamtenliste in 1Kön 4,6 überein, und aller Wahrscheinlichkeit nach handelt es sich um dieselbe Person. Gerade deshalb legt sich aber die Namensform in MT als ursprünglich nahe, wenn es auch wahrscheinlich ist, dass es sich dabei um die Verwendung einer alternativen Namensform zu Adoniram handelt und es bereits sehr früh in der Textentwicklung Parallelüberlieferungen gab,[274] die die andere Namensform wie in 1Kön 4,6 verwendet haben.[275] In V 18b gibt es in LXX keine Wiedergabe von בַּמֶּרְכָּבָה. Dabei legt es sich nahe, LXX als kürzere Lesart beizubehalten und die Bezeugung der anderen Texttraditionen als Ergänzung zu verstehen.[276] P und Vg lesen unmittelbar danach וינוס statt לנוס (MT, LXX/Ant). Dies

Afel gelesenen Verb ܐܡܠܟ das Subjekt des zweiten Satzes: „Und Juda machte über sich zum König Rehabeam, den Sohn Salomos." (Die Apposition ܒܪ ܫܠܡܐ ist ein Zusatz). Diese Textbezeugung ist so verworren, dass sich daraus leider nicht mehr auf einen ursprünglichen Text rückschließen lässt. Dieser kann jedenfalls erst nach dem Auseinandergehen der Wege von MT und LXX in den Text eingefügt worden sein und muss dann als Angleichung an MT auch in Ant Aufnahme gefunden haben. Dies spricht auch gegen eine historische Auswertung, wie sie Sweeney, I & II Kings, 171, vornimmt, indem er den Satz auf die Zeit Hiskias oder Josias hin deutet. Vgl. auch DeVries, 1Kings, 155, sowie Debus, Sünde Jerobeams, 20, der V 17 als chronistische Glosse versteht, „der die Vorstellung zugrunde liegt, daß die gläubigen Israeliten auf Grund der kultischen Neuerungen Jerobeams aus Israel nach Juda emigriert seien". So auch Rofé, Elders, 80.
273 Zur Verwendung des Namens Rehabeam und des Königstitels siehe die Diskussion in V 1.
P bietet im Anschluss an die Nennung Rehabeams ܟܠܗ ܐܝܣܪܝܠ, doch dabei handelt es sich um eine Ergänzung aufgrund der häufigen Verwendung des Ausdrucks „ganz Israel" in diesem Abschnitt. Auch die Bezeugung von ܟܠܗ ܩܗܠܐ ܕܒܝܬ ܐܝܣܪܝܠ statt כל ישראל/πᾶς Ισραηλ im nachfolgenden Satz ist eine sonst nicht bezeugte Ergänzung, möglicherweise im Anschluss an V 21.
274 Rehm, Textkritische Untersuchungen, 43, hält Αδωνειραμ in Ant für ein Eindringen aus 2Chr 10,18.
275 Die Wendung וירגמו ... בו אבן ist zwar ungewöhnlich, aber, wie eine Übersicht über die Verwendung von רגם zeigt, möglich und nicht der Korrektur bedürftig (רגם + הו/אתו/אתו באבן: Lev 20,2.27; Num 14,10; 15,35.36; Dtn 21,21; Ez 16,40; רגם אתו: Lev 24,14; רגם בו: Lev 24,16; רגם אתו אבן: Lev 24,23; Jos 7,25; רגם על * אתן: Ez 23,47). Die Abweichungen in den Übersetzungen lassen sich gut mit zielsprachlichen Notwendigkeiten im Übersetzungsvorgang erklären.
276 So Bösenecker, LXX.E, 922. Schenker, Zwillingsfrage, 111–118, weist zudem auf 1Kön 12,24u LXX hin, den er für die älteste Textvariante hält, und geht von einer Textentwicklung von 1Kön 12,24u LXX ausgehend über 1Kön 12,18 LXX, dann 2Chr 10,18b hin zu 1Kön 12,18b MT aus. Der von ihm angenommene historische Hintergrund des Wege- und Straßennetzes im Alten Israel lässt sich allerdings auch so in der Version von MT wiederfinden, dass V 18 MT von der Flucht Re-

stellt jedoch eine vereinfachende Lesart dar, die die Schwierigkeit der beiden unverbunden nebeneinander stehenden Infinitive beseitigt. Sie ist wohl im hebräischsprachigen Überlieferungsprozess entstanden, wahrscheinlich aufgrund der graphischen Nähe, möglicherweise aber auch durch eine Beschädigung der Vorlage an dieser Stelle.

Für V 19 sind keine textkritisch relevanten Abweichungen belegt.[277]

So lässt sich für den Abschnitt 1Kön 12,1–19 folgender Text rekonstruieren:

1 וַיֵּלֶךְ רְחַבְעָם שְׁכֶם
כִּי שְׁכֶם בָּא כָל־יִשְׂרָאֵל
לְהַמְלִיךְ אֹתוֹ:
3 וידבר העם אֶל־רְחַבְעָם לֵאמֹר:
4 אָבִיךָ הִקְשָׁה אֶת־עֻלֵּנוּ
וְאַתָּה עַתָּה הָקֵל מֵעֲבֹדַת אָבִיךָ הַקָּשָׁה וּמֵעֻלּוֹ הַכָּבֵד
אֲשֶׁר־נָתַן עָלֵינוּ
וְנַעַבְדֶךָ:
5 וַיֹּאמֶר אֲלֵיהֶם
לְכוּ עֹד|עַד שְׁלֹשָׁה יָמִים
וְשׁוּבוּ אֵלַי
וַיֵּלְכוּ:
6 וַיִּוָּעַץ|וַיִּיְעַץ הַמֶּלֶךְ אֶת־הַזְּקֵנִים
אֲשֶׁר־הָיוּ עֹמְדִים אֶת־פְּנֵי שְׁלֹמֹה אָבִיו בִּהְיֹתוֹ חַי לֵאמֹר
אֵיךְ אַתֶּם נוֹעָצִים לְהָשִׁיב|וּאשׁיב אֶת־הָעָם־הַזֶּה דָּבָר:
7 וַיְדַבְּרוּ אֵלָיו לֵאמֹר
אִם־הַיּוֹם תִּהְיֶה־עֶבֶד לָעָם הַזֶּה
וַעֲבַדְתָּם
וְדִבַּרְתָּ אֲלֵיהֶם דְּבָרִים טוֹבִים
וְהָיוּ לְךָ עֲבָדִים כָּל־הַיָּמִים:
8 וַיַּעֲזֹב אֶת־עֲצַת הַזְּקֵנִים
אֲשֶׁר יְעָצֻהוּ
וַיִּוָּעַץ אֶת־הַיְלָדִים
אֲשֶׁר גָּדְלוּ אִתּוֹ
אֲשֶׁר הָעֹמְדִים לְפָנָיו:
9 וַיֹּאמֶר אֲלֵיהֶם
מָה אַתֶּם נוֹעָצִים
וְנָשִׁיב|וּאשׁיב דָּבָר אֶת־הָעָם הַזֶּה
אֲשֶׁר דִּבְּרוּ אֵלַי לֵאמֹר
הָקֵל מִן־הָעֹל
אֲשֶׁר־נָתַן אָבִיךָ עָלֵינוּ:
10 וַיְדַבְּרוּ אֵלָיו הַיְלָדִים

---

habeams im Sinne eines unmittelbaren Entkommens spricht und nicht von der Reise nach Jerusalem selber.

277 P bezeugt ܐܝܣܪܝܠ ܟܠ statt nur ישראל, doch dabei handelt es sich wohl um eine Ergänzung aufgrund des parallel stehenden Begriffs בית דוד.

אֲשֶׁר גָּדְלוּ אִתּוֹ לֵאמֹר

כֹּה־תֹאמַר לָעָם הַזֶּה

אֲשֶׁר דִּבְּרוּ אֵלֶיךָ לֵאמֹר

אָבִיךָ הִכְבִּיד אֶת־עֻלֵּנוּ

וְאַתָּה הָקֵל מֵעָלֵינוּ

כֹּה תְּדַבֵּר אֲלֵיהֶם

קָטָנִּי עָבָה מִמָּתְנֵי אָבִי:

11 וְעַתָּה אָבִי הֶעְמִיס עֲלֵיכֶם עֹל כָּבֵד

וַאֲנִי אוֹסִיף עַל־עֻלְּכֶם

אָבִי יִסַּר אֶתְכֶם בַּשּׁוֹטִים

וַאֲנִי אֲיַסֵּר אֶתְכֶם בָּעַקְרַבִּים:

12 ויבואו כל־ישראל אל־רחבעם ביום השלישי

כַּאֲשֶׁר דִּבֶּר הַמֶּלֶךְ לֵאמֹר

שובו אלי ביום השלישי:

13 וַיַּעַן הַמֶּלֶךְ אֶת־הָעָם קָשָׁה

וַיַּעֲזֹב אֶת־עֲצַת הַזְּקֵנִים

אֲשֶׁר יְעָצֻהוּ:

14 וַיְדַבֵּר אֲלֵיהֶם כַּעֲצַת הַיְלָדִים לֵאמֹר

אָבִי הִכְבִּיד אֶת־עֻלְּכֶם

וַאֲנִי אֹסִיף עַל־עֻלְּכֶם

אָבִי יִסַּר אֶתְכֶם בַּשּׁוֹטִים

וַאֲנִי אֲיַסֵּר אֶתְכֶם בָּעַקְרַבִּים:

15 וְלֹא־שָׁמַע הַמֶּלֶךְ אֶל־הָעָם

כִּי־הָיְתָה סִבָּה מֵעִם יְהוָה

לְמַעַן הָקִים אֶת־דְּבָרוֹ

אֲשֶׁר דִּבֶּר בְּיַד אֲחִיָּה הַשִּׁילֹנִי אֶל|עַל־יָרָבְעָם בֶּן־נְבָט:

16 וַיַּרְא כָּל־יִשְׂרָאֵל

כִּי לֹא־שָׁמַע הַמֶּלֶךְ אֲלֵיהֶם

וַיָּשִׁבוּ הָעָם אֶת־הַמֶּלֶךְ לֵאמֹר

מַה־לָּנוּ חֵלֶק בְּדָוִד וְלֹא־נַחֲלָה בְּבֶן־יִשַׁי

מה לנו חלק בדוד ולא לנו נחלה בבן ישי (LXX) |

לא/אין לנו חלק בדוד ולא נחלה בבן ישי (Ant) |

לְאֹהָלֶיךָ יִשְׂרָאֵל

שוב ישראל לאהליך (LXX) |

שוב איש לאהליך ישראל (Ant) |

עַתָּה רְאֵה|רעה בֵיתְךָ דָּוִד

וַיֵּלֶךְ יִשְׂרָאֵל לְאֹהָלָיו:

18 וַיִּשְׁלַח הַמֶּלֶךְ אֶת־אֲדֹרָם

אֲשֶׁר עַל־הַמַּס

וַיִּרְגְּמוּ כָל־יִשְׂרָאֵל בּוֹ אֶבֶן

וַיָּמֹת

וְהַמֶּלֶךְ רְחַבְעָם הִתְאַמֵּץ לַעֲלוֹת לָנוּס יְרוּשָׁלָ͏ִם:

19 וַיִּפְשְׁעוּ יִשְׂרָאֵל בְּבֵית דָּוִד עַד הַיּוֹם הַזֶּה:

Das Jerobeam-Stück aus 1Kön 12,2–3a:

2 וַיְהִ֞י כִּשְׁמֹ֣עַ יָרָבְעָ֣ם בֶּן־נְבָ֗ט

וְה֤וּא עוֹדֶ֙נּוּ֙ בְמִצְרַ֔יִם

אֲשֶׁ֣ר בָּרַ֔ח מִפְּנֵ֖י הַמֶּ֣לֶךְ שְׁלֹמֹ֑ה

וַיֵּ֥שֶׁב יָרָבְעָ֖ם בְּמִצְרָֽיִם׃

3 וַֽיִּשְׁלְחוּ֙

וַיִּקְרְאוּ־ל֔וֹ

וַיָּבֹ֜א יָרָבְעָ֣ם וְכָל־קְהַל|עַם יִשְׂרָאֵ֗ל

3.8 1Kön 12,20 – Jerobeam wird König in Israel

Zu der Notiz über die Königwerdung Jerobeams im Nordreich Israel stellen sich drei textkritisch relevante Fragen. So bezeugen LXX/Ant gegenüber MT im ersten Satz ein Mehr durch die Wendung ἐξ Αἰγύπτου. Doch dabei kann es sich gut um eine Ergänzung aus dem Kontext der Jerobeam-Erzählungen handeln, sodass MT zu bevorzugen ist. Zum anderen ist zu klären, ob es על כל ישראל (MT, P, Vg) heißt oder על ישראל ohne כל (so LXX/Ant). Aufgrund der äußeren Textbezeugung ist wohl von einer Ergänzung des כל im Zuge schriftlich-mündlicher Überlieferung auszugehen, die sich in MT und seinen Tochterübersetzungen niedergeschlagen hat. Am Versende bezeugen LXX/Ant nicht nur Juda, sondern auch Benjamin, das jedoch eine Ergänzung, wahrscheinlich aus dem unmittelbar nachfolgenden Text in 12,21–24, ist.[278] So ist in V 20 fast ganz bei MT zu bleiben:

וַיְהִ֞י כִּשְׁמֹ֤עַ כָּל־יִשְׂרָאֵל֙

כִּֽי־שָׁ֣ב יָרָבְעָ֔ם

וַֽיִּשְׁלְח֗וּ

וַיִּקְרְא֤וּ אֹתוֹ֙ אֶל־הָ֣עֵדָ֔ה

וַיַּמְלִ֥יכוּ אֹת֖וֹ עַל־[כָּל־]יִשְׂרָאֵ֑ל

וְלֹ֤א הָיָה֙ אַחֲרֵ֣י בֵית־דָּוִ֔ד זוּלָתִ֥י שֵֽׁבֶט־יְהוּדָ֖ה לְבַדּֽוֹ׃

---

278 So auch Turkanik, Kings and Reigns, 70, der darin jedoch einzig eine Harmonisierung durch LXX sieht und keine Überlegungen zur ursprünglichen Bedeutung der Ausdrücke anstellt. Jones, 1–2Kings, 255, wertet die Ergänzung Benjamins zudem als Reflex auf die nachexilischen Gegebenheiten, nach denen Judäer und Benjaminiten Jerusalem bewohnt hätten.

3.9 1Kön 12,21–24 – Schemajas Prophetie gegen einen Krieg Judas mit Israel

Der gesamte Abschnitt 1Kön 12,21–24 enthält nur wenige textkritisch fragliche Stellen und erscheint somit relativ einheitlich in der Textüberlieferung.

Zunächst ist in V 21 die Bezeichnung Judas zu betrachten.[279] MT bietet כָּל־בֵּית יְהוּדָה, LXX dagegen τὴν συναγωγὴν Ιουδα und Ant πᾶσαν τὴν συναγωγὴν Ιουδα, womit in der Regel die עדה bezeichnet wird. P überliefert ܟܠܗ ܕܒܝܬ ܝܗܘܕܐ und weicht damit von der sonst üblichen Bezeugung ab (vgl. V 23: ܟܠܗ ܒܝܬ ܝܗܘܕܐ); P scheint so auf den Aspekt der Versammlung Einzelner zu zielen. Vg entspricht MT. Angesichts dieser textlichen Bezeugung lässt sich die Frage kaum aufgrund äußerer Kriterien beantworten, wohl aber aufgrund innerer. So handelt es sich bei V 21–24 um einen eigenen Abschnitt, in dem in V 23 innerhalb der Textüberlieferung unbestritten von כָּל־בֵּית יְהוּדָה die Rede ist. Das legt nahe, auch in V 21 bei dieser Wendung zu bleiben und V 21 LXX als Einfluss aus dem vorangegangenen Vers 20 zu verstehen. Damit wäre zugleich entschieden, dass auch das כל ursprünglich ist (gegen LXX).[280] Nicht entscheiden lässt sich demgegenüber die Frage nach der ursprünglichen Anzahl (MT: 180.000, LXX: 120.000) der ausgewählten Krieger.

In V 22 bezeugt MT דְּבַר הָאֱלֹהִים, dagegen LXX/Ant λόγος κυρίου, womit P (ܦܬܓܡܗ ܕܡܪܝܐ) und Vg (sermo Domini) einig gehen. So ist von דבר יהוה als ursprünglichem Text auszugehen[281] und MT wohl am besten mit einer aberatio oculi aufgrund der Wendung אִישׁ־הָאֱלֹהִים zu verstehen.[282]

In V 24 bezeugt im letzten Satz MT וַיָּשֻׁבוּ, LXX/Ant dagegen κατέπαυσαν, also וישבתו.[283] Dabei handelt es sich wahrscheinlich um einen Lesefehler.[284]

So lässt sich der Abschnitt 1Kön 12,21–24 wie folgt rekonstruieren:

---

279 Die Frage des וְיָבֹאוּ ist klar zugunsten des Qere zu entscheiden. So auch Sweeney, I & II Kings, 164.

280 P bezeugt dabei neben dem Ausdruck ܟܠܗ ܕܒܝܬ ܝܗܘܕܐ als Subjekt ܐܬܟܢܫܘ im Plural. וַיַּקְהֵל ist demnach im Nifal und im Plural gelesen worden. Möglicherweise war an dieser Stelle die Vorlage beschädigt und das את wurde als ו missdeutet. An ܟܠܗ ܕܒܝܬ ܝܗܘܕܐ wurde dann die Bezeichnung für den Stamm Benjamin angeglichen (ܘܠܒܝܬ ܒܢܝܡܝܢ.).

281 Siehe auch 2Chr 11,2, wobei es angesichts der Textüberlieferung unwahrscheinlich ist, dass alle anderen Texte außer 1Kön 12,22 MT von der Stelle in 2Chr 11,2 abhängig wären.

282 Eine Besonderheit in diesen Versen bietet P durch die zweimalige Übersetzung von לֵאמֹר mit ܘܐܡܪ. Siehe dazu Weitzmann, Syriac Version, 198 f.

283 P und Vg entsprechen MT.

284 Noth, 1Könige, 267, hat überzeugend plausibel gemacht, dass MT zu bevorzugen ist, wenn er darauf hinweist, dass וישבתו zugleich ein מן fordert, also nicht ללכת, sondern מלכת zu lesen wäre. Ferner weist er zu Recht darauf hin, dass וַיָּשֻׁבוּ den vorhergehenden (textkritisch unbestrittenen) Befehl שׁוּבוּ aufnimmt.

21 וַיָּבֹא רְחַבְעָם יְרוּשָׁלַם
וַיַּקְהֵל אֶת־כָּל־בֵּית יְהוּדָה וְאֶת־שֵׁבֶט בִּנְיָמִן
מֵאָה וּשְׁמֹנִים|מֵאָה וְעֶשְׂרִים אֶלֶף בָּחוּר עֹשֵׂה מִלְחָמָה
לְהִלָּחֵם עִם־בֵּית יִשְׂרָאֵל
לְהָשִׁיב אֶת־הַמְּלוּכָה לִרְחַבְעָם בֶּן־שְׁלֹמֹה:
22 וַיְהִי דְּבַר יהוה אֶל־שְׁמַעְיָה אִישׁ־הָאֱלֹהִים לֵאמֹר:
23 אֱמֹר
אֶל־רְחַבְעָם בֶּן־שְׁלֹמֹה מֶלֶךְ יְהוּדָה
וְאֶל־כָּל־בֵּית יְהוּדָה
וּבִנְיָמִין
וְיֶתֶר הָעָם לֵאמֹר:
24 כֹּה אָמַר יְהוָה
לֹא־תַעֲלוּ
וְלֹא־תִלָּחֲמוּן עִם־אֲחֵיכֶם בְּנֵי־יִשְׂרָאֵל
שׁוּבוּ אִישׁ לְבֵיתוֹ
כִּי מֵאִתִּי נִהְיָה הַדָּבָר הַזֶּה
וַיִּשְׁמְעוּ אֶת־דְּבַר יְהוָה
וַיָּשֻׁבוּ לָלֶכֶת כִּדְבַר יְהוָה:

3.10 3Kgt 12,24a – z LXX – Ein Erzählkranz zu Rehabeam und Jerobeam

In einigen Texten der LXX-Überlieferung[285] ist ein Abschnitt enthalten, der eine weitere Jerobeam-Erzählung bietet.[286] Dieser weist eine große thematische Nähe zu dem sonst aus MT und LXX bekannten Material auf, beinhaltet aber auch bemerkenswerte Unterschiede. An dieser Stelle ist noch nicht auf die Frage nach der Ursprünglichkeit und dem Alter des Textes einzugehen. Im Vordergrund steht die textkritische Frage innerhalb dieses Abschnittes im Blick auf die Varianten zwischen LXX und Ant, die in der sonst diesen Text behandelnden Literatur nicht

---

285 Der Abschnitt ist in allen Ant bezeugenden Mss belegt (vgl. Fernández Marcos/Busto Saiz, 1–2 Reyes, 40). Für die LXX-Textüberlieferung ist der Befund komplexer. Hier hat er in Ms B seinen Hauptzeugen, aber auch in zahlreichen weiteren Mss (vgl. Brooke/McLean/Thackeray, 255). Er ist also als fester Bestandteil der LXX-Texttradition anzusehen und sein Fehlen in LXX-Textzeugen wohl als Angleichung an die kürzere Version von MT zu verstehen.
286 Tov, Strange Books, 374 f, weist darauf hin, wie ungewöhnlich dieser Vorgang im biblischen Schrifttum ist, denn es gibt zwar mit 1Sam 16–18 ein Beispiel, in dem zwei unterschiedliche Versionen einer Erzählung repräsentiert sind, aber eine Zufügung einer eigenen, in sich geschlossenen Erzählung wie 12,24a–z, die nur in einer der Texttraditionen überliefert ist, ist singulär. Tov sieht darin ein Beispiel für „reshaped compositions" (a.a.O., 376), die sich nah am „Original" orientiert haben, um als authentisch angesehen werden zu können. Ulrich, Relevance, 405, spricht von einer „variant edition".

gestellt wird.[287] Im Folgenden werden die Differenzen zwischen LXX und Ant nicht in der textlichen Reihenfolge, sondern nach qualitativen Gesichtspunkten erörtert. So lassen sich folgende bedeutende Abweichungen feststellen:[288]

Bereits zu Beginn des Abschnitts tritt in V 24a ein deutlicher Unterschied zwischen LXX und Ant zu Tage: Während nach Ant Rehabeam mit 41 Jahren auf den Thron kam und 17 Jahre regierte – was den Angaben in 1Kön 14,21 MT entspricht –, war er nach LXX erst 16 Jahre alt und regierte nur 12 Jahre lang. Hier zeigt sich ein grundsätzlich anderes chronologisches System zwischen MT und LXX, bei dem nach wie vor nicht geklärt ist, welches das ursprünglichere war und wie und warum es zur Abweichung gekommen ist.[289] Angesichts dessen, dass die Bezeugung von 12,14a Ant derjenigen in 14,21 MT entspricht, ist davon auszugehen, dass LXX eine eigenständige und nicht harmonisierte Überlieferung bietet und deshalb als ursprünglicher anzunehmen ist.

V 24f weist demgegenüber eine Variante auf, die es bereits in 1Kön 11,16 LXX gab, dort allerdings in umgekehrter Textbezeugung: so bietet LXX εἰς γῆν Σαριρα, Ant dagegen εἰς τὴν Σαρειρα. Wie bereits oben zu 1Kön 11,26 LXX besprochen, kann diese Differenz durch fehlerhaftes Abschreiben entstanden sein, allerdings auch durch einen schriftlich-mündlichen Überlieferungsprozess, in dem der Sinn der hebräischen Wendung מִן־הַצְּרֵדָה in beiden Fällen angemessen wiedergegeben wird. So lässt auch hier die griechische Textbezeugung nicht daran zweifeln, dass die hebräische Vorlage מִן־הַצְּרֵדָה lautete, also Ant mit der Bezeugung τὴν zu bevorzugen ist.[290]

In V 24g – n enthalten LXX/Ant eine Parallelüberlieferung zu 1Kön 14,1 – 18 MT. Da es sich nicht um eine Übersetzung von 1Kön 14,1 – 18 MT handelt, sondern um eine eigenständige Ausgestaltung derselben Grunderzählung, ist der Vergleich mit

---

287 Vgl. Debus, Sünde Jerobeams, 55 – 67; Gooding, Rival Versions; Talshir, Alternative Story; Shaw, Sins of Rehoboam; Schenker, Division, und ders., Jeroboam's Rise and Fall, als Antwort auf Sweeney, Reassessment, und selbst Fernández Marcos, Editorial Features, 290.

288 Für die bessere Übersicht wird hier die Verszählung nach der Rahlfs-Ausgabe beibehalten. Fernández Marcos/Busto Saiz, 1 – 2 Reyes, zählen die Verse weiter und lassen zudem bei 1Kön 12,24 g LXX Kapitel 13 beginnen, sodass 1Kön 12,25 MT dann Kap. 13,33 in ihrer Ausgabe entspricht. Da es sich in beiden Fällen um eine Übersetzung handelt, wird hier auf die Diskussion kleinerer Unterschiede verzichtet, die auf den Übersetzungsvorgang zurückgehen. Siehe dazu auch Bösenecker, LXX.E, 922 – 924.

289 Vgl. die Auseinandersetzung in Galil, Chronology, 127 – 144, und seine Aufstellung a.a.O., 159 – 162, sowie seinen Beitrag Galil, הנתונים הכרונולוגיים, in dem er auch auf die verschiedenen Angaben zu Daten innerhalb der griechischen Texttradition aufmerksam macht.

290 Gegen die Textrekonstruktionen von Debus, Sünde Jerobeams, 59, und Talshir, Alternative Story, auf dem dort eingelegten Faltblatt, die beide צְרָרָה ארץ rekonstruieren. Hier zeigt sich das Problem, dass Ant zwar eingangs jeweils erwähnt, dann aber nicht weiter berücksichtigt wird.

Kap. 14 MT nicht Gegenstand der textkritischen Fragestellung, sondern der literaturgeschichtlichen, folgt also später. An dieser Stelle geht es deshalb um die Abweichungen zwischen LXX und Ant. So ist in V 24i in LXX von zwei κολλύρια[291] die Rede, während die Anzahl in Ant offen gelassen wird (in beiden Fällen Plural). Dies ließe sich als Folge schriftlich-mündlicher Überlieferung erklären, in deren Verlauf in LXX eine erzählerische Präzisierung stattgefunden hat. Doch scheint es hier plausibler, von LXX als ursprünglichem Textbestand auszugehen, weil im Überlieferungsprozess eine Angleichung der parallel stehenden Rede Jerobeams in V 24h und der Handlung seiner Frau in V 24i wahrscheinlicher ist als ein Auseinandergehen. Anders als in V 24f wird in diesem Abschnitt der Ortsname Sarira wohl tatsächlich als Name einer Stadt gebraucht. Das zeigt V 24k (ἐκ Σαρ(ε)ιρα ohne Artikel oder die Bezeichnung als „Land") und auch V 24n zumindest in der Bezeugung von Ant, der εἰς Σαρειρα bietet, während LXX εἰς τὴν Σαριρα belegt. An dieser Stelle ist wohl Ant vorzuziehen und LXX als Angleichung an den sonstigen Sprachgebrauch dieses Abschnitts V 24a–z zu verstehen, da sonst Ant die Tendenz zu ergänzen hat und nicht LXX.

Eine weitere wesentliche Abweichung findet sich in der Parallelüberlieferung zu 1Kön 12,1–19. So bezeugt LXX in V 24q als Rede der älteren Ratgeber οὕτως ἐλάλησεν πρὸς σὲ ὁ λαός, Ant dagegen οὕτως λαλήσεις πρὸς τὸν λαὸν ἀγαθῶς. Damit steht Ant näher an der Überlieferung von 1Kön 12,1–19; zudem legt die Formulierung nahe, dass hier ein Rat seitens der Ältesten gegeben wurde, auch wenn er nicht explizit wiedergegeben wird. Doch lässt gerade das Ant als eine Angleichung an den Erzählverlauf von 1Kön 12,1–19 erscheinen, sodass LXX vorzuziehen ist, auch wenn damit der Rat der Alten in der Erzählung nicht erwähnt wird.

In V 24r bezeugt LXX καὶ ταῦτα ἀπέστειλεν πρός με λέγων ὁ λαός, Ant formuliert dagegen κατὰ ταῦτα ἀπέστειλε πρός με ὁ λαός. Diese Variante lässt sich am besten als eine Variante durch schriftlich-mündliche Überlieferung erklären, weil sie keine große inhaltliche Veränderung mit sich bringt.

Eine weitere bemerkenswerte Variante bietet V 24y, in dem es in LXX ἀναστρέφετε ἕκαστος εἰς τὸν οἶκον αὐτοῦ heißt, in Ant dagegen ἀναστρέφετε ἕκαστος εἰς τὸ σκήνωμα αὐτοῦ. Dabei kann Ant als Angleichung an 1Kön 12,16b verstanden werden, während LXX eine eigenständige Überlieferung bezeugt, die sprachlich näher am politischen Sprachgebrauch (... בית) liegt.

Neben diesen bedeutenderen Abweichungen enthält Ant zahlreiche kleinere Ergänzungen, die der Vereindeutigung des Textes dienen und in denen jeweils LXX als kürzere Lesart vorzuziehen ist. Sie gehen möglicherweise auf einen

---

291 Die genaue Bedeutung von κολλύριον ist unklar. Vgl. Muraoka, Greek-English Lexicon, 405; Liddell/Scott, Greek-English Lexicon, 972.

schriftlich-mündlichen Überlieferungsprozess zurück.²⁹² So ergänzt Ant in V 24a im Satz καὶ οὐκ ἐπορεύθη ἐν ὁδῷ Δαυιδ τοῦ πατρὸς αὐτοῦ den Namen Rehabeams und in V 24b im Satz καὶ ᾠκοδόμησεν τῷ Σαλωμων den Namen Jerobeams jeweils als Subjekt, ersetzt in V 24c im Satz καὶ ἐζήτει Σαλωμων θανατῶσαι αὐτόν das Personalpronomen durch τὸν Ιεροβοαμ, fügt in V 24e der Wendung τὴν πρεσβυτέραν noch ἀδελφήν hinzu, in V 24f dem Satz καὶ συνάγεται ἐκεῖ πᾶν σκῆπτρον Εφραιμ noch πρὸς Ιεροβοαμ, ersetzt in V 24g τὸ παιδάριον αὐτοῦ durch τὸ παιδάριον τοῦ Ιεροβοαμ, ergänzt verdeutlichend in V 24i die Wendung ἠμβλυώπουν τοῦ βλέπειν durch μή zu ἠμβλυώπουν τοῦ μή βλέπειν, in V 24k καὶ ἀνέστη ἐκ Σαριρα durch ἡ γυνή, in V 24m τὸν τεθνηκότα durch αὐτοῦ, verändert in V 24n εἰς ἀπαντήν zu εἰς ἀπάντησις αὐτῆς, in V 24o liegt eine Ergänzung von πάσας zu πάσας τὰς φυλὰς τοῦ Ισραηλ²⁹³ vor sowie von πρὸ τοῦ περιβαλέσθαι σε nach δώδεκα ῥήγματα und δέκα ῥήγματα καί nach δώσεις τῷ Ιεροβοαμ und αὐτῷ in die Wendung εἶπεν Σαμαιας sowie am Versende βασιλεύσεις, in V 24t ἕκαστος vor εἰς τὰ σκηνώματά σου, in V 24z ein μή vor τοῦ πορευθῆναι, um die schwerfälligere Formulierung von LXX zu vermeiden. Eine größere Ergänzung gegenüber LXX enthält Ant in V 24f. Hier bezeugt Ant vor καὶ ἐξῆλθεν Ιεροβοαμ den Satz καὶ ἀπέστειλεν αὐτὸν Σουσακειμ. Dabei handelt es sich wahrscheinlich um eine Ergänzung, durch die erzählerisch sichergestellt werden soll, dass Jerobeam nicht geflohen sei.

Ein Minus gegenüber LXX weist Ant nur an zwei Stellen auf. In V 24e bezeugt er kein αὐτῷ im Satz καὶ Σουσακιμ ἔδωκεν τῷ Ιεροβοαμ τὴν Ανω ἀδελφὴν Θεκεμινας τὴν πρεσβυτέραν τῆς γυναικὸς αὐτοῦ αὐτῷ εἰς γυναῖκα, sondern belässt es beim Dativ τῷ Ιεροβοαμ,²⁹⁴ und in V 24s bezeugt Ant den Satz συνεβούλευσαν αὐτῷ οἱ σύντροφοι ohne αὐτῷ. Da Ant sonst eher die Tendenz zur Erweiterung aufweist, haben diese Stellen besonderes Gewicht, auch wenn sie keine gravierenden inhaltlichen Änderungen mit sich bringen. So ist hier Ant gegenüber LXX vorzuziehen.

In der Textrekonstruktion ist also im Wesentlichen LXX zu folgen. Da der Text ausschließlich in Griechisch überliefert ist, wird er auch hier in griechischer Sprache wiedergegeben. Dass ihm eine hebräische Vorlage zugrunde liegt und er

---

292 Weitere Beispiele sind die häufigen unterschiedlichen Anordnungen von Begriffen und Wendungen: Ιεροβοαμ und ἐκεῖ in V 24f, εἰς τὴν πόλιν und πρὸς Αχια τὸν Σηλωνίτην in V 24k, ἐνήνοχας und μοι sowie εἰς συνάντησιν und σοι sowie τέθνηκε(ν) und τὸ παιδάριον in V 24l, μερις und ημιν in V 24t.

293 Möglicherweise handelt es sich um eine Angleichung an andere Überlieferungen, beispielsweise 1Kön 12,1, doch wahrt der Text seine Eigenständigkeit, wenn er von den Stämmen Israels spricht und nicht allgemein von Israel.

294 Die Wendung in LXX legt nahe, dass es sich um eine Übernahme aus 1Kön 11,19 handelt, doch ist zum einen die Satzkonstruktion verschieden und LXX setzt zudem ויתן לו ... לאשה voraus, während MT ויתן לו אשה bezeugt.

sich mühelos ins Hebräische rückübersetzen lässt, wurde von Debus und Talshir überzeugend deutlich gemacht.[295]

[24a] Καὶ ὁ βασιλεὺς Σαλωμων κοιμᾶται μετὰ τῶν πατέρων αὐτοῦ
καὶ θάπτεται μετὰ τῶν πατέρων αὐτοῦ ἐν πόλει Δαυιδ.
καὶ ἐβασίλευσεν Ροβοαμ υἱὸς αὐτοῦ ἀντ' αὐτοῦ ἐν Ιερουσαλημ
υἱὸς ὢν ἑκκαίδεκα ἐτῶν ἐν τῷ βασιλεύειν αὐτὸν
καὶ δώδεκα ἔτη ἐβασίλευσεν ἐν Ιερουσαλημ,
καὶ ὄνομα τῆς μητρὸς αὐτοῦ Νααναν
θυγάτηρ Αναν υἱοῦ Ναας βασιλέως υἱῶν Αμμων·
καὶ ἐποίησεν τὸ πονηρὸν ἐνώπιον κυρίου
καὶ οὐκ ἐπορεύθη ἐν ὁδῷ Δαυιδ τοῦ πατρὸς αὐτοῦ.
[24b] καὶ ἦν ἄνθρωπος ἐξ ὄρους Εφραιμ δοῦλος τῷ Σαλωμων,
καὶ ὄνομα αὐτῷ Ιεροβοαμ,
καὶ ὄνομα τῆς μητρὸς αὐτοῦ Σαριρα γυνὴ πόρνη·
καὶ ἔδωκεν αὐτὸν Σαλωμων εἰς ἄρχοντα σκυτάλης ἐπὶ τὰς ἄρσεις οἴκου Ιωσηφ,
καὶ ᾠκοδόμησεν τῷ Σαλωμων τὴν Σαριρα τὴν ἐν ὄρει Εφραιμ,
καὶ ἦσαν αὐτῷ ἅρματα τριακόσια ἵππων·
οὗτος ᾠκοδόμησεν τὴν ἄκραν ἐν ταῖς ἄρσεσιν οἴκου Εφραιμ,
οὗτος συνέκλεισεν τὴν πόλιν Δαυιδ
καὶ ἦν ἐπαιρόμενος ἐπὶ τὴν βασιλείαν.
[24c] καὶ ἐζήτει Σαλωμων θανατῶσαι αὐτόν,
καὶ ἐφοβήθη
καὶ ἀπέδρα αὐτὸς πρὸς Σουσακιμ βασιλέα Αἰγύπτου
καὶ ἦν μετ' αὐτοῦ,
ἕως ἀπέθανεν Σαλωμων.
[24d] καὶ ἤκουσεν Ιεροβοαμ ἐν Αἰγύπτῳ
ὅτι τέθνηκεν Σαλωμων,
καὶ ἐλάλησεν εἰς τὰ ὦτα Σουσακιμ βασιλέως Αἰγύπτου λέγων
Ἐξαπόστειλόν με
καὶ ἀπελεύσομαι ἐγὼ εἰς τὴν γῆν μου·
καὶ εἶπεν αὐτῷ Σουσακιμ
Αἴτησαί τι αἴτημα καὶ δώσω σοι.
[24e] καὶ Σουσακιμ ἔδωκεν τῷ Ιεροβοαμ τὴν Ανω ἀδελφὴν Θεκεμινας τὴν πρεσβυτέραν τῆς γυναικὸς αὐτοῦ εἰς γυναῖκα
αὕτη ἦν μεγάλη ἐν μέσῳ τῶν θυγατέρων τοῦ βασιλέως
καὶ ἔτεκεν τῷ Ιεροβοαμ τὸν Αβια υἱὸν αὐτοῦ.
[24f] καὶ εἶπεν Ιεροβοαμ πρὸς Σουσακιμ
Ὄντως ἐξαπόστειλόν με
καὶ ἀπελεύσομαι.
καὶ ἐξῆλθεν Ιεροβοαμ ἐξ Αἰγύπτου
καὶ ἦλθεν εἰς τὴν Σαριρα τὴν ἐν ὄρει Εφραιμ·
καὶ συνάγεται ἐκεῖ πᾶν σκῆπτρον Εφραιμ·

---

295 Debus, Sünde Jerobeams, 57– 65, und Talshir, Alternative Story, auf dem dort eingelegten Faltblatt.

καὶ ᾠκοδόμησεν Ιεροβοαμ ἐκεῖ χάρακα.

[24g] Καὶ ἠρρώστησε τὸ παιδάριον αὐτοῦ ἀρρωστίαν κραταιὰν σφόδρα·
καὶ ἐπορεύθη Ιεροβοαμ ἐπερωτῆσαι ὑπὲρ τοῦ παιδαρίου·
καὶ εἶπε πρὸς Ανω τὴν γυναῖκα αὐτοῦ
Ἀνάστηθι
καὶ πορεύου,
ἐπερώτησον τὸν θεὸν ὑπὲρ τοῦ παιδαρίου,
εἰ ζήσεται ἐκ τῆς ἀρρωστίας αὐτοῦ.
[24h] καὶ ἄνθρωπος ἦν ἐν Σηλω
καὶ ὄνομα αὐτῷ Αχια,
καὶ οὗτος ἦν υἱὸς ἑξήκοντα ἐτῶν,
καὶ ῥῆμα κυρίου μετ᾽ αὐτοῦ.
καὶ εἶπεν Ιεροβοαμ πρὸς τὴν γυναῖκα αὐτοῦ
Ἀνάστηθι
καὶ λαβὲ εἰς τὴν χεῖρά σου τῷ ἀνθρώπῳ τοῦ θεοῦ
ἄρτους καὶ κολλύρια τοῖς τέκνοις αὐτοῦ καὶ σταφυλὴν καὶ στάμνον μέλιτος.
[24i] καὶ ἀνέστη ἡ γυνὴ
καὶ ἔλαβεν εἰς τὴν χεῖρα αὐτῆς
ἄρτους καὶ δύο κολλύρια καὶ σταφυλὴν καὶ στάμνον μέλιτος τῷ Αχια·
καὶ ὁ ἄνθρωπος πρεσβύτερος,
καὶ οἱ ὀφθαλμοὶ αὐτοῦ ἠμβλυώπουν τοῦ βλέπειν.
[24k] καὶ ἀνέστη ἐκ Σαριρα
καὶ πορεύεται,
καὶ ἐγένετο
εἰσελθούσης αὐτῆς εἰς τὴν πόλιν πρὸς Αχια τὸν Σηλωνίτην
καὶ εἶπεν Αχια τῷ παιδαρίῳ αὐτοῦ
Ἔξελθε δὴ εἰς ἀπαντὴν Ανω τῇ γυναικὶ Ιεροβοαμ
καὶ ἐρεῖς αὐτῇ
Εἴσελθε καὶ μὴ στῇς,
ὅτι τάδε λέγει κύριος
Σκληρὰ ἐγὼ ἐπαποστελῶ ἐπὶ σέ.
[24l] καὶ εἰσῆλθεν Ανω πρὸς τὸν ἄνθρωπον τοῦ θεοῦ,
καὶ εἶπεν αὐτῇ Αχια
Ἵνα τί μοι ἐνήνοχας ἄρτους καὶ σταφυλὴν καὶ κολλύρια καὶ στάμνον μέλιτος;
τάδε λέγει κύριος
Ἰδοὺ
σὺ ἀπελεύσῃ ἀπ᾽ ἐμοῦ,
καὶ ἔσται
εἰσελθούσης σου τὴν πύλην εἰς Σαριρα
καὶ τὰ κοράσιά σου ἐξελεύσονταί σοι εἰς συνάντησιν
καὶ ἐροῦσίν σοι
Τὸ παιδάριον τέθνηκεν.
[24m] ὅτι τάδε λέγει κύριος
Ἰδοὺ ἐγὼ ἐξολεθρεύσω τοῦ Ιεροβοαμ οὐροῦντα πρὸς τοῖχον,
καὶ ἔσονται οἱ τεθνηκότες τοῦ Ιεροβοαμ
ἐν τῇ πόλει καταφάγονται οἱ κύνες,
καὶ τὸν τεθνηκότα ἐν τῷ ἀγρῷ καταφάγεται τὰ πετεινὰ τοῦ οὐρανοῦ.

καὶ τὸ παιδάριον κόψονται
Οὐαὶ κύριε,
ὅτι εὑρέθη ἐν αὐτῷ ῥῆμα καλὸν περὶ τοῦ κυρίου.
[24n] καὶ ἀπῆλθεν ἡ γυνή,
ὡς ἤκουσεν,
καὶ ἐγένετο
ὡς εἰσῆλθεν εἰς Σαριρα,
καὶ τὸ παιδάριον ἀπέθανεν,
καὶ ἐξῆλθεν ἡ κραυγὴ εἰς ἀπαντήν.
[24o] Καὶ ἐπορεύθη Ιεροβοαμ εἰς Σικιμα τὴν ἐν ὄρει Εφραιμ
καὶ συνήθροισεν ἐκεῖ τὰς φυλὰς τοῦ Ισραηλ,
καὶ ἀνέβη ἐκεῖ Ροβοαμ υἱὸς Σαλωμων.
καὶ λόγος κυρίου ἐγένετο πρὸς Σαμαιαν τὸν Ελαμι λέγων
Λαβὲ σεαυτῷ ἱμάτιον καινὸν τὸ οὐκ εἰσεληλυθὸς εἰς ὕδωρ
καὶ ῥῆξον αὐτὸ δώδεκα ῥήγματα
καὶ δώσεις τῷ Ιεροβοαμ
καὶ ἐρεῖς αὐτῷ
Τάδε λέγει κύριος
Λαβὲ σεαυτῷ δέκα ῥήγματα τοῦ περιβαλέσθαι σε.
καὶ ἔλαβεν Ιεροβοαμ·
καὶ εἶπεν Σαμαιας
Τάδε λέγει κύριος ἐπὶ τὰς δέκα φυλὰς τοῦ Ισραηλ.
[24p] Καὶ εἶπεν ὁ λαὸς πρὸς Ροβοαμ υἱὸν Σαλωμων
Ὁ πατήρ σου ἐβάρυνεν τὸν κλοιὸν αὐτοῦ ἐφ᾽ ἡμᾶς
καὶ ἐβάρυνεν τὰ βρώματα τῆς τραπέζης αὐτοῦ·
καὶ νῦν
εἰ κουφιεῖς σὺ ἐφ᾽ ἡμᾶς,
καὶ δουλεύσομέν σοι.
καὶ εἶπεν Ροβοαμ πρὸς τὸν λαόν
Ἔτι τριῶν ἡμερῶν καὶ ἀποκριθήσομαι ὑμῖν ῥῆμα.
[24q] καὶ εἶπεν Ροβοαμ
Εἰσαγάγετέ μοι τοὺς πρεσβυτέρους,
καὶ συμβουλεύσομαι μετ᾽ αὐτῶν
τί ἀποκριθῶ τῷ λαῷ ῥῆμα ἐν τῇ ἡμέρᾳ τῇ τρίτῃ.
καὶ ἐλάλησεν Ροβοαμ εἰς τὰ ὦτα αὐτῶν
καθὼς ἀπέστειλεν ὁ λαὸς πρὸς αὐτόν,
καὶ εἶπον οἱ πρεσβύτεροι τοῦ λαοῦ
Οὕτως ἐλάλησεν πρὸς σὲ ὁ λαός.
[24r] καὶ διεσκέδασεν Ροβοαμ τὴν βουλὴν αὐτῶν,
καὶ οὐκ ἤρεσεν ἐνώπιον αὐτοῦ·
καὶ ἀπέστειλεν
καὶ εἰσήγαγεν τοὺς συντρόφους αὐτοῦ
καὶ ἐλάλησεν αὐτοῖς τὰ αὐτά
Καὶ ταῦτα ἀπέστειλεν πρός με λέγων ὁ λαός.
καὶ εἶπαν οἱ σύντροφοι αὐτοῦ
Οὕτως λαλήσεις πρὸς τὸν λαὸν λέγων
Ἡ μικρότης μου παχυτέρα ὑπὲρ τὴν ὀσφὺν τοῦ πατρός μου·

ὁ πατήρ μου ἐμαστίγου ὑμᾶς μάστιγξιν,

ἐγὼ δὲ κατάρξω ὑμῶν ἐν σκορπίοις.

[24s] καὶ ἤρεσεν τὸ ῥῆμα ἐνώπιον Ροβοαμ,

καὶ ἀπεκρίθη τῷ λαῷ

καθὼς συνεβούλευσαν οἱ σύντροφοι αὐτοῦ τὰ παιδάρια.

[24t] καὶ εἶπεν πᾶς ὁ λαὸς ὡς ἀνὴρ εἷς,

ἕκαστος τῷ πλησίον αὐτοῦ,

καὶ ἀνέκραξαν ἅπαντες λέγοντες

Οὐ μερὶς ἡμῖν ἐν Δαυιδ οὐδὲ κληρονομία ἐν υἱῷ Ιεσσαι·

εἰς τὰ σκηνώματά σου, Ισραηλ,

ὅτι οὗτος ὁ ἄνθρωπος οὐκ εἰς ἄρχοντα οὐδὲ εἰς ἡγούμενον.

[24u] καὶ διεσπάρη πᾶς ὁ λαὸς ἐκ Σικιμων,

καὶ ἀπῆλθεν ἕκαστος εἰς τὸ σκήνωμα αὐτοῦ.

καὶ κατεκράτησεν Ροβοαμ

καὶ ἀπῆλθεν

καὶ ἀνέβη ἐπὶ τὸ ἅρμα αὐτοῦ

καὶ εἰσῆλθεν εἰς Ιερουσαλημ,

καὶ πορεύονται ὀπίσω αὐτοῦ πᾶν σκῆπτρον Ιουδα καὶ πᾶν σκῆπτρον Βενιαμιν.

    [24x] καὶ ἐγένετο

ἐνισταμένου τοῦ ἐνιαυτοῦ

καὶ συνήθροισεν Ροβοαμ πάντα ἄνδρα Ιουδα καὶ Βενιαμιν

καὶ ἀνέβη τοῦ πολεμεῖν πρὸς Ιεροβοαμ εἰς Σικιμα.

[24y] καὶ ἐγένετο ῥῆμα κυρίου πρὸς Σαμαιαν ἄνθρωπον τοῦ θεοῦ λέγων

Εἰπὸν τῷ Ροβοαμ βασιλεῖ Ιουδα

καὶ πρὸς πάντα οἶκον Ιουδα καὶ Βενιαμιν

καὶ πρὸς τὸ κατάλειμμα τοῦ λαοῦ λέγων

Τάδε λέγει κύριος

Οὐκ ἀναβήσεσθε οὐδὲ πολεμήσετε πρὸς τοὺς ἀδελφοὺς ὑμῶν υἱοὺς Ισραηλ·

ἀναστρέφετε ἕκαστος εἰς τὸν οἶκον αὐτοῦ,

ὅτι παρ᾽ ἐμοῦ γέγονεν τὸ ῥῆμα τοῦτο.

[24z] καὶ ἤκουσαν τοῦ λόγου κυρίου

καὶ ἀνέσχον τοῦ πορευθῆναι,

κατὰ τὸ ῥῆμα κυρίου.

3.11 1Kön 12,25 – 30.31 – 33 –
Jerobeams erste politische und religiöse Maßnahmen

In dieser Passage geht es um die ersten Regierungsmaßnahmen Jerobeams. Sie ist hier zweigeteilt, weil es sich erkennbar um zwei Abschnitte handelt, die unterschiedliche Schwerpunkte setzen und doch nicht zu trennen sind. Für die textkritische Analyse tut dies zunächst aber nichts zur Sache.

In V 25 gibt es keine textkritisch relevanten Differenzen in der Überlieferung.

In V 26 bezeugt LXX gegen MT, Ant, P und Vg ἰδού, setzt also הנה voraus. Angesichts der äußeren Bezeugung ist es plausibler, ἰδού zu streichen und zugunsten der kürzeren Lesart zu votieren.[296]

In V 27 scheint Ant nicht זְבָחִים gelesen zu haben (während LXX den MT stützt), sondern זִבְחֵיהֶם. Da sich durch die Ergänzung bzw. Auslassung eines ה, das die Endung zu einem Personalsuffix macht, inhaltlich nicht viel ändert, ist wohl am Besten von einer schriftlich-mündlichen Überlieferung auszugehen, in deren Verlauf entweder noch im Hebräischen das ה ergänzt und die Endung zum Suffix wurde, oder im Griechischen das Personalpronomen sinngemäß ergänzt wurde.[297] Im nachfolgenden Teilsatz וְשָׁב לֵב הָעָם הַזֶּה אֶל־אֲדֹנֵיהֶם bezeugen LXX/Ant gemeinsam kein הַזֶּה. Hier ist wohl die kürzere Lesart zu bevorzugen.[298] Am Satzende weicht allerdings LXX von Ant und auch MT, P und Vg ab und bezeugt πρὸς κύριον καὶ κύριον αὐτῶν statt nur אֲדֹנֵיהֶם. Entweder hat LXX אדון doppelt gelesen oder אֲדֹנֵיהֶם als Pluralform verstanden und auf zwei Herren bezogen: Gott und den König. Dabei ist fraglos, dass MT beizubehalten ist. Bemerkenswert ist auch das Ende des Verses. Gemessen an MT endet Ant mit dem gerade besprochenen Satz, also mit den Worten πρὸς Ροβοαμ βασιλέα Ιουδα, dem Äquivalent zu אֶל־רְחַבְעָם מֶלֶךְ יְהוּדָה in MT. LXX bezeugt noch den unmittelbar darauf folgenden Satz in MT, וַהֲרָגֻנִי, und endet damit. Den weiteren Verlauf des Verses bieten nur MT und P[299]; Vg bezeugt einen inhaltlich nahe stehenden, aber doch abweichenden Satz: ‚interficientque me et revertentur ad eum'. So stellt sich die Frage nach dem ursprünglichen Versende. Dabei legt sich nicht nur nach dem Kriterium der kürzeren Lesart eine der LXX-Versionen nahe, sondern zeigt auch die unterschiedliche Bezeugung in MT/P und Vg, dass an diesem Text weiter gearbeitet wurde, zwar sinngemäß ähnlich, aber doch eigenständig. Mit Blick auf die LXX-Tradition wäre dann in der Tat nach dem Kriterium der kürzeren Lesart Ant vorzuziehen, sodass sich die Entwicklung des Textes ausgehend von Ant so darstellen würde, dass die mit וְשָׁב לֵב הָעָם ausgedrückte innere Bewegung als nicht ausreichend empfunden

---

296 Die Wendung ἰδοὺ νῦν setzt הנה עתה voraus, das sich nur in 2Sam 17,9 und 2Kön 5,22 findet.
297 Die unterschiedliche Übersetzung der Präpositionen bei בְּבֵית־יְהוָה בִּירוּשָׁלִַם in LXX und Ant darf nicht stören, weil ב als Präposition beides ausdrücken kann. Vgl. Jenni, Beth, 195, sowie a.a.O., 26 f. Vgl. auch Johannessohn, Präpositionen, 331: „Es kommt vor, daß ἐν und εἰς ohne Unterschied gebraucht werden." Dass sie überhaupt geändert werden bzw. nicht einfach mit ἐν wiedergegeben werden, ist wohl dem Fachausdruck ἀναφέρειν als Übersetzung für das allgemeinere לַעֲשׂוֹת geschuldet.
298 Noth, 1Könige, 267, sieht darin eine Auslassung, um den Text zu vereinfachen. Doch handelt es sich dabei wohl eher um ein Urteil, das mehr von eigenem Sprachgefühl geleitet ist als von textkritischen Kriterien.
299 P fügt an den Namen Rehabeam noch vor dessen Titel מֶלֶךְ־יְהוּדָה einen weiteren an: ܚܘܒ. Dabei handelt es sich allerdings um einen Zusatz, der wahrscheinlich aus dem vorangegangenen Satz übernommen worden ist.

und durch einen persönlichen Aspekt im Blick auf Jerobeam ergänzt wurde, zuerst mit seiner Angst, er könnte getötet werden, dann mit seiner Sorge, die eben errungene Herrschaft auch tatsächlich wieder abgeben zu müssen.[300]

Mit V 28 beginnt eine kurze Passage (bis V 31), in der auch ein Text in Qumran bezeugt ist (6Q4). Dabei handelt es sich allerdings um ein so beschädigtes Fragment, dass daraus fast nichts zu entnehmen ist.[301]

Die erste Frage, die sich in V 28 stellt, ist die nach dem Subjekt im ersten Satz. Während MT, LXX und P הַמֶּלֶךְ bezeugen, nennt Ant Jerobeam beim Namen und bezeugt Vg das handelnde Subjekt lediglich im Verb. So ist davon auszugehen, dass der erste Satz ursprünglich nur aus dem Verb bestand und im Laufe des Überlieferungsprozesses jeweils unterschiedlich ergänzt worden ist. Dabei mag die graphische Nähe von המלך und וילד dazu geführt haben, dass letzteres in LXX/ Ant ergänzt worden ist. Die zweite Frage stellt sich im dritten Satz im Blick auf die Wendung וַיֹּאמֶר אֲלֵהֶם in MT. LXX bezeugt καὶ εἶπεν πρὸς τὸν λαόν, also ויאמר אל העם, was einander – wie auch im vorhergehenden Fall – graphisch ähnlich sieht. Ant fügt Jerobeam noch namentlich hinzu. P nennt zwar den Namen nicht, bezeugt aber ܠܗܠܝܢ ܥܡܐ, steht also LXX nahe. Vg wiederum entspricht MT („eis"). Die Frage nach dem ursprünglichen Text lässt sich wohl kaum letztgültig klären; festhalten lässt sich nach dieser Textüberlieferung nur, dass nach dem ויאמר ein Adressat stand. Dass dieser Adressat das Volk war, ergibt sich aus dem Zusammenhang der sich anschließenden Rede. Ob es jedoch durch אֲלֵהֶם oder אל העם genannt wurde, lässt sich nicht mehr mit Sicherheit ermitteln. Allein die defektive Schreibweise von אֲלֵהֶם könnte ein Hinweis darauf sein, dass einmal ein ע ausgefallen ist und die beiden Worte zu אֲלֵהֶם zusammengefügt worden sind.[302] Die

---

300 In diesem „tatsächlich" liegt der Unterschied zwischen dem Satz „וְיָשֹׁב לֵב הָעָם" und dem Satz „וְיָשֻׁבוּ". LXX transportiert also in der Tat das Motiv der Feigheit und führt Jerobeams Handeln darauf zurück, wie Wevers, Exegetical Principles, 311, festhält (in seinem Gefolge auch Noth, 1Könige, 267), doch handelt es sich dabei textgeschichtlich nicht um eine Reduktion von MT (gegen Pakkala, Jeroboam, 504), um Jerobeams Feigheit herauszustellen, sondern um eine Ergänzung des in Ant bezeugten Textes. Dabei weist Turkanik, Kings and Reigns, 71, zu Recht darauf hin, dass Wevers Annahme, LXX habe die persönliche Feigheit Jerobeams herausstellen wollen, auch ein adäquates Verständnis von MT wäre, dieses Motiv also der Kürzung nicht bedurft hätte und seine Annahme von daher kaum überzeugend ist. Turkanik geht stattdessen von einer Kürzung des MT aus, weil der letzte Satz redundant sei. Das ist jedoch unzutreffend, wie der oben genannte Unterschied beider Sätze zeigt. Pakkala, Jeroboam, 504, der die Version von LXX ebenfalls für eine sekundäre Kürzung hält, sieht sich in der Folge zu umfangreichen literarkritischen Maßnahmen gezwungen, die nach einer textkritischen Analyse nicht nötig wären.
301 Vgl. Lange, Handbuch, 226 f.
302 Noth, 1Könige, 268, ist auffällig zurückhaltend, wenn er LXX für den „vielleicht" ursprünglichen Text erklärt. Auch er verweist, jedoch ohne eine Verbindung herzustellen, auf die defektive Schreibweise von אֲלֵהֶם hin.

Erwähnung Jerobeams in Ant dagegen ist zweifellos nicht ursprünglich, sondern eine verdeutlichende Ergänzung.[303]

In V 29 gibt es keine nennenswerten textkritischen Varianten.

In V 30 ergänzt Ant im Unterschied zu MT, LXX, P, Vg nach dem Ausdruck לְחַטָּאת zusätzlich τῷ Ισραήλ. Doch dabei handelt es sich aller Wahrscheinlichkeit nach um eine Zufügung, um diese Passage als Initial der nun folgenden Schuldgeschichte im Schatten der immer wiederkehrenden חַטֹּאות יָרְבְעָם zu markieren. Am Ende des Verses ergänzt Ant darüber hinaus καὶ πρὸ προσώπου τῆς ἄλλης εις Βαιθήλ, was sich sonst in keiner weiteren Texttradition (inklusive LXX) findet.[304] Dabei handelt es sich aber wahrscheinlich um den Versuch, eine Parallelität zwischen Dan und Beth El herzustellen, da es auffällig ist, dass im Gesamttextkomplex von 1Kön 11–14 größtenteils von Beth El die Rede ist, es aber ausgerechnet an dieser Stelle fehlt. So ist in beiden Fällen bei MT zu bleiben.

In V 31 nennt Ant im ersten Satz über die anderen Versionen hinaus Jerobeam als handelndes Subjekt beim Namen, was angesichts der Textbezeugung wohl als Zusatz zu verstehen ist. Ein wesentlicherer Unterschied besteht in der Frage, ob בֵּית בָּמוֹת, also Singular (so auch P), oder οἴκους ἐφ᾽ ὑψηλῶν, also בתי במות im Plural (so auch Vg), zu lesen ist. Als Schlüssel zum Verständnis kann sich dabei der Plural במות erweisen, der es schwierig macht, von nur einem Tempel auszugehen.[305] So ist möglicherweise am besten בתי במות zu lesen.[306]

---

303 P fügt vor dem zweiten Satz der Rede Jerobeams noch ein ܐܡܪ ein, doch dabei handelt es sich um einen Zusatz, der sonst auch nicht bezeugt ist.

304 Vgl. Fernández Marcos, Editorial Features, 294 f. Dabei weist Fernández Marcos darauf hin, dass keine Angleichungen an andere Überlieferungen vorlägen, sondern unabhängige Änderungen durch Ant.

305 Der Terminus בית als Ausdruck für einen Tempel müsste dann als Tempelbezirk verstanden werden, in dem mehrere Kultstätten lokalisiert waren. Vgl. Schenker, Älteste Textgeschichte, 36.

306 Doch diese Frage lässt sich nur schwer entscheiden, zumal die Variante leicht durch eine Buchstabenvertauschung in beide Richtungen entstanden sein kann, ohne dass damit eine inhaltliche Änderung der Aussage beabsichtigt gewesen wäre. Zieht man allerdings noch das bei einem undeterminierten Objekt ungewöhnliche את hinzu, dann könnte es sein, dass von einer Textverderbnis ausgegangen werden muss. Dabei wäre bei במות möglicherweise ein Artikel zu ergänzen, der in MT gemeinsam mit dem in der Vorlage möglicherweise nur schwer lesbaren בתי mit dem ה in בית verschmolzen und deshalb schließlich ausgefallen sein könnte. Allerdings läge es für LXX dann nahe, nicht von οἴκους ἐφ᾽ ὑψηλῶν zu schreiben, sondern von οἴκους τῶν ὑψηλῶν, die eindeutig determiniert wären. Vgl. Noth, 1Könige, 268, mit einer relativ umfangreichen Diskussion, der sich für MT ohne die nota accusativi entscheidet. Schenker, Älteste Textgeschichte, 36–40, dagegen geht von der Ursprünglichkeit der LXX-Version aus und sieht in MT eine pointiertere Kritik an Jerobeam, weil בית במות in Opposition zum בית יהוה in Jerusalem stehe; auf die Frage, wie es zu diesen Änderungen kam, geht er jedoch nicht ein. Dagegen hat Pakkala, Jero-

In V 32 bezeugt MT בִּיהוּדָה (mit Ant [ἐν τῷ Ιουδα], P, Vg), LXX dagegen ἐν γῇ Ιουδα. Da nun Ant einerseits häufig den Artikel setzt, andererseits relativ selten bedeutungstragende Worte auslässt, handelt es sich bei LXX wohl um eine Verlesung von τῷ zu γῇ im griechischen Überlieferungsprozess, sodass MT beizubehalten ist. Schwerwiegender ist die Differenz zwischen כֵּן עָשָׂה in MT (so auch P[307] und Vg) und ὃ ἐποίησεν in LXX/Ant, denn hier stellt sich die Frage nach der Satzabtrennung: Während in MT (unter Außerachtlassung der Akzentsetzung der Masoreten)[308] mit כֵּן עָשָׂה ein neuer Satz beginnt, der das Vorhergehende nun auch auf Beth El bezieht, schließt LXX den mit ὃ ἐποίησεν eingeleiteten Satz als Nebensatz an das Vorangehende an. Möglicherweise hat LXX die ähnliche Wendung in V 33 als Zugang gewählt und entsprechend interpretierend übersetzt.[309] Jedenfalls legt gerade diese Wendung nahe, כֵּן עָשָׂה gegen eine Vereinheitlichung zu bewahren.

Die Entscheidung von V 31 gilt auch für die Erwähnung Jerobeams in Ant im ersten Satz in V 33, denn hier bietet die Textbezeugung das Gleiche wie in V 31. LXX/Ant zu folgen ist dagegen bei der Frage der Bezeugung von בְּבֵית־אֵל. Denn diese fehlt in LXX/Ant im Gegensatz zu MT, P und Vg und lässt sich bei letzteren als Übernahme aus der ähnlich lautenden Wendung in V 32 besser erklären als als Auslassung der Ortsbezeichnung, nachdem diese in Ant noch in V 30 als problematisch empfunden und ergänzt wurde. Im selben Satz stellt sich die grundlegende Frage, ob בַּחֹדֶשׁ (MT)[310] oder ἐν τῇ ἑορτῇ (LXX/Ant), also בחג, zu lesen ist. In MT geht es also um eine Kritik am Zeitpunkt des Festes, in LXX/Ant dagegen um eine Fundamentalkritik am Fest selber.[311] Eine Entscheidung, welche Lesart ursprünglicher ist, ist aus verschiedenen Gründen kaum möglich. Für diejenige von MT könnte sprechen, dass in V 32 nicht verschwiegen wird, dass das Fest das gleiche war wie in Juda,[312] also nur der Termin „erdacht" wurde.[313] Für LXX spricht allerdings, dass es in V 32 explizit

---

boam, 507, überzeugend darauf hingewiesen, dass es sich bei der nota accusativi zweifellos um einen Fehler handelt, der jedoch keinen weiteren Einfluss hat.

307 P bezeugt zudem ܡܘܬܒܐ ܕܒܝ ܐ.

308 Vgl. Schenker, Älteste Textgeschichte, 36 f, der sich mit der Akzentuierung der Masoreten in MT auseinandersetzt.

309 Den Vorgang einfach als Missverständnis abzutun, wird dem Vers kaum gerecht (gegen Turkanik, Kings and Reigns, 72).

310 Dem entsprechen auch P und Vg. Zur Kalenderfrage in P siehe Weitzmann, Syriac Version, 210 f.

311 So auch Bösenecker, LXX.E, 925, ohne jedoch eine Erklärung zu bieten.

312 An dieser Stelle ist in V 32 MT beizubehalten.

313 In Juda ist zumindest aus späteren Zeiten kein Fest im achten Monat bekannt, sodass nur entweder Pessach oder Sukkot in Frage kommen, die je nach Kalenderbeginn im ersten bzw. siebten Monat gefeiert wurden. Allerdings wird gerade Sukkot, das mit seiner Bezeichnung als חג der Bezeichnung in 1Kön 12 besonders nahe kommt, erst in Lev 23,34 fest datiert (Körting, Laubhüttenfest), sodass die Argumentation von Wevers, Exegetical Principles, 311, nicht zwingend ist, der von eben

heißt, dass es Jerobeam war, der das Fest begründet hat, es also aus der Perspektive des Verfassers kein legitimes ist. Im Blick auf die Bezeugung von Ketiv מלבד und Qere מִלִּבּוֹ stimmen alle Texttraditionen mit dem Qere überein. Wahrscheinlich erklärt sich das Ketiv aus einer späten Verschreibung, schließlich handelt es sich nur um eine kleine graphische Veränderung im Schlussbuchstaben des Wortes und beide Begriffe haben dieselbe Tendenz.[314]

Damit ergibt sich folgender Text für den Abschnitt 1Kön 12,25 – 30.31 – 33:

25 וַיִּבֶן יָרָבְעָם אֶת־שְׁכֶם בְּהַר אֶפְרַיִם

וַיֵּשֶׁב בָּהּ

וַיֵּצֵא מִשָּׁם

וַיִּבֶן אֶת־פְּנוּאֵל:

26 וַיֹּאמֶר יָרָבְעָם בְּלִבּוֹ

עַתָּה תָּשׁוּב הַמַּמְלָכָה לְבֵית דָּוִד:

27 אִם־יַעֲלֶה הָעָם הַזֶּה לַעֲשׂוֹת זְבָחִים בְּבֵית־יְהוָה בִּירוּשָׁלַ͏ִם

וְשָׁב לֵב הָעָם אֶל־אֲדֹנֵיהֶם אֶל־רְחַבְעָם מֶלֶךְ יְהוּדָה:

28 וַיִּוָּעַץ

וַיַּעַשׂ שְׁנֵי עֶגְלֵי זָהָב

וַיֹּאמֶר אֲלֵהֶם|אֶל העם

רַב־לָכֶם מֵעֲלוֹת יְרוּשָׁלַ͏ִם

הִנֵּה אֱלֹהֶיךָ יִשְׂרָאֵל אֲשֶׁר הֶעֱלוּךָ מֵאֶרֶץ מִצְרָיִם:

29 וַיָּשֶׂם אֶת־הָאֶחָד בְּבֵית־אֵל וְאֶת־הָאֶחָד נָתַן בְּדָן:

30 וַיְהִי הַדָּבָר הַזֶּה לְחַטָּאת

וַיֵּלְכוּ הָעָם לִפְנֵי הָאֶחָד עַד־דָּן:

31 וַיַּעַשׂ אֶת־בֵּית|בָתֵי בָמוֹת

וַיַּעַשׂ כֹּהֲנִים מִקְצוֹת הָעָם אֲשֶׁר לֹא־הָיוּ מִבְּנֵי לֵוִי:

32 וַיַּעַשׂ יָרָבְעָם חָג בַּחֹדֶשׁ הַשְּׁמִינִי בַּחֲמִשָּׁה־עָשָׂר יוֹם לַחֹדֶשׁ כֶּחָג אֲשֶׁר בִּיהוּדָה

וַיַּעַל עַל־הַמִּזְבֵּחַ

כֵּן עָשָׂה בְּבֵית־אֵל לְזַבֵּחַ לָעֲגָלִים אֲשֶׁר־עָשָׂה

וְהֶעֱמִיד בְּבֵית אֵל אֶת־כֹּהֲנֵי הַבָּמוֹת אֲשֶׁר עָשָׂה:

33 וַיַּעַל עַל־הַמִּזְבֵּחַ

אֲשֶׁר־עָשָׂה

בַּחֲמִשָּׁה עָשָׂר יוֹם בַּחֹדֶשׁ הַשְּׁמִינִי

בַּחֹדֶשׁ|בחדש אֲשֶׁר־בָּדָא מִלִּבּוֹ

וַיַּעַשׂ חָג לִבְנֵי יִשְׂרָאֵל

---

diesem festen Datum für Sukkot ausgeht. Auch dass zur Zeit der Übersetzung der Septuaginta kein Fest im achten Monat mehr bekannt gewesen sei, unterstützt diese Argumentation nicht, schließlich wurde viel übersetzt, das keinen Aktualitätsbezug mehr hatte. Noth, 1Könige, 289, folgt Wevers dagegen argumentationslos. Turkanik, Kings and Reigns, 72f, sieht dasselbe Problem in der Argumentation Wevers, wie oben dargelegt. Er votiert allerdings klar zugunsten von MT und nimmt an, dass in der Übersetzung von LXX die Veränderung vorgenommen wurde, weil die „Erfindung" eines Monats („devising a month") dem Übersetzer nicht eingeleuchtet habe (ebd.).

314 So auch Noth, 1Könige, 289f, mit Verweis auf die parallele Stelle in Neh 6,8, sowie Bösenecker, LXX.E, 925.

וַיַּעַל עַל־הַמִּזְבֵּחַ לְהַקְטִיר׃

3.12 1Kön 13 – Der Gottesmann in Beth El

In Kap. 13 wird eine rätselhafte Begegnung eines Gottesmannes und eines Propheten erzählt, die zu manchen Spekulationen geführt hat, insbesondere zur Frage der Identität des Gottesmannes aus Juda. Zunächst geht es hier jedoch um den Textbestand.

In V 1 gibt es keine wesentlichen Varianten. LXX und Ant weisen eine unterschiedliche Reihenfolge der Satzglieder παρεγένετο und ἐξ Ιουδα auf, in der Ant und MT übereinstimmen; auf die Textrekonstruktion hat dies jedoch keinen Einfluss. Innerhalb der griechischen Texttradition unterscheiden sich LXX und Ant in der Übersetzung der Wendung אֶל־בֵּית־אֵל: Ant bietet ἐν Βαιθήλ, LXX εἰς Βαιθήλ, doch dies hat textkritisch keine Relevanz, wie Johannessohn nachgewiesen hat.[315]

In V 2 lässt P die Präposition von בִּדְבַר יְהוָה aus, sodass der Gottesmann nicht durch das Wort JHWHs spricht, sondern eben dieses Wort zuruft. Dem ist jedoch nicht zu folgen, allein schon aufgrund der starken Bezeugung der Wendung mit Präposition in den übrigen Texttraditionen. Nach dem folgenden Satz וַיֹּאמֶר מִזְבֵּחַ מִזְבֵּחַ [316] fügt P einen Höraufruf ein, der sonst nicht bezeugt ist: ܨܘܼܬ݂ ܩܳܠ ܡܳܪܝܳܐ ܘܐܶܬ݂ܚܙܺܝ. Hierbei handelt es sich möglicherweise um eine Ergänzung in Anlehnung an Unheil ankündende Reden von Propheten in 1–2Kön wie 1Kön 12,24; 2Kön 7,1; 2Kön 20,16 || Jes 39,5 oder allgemein um die Übernahme dieses Höraufrufs aus der Prophetenliteratur.[317] Innerhalb der griechischen Textüberlieferung fügt Ant im Satz καὶ θύσει ἐπὶ σὲ τοὺς ἱερεῖς τῶν ὑψηλῶν τῶν ἐπιθυόντων[318] ἐπὶ σέ ein καί nach τῶν ὑψηλῶν ein und verändert τῶν ἐπιθυόντων zu τοὺς ἐπιθύοντας. So löst Ant τοὺς ἐπιθύοντας aus der Position als Adjektiv heraus und macht es zum zweiten Element einer

---

315 Zum Gebrauch der Präpositionen in LXX vgl. den bereits oben erwähnten Beitrag Johannessohn, Präpositionen, 331: „Es kommt vor, daß ἐν und εἰς ohne Unterschied gebraucht werden."
P fügt in einem ihrer wichtigen Textzeugen (7a1) am Versende noch einmal einen Satz aus Kap. 12,32 ein.

316 In Ms B ist וַיֹּאמֶר nicht überliefert, doch ist es sonst so gut bezeugt, dass MT gefolgt werden kann. Inhaltlich ändert sich nichts, sodass es gut möglich ist, dass ein Abschreiber oder Übersetzer durch eine aberratio oculi gleich zum Redeinhalt übergegangen ist.

317 In dieser ist der Höraufruf jedoch meist auf das Volk bezogen und deshalb im Plural formuliert, während er sich bei den oben genannten Beispielen aus 1–2Kön jeweils genauso wie in 1Kön 13,2 an den König richtet.

318 So die Bezeugung von Ms B und dem größten Teil der Textüberlieferung, von Rahlfs in seiner Ausgabe aufgrund der syrischen Textüberlieferung in τοὺς ἐπιθύοντας geändert.

Aufzählung: ‚die Priester der Höhen *und* die auf dir Opfernden'. Da dies weder in Ant noch in den anderen Textüberlieferungen einen Anhaltspunkt an der entsprechenden Erzählung in 2Kön 23,15–20 hat, handelt es sich nicht um eine Angleichung, sondern wahrscheinlich um einen Versuch, einen schwer verständlichen Text zu verdeutlichen (ähnlich wie es Rahlfs in anderer Weise getan hat).[319] Die Textvariante in LXX ist wahrscheinlich auf einen fehlerhaften Bezug von הַמַּקְטִרִים auf הַבָּמוֹת und nicht auf die כהנים zurückzuführen. In jedem Fall ist MT der Vorzug zu geben. Ein bedeutenderer Unterschied zwischen der griechischen und hebräischen Texttradition besteht dagegen im Verb des letzten Satzes. Während MT mit יִשְׂרְפוּ das Verb in der 3. Person Plural überliefert, bieten LXX (καύσει), Ant (κατακαύσει), P (ܢܘܩܕ) und Vg (incedet) das Verb in der 3. Person Singular. Angesichts des Duktus des Textes, der ganz auf Josia hinweist und eng mit 2Kön 23,15–20 verbunden ist, ist hier die auffällige Form des MT als lectio difficilior beizubehalten und die Lesart im Singular als Angleichung an Josia zu verstehen.[320]

In V 3 zeigt sich in der griechischen Textüberlieferung ein unterschiedliches Textverständnis: So bietet der Hauptstrom von LXX καὶ ἔδωκεν für וְנָתַן, versteht die Wendung also als Fortführung auf der Erzählebene. Ant und Ms B übersetzen dagegen mit καὶ δώσει, sehen also in וְנָתַן eine Fortführung der prophetischen Rede, sodass die anschließende Deutung ebenfalls als Zukunftsaussage zu verstehen ist bzw., aus der zukünftigen Perspektive heraus betrachtet, als die dann geschehenen Ereignisse deutende Rede. Nach Ant und Ms B sind die in den folgenden Versen erzählten Geschehnisse also nicht die Erfüllung der prophetischen Ansage; diese geschieht vielmehr erst mit Josia.[321] Am Textbestand von MT ist demnach allerdings auch nicht zu zweifeln, können von ihm aus doch beide Versionen entstanden sein. In der Rede selber übersetzen LXX/Ant הַמּוֹפֵת mit τὸ ῥῆμα.[322] Dabei handelt es sich wohl um eine Angleichung an das folgende אֲשֶׁר דִּבֶּר יְהוָה bzw. ὃ ἐλάλησεν κύριος, sodass MT vorzuziehen ist. Dass diese Stelle als schwierig empfunden worden ist, zeigt in ebendiesem Nachsatz auch P, denn dort wird anders als in LXX/Ant nicht הַמּוֹפֵת an das nachfolgende Verb angeglichen, sondern das Verb an das vorangegangene

---

319 DeVries, 1Kings, 166, geht dagegen von einer bewussten Interpretation durch Ant aus, doch bleibt er die Antwort auf die Frage schuldig, was Ant damit habe ausdrücken wollen.
320 So auch DeVries, 1Kings, 166, und im Anschluss daran Bösenecker, LXX.E, 925. Vgl. zudem Noth, 1Könige, 293, an den sich Turkanik, Kings and Reigns, 73, anschließt. Gegen den Vorschlag in BHK³ und BHS zur Stelle.
321 So zu Recht auch Turkanik, Kings and Reigns, 73, der zudem weitere gute Gründe nennt, wie es zu diesem futurischen Verständnis kommen konnte. Rahlfs, Lucians Rezension, 218, geht schlicht von einer „alte[n] mechanische[n] Übersetzung" aus.
322 P und Vg folgen MT.

Subjekt, indem דָּבָר mit ܨ‍ܘܒ‍ܐ übersetzt wird.[323] Unmittelbar vor der nun beginnenden Rede bezeugt LXX gegen MT und Ant λέγων. Dies ist wohl als Zusatz zu verstehen, der von dem vorhergehenden λέγων bzw. לֵאמֹר herkommt.[324] Im letzten Satz fügt Ant in die Wendung ἡ ἐπ' αὐτῷ ein οὖσα ein. Für die Frage nach dem ursprünglichen Textbestand ist dies jedoch unerheblich.

In V 4 erweist sich die namentliche Nennung Jerobeams in LXX gegen MT, Ant, P und Vg durch den äußeren Befund als Zusatz.[325] Ebenso zeigt sich anhand des äußeren Befundes, dass der Singular דְּבַר in der Wendung אֶת־דְּבַר אִישׁ־הָאֱלֹהִים erst sekundär in die hebräische Textüberlieferung gelangt ist, indem wohl ein י bei דברי ausgefallen ist; dafür spricht jedenfalls die einheitliche Übersetzung im Plural in LXX/ Ant, P und Vg. Im nächsten Satz zeigt sich, dass dort im Laufe des Überlieferungsprozesses das Subjekt als klärungsbedürftig angesehen wurde. Während es in Ant – wohl ursprünglich – nur im Verb erscheint, ergänzt MT den Namen Jerobeams, dagegen LXX, P und Vg den Titel „König" ohne Namensnennung.[326] Ebenfalls um eine Ergänzung handelt es sich bei ἰδού in LXX unmittelbar nach dem Befehl des Königs, denn dieses fehlt in Ant und hat keine Entsprechung in MT, P und Vg.

In V 5 zeigt lediglich P eine Besonderheit, indem sie statt הַמִּזְבֵּחַ die Wendung ܕ‍ܐܠ‍ܗ‍ܐ، bezeugt, das jedoch eine Angleichung an V 3 sein dürfte.

In V 6 besteht am Versanfang eine bemerkenswert uneinheitliche Überlieferung. So bezeugen MT, Ant und P gemeinsam „Und der König antwortete, und er sagte", LXX dagegen „Und der König Jerobeam sagte" und Vg „Und der König sagte". Angesichts dieser disparaten Überlieferung lässt sich kaum entscheiden, welche dieser Versionen zu bevorzugen ist; es stellt sich vielmehr die Frage, ob überhaupt eine der überlieferten Fassungen die ursprüngliche ist. Müsste man sich für eine der Versionen entscheiden, wäre sicherlich Vg als der kürzesten der Vorzug zu geben, doch ist in diesem Fall möglicherweise auch einfach nur festzuhalten, dass erzählt werden soll, der König (zweifellos ohne Nennung eines Namens) habe dem Gottesmann geantwortet.[327] In der Bitte des Königs wird die

---

323 Wie der Befund zeigt, wurde die Kombination von מופת und לדבר schon früh in mehreren Textüberlieferungen und unabhängig voneinander als problematisch empfunden. Vgl. auch Barthélemy, Studies, 296 f, der die Harmonisierung in der Textgeschichte aufzeigt.

324 So auch DeVries, 1Kings, 166, der jedoch davon ausgeht, dass für das zweite λέγων ein לֵאמֹר in der Vorlage stand. Weder diese Annahme noch die Überlegung, dass es sich um eine aberratio oculi beim Übersetzungsvorgang handelt, lassen sich eindeutig belegen.

325 Ebenso Montgomery, Kings, 263.

326 So auch Noth, 1Könige, 290, und DeVries, 1Kings, 166.

327 Dass der Name Jerobeams in diesem Vers an unterschiedlichen Stellen platziert ist, zeigt, dass er ursprünglich nicht Bestandteil des Textes war. Zugleich belegt seine Einfügung aber, dass moderne exegetische Überlegungen, dass es reiche, wenn der Name am Anfang und dann erst am Ende der Erzählung erscheine, weil man ja wisse, von wem die Rede sei, nachweislich nicht den

Aufforderung וְהִתְפַּלֵּל בַּעֲדִי in MT auch von P und Vg gestützt, doch fehlt sie in LXX/ Ant. Da sie darüber hinaus die im Hebräischen ansonsten parallele Satzkonstruktion von Bitte und Vollzug durchbricht, legt es sich sowohl nach den inneren als auch nach den äußeren Kriterien nahe, sie als erklärende Glosse auszuscheiden.[328]

In V 7 liest Ant zur Einleitung der Rede des Königs ein λέγων gegen MT, LXX, P und Vg. Wahrscheinlich hat es also in der Vorlage von Ant gestanden, doch wird es kaum ursprünglich sein. Des Weiteren bezeugt Ant in der Rede des Königs ביתי statt הַבַּיְתָה. Es lässt sich hier wohl nicht sicher klären, ob es sich dabei um eine sinngemäße Übersetzung handelt oder ob ביתי tatsächlich in der Vorlage stand. Letzteres würde wohl לביתי voraussetzen, da es die größere graphische Nähe zu הַבַּיְתָה hat als die Wendung אל ביתי. Doch ist angesichts der sonstigen Übereinstimmung der Textzeugen wohl eher bei הַבַּיְתָה zu bleiben.

In V 8 weicht vor allem P von der übrigen Textüberlieferung ab. So bezeugt P am Anfang ܡܠ statt אֶל־הַמֶּלֶךְ sowie am Ende von V 8a zusätzlich ܠܚܒܪ, dafür aber am Versende nicht בַּמָּקוֹם הַזֶּה. Während die erste Variante keine Veränderung des Sinns mit sich bringt, handelt es sich bei den letzten beiden nur um eine leichte Sinnverschiebung, die allerdings klar erkennbar dasselbe aussagen soll. So erklären sich wahrscheinlich alle Abweichungen von P in V 8 als Folgen schriftlich-mündlicher Überlieferung.

In V 9 verstehen LXX/Ant die Constructus-Verbindung בִּדְבַר יְהוָה nicht als solche, sondern nehmen den Gottesnamen als Subjekt des im Hebräischen unpersönlich formulierten Satzes an. Dabei handelt es sich allerdings klar erkennbar um einen Fehler. Beim nächsten Wort scheint P ואמר לי statt לֵאמֹר gelesen zu

---

Leseeindruck der Antike treffen, denn andernfalls ließe sich die Einfügung des Namens Jerobeams an zwar nicht derselben, aber doch nahe beieinander liegenden Stellen nicht erklären.
328 So auch DeVries, 1Kings, 166, der den Satz pleonastisch versteht. Montgomery, Kings, 264, bezeichnet ihn als „gloss to the preceding antique and anthropomorphic phrase" und verweist auf ein ähnlich gelagertes, modernes Beispiel des „curry favour".
Dass die Formulierung חַל־נָא אֶת־פְּנֵי יְהוָה bzw. וַיְחַל אִישׁ־הָאֱלֹהִים אֶת־פְּנֵי יְהוָה als problematisch empfunden werden konnte, zeigt ebenfalls das Auseinandergehen der griechischen Texttraditionen. Zunächst übersetzen sie zurückhaltender mit Δεήθητι bzw. ἐδεήθη. Vor allem aber ahmen sie den in MT parallelen Satzaufbau nicht nach. Zudem fehlt in Ms B in der Bitte des Königs τοῦ προσώπου κυρίου, allerdings ist es in Ant und in zahlreichen weiteren Mss der LXX durchgängig bezeugt. So besteht kein Grund, an MT zu zweifeln, lassen sich diese Abweichungen im Satzbau übersetzungsbedingt und im Blick auf das Fehlen von τοῦ προσώπου κυρίου als Auslassung durch Homoioteleuton erklären. Gegen Turkanik, Kings and Reigns, 112, der von einer bewussten theologischen Aussage von LXX ausgeht, ist die Textüberlieferung anzuführen, sodass es sich um die singuläre Aussage einer Handschrift handeln würde, was durchaus möglich ist, jedoch im Blick auf die Frage nach dem ursprünglichen Text keinen weiteren Einfluss hat.

haben, doch ist hier wohl MT beizubehalten.[329] Die Varianten innerhalb der griechischsprachigen Textüberlieferung bestehen vor allem aus unterschiedlichen Übersetzungen der Verneinungen, haben aber keine textkritische Bedeutung. Am Versende bezeugen LXX/Ant über MT hinaus ἐν αὐτῇ. Es ist hier bei MT als kürzerer Lesart zu bleiben, da es sich in dieser Erzählung um einen formelartigen Ausdruck handelt; andererseits kann es sich am Ende von V 9 (הָלָכְתָּ) und am Beginn von V 10 (וַיֵּלֶךְ) auch um eine aberratio oculi handeln, durch die das בָּהּ ausgefallen ist (vgl. die Wendung am Ende von V 17). So ist hier kaum eine sichere Entscheidung zu treffen.

In V 10 gibt es keine textkritisch relevanten Varianten.

Am Anfang von V 11 zeigt sich ein wesentlicher Unterschied zwischen LXX und Ant. Während LXX MT folgt und von einem Propheten spricht, also אחד gelesen hat, bezeugt Ant einen anderen (ἄλλος) Propheten, hat also אחר gelesen. Hier liegt wohl ein Lesefehler vor, denn die Lesart אחר ist nur dann sinnvoll, wenn einem Schreiber der Unterschied zwischen einem נביא und einem איש האלהים nicht mehr bewusst ist, sodass er den Wechsel im Text nur für ein Stilmittel hält.[330] Eine weitere Differenz zwischen MT und LXX/Ant zeigt sich in der Frage nach der Anzahl der Söhne des Propheten. Während MT anfangs von einem Sohn ausgeht (וַיְסַפֶּר־לוֹ בְנוֹ וַיָּבוֹא), dann aber am Versende in den Plural wechselt und diesen dann beibehält (vgl. V 12 f), gehen LXX/Ant von Anfang an von mehreren Söhnen aus (καὶ ἔρχονται οἱ υἱοὶ αὐτοῦ καὶ διηγήσαντο (LXX)/διηγοῦνται (Ant) αὐτῷ). Dabei setzt auch P von Anfang an mehrere Söhne voraus, während Vg MT folgt und ebenfalls innerhalb des Verses den Wechsel vom Singular zum Plural vollzieht. Als schwierigere Lesart ist hier MT vorzuziehen, auch wenn der Text damit schwerer verständlich und unharmonisch wird.[331] Schwierig ist auch die Bezeugung von הַיּוֹם und Äquivalenten. Während Ms B dem MT folgt und nur ἐν τῇ ἡμέρα bezeugt, bieten Ant und der größte Teil der LXX-Textüberlieferung ἐν τῇ ἡμέρα ἐκείνη. Dies wiederum entspricht P und Vg. Da beide Lesarten gut bezeugt sind und die in-

---

329 Gegen die Lesart עֲוֺיתִי, wie sie BHK[3] und BHS vorschlagen, spricht das anschließende אֹתִי.

330 Noth, 1Könige, 290, betont entsprechend, dass es „im abgeblassten Sinne nicht als Zahlwort, sondern in der Bedeutung ‚(irgend) einer'" zu verstehen sei und verweist auf Ri 13,2.

331 Gestützt wird dies zudem durch die Doppelung von לספר in V 11, die auf eine literarische Ergänzung hinweist, auch wenn sich dies in der Tat nicht mehr literarkritisch befriedigend bestimmen lässt, wie Noth, 1Könige, 290, zu Recht anmerkt. Doch dass dies nicht mehr möglich ist, heißt nicht, dass die noch zurückgebliebenen Kennzeichen zu harmonisieren sind. Ohne Diskussion kommen DeVries, 1Kings, 166, und Turkanik, Kings and Reigns, 74, zu demselben Ergebnis. Cogan, 1Kings, 369, harmonisiert in seiner textkritischen Diskussion und geht davon aus, dass ein Sohn erzählt habe und der Plural anzeigen solle, dass auch die anderen Söhne in das Gespräch involviert waren. Montgomery, Kings, 264, dagegen entscheidet sich für die Textüberlieferung von LXX/Ant und damit für den Plural.

haltliche Veränderung gering ist, sind hier wohl beide Überlieferungen in Betracht zu ziehen, auch wenn eine leichte Tendenz zur kürzeren Lesart besteht.[332] Ähnlich problematisch ist die Entscheidung, ob vor אֶת־הַדְּבָרִים ein ו einzufügen wäre, wie es Ant, P, Vg und mit Ausnahme von einigen wenigen Mss auch LXX belegen. Angesichts dieser starken äußeren Bezeugung sollte es wohl zugefügt werden, und doch stellt sich die Frage, ob ein solches Kopulativum nicht eher hinzugefügt als ausgelassen wird, sodass auch hier möglicherweise MT der Vorzug zu geben ist und gefragt werden muss, warum אֶת־הַדְּבָרִים so unverbunden zu dem Vorherigen steht.[333] Relativ einfach ist demgegenüber die Übersetzung von וַיְסַפְּרוּם mit καὶ ἐπέστρεψαν τὸ πρόσωπον (LXX/Ant) durch eine Buchstabenvertauschung zu erklären, durch die ויסרו פנים gelesen wurde.[334]

In V 12 ist in der griechischen Texttradition nach dem ersten Satz zur Redeeinleitung ein λέγων eingefügt, das in MT nicht bezeugt ist. Hierbei handelt es sich wahrscheinlich um eine Folge schriftlich-mündlicher Überlieferung, in deren Verlauf dieser Marker eingefügt oder weggelassen worden ist, ohne dass sich ein ursprünglicher Text rekonstruieren ließe. Bemerkenswert ist auch eine Variante, die auf eine unterschiedliche Lesung des Konsonantentextes zurückgeht: So bietet MT das Wort ויראו im Qal, doch LXX/Ant setzen eine Lesung im Hifil voraus, was wohl auch der Aussageabsicht des Textes entspricht.[335] Darüber hinaus gibt es, wie auch in diesem Fall, innerhalb der griechischen Texttradition vor allem Differenzen im Gebrauch der Tempi, die jedoch keine Bedeutung für die Frage nach

---

332 DeVries, 1Kings, 166, möchte ebenfalls MT beibehalten und erkennt darin eine präsentische Betonung des Geschehens, das zudem „unparalleled" sei. Doch derselbe Gebrauch zeigt sich beispielsweise in 1Sam 1,4.

333 Wie schon der Singular in den Sätzen וַיָּבֹא בְנוֹ וַיְסַפֶּר־לוֹ lässt sich wohl auch dieses Problem nicht mehr zufriedenstellend lösen, auch nicht literarkritisch. Und doch ist hier wahrscheinlich ein Kennzeichen eines literarischen Wachstums zurückgeblieben, das nicht harmonisiert werden sollte, auch wenn es sich der weiteren Analyse entzieht. Dagegen liest DeVries, 1Kings, 165, את nicht als nota accusativi, sondern als „mit": „and told him the entire deed ... with the word which he had spoken to the king". Auch dies ist möglich, doch legt der parallele Satzaufbau von אֶת־כָּל־הַמַּעֲשֶׂה אֲשֶׁר־עָשָׂה und אֶת־הַדְּבָרִים אֲשֶׁר דִּבֶּר näher, von einem literarischen Anschluss auszugehen.

334 Vgl. Bösenecker, LXX.E, 926, zur genaueren Darstellung, wo diese Überlegung mit Hinweis auf die seltene Übersetzung von לסור mit ἐπιστρέφειν zwar verworfen wird, doch hat dies kaum Aussagekraft, da es sich ja beim Übersetzungsvorgang wohl um eine Notlösung handelte, die dann auch nicht den üblichen Mustern gefolgt ist. Sweeney, I & II Kings, 175, vertritt ebenfalls die o.g. Überlegung, geht aber davon aus, dass es sich um einen Fehler handelt, der durch Vorlesen entstanden ist.

335 Cogan, 1Kings, 370, möchte im Anschluss an Driver, Tenses, 87, in וַיִּרְאוּ ein Plusquamperfekt sehen.

einem ursprünglichen Text haben.[336] Am Ende des Verses bezeugt Ant gegen alle anderen Texttraditionen ἐκ γῆς Ιουδα statt ἐξ Ιουδα (= מִיהוּדָה). Ant weicht damit vom eigenen Sprachgebrauch am Anfang und im weiteren Verlauf der Erzählung ab (13,1.14.21: ἐξ Ιουδα). Möglicherweise handelt es sich hier um einen Hörfehler im frühen Abschreibeprozess, bei dem es durch den Itazismus zu einer Verwechselung von ἐξ und ἐκ γῆς gekommen sein kann. Jedenfalls spricht bereits der Sprachgebrauch in Ant dagegen, diese Stelle als lectio difficilior zur richtigen Lesart zu erklären.

V 13 weist keine nennenswerten textkritischen Differenzen auf. Allenfalls kann auf den Bedeutungsunterschied von וַיִּרְכַּב und καὶ ἐπέβη hingewiesen werden, doch das ist kein Grund, am Textbestand von MT zu zweifeln.[337]

In V 14 stellt sich die Frage, ob der große Baum (Terebinthe?) determiniert ist oder nicht: MT und Ant bezeugen ihn determiniert, LXX nicht. Weniger angesichts der äußeren Bezeugung, sondern vor allem, weil die Determination für den Erzählverlauf die schwierigere Lesart ist, da der Baum erzählerisch noch nicht eingeführt wurde, ist der Artikel beizubehalten und die Lesart von LXX als Angleichung an den Erzählverlauf zu verstehen.[338] Am Versende bezeugen LXX und P αὐτῷ bzw. ܠܗ zur Bezeichnung des Angesprochenen; MT, Ant und Vg lassen es dagegen aus. Hier ist wohl die kürzere Lesart zu bevorzugen und die Ergänzung eines לוֹ in den jeweiligen Vorlagen von LXX und P als sinngemäße Ergänzung zu begreifen.[339]

In V 15 lässt die griechische Textüberlieferung הַבָּיְתָה aus, das in MT, P und Vg bezeugt ist. Hier ist wohl die kürzere Lesart zu präferieren und הַבָּיְתָה als Ergänzung entweder aus einem schriftlich-mündlichen Überlieferungsprozess heraus oder als Aufnahme aus V 7 zu verstehen. Im letzteren Fall ließe es sich kaum entscheiden, ob sie unbewusst geschah oder planvoll, um damit die erneute Aufforderung zu betonen, der der Gottesmann nun nachkommt.

In V 16 stellt sich vor allem die Frage nach der Ursprünglichkeit von וְלָבוֹא אִתָּךְ im Versteil a und אִתָּךְ im Versteil b von MT. In LXX/Ant ist beides nicht bezeugt. P bietet beides, positioniert ܥܡܝ als Entsprechung zu אִתָּךְ allerdings bereits nach

---

336 Allenfalls könnte ἀπελήλυθεν in Ant ein Hinweis auf יצא statt הלך sein, was jedoch nicht zwingend ist, da ἀπέρχομαι häufig ללכת übersetzt (vgl. Gen 14,11; 18,33; 19,2 u. ö. sowie in den Geschichtsbüchern 1Sam 2,20; 6,6.8; 10,2 u. ö.).

337 Auch das unterschiedliche Genus von ὄνος in LXX (Maskulinum) und Ant (Femininum) spielt für die textkritische Frage keine Rolle.

338 Noth, 1Könige, 290, weist allerdings zu Recht darauf hin, dass nicht entschieden werden kann, ob es sich um einen Hinweis auf etwas Bekanntes handelt oder um etwas, das durch die erzählte Situation vorausgesetzt ist. Cogan, 1Kings, 370, führt als weitere Beispiele Gen 14,13; 42,23; 1Kön 19,9 an.

339 In P und Vg wird das alleinige אֲנִי als Rede des Gottesmannes durch ein Prädikat ergänzt. Dies ist jedoch zielsprachlich bedingt.

וְלֹא־אֹכַל. Vg folgt im Versteil a MT, nennt jedoch in Versteil b keine Entsprechung zu אִתָּךְ. So gibt die Textgeschichte zu erkennen, dass der Vers in seiner ursprünglichen Form, als die LXX/Ant als kürzeste zu gelten haben, als unzureichend empfunden worden ist und deshalb mehrfach ergänzt wurde.[340] Dabei stellt sich insbesondere וְלָבוֹא אִתָּךְ wahrscheinlich als Ergänzung in Anlehnung an V 8 dar. Darüber hinaus gibt es einige kleinere Differenzen in der Textüberlieferung. So ergänzt P am Versanfang ein ܠܟ zur Bezeichnung des Adressaten der Rede, und in der griechischsprachigen Textüberlieferung werden die Wendung ולא...ולא unterschiedlich übersetzt sowie die Modi unterschiedlich verwendet.[341]

In V 17 zeigt sich, dass der erste Satz schwierig zu verstehen ist und immer schon war. MT vokalisiert דבר als Nomen („Wort") und fasst es als Subjekt auf, wozu als Prädikat „sein" oder „geschehen" zu ergänzen wäre. LXX/Ant verstehen dagegen דבר als Verb, identifizieren es als Prädikat und verwenden, wie schon in V 9, den Gottesnamen bzw. κύριος als Subjekt.[342] Abweichend von MT bezeugen LXX/Ant mit ὅτι οὕτως einen Satzanfang, der durch eine Doppellesung des כִּי als כִּי כֹּה[343] entstanden sein kann. Über MT hinaus bieten LXX/Ant zudem ein λέγων. P versteht דבר ebenfalls als Verb und Satzprädikat, übernimmt aber die constructus-Verbindung von בִּדְבַר יְהוָה als solche und löst das Problem des fehlenden Subjekts, indem das Prädikat passivisch verstanden wird (Ethpeel). Die Wendung ܗܟܢܐ ܓܝܪ entspricht ὅτι οὕτως in LXX/Ant und ist wahrscheinlich durch dieselbe Doppellesung des כִּי als כִּי כֹּה entstanden. Das ן im Anschluss an diesen Satz repräsentiert eventuell ein ursprüngliches לאמר, doch würde es sich dabei um eine unübliche Wiedergabe handeln, sodass hier wohl eher das Fehlen eines לאמר kompensiert werden sollte. Vg versteht דבר ebenfalls als Verb und Prädikat und löst das Problem des fehlenden Subjekts, indem ‚Dominus' ergänzt wird. Im Anschluss daran bezeugt Vg, wie auch LXX/Ant, mit ‚dicens' eine Redeeinleitung, die לאמר entspricht. Diese verworrene

---

340 So auch Bösenecker, LXX.E, 926, wo es jedoch nur um den ersten Versteil geht. DeVries, 1Kings, 166, bezeichnet וְלָבוֹא אִתָּךְ als pleonastisch und אִתָּךְ als explizierende Ergänzung. Noth, 1Könige, 290 f, sieht dagegen MT als ursprünglichen Text an und versteht das Fehlen von וְלָבוֹא אִתָּךְ als Auslassung, weil es für eine Doppelung zum vorangehenden לְשׁוּב אִתָּךְ gehalten worden sei. Das Fehlen bzw. die unterschiedliche Platzierung von אִתָּךְ konstatiert er zwar, geht aber nicht weiter darauf ein.
341 LXX übersetzt οὐδέ ... οὐδέ, Ant dagegen οὔτε ... οὔτε. Als Modus verwendet LXX Medium, Ant dagegen Aktiv.
342 Ob es sich um eine Angleichung an V 9 handelt, wie Bösenecker, LXX.E, 926, annimmt, ist wohl eher fraglich, weil dann auch eine Angleichung der Tempi zu erwarten wäre, die sich aber auch nach seiner Beobachtung nicht findet.
343 Sweeney, I & II Kings, 175, rekonstruiert כן statt כה, doch erscheint כה in Anlehnung an die Botenformel wahrscheinlicher als כן.

Textlage wird sich nicht mehr vollständig klären lassen;[344] fest steht nur, dass kein Textzeuge den ursprünglichen Text mehr überliefert, weil sie alle ihre eigene Problematik haben, auch wenn sie inhaltlich eine große Konvergenz aufweisen. Innerhalb der Rede des Gottesmannes stellt sich bei der Wiedergabe des Verbots zu essen und zu trinken die fast ebenso unlösbare Frage nach der Position des שָׁם. Während MT שָׁם im Verbot zu trinken bezeugt (so auch Vg), nennt Ant es im Verbot zu essen (so auch Ms B) und der Hauptstrang der LXX in beiden (so auch P). Nun ist es das שָׁם, durch das sich diese Rede des Gottesmannes von der in V 9 unterscheidet. Es gehört also wahrscheinlich zum ursprünglichen Textbestand und soll die bereits zurückgelegte Distanz des Gottesmannes betonen. Dabei wird die Position in den beiden Sätzen wohl durch schriftlich-mündliche Überlieferung jeweils unterschiedlich tradiert und lässt sich nicht mehr zurückverfolgen. In Ms B wird ein שָׁם sogar unmittelbar nach לֹא־תָשׁוּב bezeugt, wo MT לָלֶכֶת aufweist. Beides steht jedoch gegen alle anderen Textbezeugungen, die dort nichts überliefern. So liegt es nahe, die kürzere Lesart als ursprünglich anzunehmen und zu vermuten, dass es in der Textüberlieferung auf der Position nach לֹא־תָשׁוּב eine Unklarheit gab, die zu verschiedenen Ergänzungen geführt hat.

In V 18 gibt es zahlreiche Differenzen innerhalb der griechischen Textüberlieferung, die jedoch vor allem Fragen der Tempi und einzelner Ausdrücke betreffen, die alle gut als Übersetzung desselben hebräischen Textes verstanden werden können.[345] Textkritisch relevante Differenzen bestehen zwischen MT und LXX nur an zwei Stellen. Die erste betrifft אִתָּךְ, das von MT, Ant, P und Vg bezeugt wird. Dagegen bietet LXX πρὸς σεαυτόν, dem wohl אֵלֶיךָ zugrunde liegt. Es handelt sich also um eine graphische Abweichung bei einem Buchstaben und um zwei Aussagen, die inhaltlich so eng beieinander liegen,[346] dass sie als eine Variante schriftlich-mündlicher Überlieferung begriffen werden können, ohne dass also eine Entscheidung getroffen werden kann. Die äußere Bezeugung allein ist hier kein ausreichender Grund, MT vorzuziehen. Angesichts der äußeren Bezeugung ist jedoch die zweite textkritisch relevante Differenz zwischen MT und LXX/Ant zugunsten letzterer zu entscheiden: dass כָּחֵשׁ לוֹ ׄ nach MT ohne ו ursprünglich sein sollte,[347] ist sehr unwahrscheinlich; es ist vermutlich ausgefallen.

---

344 Die Rekonstruktion von Noth, 1Könige, 291, mit דֻּבַּר in Entsprechung zur passiven Verbform in LXX unterliegt nicht minder seinem Urteil zu MT, „nur sehr gezwungen übersetzt werden" zu können, als diese selber. Schon Montgomery, Kings, 264, hatte darauf verwiesen, dass es sich dann um eine äußerst seltene Ausdrucksweise handeln würde.

345 Καὶ ἐγώ (Ant) und κἀγώ (LXX); ὡς καί (Ant) und καθώς (LXX); ἐλάλησε (Ant) und λελάληκεν (LXX); ἐν λόγῳ (Ant) und ἐν ῥήματι (LXX).

346 In LXX wäre die Wendung (י)בהו אל(י)ך אל ביתך (הש) als Apposition zu lesen.

347 So neben MT nur Vg. LXX, Ant und P bezeugen ein „und".

V 19 bietet eine Variante, die auf unterschiedliche Lesetraditionen zurückgeht, die wohl nebeneinander bestanden haben: Während MT, P und Vg „und er kehrte mit ihm um" (in MT: וַיָּשָׁב אִתּוֹ) lesen, bietet die griechische Texttradition „und er ließ ihn umkehren" bzw. „und er brachte ihn zurück" (καὶ ἐπέστρεψεν αὐτόν, was וַיָּשֶׁב אִתּוֹ zugrunde liegen hat).[348] Am Konsonantenbestand ändern beide Lesarten nichts. Allein die zahlreichen weiteren Hifil-Verwendungen von לשוב in dieser Erzählung (V 20.23.26.29) sprechen dafür, auch hier Hifil zu lesen und damit LXX/ Ant zu folgen. Nicht auf die Aussprache, aber wohl ebenfalls auf einen schriftlich-mündlichen Überlieferungsprozess geht die unterschiedliche Positionierung der Wendung בְּבֵיתוֹ zurück: während MT, P und Vg, aber auch Ms B sie im zweiten Satz bieten, findet sie sich in der Überlieferung von LXX außer Ms B sowie in Ant erst im dritten Satz. Auch dies ist nicht zu entscheiden.[349]

In V 20b stellt sich die Frage, ob die Verbform von היה mit oder ohne ו ursprünglich ist. Während MT und LXX für וַיְהִי sprechen, lesen Ant und P kein Kopulativum. Doch wäre ein hebräischer Satz היה דבר יהוה אל הנביא ohne ו so ungewöhnlich, dass er als unwahrscheinlich zu gelten hat. Selbst wenn man davon ausgeht, dass die Satzstellung in Ant und P nicht exakt die ursprüngliche hebräische widerspiegelt, wäre auch im Satz דבר יהוה היה אל הנביא ein ו zu erwarten.[350] Deshalb ist anzunehmen, dass das ו zum ursprünglichen Text gehört und in der Ant und P zugrunde liegenden Überlieferung ausgefallen ist.

V 21 bietet keine nennenswerten textkritischen Varianten. P löst לֵאמֹר in einen eigenständigen Satz auf (ܐܡܪ ܘܐܡܪ) und ergänzt vor פִּי יְהֹוָה in einem präzisierenden Sinn ܡܠܬ (status constructus von ܡܠܬܐ).[351]

Auch V 22 bietet nur wenige textkritisch relevante Stellen. Ob nach בְּמָקוֹם ein הזה zu ergänzen ist, wie es LXX/Ant voraussetzen (ἐν τῷ τόπῳ τούτῳ), lässt sich kaum mit Sicherheit entscheiden, auch wenn es angesichts des Sprachgebrauchs in diesem Kapitel (V 8.16) nahe liegt. Auch die Frage, ob der Bezeugung von ἐν ᾧ ein באשר statt eines einfachen אֲשֶׁר zugrunde liegt, lässt sich kaum beantworten, selbst wenn LXX (ᾧ ohne ἐν) MT eher zu entsprechen scheint, wenn man die Varianten in Betracht zieht, die durch die Übersetzungtätigkeit entstehen können, ohne dass ein anderer Ausgangstext vorauszusetzen ist. Die Varianten in P lassen sich dagegen klar als Ergänzung bestimmen – so die Satzeinleitung ܗܘ ܡܛܠ vor ܠܚܡܐ ܠܐ (לֹא־תָבוֹא) – oder als Bezeugung eines anderen

---

348 Bösenecker, LXX.E, 926, verweist auf den unterschiedlichen Verbalstamm; es geht aber ebenfalls um die Vokalisierung von אתו.

349 Die Bezeugung von Ms B spricht eher für eine Angleichung an MT als dafür, diese Bezeugung vorzuziehen.

350 Vgl. 2Sam 3,17; 24,11; 1Kön 18,1; 2Kön 20,4.

351 Das Personalsuffix bei ܦܘܡܗ ist dem syrischen indirekten Genitiv geschuldet.

Textverständnisses – so die Veränderung von דִּבֶּר in der 3. Person Singular zu ܐܡܪܬ in der 1. Person Singular, durch die P den Propheten die Rede Gottes fortsetzen lässt, wogegen MT den Propheten an dieser Stelle als Erzähler des Vorgangs der Gottesrede versteht. Doch ist angesichts der äußeren Bezeugung MT beizubehalten.

In V 23 ist vor allem die Bezeugung der Suffixe bzw. Personalpronomina der 3. Person Singular im Anschluss an die Infinitive von לֶאֱכֹל und לִשְׁתּוֹת fraglich. Während MT und Ant in beiden Fällen ein Suffix bzw. Personalpronomen anführen, bezeugt LXX an keiner der beiden Stellen ein Personalpronomen. P dagegen übersetzt mit der 3. Person Plural, was sich gut damit erklären lässt, dass P אכלו nicht als Infinitiv mit Suffix, sondern als 3. Person Plural Perfekt gelesen hat. Bei שְׁתוֹתוֹ müsste dann allerdings שתו gelesen werden. Das ließe sich aber damit erklären, dass entweder P die Infinitivkonstruktion aufgrund des Vorverständnisses von אכלו her nicht verstanden hat, tatsächlich eine andere Vorlage besaß oder diese an der Stelle beschädigt war. Zudem muss P אחר statt אחרי gelesen haben. Dies gilt auch für Vg, die die Verben in der 3. Person Singular übersetzt, was sich am besten durch ein Fehlen der Suffixe erklären ließe, allerdings auch eine andere Lesart für שְׁתוֹתוֹ voraussetzt. Dieser unterschiedliche Befund lässt sich am besten durch die Variabilität schriftlich-mündlicher Überlieferung erklären, denn es ist nicht möglich, aus einem zugrunde liegenden hebräischen Text die anderen Bezeugungen befriedigend abzuleiten. Dagegen lässt sich das Versende nach וַיַּחֲבָשׁ־לוֹ הַחֲמוֹר gut rekonstruieren. MT bezeugt hier לַנָּבִיא אֲשֶׁר הֱשִׁיבוֹ. Dem folgt P, die allerdings zum einen die Identität des נביא präzisiert und klarstellt, dass es sich um den Gottesmann handelt, und zum anderen die Konstruktion אֲשֶׁר הֱשִׁיבוֹ mit ܡܛܠ auflöst. Letzteres bezeugen auch LXX/Ant, die וישב lesen, aber den vorhergehenden Hinweis auf den Propheten oder den Gottesmann nicht bieten. Vg folgt in allen Details MT. Hier legt es sich nahe, davon auszugehen, dass LXX/Ant den ursprünglichen Text repräsentieren, nicht nur weil er der kürzeste ist, sondern auch weil er vom Versende in P mit bezeugt wird.[352] Die Erwähnung des Propheten scheint demgegenüber erst später als Präzisierung eingedrungen zu sein,[353] und

---

[352] Eine andere Überlegung bietet Bösenecker, LXX.E, 926, der im Blick auf den Propheten von einem Einfluss aus V 27 ausgeht.

[353] Vgl. Noth, 1Könige, 291. DeVries, 1Kings, 167, bezeichnet sie in MT als Parenthese, geht aber im Unterschied zu der hier vertretenen Textentstehung davon aus, dass MT ursprünglich ist und die Passage in LXX durch Haplographie ausgefallen ist. καὶ ἐπέστρεψεν kennzeichnet er als pleonastisch (ebd.).

noch P belegt, dass hier noch einmal eingegriffen worden ist, um deutlich zu machen, welcher von beiden gemeint ist.[354]

V 24 wiederum bietet keine nennenswerten textkritischen Probleme.

In V 25 bezeugt Ant eine Textüberlieferung ohne V 25a. Stattdessen wird mit ἄνδρες in V 25b ein Subjekt eingefügt, wohl um deutlich zu machen, dass hier ein Subjektwechsel stattgefunden hat.[355] Die wahrscheinlichste Erklärung ist eine Auslassung durch Parablepsis, da V 24b mit demselben Satz endet wie V 25a.[356]

V 26 beginnt nach MT mit den Worten וַיִּשְׁמַע הַנָּבִיא אֲשֶׁר הֱשִׁיבוֹ. LXX/Ant bezeugen dagegen καὶ ἤκουσεν ὁ ἐπιστρέψας αὐτόν, lassen also die Erwähnung des Propheten aus. P und Vg folgen dagegen MT. An dieser Stelle ist MT klar zu bevorzugen, denn der Satzbau, den LXX/Ant voraussetzen, ist für eine hebräische Vorlage nur schwer vorstellbar. Wahrscheinlicher also ist, dass die Nennung des Propheten im Zuge der Übersetzung ausgefallen ist.

V 26b – 27 sind in der griechischen Textüberlieferung nicht tradiert.[357] Ein Grund für einen Fehler bzw. ein Ausfallen des Abschnitts im Zuge des Überlieferungsprozesses ist kaum ersichtlich. So ist es wahrscheinlicher, dass V 26a – 27 erst nach dem Auseinandergehen von LXX/Ant bzw. deren Vorlage und MT in letzteren eingefügt worden ist.[358]

In V 28 bezeugt LXX nach dem Satz οὐκ ἔφαγεν ὁ λέων τὸ σῶμα über MT, Ant, P und Vg hinaus τοῦ ἀνθρώπου τοῦ θεοῦ. Doch dabei handelt es sich wahrscheinlich um eine sekundäre Präzisierung. Ob am Anfang dieses Satzes ein ו stand oder nicht, wird sich kaum mehr klären lassen, auch wenn die Bezeugung von LXX/Ant tendenziell für ein ו spricht.

---

354 Angesichts des Sprachgebrauchs von MT wäre dies nicht nötig gewesen, aber wie sich ja bereits oben gezeigt hat, ist diese Differenzierung später nicht mehr als solche verstanden worden.

355 Es ist kaum wahrscheinlich, dass ἄνδρες eine Übersetzung von אֲנָשִׁים am Anfang von V 25a ist, denn dann müsste auch der unterschiedliche Satzanfang erklärt werden, bei dem Ant einen Narrativ voraussetzt, V 25a aber mit וְהִנֵּה אֲנָשִׁים עֹבְרִים einsetzt.

356 Vgl. auch Bösenecker, LXX.E, 927. DeVries, 1Kings, 165.167, folgt Ant, übersieht aber, dass die Sätze von V 24b und V 25a eben nicht vollständig identisch sind, sondern nur am Schluss parallel gehen. So auch Trebolle Barrera, Use, 293 f. Zutreffend dagegen schon vorher Montgomery, Kings, 265.

357 P und Vg folgen dagegen MT im Textumfang.

358 Die o.g. formale Begründung ist wohl stichhaltiger als Überlegungen zur Einführung eines zweiten Esels (so Bösenecker, LXX.E, 927) oder auch zu Einzelbegriffen (so DeVries, 1Kings, 167, zu וַיִּשְׁבְּרֵהוּ), denn es ist umgekehrt zu sehen, dass es ohne das Zeugnis von LXX/Ant keinen stichhaltigen Grund gäbe, V 26b – 27 literarkritisch auszuscheiden – trotz eines zweiten Esels und trotz des Satzes וַיִּשְׁבְּרֵהוּ, der auch bei Annahme der Ursprünglichkeit der MT-Überlieferung als Glosse zu streichen wäre. Auch die Überlegung von Turkanik, Kings and Reigns, 113, LXX/Ant hätten ein unliebsames Gottesbild vermeiden wollen, ist nur dann plausibel, wenn man ein entsprechendes Bild von einem dogmatischen Vorverständnis der LXX/Ant Textüberlieferung hat, für das Turkanik aber auch jeden weiteren Beleg schuldig bleibt.

In V 29 beginnt Ant mit einer erklärenden Glosse, indem dort gegen die sonstige Textüberlieferung der Prophet zur Unterscheidung vom Gottesmann als ὁ προφήτης ὁ πρεσβύτης bezeichnet wird. Im weiteren Verlauf bezeugt MT וַיְשִׁיבֵהוּ וַיָּבֹא אֶל־עִיר,[359] LXX/Ant und P dagegen legen וַיְשִׁיבֵהוּ אֶל־עִיר zugrunde. So ist wohl angesichts der Textbezeugung letzteres vorzuziehen.[360] Ein Fehler in der Übersetzung ist LXX/Ant allerdings danach unterlaufen, indem הַנָּבִיא als Subjekt des Satzes verstanden wird und nicht als zweites Element der constructus-Verbindung עִיר הַנָּבִיא.[361] Im Anschluss daran wird der Prophet nun in MT als הַנָּבִיא הַזָּקֵן bezeichnet (so auch P und Vg), dafür aber nicht in LXX und Ant. LXX tituliert ihn also als einzige Textüberlieferung an keiner von beiden Stellen als alt bzw. älteren und bietet damit wahrscheinlich den ursprünglicheren, kürzeren Text, der in der Textgeschichte an verschiedenen Stellen ergänzt worden ist, um Klarheit über die jeweils handelnde Person zu schaffen.[362] Ebenfalls eine Glosse liegt mit לִסְפֹּד in MT und dem in P daran anschließenden ܠܡܠܒܟ vor,[363] wahrscheinlich ein Einfluss aus dem nachfolgenden V 30.

In diesem stimmen MT und Ant überein, doch setzt LXX den Satz aus V 29 mit ἐν τῷ τάφῳ ἑαυτοῦ fort und lässt וַיַּנַּח אֶת־נִבְלָתוֹ aus. Dabei handelt es sich allerdings wahrscheinlich um eine Haplographie durch ein doppelt erscheinendes קברו in וּלְקָבְרוֹ (V 29) und בְּקִבְרוֹ. Im weiteren Verlauf des Verses weist P einige Abweichungen auf, die jedoch alle sekundär sind. So liest P ܘܝܣܦܕ im Singular, fügt vor der Rede ܘܐܡܪ ein und verdoppelt den Ausruf הוֹי אָחִי. Bemerkenswert ist allenfalls der Singular von ܘܐܡܪ; P versteht also den Propheten als einzigen Trauernden. Das könnte eine Anpassung daran sein, dass der Prophet im vorangegangenen Teil der Erzählung der Hauptakteur war, während MT/LXX/Ant seine Söhne bereits miteinbeziehen, die in V 31 wieder in Erscheinung treten; es kann aber auch sein, dass der hebräische Text (und in seinem Gefolge LXX/Ant) die Gegebenheiten einer Trauerfeier widerspiegelt, in der in Gemeinschaft getrauert wird (was sich ja auch im mehrheitlich pluralischen Gebrauch des Verbs niedergeschlagen hat), und diesen nun als Terminus technicus verwendet, den P sachgerecht aufnimmt. In jedem Fall wäre MT vorzuziehen.

---

359 Vg bezeugt den Konsonantenbestand von MT, scheint aber ויבא als Hifil gelesen zu haben.
360 DeVries, 1Kings, 167, bezeichnet ויבא dann auch als pleonastisch.
361 So auch DeVries, 1Kings, 167.
362 DeVries, 1Kings, 167, versteht die Charakterisierung des Propheten in MT als „explicative", was im Grunde richtig ist, doch hat er in Ermangelung einer Auseinandersetzung mit Ant nicht gesehen, dass diese explikative Ergänzung in verschiedenen Texttraditionen an unterschiedlichen Stellen gemacht wurde.
363 Vg setzte dagegen eine Form von לספד voraus und lässt וּלְקָבְרוֹ aus.

In V 31 gehen nun beim gleichen Thema die hebräische und die griechische Textüberlieferung auseinander. Während MT קְבְרוֹ bietet, setzen LXX/Ant ספדו voraus. Dabei folgt P dem MT, Vg dagegen LXX/Ant. Grundsätzlich sind zwei Erklärungen denkbar: entweder eine Folge schriftlich-mündlicher Überlieferung oder eine Verschreibung durch die graphische Ähnlichkeit. Da sich der Aussagegehalt beider Begriffe im Zusammenhang von V 31 kaum unterscheidet und zudem in sonst häufig voneinander unabhängigen Texttraditionen auftritt, erscheint ersteres als wahrscheinlicher.[364] Ebenfalls nicht zu entscheiden ist die Frage, ob in der Rede des Propheten nach בַּקֶּבֶר ein הזה zu ergänzen ist, wie es LXX/Ant bezeugen, oder nicht (MT, P, Vg).[365] Klar als Überarbeitung, wohl mit christlichem Hintergrund, ist der Text des Versendes in LXX und Ant zu verstehen. Während MT אֵצֶל עַצְמֹתָיו הַנִּיחוּ אֶת־עַצְמֹתָי bezeugt und damit auch bei der archäologisch nachweisbaren Begrifflichkeit bleibt,[366] bieten LXX/Ant παρὰ τὰ ὀστᾶ αὐτοῦ θέτε με, ἵνα σωθῶσι (LXX)/σωθῇ (Ant) τὰ ὀστᾶ μου μετὰ τῶν ὀστῶν αὐτοῦ.[367]

V 32 weist am Versende eine bemerkenswerte Variante auf. MT spricht von כָּל־בָּתֵּי הַבָּמוֹת אֲשֶׁר בְּעָרֵי שֹׁמְרוֹן. Vg folgt MT, P ebenso, ersetzt aber עָרֵי durch ܐܬܘ, was jedoch kaum Gewicht gegenüber MT hat. Auch Ant entspricht im Wesentlichen MT: τοὺς οἴκους τῶν ὑψηλῶν τῶν ἐν Σαμαρείᾳ, lässt allerdings כל sowie die Erwähnung der Städte aus und scheint Samaria eher als Gebiet zu verstehen (so auch LXX, vgl. zudem P). Stark abweichend ist demgegenüber allerdings die Textbezeugung in LXX: τοὺς οἴκους τοὺς ὑψηλοὺς τοὺς ἐν Σαμαρείᾳ, in der ὑψηλός

---

364 Bösenecker, LXX.E, 927, geht von einer Veränderung des MT aufgrund der unterschiedlichen Textüberlieferungen in V 29 aus und erkennt in der Reihenfolge der Verben in V 30 und 31 eine Aufnahme von V 29 MT (לִסְפֹּד וּלְקָבְרוֹ). Doch dies ist keineswegs zwingend und setzt zudem einen besonderen Gestaltungswillen in MT bei einer kaum bedeutenden temporalen Bestimmung voraus, denn das Ende des Trauerprozesses wird auch in LXX/Ant deutlich.

365 DeVries, 1Kings, 167, bezeichnet es als „explicative".

366 Vgl. die Grabinschrift aus Silwan Jer 2 (Renz/Röllig, Handbuch, 261–265).

367 Eine Entlehnung aus 2Kön 23,18 wird in Bösenecker, LXX.E, 927, zu Recht als unwahrscheinlich betrachtet (gegen Noth, 1Könige, 291; Cogan, 1Kings, 372; Turkanik, Kings and Reigns, 74). Bösenecker verweist darauf, dass die Verben in LXX an beiden Stellen unterschiedlich übersetzt werden. Damit allerdings davon auszugehen, dass die Erweiterung bereits in der Vorlage von LXX stand, ist gerade aufgrund des Unterschieds kaum plausibel. Turkanik, Kings and Reigns, 74, möchte noch aus der Formulierung θέτε με schließen, dass LXX eine andere Vorstellung vom Begräbnis zu erkennen gebe als MT, indem durch diese Worte vom Körper insgesamt und nicht nur von den Knochen gesprochen werde. Das scheint kaum wahrscheinlich, doch stellt sich im Anschluss an θέτε με die Frage, ob hier nicht ein christliches Rettungsverständnis für ein Individuum eingetragen wurde und dadurch τὰ ὀστᾶ μου zu einem Synonym für ein „Ich" wird. Die Lösung von DeVries, 1Kings, 167, es als „pleonastic" zu bezeichnen, ist demgegenüber wohl zu einfach. Jedenfalls darf die Rede von „meinen Gebeinen" nicht irritieren, wie Noth, 1Könige, 291, zutreffend herausgestellt hat; Cogan, 1Kings, 372, hat zudem zu Recht auf Gen 50,25 verwiesen.

Adjektiv zu den οἴκους ist. Möglicherweise hat LXX בתים רמים gelesen. Das wäre allerdings sowohl in der grammatikalischen Verbindung als auch im Sprachgebrauch singulär, sodass sich als Erklärung für LXX eine undeutlich lesbare Vorlage anbietet.[368] Am Textbestand von MT ist in diesem Punkt jedenfalls nicht zu zweifeln. Fraglich erscheint allerdings das כל angesichts dessen Fehlens in LXX und Ant. Möglicherweise handelt es sich hier um eine verstärkende Ergänzung, sodass LXX/Ant als kürzere Lesart vorzuziehen sind. Ähnliches gilt für ערי in בְּעָרֵי שֹׁמְרוֹן. Hier spricht insbesondere das Fehlen in LXX/Ant für eine spätere Ergänzung, aber auch die von MT abweichende Ergänzung in P zeigt auf ihre Weise, dass am Text weiter gearbeitet wurde.[369]

In V 33 stellt sich vor allem die Frage, ob ursprünglich מִדַּרְכּוֹ הָרָעָה zu lesen ist (so MT, P, Vg) oder מהרע (so LXX/Ant). Die Kürze spricht für letzteres, aber auch die Tatsache, dass es sich bei der Verbindung von לשוב מן mit דרך רעה um deuteronomistischen Sprachgebrauch handelt, der auch sonst sprachprägend war und in LXX stets entsprechend übersetzt wird, sodass eine abweichende Übersetzung an dieser Stelle auffällig wäre. So erscheint es wahrscheinlicher, dass die Wendung an den sonst durchgehenden Sprachgebrauch (vgl. 2Kön 17,13; Jer 18,11; 23,22; 25,5; 26,3; 35,15; 36,3.7, aber auch Ez 13,22; 33,11; Jona 3,8.10) angepasst wurde und die Lesart von LXX/Ant vorzuziehen ist. Eine weitere Abweichung zwischen MT, LXX und Ant findet sich am Versende: MT liest כֹּהֲנֵי בָמוֹת, LXX dagegen ἱερεὺς εἰς τὰ ὑψηλά, legt also כהן לבמות zugrunde, und Ant ἱερεὺς τῶν ὑψηλῶν, was כהן במות vorauszusetzen scheint. P und Vg bezeugen ebenfalls Singular, wobei P im Konsonantenbestand der Lesung von LXX entspricht. Dieser Befund lässt sich am besten von LXX aus erklären: Denn aus einem undeutlichen ל kann ein י gelesen worden und so die Bezeugung von MT entstanden sein.[370] Andererseits kann es durch ein possessives Verständnis des ל in der Textüberlieferung zu einer Genitivverbindung gekommen sein, wie sie Ant und Vg bezeugen. Da sich diese beiden unterschiedlichen Zeugen hier überschneiden, legt es sich nahe, davon auszugehen, dass diese Veränderung nicht im Übersetzungsprozess, sondern bereits in der hebräischen Textüberlieferung entstanden ist. Schließlich ist, da sich LXX und

---

368 Bösenecker, LXX.E, 928, erwägt eine Änderung vor dem Hintergrund der Übersetzung in 1Kön 12,31. Dort wurde בֵּית בָּמוֹת mit οἴκους ἐφ᾽ ὑψηλῶν übersetzt. Doch erklärt dies weder, warum hier eine andere Übersetzung gewählt wurde, noch, warum Ant in 12,31 denselben Text wie LXX bietet, an dieser Stelle jedoch nicht. Für die Annahme einer bewussten Änderung an ausgerechnet dieser Stelle – und auch nur an dieser –, wie sie Barthélemy, Studies, 112, vornimmt, spricht jedenfalls nichts.

369 Ähnlich auch DeVries, 1Kings, 167.

370 Noth, 1Könige, 291, hält das י einfach für einen Schreibfehler. Damit ist aber nicht erklärt, wie es zu der auffälligen Wendung εἰς τὰ ὑψηλά gekommen ist.

P im Konsonantenbestand entsprechen, eine innersyrische Veränderung des Textes anzunehmen, in der ܓܠܠܐ Singular wurde. Gestützt wird dies zudem durch die Verbform im Singular in MT (וַיְהִי).[371] So ist LXX als ursprüngliche Lesart zu bevorzugen. Ohne textkritische Bedeutung sind einige Veränderungen in P, die der Verbesserung des Textverständnisses dienen. So verstärkt P den Ausdruck ܘܡܦܐ durch ein zugefügtes ܠܗܘܢ, lässt andererseits den anscheinend schwierig zu verstehenden Begriff קְצוֹת aus MT weg[372] und verdeutlicht die Wendung הֶחָפֵץ יְמַלֵּא אֶת־יָדוֹ durch ܡܢ ܗܝܟܠ ܢܗܘܐ ܟܗܡܘܗܝ ܡܢ ܡܗܝܡܢܐ.[373]

In V 34 bieten LXX/Ant eine Substantivierung der beiden Begriffe לְהַכְחִיד וּלְהַשְׁמִיד, doch dabei handelt es sich klar erkennbar um eine Veränderung im Übersetzungsvorgang ohne Bedeutung für die Frage nach dem ursprünglichen Text. Dasselbe gilt für die Vermeidung der doppelten Genitivverbindung im Ausdruck חַטַּאת בֵּית יָרָבְעָם durch die Übersetzung mit ἁμαρτία τῷ οἴκῳ Ιεροβοαμ.[374] Andererseits zeigt die Textbezeugung von LXX/Ant und P, dass die Präposition ב in der Wendung וַיְהִי בַּדָּבָר הַזֶּה auf einer Verschreibung beruht.[375]

Damit ergibt sich folgender Text für den Abschnitt in Kapitel 13:

1 וְהִנֵּה אִישׁ אֱלֹהִים בָּא מִיהוּדָה בִּדְבַר יְהוָה אֶל־בֵּית־אֵל
וְיָרָבְעָם עֹמֵד עַל־הַמִּזְבֵּחַ
לְהַקְטִיר:
2 וַיִּקְרָא עַל־הַמִּזְבֵּחַ בִּדְבַר יְהוָה
וַיֹּאמֶר מִזְבֵּחַ מִזְבֵּחַ
כֹּה אָמַר יְהוָה
הִנֵּה־בֵן נוֹלָד לְבֵית־דָּוִד
יֹאשִׁיָּהוּ שְׁמוֹ
וְזָבַח עָלֶיךָ אֶת־כֹּהֲנֵי הַבָּמוֹת
הַמַּקְטִרִים עָלֶיךָ
וְעַצְמוֹת אָדָם יִשְׂרְפוּ עָלֶיךָ:
3 וְנָתַן בַּיּוֹם הַהוּא מוֹפֵת לֵאמֹר
זֶה הַמּוֹפֵת אֲשֶׁר דִּבֶּר יְהוָה
הִנֵּה
הַמִּזְבֵּחַ נִקְרָע
וְנִשְׁפַּךְ הַדֶּשֶׁן אֲשֶׁר־עָלָיו:

---

371 Dies ist das Hauptargument von DeVries, 1Kings, 167. Noth, 1Könige, 291, hat dabei zu Recht darauf hingewiesen, dass eine andere Vokalisierung nicht nötig ist. Sie wäre nicht einmal sinnvoll, geht es doch um die Fortführung des Gedankengangs und nicht um einen neuen Schritt in der Erzählung.

372 Wie LXX/Ant bezeugen, war קְצוֹת fraglos fester Bestandteil des Textes.

373 Vgl. dazu auch Sweeney, I & II Kings, 175.

374 Ähnlich auch Bösenecker, LXX.E, 928.

375 Vg scheint MT zugrunde zu legen (die Präposition ב wird mit ‚propter' übersetzt), muss dann aber לְחַטַּאת als Prädikat verwenden: ‚et propter hanc causam peccavit domus Hieroboam'.

4 וַיְהִי כִשְׁמֹעַ הַמֶּלֶךְ אֶת־דְּבַר אִישׁ־הָאֱלֹהִים

אֲשֶׁר קָרָא עַל־הַמִּזְבֵּחַ בְּבֵית־אֵל

וַיִּשְׁלַח אֶת־יָדוֹ מֵעַל הַמִּזְבֵּחַ לֵאמֹר

תִּפְשֻׂהוּ

וַתִּיבַשׁ יָדוֹ

אֲשֶׁר שָׁלַח עָלָיו

וְלֹא יָכֹל לַהֲשִׁיבָהּ אֵלָיו:

5 וְהַמִּזְבֵּחַ נִקְרָע

וַיִּשָּׁפֵךְ הַדֶּשֶׁן מִן־הַמִּזְבֵּחַ

כַּמּוֹפֵת אֲשֶׁר נָתַן אִישׁ הָאֱלֹהִים בִּדְבַר יְהוָה:

6 וַיַּעַן הַמֶּלֶךְ וַיֹּאמֶר אֶל־אִישׁ הָאֱלֹהִים

חַל־נָא אֶת־פְּנֵי יְהוָה אֱלֹהֶיךָ

וְהִתְפַּלֵּל בַּעֲדִי

וְתָשֹׁב יָדִי אֵלָי

וַיְחַל אִישׁ־הָאֱלֹהִים אֶת־פְּנֵי יְהוָה

וַתָּשָׁב יַד־הַמֶּלֶךְ אֵלָיו

וַתְּהִי כְּבָרִאשֹׁנָה:

7 וַיְדַבֵּר הַמֶּלֶךְ אֶל־אִישׁ הָאֱלֹהִים

בֹּאָה־אִתִּי הַבַּיְתָה

וּסְעָדָה

וְאֶתְּנָה לְךָ מַתָּת:

8 וַיֹּאמֶר אִישׁ־הָאֱלֹהִים אֶל־הַמֶּלֶךְ

אִם־תִּתֶּן־לִי אֶת־חֲצִי בֵיתֶךָ

לֹא אָבֹא עִמָּךְ

וְלֹא־אֹכַל לֶחֶם

וְלֹא אֶשְׁתֶּה־מַּיִם

בַּמָּקוֹם הַזֶּה:

9 כִּי־כֵן צִוָּה אֹתִי בִּדְבַר יְהוָה לֵאמֹר

לֹא־תֹאכַל לֶחֶם

וְלֹא תִשְׁתֶּה־מָּיִם

וְלֹא תָשׁוּב בַּדֶּרֶךְ

אֲשֶׁר הָלָכְתָּ (בה):

10 וַיֵּלֶךְ בְּדֶרֶךְ אַחֵר

וְלֹא־שָׁב בַּדֶּרֶךְ

אֲשֶׁר בָּא בָהּ אֶל־בֵּית־אֵל:

11 וְנָבִיא אֶחָד זָקֵן יֹשֵׁב בְּבֵית־אֵל

וַיָּבוֹא בְנוֹ

וַיְסַפֶּר־לוֹ

אֶת־כָּל־הַמַּעֲשֶׂה אֲשֶׁר־עָשָׂה אִישׁ־הָאֱלֹהִים הַיּוֹם (ההוא) בְּבֵית־אֵל

(ו)אֶת־הַדְּבָרִים אֲשֶׁר דִּבֶּר אֶל־הַמֶּלֶךְ

וַיְסַפְּרוּם לַאֲבִיהֶם:

12 וַיְדַבֵּר אֲלֵהֶם אֲבִיהֶם

אֵי־זֶה הַדֶּרֶךְ הָלָךְ

וַיִּרְאוּ בָנָיו אֶת־הַדֶּרֶךְ

אֲשֶׁר הָלַךְ אִישׁ הָאֱלֹהִים

אֲשֶׁר־בָּא מִיהוּדָה:

13 וַיֹּאמֶר אֶל־בָּנָיו

חִבְשׁוּ־לִי הַחֲמוֹר

וַיַּחְבְּשׁוּ־לוֹ הַחֲמוֹר

וַיִּרְכַּב עָלָיו:

14 וַיֵּלֶךְ אַחֲרֵי אִישׁ הָאֱלֹהִים

וַיִּמְצָאֵהוּ יֹשֵׁב תַּחַת הָאֵלָה

וַיֹּאמֶר אֵלָיו

הַאַתָּה אִישׁ־הָאֱלֹהִים

אֲשֶׁר־בָּאתָ מִיהוּדָה

וַיֹּאמֶר

אָנִי:

15 וַיֹּאמֶר אֵלָיו

לֵךְ אִתִּי

וֶאֱכֹל לָחֶם:

16 וַיֹּאמֶר

לֹא אוּכַל לָשׁוּב אִתָּךְ

וְלֹא־אֹכַל לֶחֶם

וְלֹא־אֶשְׁתֶּה מַיִם

בַּמָּקוֹם הַזֶּה:

17 כִּי־דָבָר אֵלַי בִּדְבַר יְהוָה (Textbestand unsicher, aber Aussageabsicht klar erkennbar)

לֹא־תֹאכַל (שָׁם) לֶחֶם

וְלֹא־תִשְׁתֶּה (שָׁם) מָיִם

לֹא־תָשׁוּב בַּדֶּרֶךְ

אֲשֶׁר־הָלַכְתָּ בָּהּ:

18 וַיֹּאמֶר לוֹ

גַּם־אֲנִי נָבִיא כָּמוֹךָ

וּמַלְאָךְ דִּבֶּר אֵלַי בִּדְבַר יְהוָה לֵאמֹר

הֲשִׁבֵהוּ אִתְּךָ|אֶל־בֵּיתֶךָ

וְיֹאכַל לֶחֶם

וְיֵשְׁתְּ מָיִם

וְכַחֵשׁ לוֹ:

19 וַיָּשָׁב אִתּוֹ

וַיֹּאכַל לֶחֶם (בְּבֵיתוֹ)

וַיֵּשְׁתְּ מָיִם (בביתו):

20 וַיְהִי הֵם יֹשְׁבִים אֶל־הַשֻּׁלְחָן

וַיְהִי דְּבַר־יְהוָה אֶל־הַנָּבִיא

אֲשֶׁר הֱשִׁיבוֹ:

21 וַיִּקְרָא אֶל־אִישׁ הָאֱלֹהִים

אֲשֶׁר־בָּא מִיהוּדָה לֵאמֹר

כֹּה אָמַר יְהוָה

יַעַן כִּי מָרִיתָ פִּי יְהוָה

וְלֹא שָׁמַרְתָּ אֶת־הַמִּצְוָה

אֲשֶׁר צִוְּךָ יְהוָה אֱלֹהֶיךָ:

22 וַתָּשָׁב

וַתֹּאכַל לֶחֶם

וַתֵּשְׁתְּ מַיִם

בַּמָּקוֹם (הזה)

אֲשֶׁר דִּבֶּר אֵלֶיךָ

אַל־תֹּאכַל לֶחֶם

וְאַל־תֵּשְׁתְּ מָיִם

לֹא־תָבוֹא נִבְלָתְךָ אֶל־קֶבֶר אֲבֹתֶיךָ:

23 וַיְהִי אַחֲרֵי אָכְלוֹ לֶחֶם (Textbestand unsicher, aber Aussageabsicht klar erkennbar)

וְאַחֲרֵי שְׁתוֹתוֹ (Textbestand unsicher, aber Aussageabsicht klar erkennbar)

וַיַּחֲבָשׁ־לוֹ הַחֲמוֹר

וישב:

24 וַיֵּלֶךְ

וַיִּמְצָאֵהוּ אַרְיֵה בַּדֶּרֶךְ

וַיְמִיתֵהוּ

וַתְּהִי נִבְלָתוֹ מֻשְׁלֶכֶת בַּדֶּרֶךְ

וְהַחֲמוֹר עֹמֵד אֶצְלָהּ

וְהָאַרְיֵה עֹמֵד אֵצֶל הַנְּבֵלָה:

25 וְהִנֵּה אֲנָשִׁים עֹבְרִים

וַיִּרְאוּ אֶת־הַנְּבֵלָה מֻשְׁלֶכֶת בַּדֶּרֶךְ

וְאֶת־הָאַרְיֵה עֹמֵד אֵצֶל הַנְּבֵלָה

וַיָּבֹאוּ

וַיְדַבְּרוּ בָעִיר

אֲשֶׁר הַנָּבִיא הַזָּקֵן יֹשֵׁב בָּהּ:

26 וַיִּשְׁמַע הַנָּבִיא

אֲשֶׁר הֱשִׁיבוֹ מִן־הַדֶּרֶךְ

וַיֹּאמֶר

אִישׁ הָאֱלֹהִים הוּא

אֲשֶׁר מָרָה אֶת־פִּי יְהוָה:

28 וַיֵּלֶךְ

וַיִּמְצָא אֶת־נִבְלָתוֹ מֻשְׁלֶכֶת בַּדֶּרֶךְ

וַחֲמוֹר וְהָאַרְיֵה עֹמְדִים אֵצֶל הַנְּבֵלָה

לֹא־אָכַל הָאַרְיֵה אֶת־הַנְּבֵלָה(וֹ)

וְלֹא שָׁבַר אֶת־הַחֲמוֹר:

29 וַיִּשָּׂא הַנָּבִיא אֶת־נִבְלַת אִישׁ־הָאֱלֹהִים

וַיַּנִּחֵהוּ אֶל־הַחֲמוֹר

וַיְשִׁיבֵהוּ אֶל־עִיר הַנָּבִיא

לִקְבֹּרוֹ:

30 וַיַּנַּח אֶת־נִבְלָתוֹ בְּקִבְרוֹ

וַיִּסְפְּדוּ עָלָיו

הוֹי אָחִי:

31 וַיְהִי אַחֲרֵי קָבְרוֹ|ספדו אֹתוֹ

וַיֹּאמֶר אֶל־בָּנָיו לֵאמֹר

בְּמוֹתִי

וּקְבַרְתֶּם אֹתִי בַּקֶּבֶר (הזה)

אֲשֶׁר אִישׁ הָאֱלֹהִים קָבוּר בּוֹ

אֵצֶל עַצְמֹתָיו הַנִּיחוּ אֶת־עַצְמֹתָי:

32 כִּי הָיֹה יִהְיֶה הַדָּבָר

אֲשֶׁר קָרָא בִּדְבַר יְהוָה

עַל־הַמִּזְבֵּחַ אֲשֶׁר בְּבֵית־אֵל

וְעַל בָּתֵּי הַבָּמוֹת אֲשֶׁר בְּשֹׁמְרוֹן:

33 אַחַר הַדָּבָר הַזֶּה

לֹא־שָׁב יָרָבְעָם מהרע

וַיָּשָׁב
וַיַּעַשׂ מִקְצוֹת הָעָם כֹּהֲנֵי בָמוֹת
הֶחָפֵץ יְמַלֵּא אֶת־יָדוֹ
וִיהִי כֹּהֵן לַבָּמוֹת׃
34 וַיְהִי בַּדָּבָר הַזֶּה לְחַטַּאת בֵּית יָרָבְעָם
וּלְהַכְחִיד וּלְהַשְׁמִיד מֵעַל פְּנֵי הָאֲדָמָה׃

3.13 1Kön 14,1–18 – Jerobeams Sohn

Das Kapitel 1Kön 14 beginnt mit zwei Abschnitten, die nicht in der griechischen
Textbezeugung überliefert sind. Zwar gibt es Überschneidungen mit dem in 3Kgt
12,24a – x LXX überlieferten Textkomplex, doch sind die Differenzen wiederum so
groß, dass 3Kgt 12,24a – z LXX für eine textkritische Diskussion nicht herangezogen werden kann, vielmehr beide als eigenständige Texte zu betrachten sind. So
geht es in diesen beiden ersten Abschnitten in Kap. 14 um einen Vergleich zwischen MT, P und Vg.

Bemerkenswerte Differenzen in der Textüberlieferung liegen an nur wenigen
Stellen vor. So geben in V 2 P (ܘܢܡܠܟ) und Vg (regnatus essem) bei der Wiedergabe
von לְמֶלֶךְ eine andere Lesetradition zu erkennen, die לִמְלֹךְ voraussetzt. In V 8
bezeugen P und Vg kein רַק, sodass dieses wohl aus dem Textbestand zu streichen
ist. In V 9 ist die Bezeugung von אֲחֵרִים in P unsicher,[376] doch zeigt sowohl der Text
in MT als auch in Vg, dass es sich bei מַסֵּכוֹת nicht um ein Adjektiv zu אֱלֹהִים handelt,
sondern um eine eigenständige Größe. So ist letzteres wohl vorzuziehen, auch
wenn P den kürzeren Text bietet. In V 10 bezeugen P und Vg, wie schwierig das
Verständnis des Versendes ist: So wird כַּאֲשֶׁר יְבַעֵר הַגָּלָל עַד־תֻּמּוֹ in MT in P übersetzt
mit ܐܝܟ ܕܡܬܕܟܝܢ ܟܪܡܐ ܕܓܦܢܐ ܡܐ ܕܐܬܒܨܪ (wie die Weinstöcke des Weingartens
gereinigt werden, wenn die Ernte beendet ist) und in Vg mit ‚sicut mundari solet
fimus usque ad purum' (wie man pflegt, (vom) Kot zu reinigen, bis es rein ist).
Dabei soll in P allerdings wohl ein Bild übertragen und abgemildert werden, ist doch
eine umgekehrte Entwicklung kaum vorstellbar. Auch am Ende von V 14 bietet MT eine
schwierige Lesart (זֶה הַיּוֹם וּמֶה גַּם־עָתָּה), die durch P (ܡܢ ܝܘܡܢܐ ܘܡܟܝܠ)[377] und Vg (in
hac die et in hoc tempore) bearbeitet worden ist, um ihr einen Sinn abzugewinnen.
Die unterschiedlichen Bezeugungen lassen nicht zu, auf eine einheitliche Vorlage

---

376 Vgl. die verschiedenen Varianten in Peshitta-Version, 52.
377 Dabei endet in P der Satz von V 14 bereits nach ܝܘܡܢܐ ܡܢ und mit ܘܡܟܝܠ beginnt der
nachfolgende Satz in V 15.

rückzuschließen, von der alle drei Versionen abgewichen sind.[378] So muss dieser Text als unsicher gelten. Da MT den am schwierigsten zu verstehenden Text bietet, soll er als lectio difficilior stehen bleiben. In V 15 bezeugen MT und Vg über P hinaus nach הָאֲדָמָה הַטּוֹבָה ein הַזֹּאת (Vg: hac). Möglicherweise ist es in P ausgefallen, wahrscheinlicher aber ist wohl, dass הַזֹּאת in MT ergänzt wurde und dadurch auch von Vg geboten wird. So ist die Variante von P als kürzere Lesart zu präferieren. In V 18a führt P die beiden Sätze im Vergleich zu MT und Vg in der umgekehrten Reihenfolge auf. Auch hier ist die Lesart von MT beizubehalten, denn P gleicht an die übliche Reihenfolge der Verben לספד und לקבר an, die in MT/Vg an dieser Stelle abweichend bezeugt ist.[379]

Die meisten Unterschiede in der Textüberlieferung lassen sich übersetzungsbedingt erklären, ohne dass sie eine andere Vorlage als einen Text wie MT voraussetzen. Dazu gehört in P in V 2 die Übersetzung von וְהָלַכְתְּ mit ܗܘܠ ܠܟܝ, denn auch wenn es zunächst an Gen 12,1; 22,2 im Hebräischen erinnert, handelt es sich um eine nicht ungewöhnliche Wiedergabe insbesondere von Imperativen oder Kohortativen von ללכת in P.[380] So geben die beiden Übersetzungen einen Hinweis auf ein alternatives Textverständnis. In V 3 wird בְּיָדֵךְ im Syrischen im Plural wiedergegeben (Vg: Singular). In V 4 wird in beiden Übersetzungen versucht, dem Ausdruck קָמוּ עֵינָיו einen Sinn abzugewinnen: Während Vg mit ‚caligaverant‘ (in Dunkel gehüllt sein, blind sein) übersetzt, gibt die syrische Textüberlieferung durch unterschiedliche Punktierung (ܐ oder ܐ) verschiedene Verständnisse wieder, die jedoch beide interpretieren: So wird sowohl ܝܩܪ (schwer sein, niedergedrückt sein, unterdrückt sein) als auch ܝܩܕ (brennen, verbrennen, entzündet sein) geschrieben.[381] In V 5 ergänzt P sinngemäß ܠܗܘܢ nach בָּאָה (Vg entspricht MT), in V 10 ܠܗ vor מָשִׁיתִי (Vg entspricht MT) und in V 11 ܠܗ nach וְהֵמֵת in Anlehnung an den ersten Teilsatz. In V 15 überträgt P das Bild vom „Schilfrohr im Wasser" (so MT und Vg) in die syrische Naturlandschaft und spricht vom „Schilfrohr im Wind" (ܒܪܘܚܐ).[382] In V 16

---

378 Die Bemerkung in BHS zur Stelle, es handele sich um eine Dublette, ist eher literarkritischer Natur und weniger textkritisch geeignet.

379 Vgl. 1Sam 25,1; 28,3; 1Kön 13,29; 14,13; Jer 16,4; 25,33; die umgekehrte Reihenfolge nur in Jer 16,6.

380 Siehe beispielsweise neben der Übersetzung von לֶךְ־לְךָ in Gen 12,1; 22,2 auch die Übersetzung des Imperativs לֵךְ in Gen 26,16; 28,2; Ex 10,28; 2Sam 15,22; 1Kön 2,26 u. ö. oder von וְאֵלְכָה in 2Sam 20,21. Wie die Wendung בְּרַח־לְךָ in Num 24,11 zeigt, die ebenfalls mit ܙܠ ܠܟ übersetzt wird, ist der Sprachgebrauch auch im biblischen Hebräisch nicht unbekannt.

381 Vgl. Peshitta-Version, 51. Dabei scheint es wahrscheinlich, dass diese Änderung innerhalb der syrischen Textüberlieferung unabhängig von der hebräischen geschehen ist, ohne dass jedoch sicher zu klären ist, welche Übersetzung die für P ursprüngliche wäre.

382 Der biblische Sprachgebrauch spricht dafür, dass das Bild von MT ursprünglich ist, in dem immer davon ausgegangen wird, dass קנה am oder im Wasser wächst (vgl. Jes 19,6; 35,7; Hi 40,21

übersetzen P und Vg וְיִתֵּן sinngemäß mit ܡܫܠܚܗܡ bzw. ‚tradet‘. Am Ende von V 18 ergänzt P zur weiteren Charakterisierung Achias zusätzlich zum Textbestand von MT und Vg die Bestimmung ܢܒܠܢܟ.

So lässt sich als Textbestand von 1Kön 14,1–18 Folgendes rekonstruieren:

1 בָּעֵת הַהִיא חָלָה אֲבִיָּה בֶן־יָרָבְעָם:
2 וַיֹּאמֶר יָרָבְעָם לְאִשְׁתּוֹ
קוּמִי נָא
וְהִשְׁתַּנִּית
וְלֹא יֵדְעוּ כִּי־אַתִּי [אַתְּ] אֵשֶׁת יָרָבְעָם
וְהָלַכְתְּ שִׁלֹה
הִנֵּה־שָׁם אֲחִיָּה הַנָּבִיא
הוּא־דִבֶּר עָלַי לְמֶלֶךְ ד/לִמְלֹךְ עַל־הָעָם הַזֶּה:
3 וְלָקַחַתְּ בְּיָדֵךְ עֲשָׂרָה לֶחֶם וְנִקֻּדִים וּבַקְבֻּק דְּבַשׁ
וּבָאת אֵלָיו
הוּא יַגִּיד לָךְ
מַה־יִּהְיֶה לַנָּעַר:
4 וַתַּעַשׂ כֵּן אֵשֶׁת יָרָבְעָם
וַתָּקָם
וַתֵּלֶךְ שִׁלֹה
וַתָּבֹא בֵּית אֲחִיָּה
וַאֲחִיָּהוּ לֹא־יָכֹל לִרְאוֹת
כִּי קָמוּ עֵינָיו מִשֵּׂיבוֹ:
5 וַיהוָה אָמַר אֶל־אֲחִיָּהוּ
הִנֵּה אֵשֶׁת יָרָבְעָם בָּאָה
לִדְרֹשׁ דָּבָר מֵעִמְּךָ אֶל־בְּנָהּ כִּי־חֹלֶה הוּא
כָּזֹה וְכָזֶה תְּדַבֵּר אֵלֶיהָ
וִיהִי כְבֹאָהּ
וְהִיא מִתְנַכֵּרָה:
6 וַיְהִי כִשְׁמֹעַ אֲחִיָּהוּ אֶת־קוֹל רַגְלֶיהָ
בָּאָה בַפֶּתַח
וַיֹּאמֶר
בֹּאִי אֵשֶׁת יָרָבְעָם
לָמָּה זֶּה אַתְּ מִתְנַכֵּרָה
וְאָנֹכִי שָׁלוּחַ אֵלַיִךְ קָשָׁה:
7 לְכִי
אִמְרִי לְיָרָבְעָם
כֹּה־אָמַר יְהוָה אֱלֹהֵי יִשְׂרָאֵל
יַעַן אֲשֶׁר הֲרִימֹתִיךָ מִתּוֹךְ הָעָם
וָאֶתֶּנְךָ נָגִיד עַל עַמִּי יִשְׂרָאֵל:
8 וָאֶקְרַע אֶת־הַמַּמְלָכָה מִבֵּית דָּוִד
וָאֶתְּנֶהָ לָךְ

sowie die häufige enge Verbindung von קנה mit Ägypten in den prophetischen Schriften), während die Verbindung von קנה und רוח lediglich für Ez 42,16–19 bezeugt ist, wo es um Maße geht.

וְלֹא־הָיִיתָ כְּעַבְדִּי דָוִד

אֲשֶׁר שָׁמַר מִצְוֹתַי

וַאֲשֶׁר־הָלַךְ אַחֲרַי בְּכָל־לְבָבוֹ

לַעֲשׂוֹת הַיָּשָׁר בְּעֵינָי:

9 וַתָּרַע

לַעֲשׂוֹת מִכֹּל אֲשֶׁר־הָיוּ לְפָנֶיךָ

וַתֵּלֶךְ

וַתַּעֲשֶׂה־לְּךָ אֱלֹהִים אֲחֵרִים וּמַסֵּכוֹת

לְהַכְעִיסֵנִי

וְאֹתִי הִשְׁלַכְתָּ אַחֲרֵי גַוֶּךָ:

10 לָכֵן

הִנְנִי מֵבִיא רָעָה אֶל־בֵּית יָרָבְעָם

וְהִכְרַתִּי לְיָרָבְעָם מַשְׁתִּין בְּקִיר

עָצוּר וְעָזוּב בְּיִשְׂרָאֵל

וּבִעַרְתִּי אַחֲרֵי בֵית־יָרָבְעָם

כַּאֲשֶׁר יְבַעֵר הַגָּלָל עַד־תֻּמּוֹ:

11 הַמֵּת לְיָרָבְעָם בָּעִיר יֹאכְלוּ הַכְּלָבִים

וְהַמֵּת בַּשָּׂדֶה יֹאכְלוּ עוֹף הַשָּׁמָיִם

כִּי יְהוָה דִּבֵּר:

12 וְאַתְּ

קוּמִי

לְכִי לְבֵיתֵךְ

בְּבֹאָה רַגְלַיִךְ הָעִירָה

וּמֵת הַיָּלֶד:

13 וְסָפְדוּ־לוֹ כָל־יִשְׂרָאֵל

וְקָבְרוּ אֹתוֹ

כִּי־זֶה לְבַדּוֹ יָבֹא לְיָרָבְעָם אֶל־קָבֶר

יַעַן נִמְצָא־בוֹ דָּבָר טוֹב אֶל־יְהוָה אֱלֹהֵי יִשְׂרָאֵל בְּבֵית יָרָבְעָם:

14 וְהֵקִים יְהוָה לוֹ מֶלֶךְ עַל־יִשְׂרָאֵל

אֲשֶׁר יַכְרִית אֶת־בֵּית יָרָבְעָם

זֶה הַיּוֹם וּמֶה גַּם־עָתָּה: (Text unsicher)

15 וְהִכָּה יְהוָה אֶת־יִשְׂרָאֵל

כַּאֲשֶׁר יָנוּד הַקָּנֶה בַּמַּיִם

וְנָתַשׁ אֶת־יִשְׂרָאֵל מֵעַל הָאֲדָמָה הַטּוֹבָה

אֲשֶׁר נָתַן לַאֲבוֹתֵיהֶם

וְזֵרָם מֵעֵבֶר לַנָּהָר

יַעַן אֲשֶׁר עָשׂוּ אֶת־אֲשֵׁרֵיהֶם

מַכְעִיסִים אֶת־יְהוָה:

16 וְיִתֵּן אֶת־יִשְׂרָאֵל בִּגְלַל חַטֹּאות יָרָבְעָם

אֲשֶׁר חָטָא

וַאֲשֶׁר הֶחֱטִיא אֶת־יִשְׂרָאֵל:

17 וַתָּקָם אֵשֶׁת יָרָבְעָם

וַתֵּלֶךְ

וַתָּבֹא תִרְצָתָה

הִיא בָּאָה בְסַף־הַבַּיִת

וְהַנַּעַר מֵת:

18 וַיִּקְבְּרוּ אֹתוֹ

וַיִּסְפְּדוּ־לוֹ כָּל־יִשְׂרָאֵל כִּדְבַר יְהוָה
אֲשֶׁר דִּבֶּר בְּיַד־עַבְדּוֹ אֲחִיָּהוּ הַנָּבִיא:

3.14 1Kön 14,19–20 – Todesnotiz Jerobeams

In der Todesnotiz Jerobeams sind in P zwei Ergänzungen gegenüber MT und Vg
bezeugt, die sich allerdings auch nicht in allen Handschriften von P finden. So
bietet P über MT/Vg hinaus im ersten Satz nach מֶלֶךְ יָרָבְעָם zusätzlich ܒܠ ܝܝܣܡܢܠ und
fügt im zweiten Satz nach וַיִּשְׁכַּב noch Jerobeam namentlich als Subjekt hinzu.
Letzteres kann durch schriftlich-mündliche Überlieferung entstanden sein, ersteres möglicherweise durch einen Einfluss aus 1Kön 11,37. In beiden Fällen ist MT
als kürzere Lesart beizubehalten, sodass sich 1Kön 14,19–20 wie folgt liest:

19 וְיֶתֶר דִּבְרֵי יָרָבְעָם
אֲשֶׁר נִלְחַם
וַאֲשֶׁר מָלָךְ
הִנָּם כְּתוּבִים עַל־סֵפֶר דִּבְרֵי הַיָּמִים לְמַלְכֵי יִשְׂרָאֵל:
20 וְהַיָּמִים אֲשֶׁר מָלַךְ יָרָבְעָם עֶשְׂרִים וּשְׁתַּיִם שָׁנָה
וַיִּשְׁכַּב עִם־אֲבֹתָיו
וַיִּמְלֹךְ נָדָב בְּנוֹ תַּחְתָּיו:

3.15 1Kön 14,21–28 – Rehabeams Regierung

In den letzten beiden Abschnitten des Textkomplexes um die „Reichsteilung"
gehen wieder alle Texttraditionen parallel.

Im ersten Vers dieses Abschnitts (V 21) weist vor allem Ant gegenüber den
anderen Texttraditionen eine textkritisch relevante Lesart auf. So ergänzt er im
ersten Satz in der Angabe über den Herrschaftsbereich Rehabeams den Stamm
Benjamin. Damit entspricht er der griechischen Textbezeugung in 1Kön 12,21–24
sowie der Überlieferung in 3Kgt 12,24u.24x–y LXX. Dass die Erwähnung Benjamins an dieser Stelle in LXX fehlt, ist allerdings ein überzeugender Hinweis
darauf, dass es sich um eine Angleichung handelt, sodass die kürzere Lesart
vorzuziehen ist.[383] Darüber hinaus weist Ant gegenüber LXX zahlreiche andere
Schreibungen auf, die jedoch keinen Einfluss auf die Frage nach dem ursprüng-

---

383 Cogan, 1Kings, 385, weist zudem darauf hin, dass Benjamin auch in den späteren Königsnotizen nicht erwähnt wird.

lichen Text haben.[384] P bietet am Versende eine von den übrigen Textzeugen abweichende Satzstellung und zieht zieht מִכֹּל שִׁבְטֵי יִשְׂרָאֵל unmittelbar zwischen אֲשֶׁר־בָּחַר יְהוָה und לָשׂוּם אֶת־שְׁמוֹ שָׁם, doch dies dürfte wohl eine Angleichung an dtn-dtr Sprachgebrauch sein.[385]

In V 22 bezeugen MT, P und Vg וַיַּעַשׂ יְהוּדָה, LXX/Ant dagegen καὶ ἐποίησε(ν) Ροβοαμ. Bemerkenswerterweise fehlt in 2Chr 12,14 ein explizit genanntes Subjekt. So ist hier wohl davon auszugehen, dass dieses auch in 1Kön 14,22 gefehlt hat, bis es in unterschiedlichen Texttraditionen unterschiedlich ergänzt worden ist.[386] Als Folge dieser differierenden Ergänzungen erscheinen die Numeri bei וַיְקַנְאוּ bzw. καὶ παρεζήλωσεν sowie dem sich darauf beziehenden Suffix bzw. Personalpronomen bei אֲבֹתָם und οἱ πατέρες αὐτοῦ unterschiedlich.[387] So stellt sich die Frage nach dem nicht ausgesprochenen Subjekt von וַיַּעַשׂ am Versanfang und den ebenfalls im Anschluss daran nicht mehr explizit erwähnten Subjekten der nachfolgenden Sätze im selben Vers. Diese Frage ist allerdings nicht ohne V 23 zu beantworten und überschreitet wohl auch die Grenze der Textkritik hin zur Literarkritik. In V 23 ist auffällig, dass sowohl in der hebräischen als auch in der griechischen Text-überlieferung die Verben im Plural überliefert sind, ohne dass auch hier ein Subjekt namentlich genannt wird. So legt es sich nahe, davon auszugehen, dass in V 22 ein Perspektivenwechsel stattfindet: Nachdem in V 21 Rehabeam im Fokus war, wechselt dieser in V 23 – 24 klar erkennbar auf das Volk. Da das Volk jedoch nicht eingeführt wird, ist anzunehmen, dass innerhalb von V 22 eine Nahtstelle vorliegt. Die Frage ist nur, wo sie verläuft. Die wahrscheinlichste Lösung ist wohl, dass sich der Satz וַיַּעַשׂ הָרַע בְּעֵינֵי יְהוָה noch auf Rehabeam bezieht, V 22b dagegen bereits auf das Volk. Das würde plausibel erklären, warum hier so selbstver-ständlich auf die Sünden der Vorfahren rekurriert werden kann, die dann noch weit überboten werden – im Blick auf Rehabeam wäre dies nur schwer ver-ständlich. So ist die Lesung von MT als Kennzeichen literarischen Wachstums

---

384 So bezeugt Ant ἐτῶν statt ἐνιαυτῶν, ἑπτὰ καὶ δέκα statt δέκα ἑπτά (entspricht der Reihenfolge in MT), ἐν ᾗ ἐξελέξατο statt ἣν ἐξελέξατο. Fehlerhaft ist zweifellos seine Überlieferung des Na-mens Naama als Ναανά. Ms B bietet Μααχάμ, nach Bösenecker, LXX.E, 928, ein Einfluss aus 1Kön 15,2 (und nicht 15,10.13).

385 Vgl. Dtn 12,5; 18,5; 1Kön 8,16; 2Kön 21,7; dagegen 1Kön 11,36 ohne die Wendung מִכֹּל שִׁבְטֵי יִשְׂרָאֵל.

386 So auch Noth, 1Könige, 323, und DeVries, 1Kings, 183. Die Behauptung, dass MT die schwierigere Lesart biete, wie sie Turkanik, Kings and Reigns, 165, anführt, lässt sich nur aufrecht erhalten, wenn man die folgenden Verse außer Acht lässt, in denen beide Versionen die Verben im Plural bieten, sodass sich das Problem des Numeruswechsels nur verschiebt, aber nicht löst. Hier zeigt sich explizit das seiner ganzen Arbeit zugrunde liegende Problem, dass er davon ausgeht, dass LXX eine tendenziöse Übersetzung des MT biete.

387 Die Bezeugung ἐν πάσαις ταῖς ἁμαρτίαις αὐτῶν in Ant geht wohl auf eine Ergänzung aus der vorhergehenden Wendung καὶ παρεζήλωσεν αὐτὸν ἐν πᾶσιν, οἷς ἐποίησαν zurück.

beizubehalten und die Singularformen in LXX/Ant als Ausdruck des Missverständnisses zu sehen, dass sich der Inhalt des ganzen V 22 auf Rehabeam beziehe.[388] Problematisch ist in V 22 noch die Bezeugung von מִכֹּל in MT, dem sowohl in LXX/Ant als auch in P und Vg wahrscheinlich בכל gegenübersteht sowie damit zusammenhängend die Lesung von בְּחַטֹּאתָם nach MT bzw. בְּחַטֹּאתָם mit ו nach LXX/Ant/P/Vg. Beides hängt miteinander zusammen. Während MT eine Steigerung der „Sündhaftigkeit" zum Ausdruck bringen möchte und sich das Suffix in בְּחַטֹּאתָם auf die Väter bezieht („Und sie machten ihn eifernd, mehr als alle ihre Vorfahren getan hatten mit ihrer Sünde, die sie begangen haben."), bezeichnen die übrigen Textzeugen die Art und Weise der „Sündhaftigkeit" des Volkes und verstehen unter der Sünde die des Volkes selber („Und sie machten ihn eifernd mit alldem, was ihre Vorfahren getan hatten, und mit ihren (eigenen) Sünden, die sie begingen."). Ersteres entspricht dtr Sprachgebrauch,[389] was je nach Argumentationsziel für oder gegen diese Lesart ausgewertet werden kann. Nun spräche die starke äußere Bezeugung für die Lesart בכל und ובחטאתם, ein möglicher literarischer Zusammenhang dieser Aussage mit anderen Texten in 1–2Kön jedoch für מִכֹּל und בְּחַטֹּאתָם ohne ו – eine Frage, die angesichts der geringen textlichen Veränderungen, die ihr zugrunde liegen, nicht zu klären ist, sodass beide Aussagen Berücksichtigung finden müssen.[390]

In V 23 fehlt für גַּם־הֵמָּה ein Äquivalent in LXX/Ant. Es ist zwar möglich, dieses Fehlen darauf zurückzuführen, dass nach LXX/Ant erst an dieser Stelle der Wechsel zum Plural erfolgt und sich dieser auf die Väter Rehabeams beziehe,[391] wahrscheinlicher erscheint allerdings, dass es sich in MT um eine Glosse handelt, die so fremd im Satz steht, dass auch P sie anders platziert, denn schließlich wäre sie auch in MT verzichtbar. Möglicherweise ist sie mit derselben Bearbeitung, die Juda in V 22 eingefügt hat, in den Text gelangt, um noch einmal den in V 22 vollzogenen Subjektwechsel zu akzentuieren.[392]

In V 24 liegt demgegenüber in der Übersetzung von LXX/Ant ein klar ersichtlicher Fehler vor, wenn קָדֵשׁ mit σύνδεσμος übersetzt wird, was קשר voraus-

---

388 Vgl. Noth, 1Könige, 323f, der ebenfalls von einem Übergang in V 22 spricht und MT als ursprünglich beibehalten möchte, jedoch nicht von einer Nahtstelle ausgeht, sondern es auf der textimmanenten Ebene belässt (auch in seiner Kommentierung).

389 Vgl. 1Kön 16,25.30.33; 2Kön 21,11.

390 Bösenecker, LXX.E, 928, sieht MT als Vorlage, nennt aber keine Gründe.

391 So Bösenecker, LXX.E, 928f.

392 Die Akzentuierung sieht auch Montgomery, Kings, 273, schließt dann allerdings daraus, dass es sich um einen ursprünglichen Textbestand handele.

setzt. Doch dafür gibt es keinen Anhalt im Kontext, sondern es liegt schlicht eine Buchstabenvertauschung von ד und שׁ sowie eine Verlesung von ד und ר vor.[393]

In V 25 lesen MT, P und Vg לַמֶּלֶךְ sowie LXX/Ant βασιλεύοντος. Auffällig ist, dass in 2Chr 12,2 der Text im Hebräischen identisch überliefert ist und hier sowohl MT als auch LXX/Ant der Lesung von 1Kön 14,25 MT entsprechen. So ist für LXX/Ant in 1Kön 14,25 mit לִמְלֹךְ eine alternative Lesart vorgeschlagen worden,[394] was mit nur einem geringen Eingriff in den Textbestand ermöglicht, beim Konsonantentext von MT zu bleiben, weil es sich dann nur um eine unterschiedliche Lese- bzw. Aussprachetradition handelt. Doch zeigt eine Durchsicht in 1–2Kön, dass das Partizip von βασιλεύω auch in 1Kön 4,1 und 2Kön 8,13 zur Übersetzung von מֶלֶךְ benutzt wird. Hinzu kommt, dass der Titel im Textkomplex 1Kön 11–14 häufiger vorangestellt wird (vgl. 12,18; 14,27). So ist es durchaus plausibel, bei der Lesart von MT zu bleiben, auch ohne für LXX/Ant eine abweichende Lesung anzunehmen. Dies ist wohl wahrscheinlicher, als für die ersten beiden Könige im Nord- und im Südreich eine andere Lesung vorauszusetzen als in den sonstigen Datierungsformularen in 1–2Kön.[395]

In V 26 bieten LXX/Ant über MT, P und Vg hinaus ein πάντας vor der Erwähnung der Tempelschätze. Doch MT ist wohl als kürzere Lesart beizubehalten. Wichtiger ist jedoch das textliche Mehr in LXX/Ant in der Versmitte (καὶ τὰ δόρατα τὰ χρυσᾶ, ἃ ἔλαβεν Δαυιδ ἐκ χειρὸς τῶν παίδων Αδρααζαρ βασιλέως Σουβα καὶ εἰσήνεγκεν αὐτὰ εἰς Ιερουσαλημ). Es stellt aller Wahrscheinlichkeit nach eine Eintragung dar, die dazu dient, einen Querbezug zu 2Sam 8,7 herzustellen, sodass auch hier die Bezeugung von MT als kürzere Lesart vorzuziehen ist.[396] Dass an diesem Vers aber insgesamt lange gearbeitet worden ist, zeigt auch die Bezeugung von P, die וְאֶת־הַכֹּל לָקַח nicht bietet, wohingegen LXX diesen Satzteil zu kennen scheint (τὰ πάντα ἔλαβεν), dann jedoch wiederum anders fortfährt als MT, indem sie ὅπλα τὰ χρυσᾶ als Apposition anhängt. Ant schließt dagegen den Ausdruck ὅπλα τὰ χρυσᾶ mit καὶ τά an und bietet am

---

393 So auch Bösenecker, LXX.E, 929; Tov, Textcritical Use, 142; DeVries, 1Kings, 183. Dagegen Sweeney, I & II Kings, 187, der in LXX/Ant eine „interpretive rendition of the problematic qādēš" erkennt, ohne weiter darauf einzugehen. Abwegig ist die Behauptung Montgomerys, auch σύν-δεσμος hätte eine sexuelle Konnotation und würde deshalb קָדֵשׁ inhaltlich entsprechen.

394 Vgl. BHS zur Stelle.

395 Neben 1Kön 14,25 für Rehabeam findet sich dasselbe textkritische Problem in 1Kön 15,1 zu Jerobeam.

396 Bösenecker, LXX.E, 929, weist zudem auf weitere Veränderungen hin, die jedoch für die Frage nach dem ursprünglichen Text keinen weiteren Beitrag leisten, für die Septuagintaforschung jedoch insofern relevant sind, als sie zu der Annahme führen, dass der Eintrag hier gegenüber dem in 2Sam 8,7 sekundär ist (vgl. ebd.). DeVries, 1Kings, 184, bezeichnet die Ergänzung als „independant midrash", doch wird damit die Gattung Midrasch zu sehr gedehnt, als dass es sinnvoll erscheint, die kurze Passage als etwas anderes als einen Querverweis zu bezeichnen.

Versende analog zu MT ἃ ἐποίησε Σολομῶν. Vg folgt im Wesentlichen MT, zeigt aber auch eine große Nähe zu Ant. Sie bietet ebenfalls וְאֶת־הַכֹּל לָקָח (et universa diripuit), schließt dann aber mit ‚scuta quoque aurea quae fecerat Salomon' an, setzt also ואת שלמה עשה אשר זהב מגני voraus, somit keinen neuen Satzanfang wie וַיִּקַּח אֶת־כָּל־מָגִנֵּי הַזָּהָב in MT, und entspricht darin der Bezeugung von Ant. Zudem lässt sie כָּל aus (wie LXX und Ant). So legt es sich nahe, von folgenden Bausteinen auszugehen: Die Wendung וְאֶת־הַכֹּל לָקָח stand im ursprünglichen Text; dies legt die Bezeugung von LXX, Ant und Vg nahe, während es in P durch die Doppelung mit וַיִּקַּח אֶת־כָּל־מָגִנֵּי הַזָּהָב ausgelassen wurde. Im Anschluss daran fand sich eine Notiz über die goldenen Schilde, möglicherweise war sie wie in Ant und Vg durch ein „und" an וְאֶת־הַכֹּל לָקָח angeschlossen. Ob wiederum im Anschluss daran die Notiz אֲשֶׁר עָשָׂה שְׁלֹמֹה ursprünglich war oder nicht, lässt sich nicht mehr mit Sicherheit feststellen. Für die Ursprünglichkeit spricht die gesamte Textbezeugung außer LXX. Andererseits hat sich LXX im Textkomplex von 1Kön 11-14 häufig als alte Lesart erwiesen, und es ist ebenfalls möglich, dass אֲשֶׁר עָשָׂה שְׁלֹמֹה durch die inhaltliche und wortgleiche Parallele in 2Kön 24,13 hier einge-tragen worden ist[397] Das כָּל ist in jedem Fall zu streichen.

In V 27 bieten LXX/Ant eine merkwürdige Übersetzung, in der das Objekt in MT, שָׂרֵי הָרָצִים, zum Subjekt wird (οἱ ἡγούμενοι τῶν παρατρεχόντων) und dementspre-chend auch das Verb im Plural steht. Dabei handelt es sich jedoch klar erkennbar um ein Missverständnis, sodass bei MT zu bleiben ist.[398] Bemerkenswert ist noch, dass Ant am Versende nicht בֵּית הַמֶּלֶךְ bzw. οἴκου τοῦ βασιλέως, sondern οἴκου Κυρίου liest. Möglicherweise handelt es sich um einen Einfluss aus 2Kön 24,13 wie schon im Vers davor oder aus dem nachfolgenden V 28, in dem davon berichtet wird, dass die Schilde zum Einsatz kamen, wenn der König in den Tempel ging.

In V 28 stellen sich keine wesentlichen textkritischen Probleme. Wahr-scheinlich ist in MT vor יְשָׂאוּם ein ו ausgefallen, das noch LXX/Ant bezeugen. Die Übersetzung von תָּא mit ܒܒܐ in P beruht wohl auf dem Versuch einer Verdeutli-chung. Dass der Ausdruck nicht mehr verstanden wurde, zeigt auch die Bezeu-gung von LXX/Ant: Hier wird jedoch der umgekehrte Weg gewählt und nicht übersetzt, sondern transkribiert.[399]

So lässt sich für den Abschnitt 1Kön 14,21–28 folgender Text rekonstruieren:

21 וּרְחַבְעָם בֶּן־שְׁלֹמֹה מָלַךְ בִּיהוּדָה
בֶּן־אַרְבָּעִים וְאַחַת שָׁנָה רְחַבְעָם בְּמָלְכוֹ
וּשֶׁבַע עֶשְׂרֵה שָׁנָה מָלַךְ בִּירוּשָׁלַ͏ִם

---

397 Bösenecker, LXX.E, 929, geht einseitig von „Textverlusten in der LXX" aus, ohne Alternativen in Betracht zu ziehen.

398 Vgl. auch Bösenecker, LXX.E, 929.

399 Zur innergriechischen Differenz in der Transkription vgl. Rahlfs, Lucians Rezension, 202.

הָעִיר אֲשֶׁר־בָּחַר יְהוָה
לָשׂוּם אֶת־שְׁמוֹ שָׁם
מִכֹּל שִׁבְטֵי יִשְׂרָאֵל
וְשֵׁם אִמּוֹ נַעֲמָה הָעַמֹּנִית׃
22 וַיַּעַשׂ הָרַע בְּעֵינֵי יְהוָה
וַיְקַנְאוּ אֹתוֹ
מִכֹּל|בכל אֲשֶׁר עָשׂוּ אֲבֹתָם
בְּחַטֹּאתָם|ובחטאתם אֲשֶׁר חָטָאוּ׃
23 וַיִּבְנוּ לָהֶם
בָּמוֹת וּמַצֵּבוֹת וַאֲשֵׁרִים
עַל כָּל־גִּבְעָה גְבֹהָה
וְתַחַת כָּל־עֵץ רַעֲנָן׃
24 וְגַם־קָדֵשׁ הָיָה בָאָרֶץ
עָשׂוּ כְּכֹל הַתּוֹעֲבֹת הַגּוֹיִם
אֲשֶׁר הוֹרִישׁ יְהוָה מִפְּנֵי בְּנֵי יִשְׂרָאֵל׃
25 וַיְהִי בַּשָּׁנָה הַחֲמִישִׁית לַמֶּלֶךְ רְחַבְעָם
עָלָה שׁוּשַׁק [שִׁישַׁק] מֶלֶךְ־מִצְרַיִם עַל־יְרוּשָׁלָם׃
26 וַיִּקַּח אֶת־אֹצְרוֹת בֵּית־יְהוָה
וְאֶת־אוֹצְרוֹת בֵּית הַמֶּלֶךְ
וְאֶת־הַכֹּל לָקָח
ואת־מָגִנֵּי הַזָּהָב
(אֲשֶׁר עָשָׂה שְׁלֹמֹה)׃
27 וַיַּעַשׂ הַמֶּלֶךְ רְחַבְעָם תַּחְתָּם מָגִנֵּי נְחֹשֶׁת
וְהִפְקִיד עַל־יַד שָׂרֵי הָרָצִים
הַשֹּׁמְרִים פֶּתַח בֵּית הַמֶּלֶךְ׃
28 וַיְהִי מִדֵּי־בֹא הַמֶּלֶךְ בֵּית יְהוָה
(וּ)יִשָּׂאוּם הָרָצִים
וֶהֱשִׁיבוּם אֶל־תָּא הָרָצִים׃

3.16 1Kön 14,29 – 31 Todesnotiz Rehabeams

In diesem Abschnitt zeigen sich nur in V 31 textkritisch relevante Differenzen. So lässt P im Unterschied zu allen anderen Texttraditionen die Wendung עִם־אֲבֹתָיו aus. Das kann entweder eine Angleichung an 2Chr 12,16 oder eine Auslassung durch Parablepsis sein, die durch die Häufung und die graphische Nähe der Buchstaben ב, ר und ע entstanden ist.[400] Bemerkenswerter ist das Fehlen von וְשֵׁם

---

400 Noth, 1Könige, 324, geht dagegen davon aus, dass dieses Fehlen ursprünglich ist, weil sich dieser Ausdruck weder in 2Chr 12,16 noch sonst in diesen Formularen findet. Doch müsste man dann erklären, wie diese Ergänzung einerseits so früh geschehen ist, dass sie in LXX und Ant bezeugt ist, andererseits aber nicht in P erscheint. Darüber hinaus stellt sich die Frage, wie es zu einem späteren Eintrag gerade gegen die Masse der anderen Bezeugungen dieses Formulars gekommen sein sollte.

אָמּוֹ נַעֲמָה הָעַמֹּנִית in LXX, Ant und P (Vg folgt MT). Damit handelt es sich bei diesem Satz sehr sicher um einen Zusatz in MT, der möglicherweise aus 1Kön 14,21 hier eingetragen worden ist.[401]

So ergibt sich für den Abschnitt 1Kön 14,29 – 31 folgender rekonstruierter Text:

29 וְיֶתֶר דִּבְרֵי רְחַבְעָם
וְכָל־אֲשֶׁר עָשָׂה
הֲלֹא־הֵמָּה כְתוּבִים עַל־סֵפֶר דִּבְרֵי הַיָּמִים לְמַלְכֵי יְהוּדָה:
30 וּמִלְחָמָה הָיְתָה בֵין־רְחַבְעָם וּבֵין יָרָבְעָם כָּל־הַיָּמִים:
31 וַיִּשְׁכַּב רְחַבְעָם עִם־אֲבֹתָיו
וַיִּקָּבֵר עִם־אֲבֹתָיו בְּעִיר דָּוִד
וַיִּמְלֹךְ אֲבִיָּם בְּנוֹ תַּחְתָּיו:

3.17 Zusammenfassende Bemerkungen

An der Fall-für-Fall-Besprechung der textlichen Abweichungen, aber auch an den vielen Abschnitten, die in nur einer Texttradition bezeugt werden, wurde deutlich, wie unterschiedlich und vielfältig die Textüberlieferung geschehen ist. Dies spricht dafür, dass sehr lange an diesem Textkomplex gearbeitet worden ist und jede Texttradition für sich nur einen Ausschnitt des Ganzen darstellt – und macht darüber hinaus wahrscheinlich, dass selbst die bekannte Textüberlieferung ihrerseits wiederum nur einen Ausschnitt des Ganzen bietet.

Insgesamt hat sich gezeigt, dass MT und LXX zwei gleichberechtigt zu berücksichtigende Repräsentanten darstellen. Keine von beiden Texttraditionen überliefert den ursprünglichen Text; beide geben zu erkennen, dass auch an ihren Texten jeweils weiter gearbeitet wurde. Dennoch kommen sie beide als alte und verlässliche Texte in Frage. Ant jedoch bietet in 1Kön 11 – 14 einen Text, der vielfältige Bearbeitungsspuren aufweist und im Unterschied zu den Abschnitten in 1 – 2Kön, die der καιγε-Rezension unterliegen, hier nicht den höheren Stellenwert beanspruchen kann. So steht er phasenweise auf derselben Stufe wie P und Vg, die in der Regel lediglich als Entscheidungshilfen und nur selten für die Frage nach

---

401 Turkanik, Kings and Reigns, 167, spricht von einer „slightly confused presentation of Rehoboam in G", weil LXX in V 21 die Mutter Rehabeams nenne, aber in V 31 auslasse. So ist für ihn plausibel, dass MT ursprünglich sei. Doch kann Turkanik damit nicht das Fehlen in P erklären – was allerdings auch vollkommen außerhalb seines Blickfeldes liegt. Noth, 1Könige, 324, spricht ebenfalls von einem „Versehen", jedoch von einem Versehen in MT, und nimmt LXX als ursprüngliche Lesart an.
Zu den Namensvarianten für den Sohn Rehabeams siehe Noth, 1Könige, 324, und Bösenecker, LXX.E, 929.

dem ursprünglichen Text als dessen Repräsentanten in Betracht kommen. Dabei geben auch sie zu erkennen, wie unterschiedlich und auch wie lange am Text von 1Kön 11 – 14 gearbeitet wurde.

Bemerkenswert ist, dass es immer wieder Einzelfallentscheidungen gibt, die offen bleiben müssen, weil sie mit den herkömmlichen Mitteln der Textkritik nicht zu erklären sind. Hier hat sich das offenere Modell der schriftlich-mündlichen Überlieferung als hilfreich erwiesen, in dem mit mehreren Überlieferungssträngen gleichzeitig gerechnet werden kann und muss, ohne eben auf eine ursprüngliche Variante rückschließen zu können. Mit dem nun vorliegenden Text soll im folgenden Kapitel der Frage nach der literarischen Entstehung des Abschnitts 1Kön 11 – 14 nachgegangen werden.

4 Der Text von 1Kön 11–14 und seine Erzählungen

4.1 1Kön 11,1–3 MT || 3Kgt 11,1–2 LXX – Salomo liebt viele Frauen

Der kurze Abschnitt von 1Kön 11,1–3 MT || 3Kgt 11,1–2 LXX schließt unmittelbar an die Auflistung und Darstellung der Reichtümer und Leistungen Salomos in 1Kön 10,14–29 an. Durch den Nominalsatz in V 1 ist der Neuanfang jedoch deutlich markiert. Zudem wechselt der Ton der Erzählung. Was im Zusammenhang mit Kap. 10 und angesichts der Heiratspolitik altorientalischer Königshöfe positiv erscheint – die in den verschiedenen Texttraditionen an unterschiedlicher Position überlieferte Notiz zur Anzahl und zur gesellschaftlichen Stellung der Frauen Salomos enthält keinerlei negative Konnotation und ist zweifellos in diesem Sinne positiv zu verstehen –, erhält im ersten Satz einen negativen Beigeschmack durch das Verb לאהב. Denn heißt es von Salomo in 1Kön 3,3 noch וַיֶּאֱהַב שְׁלֹמֹה אֶת־יְהוָה, wird nun diese Liebe für die Liebe zwischen Mann und Frau gebraucht. Dies ist in 1–2Kön singulär, und angesichts der Verwendung des Begriffs in 1–2Kön[402] legt es sich nahe, von einer bewussten Rahmung der Salomo-Erzählung 1Kön 3–11 auszugehen, die die Abwendung Salomos von Gott zum Ausdruck bringen soll.[403] Im Unterschied zu V 4 ist die Bemerkung in V 1 nicht datiert, sodass nichts über Zeitpunkt und Dauer dieser Liebe gesagt ist. Auf diese Weise gibt der erste Satz in V 1 der gesamten Herrschaft Salomos im Rückblick einen faden Beigeschmack.[404]

In den beiden Texttraditionen unterschiedlich dargestellt wird die Frage nach der Fremdheit der Frauen. Während sie in MT bereits von Anfang an als fremde Frauen bezeichnet werden, spricht die LXX-Tradition zunächst nur von vielen Frauen und führt erst dann an, dass Salomo auch fremde Frauen heiratete. Auf den ersten Blick könnte man darin eine Abschwächung der Verurteilung Salomos

---

402 In 1–2Kön ist לאהב fünf Mal bezeugt, ist allerdings auffällig auf die Salomo-Erzählung 1Kön 3–11 beschränkt. So liebt Salomo in 1Kön 3,3 Gott, in 1Kön 5,15 bezeichnet לאהב die Freundschaft Chirams zu David, in 1Kön 10,9 die Liebe Gottes zu Israel und in 1Kön 11,1–2 die Liebe Salomos zu Frauen.

403 Vgl. auch O'Brien, Deuteronomistic History, 162, dessen Analyse zwar nicht auf der textgenetischen, wohl aber auf der literarischen Ebene zutreffend ist, und der eine parallele Darstellung von Aufstieg und Fall Salomos herausgearbeitet hat.

404 Eine Trennung zwischen V 3 und V 4 wird in der Regel nicht vorgenommen. Zumeist wird sogar V 1–13 als Einheit behandelt. Doch zeigt der oben genannte Unterschied zwischen V 1–3 und V 4, dass eine solche Zäsur sinnvoll ist. Walsh, 1Kings, 133 f, unterstützt dies für MT, indem er für dessen Textversion Strukturen der beiden Einheiten von V 1–3 und V 4–8 aufzeigt.

sehen,[405] doch ist dies aufgrund des oben genannten Zusammenhangs mit 1Kön
3,3 eher unwahrscheinlich. Vielmehr ist wohl davon auszugehen, dass die der LXX-
Texttradition zugrunde liegende Überlieferung eine Zweistufigkeit bieten möchte
und auf diese Weise der ursprünglichen Unabhängigkeit des Satzes וַיְהִי־לוֹ נָשִׁים
שָׂרוֹת שְׁבַע מֵאוֹת וּפִלַגְשִׁים שְׁלֹשׁ מֵאוֹת Rechnung trägt, denn in diesem ist von der
Fremdheit der Frauen Salomos keine Rede. Einig sind sich die Texttraditionen
allerdings wieder in der Verurteilung der Verbindung mit den fremden Frauen.
Dazu führen sie eine Erinnerung an ein Gebot an, nach dem der zu enge Kontakt
mit fremden Völkern untersagt werde, damit sie (die Völker, nicht die Frauen!)
nicht das Herz der Israeliten anderen Göttern zuwenden. Dadurch wird der allzu
enge Kontakt mit anderen Völkern als ein religiöses Risiko eingestuft. Da in
ähnlichen Gebotstraditionen durchaus konkret von Heiratsverboten die Rede
ist,[406] muss dieses hier nicht zwingend vorausgesetzt werden, sodass es eigentlich
um verbotene enge Kulturkontakte geht. Dies wird auch gestützt durch die Verwendung von בָּהֶם im Schlusssatz der Gebotserinnerung, denn die maskuline Form
schließt an הַגּוֹיִם an und nicht an die fremden Frauen. MT hält dann im Anschluss
die Gebotserinnerung und den von ihm an dieser Stelle erwähnten Satz וַיְהִי־לוֹ נָשִׁים
שָׂרוֹת שְׁבַע מֵאוֹת וּפִלַגְשִׁים שְׁלֹשׁ מֵאוֹת fokussierend und im Sinne des Verfassers präzisierend fest, dass es im konkreten Fall die Frauen waren, die Salomos Herz
abwandten. Dagegen belässt es der der LXX zugrunde liegende Text bei der
Feststellung, dass Salomo sich zu diesen fremden Völkern hingezogen fühlte –
und hält die Rolle der Frauen dabei offen. Doch stellt sich in beiden Texttraditionen durch das בָּהֶם die Frage, ob nicht Salomo nur deshalb die Frauen geheiratet
hat, weil er bereits die Kontakte zu ihren Völkern hatte.[407]

Im Blick auf die Frage nach der Textentstehung haben sich bereits in Kapitel 3.1 angesichts der Textüberlieferung text- und literarkritische Überlegungen
überschnitten. Es wurde deutlich, dass in diesem Abschnitt zwei Überlieferungen
zusammenkamen.[408]

Die eine von beiden ist die in der Textüberlieferung an unterschiedlichen
Stellen platzierte Notiz über die Vielzahl von Salomos Frauen: וַיְהִי־לוֹ נָשִׁים שָׂרוֹת שְׁבַע
מֵאוֹת וּפִלַגְשִׁים שְׁלֹשׁ מֵאוֹת (V 3a MT ‖ V 1aβ LXX). Sie gehörte wahrscheinlich ur-

405 Vgl. van Keulen, Two Versions, 209.
406 Vgl. beispielsweise Dtn 7,2–4; 23,4–9 oder die Maßnahmen in Esr 10. Siehe dazu auch unten.
407 Alternativ ist allerdings auch in Erwägung zu ziehen, dass sich בָּהֶם auf die fremden Götter
beziehen könnte, wie Walsh, 1Kings, 135, aufzeigt.
408 Die Textüberlieferung spricht gegen die Annahme eines einheitlichen Textes, wie sie in
Untersuchungen vertreten wird, die ausschließlich auf dem hebräischen Text fußen: Noth,
Überlieferungsgeschichtliche Studien, 71, der mit zahlreichen anderen nach ihm V 1–13 insgesamt
Dtr zuweist. Zudem werden dabei die unterschiedlichen Tendenzen im Text nicht berücksichtigt.

sprünglich zu einer Überlieferung der von Salomo besessenen Reichtümer und Erwerbungen, die in den biblischen Erzählungen einen Niederschlag in 1Kön 10,14–29 gefunden hat (vgl. die Formulierung in 10,26).[409] Dabei ist diese Liste – und mit ihr auch dieser Satz – zweifellos positiv gemeint gewesen:[410] Salomo war ein bedeutender König und besaß einen angemessenen Harem.[411] Bemerkenswerterweise scheint dabei das Thema Fremdheit keine Rolle zu spielen.[412] So könnte dieser Satz ungewollt eine historische Aussage machen: Salomo besaß zwar einen Harem, doch dieser bestand ausschließlich aus „Inländerinnen". Denn unabhängig von der Frage, ob sich שרות als Angabe über die soziale Stellung der Frauen auf die Zeit vor oder nach der Hochzeit mit Salomo bezieht,[413] kommt das Thema der Herkunft nicht auf.

Dies wird erst durch den um den Satz וַיְהִי־לֹו נָשִׁים שָׂרֹות שְׁבַע מֵאֹות וּפִלַגְשִׁים שְׁלֹשׁ מֵאֹות gelegten Text aufgeworfen, der seinerseits im Großen und Ganzen in sich

---

409 1Kön 10,14–29 verbindet sehr unterschiedliche literarische Formen miteinander. Ob dem Text ursprünglich einmal eine Liste zugrunde lag oder eine anders geartete Überlieferung, in der Salomos Reichtümer zusammengefasst worden sind, muss offen bleiben. In keinem Fall ist sie jedoch negativ zu verstehen, wie auch Noth, 1Könige, 247 f, zu Recht herausgestellt hat. Auch Spieckermann, Juda, 192, rechnet den Satz einer alten „Quellennotiz" zu, die er dann von Dtr in dessen Sinne platziert sieht. Er rechnet allerdings noch den Einleitungssatz in 11,1 dieser Notiz zu.

410 Siehe auch Montgomery, Kings, 235, sowie sein voranstehender kurzer Durchgang durch die „Geschichte des Harems" (a.a.O., 234 f) und de Vaux, Lebensordnungen, 187–190.

411 So auch O'Brien, Deuteronomistic History, 161, lediglich in einer Fußnote, obwohl diese Frage gegenüber der weiteren Textbearbeitung eine bedeutende Rolle spielt; Wiseman, Kings, 134 f, der zudem darauf hinweist, dass Polygamie erlaubt gewesen ist. Sweeney, Critique, 611, betrachtet 1Kön 10,14–29 dagegen als vor dem Hintergrund von Dtn 17 formuliert und deutet es deshalb als Kritik an Salomo. Doch lässt sich 10,14–29 wohl eher von seinem engeren Kontext 10,1–13 her verstehen als von 11,1–13 oder gar von Dtn 17; zudem fügt sich eine positive Deutung wesentlich besser in den altorientalischen Kontext ein.

412 Zwar könnte inhaltlich die Liste der Volkszugehörigkeiten der Frauen Salomos ebenfalls dazugehört haben – sie wäre dann ebenfalls positiv zu verstehen, indem sie die internationalen Beziehungen Salomos darstellen sollte –, doch ist das angesichts der Textüberlieferung unwahrscheinlich, denn die Liste schließt sich weder unmittelbar an den Satz an, noch scheint sie mit ihm überliefert worden zu sein.

413 Möglich wäre, dass mit dem Begriff שרות die soziale Herkunft der Frauen bezeichnet würde, doch hat Cogan, 1Kings, 326 f, die Bezeichnung שרות wohl zu Recht auf ihren Stand nach der Hochzeit bezogen. Noth, 1Könige, 241, und Würthwein, 1Könige, 133, verstehen darunter die „offiziellen" Frauen.

Zum Ausdruck פלגש siehe Rabin, Pīlegeš, der verschiedene Etymologien vorstellt und schließlich für eine Ableitung aus dem Philistäischen mit einer Bedeutung als Konkubine plädiert, und die ausführliche Studie von Davidovich, Mystery, der eine פלגש als eine gegenüber den נשים nachgeordnete, aber dennoch innerhalb des königlichen Harems in einer hohen Position befindliche Frau herausstellt (a.a.O., 191). Dabei gibt er jedoch auch zu bedenken, dass der Begriff פלגש innerhalb des AT nicht einheitlich verwendet wird (a.a.O., 193–195).

geschlossen ist, allerdings an seinen Rändern Bearbeitungsspuren aufweist. Die Aussageabsicht besteht darin, anhand eines Gebots zu zeigen, dass sich Salomo durch seine Frauen an fremde Völker gehalten habe, mit denen der Umgang verboten sei. Im Zentrum steht dieses Gebot (V 2), das gemeinsam mit dem Einleitungssatz und der Applikation auf Salomo in V 2b eine Einheit darstellt, weil sich בָּהֶם nur auf הַגּוֹיִם und nicht auf die Frauen beziehen kann.[414] Salomo hatte sich also aus Sicht des Erzählers an fremde Völker „angehängt" (דָּבַק). Was zunächst abstrakt ist, wird für ihn an den Eheschließungen mit den „ausländischen" Frauen konkret. Dabei ist der Rückgriff auf das angeführte Gebot insofern bemerkenswert, als sich ein solches in keiner der erhaltenen Rechtsüberlieferungen findet. Zwar würde sich Dtn 23,4–9 nahelegen, doch sind zum einen die Überschneidungen gering und zum anderen die Beurteilungen der erwähnten Völker dort unterschiedlich und keinesfalls durchweg negativ. Allenfalls Dtn 7,2–4 könnte einen adäquaten Bezugspunkt darstellen,[415] doch geht es in 1Kön 11 wohl kaum um Völker im Land, sondern eher um die internationalen Beziehungen Salomos. So stellt sich die Frage, ob in 1Kön 11,2 eine Gebotstradition zitiert wird, die entweder keine Aufnahme in die im Pentateuch enthaltenen Rechtskorpora gefunden hat und unabhängig von diesen existierte, oder ob es sich um eine neue, die Gegenwart des Verfassers im Blick habende und zu seiner Zeit kursierende handelt. Jedenfalls muss sie für den Verfasser dieser Zeilen als plausibel und auch als plausibilisierend erschienen sein, denn für das Ende der Salomo-Überlieferung ist sie kaum eigens verfasst worden, wie die oben genannten Unstimmigkeiten zeigen.

Die Bearbeitungsspuren an den Rändern gehen auf die Redaktionen zurück, die diesen Text verschieden mit dem Satz וַיְהִי־לוֹ נָשִׁים שָׂרוֹת שְׁבַע מֵאוֹת וּפִלַגְשִׁים שְׁלֹשׁ מֵאוֹת verbunden haben. Dazu gehören die unterschiedliche Art und Weise, in der die Aspekte der Vielheit und der Fremdheit im Blick auf die Frauen mit diesem Satz verbunden werden, aber auch der Schlusssatz in V 3b MT, in dem ausdrücklich festgehalten wird, dass es tatsächlich die Frauen waren, die Salomos Aufmerksamkeit und Denken abwandten. Im Unterschied dazu gehen die Differenzen in

---

414 Duncker, Salomo, 321 f, geht davon aus, dass sich בָּהֶם auf die Götter der Frauen bezieht. Das ist zwar grundsätzlich möglich, würde aber offen lassen, warum es nötig war, in den nachfolgenden Versen die Frauen noch einmal explizit einzutragen. Hinzu kommt, dass N der Verfasser in V 4–8 davon ausgeht, dass Salomo für die Frauen gehandelt habe. Die sprachlichen Übereinstimmungen zwischen V 2 und V 5 MT müssen nicht auf denselben Verfasser zurückgeführt werden, sondern zeigen lediglich gemeinsamen Sprachgebrauch, während die elementaren Bezugsgrößen, David als Vorvater oder die Rechtstradition, zu einer plausibleren Unterscheidung nach Maßstäben und Denkhorizonten führen.
415 Vgl. ähnlich Sweeney, I & II Kings, 155.

den Aufzählungen der fremden Völker wohl auf den Überlieferungsprozess zurück, in dem sie als variable Größen vor dem Hintergrund des Verbotszitats betrachtet worden zu sein scheinen.

Bleibt die Erwähnung der Pharaonentochter: Sie steht sperrig im Text und passt syntaktisch nicht angemessen zwischen den vorangehenden Satz bzw. die vorangehenden Sätze zur Vielheit und Fremdheit der Frauen und der Aufzählung ihrer Herkunftsvölker.[416] So wird sie wohl erst nach Abfassung dieses Textes in ihn eingefügt worden sein, jedoch noch vor seiner Verbindung mit dem Satz וַיְהִי־לוֹ נָשִׁים שָׂרוֹת שְׁבַע מֵאוֹת וּפִלַגְשִׁים שְׁלֹשׁ מֵאוֹת, denn sie befindet sich in beiden Texttraditionen an derselben Stelle. Möglicherweise wurde sie aus 1Kön 3 hier eingefügt, um den vom Verfasser des ersten Satzes in V 1 geschlagenen Bogen noch zu verstärken und auch diese Heirat als illegitim darzustellen.[417] Infolgedessen kann diese Notiz auch nicht historisch ausgewertet werden,[418] und es erklärt sich zugleich, warum in der Aufzählung der Götter in V 4–8 keine ägyptischen genannt werden.[419]

So wurde der Text von V 1–3 MT bzw. V 1–2 LXX vor allem aus zwei Bausteinen zusammengesetzt. Bei dem ersten, dem Satz וַיְהִי־לוֹ נָשִׁים שָׂרוֹת שְׁבַע מֵאוֹת וּפִלַגְשִׁים שְׁלֹשׁ מֵאוֹת, handelt es sich wahrscheinlich um eine alte, an die glorreiche Vergangenheit unter Salomo erinnernde und diese festhaltende Notiz zu den Reichtümern, Besitzungen und Taten Salomos, die entweder seinem Ruhm oder dem der Vergangenheit des Königtums in Juda diente, ohne dass damit etwas über die realen historischen Verhältnisse zu Zeiten Salomos ausgesagt sein muss.[420] Daneben

---

416 Dagegen möchte Davidovich, Daughter, 76, die Wendung mit „among them the daughter of Pharao" übersetzen und den Text als literarisch einheitlich verstehen. Doch selbst dann stünde diese Wendung vor der Aufzählung der Herkunftsvölker äußerst sperrig im Text. Da hilft auch nicht die Erklärung, sie sei eben nicht vom dtn Verbot betroffen, weil Ägypten dort nicht erwähnt sei (ebd.).

417 So gilt Sweeneys Interpretation, dass die Pharaonentochter Teil der Schwächung Israels durch Ägypten gewesen sei (Sweeney, I & II Kings, 154), möglicherweise für den Verfasser dieser Stelle, jedoch wohl kaum für die Absicht bei allen ihren Erwähnungen. Übertrieben ist hingegen seine Deutung in Sweeney, Critique, auch wenn ihm Recht zu geben ist, dass die Kritik an Salomo ein Produkt des Südens und nicht des Nordens ist. Zu den Texten zur Pharaonentochter siehe auch Bogaert, Fille du Pharaon, 325–338, sowie Schipper, Israel und Ägypten, 90–101.

418 Gegen Hens-Piazza, 1–2Kings, 108.

419 Wegen einer Verbindung zu Salomos Bautätigkeit wird sie hier allerdings wohl kaum eingefügt worden sein, wie es Duncker, Salomo, 320f, annimmt.

420 Auch wenn dieser Satz wahrscheinlich als eine alte Tradition zu verstehen ist (so auch Würthwein, 1Könige, 131, der noch V 1a und V 7 hinzunimmt, ähnlich zuvor Noth, 1Könige, 244), bedeutet dies nicht zwingend, dass er auch die realen politischen und höfischen Gegebenheiten unter Salomo darstellt. Es ist genauso gut möglich, dass er aus späterer Perspektive Salomo als einen der Gründungskönige verherrlicht. Diese Möglichkeit sollte zumindest offen gehalten

steht ein Text, dessen Verfasser Salomos Herrschaft aus einem kritischen Blickwinkel heraus betrachtet. Als Grundlage seiner negativen Beurteilung führt er einen Rechtssatz an und stellt sich so als Rechtsausleger dar, wobei wohl offen bleiben muss, ob er tatsächlich Recht auslegt oder es nur anführt, um seine Position zu begründen. In jedem Fall handelt es sich im Unterschied zum Verfasser des ersten oben genannten Satzes um jemanden, der aus der Rückschau erkennbar Geschichte darstellt und sie bewertet. Den Bezugspunkt für seine Geschichtsbetrachtung und -beurteilung stellt dabei das überlieferte (oder als überliefert ausgegebene und plausibel gemachte) Recht bzw. seine Rechtsauffassung dar. Um ihm eine Bezeichnung zu geben, sei er deshalb Nomist (N) genannt.[421] Sein Werk ist an dieser Stelle wohl im Zuge schriftlich-mündlicher Überlieferung mit dem Satz וַיְהִי־לוֹ נָשִׁים שָׂרוֹת שְׁבַע מֵאוֹת וּפִלַגְשִׁים שְׁלֹשׁ מֵאוֹת zusammengefügt worden,[422] denn so erklärt sich sowohl der hohe Grad an inhaltlicher und wörtlicher Übereinstimmung im Text von N als auch die unterschiedliche Einbindung des vorgegebenen Satzes.

---

werden, bevor die Notiz vorschnell historisch verwertet wird (so beispielsweise Hoffmann, Reform, 56 f). Zur Datierung ist nicht mehr zu sagen, als dass sie königszeitlich anzusetzen ist.

421 Die Bezeichnung „deuteronomisch" oder „deuteronomistisch", die sonst in der Regel dieser Bezeichnung vorangestellt werden, können an dieser Stelle redlicherweise nicht genannt werden, weil sich ein Bezug zum Deuteronomium oder zum Deuteronomismus nicht positiv nachweisen lässt. Das gilt zum einen, weil sich der Rechtssatz in Dtn nicht findet, zum anderen, weil das Dtn gerade im zumeist angeführten Abschnitt Dtn 23,4 – 9 wesentlich differenzierter denkt, als es hier der Fall ist. Auch ein Verweis auf Dtn 17,17 hilft nicht (vgl. Hoffmann, Reform, 57; Dietrich, History, 333 – 341), weil zum einen der Satz, der die Vielzahl der Frauen betont, in sich positiv zu verstehen ist, und es in seiner Aufnahme durch N nicht um die Vielzahl, sondern um die religiöse Abwendung von JHWH geht, die wiederum in Dtn 17,17 nicht wie in 1Kön 11 thematisiert wird; und schließlich ist ebenfalls gegen einen Verweis auf Dtn 7,3 f (vgl. Hoffmann, Reform, 57; Würthwein, 1Könige, 132; O'Brien, Deuteronomistic History, 161; Volgger, Tora, 141) zu sagen, dass in 1Kön 11 wohl kaum vorausgesetzt wird, dass sich Salomo mit den dort als im Land befindlich gedachten Völkern verschwägert hat, sondern wohl eher auf seine internationalen Beziehungen angespielt wird (gegen Mulder, 1Kings, 547, der alle drei Texte im Hintergrund sieht). Dabei hat bereits Cogan, 1Kings, 325, darauf hingewiesen, dass es sich gerade nicht um in Kanaan autochthone Völker handelt. Achenbach, Levitisierung, 306, spricht von einer Radikalisierung. Dass sich eine Beurteilung aus rechtlichen Kategorien auch außerhalb des deuteronomischen oder deuteronomistischen Denkens findet, hat Blanco Wißmann, Beurteilungskriterien, 135 – 173, überzeugend deutlich gemacht. Bereits zuvor hat schon Knoppers, Solomon's Fall, 409, vorsichtiger geurteilt: „The Deuteronomist is an independant author, who often goes his own way", und dessen Unabhängigkeit von Dtn aufgezeigt, auch wenn eine große Nähe besteht.

422 Eine Folge dieser unterschiedlichen Einfügung ist auch V 3b MT, der wohl erst daraufhin verfasst worden ist.

4.2 1Kön 11,4 – 8 MT || 3Kgt 11,4 – 8 LXX –
Salomo baut Kultstätten für fremde Götter

Die Technik des Zusammensetzens verschiedener Traditionsstücke zeigt sich in diesem Abschnitt noch deutlicher als im vorhergehenden, denn es lassen sich mehrere Bausteine identifizieren, die in der Vorlage für MT und in der Vorlage für LXX jeweils unterschiedlich miteinander verbunden und teilweise ineinander gearbeitet worden sind.[423]

Zunächst fällt auf der Textoberfläche auf, dass in V 4 die nachfolgenden Vorgänge datiert werden. Dass Salomo nicht mehr in demselben engen Verhältnis zu seinem Gott steht wie sein Vater David, wird in beiden Texttraditionen übereinstimmend erst für sein Alter ausgesagt. Dabei bezeichnet זִקְנָה nicht das ehrwürdige hohe Alter, sondern drückt die Gebrechlichkeit und das Schwinden der Kräfte aus, die mit hohem Alter einhergehen, wie 1Kön 15,23 und Ps 71,9 zeigen (vgl. auch Gen 24,36 bezogen auf die Gebärfähigkeit Saras). So könnte diese Zeitangabe auch entschuldigend verstanden werden. Jedenfalls handelt es sich bei den Fehltritten Salomos nach Meinung des Erzählers von V 4 um eine späte Entwicklung, wodurch er im Unterschied zum vorangehenden Abschnitt vermeidet, dass ein Schatten auf die gesamte Regierungszeit Salomos fällt. Als Kriterium für das erwünschte Wohlverhalten dient David, was jedoch eine eindimensionale positive Sicht auf David voraussetzt. Während in LXX diese Aussage in sich geschlossen dargestellt wird, wird sie in MT unterbrochen durch einen asyndetischen Satz, der (wie schon V 3b MT) festhält, dass es seine Frauen waren, die Salomos Herz, sein Denken und Wollen, auf andere Götter richteten. LXX kennt diese Aussage auch, überliefert sie aber im Anschluss und bindet sie sprachlich in den Gesamtverlauf ein. Dabei setzt LXX über MT hinaus den Akzent, dass es sich um die fremden Frauen Salomos gehandelt habe, während dies in MT offen gehalten wird bzw. sich aus dem Kontext ergeben muss.

Noch stärker gehen beide Textüberlieferungen im Anschluss daran auseinander. In MT folgt nun eine Notiz, dass Salomo sich der Astarte von Sidon und dem Milkom von Ammon zugewandt habe – ohne dass dafür die Frauen herangezogen würden, vielmehr erscheint Salomo als alleiniger Akteur. Dies bleibt in MT auch im Folgenden so, denn in V 6 findet sich zum ersten Mal die Könige verurteilende

---

423 Sweeney, I & II Kings, 154, möchte Kap. 11,1 – 25 in V 1 – 6 und 7 – 25 teilen. Dafür spräche der Neueinsatz in V 7 MT. Doch zeigt die unterschiedliche Einbettung des Inhalts von V 7 f MT in MT und LXX, dass die oben gewählte Abtrennung zumindest der Textwahrnehmung des Altertums am ehesten entspricht. Aber auch darüber hinaus wäre V 1 – 13 als Einheit zu sehen, wechselt doch in V 14 der Fokus im Erzählverlauf und findet sich ein Anschluss an V 1 – 13 erst wieder in V 26 ff, wenn man dem endredaktionellen Aufbau folgt.

Formel וַיַּעַשׂ הָרַע בְּעֵינֵי יְהוָה aus 1– 2Kön,[424] in der Salomo ebenfalls namentlich erwähnt wird. Indem auch hier David als Kriterium rechten Handelns genannt wird, entsteht ein Bogen von V 4 zu V 6 und damit eine Einheit, die den Abfall Salomos als Alterserscheinung zum Thema hat. In V 7 setzt MT neu ein: אָז datiert den Abschnitt zeitgleich zur Angabe in V 4, doch stellt es diesen Abschnitt von V 7– 8 gleichzeitig neben den vorhergehenden und führt nicht den im Narrativ formulierten Erzählverlauf weiter. Der mit אָז eingeleitete Abschnitt erscheint nun als Konkretion dessen, was Salomo nach V 4 – 6 Böses tat. Doch differieren dabei nicht nur die genannten Götter (es wird konkret eine Lokalisierung für den Bau der Kulthöhe für Kemosch angeführt), sondern vor allem ist Salomo hier zwar Akteur, handelt aber nicht für sich selber, sondern für seine ausländischen Frauen, die ihren Göttern opfern wollten. In dieser Notiz geht es also nicht darum, dass Salomo selber von seinem Gott abfiel, sondern seinen Frauen ermöglichte, ihren Kult weiter auszuüben (in V 8 sind die Partizipien im Femininum Plural), was jedoch zweifellos aus der Verfasserperspektive negativ zu werten ist.

In LXX wird diese Notiz unmittelbar nach dem einleitenden Satz und der Feststellung, dass die ausländischen Frauen Salomo verführten, angefügt. Damit bleibt das Thema der ausländischen Frauen stärker präsent, verschiebt sich aber auch der Tenor dieses Abschnitts: Salomo handelt im Unterschied zu V 5 MT insgesamt nicht für sich, sondern für seine Frauen. Dabei scheint innerhalb dieses Textabschnitts in LXX die Information aus V 5 MT verarbeitet worden zu sein. Die Formel וַיַּעַשׂ הָרַע בְּעֵינֵי יְהוָה erscheint erst am Ende des ganzen Abschnitts von 3Kgt 11,4 – 8 LXX und stellt so einen Rahmen um das Ganze her, wodurch er in LXX stärker als Einheit markiert ist als in MT.

Auch in dieser Passage gibt die unterschiedliche Anordnung der Erzählstoffe die ersten Hinweise auf die Textentstehung. So weist sie zwei Bausteine auf, die durch die jeweiligen Redaktionen von MT und LXX an unterschiedlichen Orten platziert wurden. Der erste ist die Notiz, dass es Salomos (fremde) Frauen waren, die sein Herz fremden bzw. ihren Göttern zuwandten. Der zweite ist der Abschnitt אז יבנה ... לאלהיהן in 1Kön 11,7f MT || 3Kgt 11,5 – 7 LXX, in dem es um Salomos Bau von Heiligtümern zugunsten der Götter seiner Frauen geht, damit diese jene verehren können.

Dabei beginnt der Abschnitt insgesamt mit einem erzählerischen Neueinsatz, der V 1– 2(3) inhaltlich nicht voraussetzt, ihm sogar durch die Erwähnung von Salomos Alter in einem gewissen Sinne entgegensteht. Es geht hier nun um das Denken und Wollen Salomos (לבב, V 4) und um sein eigenes Tun (V 6 MT || V 8

---

424 Mit Salomo in 1Kön 11,6 fällt auch sein Sohn Rehabeam (14,22) unter dieses Verdikt. Danach trifft es mit Ausnahme von Ahasja (2Kön 8,27) zunächst nur die Könige des Nordreichs und erst nach dessen Untergang mit Ausnahme von Hiskia und Josia auch durchgängig die des Südreichs.

LXX), mit dem er zeige, dass er nicht mehr ganz bei JHWH sei. Dabei führen V 4 und V 6 MT bzw. V 8 LXX gegenüber V 1– 2 ein neues Kriterium ein: Kein Gebot ist die Referenzgröße, sondern der Vorfahr David mit seinem Handeln und Wollen. Beide Verse bilden dabei einen Rahmen um eine Aussage, in der Salomos Fehlverhalten konkretisiert wird. Dabei erscheint Salomo in V 5 MT als der Aktive, der sich seinerseits an Astarte und Milkom orientiert. Dass sein Verhalten durch seine Frauen motiviert sei, hält in MT erst der oben erwähnte erste Baustein fest, der sich bereits durch seine unterschiedliche Einfügung und Ausgestaltung jedoch deutlich als spätere Glosse identifizieren lässt, durch die Salomos Schuld gemildert werden soll. So liegt es nahe, von V 4– 6* MT (ohne Glosse) als einer kompositorischen Einheit auszugehen, mit der der Verfasser sagen möchte, dass Salomo in seinem Alter, und zwar erst in seinem Alter, seinem Gott nicht mehr wie noch sein Vater David die ungeteilte Aufmerksamkeit geschenkt, sondern sich auch anderen Göttern zugewandt habe.[425] So führt der Verfasser am Ende der Salomo-Erzählung einen neuen Zeitabschnitt ein, der vom Abfall des Herrschers von JHWH gekennzeichnet ist. Diese Sicht wird fortan die bestimmende sein, wenn man der Geschichtsdarstellung in 1–2Kön folgt. Der dahinter stehende Verfasser soll deshalb als Historiker (H) bezeichnet werden, erfüllt er doch ganz die Aufgabe eines Historikers: Geschichte darzustellen und auszuwerten.[426] Da sich auch hier, wie Blanco Wißmann überzeugend nachgewiesen hat,[427] keine unmittelbare Verbindung mit Dtn aufzeigen lässt, soll auch hier auf die Bezeichnung als deuteronomistisch (dtr) verzichtet werden.[428]

Die LXX weist im Grunde denselben Aufbau auf. Jedoch bietet sie innerhalb des Rahmens von H statt dessen Konkretion mit Astarte und Milkom den oben genannten zweiten Baustein. Nun zeigen sich zwischen der MT- und der LXX-

---

425 Die Datierung von Salomos Untreue gegenüber seinem Gott spricht also gegen die Annahme einer „long period of persistent misconduct" (Bodner, Jeroboam, 34) bei diesem Verfasser.
426 Vgl. Sweeney, I & II Kings, 1f. Blum, Geschichtsschreibung, 283 – 296.
427 Blanco Wißmann, Beurteilungskriterien, 54 – 58.
428 In der Folge lassen sich auch die Texte genauer anschauen, ohne dass bereits im Vorhinein ein bestimmtes dtr Profil zu erwarten ist. Denn zum einen sind in der Forschung vielfach verschiedene, auch divergente Aspekte unter dem Stichwort dtr zusammengefasst worden, zum anderen Texte ausgeschlossen worden, weil sie diesem vorgegebenen Profil nicht entsprochen haben. Ein Beispiel bietet die Analyse von O'Brien, Deuteronomistic History, 161, der V 1.2b.3b.4.6 MT als spätere Traditionsbildung versteht, doch die inneren Spannungen darin nicht bemerkt und schließlich V 9 –13 als einheitlich beurteilt (a.a.O., 162), obwohl sehr deutlich Spannungen zu bemerken sind. Ähnlich auch Römer, Deuteronomistic History, 150, der von V 1*.3a.4.5 – 7*.9 – 13 als Grundbestand ausgeht, und Särkiö, Weisheit, 219 f, der in 11,1 – 13 alle Schichten von DtrH, DtrP, DtrN und DtrN² wiederfindet. Ganz pauschal beurteilt den Text als dtr Mulder, 1Kings, 553, ohne auch nur eine Auseinandersetzung damit zu führen (vgl. auch seine Einleitung, a.a.O., 17 f).

Version dieses Abschnitts zwei Unterschiede. Der eine besteht in der Lokalisierung des Kemosch-Heiligtums auf dem Berg gegenüber von Jerusalem in MT (V 7), die in LXX fehlt. Da es keinen ersichtlichen Grund gibt, weswegen LXX diese Notiz hätte auslassen sollen, ist es wahrscheinlich, dass dieser Satz eine spätere Glosse in MT darstellt, die an einer Präzisierung der Aussage interessiert war.[429]

Der zweite Unterschied bezieht sich auf die Nennung der Götter in MT und LXX: Während LXX in V 5f Kemosch, Milkom (das unvokalisierte מלכם fälschlich übersetzt mit τῷ βασιλεῖ αὐτῶν) und Astarte in ihrer Vorlage bezeugt, führt MT in V 7 nur Kemosch und Molech an. Die Differenz lässt sich wohl am besten durch die Position erklären, die der Abschnitt in LXX eingenommen hat. Er bildet gewissermaßen zwischen der einleitenden und der abschließenden Beurteilung von H das Mittelstück, in dem diese Beurteilung begründet wird. Daher scheint es am plausibelsten, dass der LXX-Text zusätzlich von V 5 MT beeinflusst ist, an dessen Stelle er getreten ist.[430] Dabei wurden wahrscheinlich Molech und Milkom miteinander identifiziert, was durch das hebräische Schriftbild durchaus plausibel ist, und Astarte ergänzt.[431] Dieser Abschnitt zeigt sowohl in MT als auch in LXX insbesondere ein Interesse daran, dass Salomo die anderen Götter vor allem für seine fremden Frauen berücksichtigt habe (V 8 MT ‖ V 7 LXX). Salomo selber wird nicht als Verehrer genannt, wie die femininen und pluralischen Partizipien zeigen,

---

429 Gegen Noth, 1Könige, 241. Dabei mag es sich um altes Wissen handeln oder auch um den Versuch, lokale Gegebenheiten zu erklären. Wahrscheinlich scheint aber auch eine Übernahme aus 2Kön 23,13 (vgl. dazu Pietsch, Kultreform, 423). Dass es keine wirklich hinreichenden Kriterien gibt, um diese Frage zu klären, zeigt der thetische Umgang bei der jeweiligen Einschätzung in der Forschung (vgl. beispielsweise O'Brien, Deuteronomistic History, 161).

430 Insofern kann keine Rede davon sein, dass V 5 in der LXX-Version fehle, wie Würthwein, 1Könige, 133, behauptet, der LXX sonst auch nicht heranzieht.

431 Hoffmann, Reform, 50 – 53, hat demgegenüber versucht, eine Verbindung zu 2Kön 23,13 zu konstruieren. Doch das erscheint wohl nur als nötig, wenn man sich ausschließlich auf MT stützt und die Textüberlieferung nicht zur Kenntnis nimmt. Dasselbe gilt etwas später auch für seine Gedanken zu 1Kön 11,33. Doch auch zu seinen Überlegungen zu MT in diesem Text ist kritisch anzumerken, dass er entschieden zu wenig die gliedernden Merkmale wie beispielsweise אז in 11,7 MT berücksichtigt. Pietsch, Kultreform, 425, sieht umgekehrt die Abhängigkeit von 2Kön 23,13 von 1Kön 11,4 – 8. Doch auch dabei lassen die Unterschiede, auf die er selber hinweist, mehr Fragen offen, als durch die Annahme einer Abhängigkeit beantwortet werden. Letzten Endes scheinen solche Reihen von Göttern viel länger offen gehandhabt worden zu sein, als der eigentliche Erzählbestand der Texte selber, sodass sich darüber kaum Abhängigkeiten nachweisen lassen und noch lange mit gegenseitigen Beeinflussungen zu rechnen ist (vgl. auch 1Kön 11,33, wo sich dieselbe Reihenfolge wie in 2Kön 23,13 findet, ohne dass der Vers in die Diskussion mit einbezogen würde). So erscheint es durchaus plausibel, dass sowohl 1Kön 11,1 – 8 als auch 2Kön 23,13 auf späterer „schriftgelehrter Historiographie" (Pietsch, Kultreform, 428) beruhen, wenn auch unabhängig voneinander.

die wohl auch für LXX zugrunde zu legen sind. Der Abschnitt liegt also auf derselben Linie wie 11,1–2* (ohne den Satz ...ויהי לו נשים) und zeigt nun, dass das im dort „zitierten" Verbot Befürchtete tatsächlich eingetreten ist. So legt es sich nahe, die Sätze אז יבנה ... לאלהיהן demselben Verfasser wie 11,1–2* zuzuschreiben (N), auch wenn das Kriterium der Gebote hier nicht eigens genannt wird.[432] Die unterschiedliche Positionierung geht dabei auf die unterschiedlichen Redaktionsvorgänge von MT und LXX bzw. deren Vorlage zurück ($R^{präMT}$ und $R^{präLXX}$).

So spielen in diesem Abschnitt die Redaktionen von MT und LXX eine bedeutende Rolle in der Anordnung des Stoffes. Zugleich zeigt sich bereits hier, dass es keine abschließende einheitliche Redaktion gab, sondern die Erzählstoffe zwar eng miteinander verbunden waren, aber dennoch variabel gehandhabt wurden, sowohl im Blick auf ihre Anordnung als auch auf ihre Textgestalt. Trotzdem kann klar unterschieden werden zwischen Textproduktion und -redaktion, denn auch wenn die Redaktion Texte neu fasst, nimmt sie diese auf und verändert sie, jedoch nicht in dem Maße, dass von einem neuen, eigenständigen Text gesprochen werden kann. Grundlegend handelt es sich in 1Kön 11,4–8 in seinen unterschiedlichen Bezeugungen also um Texte zweier Verfasser, die zusammenkommen: Der eine, H, schreibt über das Ende der Herrschaft Salomos und bewertet es.[433] Seine Referenzgröße ist David als Vorfahr Salomos, an dem abzulesen ist, wie man sich ganz an JHWH hält und das aus JHWHs Perspektive Gute tut. Bei ihm ist Salomo aktiv und handelt in seinem Abfall von JHWH für sich und aus eigener Motivation. Erst ein Glossator, der entweder einfach „nur" den Anschluss an 11,1–2(3) herstellen wollte oder aber bewusst noch einmal herausstellen wollte, dass es die Frauen Salomos waren, die ihn von seinem Gott abweichen ließen, fügt diesen Aspekt in den Text von H ein. Dass dies eine spätere Glosse ist, zeigt ihre zwischen MT und LXX differierende sprachliche Gestalt und Stellung im Text. Der andere Verfasser, N, zeigt demgegenüber von sich aus am Beispiel des Heiligtumbaus auf, dass die in dem vorher von ihm angeführten Verbot geäußerte Befürchtung zutreffend war und eingetreten ist.[434] Im Unterschied zur späteren Glosse in H erscheint Salomo bei N jedoch nicht als der aus eigenem Antrieb Abgefallene, handelt er doch schließlich primär für seine Frauen und deren Kultausübung. So zeigt sich, wie lange und intensiv an dieser Frage gearbeitet und mit ihr gerungen worden ist. Über den historischen Wert dieser Notizen ist damit

---

432 Ähnlich auch Hentschel, 1Könige, 73 f, der jedoch von einem dtr Hintergrund ausgeht.

433 Das gilt, wie die undatierte negative Darstellung Salomos in 1Kön 11,1–2/3 zeigt, nur für H, nicht aber für den Text insgesamt, sofern man ihn nicht mit H's Vorverständnis liest (gegen Hoffmann, Reform, 54).

434 Dass er dabei auf alte Traditionen zurückgreift, wie Würthwein, 1Könige, 132, und DeVries, 1Kings, 142, annehmen, ist davon unbenommen.

zwar noch nichts gesagt, doch erscheint es fraglich, dass angesichts des deutlichen theologischen Aussagewillens auf mehr als eine allgemeine Überlieferung verwiesen werden könnte, wenn es sich nicht ohnehin mehr um eine Abrechnung mit Salomo handelt als um ein Bemühen um historische Klarheit. In jedem Fall ist Vorsicht geboten bei dem Versuch, die Aussagen von 1Kön 11,1 – 13 historisch auszuwerten.[435]

Für H lässt sich damit bei aller Unsicherheit durch die differierende Textüberlieferung folgender Text annehmen:

4 וַיְהִי לְעֵת זִקְנַת שְׁלֹמֹה
וְלֹא־הָיָה לְבָבוֹ שָׁלֵם עִם־יְהוָה אֱלֹהָיו
כִּלְבַב דָּוִיד אָבִיו:
5 וַיֵּלֶךְ שְׁלֹמֹה אַחֲרֵי עַשְׁתֹּרֶת אֱלֹהֵי צִדֹנִים
וְאַחֲרֵי מִלְכֹּם שִׁקֻּץ עַמֹּנִים:
6 וַיַּעַשׂ שְׁלֹמֹה הָרַע בְּעֵינֵי יְהוָה
וְלֹא מִלֵּא אַחֲרֵי יְהוָה
כְּדָוִד אָבִיו:

Unter derselben Bedingungen lässt sich für N folgender Text annehmen:[436]

7 אָז יִבְנֶה שְׁלֹמֹה בָּמָה
לִכְמוֹשׁ אלהי מוֹאָב
וּלְמֹלֶךְ אלהי בְּנֵי עַמּוֹן:
8 וְכֵן עָשָׂה לְכָל־נָשָׁיו הַנָּכְרִיּוֹת
מַקְטִירוֹת וּמְזַבְּחוֹת לֵאלֹהֵיהֶן:

Hinzu kommen die beiden Glossen

נָשָׁיו הִטּוּ אֶת־לְבָבוֹ אַחֲרֵי אֱלֹהִים אֲחֵרִים

bzw.

ויטו הנשים הנכריות את לבבו אחרי אלהיהן

und die Lokalisierung in V 7 MT:

בָּהָר אֲשֶׁר עַל־פְּנֵי יְרוּשָׁלָם.

---

435 Gegen Hoffmann, Reform, 56 – 58.

436 Zur Problematik der Nennung und der Anzahl der Götter in diesem Abschnitt siehe oben im Text.

4.3 1Kön 11,9–13 – Gott kündigt Salomo an, dass er ihm das Königreich entreißen werde

Dieser Abschnitt besitzt sprachlich keinen eigenständigen Anfang; erst zum Nachfolgenden ist er wieder klar abgegrenzt, da V 14 einen erzählerischen Neueinstieg bietet. Der Hauptunterschied zum Vorherigen besteht darin, dass es hier zum ersten Mal im Verlauf der untersuchten Kapitel zu einem Geschehen kommt und sich aus den eingangs zu lesenden Wertungen eine Geschichte entwickelt.

Zunächst wird in V 9 festgehalten, dass JHWH auf Salomo zornig geworden ist, weil sich sein Herz von ihm abgewandt hatte. Viele Übersetzungen verstehen die Wendung נָטָה לְבָבוֹ transitiv und übersetzen: „er hatte sein Herz abgewandt".[437] Das ist zwar grundsätzlich möglich, doch ließe dieses Verständnis eine nota accusativi erwarten, wie sie sonst auch im Text verwendet wird. So erscheint ein intransitives Verständnis des Ausdrucks plausibler. In jedem Fall aber wird in V 9 deutlich, dass Salomo der Handelnde ist, und es wird mit keinem Wort erwähnt, dass ein Dritter auf ihn Einfluss hatte. Verschärft wird die Begründung durch die Bemerkung, dass JHWH der Gott sei, der sich Salomo zweimal gezeigt habe, und die damit verbundene Anspielung auf 1Kön 3,5 und 9,2. V 10 führt darüber hinaus nun aus, dass Gott Salomo geboten habe, nicht anderen Göttern nachzulaufen, und dieser sich nicht daran gehalten habe. Dabei fällt sprachlich auf, dass es zwischen V 9 und 10 einen Bruch gibt, denn וְצִוָּה führt kaum das determinierte Partizip הַנִּרְאֶה weiter, als das הנראה gegen MT zu lesen ist.[438] Hinzu kommt auch die inhaltliche Spannung, dass es bei der ersten Gottesbegegnung Salomos in 1Kön 3 nicht um Fremdgötterverehrung geht, sondern dies erst in Kap. 9 der Fall ist.

Die Erzählung entwickelt sich dann weiter, indem Gott zu Salomo unmittelbar spricht und ihm in direkter Rede erklärt, dass er ihm das Königtum entreißen und seinem Knecht geben werde, weil er nicht auf seine Gebote geachtet habe. Er würde dies jedoch nicht zu Salomos Lebzeiten tun, sondern es erst seinem Sohn widerfahren lassen, dem nur ein Stamm verbleiben werde – und dies alles um Davids willen sowie im letzten Satz auch um Jerusalems willen. Damit nimmt diese Gottesrede für Salomo und die Leserinnen und Leser in nuce das vorweg, was in den folgenden Kapiteln entfaltet wird.

---

437 Vgl. Zürcher Bibel von 2007, die „Bibel in gerechter Sprache" von 2006, die Elberfelder Übersetzung von 1992, die Luther-Übersetzung von 1984, Buber/Rosenzweig-Übersetzung von 1955, die Zürcher Bibel von 1942. Dagegen die Einheitsübersetzung von 1979: „weil sich sein Herz ... abgewandt hatte", und Harry Torczyner/Naftali Herz Tur-Sinai: „weil sich dessen Herz ... abgewandt hatte". In der Zunz-Übersetzung (19. Jh.) wird der Satz faktitiv wiedergegeben: „weil sein Herz abgewandt war ...".
438 Siehe dazu die textkritische Diskussion oben.

So zeigen sich in diesem Abschnitt verschiedene Themen, die nebeneinander stehen, und erkennbare Bruchlinien.[439]

Zunächst setzt der Erzählanfang in V 9 die in V 1–8 festgehaltenen Verurteilungen voraus. Die Frage wäre jedoch, an welchen Erzählstrang וַיִּתְאַנַּף יְהוָה בִּשְׁלֹמֹה anschließt. Die Wendung נָטָה לְבָבוֹ könnte auf das von N angeführte Verbot (V 2) oder auf die Glosse in V 4 hinweisen. Doch fällt auf, dass der Ausdruck hier ein anderes Subjekt hat als in V 2, in dem die Völker die Handelnden sind, und in V 4, in dem es die (fremden) Frauen sind: In V 9 ist es Salomo selber, auch unabhängig von der Frage, ob die Wendung transitiv oder intransitiv zu verstehen ist. Dies würde allerdings der in V 2 und V 4 zum Ausdruck kommenden Verführungsüberlegung widersprechen, sodass es sich nahe legt, den Satz וַיִּתְאַנַּף יְהוָה בִּשְׁלֹמֹה כִּי־נָטָה לְבָבוֹ מֵעִם יְהוָה H zuzuweisen, weil H Salomo in der Abwendung von JHWH als eigenständigen Akteur denkt.

In der nachfolgenden Wendung fällt auf, dass der Ausdruck אֱלֹהֵי יִשְׂרָאֵל in der Salomo-Geschichte ausschließlich in 1Kön 8, also einem dtr bestimmten Kapitel, verwendet wird. Dasselbe gilt für die Zusammenhänge, in denen er in der nachfolgenden Geschichtsdarstellung von 1–2Kön benutzt wird.[440] So wäre es möglich, die Wendung als späteren, dtr Zusatz zu bestimmen, doch ist dies angesichts ihrer sonstigen Verwendung in den Schriften des AT, insbesondere in 1–2Sam, nicht mit Sicherheit zu bestimmen.

Die partizipiale Apposition הַנִּרְאֶה אֵלָיו פַּעֲמָיִם setzt die beiden entsprechenden Abschnitte in 1Kön 3 und 9 voraus, greift also auf eine bereits bestehende Salomo-Geschichte zurück. So legt es sich nahe, diese Wendung nicht nur sprachlich als Apposition zu verstehen, sondern auch textgenetisch, also als eine spätere Glosse, die in dieser Erzählung noch einmal auf das Gesamte der Salomo-Geschichte verweisen und damit die Verwerflichkeit des Handelns Salomos herausstellen möchte.[441] Dies wird zudem dadurch unterstrichen, dass eine solche partizipiale Konstruktion im untersuchten Textbereich singulär ist. Sie lässt sich also weder sprachlich noch inhaltlich einer bestimmten Textquelle oder Bearbeitung zuweisen.

Auch V 10 bietet keinen Anlass, die Glosse als ursprünglich im Text zu belassen, denn der Versanfang mit וְצִוָּה schließt sprachlich nicht an den Partizipi-

---

439 Gegen Dietrich, Prophetie, 68 f, der 11,9 – 13 als Ganzes DtrN zuweist. Dass in V 11 ff die V 29 ff aufgenommen werden bzw. vorausgesetzt sind, ist zweifellos richtig, doch sagt dies nichts über die literarische Einheitlichkeit von 11,9 – 13 aus.

440 Siehe 1Kön 15,30; 16,13.26.33, aber auch in den erzählenden Texten von 1–2Kön.

441 Damit ist nicht gesagt, dass H keine Salomo-Erzählung vorgelegen habe, sondern nur, dass es angesichts der sprachlichen Eigentümlichkeit dieses Satzes eher wahrscheinlich erscheint, dass ausschließlich die Glosse die Verbindung mit 1Kön 3; 9 herstellt (gegen Hoffmann, Reform, 55 f, der diskussionslos davon ausgeht, dass das ganze Kap. 11 diesen Bezug vornimmt).

alstil der Glosse an. Vielmehr besteht V 10 aus einer kurzen Sequenz, bevor der Erzählverlauf in V 11 mit einem Narrativ weitergeführt wird. Auf der Textoberfläche erscheint dies zwar als Rückgriff auf die beiden Erscheinungen Gottes, doch zeigt sich ebendort, dass das in V 10 zentrale Thema des Fremdgötterverbots zwar in Kap. 9, nicht aber in Kap. 3 vorkommt. So ist es plausibler, dass sich der Text in V 10 ursprünglich nicht an die Glosse anschloss, sondern tatsächlich an den Satz וַיִּתְאַנַּף יְהוָה בִּשְׁלֹמֹה כִּי־נָטָה לְבָבוֹ מֵעִם יְהוָה und diesen durch ein perfectum consecutivum präzisierend fortzusetzen versuchte.[442] Dabei verweist das Kriterium des von Gott Gebotenen auf N, der an dieser Stelle den Erzählverlauf von H unterbricht und zum einen kommentierend die „Rechtsgrundlage" hinzufügt, aufgrund derer Salomos Abfalls von JHWH zu beurteilen ist, und zum anderen das Handeln Salomos präzisierend gegenüber der Wendung נָטָה לְבָבוֹ als bewussten Rechtsbruch charakterisiert. So zeigt sich an dieser Stelle das Wesen von N: Es handelt sich um eine Bearbeitungsschicht, der H vorlag und dessen Werk kommentiert hat.

In V 11 wird die Erzählung nun mit dem Satz וַיֹּאמֶר יְהוָה לִשְׁלֹמֹה fortgesetzt, der eine längere Gottesrede einleitet. In ihr zeigen sich ebenfalls wieder die beiden Beurteilungskriterien, die die anzunehmenden Quellen bzw. Bearbeitungen jeweils zugrunde legen. So beginnt die Rede gleich mit einer Begründung des Folgenden, in der das Nicht-Einhalten der Gebote Gottes das entscheidende Kriterium ist.[443] Demgegenüber spielt dies in der weiteren Gottesrede keine Rolle mehr. Vielmehr erscheint hier wieder David, diesmal als Grund, die Salomo angedrohte Strafe nicht an ihm selber, sondern an seinem Sohn zu vollziehen. Während also der Einleitungsteil der Rede N zuzuordnen wäre, scheint der Fortgang der Gottesrede von H zu stammen. Textgenetisch würde dies bedeuten, dass die Rede ohne den Einleitungsteil von N zu verstehen sein müsste. Dies ist in der Tat problemlos der Fall: Unmittelbar an die Redeeinleitung וַיֹּאמֶר יְהוָה לִשְׁלֹמֹה würde sich die Untergangsandrohung קָרֹעַ אֶקְרַע אֶת־הַמַּמְלָכָה מֵידֶךָ וּנְתַתִּיהָ לְעַבְדֶּךָ anschließen. Dabei zeigt sich innerhalb der von H konzipierten Rede ein bemerkenswerter Wechsel der Terminologie. Während in der Untergangsandrohung das Verb קרע verwendet wird, benutzt H im Folgenden לקחת (vgl. die textkritische Diskussion zu V 12 f). Hierin zeigt sich, dass auch H seinerseits auf eine ältere Vorlage zurückgegriffen hat, die heute noch in V 31 הִנְנִי קֹרֵעַ אֶת־הַמַּמְלָכָה מִיַּד שְׁלֹמֹה וְנָתַתִּי לְךָ אֵת עֲשָׂרָה (הַשְּׁבָטִים) greifbar ist. Zugleich zeigt dieser Rekurs auf V 31, dass die Wendung מִידְךָ in V 11 auf מִיַּד שְׁלֹמֹה rekurriert und damit tatsächlich den älteren Text bezeugt. H

---

442 Der gedachte Anschluss ist dabei nicht der Satz כִּי־נָטָה לְבָבוֹ מֵעִם יְהוָה, sondern sein Obersatz וַיִּתְאַנַּף יְהוָה בִּשְׁלֹמֹה, in dem JHWH Subjekt ist.

443 Dies gilt angesichts der Kombination mit חָקֹּתַי auch unabhängig von der Frage, ob an dieser Stelle בְּרִיתִי oder מצותי (vgl. LXX τὰς ἐντολάς μου) zu lesen ist. Hentschel, 1Könige, 75, schlägt deshalb auch ein Verständnis von ברית als „auferlegte Verpflichtung" vor.

nimmt also diesen Satz aus einer anderen Erzählung auf (siehe dazu unten), formuliert ihn seinen Bedürfnissen entsprechend um und führt ihn dann den ihm überlieferten historischen Gegebenheiten zufolge weiter: Das Schicksal wird erst den Sohn Salomos ereilen – David sei Dank.[444]

Erst am Ende der Rede wird noch einmal ein neues Kriterium eingeführt: nicht nur David sei Dank, sondern auch Jerusalem, das Gott erwählt habe (V 13). Jerusalem als Referenzgröße erscheint hier nicht nur erstmalig in der Erzählung, sondern auch sehr unvermittelt, sodass davon auszugehen ist, dass sich darin eine weitere Bearbeitungsschicht ausspricht, in der Jerusalem durch seine Erwählung ein handlungsentscheidendes Kriterium darstellt. Da der Bezug auf die Stadt und ihre Erwählung sich am plausibelsten im Anschluss an die Gedanken der Kultzentralisation erklären lässt und es sich dabei um ein typisch deuteronomistisches Thema handelt, sei dieser Teilsatz einer Bearbeitungsschicht D zugewiesen, die, wie sich im Folgenden noch zeigen wird, ihrerseits an einen relativ späten Text anschließt und punktuell eigene Akzentsetzungen vornimmt.

So zeigt sich, dass der Text in 1Kön 11,9–13 seine Grundlage in der Erzählung von H hat, die von N mit dem Abschnitt in V 10 und den ersten Sätzen der Gottesrede in V 11 kommentierend bearbeitet wurde. Dieser Text wiederum wurde wahrscheinlich zuerst von D um den letzten Satz ergänzt und abschließend durch die Glosse in V 9. Zugleich zeigt sich aber auch, dass schon H, auf das Ganze gesehen, ältere Texte aufgenommen und Vorlagen verarbeitet hat. Dabei handelt es sich in V 9 nicht um die Erzählung selber, sondern um einen Anklang daran.

H entwickelt also nach seiner Feststellung, dass Salomo nicht mehr dem Willen JHWHs entsprach und nicht mehr so handelte wie sein Vater David, nun die Folge, indem er Gott Salomo zürnen und ihm dann ankündigen lässt, dass er ihm bzw. seinem Sohn das Königreich wegnehmen werde. Die Inkongruenz zwischen der Ankündigung in V 11, dass Gott Salomo persönlich die Herrschaft entreißen werde, und V 12f, dass er dies erst bei seinem Sohn tun wolle, entsteht durch die Aufnahme des Traditionsstücks aus V 31; ansonsten ist der Gedankengang konsistent, und es muss nicht von einer späteren Korrektur in V 12f ausgegangen werden.[445] David zeigt sich nicht nur als Maßstab, sondern auch als eine Art

---

444 Der Hinweis von McConville, Power, 157, dass es sich um die Rücknahme der Aussage in 1Kön 2,46 handele, gilt zwar für MT, jedoch nicht für LXX. Auch an dieser Stelle zeigt sich, wie lange noch an den Texten gearbeitet worden ist und dass sie unabhängig voneinander ihre letztendliche Form gefunden haben. LXX bietet nämlich anstelle von V 46b MT einen längeren Text, in dem es um Salomos Leistungen und seine Beamten geht und an dessen Ende festgehalten wird, dass Salomo König war, jedoch in anderer Formulierung als in MT.

445 So Würthwein, 1Könige, 135, der folgerichtig die Texte von DtrP in V 29–39 als „Gegenstück" zu V 11–13 versteht.

thesaurus, um dessentwillen Gott zumindest für ein bestimmtes Individuum Gnade vor Recht ergehen lassen kann. An H hat sich dann N angeschlossen, indem er zunächst explizit festhält, dass Salomo nicht einfach nur sein Herz abgewandt, sondern tatsächlich auch das Gebotene Gottes nicht beachtet habe (V 10), und dann dies in der Gottesrede als Begründung voranstellt (in V 11). Der Schlusssatz in V 13 fügt später noch eine Jerusalem-Perspektive hinzu, die im Folgenden immer wieder als Zusatz begegnen wird, und schließlich wird durch eine Glosse der Schlusssatz in V 9 ergänzt, wohl um die besondere Verwerflichkeit des Handelns Salomos zu unterstreichen.[446] Alle Verfasser und Bearbeiter lassen auf diese Weise allerdings keinen Zweifel daran, dass das Folgende aufgrund des Verhaltens Salomos geschieht, er also der Schuldige ist.[447]

Der Text in 1Kön 11,9 – 13 gliedert sich damit wie folgt:

Glosse	D	N	H
			9 וַיִּתְאַנַּף יְהוָה בִּשְׁלֹמֹה
			כִּי־נָטָה לְבָבוֹ מֵעִם יְהוָה אֱלֹהֵי יִשְׂרָאֵל
הַנִּרְאָה אֵלָיו פַּעֲמָיִם:			
		10 וְצִוָּה אֵלָיו עַל־הַדָּבָר הַזֶּה	
		לְבִלְתִּי־לֶכֶת אַחֲרֵי אֱלֹהִים אֲחֵרִים	
		וְלֹא שָׁמַר אֵת אֲשֶׁר־צִוָּה(וֹ) יְהוָה:	
			11 וַיֹּאמֶר יְהוָה לִשְׁלֹמֹה
		יַעַן אֲשֶׁר הָיְתָה־זֹּאת עִמָּךְ	
		וְלֹא שָׁמַרְתָּ בְּרִיתִי/מצותי וְחֻקֹּתַי אֲשֶׁר צִוִּיתִי עָלֶיךָ	
			קָרֹעַ אֶקְרַע אֶת־הַמַּמְלָכָה מידך
			וּנְתַתִּיהָ לְעַבְדֶּךָ:
			12 אַךְ־בְּיָמֶיךָ לֹא אֶעֱשֶׂנָּה
			לְמַעַן דָּוִד אָבִיךָ
			מִיַּד בִּנְךָ אקחנה:
			13 רַק אֶת־כָּל־הַמַּמְלָכָה לֹא אקח
			שֵׁבֶט אֶחָד אֶתֵּן לִבְנֶךָ
			לְמַעַן דָּוִד עַבְדִּי
וּלְמַעַן יְרוּשָׁלַם אֲשֶׁר בָּחָרְתִּי:			

---

446 Zwar hat Nicholson, Deuteronomy, 110 f, darin Recht, dass es sich um einen D-Zusatz handelt, doch lässt sich der Zusammenhang mit einer Polemik gegen die Kultorte in Beth El und Dan kaum herstellen, werden diese doch nicht erwähnt – und ist umgekehrt auch im Text 12,25 – 33 keine Rede von Jerusalem.

447 Schmitz, Prophetie, 127, stellt dies als Aussageabsicht für das ganze Kap. 11 heraus, was aber zumindest für den Abschnitt ab V 26 nicht vollständig zutreffend ist.

4.4 1Kön 11,14 – 25 – Hadad und Reson – zwei Satane Salomos

Für diesen Abschnitt hat bereits die textkritische Diskussion gezeigt, dass zwei Traditionen vorliegen, die durch R^{präMT} und R^{präLXX} je unterschiedlich ineinander verarbeitet worden sind. Sieht man von den Schwierigkeiten an den Nahtstellen ab, dann präsentieren sich beide Notizen je für sich als in sich geschlossene Einheiten, die durch die Wendung וַיָּקֶם אֱלֹהִים לוֹ שָׂטָן (V 14) bzw. וַיָּקֶם יְהוָה שָׂטָן לִשְׁלֹמֹה (V 23) jeweils nach vorne und durch ihre Schlusssätze זֹאת־הָרָעָה אֲשֶׁר הָדָד עשׂה (V 25 in der Hadad-Erzählung) bzw. וַיְהִי שָׂטָן לְיִשְׂרָאֵל כָּל־יְמֵי שְׁלֹמֹה (V 25 in der Reson-Notiz) nach hinten klar abgegrenzt sind. Darüber hinaus weisen sie jeweils in sich selber keine Spannungen auf, die Anlass zu literarkritischen Überlegungen böten.[448]

Dennoch bieten die beiden Erzählungen mehrere Auffälligkeiten. So sind sie mit dem Verlauf der Gesamterzählung in 1Kön 11–14 sowie ihrem engeren Kontext überhaupt nicht vernetzt, ja widersprechen ihm eigentlich. Denn wenn H in V 11–13 unter Rückgriff auf eine ihm bereits vorliegende Erzählung Gott Salomo ankündigen lässt, dass er ihm die Königsherrschaft entreißen und Salomos Knecht geben werde, dann trifft dies eben nur auf Jerobeam zu und setzt die zu ihm gehörige Erzählung bereits voraus. 11,9–13 und 11,26ff gehören also zusammen; 11,14–25 wirkt dazwischen wie eine Störung im logischen Ablauf.[449] Eine weitere Auffälligkeit besteht darin, dass beide Erzählungen erstaunlich unkonkret bleiben. Bei Reson bleibt völlig offen, worin sich seine Satansrolle ausgedrückt haben soll,[450] und bei Hadad wird es nur andeutungsweise genannt (V 25). Im Unterschied zum in V 26 eingeführten Jerobeam sind beide ausländische „Aufständische", deren Wirkungsgebiet auch erzählerisch auf ihre Herkunftsregion beschränkt bleibt.

In der Frage nach der Textentstehung ist demzufolge aber auch zu unterscheiden zwischen dem Komplex 11,14–25 als Ganzem und seinen internen Differenzen. Seine Unverbundenheit und seine Widersprüchlichkeit mit dem Kontext veranlassen dazu anzunehmen, dass es sich um eine späte Einfügung in den Gesamtkomplex handelt. Die internen Spannungen im Blick auf die unterschiedliche Textanordnung in MT und LXX machen zudem plausibel, dass auch

---

448 So auch Dietrich, Prophetie, 54, jedoch ohne textgeschichtliche Reflexion. Gegen Hentschel, 1Könige, 76, der V 15aβ.b.16.17b.18 als Zusatz in einem sonst von ihm als dtr bewerteten Text sieht.
449 Nelson, Kings, 71, zutreffend: „The reader is left to make the fully justified theological connection between Solomon's sin and their hostility." Gegen Knoppers, Two Nations I, 164–168, der 1Kön 11,14–25 als Teil einer „continuous narrative" versteht, die er Dtr^1 zuschreibt und die auch Jerobeam mit einschließt (a.a.O., 162).
450 Zu Reson siehe jüngst Galvin, Egypt, 90–92.

hier lange schriftlich-mündlich tradiert wurde und der jeweils „endgültige" Text erst von den beiden Redaktionen von MT und LXX geschaffen worden ist.[451] Auf eine Textdarstellung wird aus diesen Gründen verzichtet.

Zur Frage der Datierung der in 11,14 – 25 verarbeiteten Inhalte lässt sich dadurch allerdings nichts sicher sagen. Die Motivverwandtschaft der Hadad-Erzählung zu den lediglich in LXX gesammelten Jerobeam-Erzählungen in 3Kgt 12,24a – z LXX lässt es allerdings als wahrscheinlich erscheinen, dass es sich nicht um allzu alte Traditionen[452] und bei den beiden Protagonisten um literarische Figuren handelt.[453]

---

451 Van Keulen, Two Versions, 222, weist zudem darauf hin, dass die Textüberlieferung zwischen MT und LXX ab 11,26 parallel verläuft und wertet dies ebenfalls als Indikator dafür, dass 11,14 – 25 als Einheit betrachtet wurde und zu betrachten ist.
452 Gegen Noth, Überlieferungsgeschichtliche Studien, 71, der darin „einige wertvolle geschichtliche Mitteilungen" sah (vgl. auch Noth, 1Könige, 245: „Elemente umlaufenden Überlieferungsgutes"). Ihm schließt sich Mulder, 1Kings, 564, diskussionslos an und versteht diese Motivverwandtschaft als „curious circumstance" (a.a.O., 572). Ähnlich diskussionslos auch O'Brien, Deuteronomistic History, 162, der zudem die Abfassung von 11,9 – 13 von der Aufnahme von 11,14 – 25 in den Zusammenhang abhängig macht, und DeVries, 1Kings, 148, sowie Hentschel, 1Könige, 10, und Bartlett, Adversary, trotz seiner intensiven Beschäftigung mit dem Text und seinen Versionen. Dabei zeigen sich auch hier die Schwächen von Studien, die ausschließlich vom hebräischen Text ausgehen, wenn die textlichen Probleme zwar erkannt, aber nicht erklärt werden können (vgl. Noth, Überlieferungsgeschichtliche Studien, 72). Dass es sich um eine chronologische Reihenfolge handle, ist angesichts der Textüberlieferung reine Phantasie. Bodner, Jeroboam, 37, verweist statt auf die LXX-Traditionen in 3Kgt 12,24, die er in seinem Buch nicht wahrnimmt, auf Mose; ebenso schon vorher Sweeney, I & II Kings, 157. Doch für eine Analogie zur Mose-Erzählung, wie sie auch Frisch, Exodus Motif, 12, sehen möchte, reichen die Parallelen angesichts der Differenzen bei Weitem nicht aus. Es handelt sich dabei vielmehr um sehr allgemein gehaltene Motive, während sich die Parallelen zu 3Kgt 12,24a – z LXX bis in den Wortlaut hinein verfolgen lassen. Dabei hat schon Würthwein, 1Könige, 130.135, gut begründet von jüngeren Einschüben gesprochen, und Bosshard-Nepustil, Hadad, 95 – 109, überzeugend plausibel gemacht, dass der Text aus hellenistischer Zeit stammt (siehe dort auch eine intensive Diskussion der Literatur).
453 Vgl. dazu Edelman, Adversaries, die sich ausführlich den Fragen nach Quellen und historischem Hintergrund stellt und schließlich Hadad und Reson als literarische Figuren plausibel macht, durch die Salomo im Gegensatz zu dem von Edelman als dtr angenommenen „Verschieben" des Urteils über ihn in 1Kön 11,9 – 13 bereits zu seinen Lebzeiten die Folgen seines Handelns spüren sollte (a.a.O., 190 f). Sie versteht ihn als nach-dtr Zusatz (ebd.). Darauf, dass es sich mehr um eine literarische Grösse handelt, kann auch der „Name" der ägyptischen Prinzessin hinweisen, der kein Name ist, sondern eine Bezeichnung, die als Name verstanden worden ist: ‚t3 ḥm.t nsw', sodass von keiner echten Kenntnis über die alten Verhältnisse mehr ausgegangen werden kann. Siehe auch Galvin, Egypt, 84 – 89, mit Hinweisen auf Quellenmaterial, sowie Schipper, Tachpenes, und Görg, Namen, 187 – 191.

4.5 1Kön 11,26 – 40 – Jerobeam empfängt Achias Prophetie

In diesem Abschnitt wird Jerobeam eingeführt. Die Textüberlieferung hat verschiedene Ausdrucksmöglichkeiten gefunden, um ihn zu diskreditieren, die sich nicht nur in diesem Abschnitt in MT zeigen, sondern auch in den nur in LXX enthaltenen Texten von 3Kgt 12,24a – z. Dabei gibt die Textüberlieferung durch 3Kgt 11,26 LXX selber zu erkennen, dass an ihrem Anfang noch kein so plakativ desavouierender Text stand, sondern mit einer durchaus positiven Tradition zu rechnen ist.

Der Text beginnt mit einem klaren Neueinstieg durch einen Nominalsatz, in dem Jerobeam mit seiner familiären und geographischen Herkunft sowie seiner gesellschaftlichen Stellung vorgestellt wird.[454] Letzteres geschieht, ohne dass sich ein Bezug auf V 11 erkennen ließe. Erst in V 27 wird im ersten Satz erklärt, dass es nun um den Aufstand Jerobeams gehe. Schmitz hat ihn zutreffend als Überschrift herausgestellt.[455] Zugleich wird eine Spannung aufgebaut, die noch dadurch gesteigert wird, dass zunächst anscheinend die Verdienste Jerobeams hervorgehoben werden. Die beiden Sätze בָּנָה אֶת־הַמִּלּוֹא und סָגַר אֶת־פֶּרֶץ עִיר דָּוִד אָבִיו sind durch fehlende Konjunktionen nicht ganz eindeutig zuzuordnen: Beziehen sich בנה und סגר auf Salomo oder Jerobeam? Im ersten Fall würde der Zeitpunkt angegeben, an dem sich Jerobeam gegen Salomo erhoben habe: während Salomo sich gerade in einer Bauphase am Millo und bei der Behebung eines Mauerrisses befand.[456] Im zweiten Fall würde die maßgebliche Beteiligung Jerobeams herausgestellt.[457] Dieses Problem bleibt auch bestehen, wenn man statt des Perfekts in MT Partizipien annimmt, sodass es sich sprachlich nicht zweifelsfrei entscheiden lässt. Allein der Narrativ in V 28, bei dem Salomo namentlich genannt wird, könnte darauf hinweisen, dass ein Subjektwechsel stattfindet und damit vorher Jerobeam gemeint war. Abschließend wird Jerobeam als אִישׁ, also als freier Mann, und גִּבּוֹר חָיִל charakterisiert (V 28). Als solchen hat Salomo ihn dann, der Erzählung nach, wahrgenommen. Doch dabei wechselt die Bezeichnung Jerobeams: er wird zu einem נַעַר. Darin kann sich ein Abhängigkeitsverhältnis ausdrücken, es kann sich aber auch

---

[454] Ein einleitender Satz analog zu 1Kön 11,14.23 MT, wie ihn Debus, Sünde Jerobeams, 3, annimmt, ist reine Phantasie. Dasselbe gilt für die Idee, dass sich die Bezeichnung עֶבֶד לִשְׁלֹמֹה auf Jerobeams Vater beziehe, wie es Kunz-Lübke, Jugend, voraussetzt.

[455] Schmitz, Prophetie, 121 f, mit weiteren Überlegungen zur sprachlichen Wendung.

[456] So diskussionslos Knoppers, Two Nations I, 176 f. Leuchter, Jeroboam, 63 – 65, möchte dagegen unter Hinweis auf Rut 4,18 – 21 פֶּרֶץ als einen nach Davids Herkunftsclan benannten Ort verstehen und Jerobeam als einen rechtmäßigen Erben Davids.

[457] Noth, 1Könige, 257, überlegt dagegen, ob es sich um eine gegenseitige Erklärung handelt.

einfach nur um eine Altersangabe handeln.[458] So entsteht durch den ersten Satz in V 27 und diese Notiz in V 28 textimmanent der Eindruck, dass V 26 eine allgemeine Einführung und Vorstellung Jerobeams sei, die mit der Erzählung selber noch nichts zu tun hat. Diese begänne dann erst in V 27, und in ihrem Verlauf würde Salomo Jerobeam erst in V 28 zwar als Knecht, durchaus aber als tüchtigen Arbeiter wahrnehmen und ihn deshalb zum Aufseher über die Fronleistungen des Hauses Josef bestellen.[459] In V 29 wird dann, durch die Worte וַיְהִי בָּעֵת הַהִיא markiert, ein neuer Handlungsabschnitt eröffnet, in dem Jerobeam Jerusalem verlässt, der Prophet Achia ihm begegnet und ihm mit einer Zeichenhandlung (V 30)[460] und einer langen Rede (V 31 – 39) ankündigt, dass Gott Salomo die Herrschaft entreißen und Jerobeam zehn Stämme geben werde, ihm sogar dieselbe Verheißung in Aussicht stelle wie David (V 38, vgl. 2Sam 7,16). Auf der Textebene bedeutet dies, dass Achia Jerobeam genau das mitteilt, was Gott Salomo bereits vorher angekündigt hat; Achia wird auf diese Weise als echter Prophet ausgezeichnet.[461] Innerhalb der Rede wird dafür eine ausführliche Begründung gegeben, in der verschiedene Aspekte zum Ausdruck kommen. So werden auch hier sowohl das Verhalten Davids als auch die Gebote Gottes als Maßstab genannt; es erscheint das Thema des Fremdgötterdienstes, aber auch Jerusalem nimmt eine prominente Stellung ein, und schließlich gibt es eine rätselhafte Verheißung eines ewigen Lichtes für David (V 36). Dabei ist innerhalb dieser Rede bereits auf der Textoberfläche auffällig, dass sich die Zwölfzahl der Stämme Israels nicht stringent durchzieht: In Achias Rede und Zeichenhandlung werden zehn von zwölf Stämmen erwähnt, was also zwei verbleibende voraussetzt; jedoch wird bereits unmittelbar danach nur noch von einem verbleibenden Stamm für das Haus David gesprochen.

Abschließend sei noch erwähnt, dass merkwürdigerweise nicht berichtet wird, wie sich Jerobeam verhalten hat; dass er sich auf Achias Anweisungen, Verheißungen und Ermahnungen eingelassen hat, geht allenfalls implizit aus der am Ende erzählten Absicht Salomos hervor, Jerobeam zu töten, sowie aus dessen

---

458 Vgl. Stähli, Knabe, 99f, der נַעַר als Rechtsstatus einer „minderberechtigten, abhängigen und unselbständigen Person" (a.a.O., 275) versteht, und zwar unabhängig vom Alter der Person, auch wenn er Jerobeam in diesem Zusammenhang als jungen Mann bezeichnet: „alt und tüchtig genug, um vom König als Arbeitsaufseher eingesetzt zu werden" (a.a.O., 97). Fuhs, נַעַר, entfaltet den Begriff von Oppositionspaaren her: entweder im Unterschied zu einem Alten oder im Unterschied zu einem Herrn, sodass er letztlich beides bezeichnen kann, ohne dass er eine weitere Synthese versucht (a.a.O., 512f).

459 Vgl. dazu Mulder, 1Kings, 584f.

460 Weippert, Ätiologie, 350, merkt an, dass die Neuheit des Mantels darauf hinweisen könnte, dass der Verfasser das Königtum und das Großreich für eine neue Einrichtung gehalten hat und mit den zehn Stämmen auf vormonarchische Zeit zurückgreift.

461 Schmitz, Prophetie, 126, unter Rückgriff auf Walsh, Kings, 194.

Flucht nach Ägypten, wo er sich bis zu Salomos Tod aufhielt (V 40). So kann man ihn auch als unschuldig Verfolgten verstehen.[462]

Es lassen sich also bereits auf der Textoberfläche zahlreiche Hinweise für Textwachstum erkennen.

Zunächst ist jedoch ernst zu nehmen, dass es sich bei V 26 um einen Neu-anfang handelt, der erzählerisch nichts voraussetzt. Denn die Detailfülle der Vorstellung Jerobeams lässt sich keinesfalls aus der Erwähnung eines עבד in V 11 erklären. Festzuhalten ist auch, dass die Charakterisierung Jerobeams durchaus positiv ist – so positiv, dass sie im Laufe der Textüberlieferung geradezu ver-ballhornt werden musste, um sie ins Negative zu kehren.

Nach der Vorstellung Jerobeams scheint die Erzählung in V 27 einzusetzen, doch auch im weiteren Verlauf kommt es zunächst zu keiner Handlung. Statt-dessen werden weitere Verdienste Jerobeams aufgezählt (V 27), die mit dem Satz וְהָאִישׁ יָרָבְעָם גִּבּוֹר חָיִל resümiert werden (V 28). Erst danach scheint Salomo ihn aufgrund seiner Tüchtigkeit[463] wahrzunehmen und ihn zum Aufseher über die Arbeitsleistung des Hauses Josef zu machen. Doch auch daraus entspinnt sich keine Handlung, jedoch bietet es die Begründung dafür, dass Jerobeam in V 29 Jerusalem verlässt. Diese Beobachtung spricht gegen einen literarkritischen Schnitt zwischen V 28 und V 29.[464] Die Überlieferung in 3Kgt 12,24a – z LXX zeigt zwar, dass die Prophetenerzählung ein eigenständiges Traditionsgut reprä-sentiert, doch demonstriert eben gerade auch dieser Vergleich, dass die Lösung nicht im literarkritischen, sondern im überlieferungsgeschichtlichen Bereich liegt: Die Jerobeam-Erzählstoffe wurden von ihren Verfassern unterschiedlich angeordnet.

---

462 Schmitz, Prophetie, 126. Ob dies allerdings ausreicht, Jerobeam auch in diesem Motiv mit David zu parallelisieren und Salomo zum neuen Saul zu machen (so Schmitz, Prophetie, 126), ist angesichts der Kürze der Notiz wohl eher eine Frage der Assoziationsbereitschaft der Leserin oder des Lesers. Ähnlich hatte sich zuvor schon Weippert, Ätiologie, 347 f, geäußert.

463 Debus, Sünde Jerobeams, 6, vermutet hinter der Bezeichnung עֹשֵׂה מְלָאכָה ein öffentliches Amt, weshalb er die Wiedergabe mit „tüchtig" als unzureichend ablehnt; doch lässt sich ein solcher Titel sonst nicht nachweisen, und gerade seine angeführten Belegstellen zeigen eher, dass es sich einfach um eine Bezeichnung für diejenigen handelt, die die Arbeiten durchführen und nicht um „Aufseher".

464 Vgl. Noth, Überlieferungsgeschichtliche Studien, 72, der mit seinem Modell, in V 29 eine Prophetengeschichte „Jerobeam und Achia von Silo" beginnen zu lassen und dadurch V 26 – 28.40 als eine eigenständige Jerobeam-Erzählung zu verstehen, eine große Wirkung erfahren hat. Doch wird darin nicht deutlich, warum Salomo Jerobeam nach dem Leben trachten sollte. Dagegen hat er selber später beobachtet, dass V 29 nur an den vorangehenden Text anknüpfen kann (Noth, 1Könige, 258). Noth hat daraufhin seine Überlegung dahingehend modifiziert, dass V 29 ff ge-genüber dem Vorhergehenden sekundär sei, also niemals selbstständig war. Doch ist wohl eher davon auszugehen, dass Noths Beobachtung gegen eine eigene Erzählung ab V 29 ff überhaupt spricht.

Insofern haben die Überlegungen, dass die Erzählung von einem Aufstand zugunsten von V 29 ff weggefallen sein könnte, einiges für sich, allerdings auf überlieferungsgeschichtlicher Ebene und nicht auf literarkritischer.[465] Doch wird sich dies kaum noch klären lassen, zumal der Bericht über einen Aufstand auch in den weiteren Jerobeam-Überlieferungen, wie sie in 3Kgt 12,24a – z LXX vorliegen, äußerst knapp ausfällt.

Die Handlung beginnt also erst in V 29 mit der Begegnung Jerobeams und Achias und besteht zu einem großen Teil aus dessen Rede an Jerobeam. Auffälligerweise wird Jerobeam in der Einleitung von V 26 – 28 nur in einem Satz negativ gezeichnet: וְזֶה הַדָּבָר אֲשֶׁר־הֵרִים יָד בַּמֶּלֶךְ שְׁלֹמֹה. Alle anderen Angaben betonen seine Leistungen, seine Tüchtigkeit und herausgehobene Position. So legt es sich nahe, diesen einen Satz als einen späteren Zusatz aus einer Jerobeam positiv zeichnenden Erzählung auszuscheiden. Da sonst ja an keiner Stelle von einem tatsächlichen Aufstand die Rede ist und es auch im Erzählverlauf des Gesamtkomplexes erst unter Salomos Sohn Rehabeam zu einem Zerwürfnis zwischen Norden und Süden kommt, handelt es sich wohl um eine kommentierende Glosse, durch die Jerobeam von Anfang an in ein schlechtes Licht gerückt werden sollte.[466]

Im Folgenden entwickelt sich die Erzählung literarisch konsistent bis einschließlich V 31. In ihr wird begründet, wie Jerobeam, ein tüchtiger Mann, tapferer Soldat und freier Mann aus Zereda in Ephraim, von Gott durch einen Propheten[467] dazu berufen wurde, über die zehn Stämme zu herrschen.[468] Kein Schatten fällt auf ihn, und so scheint es, als wäre hier noch ein Teil einer Erzählung über Jerobeams Aufstieg zum König über Israel erhalten.[469] Da sich im Folgenden noch weitere solche mit Jerobeam verbundenen Erzählungen zeigen, soll diese hier J genannt werden.

---

465 Vgl. dazu Dietrich, Prophetie, 54 f, der zudem auf ältere Literatur hinweist.

466 Gegen Debus, Sünde Jerobeams, 4, der aufgrund dieses Satzes das Folgende als spätere Zufügung klassifiziert und nur V 26 und V 40 als Grundschicht annimmt: V 27 führe dann zur ihm ebenfalls vorgegebenen Achia-Erzählung in V 29 – 31.

467 Der Name des Propheten scheint in der Überlieferung nicht eindeutig festgestanden zu haben, denn in 12,24o LXX wird dieselbe Episode von Samaia, dem Elamiter, erzählt, auch wenn dies nichts daran ändert, dass der Name Achias eng mit der Jerobeam-Überlieferung verbunden ist (vgl. 3Kgt 12,24g – n LXX und 1Kön 14,1 – 18 MT). Siehe auch unten zu 3Kgt 12,24g – n.

468 Stacey, Prophetic Drama, 81, stellt den Vorgang als historisches Ereignis in Frage, weil er unpraktikabel gewesen sei. Das trifft keineswegs den Kern der Sache, weil es sich ohnehin um Propaganda handelt. So kann durchaus eine Vorstellung von mehreren Regionen im Hintergrund gestanden haben, es kann sich aber auch einfach nur um ein Element handeln, mit dem die Größenverhältnisse ausgedrückt werden sollten. Das Problem mit der Zwölfzahl ist dann erst für D virulent, wie die Analyse von V 32 zeigt. Weder von H noch von N wird eine Zahl ins Spiel gebracht.

469 Insofern hat sie in allen ihren Teilen ihren eigenen Wert und gerade im Zusammenspiel von Prophetenwort und Zeichenhandlung ihre eigene Aussage, ist also keineswegs nur „little more than a nice story" (Ben Zvi, Prophets, 340).

Der erste bedeutsame Bruch zum Vorhergehenden besteht in V 32 durch die veränderte Zählweise der Stämme Israels. Ist vorher noch von zehn von zwölf die Rede, sodass zwei übrig bleiben, wird hier nur noch von einem Stamm gesprochen, der um Davids und um Jerusalems willen dem Herrscher in Juda verbleiben solle.[470] Diese im Anschluss an V 30 f merkwürdige Angabe erklärt sich durch eine veränderte Zeit und einen anderen Blickwinkel als beim Vorhergehenden. Hier zeigt sich die politische Realität, dass es auch im Süden nur noch einen Stamm gab bzw. sich der Süden nur noch als eine Entität wahrgenommen hat.[471] Aber auch inhaltlich setzt V 32 andere Akzente als das Vorhergehende: David wird aufgenommen, und Jerusalem spielt eine zentrale Rolle als die von Gott aus allen Stämmen Israels erwählte Stadt. So kommt einerseits nur Juda in den Blick, andererseits wird die Terminologie Israel für die Gesamtheit des Volkes verwendet. Dies jedoch ist eine Charakteristik des Dtn, sodass wahrscheinlich eine dtr Bearbeitung durch D vorliegt.

Zu V 33 besteht demzufolge der nächste Bruch, denn der Satz יַעַן אֲשֶׁר עֲזָבֻנִי kann nicht unmittelbar an V 32 anschließen, weil hier nicht mehr der eine Stamm aus V 32 Subjekt ist, sondern Salomo und damit auf V 31 zurückgegriffen wird.[472] Es geht um den Hinweis auf die Schuld Salomos, in der die in V 26 – 31* erzählte Begebenheit begründet liegt. Handelt es sich also um die Fortführung von J? Das ist unwahrscheinlich, denn ein solcher Nachweis liegt wohl kaum im Interesse einer Darstellung der Königswerdung Jerobeams. Vielmehr kommt hier gegenüber J wieder eine andere Stimme bzw. andere Stimmen zu Wort, denn in V 33 geben sich verschiedene Bear-

---

470 Vgl. auch Dietrich, Prophetie, 17, mit einer Auseinandersetzung mit älterer Literatur. Sweeney, I & II Kings, 160, möchte den Text zusammenhalten und die Differenz damit erklären, dass der fehlende Stamm der Stamm Levi sei, der in Israel keinen Landbesitz habe (ein Vorschlag, den zuvor schon Noth, 1Könige, 259 f, gemacht hat). Plein, Erwägungen, 19, möchte in dem einen fehlenden Stamm Simeon sehen, der in der Deutung der Zeichenhandlung als „der ganz unbedeutende Simeon" nicht mehr berücksichtigt worden sei. Aber all dies ist wohl ebenso wenig plausibel wie die Rechenweise von Kallai, der behauptet, dass „zehn" für Israel, „eins" für Juda und „zwölf" für die Gesamtzahl der Stämme Israels stünde (Kallai, Judah and Israel, 256 f), und Noths Vorschlag, von einem Größenverhältnis von 10:1 auszugehen (Noth, 1Könige, 260). Noth versucht auf diese Weise erkennbar, seine Annahme der literarischen Einheitlichkeit von V 29 – 39 zu wahren (ebd.).

471 Es geht also um mehr als nur um „ideologische" Zahlen, wie es Nelson, Kings, 72, annimmt.

472 Nur wenn man sich allein auf MT stützt, kann V 33 (MT: יַעַן אֲשֶׁר עֲזָבֻנִי) als Fortsetzung von V 32 gelesen werden (vgl. O'Brien, Deuteronomistic History, 165.169). Entsprechend muss dann auch das Versende als Glosse verstanden werden, doch dies ist nach der textkritischen Diskussion nicht nötig. Auch Leuchter, Jeroboam, 54, dessen Überlegungen allein auf MT aufbauen, möchte V 33 (gemeinsam mit V 34) als Fortsetzung von V 32 lesen und interpretiert ihn als dtr Zusatz zu einer Grunderzählung, in der V 35 an V 31 anschließt. Dabei übersieht er aber die unterschiedliche Terminologie von ממלכה (V 31) und מלוכה (V 35).

beitungen zu erkennen, die sich in den unterschiedlichen, bereits bekannten Akzentsetzungen zeigen. So wird zuerst auf Salomos Fremdgötterverehrung rekurriert[473] und anschließend auf seinen Vater David als normatives Vorbild. Daher können diese beiden Akzentsetzungen in V 33 N und H zugewiesen werden. Die Frage wäre allenfalls, wem von beiden der Eingangssatz יַעַן אֲשֶׁר עֲזָבוּנִי zuzuschreiben ist. Doch wie bereits in den voranstehenden Texten gesehen, handelt es sich bei N um eine Bearbeitung von H, sodass der Satz יַעַן אֲשֶׁר עֲזָבוּנִי wohl von H stammen dürfte, der ihn ursprünglich mit וְלֹא־הָלַךְ weitergeführt hatte, aber dann durch N unterbrochen wurde. In beiden Fällen ist die Verurteilung Salomos das Thema; die Arithmetik von J oder D spielen weder bei H noch bei N eine Rolle.

Sie kommt erst wieder in V 34 in den Blick, in dem es heißt, dass Gott Salomo nicht die ganze Herrschaft nehmen wolle, sondern um Davids willen einen נָשִׂיא einsetzen werde „alle Tage seines Lebens", weil Gott David erwählt habe und dieser Gottes Gebote gehalten habe. Mit V 34 wird ein völlig neuer Blickwinkel in die Achia-Rede eingetragen, der zwar die Sprache seiner Umgebung aufnimmt, jedoch völlig anders einsetzt. Das gilt insbesondere für das aus D bekannte Theologumenon der Erwählung. Während es sich bei D stets auf Jerusalem bezieht, ist es hier, in 1–2Kön einmalig, auf einen Menschen bezogen: auf David (בָּחַרְתִּי אֹתוֹ). Bereits dieser Wechsel zeigt, dass V 34 einem bzw. einer anderen als den bekannten Verfassern und Bearbeitungen zuzurechnen ist. Vor allem aber weist der in 1–2Kön ebenfalls alleinige singulare Gebrauch des Begriffs נָשִׂיא darauf hin. Dem Begriff nach handelt es sich um ein Amt, dessen Aufgabe, Bedeutung und Position jedoch mit keinem Wort umrissen wird. Dietrich zieht eine Harmonisierung mit Kap. 12 in Erwägung,[474] doch ist dort unumwunden von Rehabeam als מֶלֶךְ die Rede, sodass es keinen Grund gibt, hier stattdessen von einem נָשִׂיא zu sprechen. Auch die Annahme, dass Salomo bzw. sein Sohn mit diesem Titel auf die Stufe eines lokalen Stammesfürsten zurückgestuft werden solle,[475] lässt sich aus dem Kontext kaum entnehmen. Plausibler erscheint es dagegen, dass eine spätere Aktualisierung auf die Gegenwart des Nachtrags hin

---

473 Dabei weist die Liste der genannten Götter denselben Umfang und dieselbe Reihenfolge wie in 11,4–8 LXX auf. Auch an dieser Stelle zeigt sich die Schwäche ausschließlich auf MT basierender Studien wie bei Dietrich, Prophetie, 94, der auf hypothetische Überlegungen zur Differenz zwischen V 5.7 MT und V 33 MT zurückgreifen muss.
474 Dietrich, Prophetie, 18.
475 Halpern, First Historians, 161; vgl. auch Linville, Israel, 159. Abwegig erscheint auch Seebass' Deutung, dass Salomo bzw. Rehabeam „*nicht* das ganze, wohl aber *das* Königtum" genommen worden sei (Seebass, Teilung, 368; kursiv im Original), wobei Seebass unter dem Ausdruck „das Königtum" die „charismatische(n) Führung im Jahwekrieg" versteht (ebd.). So sei zu erklären, dass einerseits von dem Königtum die Rede sei, das dem Haus David weggenommen werde, ihm andererseits aber ein Herrschaftsbereich bleibe. Von Spuren eines „alten amphiktyonischen Amtes" (Plein, Erwägungen, 18) kann ebenfalls keine Rede sein.

vorliegt. Vermutlich waren das Amt und seine Funktion den Leserinnen und Lesern von V 34 bekannt.[476] Da die Aussagen von V 34 in 1– 2Kön sonst keine Aufnahme mehr finden, ist von einem späteren Eintrag auszugehen, mit dem an dieser bedeutenden Stelle zum Schicksal des Hauses David deutlich gemacht werden soll, dass Gott es nicht fallen lässt. So handelt es sich wohl auch eher um eine Aussage, deren Gehalt in ihrem Aktualitätsbezug liegt und weniger in der Absicht, Geschichte zu schreiben und darzustellen.[477] In ihrem Umfang wird sie den ganzen V 34 umfassen. Zwar ließen sich Einzelaussagen in V 34 anderen Bearbeitungsschichten wie beispielsweise N zuschreiben, doch stellte sich dann textgenetisch die Frage, wie wahrscheinlich eine solche sehr kleinräumige Redaktionstätigkeit ist, in der manche Textbausteine aufgenommen, andere völlig umgeformt und dann miteinander in einer anderen Reihenfolge eingesetzt werden, als sie die Textanalyse ergeben hat.[478] Plausibler erscheint demgegenüber, eine Glosse anzunehmen, die die im Kontext vorgegebene Begrifflichkeit aufnimmt, umformt und für ihre Zwecke einsetzt und deren Ziel es war, der Daviddynastie nicht nur literarisch das Überleben zu sichern, sondern ihr wahrscheinlich auch in den Auseinandersetzungen um die Stellung der Nachfahren Davids im nachexilischen Juda eine herausgehobene Stellung zu sichern – ein Versuch, der literarisch geblieben ist.[479]

In V 35 wechselt dann auch wieder das Thema. Gott kündigt an, die Position als König erst Salomos Sohn wegzunehmen und sie dann dem angesprochenen Jerobeam zu geben. Dabei ist die Erwähnung der zehn Stämme am Ende des zweiten Versteils klar als sekundäre Ergänzung zu betrachten, denn grammatikalisch handelt es sich um ein direktes Objekt, das aber bereits durch das Suffix am Verb (וּנְתַתִּיהָ) gegeben ist;[480] dieses Suffix wiederum ist feminin, bezieht sich also eindeutig auf הַמְּלוּכָה zurück und hat keinen Bezug zu אֵת עֲשֶׂרֶת הַשְּׁבָטִים. So ist V 35 literarkritisch als ein Satz mit einer später als Glosse angefügten Apposition zu sehen, durch die wohl die Totalität der Aussage von V 35* relativiert werden

---

476 Vgl. dazu die Darstellung von Niehr, נשׂיא, insb. 650 – 655. Dass נָשִׂיא auch in spätnachexilischer Zeit eine verständliche Amtsbezeichnung war, belegt Sir 10,24; 41,17.
477 Vgl. auch Cogan, 1Kings, 341.
478 Vgl. zu einem solchen Ansatz O'Brien, Deuteronomistic History, 165 – 167.
479 Dass es sich bei V 32ff um Zusätze zum vorher Erzählten handelt, hat auch Noth, Überlieferungsgeschichtliche Studien, 72, erkannt, doch behandelt er ausgehend von V 1– 13 diese Verse als literarische Einheit. Wie sich oben gezeigt hat, kann diese Annahme die komplexe Textüberlieferung jedoch nicht erklären. Zudem treten die oben herausgearbeiteten Differenzen zu deutlich zu Tage, als dass von einer Einheit die Rede sein könnte.
480 Vgl. auch Dietrich, Prophetie, 17 f, der jedoch einen Anschluss von V 35 an V 32 sieht und V 35 als Wiederholung von V 32 versteht. Allerdings erscheint die Annahme nur einer Feder, die sich auf so engem Raum wiederholt, kaum wahrscheinlich. Als Glosse betrachten es ebenfalls Mulder, 1Kings, 594; O'Brien, Deuteronomistic History, 165.

soll. Sprachlich ist sie zudem dadurch gekennzeichnet, dass sie statt des in J gebrauchten Begriffs אֶת עֲשָׂרָה הַשְׁבָטִים (vgl. V 31) mit אֶת עֲשֶׂרֶת הַשְׁבָטִים eine alternative Ausdrucksweise verwendet, die zwar keine inhaltliche Nuancierung bietet, aber den je eigenen Sprachgebrauch der Verfasser widerspiegelt. Der Anschluss an dieser Stelle könnte durch den fast parallelen Aufbau mit dem betreffenden Satz aus V 31 motiviert worden sein. Die Frage ist nun, aus welcher Feder V 35* stammen könnte. Angesichts des uneingeschränkt positiven Blicks auf Jerobeam könnte J in Frage kommen, doch gibt es zu J einige Differenzen: So unterscheidet sich V 35* von J in der Terminologie (V 35* gebraucht מלוכה statt ממלכה), aber auch in der Frage, wem nun das Königtum/die Position als Herrscher/die Königswürde weggenommen würde (V 35* spricht von Salomos Sohn, nicht von Salomo selber), und schließlich auch im Umfang dessen, was weggenommen wird (in J ist es zwar die Königswürde und der Herrschaftsbereich, der sich in den zehn Stämmen konkretisiert, in V 35* jedoch eine Gesamtheit). Als wahrscheinlicher zeigt sich H, der im Anschluss an J und an seinen eigenen Schuldaufweis (V 33*) präzisierend formuliert, dass die Herrschaft nicht Salomo selber, sondern dessen Sohn weggenommen wird, wie er es bereits in V 12f getan hat. Die unterschiedliche Terminologie im Blick auf מלוכה bzw. ממלכה muss dabei nicht irritieren, denn die Verwendung von ממלכה in V 12f kann durch das von J aufgenommene und in den Mund Gottes gelegte Prophetenwort beeinflusst sein, während er hier seine eigenen Worte benutzt oder sogar einen eigenen Akzent setzen möchte. Mit der Verwendung des Begriffs מלוכה würde H dann aussagen, dass Salomos Sohn vor allem die Machtposition als König genommen werden soll.[481] Im Unterschied zu J, nach dessen Darstellung Jerobeam prestigeträchtig das Königtum von Salomo übernommen hat, setzt H voraus, dass sich Israel und Juda erst nach Salomos Tod getrennt haben. So fährt H dann auch konsequent fort und erläutert in derselben Terminologie wie in V 12f, dass Salomos Sohn ein Stamm verbleiben werde (V 36a). Damit zeigt H zugleich seine späte judäische Perspektive.

Unmittelbar im Anschluss daran findet sich in V 36b eine merkwürdige Wendung, in der von einem ניר für David für alle Zeiten die Rede ist. Allein bei der Betrachtung von V 36 und seinem Umfeld fällt auf, dass sich diese Aussage durch ihre poetische Ausdrucksweise von ihrem Kontext unterscheidet. Sie ist also kaum H und wohl auch keiner der anderen bereits aufgezeigten Quellen und Bearbeitungen zuzuordnen. Tatsächlich findet sich die Rede von einem ניר für David in 1– 2Kön außer an dieser Stelle nur noch in 1Kön 15,4 und 2Kön 8,19.[482] Dabei stellt

---

481 Ähnlich auch Weippert, Ätiologie, 358, die jedoch V 35 einem Korrektor zuschreibt und dafür den Wechsel in der Terminologie als Indikator nimmt, aber zugleich zugeben muss, dass die Begriffe einander sehr nahe stehen.

482 Ein weiterer Beleg (außer in 2Chr 21,7 ‖ 2Kön 8,19) für ניר findet sich nur noch in Spr 21,4.

sich die Erwähnung in 1Kön 15,4 deutlich als Zusatz heraus, der die Darstellung des vorbildhaften David in V 3 und V 5 unterbricht. In 2Kön 8,19 wirkt die Erwähnung dagegen stärker in den Text eingebunden, steht jedoch am Ende der (negativen) Beurteilung Jorams und vor der Erzählung dessen, was in seiner Regierungszeit geschehen ist (V 20 ff), sodass sie an dieser Schnittstelle dennoch ein Zusatz sein kann. Was mit ניר konkret gemeint ist, lässt sich angesichts dieser wenigen Vorkommen und der poetischen Sprache kaum bestimmen.[483] Möglicherweise soll es sich um ein Zeichen des Bestandes der davidischen Dynastie an in der theologischen Beurteilung kritischen Momenten handeln; was jedoch im Blick auf Joram, der sich zum Nordreich hin orientierte, plausibel erscheint, wird bei Abiam fraglich. Denn über ihn wird nur gesagt, dass er seinem Vater Rehabeam gefolgt sei, sodass er ebenfalls negativ bewertet wird. Doch warum der Hinweis erst bei ihm und nicht schon bei Rehabeam erfolgt, bleibt unklar.[484] Der Vergleich mit den anderen Belegen zeigt allerdings für 1Kön 11,36b, dass das Zeichen nicht mit Jerusalem und seiner Erwählung verbunden ist, sodass auch V 36b aus zwei Bearbeitungen bestehen muss. Dabei lässt sich das Versende als dtr Erweiterung des ניר-Satzes verstehen. Dies führt zu der Annahme, in V 36b von einer ersten Erweiterung durch einen „ניר-Poeten" und von einer zweiten Erweiterung durch die Bearbeitung von D auszugehen.[485] Beide unterbrechen dabei die Darstellung von H, die sich in V 37 fortsetzt.

---

483 Vgl. auch Mulder, 1Kings, 594 – 596, mit weiterer Literatur sowie schon früher die Überlegungen von Noth, 1Könige, 243 f. Dagegen ergeht sich Wiseman, Kings, 138, in Spekulationen, teilweise ohne auf das unterschiedliche hebräische Vokabular zu achten. Jones, 1 – 2Kings, 245 f, möchte es von akk. nīru ableiten (so schon Noth, ebd.; vgl. auch Cogan/Tadmor, 2Kings, 95, mit einer Darstellung der alten Übersetzungen, allerdings zu 2Kön 8,19; Lohfink, Orakel, 128 f), doch erscheint dies in den weiteren Textstellen entgegen seiner Behauptung kaum passend. Görg, Machtzeichen, 366 f, schlägt dagegen vor, ניר von ägypt. nr mit einer rekonstruierten Lesung nīrw und der Bedeutung „Macht" abzuleiten. Lohfink, Orakel, 147, möchte die drei Stellen inhaltlich auf 2Sam 7 beziehen, doch kommt er nicht darum herum, dass es sich dann um eine eigenständige Interpretation dessen handeln müsse (vgl. a.a.O., 149), was seine Deutung angesichts der Knappheit der ניר-Aussagen fraglich macht (ähnlich auch McKenzie, Divided Kingdom, 141, nur ohne Begründung). Albertz, Exilszeit, 226, versteht die Zusage im Kontext von 1Kön 11 als „reduzierte Form" des Bestandes der davidischen Dynastie. Ähnlich auch Linville, Israel, 160 – 162.
484 Darauf geht leider auch Lohfink in seiner Untersuchung ders., Orakel, nicht ein. Symptomatisch ist das Schweigen zu diesem Problem bei Noth, 1Könige, 334, und Cogan, 1Kings, 393.
485 So auch Noth, Überlieferungsgeschichtliche Studien, 72. Dagegen versteht O'Brien, Deuteronomistic History, 165 – 67, den Vers als einheitlich, ohne aber auf die Spannungen und auch den seltenen Sprachgebrauch einzugehen. DeVries, 1Kings, 151, zählt ihn sogar zur Grundschicht der Erzählung, geht aber auch davon aus, dass Jerobeam ursprünglich die Herrschaft über das ganze Reich Salomos angetragen worden sei. Das lässt sich jedoch an den Texten kaum begründen bzw. wird bei DeVries erst durch eine entsprechende literarkritische Scheidung möglich. Hentschel,

Für eine Fortsetzung von H in V 37 und einen Anschluss an die Aussage in V 35 – 36a spricht, dass hier nun nach der Ankündigung, dass Gott Salomos Sohn die Machtfülle des Königs wegnehmen werde, Jerobeam angesprochen wird. Dabei nimmt H einerseits den Gedanken der Zeichenhandlung Achias auf, dass Jerobeam zehn von zwölf Teilen auswählen darf, verrät andererseits aber auch, dass er bereits einen anderen historischen Horizont vor Augen hat, wenn er von Israel und von Jerobeam als König über Israel spricht. H setzt damit klar eine etablierte Staatlichkeit dieser zehn Stämme voraus, was sich in dem Maße in der Erzählung von J nicht erkennen lässt.

In V 38 zeigt sich, dass die beiden Kriterien des Wohlverhaltens, die H und N unterschiedlich setzen, eng miteinander verwoben sind. Der Vers besteht in seiner gewordenen Gestalt aus einem Konditionalsatz, dessen Hauptsatz mit וְהָיִיתִי עִמָּךְ beginnt und bis zum Versende reicht. Dabei fällt allerdings auf, dass sich die Bezüge auf das Gebieten und die Gebote Gottes auf zwei Satzteile beschränken: auf den Anfang des Bedingungssatzes und die Wendung לִשְׁמוֹר חֻקּוֹתַי וּמִצְוֹתַי. Letztere durchbricht allerdings den sonst immer gegebenen Zusammenhang von וְעָשִׂיתָ הַיָּשָׁר בְּעֵינַי und כַּאֲשֶׁר עָשָׂה דָוִד עַבְדִּי, ist also klar erkennbar als spätere Zufügung durch N auszuscheiden.[486]

Problematischer ist es mit dem ersten Satzteil. Denn auch hier ist das Thema des Gebietens Gottes N zuzuweisen, doch lässt sich dieser Satzteil nicht einfach abtrennen, ohne den Gedankengang zu verändern. Es würde sich dann nicht mehr um einen Konditionalsatz handeln, sondern um eine fortgesetzte Reihung aus V 37, in der Gott Jerobeam die Herrschaft über den von ihm gewählten Teil zuspricht (V 37) und ihn anschließend ermahnt, sich in den Bahnen Davids zu bewegen, und sich danach selber verpflichtet, Jerobeam, wie David auch, eine beständige Dynastie zu gewährleisten. Nun ist dieser Gedankengang nicht auszuschließen, doch stellt sich die Frage, wie wahrscheinlich eine solche Zuspitzung ist, da für H der Untergang des Nordreichs Israel schon lange in der Vergangenheit lag. Dies verändert sich allerdings noch einmal, wenn man annimmt, dass N nicht nur einfach additiv seine Zusätze in den Text einfügte, sondern durchaus grammatikalisch „mitdachte" und seinen Gedanken in eine bestehende Satzkonstruktion so einfügen und den Anschluss gestalten konnte, dass er auch in einer ihm vorgegebenen Quelle eine leichte Veränderung vornahm. Dann wäre auch denkbar, dass der von H verfasste Satz so lautete: ... והיה אם תלך בדרכי ועשית, und N

1Könige, 8, ordnet den Vers DtrN, der zweiten Bearbeitungsschicht des exilischen DtrH zu; die „Leuchte" solle David erhalten bleiben, weil er sich vorbildlich an Gottes Gebot gehalten habe.
486 Ähnlich auch Dietrich, Prophetie, 19, der diese Zusätze derselben Bearbeitung zuweist wie V 33a. O'Brien, Deuteronomistic History, 165 – 168, erkennt darin eine spätere Glosse. Mulder, 1Kings, 597, versteht demgegenüber den ganzen Vers als dtr und möchte ihn so zusammenhalten.

ihn bei der Einfügung seines Gedankens in die heutige Form brachte. Eine Entscheidung lässt sich dabei wohl nicht abschließend treffen, auch wenn die Plausibilität für letztere Möglichkeit spricht. Auszuschließen ist hingegen eine Zuordnung der Verheißung der ewigen Dynastie zu einem alten Grundbestand,[487] denn weder handelt es sich bei 2Sam 7 um eine Zusage aus der Gründungszeit des Königtums noch erscheint es plausibel, dass im Norden und im Süden wörtlich dieselbe Zusage verwendet worden sein sollte. So bleibt hier wohl allein die – angesichts des Geschichtsverlaufs durchaus ironisierende – Adaption der Nathansweissagung auf Jerobeam hin, und dies eben durch spätere Hand.

Daran schließt sich mit V 39 eine Glosse an, durch die deutlich gemacht werden soll, dass die Zusage Gottes an Jerobeam gerade nicht so ewig gemeint gewesen sei, wie der Bezug auf David in H vermuten ließe. V 39 widerspricht also H und ist als spätere Korrektur zu verstehen.[488]

Am Ende des Abschnitts wird in V 40 erzählt, dass Salomo Jerobeam töten wollte, dass dieser sich aber aufmachte und nach Ägypten zu Scheschonq floh und dort blieb, bis Salomo gestorben war. Dieser Teil hat also wieder erzählenden Charakter und schließt damit wahrscheinlich an die von H aufgenommene Erzählung von J an, denn im Unterschied zur Konzeption von H muss Jerobeam hier noch vor Salomo fliehen. Auch die Erwähnung des Namens Scheschonqs kann ein Hinweis darauf sein, dass es sich noch um eine historische Erinnerung handelt, die H Jahrhunderte später wahrscheinlich nicht mehr hatte.[489] Dass von einem Aufstand oder Ähnlichem nicht die Rede ist, ist weiterhin auffällig. So kann es sein, dass eine solche Notiz im Zuge der Bearbeitung von H nicht in dessen Fokus

---

487 Gegen O'Brien, Deuteronomistic History, 165 – 168; Cogan, 1Kings, 342.

488 Auch Noth, Überlieferungsgeschichtliche Studien, 72, und O'Brien, Deuteronomistic History, 166 – 170, sprechen von einem Zusatz. Beide beziehen das Ende von V 38 und den ganzen V 39 nach MT mit ein. O'Brien diskutiert ausführlich die Schwierigkeiten der hebräischen Formulierung. Dabei wird in beiden Untersuchungen die Textgeschichte außer Acht gelassen.

489 Zweifellos wird J seine Erzählung auch erst nach den Ereignissen um Jerobeams Herrschaftsbeginn verfasst haben, doch belegen die verschiedenen Siegel und Amulette, die in Israel mit an Scheschonqs Namen erinnernden Hieroglyphendarstellungen gefunden worden sind, dass dessen Herrschaft und die seiner Dynastie noch lange danach Eindruck hinterlassen haben und für etwas machtvoll Herrscherliches standen (vgl. Keel, Geschichte Jerusalems, 339 – 344, sowie Keel/Uehlinger, GGG, 302 – 308; 484 f). Diese Darstellungen enden im Laufe der fortschreitenden Königszeit und spielen in exilischer Zeit keine Rolle mehr. Schipper, Israel und Ägypten, 189 f, rekonstruiert dazu einen möglichen historischen Hintergrund. Sweeney, I & II Kings, 161, möchte in V 40 eine Parallele zu Josef und Mose sehen, doch können dafür allenfalls Assoziationen angeführt werden, denen gegenüber die Annahme einer festgehaltenen historischen Kenntnis plausibler erscheint. Zur Namensidentifikation vgl. Horn, Father-in-Law.

lag und deshalb ausgefallen ist;[490] es ist aber auch sehr gut möglich, dass es niemals einen solchen Aufstand gegeben hat, sondern Salomo einfach das Bedürfnis hatte, einen potentiellen, gefährlichen Konkurrenten im Norden auszuschalten. H hätte hier also wieder ein Stück von J in sein Werk aufgenommen, bevor er die Todesnotiz in 11,41 – 43 anfügt.

Konnte in den bislang betrachteten Textabschnitten das Werk von H als die früheste Stufe der Textentstehung gelten, zeigt sich im vorliegenden Abschnitt, dass auch H bereits auf Vorlagen zurückgegriffen und diese verarbeitet hat. Mit J hat er eine Jerobeam-Erzählung aufgenommen, mit der dieser ganz offensichtlich durch eine positive Darstellung seiner Leistungen und seiner Tüchtigkeit als herausragende Persönlichkeit und anschließend durch die prophetische Zeichenhandlung als erster Herrscher der zehn Stämme des Nordens dargestellt werden sollte.[491] Dabei weiß diese Erzählung noch um Aspekte, die man wohl teils als historische Fakten, teils als Ideologie auch schon für H vergangener Zeiten verstehen muss. Zu den Fakten wird die Herkunft Jerobeams gehören,[492] wohl auch, dass er ein Beamter Salomos und anscheinend für dessen Bautätigkeiten zuständig war, ohne dass dabei alle in 11,26 ff erwähnten Details historisch sein müssen, und schließlich seine Flucht nach Ägypten.[493] Zur Ideologie ist demgegenüber die prophetische Berufung zu zählen und wohl auch die Vorstellung, dass sich das Nordreich von Salomo getrennt habe. Möglicherweise war dies prestigeträchtiger, als eine vorübergehende Schwäche beim Thronwechsel zu nutzen.[494] Die Nähe zu 1Sam 15,27 f ist deutlich und nicht zu leugnen – ebenso aber auch nicht die Unterschiede. Das muss jedoch nicht heißen, dass 1Kön 11,29 – 31 eine

---

[490] Ähnlich wird es in der Regel in der Forschung angenommen, vgl. exemplarisch Würthwein, 1Könige, 130.141.

[491] Vgl. Weippert, Ätiologie, 346 f, die zu einem ähnlichen, jedoch etwas knapper ausfallenden Ergebnis für eine positiv auf Jerobeam bezogene Grundschicht kommt.

[492] Carr, Formation, 475 f, sieht bereits in ihnen einen Hinweis auf ein hohes Alter der Überlieferung, was sich auch in dieser Studie bestätigen wird (s. u.).

[493] Gegen Fritz, 1Kön, 127 f, der sie als „der literarischen Tradition entnommen" wertet, weil die in V 27 genannten Details sich in der Salomo-Erzählung widerspiegelten (Fritz verweist auf 1Kön 9,15 sowie 5,27 – 30; 9,20 – 22). Doch dabei handelt es sich keinesfalls um ein hinreichendes Argument, um von einer späteren Bildung dieser äußerst knappen Notizen auszugehen.

[494] Gerade deshalb gehört die prophetische Zeichenhandlung aber zum Grundbestand und hat keinen persönlichen Konflikt zwischen Salomo und Jerobeam ersetzt, wie es Fritz, 1Kön, 128 f, annimmt. Um den Zerfall einer geeinten Monarchie als Gottes Strafe zu sanktionieren, hätten V 9 – 13 völlig ausgereicht. Dass hinter der Achia-Erzählung der grundsätzliche Vorbehalt gegen eine dynastische Vererbung des Königtums stehe, wie es Nicholson, Deuteronomy, 67, postuliert, erscheint ebenso fraglich, da dieses Thema an dieser Stelle nicht einmal anklingt und bestenfalls aus der Erzählung in 12,1 – 18* herausgezogen werden könnte, obwohl auch dies kaum deren eigentliches Thema trifft (siehe dazu unten).

„retuschierte Kopie von 1.Sam 15,27 f"[495] sei, sondern kann auch bedeuten, dass J in seiner Darstellung auf bildhafte Ausdrucksweisen zurückgegriffen hat, die zu seiner Zeit probate Ausdrucksmittel waren.[496] Das würde auch den Wechsel in der Terminologie von מלכות in 2Sam 15 zu ממלכה in 1Kön 11,31 erklären. Angesichts der völlig konträren Aussageabsichten beider Mantelrisse – der eine verwerfend, der andere berufend –[497] sollte hier wohl nicht mehr hineingelesen werden, als dass ein gemeinsamer Sprachbildhorizont natürlich auch in eine gemeinsame Zeit der Entstehung weisen könnte.[498] Eine besondere literarische Pointe der Zeichenhandlung in 1Kön 11 kann jedoch in der Gleichheit des Konsonantenbestandes von שַׁלְמָה und שְׁלֹמֹה liegen.[499]

H hat diese Erzählung aufgenommen und kritisch bearbeitet, indem er J gewissermaßen auswertet und mit dem Nachweis der Schuld Salomos einen Hintergrund gibt, der letztlich doch im Südreich liegt. Dabei ist auch H nicht frei von Dramaturgie, denn am Ende seiner Darstellung in diesem Abschnitt treibt er die Aufwertung Jerobeams auf die Spitze, indem er ihm durch Achia fast dasselbe zusagen lässt wie David[500] – im Wissen, dass das Nordreich schon lange vor der Abfassung seiner Darstellung untergegangen ist und er dies später auch begründen wird. Das dramaturgische Moment besteht also darin, Jerobeam durch den Propheten nicht nur das Königtum zusprechen zu lassen, sondern ihm die

---

495 Dietrich, Prophetie, 15 f. Auch Debus, Sünde Jerobeams, 7, interpretiert 1Kön 11 von 1Sam 15 her und fügt sogar noch 1Sam 24,5 hinzu.

496 Dabei ist und bleibt unklar, wessen Mantel Achia für die Zeichenhandlung genutzt hat, ob es der seine oder der Jerobeams war. Dementsprechend gibt es beide Deutungen: Cogan, 1Kings, 339, nimmt an, dass es sich um Jerobeams Mantel gehandelt habe; dagegen hat bereits LXX auf Achia hin präzisiert. Dem sind auch neuere Studien und Kommentare gefolgt wie beispielsweise Debus, Sünde Jerobeams, 7; Fritz, 1Kön, 128; Mulder, 1Kings, 587 f, teils sogar diskussionslos. Ein umfangreicheres Plädoyer für Achia bietet Chun, Cloak, 268 – 274. Dabei spiegelt schon die rabbinische Auslegungstradition die Uneinigkeit wider, wie bereits David Qimchi in seinem Kommentar lakonisch zur Stelle festgehalten hat: או אחיה או ירבעם אין לו הכרע. Leuchter, Jeroboam, 56, weist zu Recht auf einen Nebenaspekt der Zeichenhandlung Achias hin: Theoretisch hätte Jerobeam mit der Aussage וּמָלַכְתָּ בְּאֲשֶׁר־תְּאַוֶּה נַפְשֶׁךָ auch in bzw. über Jerusalem herrschen können. Ein Hinweis auf Trauerbräuche, wie ihn Fohrer, Symbolische Handlungen, 20 f, erkennen möchte, geht an der Sache vorbei.

497 Bodner, Jeroboam, 23, versteht es als ironischen Rückgriff: „The ripped robe for Saul represents his firing, but for Jeroboam it is symbolically used in his hiring" (kursiv im Original).

498 Ähnlich auch Weippert, Ätiologie, 348 f.

499 Weippert, Ätiologie, 349; Walsh, 1Kings, 143 – 144; Schmitz, Prophetie, 125; Bodner, Jeroboam, 52, mit Verweis auf die Überlegungen in Watson, Poetry, 245 f. Mit Rendsburg, Word Play, 157 f, wäre es dann zumindest in der heutigen Gestalt als „visual word play" zu verstehen. Leuchter, Jeroboam, 53, möchte daraus ableiten, dass damit Salomo die beherrschende Stellung entrissen werden solle, doch stellt sich hier die Frage, ob er damit nicht überinterpretiert.

500 Leuchter, Jeroboam, 56, spricht zu Recht von 2Sam 7 als „prototype".

„höchsten Weihen" in Aussicht zu stellen, um ihn dann später um so tiefer in die Vernichtung fallen zu lassen.

Damit hat H dem Abschnitt allerdings die Grundstruktur aus einleitender Erzählung und einer langen Prophetenrede gegeben, in der zum einen die Ursache der Staatenbildung im Norden in der Schuld Salomos gesucht und gefunden wird und zum anderen Jerobeam eine eigene dauerhafte Dynastie angekündigt wird. N konnte sich daran anschließen und seine eigenen Akzente setzen, ebenso D sowie einige kommentierende Glossen aus späterer Zeit.[501]

Glossen[502] nīr-Poet D N H J

26 וְיָרָבְעָם בֶּן־נְבָט אֶפְרָתִי מִן־הַצְּרֵדָה
בֶן אִשָּׁה אַלְמָנָה
עֶבֶד לִשְׁלֹמֹה:
27 וְזֶה הַדָּבָר אֲשֶׁר־הֵרִים יָד בַּמֶּלֶךְ שְׁלֹמֹה
בָּנָה אֶת־הַמִּלּוֹא
סָגַר אֶת־פֶּרֶץ עִיר דָּוִד אָבִיו:
28 וְהָאִישׁ יָרָבְעָם גִּבּוֹר חָיִל
וַיַּרְא שְׁלֹמֹה אֶת־הַנַּעַר
כִּי־עֹשֵׂה מְלָאכָה הוּא
וַיַּפְקֵד אֹתוֹ לְכָל־סֵבֶל בֵּית יוֹסֵף:
29 וַיְהִי בָּעֵת הַהִיא
וְיָרָבְעָם יָצָא מִירוּשָׁלָם
וַיִּמְצָא|וירא אֹתוֹ אֲחִיָּה הַשִּׁילֹנִי הַנָּבִיא בַּדֶּרֶךְ
וְהוּא מִתְכַּסֶּה בְּשַׂלְמָה חֲדָשָׁה
וּשְׁנֵיהֶם לְבַדָּם בַּשָּׂדֶה:
30 וַיִּתְפֹּשׂ אֲחִיָּה בַּשַּׂלְמָה הַחֲדָשָׁה אֲשֶׁר עָלָיו
וַיִּקְרָעֶהָ שְׁנֵים עָשָׂר קְרָעִים:
31 וַיֹּאמֶר לְיָרָבְעָם
קַח־לְךָ עֲשָׂרָה קְרָעִים
כִּי כֹה אָמַר יְהוָה אֱלֹהֵי יִשְׂרָאֵל
הִנְנִי קֹרֵעַ אֶת־הַמַּמְלָכָה מִיַּד שְׁלֹמֹה
וְנָתַתִּי לְךָ אֵת עֲשָׂרָה הַשְּׁבָטִים:
32 וְהַשֵּׁבֶט הָאֶחָד יִהְיֶה־לּוֹ
לְמַעַן עַבְדִּי דָוִד
וּלְמַעַן יְרוּשָׁלַם הָעִיר אֲשֶׁר בָּחַרְתִּי בָהּ מִכֹּל שִׁבְטֵי יִשְׂרָאֵל:
33 יַעַן אֲשֶׁר עֲזָבֻנִי
וישתחו|ויעבד
לְעַשְׁתֹּרֶת אֱלֹהֵי צִדֹנִין

---

501 Insgesamt zeigt sich damit ein wesentlich komplexerer Entstehungsprozess als eine lediglich zweistufige Entstehung, wie sie Dietrich, Prophetie, 19 f, annimmt. Vgl. auch Würthwein, 1Könige, 139 – 144.
502 Der Plural verweist darauf, dass die im Folgenden angezeigten Glossen nicht einem einzelnen, sondern vielen Bearbeitern aus unterschiedlichen Zeiten zuzuweisen sind.

לִכְמוֹשׁ אֱלֹהֵי מוֹאָב

וּלְמִלְכֹּם אֱלֹהֵי בְנֵי־עַמּוֹן

וְלֹא־הָלַךְ בִּדְרָכַי

לַעֲשׂוֹת הַיָּשָׁר בְּעֵינַי

כְּדָוִד אָבִיו:

34 וְלֹא־אֶקַּח אֶת־כָּל־הַמַּמְלָכָה מִיָּדוֹ

כִּי נָשִׂיא אֲשִׁתֶנּוּ כֹּל יְמֵי חַיָּיו

לְמַעַן דָּוִד עַבְדִּי

אֲשֶׁר בָּחַרְתִּי אֹתוֹ:

35 וְלָקַחְתִּי הַמְּלוּכָה מִיַּד בְּנוֹ

וּנְתַתִּיהָ לְךָ

אֵת עֲשֶׂרֶת הַשְּׁבָטִים:

36 וְלִבְנוֹ אֶתֵּן שֵׁבֶט־אֶחָד

לְמַעַן הֱיוֹת־נִיר לְדָוִיד־עַבְדִּי כָּל־הַיָּמִים

לְפָנַי בִּירוּשָׁלַםִ הָעִיר אֲשֶׁר בָּחַרְתִּי לִי לָשׂוּם שְׁמִי שָׁם:

37 וְאֹתְךָ אֶקַּח

וּמָלַכְתָּ בְּאשר־תְּאַוֶּה נַפְשֶׁךָ

וְהָיִיתָ מֶּלֶךְ עַל־יִשְׂרָאֵל:

38 וְהָיָה אִם־תִּשְׁמַע|אִם־תשמר אֶת־כָּל־אֲשֶׁר אֲצַוֶּךָ (siehe dazu oben)

וְהָלַכְתָּ בִּדְרָכַי

וְעָשִׂיתָ הַיָּשָׁר בְּעֵינַי

לִשְׁמוֹר חֻקּוֹתַי וּמִצְוֺתַי

כַּאֲשֶׁר עָשָׂה דָּוִד עַבְדִּי

וְהָיִיתִי עִמָּךְ

וּבָנִיתִי לְךָ בַיִת־נֶאֱמָן

כַּאֲשֶׁר בָּנִיתִי לְדָוִד

39 אַךְ לֹא כָל־הַיָּמִים:

40 וַיְבַקֵּשׁ שְׁלֹמֹה לְהָמִית אֶת־יָרָבְעָם

וַיָּקָם

וַיִּבְרַח מִצְרַיִם אֶל־שִׁישַׁק מֶלֶךְ־מִצְרָיִם

וַיְהִי בְמִצְרַיִם עַד־מוֹת שְׁלֹמֹה:

4.6 1Kön 11,41–43 – Todesnotiz Salomos, Rehabeam wird König

In diesem Abschnitt sind in LXX zwei textliche Überlieferungen durch R[präLXX] miteinander verschmolzen worden, wie bereits die unterschiedlichen Bezeugungen in MT und LXX zeigen.

In dem MT und LXX gemeinsam zugrunde liegenden Text handelt es sich um die jeweils die einzelnen Königsdarstellungen abschließende Notiz in 1–2Kön, die hier zum ersten Mal erscheint.[503] Dabei gibt sich ein Historiker in seiner Tätigkeit zu erkennen: Er stellt Geschichte dar, wählt dazu aus seinem Material aus und fügt es neben der eigenen Darstellung neu strukturierend zusammen. Deshalb könnte sie H zuzuordnen sein, der mit solchen Notizen in 1–2Kön seine Darstellungen der einzelnen Könige abschließt. Ob ihm dabei wirklich eine Vorlage zugrunde gelegen hat oder ob er sie der Vollständigkeit halber ergänzte, wird sich wohl nicht mehr klären lassen. Möglich – und angesichts des Plurals אבותיו in V 43 auch wahrscheinlicher – ist aber auch, dass diese Notiz später der Vollständigkeit halber ergänzt worden ist. Denn auch wenn man אבותיו allgemein mit „Vorfahren" übersetzen möchte, wäre es trotzdem nur sein Vater David, der in Jerusalem begraben worden ist.

Der darüber hinaus in LXX eingeflossene Textabschnitt bietet einen ähnlichen Text wie in 1Kön 12,2f MT. Beide haben sie zum Thema, dass Jerobeam aus Ägypten nach Israel zurückgekehrt ist, setzen in ihren Darstellungen jedoch unterschiedliche Akzente. Während im vorliegenden Text Jerobeam als der Aktive erscheint, indem er nach Salomos Tod wieder in seine Stadt Zereda im Gebirge Ephraim zurückkehrt, wird er nach der Darstellung in 12,2f MT geholt und geht dann gemeinsam mit dem Volk (עם) bzw. der Gemeinde (עדה) Israel an einen Ort, der nicht genannt wird – gedacht ist wohl an die Verhandlungen mit Rehabeam in Sichem, obwohl Jerobeam dort in der Überlieferung keine Rolle spielt, weder in 12,1–18[504] noch in 12,24p–u LXX. Hinzu kommen kleinere Differenzen im ersten Teil dieses kurzen Abschnitts: in 12,2 MT wird Salomo mit Titel bezeichnet, in 11,43 LXX nicht; in 12,2 MT ist Jerobeam im letzten Satz namentlich genannt, in 11,43 LXX nicht. Damit erweist sich die Darstellung, die in MT eingegangen ist, als etwas detaillierter ausgestaltet als die in LXX. Nimmt man den Text in 2Chr 10,2f MT hinzu, scheint diese im Wesentlichen MT zu stützen, doch bezeugt sie abweichend von V 2 MT: וַיֵּשֶׁב יָרָבְעָם מִמִּצְרָיִם. Während sich וַיָּשָׁב und וַיֵּשֶׁב noch durch unterschiedliche Vokalisation erklären lassen, ist dies bei מִמִּצְרָיִם bzw. בְּמִצְרָיִם nicht mehr möglich. So steht 2Chr 10,2 MT zwar im Konsonantenbestand 1Kön 12,2 MT nahe, in der Aussage jedoch 3Kgt 11,43 LXX, indem Jerobeam auch in 2Chr 10,2 MT selbstständig aktiv aus Ägypten zurückkehrt. 2Chr 10,2 MT zeigt also, dass beide Aussagen im Umlauf waren, was ebenfalls für die obige These eines schriftlich-mündlichen Überlieferungsprozesses spricht.[505]

---

503 Vgl. dazu die beiden älteren, aber paradigmatischen Untersuchungen Bin-Nun, Formulas, 414–432 (insb. 422), und Weippert, Beurteilungen, 301–339.

504 So auch Becker, Reichsteilung, 214, der sich jedoch mit der LXX-Textüberlieferung nur im Rahmen des Apparats der BHS auseinandersetzt. Seine Darstellung der Jerobeam-Figur gilt dann allenfalls für den Endtext.

505 2Chr 10,2 LXX entspricht bemerkenswerterweise entgegen 2Chr 10,2 MT dem Text von 1Kön 12,2 MT: καὶ κατῴκησεν Ιεροβοαμ ἐν Αἰγύπτῳ. McKenzie, Jeroboam's Role, 300, schließt daraus,

Die unterschiedliche Einbettung bei gleichzeitiger differierender Ausgestaltung, insbesondere im die Aussage bestimmenden zweiten Teil, macht es fast unmöglich, diesen kleinen Abschnitt einer Quelle oder Bearbeitungsschicht zuzuordnen.[506] Wie die geringen Unterschiede im ersten Teil zeigen, hat dieser Abschnitt wahrscheinlich eine schriftlich-mündliche Überlieferung durchlaufen. Ob im Zuge dieses Überlieferungsprozesses auch jeweils das Ende unterschiedlich akzentuiert wurde oder ob dies das Werk der jeweiligen Redaktionen von MT und LXX ist, lässt sich dabei wohl nicht abschließend klären. Auch wenn es nahe läge, den Abschnitt beispielsweise J zuzuschreiben, lässt sich dies nicht sicher sagen, weil sich die jeweilige Grundgestalt nicht mehr rekonstruieren lässt.[507] Dabei würde allenfalls 11,43 LXX zur Darstellung in J passen, wie sich am Fortgang dieser Erzählung in 12,20 zeigt: Dort wird unterschieden zwischen der Rückkehr Jerobeams und seiner Königswerdung. Vielleicht handelt es sich insgesamt auch nur um eine spätere Glosse, um erzählerisch eine Lücke zu schließen, die zwischen 11,40 und 12,20 empfunden wurde. Dies würde am besten sowohl die je unterschiedliche Ausgestaltung als auch die Möglichkeit der je unterschiedlichen Positionierung im Text durch R^{präLXX} und R^{präMT} erklären.[508]

4.7 1Kön 12,1–19 – Rehabeam reist nach Sichem, um in Israel König zu werden

Mit 1Kön 12,1 beginnt wieder ein erzählender Abschnitt. Im Anschluss an 11,43 ist Salomos Sohn Rehabeam folgerichtig der neue Protagonist, und doch erstaunt

---

dass 1Kön 12,2 MT einen korrupten Text aus 3Kgt 11,43 LXX bietet und dieser dann in 2Chr 10,2 MT korrigiert worden sei. Auf 2Chr 10,2 LXX geht er nicht ein. Kritisch setzt sich damit Willis, 1Kings 11,43–12,3, auseinander und modifiziert McKenzies Modell leicht (vgl. a.a.O., 44). Beide berücksichtigen jedoch den schriftlich-mündlichen Überlieferungsprozess nicht und gehen von unmittelbaren Übernahmen aus anderen Texten aus. Vgl. auch Trebolle Barrera, Redaction, 477–480, der eine literarische Form einer „flight-notice" rekonstruieren möchte (Trebolle Barrera geht dann aber von der Historizität der Erzählung in 1Kön 12,1–18* aus (a.a.O., 480)).

506 Dieses Faktum übersehen all die Versuche, V 2 beispielsweise mit V 20.25 zu verbinden (vgl. Becker, Reichsteilung, 218; Würthwein, 1Könige, 150 f; Jepsen, Quellen, 31 u. ö.).

507 Würthwein, 1Könige, 150, möchte stattdessen V 2–3a.20.25 einem annalenhaften Bericht zuordnen, bedenkt allerdings nicht ausreichend die Textüberlieferung, in der er nur das Fehlen von V 3a in LXX bemerkt und davon ausgeht, dass in LXX V 2 vor V 1 stehe.

508 Galvin, Egypt, 117, schließt aus 1Kön 11,43 LXX und dem dortigen Bericht, dass Jerobeam zurückgekehrt sei, darauf, dass er zurückgekommen sei, um als Aufrührer zu wirken, und erkennt darin eine antiägyptische Perspektive. Doch das lässt sich aus der kurzen Notiz kaum ableiten.

Angesichts der textlichen Unsicherheiten wird auf eine Textdarstellung mit Zuweisung zu Quellen bzw. Bearbeitungen verzichtet.

gerade im Anschluss an 11,43 das Thema dieser Erzählung. Denn in 11,43 sieht alles nach einer regulären Thronfolge aus, wie sie in den nachfolgenden Kapiteln in 1–2Kön immer mit diesen Worten eingeleitet bzw. schlicht konstatiert wird. In 12,1–19 aber wird die Erzählung damit eröffnet, dass Rehabeam nach Sichem reisen muss, um dort von Israel zum König gemacht zu werden. Zwar ist dafür in der Forschung immer wieder auf David verwiesen worden, der nach der Darstellung von 2Sam 2,1–4; 5,1–5 auch erst, nachdem er in Hebron König geworden ist, von den nördlichen Stämmen als König akzeptiert wurde.[509] Doch findet sich schon ein ähnlicher Vorgang bei Salomo nicht mehr, obwohl er in 1Kön einer sehr ausführlichen Erzählung gewürdigt wird. Damit stellt sich die Frage, ob die Vorgänge, die in 2Sam 2 und 5 erzählt werden – sofern sie denn selber auf einem historischen Kern beruhen – tatsächlich eine Tradition begründet haben oder nicht vielleicht doch, einer besonderen Situation geschuldet, einmalig geblieben sind. Gegen eine vorschnelle Parallelsetzung der Vorgänge bei David und bei Rehabeam spricht auch, dass in 2Sam 5 und 1Kön 12 ein umgekehrtes Setting besteht: in 2Sam 5 kommen die Nordstämme nach Hebron zu David, in 1Kön 12 muss Rehabeam in den Norden nach Sichem reisen.[510] So stellt sich auch für 1Kön 12,1 die Frage, ob hier tatsächlich eine historische Erinnerung vorliegt oder nicht vielleicht doch eher eine literarische Absicht dahinter steht. In jedem Fall besteht ein Bruch zum Vorhergehenden in 11,43.

Die Erzählung beginnt damit, dass Rehabeam nach Sichem reist, wo sich Israel anscheinend bereits versammelt hat, wie das Tempus auszudrücken scheint: כִּי שְׁכֶם בָּא כָל־יִשְׂרָאֵל. Dabei wird der Zweck dieser Versammlung von Anfang an deutlich ausgesagt: Es geht darum, Rehabeam zum König zu machen; die Angelegenheit erscheint somit als Formsache. Und doch legt sich ein Schatten über diese Eindeutigkeit, zieht man die ikonographischen Darstellungen der Eisenzeit hinzu, auf denen die Machtverhältnisse dadurch dargestellt werden, dass der Mächtigere, sei es ein Gott oder ein König, der Statische ist, während sich die Untergebenen um ihn herum bewegen.[511] Während nun die David-Erzählung

---

509 Vgl. Becker, Reichsteilung, 224–227, mit weiterer Literatur.

510 Vgl. auch Würthwein, 1Könige, 153, der allerdings von einer historischen Auswertung nicht absieht. Becker, Reichsteilung, 226, der diese Parallele sehr stark macht, kommt dabei selber darauf, dass Sichem ein literarisch aufgeladener Ort ist. Zur literarischen Bedeutung des Ortes und den sich daraus ergebenden Querbezügen siehe Bodner, Jeroboam, 60 f, und Sweeney, I & II Kings, 168; vgl. letzteren auch zur geographischen Bedeutung. Frisch, Jerusalem, 41, möchte in der Wahl Sichems eine Missachtung Jerusalems als Hauptstadt sehen, was allerdings nur dann plausibel sein kann, wenn man die gesamte politische und theologische Tradition des Kanon als Maßstab nimmt.

511 Vgl. beispielsweise die Darstellungen in Ramath Rachel, Ende 7. Jh. (Aharoni, Ramat Raḥel 1959–60, Abb. 30.1; Foto: Pl. 28), Beth Schemesch, EZ II (Keel/Uehlinger, GGG, 279, Abb. 238b),

solchen Darstellungen entspricht, wird der Vorgang in 1Kön 12 genau umgekehrt gezeichnet, sodass gleich zu Beginn in 1Kön 12 ein subversives Element einge-tragen wird, das die Macht des Königs in Gestalt einer Reise und einer Ratsver-sammlung in Frage stellt.[512] Bemerkenswert ist ebenfalls, dass die Nordstämme in dieser Erzählung schlicht mit ישראל bezeichnet werden, obwohl im Gesamtsetting des Erzählkomplexes von 1Kön 11– 14 bislang eigentlich von zehn Stämmen die Rede sein müsste. Die Sprache reflektiert damit also einen späteren Zustand der staatlichen Entwicklung als in der erzählten Zeit vorausgesetzt werden kann.

Das Volk weiß jedenfalls die Gunst der Stunde zu nutzen und konfrontiert Rehabeam mit der Forderung nach Arbeitserleichterungen. Rehabeam bittet sich drei Tage Bedenkzeit aus und bespricht sich zunächst mit den Beratern seines Vaters, die durch die Bezeichnung זקנים nicht einfach nur ein biologisch höheres Alter bescheinigt erhalten, sondern vor allem in den Bereich der Weisheit und von Führungspersönlichkeiten gerückt werden. Dabei gibt die Darstellung, ähnlich wie 2Sam 16,15 – 17,14, zweifellos etwas von den Gepflogenheiten am Königshof zu erkennen, auch wenn die Tatsache, dass beide Erzählungen ähnlich gelagert sind und von der Frühzeit des Königtums in Israel erzählen, nicht vorschnell dazu verführen darf, sie auch früh zu datieren, denn die gemeinsame Situierung sagt nichts über ihr Alter aus.[513]

In der vorliegenden Erzählung wird dabei schnell deutlich, dass die Alten dem König einen wohlüberlegten Rat geben – so wohlüberlegt, dass er aus der Per-spektive des Volkes in seinem politischen Kalkül fast schon einen gewissen Zy-nismus in sich trägt, dem König jedoch dauerhafte Macht sichert. Vielleicht noch mehr als die Beratungsszene selber zeigen sich hier Gepflogenheiten am Hof, nämlich das politische Geben und Nehmen der Machtausübung und Machterhal-tung. Doch Rehabeam verlässt den Rat der Alten (וַיַּעֲזֹב), was in diesem Zusam-menhang durchaus doppeldeutig verstanden werden kann, und berät sich mit den Altersgenossen, mit denen er aufgewachsen ist. Diese werden – nun nicht mehr

---

und vorstaatlich die Siegelgruppe „Pharao als Sonnengott" (Keel, Pharao, 53 – 134), aber auch außerhalb Israels die Darstellung Sanheribs auf seinem Lachisch-Relief.

512 Insofern kann sicherlich nichts über die Erwartungshaltung des Rehabeam ausgesagt wer-den, das über nachträgliche Überlegungen zu einer literarischen Figur hinausgeht (beispielsweise geht Sweeney, I & II Kings, 167, davon aus, Rehabeam sei „unaware of any potential challenge" gewesen). Offen bleiben muss die Frage, wer den Ort der Zusammenkunft bestimmt hat; auch wenn darüber verschiedene Spekulationen bestehen (vgl. Bodner, Jeroboam, 60), gibt es keinen Hinweis darauf im Text.

513 Gegen Plein, Erwägungen, 13. Ebenso ist auch eine Identifikation der זקנים im frühen Kö-nigtum kaum möglich, zumal es kaum im Fragehorizont des Textes liegt. Vgl. dazu auch Cogan, 1Kings, 347.

doppeldeutig – als Kinder (ילדים) bezeichnet (V 8),[514] nicht einmal als junge Erwachsene, und auf diese Weise als Gegenpol zu den alterserfahrenen Beratern Salomos profiliert. Es handelt sich also um mehr als nur einen erzählerischen Reflex auf einen Generationswechsel bei der Thronbesteigung des neuen Königs; hier wird polemisiert.[515] Dabei gibt die Erzählung wohl auch in diesem Detail historische Gegebenheiten am judäischen Königshof zu erkennen: Der Königssohn wurde nicht allein erzogen, sondern offensichtlich mit den gleich- und ähnlich altrigen Kindern der mit dem Königshof verbundenen Oberschicht. Ähnliche Vorgänge sind auch aus der Umwelt Israels bekannt,[516] aber auch 2Kön 10,1–17 gibt einen Hinweis darauf. Doch zeigen sie alle, dass es sich um etablierte Königshöfe handelt, sodass sich auch bei diesem Detail die Frage stellt, ob das Erzählte wirklich Gegebenheiten aus der Frühzeit des Königtums widerspiegeln kann.

Die Polemik des Erzählers hat ihr Pendant in der Polemik und Unbesonnenheit der Antwort dieser „Kinder", die in ihrer Rede mit völlig übertreibenden Bildern daherkommen.[517] So werden sie auch mit ihrem Verhalten zum Gegenbild, ja geradezu zur Umkehrung der Alten und ihres Rates.

Rehabeam merkt all dies nicht. Er antwortet dem nach drei Tagen zurückkehrenden Volk, wie ihm seine „Jüngelchen" geraten haben. Noch einmal heißt es in V 13: וַיַּעֲזֹב אֶת־עֲצַת הַזְּקֵנִים אֲשֶׁר יְעָצֻהוּ, und diesmal liegt nichts Doppeldeutiges mehr in den Worten: Rehabeam hat den Rat der Alten verlassen, hat sich von ihrer

---

514 Dabei ist diese Bezeichnung in jedem Fall desavouierend, unabhängig von der jeweiligen Altersüberlieferung, nach der Rehabeam nach 14,21 (MT und LXX) bereits 41 Jahre und nach 12,24a LXX 16 Jahre alt ist. Den Aussagegehalt gewinnt die Bezeichnung als ילדים aber auch weniger vom Alter Rehabeams her als vielmehr von der literarischen Gegenüberstellung mit den erfahrenen und altersweisen זקנים. Bodner, Jeroboam, 68, bezeichnet sie leicht überspitzt, aber nicht ganz zu Unrecht, als „hooligans". Siehe auch Sweeney, I & II Kings, 170. Dagegen gehen Rofés Überlegungen zur Verwendung des Begriffs und, daran angeschlossen, zu dessen Datierung an der Sache vorbei (siehe Rofé, Elders, 83).

515 Organ, Irony, 127, möchte darin die weisheitlichen Archetypen des Weisen und des Toren erkennen. Dabei ist zweifellos nicht ausgeschlossen, dass diese beiden Archetypen sich auch hier einander gegenüberstehen, doch ist auch zu sehen, dass sich die Terminologie unterscheidet (ילד ist in Spr beispielsweise nicht belegt und זקנים tragen ebenfalls keine besondere Bedeutung in sich).

516 Ein besonders prominentes Beispiel ist der Rahmen der Lehre des Cheti III,9 (Übersetzung nach Hellmut Brunner): „Er war damals auf der Fahrt nach Süden zur Residenz, um ihn (den Sohn) in das Lehrhaus der Bücher zu geben zwischen die Kinder der Minister, unter die Elite der Residenz." Die Schüler werden als ḫrd.w n k3p, als Kinder des Daches, d. h. der königlichen Schule bezeichnet. Zu weiteren Beispielen siehe Ueberschaer, Weisheit, 61–87, und Fox, Royal Officials. Fox hebt im Unterschied zu Überlegungen von Malamat zu einem „Zwei-Kammer-System" hervor, dass es sich biographisch um ein Durchgangsstadium handelt (a.a.O., 226–228).

517 Vgl. auch Sweeney, I & II Kings, 170.

Weisheit entfernt. Literarisch wird dies auch darin profiliert, dass er die Antwort an das Volk nicht einmal mit eigenen Worten ausdrücken kann, sondern exakt die Worte seiner „Ratgeber" wiederholt.[518] So wird er zum Gegenpol seines Vaters Salomo, dessen Weisheit so sprichwörtlich war, dass ihr sogar in seiner Todesnotiz Beachtung geschenkt wird (11,41).

Nach Rehabeams Antwort gibt es einen ersten Bruch in der sonst erzählerisch sich immer weiterentwickelnden Geschichte: In V 15 wird Rehabeams Verhalten eine Begründung gegeben und dabei auf 11,30 f Bezug genommen. Dies geschieht zwar in Anknüpfung an die Erzählung und ist sprachlich wohl an den ersten Satz von V 16 angelehnt, dennoch stellt V 15 einen Bruch dar: Er unterbricht die Erzählung, die in V 16 nahtlos fortgeführt wird; er durchbricht mit seiner reflexiven Sprache (הָיְתָה סִבָּה מֵעִם יְהוָה) den nicht minder hohen Reflexionsgrad der Erzählung, der sich aber eher erzählerisch-literarisch ausdrückt; er führt mit dem Verweis auf Jerobeam und Achia einen Horizont ein, der durch nichts in der Erzählung selber anklingt.

Stattdessen geht es in V 16 weiter mit der Reaktion Israels, das hier wie auch in V 1 schlicht als יִשְׂרָאֵל bezeichnet wird, war also eine staatliche Existenz des Nordreichs vorausetzt – was übrigens auch für das Südreich gilt, das hier als בֵית דָוִד erwähnt wird.[519] Mit V 16 kommt die Erzählung zu einem vorläufigen Abschluss. Israel geht „nach Hause", Rehabeam bleibt zurück.[520] Erneut wird mit dem Motiv der Bewegung und des Bleibens in Machtverhältnissen gespielt, nur wird diesmal deutlich, dass der Bleibende ohne die sich Bewegenden nichts ist. Als letzter Versuch des Bewegens erscheint nun die Mission des Adoram.[521] Bei ihr

---

518 Organ, Irony, 127.

519 Dietrich, Königszeit, 178, möchte dagegen in der Rede von Zelten ein Motiv gegen das „in steinernen und sonstigen festen Strukturen" sich verwirklichende Königtum sehen, doch zeigt sich in dieser Überlegung wohl eher der spätere Leser.

520 Fritz, 1Kön, 135, sieht in V 16 aufgrund von 2Sam 20,1 eine Aufnahme eines älteren Spruchs, der anzeige, dass die nördlichen Stämme in Davids und Salomos geeintem Königreich doch nicht verwurzelt gewesen seien. Ähnlich zuvor schon Würthwein, 1Könige, 156 f. Vgl. auch Alt, Zelte und Hütten, 240. Sprachliche Überlegungen zum Alter und zum Verhältnis von V 16 und 2Sam 20,1 scheitern leider an der divergierenden Textüberlieferung. Unabhängig davon spricht sich Hentschel, 1Könige, 82, gegen eine literarische Abhängigkeit aus. Dennoch erscheint in der heutigen kanonischen Reihenfolge das in 1Kön 12,1–18* erzählte Geschehen durch diesen Satz als Vollzug des noch unter Scheba gescheiterten Ablösungsversuchs (Becker, Reichsteilung, 216; Becker geht allerdings von einer literarischen Abhängigkeit von 1Kön 12 von 2Sam 20 aus (ebd.)).

521 Wie in der textkritischen Diskussion aufgezeigt, handelt es sich bei V 17 um einen späteren Zusatz und nicht um einen Bestandteil des ursprünglichen Textes. Das bestätigt sich hier, denn in V 18 wird keinerlei Bezug auf die Informationen von V 17 genommen. Vielmehr würde V 17 hier einen literarischen Bruch erzeugen, denn er fällt schon allein sprachlich aus dem Erzählverlauf heraus.

handelt es sich wohl um einen Versuch, die verlorene Lage doch noch in den Griff zu bekommen. Es ist kaum ein Zufall, dass Adoram gehen muss, fällt doch die Beschwerde Israels in sein Ressort. Doch seine Mission schlägt fehl. Am Ende geht alles sehr schnell: Steine fliegen, und der gedemütigte Rehabeam muss sich selbst ermutigen, um zurück nach Jerusalem zu fliehen.

Am Ende steht in V 19 ein Schlusssatz, der sich wie ein Fazit liest, doch mit seinem Verb לפשע eine Denkkategorie einführt, die sich in einer gewissen Spannung zur Erzählung selber befindet. Denn in der Erzählung ist Rehabeam der Protagonist, doch in V 19 Israel; in der Erzählung ist es das Verhalten Rehabeams und seine Interaktion, die zu dem fatalen Ausgang führen, nach V 19 ist es Israel, das sich frevelhaft verhält. So wird zugleich der Bewertungsmaßstab von der Weltimmanenz politischer Entscheidungen zur transzendenten Kategorie der Frevelhaftigkeit verschoben.

Der Durchgang durch die Erzählung zeigt ihren stringenten und literarisch wohlüberlegten Aufbau, sodass sie im Großen und Ganzen als einheitlich zu betrachten ist. Nur zwei Bruchlinien zeichnen sich ab, durch die spätere Einfügungen erkennbar sind.[522]

Die erste betrifft V 15, der sich durch seinen weiteren literarischen Horizont und seine sich anders als die Erzählung selber ausdrückende reflexive Sprache von seiner Umgebung abhebt. Inhaltlich setzt er eine Erzählung wie J voraus und führt neben dem in der Erzählung von 12,1–20* selber angelegten Grund für die Trennung von Nord und Süd im Sinne einer „dual causality" einen weiteren ein;[523] da auf diese als in der Vergangenheit liegend rekurriert wird und ein theologisches Reflexionsniveau erkennbar ist, könnte der Einschub auf H zurückgehen. Doch dies lässt sich nicht sicher bestimmen. Dagegen spräche, dass sich H eher er-

---

522 Ähnlich auch Fritz, 1Kön, 132, der zwar von derselben Grunderzählung ausgeht, dann jedoch V 19 als vom dtr Autor zugesetzt hinzuzählt. Damit geht aber auch er von einer selbstständigen (für ihn vor-dtr) Erzählung aus. Vgl. auch Noth, 1Könige, 269, der noch V 20 hinzunimmt. Peckham, Composition, 55, nimmt 12,1.3b–4.6–11.13–15a als Grundtext von Dtr[1] und 12,2–3a.5.12.15b–19 demzufolge als Ergänzung durch Dtr[2] an. Leider gibt er keine Begründung und nimmt nicht einmal Rücksicht auf die Textüberlieferung. So bleibt kaum verständlich, warum das Motiv der drei Tage Bedenkzeit (V 5.12) eine Ergänzung sein soll, und auch das Auseinanderreißen von V 15 ist kaum erklärlich. Dasselbe gilt für die Zuordnung von V 16–19 zur Bearbeitungsschicht Dtr[2]. Schließlich übersieht Peckham, dass V 17 aufgrund der Textgeschichte kaum dtr sein kann, dass dort aber selbst, wenn man eine dtr Einordnung vornehmen möchte, ein ganz anderer Akzent gesetzt wird, als er in der Fluchtlinie der Erzählung liegt.
523 Amit, Dual Causality, 391f (mit weiteren Beispielen a.a.O., 392–397). Sie greift dabei insbesondere auf die Überlegungen von Rads zu den geistesgeschichtlichen Veränderungen im Zuge der Staatenbildung zurück (ders., Theologie I, 62–70), datiert diese Veränderungen aber selber in die Zeit Hiskias (a.a.O., 399).

zählerischer Mittel bedient, um seine Reflexionen auszudrücken.[524] So scheint es doch am wahrscheinlichsten, dass es sich um eine spätere Glosse handelt, die bereits den literarischen Zusammenhang von zumindest 1Kön 11 – 12 vor Augen hatte und diesen Horizont hier eintragen wollte.[525]

Die zweite Bruchlinie findet sich am Ende der Erzählung. Diese hat ursprünglich wohl mit der schmachvollen Flucht Rehabeams in V 18 ihr Ende gefunden. Mit der Darstellung des Königs, der sich sogar noch selbst ermutigen muss, um nach Jerusalem zu fliehen, wird genau der feine erzählerische ironische Unterton getroffen, der 1Kön 12,1 – 18* prägt. V 19 setzt demgegenüber, wie oben bereits gezeigt, einen eigenen Akzent und fokussiert auf die Frevelhaftigkeit Israels gegenüber dem Haus Davids.[526] Sie passt damit gut zu Aussagen am Ende von V 20[527] und 1Kön 13,2, die alle gehäuft das gleiche Vokabular verwenden. Dabei wird in 1Kön 13,2 eine pro-josianische Haltung deutlich und Josia namentlich erwähnt. Deshalb soll V 19 hier einer pro-josianischen Redaktion zugeschrieben werden, die bereits an den Anfängen des Königreichs Israel auf dessen Eroberung unter Josia zielt und Israel als vom eigentlichen Königreich abtrünnigen Staat brandmarken möchte (Pro-Josia-R).[528]

---

524 Dasselbe würde für eine Achia-Prophetenerzählung gelten, wie sie Noth voraussetzt (gegen die Annahme, dass V 15 zu 12,1 – 20 gehört, wie in Noth, Überlieferungsgeschichtliche Studien, 79, vertreten).

525 Damit ist zunächst nichts über das Alter im Sinne einer absoluten Chronologie gesagt, aber allein aus der Singularität des Begriffs סִבָּה zu schließen, dass die Passage alt sei (Dietrich, Prophetie, 25), reicht auch nicht. Vgl. auch Würthwein, 1Könige, 155 f. Auch DeVries, 1Kings, 155, sieht V15 als späteren Kommentar. Noth, 1Könige, 276, möchte ihn als dtn-dtr Zusatz verstehen, der im Rahmen der entsprechenden Geschichtstheologie zu lesen sei. Ähnlich Rofé, Elders, 80. Hentschel, 1Könige, 81 f, nimmt dagegen lediglich V 15bβ als Zusatz an, doch stellt sich dann die Frage, warum der Verfasser selber den Stil der Erzählung durchbrechen sollte, zumal es sich ja auch bei V 15bα um einen Rückverweis handelt. Zur Wortbedeutung selber siehe Machinist, Transfer, der סִבָּה als Fachausdruck für den Wechsel politischer Herrschaft von einem Herrscher auf einen anderen aufgrund göttlichen Willens versteht (a.a.O., 120).

526 Vgl. auch Becker, Reichsteilung, 215 f, der V 19 ausscheidet, weil er im Unterschied zur Erzählung selber ein eindimensionales Urteil über das erzählte Geschehen fällt. Gegen Plein, Erwägungen, 8 f, die in V 19 den Zielpunkt der Erzählung sieht, und Crüsemann, Widerstand, 113, der zwar V 19 hinzuzählt, im Unterschied zu Willi-Plein die Hauptaussage jedoch im (falschen) Verhalten Rehabeams sieht und in V 19 lediglich die abschließende Feststellung der Konsequenzen dessen (Crüsemann hält die in 12,1 – 18* erzählten Ereignisse allerdings für historisch, vgl. a.a.O., 115 f).

527 V 20 letzter Satz: וְלֹא הָיָה אַחֲרֵי בֵית־דָּוִד זוּלָתִי שֵׁבֶט־יְהוּדָה לְבַדּוֹ. Zur Analyse von V 20 siehe weiter unten.

528 V 19 wird auch sonst häufig von der eigentlichen Erzählung abgetrennt, vgl. beispielsweise Würthwein, 1Könige, 158, der ihn als dtr versteht.

Sieht man von diesen drei kleinen Erweiterungen durch Glossen oder Redaktionen ab, dann handelt es sich bei 1Kön 12,1–18* um eine einheitliche Erzählung, die zudem so in sich geschlossen ist, dass sie ihrerseits auf nichts im Kontext Bezug nimmt, andererseits auch auf sie nicht Bezug genommen wird.[529] Damit stellt sich die Frage nach ihrer Herkunft. Ihr klarer, knapper Aufbau, ihre stringente Erzählführung gemeinsam mit den ironischen Unter- und Obertönen sprechen für eine Herkunft aus literarisch gebildeten sowie sich literarisch beschäftigenden und sich äußernden Kreisen.[530] Diese werden wohl im Bereich der Weisen und Weisheitslehrer zu suchen sein. Sie verrät jedenfalls deutliche Sympathien für die älteren Ratgeber, was auf in diesem Bereich tätige Weise schließen lässt. Dass der König dabei in keinem guten Licht erscheint,[531] muss nicht gegen eine Entstehung in der Königszeit sprechen.[532] Es ist schließlich nicht gesagt, dass es sich bei 1Kön 12,1–18* um offizielle Geschichtsschreibung handelt; es wird sich angesichts dessen aber auch kaum um eine solche gehandelt haben.[533] Die Geschichte setzt allerdings eine gewisse Erfahrung in der Beratung von Königen und mit deren Beratungsresistenz voraus. So erscheint es gut möglich, dass sie in

---

Dabei gibt die Wendung עַד הַיּוֹם הַזֶּה keinen Hinweis auf die Datierung, wie dies Noth, Überlieferungsgeschichtliche Studien, 79, und nach ihm viele andere (jüngst Sweeney, I & II Kings, 171, und Geoghegan, Deuteronomistic History, 133 f) annehmen. Denn Rüterswörden, Erwägungen, 194, hat überzeugend unter Rückgriff auf Childs, Study, 292, darauf hingewiesen, dass es sich um eine Formel handelt, mit der die Wahrhaftigkeit einer vom Verfasser übernommenen Tradition bestätigt werden soll. Childs, Study, 292, spricht von einem „formula of personal testimony" und zeigt denselben Vorgang an nichtbiblischen Texten auf.

529 1Kön 12,21–24 wird sich als späterer Zusatz herausstellen, und 12,25–33 lässt sich gut ohne 12,1–18* lesen.

530 Es ist also kaum eine „volkstümliche Erzählung", wie sie Debus, Sünde Jerobeams, 27, charakterisiert, und es kann keine Rede davon sei, dass „man" so erzählt habe oder dass die Geschichte naiv sei, wie Noth, 1Könige, 270, behauptet. So erhält seine gewiss zutreffende Charakterisierung als „privat" eine negative Konnotation, die sie eigentlich nicht haben müsste. Kritisch gegenüber solchen Überlegungen auch Rofé, Elders, 81.

531 Vgl. auch die Auslegung bei Würthwein, 1Könige, 159 f.

532 Gegen Rofé, Elders, der aus sprachlichen Überlegungen heraus für eine späte Datierung plädiert (vgl. insb. Rofé, Elders, 82 f), doch er kann dann nicht mehr erklären, mit welcher Absicht die Erzählung nachexilisch noch verfasst worden sein soll, sofern man sie nicht mit einem fast märchenhaft anmutenden Verweis auf einen König der fernen Vergangenheit beginnen lassen möchte (vgl. a.a.O., 86). Die einzelnen sprachlichen Beobachtungen, die Rofé gemacht hat, lassen sich schließlich auch durch einen Tradierungsprozess erklären.

533 Das unterscheidet 1Kön 12, 1–18* von der zweiten breiter erzählten Beratungsszene im Alten Testament in 2Sam 16 f. Die oben genannten Beobachtungen sprechen zugleich gegen eine vorschnelle historische Auswertung, wie sie beispielsweise Veijola, Königtum, 66, vornimmt, aber auch gegen eine auf das Volk und die Frage nach dessen Identität bezogene Auswertung und entsprechend späte, nachexilische Datierung, wie sie Becker, Reichsteilung, 227, vorlegt.

solchen Beraterkreisen kursierte, gewissermaßen „unter der Hand".[534] Mit der Wende zum Exil wird sie dann eine neue Bedeutung erhalten haben: Vom heimlich kursierenden „Schmierblatt" gelangte sie in die nun offizielle Geschichtsschreibung.[535] Sie erhielt den Charakter einer weisheitlichen Lehrerzählung, wie ein König, der sich der Beratung seiner Weisen entzieht und stattdessen auf ein paar profilsüchtige „Jüngelchen" setzt, ein ganzes Königreich verspielt und Menschen in den Tod schickt.[536]

1Kön 12,1–18* war also aller Wahrscheinlichkeit nach eine eigenständige Erzählung, die erst im Redaktionsprozess von 1Kön 11–14 bzw. 1–2Kön insgesamt eingefügt wurde.[537] Dass sie und ihr Thema in diesem Zusammenhang auch sonst kursierten, belegt ihre Dublette in 3Kgt 12,24p–u LXX, ihre Unabhängigkeit von der Geschichtsschreibung von H und N sowie die völlig unterschiedlichen Kate-

---

534 Versteht man die Archetypik in 1Kön 12,1–18*, dann lässt sich die Erzählung nicht mehr so einfach datieren und zuordnen, wie es noch Plein, Erwägungen, 11, vorgenommen hat, die in den זקנים der Erzählung auch deren Verfasser gesehen hat.

535 Dietrich, Königszeit, 236, hat versucht, beide Seiten zusammenzuhalten, indem er von einer „geschichtlich-politischen Lehrerzählung" spricht, die in der Königszeit in „dem davidischen Königtum in kritischer Loyalität verbundene[n] Kreise[n]" entstanden sei, die sich „Gedanken über das Faktum der Loslösung Nordisraels von der vereinten Monarchie der frühen Königszeit" gemacht hätten. Nun wird die Erzählung niemals ohne Rehabeam als Protagonist existiert haben, aber es erscheint doch fraglich, ob es wirklich nur um den Aspekt der Loslösung gegangen ist. Denn damit würde nicht erklärt, wozu ein solcher Rückgriff in die Geschichte in der von Dietrich angenommenen „höfischen Ausbildung von Prinzen und Beratern" gedient haben sollte, in der die Erzählung verwendet worden sei – ganz abgesehen davon, dass auch dem so ausgebildeten zukünftigen Herrscher ein hohes Maß an Abstraktionsvermögen im Blick auf die eigene Dynastie abverlangt würde.

536 Ähnlich auch Jepsen, Quellen, 78, der von einer „Beispielerzählung einer Weisheitsschule" im „Dienst der Lehre" spricht. Insofern geht es in der Erzählung eigentlich gar nicht um das Scheitern eines geeinten Königreichs und auch nicht um die Verteidigung der Monarchie als Staatsform, wie es Fritz, 1Kön, 135 f, annimmt, sondern diese bilden lediglich den „Aufhänger" der Erzählung, auch wenn sich Liver, Book, 96–100, bemüht, beide Seiten zusammenzuhalten. Es geht auch nicht um ein Zwei-Kammer-System (gegen Malamat, Council, 247–250, der von „two consultative bodies" spricht (a.a.O., 247), aber zugeben muss, dass er nicht sagen kann, wie alles vonstatten gegangen sein soll (vgl. a.a.O., 250, Fn 12 (eine kritische Auseinandersetzung mit Malamat bietet bereits Evans, Advisers, 273–279)), und Liverani, Israel's History, 116, der solche Ideen in seiner Geschichtsdarstellung unkritisch übernimmt; vgl. auch Rofé, Elders, 81). Schon Crüsemann, Widerstand, 113 f, hat darauf hingewiesen, dass sich das Volk nach V 5 entfernt, sodass es erzählerisch sinnlos wäre, in den זקנים nun dessen Repräsentanten zu sehen. Ebenfalls lässt sich kein Bezug auf den Exodus als den Auszug aus der Sklaverei nachweisen, wie Berner, Egyptian Bondage, 211–240, gezeigt hat.

537 Vgl. auch Becker, Reichsteilung, 214 f, der 1Kön 12,1–18 im heutigen Zusammenhang als komplementäre Ergänzung zur Jerobeam-Erzählung versteht. Die neueste Studie von Amos Frisch (הקריעה הגדולה) war mir bis zur Drucklegung leider nicht zugänglich.

gorien, in denen Salomo beurteilt wird. Über ihre Entstehungszeit lässt sich wohl kaum mehr sagen, als dass diese noch in der Königszeit liegt. Sie möglichst nah an die erzählte Zeit zu rücken, ist angesichts ihres paradigmatischen Charakters zwar möglich, jedoch keineswegs so zwingend, wie es häufig angenommen wird.[538] In lokaler Hinsicht wird ihre Herkunft wohl am wahrscheinlichsten im Süden zu suchen sein. Auch wenn die durchaus „sympathische" Darstellung des Volkes auf eine Entstehung im Nordreich hindeuten könnte,[539] weist die detailliert geschilderte Szene am Hof eher auf Rehabeam und eine Abrechnung mit ihm bzw. einem seiner Nachfolger und dessen Verhalten hin.

Glosse	pro-Josia-Redaktion	Grunderzählung
		1 וַיֵּלֶךְ רְחַבְעָם שְׁכֶם
		כִּי שְׁכֶם בָּא כָל־יִשְׂרָאֵל
		לְהַמְלִיךְ אֹתוֹ:
		3 וידבר העם אֶל־רְחַבְעָם לֵאמֹר:
		4 אָבִיךָ הִקְשָׁה אֶת־עֻלֵּנוּ
		וְאַתָּה עַתָּה הָקֵל מֵעֲבֹדַת אָבִיךָ הַקָּשָׁה
		וּמֵעֻלּוֹ הַכָּבֵד
		אֲשֶׁר־נָתַן עָלֵינוּ
		וְנַעַבְדֶךָּ:
		5 וַיֹּאמֶר אֲלֵיהֶם
		לְכוּ עֹד שְׁלֹשָׁה יָמִים
		וְשׁוּבוּ אֵלָי
		וַיֵּלְכוּ:
		6 וַיִּוָּעֵץ|וַיִּוָּעַץ הַמֶּלֶךְ אֶת־הַזְּקֵנִים
		אֲשֶׁר־הָיוּ עֹמְדִים אֶת־פְּנֵי שְׁלֹמֹה אָבִיו בִּהְיֹתוֹ חַי לֵאמֹר
		אֵיךְ אַתֶּם נוֹעָצִים לְהָשִׁיב|וְאָשִׁיב
		אֶת־הָעָם־הַזֶּה דָּבָר:
		7 וַיְדַבְּרוּ אֵלָיו לֵאמֹר
		אִם־הַיּוֹם תִּהְיֶה־עֶבֶד לָעָם הַזֶּה
		וַעֲבַדְתָּם
		וְדִבַּרְתָּ אֲלֵיהֶם דְּבָרִים טוֹבִים
		וְהָיוּ לְךָ עֲבָדִים כָּל־הַיָּמִים:
		8 וַיַּעֲזֹב אֶת־עֲצַת הַזְּקֵנִים
		אֲשֶׁר יְעָצֻהוּ
		וַיִּוָּעַץ אֶת־הַיְלָדִים

---

538 Vgl. Cogan, 1Kings, 351, der die Erzählung für eine „,wisdom' tale written in praise of Salomon's trusted advisers" hält, oder Plein, Erwägungen, 11, die 1Kön 12,1–19 mit der Davidgeschichte in Verbindung bringt und beide früh, d. h. kurz nach der Reichsteilung, datiert (a.a.O., 13). Auch Weippert, Ätiologie, 355, spricht von 1Kön 12, als würden dort historische Abläufe geschildert (vgl. dazu auch a.a.O., 359 f).
539 Vgl. Debus, Sünde Jerobeams, 22–27.

אֲשֶׁר גָּדְלוּ אִתּוֹ

אֲשֶׁר הָעֹמְדִים לְפָנָיו:

9 וַיֹּאמֶר אֲלֵיהֶם

מָה אַתֶּם נוֹעָצִים

וְנָשִׁיב|ואשיב דָּבָר אֶת־הָעָם הַזֶּה

אֲשֶׁר דִּבְּרוּ אֵלַי לֵאמֹר

הָקֵל מִן־הָעֹל

אֲשֶׁר־נָתַן אָבִיךָ עָלֵינוּ:

10 וַיְדַבְּרוּ אֵלָיו הַיְלָדִים

אֲשֶׁר גָּדְלוּ אִתּוֹ לֵאמֹר

כֹּה־תֹאמַר לָעָם הַזֶּה

אֲשֶׁר דִּבְּרוּ אֵלֶיךָ לֵאמֹר

אָבִיךָ הִכְבִּיד אֶת־עֻלֵּנוּ

וְאַתָּה הָקֵל מֵעָלֵינוּ

כֹּה תְּדַבֵּר אֲלֵיהֶם

קָטָנִּי עָבָה מִמָּתְנֵי אָבִי:

11 וְעַתָּה אָבִי הֶעְמִיס עֲלֵיכֶם עֹל כָּבֵד

וַאֲנִי אוֹסִיף עַל־עֻלְּכֶם

אָבִי יִסַּר אֶתְכֶם בַּשּׁוֹטִים

וַאֲנִי אֲיַסֵּר אֶתְכֶם בָּעַקְרַבִּים:

12 ויבואו כָל־יִשְׂרָאֵל אֶל־רְחַבְעָם בַּיּוֹם הַשְּׁלִישִׁי

כַּאֲשֶׁר דִּבֶּר הַמֶּלֶךְ לֵאמֹר

שׁוּבוּ אֵלַי בַּיּוֹם הַשְּׁלִישִׁי:

13 וַיַּעַן הַמֶּלֶךְ אֶת־הָעָם קָשָׁה

וַיַּעֲזֹב אֶת־עֲצַת הַזְּקֵנִים

אֲשֶׁר יְעָצֻהוּ:

14 וַיְדַבֵּר אֲלֵיהֶם כַּעֲצַת הַיְלָדִים לֵאמֹר

אָבִי הִכְבִּיד אֶת־עֻלְּכֶם

וַאֲנִי אֹסִיף עַל־עֻלְּכֶם

אָבִי יִסַּר אֶתְכֶם בַּשּׁוֹטִים

וַאֲנִי אֲיַסֵּר אֶתְכֶם בָּעַקְרַבִּים:

15 וְלֹא־שָׁמַע הַמֶּלֶךְ אֶל־הָעָם

כִּי־הָיְתָה סִבָּה מֵעִם יְהוָה

לְמַעַן הָקִים אֶת־דְּבָרוֹ

אֲשֶׁר דִּבֶּר בְּיַד אֲחִיָּה הַשִּׁילֹנִי אֶל|

עַל־יָרָבְעָם בֶּן־נְבָט:

16 וַיַּרְא כָּל־יִשְׂרָאֵל

כִּי לֹא־שָׁמַע הַמֶּלֶךְ אֲלֵיהֶם

וַיָּשִׁבוּ הָעָם אֶת־הַמֶּלֶךְ לֵאמֹר

מַה־לָּנוּ חֵלֶק בְּדָוִד וְלֹא־נַחֲלָה בְּבֶן־יִשַׁי

מה לנו חלק בדוד ולא לנו נחלה בבן ישי (LXX)|

לא/אין לנו חלק בדוד ולא נחלה בבן ישי (Ant)|

לְאֹהָלֶיךָ יִשְׂרָאֵל

שוב ישראל לאהליך (LXX)|

שוב איש לאהליך ישראל (Ant)|

עַתָּה רְאֵה|ורעה בֵיתְךָ דָּוִד

וַיֵּלֶךְ יִשְׂרָאֵל לְאֹהָלָיו:

18 וַיִּשְׁלַח הַמֶּלֶךְ אֶת־אֲדֹרָם
אֲשֶׁר עַל־הַמַּס
וַיִּרְגְּמוּ כָל־יִשְׂרָאֵל בּוֹ אֶבֶן
וַיָּמֹת
וְהַמֶּלֶךְ רְחַבְעָם הִתְאַמֵּץ לַעֲלוֹת לָנוּס יְרוּשָׁלָ͏ִם׃
19 וַיִּפְשְׁעוּ יִשְׂרָאֵל בְּבֵית דָּוִד עַד הַיּוֹם הַזֶּה׃

4.8 1Kön 12,20 – Jerobeam wird König in Israel

Im Anschluss an die weisheitliche Erzählung von den Verhandlungen Rehabeams und dem „auswertenden" Schlusssatz wechselt der Blick wieder auf Jerobeam. Er ist wieder zurückgekehrt, und als Israel das hört, schickt man nach ihm, beruft ihn in die עדה und macht ihn dort zum König über ganz Israel.

Während diese Episode in einem ganz knappen Erzählstil gehalten ist, wechselt der Ton am Versende noch einmal zu einer Art Auswertung: וְלֹא הָיָה אַחֲרֵי בֵּית־דָּוִד זוּלָתִי שֵׁבֶט־יְהוּדָה לְבַדּוֹ. Der Vers schließt auffällig an V 19 an, sowohl thematisch als auch in der Ausdrucksweise (bspw. ist in beiden Sätzen das Südreich als politische Größe als בית דוד bezeichnet). Beide Sätze ließen sich sogar als Einheit lesen, und wie V 19 in 12,1–18* erscheint der Satz in V 20 als Fremdkörper.

Dabei erweist sich das Erzählstück in V 20 als aus einem Guss. Die Darstellung lässt vermuten, dass es sich um die Fortsetzung der Jerobeam-Erzählung J handelt, die in 1Kön 11,40 ihr vorläufiges Ende gefunden hat und nun davon erzählt, wie er in Israel König geworden ist.

Was der Darstellung nun fehlt, ist ein Zwischenstück über Jerobeams Rückkehr aus Ägypten. Denn diese ist allenfalls implizit zu erschließen aus der Mitteilung, dass Jerobeam in Ägypten geblieben sei bis zum Tod Salomos (11,43), und der Wendung וַיְהִי כִּשְׁמֹעַ כָּל־יִשְׂרָאֵל כִּי־שָׁב יָרָבְעָם (V 20). Wahrscheinlich gab es deshalb die Bestrebungen, die Lücke zu schließen, auf die die kurzen Texte aus 11,43 LXX und 12,2f MT zurückgehen. Dabei käme der Text aus 11,43 LXX J am nächsten. Doch fällt es schwer, diese Notiz einfach in die Lücke zu setzen, denn einerseits müsste dann erklärt werden, wie es zu der Doppelüberlieferung von 11,43 LXX und 12,2f MT mit ihren stark ausgeprägten Gemeinsamkeiten und Differenzen kommen konnte, und zum anderen müsste man die gut bezeugten Sätze והוא עודנו במצרים אשר ברח מפני שלמה וישב במצרים zumindest in 11,43 LXX als Glosse streichen, weil sie den Erzählverlauf unnötig unterbrächen. So erscheint es wahrscheinlicher, dass es zwar einmal in J eine entsprechende Notiz zu Jerobeams Rückkehr gegeben hat, sie aber im Entstehungs- und Bearbeitungsprozess von 1Kön 11–14 verloren gegangen ist.[540]

---

540 Eine Rekonstruktion von 1Kön 12,2–3a MT aus 11,43 LXX und 12,20, wie sie Trebolle Barrera

Bei dem letzten Satz in V 20 handelt es sich demgegenüber wahrscheinlich um eine Bearbeitungsschicht, die zuerst, nachdem der Süden den Norden verloren hat, und dann, nachdem sich der Norden durch die Wahl eines eigenen Königs faktisch selbstständig gemacht hat, hervorheben möchte, dass Juda und das Haus David die eigentliche Größe in der Geschichte sind, um die es geht. Dieser Satz gehört damit wahrscheinlich zu derselben pro-josianischen Redaktion, zu der auch V 19 zählt, mit dem er auch das Vokabular teilt.

pro-Josia-Redaktion	Grunderzählung
	וַיְהִי כִּשְׁמֹעַ כָּל־יִשְׂרָאֵל
	כִּי־שָׁב יָרָבְעָם
	וַיִּשְׁלְחוּ
	וַיִּקְרְאוּ אֹתוֹ אֶל־הָעֵדָה
	וַיַּמְלִיכוּ אֹתוֹ עַל־[כָּל־]יִשְׂרָאֵל
וְלֹא הָיָה אַחֲרֵי בֵית־דָּוִד זוּלָתִי שֵׁבֶט־יְהוּדָה לְבַדּוֹ:	

4.9 1Kön 12,21 – 24 – Schemajas Prophetie gegen einen Krieg Judas mit Israel

Der Abschnitt über Schemajas Prophetie schließt erzählerisch unmittelbar an 1Kön 12,18 an. Dabei ist die Abgrenzung nach vorne im kanonischen Text durch V 19 und 20 angezeigt. Die Abgrenzung nach hinten ergibt sich je nach Textüberlieferung entweder durch den Themenwechsel zu V 24a oder zu V 25.

Erzählerisch setzt V 21 bei der Flucht Rehabeams aus Sichem in V 18 ein. Dieser erreicht nun Jerusalem, versammelt das ganze Haus Juda und den Stamm Benjamin, um gegen das Haus Israel in den Krieg zu ziehen und die Königswürde wieder zurückzugewinnen. Die Vokabel מלוכה legt nahe, dass damit nicht nur 12,18, sondern auch 11,35 vorausgesetzt werden, sodass ein relativ breiter und von verschiedenen Verfassern stammender Texthorizont in den Blick genommen wird.

Dieses Vorhaben Rehabeams wird nun durch eine Intervention eines bislang unbekannten Propheten Schemaja gestoppt. In V 22 empfängt dieser selber das Wort Gottes, dessen Inhalt in V 23 f genannt wird. Dabei ist die Beschreibung der Empfänger des prophetischen Wortes bemerkenswert: zuerst Rehabeam, als zweites das ganze Haus Juda, als drittes Benjamin und als viertes der Rest des Volkes. An dieser Stelle wird also eine Differenzierung in einem Maße eingeführt,

---

vorgelegt hat (ders., Asamblea de Sequén, und ders., Salomón y Jeroboán), ist demgegenüber unwahrscheinlich, weil auf diese Weise kaum erklärlich wäre, warum MT nicht einfach die LXX-Lesart bietet, wenn sie doch bekannt war. So braucht er ein gewagtes textgeschichtliches Konstrukt, das sich in den jeweiligen Endtexten nicht mehr wiederfinden lässt.

das so vorher ebenfalls unbekannt war. Sie alle sollen nicht gegen die Israeliten kämpfen, die in V 24 als ihre Brüder bezeichnet werden, sondern vielmehr in ihr „Haus" zurückkehren. Von der Wendung her nimmt V 24 damit wiederum einen Ausdruck aus der Erzählung 12,1–18* auf, wenn es dort heißt לְאֹהָלֶיךָ יִשְׂרָאֵל (V 16), nur dass hier nicht אוהל verwendet wird, sondern בית. Als Begründung wird angeführt, dass das Geschehen von Gott so gefügt sei. Auch damit erinnert die Erzählung an etwas Vorangegangenes, nämlich an den in die Erzählung 12,1–18* eingefügten V 15.

Am Ende der Episode hören „sie" auf den Propheten und kehren zurück. Dabei wird nun nicht mehr unterschieden zwischen den in V 23 genannten Gruppen, sondern sie alle in der 3. Person Plural subsumiert.

Im Erzählzusammenhang von 1Kön 11–14 wird Rehabeam mit dieser Episode als ein auf Gott hörender Herrscher präsentiert, dessen militärische Zurückhaltung nicht auf Schwäche, sondern auf Gehorsam gegenüber Gott beruht.[541] Zugleich aber wird auch Jerobeam auf diese Weise legitimiert und als ein von Gott gewollter Herrscher akzeptiert.[542]

So nimmt der Abschnitt in 12,21–24 bei einer großen Geschlossenheit in sich selbst einerseits vorangegangene Texte auf, die aus verschiedenen Federn stammen, und spielt auf sie an, benutzt aber andererseits nicht durchgehend deren genaues Vokabular, sondern belässt es bei Assoziationen (בית statt אוהל, im Gegensatz dazu die Rede von מלוכה, sofern es sich dabei nicht um eine Abwandlung von ממלכה im selben Kapitel handelt). Hinzu kommen einige Besonderheiten, die sonst in den Texten nur verstreut oder aber gar nicht vorkommen. Dazu gehört insbesondere die Rede vom בית ישראל, von einem בית יהודה, die Erwähnung des Stammes Benjamin, aber auch die Ausdifferenzierung der Adressaten in V 23.

All dies weist darauf hin, dass es sich bei 12,21–24 um einen späten Zusatz handelt,[543] dem bereits ein Textkomplex vorlag, der mindestens sowohl 11,26–40* als auch 12,1–18* umfasste. Einen Hinweis auf die Datierung kann die prominente Erwähnung des Stammes Benjamin geben. In 1Kön 11–14 ist er nur in diesem Text belegt, in 1–2Kön darüber hinaus einmal als Herkunftsbezeichnung einer Person (1Kön 4,18) und einmal zur Lokalisierung der Stadt Geba (1Kön 15,22), also insgesamt nur viermal von insgesamt 160 Belegen in MT. Die häufigsten Erwähnungen findet Benjamin in der Josefsgeschichte, im Listenmaterial von Num, der Landverteilung in Jos, der Erzählung in Ri 19–21, der Saulgeschichte, in Jer und,

---

541 Vgl. auch Schmitz, Prophetie, 129.
542 Bodner, Jeroboam, 78.
543 Dies erklärt auch den Bruch, den Sweeney, I & II Kings, 171, zwischen V 19 und V 21–24 bemerkt, dass in diesem Abschnitt explizit nicht nur von Juda, sondern auch von Benjamin die Rede ist.

prozentual erstaunlich, in Esr/Neh (10 Belege). Dabei weist Esr/Neh die größte Nähe zu 1Kön 12,21 – 24 auf, denn in beiden Texten erscheint Benjamin konsequent als eigene Größe neben Juda (vgl. Esr 1,5; 4,1; 10,9; Neh 11).[544] Doch auch die bemerkenswerte Erwähnung des Volkes in der Reihung von V 23 hat ein Pendant in Esr/Neh. So ist das Volk in Esr/Neh immer wieder als eigenständige, handelnde Größe präsent (vgl. Neh 7,5; 10,35), vor allem aber gibt es dort auch eine Parallele zur Verwendung des Ausdrucks יֶתֶר הָעָם nach der Nennung der Autoritäten: Neh 4,8.13 (vgl. auch שארית העם in Neh 7,71 sowie שאר העם in Neh 10,29).[545] Aus diesem Befund kann gefolgert werden, dass 1Kön 12,21 – 24 einen ähnlichen politischen und damit auch historischen Horizont hat wie Esr/Neh, was für eine spätere nachexilische Datierung sprechen würde.[546] Die Aussageabsicht wäre dann wahrscheinlich im späten nachexilischen Jehud, das in den Grenzen des traditionellen Juda und Benjamin lag,[547] für eine friedliche Koexistenz mit den Nachbarn im Norden zu werben. Die Rückverlegung in die angenommenen Anfänge der beiden politischen Größen sollte dem Anliegen wohl ein größeres Gewicht verleihen.[548] Dass damit eine unhistorische und auch an der Darstellung von 1 – 2Kön sachlich vorbeigehende Kontinuität zwischen dem israelitischen Nordreich und der späteren Provinz Samaria gedanklich vorausgesetzt wird, spielt wohl angesichts des erhofften Autoritätsgewinns keine Rolle. Dasselbe gilt im Blick auf die Notiz in 1Kön 14,30, die nach einem Trennungsprozess eine größere historische

---

544 Vgl. auch Noth, 1Könige, 279 f.

545 Es gibt zwar noch einige weitere Belege für den Ausdruck יֶתֶר הָעָם (Ri 7,6; 1Sam 13,2; 2Sam 10,10; 12,28; 2Kön 25,11; Jer 39,9; 52,15; Sach 14,2), doch geht es dabei niemals um das Volk als eigenständige Größe im Gegenüber zu den Autoritäten, sondern immer um einen aus verschiedenen Gründen übrig gebliebenen kleinen Teil des Volkes.

546 Vgl. zum Alter des Abschnitts auch Dietrich, Prophetie, 114 f, mit weiteren Überlegungen. Ohne Überlegungen zur letztlichen zeitlichen Einordnung versteht auch O'Brien, Deuteronomistic History, 173, 12,21 – 24 als späten, nach-dtr Zusatz. Ähnlich auch Cogan, 1Kings, 354 f; Fritz, 1Kön, 136. Noth, 1Könige, 269, spricht von einem „nachträglichen Zuwachs".

547 Lipschits/Tal, Settlement, 36 – 38. Knauf, Israelite Impact, 297 – 302. Vgl. auch Davies, Benjamin, 102 – 104, und Magen, Benjamin, 1 – 28.

548 Dazu gehört evtl. auch, dass der Abschnitt an die Orakel erinnern sollte, die vor einer Schlacht eingeholt wurden (vgl. Halpern, Constitution, 182). Von einem „legal right of revolution" kann demgegenüber aber kaum die Rede sein (gegen Halpern, Constitution, 246). Debus, Sünde Jerobeams, 34; Cogan, 1Kings, 354 f, und Jones, 1 – 2Kings, 248, verstehen dagegen den Abschnitt stärker textimmanent als Entschuldigung für Rehabeam, dass er den Norden nicht zurückerobert habe, und Fritz, 1Kön, 136, sieht darin einen „Schlußstrich unter die vollzogene Trennung". Würthwein, 1Könige, 161, theologisiert den Abschnitt als eine „Bewältigung vom Glauben her", und Nelson, Kings, 79 f, sieht in ihm ein Beispiel dafür, dass Rehabeam schließlich doch gehorsam war. Doch sprechen die zahlreichen oben aufgezeigten Bezüge in die wahrscheinliche Gegenwart des Verfassers eher für einen Gegenwartsbezug der Aussageabsicht.

Plausibilität hat und zudem durch weitere ähnliche Notizen gestützt wird (1Kön 15,7.32, evtl. auch 15,16). Die feste Verankerung des Abschnitts sowohl in MT als auch in LXX spricht allerdings für eine nicht allzu späte Einfügung in den Gesamtkomplex von 1Kön 11–14. Darin unterscheidet sich 1Kön 12,21–24 vom in LXX folgenden Abschnitt 12,24a–z.[549]

4.10 3Kgt 12,24a–z LXX – Der alternative Erzählkranz zu Rehabeam und Jerobeam

4.10.1 3Kgt 12,24a–f LXX – Rehabeam wird König. Jerobeam flieht vor Salomo nach Ägypten und kehrt zurück

An diesem und den nachfolgenden Abschnitten aus 3Kgt 12,24a–z LXX zeigt sich die umfangreichste Textdifferenz zwischen der hebräischen und der LXX-Textüberlieferung in 1Kön 11–14; sie gehört aber auch zu den größten des gesamten Kanons.[550]

So setzt in LXX mit V 24a[551] ein neuer Erzählstrang ein, der mit der Todesnotiz Salomos beginnt. Diese entspricht fast wörtlich 1Kön 11,43, weist ihr gegenüber aber einige Zusätze auf. So spricht sie davon, dass Salomo μετὰ τῶν πατέρων αὐτοῦ in der Stadt Davids begraben worden sei, und ergänzt nach der Einführung Rehabeams als neuem König Jerusalem als dessen Herrschaftsort. Es handelt sich also bei 12,24a nicht um denselben Text wie in 11,43, wohl aber um dieselbe Überlieferung, in deren textlicher Ausgestaltung in 12,24a sich sinngemäße Details finden, die auch in anderen Notizen zum Herrschaftswechsel erscheinen (vgl. 1Kön 14,31; 15,24; 22,51; 2Kön 8,24; 12,22; 15,7.38; 16,20 sowie 2Kön 9,28; 14,20).

Während eine solche Notiz traditionell als Abschluss einer Königsdarstellung verstanden wird, wie bereits die Einteilungen der Paraschot in MT zeigen, wird hier deutlich, dass es sich eher um eine Notiz handelt, die einen Übergang markiert, denn in 12,24a dient sie der Einleitung zu Rehabeams Herrschaft. Deren Darstellung entspricht den formalen Gegebenheiten der Einleitungstexte zu einzelnen Königen, indem sie das Alter bei Herrschaftsantritt, die Regierungsdauer, den Namen der Mutter sowie eine Bewertung seiner Herrschaft angibt. Darüber kön-

---

549 Aufgrund der literarischen Einheitlichkeit von 1Kön 12,21–24 wird auf eine nochmalige Darstellung verzichtet.

550 Zur älteren Forschungsgeschichte siehe die ausführliche Darstellung von Debus, Sünde Jerobeams, 68–80.

551 In den Abschnitten 4.10.1–4.10.6 wird auf den ständigen Zusatz „LXX" nach den Versangaben aus dem Abschnitt 12,24a–z LXX verzichtet.

nen auch die Differenzen bei den Zahlenangaben zum Alter bei Herrschaftsantritt und zur Regierungsdauer nicht hinwegtäuschen, die zwischen 12,24a und 14,21, aber auch bereits innerhalb der Textüberlieferung von 12,24a bestehen, wie die textkritische Diskussion gezeigt hat.[552] Dieser Übergang der Herrschaft von Salomo auf seinen Sohn Rehabeam dient dabei nicht nur als historisches Setting, sondern eröffnet zugleich den Horizont für die folgenden Erzählungen, wobei die negative Beurteilung Rehabeams ein Vorzeichen für alles Folgende setzt.

In V 12,24b wird Jerobeam eingeführt. Wie die Formulierung καὶ ἦν ἄνθρωπος zeigt, handelt es sich dabei um einen erzählerischen Neueinsatz, durch den zugleich narrativ zurückgeblendet wird in die Zeit der Herrschaft Salomos. Jerobeam wird mit seiner Herkunft und seiner gesellschaftlichen Stellung als dessen Beamter vorgestellt, doch erhält er durch die Bezeichnung seiner Mutter als γυνὴ πόρνη bereits von Anfang an eine deutlich negative Charakterisierung.[553] Umfangreich wird von seinen Taten und seiner Stellung im Staatswesen erzählt: Salomo hatte ihn zum Vorsteher der Steuererhebungen im Haus Josef gemacht, Jerobeam war Heerführer und als Bauherr tätig. So baute er für Salomo Sarira sowie eine Festung im Gebirge Ephraim und umschloss die Stadt Davids. Doch nach dieser erfolgreichen Karriere folgt unvermittelt die Abwendung: Jerobeam erhebt sich gegen das Königtum (ἐπὶ τὴν βασιλείαν), Salomo möchte ihn töten. Dabei nennt die Erzählung keine Gründe, gibt keinen Hinweis auf Jerobeams dem Anschein nach plötzliches Umschwenken vom Staatsträger zum Staatsfeind, ja spekuliert nicht einmal darüber. Im Unterschied zu 1Kön 11,26 – 40 formuliert sie allerdings aus, dass sich Jerobeam gegen seinen Herrn auflehnt, und belässt nicht im Unklaren, warum Salomo Jerobeam hätte töten wollen. Vielmehr ist Jerobeam in dieser Erzählung deutlich der Übeltäter.

Bemerkenswerterweise gewährt der Erzähler in diesem Zusammenhang kurz einen Einblick in die Gefühlswelt Jerobeams, wenn es heißt, er habe sich gefürchtet (V 24c). So flieht er nach Ägypten, und die Erzählung nennt sogar den

---

552 Sweeneys Versuche in ders., Reassessment,184 f, Rehabeam als besonders negativ gezeichnet darzustellen, können aus diesem Grund auch nicht überzeugen.

553 Gegen Aberbach/Smolar, Jeroboam's Rise, 71, die in V 12,24b eine Wiedergabe des Originaltextes sehen, der die Bezeichnung der Mutter als זונה beinhaltet habe, ohne dass damit etwas Negatives über Jerobeam ausgesagt werden sollte (sie verweisen dazu auf Ri 11,1). Dieser Text sei dann von einem Nordreichredaktor in 1Kön 11,26 zu אלמנה verändert worden, um ein negatives Verständnis zu vermeiden. Doch hat sich in der textkritischen Diskussion gezeigt, dass es eine deutliche Tendenz zur negativen Darstellung Jerobeams gibt, in der 3Kgt 12,24b LXX und der Zusatz in 1Kön 11,26 MT (וְשֵׁם אִמּוֹ צְרוּעָה) in der Aussageabsicht übereinstimmen. Dagegen scheint bei der Namensgebung der Mutter unabsichtlich ein Fehler unterlaufen zu sein, indem er mit dem Namen des Herkunftsortes Jerobeams gleich lautet (vgl. 11,26 sowie 12,24b selber). Vgl. zudem Sweeney, Reassessment, 186.

Namen des Pharao, der damals geherrscht habe: Σουσακιμ, Scheschonq. Bei ihm habe sich Jerobeam aufgehalten, was wohl eine enge Vertrautheit zwischen beiden zum Ausdruck bringen soll.

Als nun Jerobeam hört, dass Salomo gestorben sei, möchte er wieder zurückkehren und bittet Scheschonq, dass er ihn gehen lasse (V 24d). Doch dieser möchte ihn um fast jeden Preis behalten, verheiratet ihn sogar mit einer Schwägerin (V 24e).[554] Auch dadurch wird die besondere Stellung Jerobeams beim Pharao hervorgehoben und noch damit gesteigert, dass betont wird, dass es sich um eine besonders angesehene Frau gehandelt habe. So bleibt Jerobeam, statt zurückzukehren, und wird Vater; seine Frau gebiert Abia.

Doch auch dies vermag Jerobeam nicht in Ägypten zu halten. Erneut bittet er darum, dass er zurückkehren könne (V 24f), und diesmal geht er (von einer Erlaubnis des Pharao wird jedoch nichts erzählt) und kehrt nach Sarira in Ephraim, das er in dieser Erzählung einst für Salomo gebaut hatte (V 24b), zurück. Dort versammelt er den Stamm Ephraim und baut eine Festungsanlage. Damit findet diese Erzählung über Jerobeam ein vorläufiges Ende, denn der Spannungsbogen von Flucht und Rückkehr hat sich geschlossen und in V 24g stellt sich ein neues „Problem", um das es im dann Folgenden geht.

Bei der Lektüre von V 24a – f fallen bereits auf den ersten Blick viele Gemeinsamkeiten und Unterschiede zu anderen Überlieferungen zu Jerobeam auf, die in 1Kön 11 – 14 enthalten sind. Doch ist zunächst festzuhalten, dass die Geschichte von V 24b – f in einem geschlossenen Spannungsbogen ohne erkennbare Brüche und Einschübe erzählt wird. Zwar gibt es stilistische Unebenheiten wie die beiden mit οὗτος eingeleiteten Sätze in V 24b, die die Reihung von drei Narrativen abrupt beenden, sowie die partizipiale Konstruktion καὶ ἦν ἐπαιρόμενος. Doch lässt sich dies wohl besser damit erklären, dass die beiden mit οὗτος eröffneten Sätze die merkwürdige Konstruktion mit בנה und סגר abbilden, die sich auch in 11,27 findet, und aus der Konstruktion καὶ ἦν ἐπαιρόμενος lässt sich nicht ableiten, dass dort ein literarischer Bruch vorliegt. Vielmehr scheint wahrscheinlich, dass V 24b eine ähnliche Überlieferung wie 11,26 – 31.40 zugrunde liegt, die in diesen Teilen sprachlich genau beibehalten worden ist. Auch die auffällig große Zahl der Verdienste Jerobeams in 12,24b lässt zwar analog zur Textgenese in 1Kön 11 die Frage stellen, ob es nicht auch für die hier vorliegende Erzählung eine Vorlage gab, die mit Jerobeam wohlmeinender war. Doch lassen sich dafür keine exakten Bruchlinien feststellen, sodass der Beginn in V 24b wohl von Anfang an die erzählerische Funktion hatte, das große Vertrauen Salomos hervorzuheben, das er in Jerobeam gesetzt habe, um den Bruch zwischen Jerobeam und Salomo umso

---

554 Sofern dies nicht vorzeitig zu verstehen ist, wie Talshir, Alternative Story, 67.168 f, vorschlägt.

deutlicher herauszustellen. Das zeigt sich auch in V 24c, in dem nach der Erwähnung von Salomos Tötungsabsicht Einblick in die Gefühlswelt Jerobeams gewährt wird, wenn es heißt, er habe sich gefürchtet. Dabei ist der negative Ton gegenüber Jerobeam fester Bestandteil der Erzählung, vor allem durch die Charakterisierung seiner Mutter, aber auch indem in 12,24b im Unterschied zu 11,26–31.40 tatsächlich von einem Aufstand die Rede ist, den Jerobeam versuchte und weswegen er nach der Logik der Erzählung flüchten musste. Auch die guten Beziehungen zum Pharao, die in 11,14–25 ebenfalls der Charakterisierung Hadads dienen und die hier sogar namentlich mit Scheschonq verbunden werden, der nach 14,25f Juda überfallen habe, dienen in diesem Zusammenhang, obwohl neutral dargestellt, wahrscheinlich der Desavouierung Jerobeams.[555]

Insgesamt erscheint V 24b–f als literarische Einheit. Die Frage ist jedoch, wie sie sich zu V 24a verhält, denn der Wechsel von V 24a zu V 24b ist markant. Doch dies ist erst im Rahmen einer Gesamtschau zu lösen.

4.10.2 3Kgt 12,24g–n – Jerobeams Sohn

Erzählerisch schließt die Episode von 12,24g–n unmittelbar an V 24f an; die Formulierung καὶ ἠρρώστησε τὸ παιδάριον αὐτοῦ könnte sogar einen Narrativ wiedergeben. V 24g–n ist also als direkte Fortsetzung des Vorhergehenden zu verstehen. Dabei bleibt offen, welche Stellung Jerobeam mittlerweile hat. Zwar legt V 24f nahe, dass er ein lokaler Machthaber war, doch von einem Königtum ist nicht die Rede. Auffällig ist auch, dass „sein Kleines" in dieser Geschichte keinen Namen trägt, sondern durchgängig mit τὸ παιδάριον bezeichnet wird. Den Namen des armen Kleinen muss man also noch von V 24e her mitnehmen.[556]

Die Erzählung in 3Kgt 12,24g–n beginnt damit, dass Jerobeams Sohn krank wird. Jerobeam beschließt nun, Gott zu fragen, ob sich der Junge wieder erholen würde, und beauftragt damit seine Frau Ano.

In V 24h wird Achia als Mann aus Silo eingeführt, der mit 60 Jahren alt und hochbetagt ist. „Mit ihm" sei das Wort Gottes, heißt es, sodass er derjenige ist, über

---

555 Debus, Sünde Jerobeams, 84, hat darauf hingewiesen, dass positive und negative Texte unvermittelt nebeneinander stünden. In der Tat bedient sich der Erzähler zumeist eines neutralen Erzähltones, doch verbindet er diesen durchaus mit deutlichen Wertungen, die insofern nicht gleichberechtigt aneinandergereiht werden können, als es sich um eine in sich geschlossene Komposition handelt, in der sich die Wertungen erst in der Gesamtschau erschließen.

556 Dabei handelt es sich bemerkenswerterweise um eine Entsprechung zu 1Kön 14,1–18 MT, denn auch in der hebräischen Parallelerzählung wird der Name des Kindes Jerobeams lediglich im ersten Vers erwähnt.

den Jerobeam Gott befragen kann. Dabei wird vorausgesetzt, dass Achia so bekannt war, dass Jerobeam und Ano wussten, an wen sie sich wenden konnten. Jerobeam fordert nun seine Frau auf, etwas für den Gottesmann bzw. dessen Kinder mitzunehmen, und sie macht sich auf und nimmt die vorgesehenen Geschenke mit.

Nicht ohne Spannung zum Erzählverlauf wird nun noch einmal erzählt, dass „der Mensch" (ohne Namensnennung oder Bezeichnung als „Mann Gottes") alt sei, und zugefügt, dass er fast erblindet sei (V 24i). Und erneut wird gesagt, Ano mache sich auf, gehe und komme schließlich bei Achia an (V 24k).

Achia lässt Ano durch seinen „Kleinen" hereinbitten und ihn bereits ausrichten, dass es eine harte Botschaft für sie geben werde (V 24k). Als nun Ano zu Achia kommt, fragt dieser sie, warum sie ihm die Geschenke mitgebracht habe, und teilt ihr als Gotteswort mit, dass ihr Sohn gestorben sein wird, sobald sie nach Sarira zurückkehrt (V 24l). Als weiteres Gotteswort fügt er die Ansage des Untergangs der Nachkommenschaft Jerobeams hinzu. Allein der Junge, dessentwegen sie gekommen war, werde begraben werden, weil Gott für ihn Gutes vorgesehen habe (V 24m).

In V 24n wird nun das Eintreten der ersten Ansage erzählt: Die Frau geht fort und hört, als sie nach Sarira kommt, das Klagegeschrei über den Tod ihres Sohnes.

Die Erzählung ist zweifellos nicht frei von Spannungen und Redundanzen. So wird mehrfach erzählt, dass sich Ano aufmache. Auch das Gotteswort besteht aus zwei Teilen, von denen nur der eine erzählerisch eingeholt wird und die Bewahrheitung des anderen außerhalb der Erzählungen von 3Kgt 12,24a – z geschieht. Die Bezeichnungen für Ano und Achia werden nicht konsequent durchgehalten. Der am deutlichsten sichtbare Bruch besteht allerdings in der erneuten Erwähnung, dass „der Mann" alt sei und fast erblindet (V 24i zu V 24h).

Doch lassen sich all diese Phänomene auch gut als erzählerische Mittel erklären, durch die jeweils ein neuer Aspekt ausgedrückt werden soll. So erscheint Jerobeam zwar als der Drängende, aber es wird zugleich um so deutlicher, dass nicht er derjenige ist, der sich auf die Reise macht. Er ist es, der auf die Idee kommt, Achia etwas mitzubringen, sei es als Bezahlung, sei es als Bestechung. Fürsorglich denkt er an die Kinder Achias (τέκνοι, nicht παιδάρια, wobei offen bleibt, wie alt diese wohl bei einem Sechzigjährigen sind), nur um später den Tod seines eigenen Kindes mitgeteilt zu bekommen und zu erleben. Mehrfach wird erwähnt, Ano mache sich auf, doch wird dabei zugleich jedes Mal auf einen anderen Aspekt Wert gelegt, sodass hier wohl am deutlichsten wird, dass es sich um ein narratives Mittel handelt. Dagegen könnte es sich bei der erneuten Erwähnung in V 24i, dass Achia alt und erblindet sei, um eine Zufügung handeln; es ist aber nicht auszuschließen, dass es sich auch hier um einen erzählerischen Kunstgriff handelt, mit dem deutlich gemacht werden soll, dass Achia nur aus Altersgründen erblindet sei. In jedem Fall würde es sich lediglich um einen kleinen Eingriff handeln, der noch eine besondere Pointe setzt, doch am Gesamtduktus der Erzählung nichts ändert. Die einzige wirkliche Bruchlinie könnte vor und nach V 24m vorliegen, in dem das Schicksal des Sohnes Jerobeams auf das Schicksal des „Hauses Jerobeam" transzendiert wird. Hierin könnte sich innerhalb der Überlieferung der Verfasser aussprechen, um gleich von Anfang an den Gedanken an eine Dynastie Jerobeams im Keim zu ersticken.

Mit einer Einschränkung im Blick auf V 24m ist es gut möglich, auch die Erzählung von V 24g – n als aus einem Guss zu betrachten. Sie führt die Geburtsgeschichte des Sohnes in Ägypten in V 24b – f fort und bildet mit dieser zweifellos eine Einheit. Worin könnte jedoch die ursprüngliche Aussageabsicht dieses zweiten Teils bestanden haben, bevor er im Kontext von V 24a – z aufging? Einen Hinweis kann möglicherweise die dreimalige Wiederholung dessen geben, was Ano Achia mitbringen soll. Zuerst drängt Jerobeam seine Frau, Brot, κολλύρια, deren Bedeutung hier unklar ist, Trauben und Honig mitzubringen; die κολλύρια bestimmt der um sein Kind Fürchtende dabei ausdrücklich für die Kinder Achias (V 24h). Danach wird erzählt, wie Ano ebendies einpackt, jedoch für Achia (V 24i). Schließlich fragt Achia sie selber, obwohl er noch nichts von den Geschenken erhalten hat, direkt, warum sie diese Dinge mitgebracht habe, bevor er ihr den negativen Gottesbescheid übermittelt. Sollte es in dieser Erzählung darum gehen, dass sich Gott, dass sich seine Sprachrohre, die Gottesmänner, nicht bestechen lassen? Oder soll damit gesagt werden, dass Gott nicht bestechlich ist, sondern dass das Unheil kommt, wann es vorgesehen ist, wenn es vorgesehen ist? Mit dem ersten Teil in V 24b – f würde V 24g – n insofern zusammenpassen, als durch den Tod des Sohnes gewissermaßen eine Frucht Ägyptens ausgelöscht wird, eine allzu große Nähe zu Ägypten also entweder bestraft oder ein allzu großer Einfluss Ägyptens verhindert wird. Positiv erscheint Jerobeam jedenfalls auch hier nicht.

4.10.3 3Kgt 12,24o LXX – Schemajas Prophetie an Jerobeam: die zehn Teile

Auch V 24o schließt, sprachlich betrachtet, unmittelbar an V 24n an, doch ist der Einschnitt durch den Themenwechsel gegeben.

Jerobeam geht nach Sichem und versammelt dort die Stämme Israels. Auch Rehabeam kommt herauf, wobei sich sprachlich nicht klären lässt, ob der griechischen Form ein Narrativ oder ein Perfekt zugrunde liegt, wovon abhängen würde, ob er erst nach Jerobeams und Israels Ankunft oder bereits davor gekommen ist. Dem Duktus der Erzählung folgend, die sich in V 24p anschließt und derjenigen in Kap. 12,1 – 18 entspricht, legt sich aber letzteres nahe, denn im Vergleich mit Kap. 12,1 – 18 erweisen sich die ersten Sätze in V 24o als die Einleitung zur Erzählung in V 24p – u und die Prophetie Schemajas als Einschub. Denn bereits die Wortfolge zeigt, dass es sich bei der Wendung καὶ λόγος κυρίου ἐγένετο um einen Neueinsatz handelt, entspricht sie doch exakt einem hebräischen Nominalsatz. So verschiebt sich der Fokus in V 24o langsam von Jerobeam auf Rehabeam und das Volk.

Samaja, auf Hebräisch Schemaja (שמעיה), erhält von Gott den Auftrag, sich ein neues Obergewand zu besorgen, das noch nicht nass geworden ist,[557] dieses dann in zwölf Teile zu reißen, alle zwölf Teile Jerobeam zu präsentieren und ihn aufzufordern, sich zehn Teile auszusuchen, um sie anzulegen. Nachdem Jerobeam sie sich genommen hat, spricht Schemaja den deutenden Satz, dass Gott genau dies über die zehn Stämme Israels gesagt habe. Auf diese Weise wird Jerobeam gewissermaßen auf dem Weg, en passant, zu einem eigenen Königtum berufen. Was unter Salomo noch ein Aufstand war, erhält im Gegenüber zu dessen Sohn Rehabeam göttliche Legitimation.

Bei V 24o handelt es sich also um einen zusammengesetzten Text, bei dem die ersten Sätze die Einleitung zu V 24p – u bilden und es sich bei den weiteren Sätzen um ein eigenständiges Stück handelt, das in 1Kön 11,29 – 31 einen Paralleltext hat.[558]

Für die Textentstehung zeigt sich daran zweierlei: Zum einen wird deutlich, dass in V 24a – z einzelne Erzählungen miteinander verbunden worden sind, die beispielsweise in 1Kön 11 – 12 getrennt voneinander sind. Der eigene Stil von V 24a – z, vor allem aber die eigenständige Ausgestaltung des Materials wie beispielsweise in V 24o, aber auch in V 24p – u, zeigt, dass der Verfasser von V 24a – z nicht einfach auf die Darstellung in 1Kön 11f zurückgegriffen und diese überarbeitet hat. Vielmehr liegt der Schluss nahe, dass gewissermaßen ein „Kanon" an Erzählstoffen existiert zu haben scheint, die mit den Geschehnissen um die Reichsteilung bzw. die Gründung des Nordreichs verbunden waren, jedoch nicht in einer ausschließlichen und endgültigen sprachlichen Form vorlagen, sodass die jeweiligen Verfasser oder Redaktoren eine relativ große Freiheit in ihrer eigenen Darstellung hatten. So lässt sich angesichts von zwei überlieferten Varianten auch kaum ausschließen, dass es noch weitere gab, die verloren gegangen sind.

---

557 Dieses Motiv soll wahrscheinlich die Neuheit des Mantels unterstreichen, wie sie sowohl in 1Kön 11,29 als auch hier hervorgehoben wird. Stacey, Prophetic Drama, 80, möchte in der Neuheit eine mystische Kraft liegend sehen, die durch die Wäsche abgewaschen worden sein könnte, wie auch die Waschungen vor kultischen Akten belegten, dass Wasser eine mystische Kraft habe, solche Kräfte zu vertreiben. Doch handelt es sich dabei wohl eher um Spekulation.
558 Knoppers, Two Nations I, 185, möchte 3Kgt 12,24o sogar als den älteren Text verstehen, doch erscheint es fraglich, ob dies wirklich belegbar ist. Es bleibt plausibler, dass es sich um zwei Ausgestaltungen desselben bzw. eines ähnlichen Erzählstoffs handelt.

Zum anderen wird deutlich, dass es bei den einzelnen Erzählstücken mehr um deren inhaltliche Aussage geht als um historische Genauigkeit, denn nur so lässt sich erklären, dass sich die Grundmotive gleichen, sie jedoch unterschiedlich ausgestaltet werden. Die teilweise wörtlichen Entsprechungen zu den Paralleltexten in 1Kön 11 – 14, die MT und LXX gemeinsam sind, einerseits und die teilweise völlig freie Ausgestaltung wie in diesem Fall andererseits, führen zu der Annahme, dass die Erzählstoffe in einem schriftlich-mündlichen Überlieferungsprozess weitertradiert wurden und sehr lange mehr Wert auf die Verlässlichkeit des Aussagegehaltes gelegt worden ist als auf die Verlässlichkeit historischer Tatsachen. Die unterschiedliche Verwendung der Prophetennamen (Achia und Schemaja) sind dafür nur ein Beispiel.[559]

4.10.4 3Kgt 12,24p-u LXX – Rehabeams Verhandlungen in Sichem

V 24p schließt nun unmittelbar an die einleitenden Sätze von V 24o an. Jerobeam ist auf diese Weise im Unterschied zu 12,1 – 18* eindeutig anwesend, jedoch ebenso wie in 12,1 – 18* mit keinem Wort erwähnt und damit eigentlich doch abwesend. Er tritt erst wieder in V 24x in Erscheinung, in dem erzählt wird, dass Rehabeam gegen ihn in den Kampf ziehen möchte. So verschiebt sich der Fokus in dieser Passage endgültig weg von Jerobeam auf Rehabeam, der dem Volk gegenübersteht.

---

559 Dabei gibt es zwei Möglichkeiten, den Namen Schemajas an dieser Stelle zu erklären: entweder war er in der möglichen Zeit der Zusammenstellung und Ausformulierung der Texte von V 24a – z populär, wie das ebenfalls spät entstandene Schemaja-Erzählstück aus 12,21 – 24 nahe legt, an das die Texte von V 24a – z ja angegliedert worden sind, oder er soll eine Brücke schlagen zum abschließenden Erzählstück in V 24y – z, sodass es derselbe Prophet ist, der Jerobeam das Königtum anträgt und es vor dem Angriff Rehabeams bewahrt. Sweeney, I & II Kings, 184; ders., Reassessment, 189 f, möchte dagegen wegen des Beinamens des Propheten eine Verbindung zu Jer 29,24 – 32 herstellen (Jeremia beschuldigt Schemajahu, den Nechelamiter, als falschen Propheten). Nun ist eine Verwirrung bei den Beinamen durchaus denkbar, angesichts der erzählerischen Nähe zu 1Kön 12,21 – 24 allerdings allenfalls als Identifikation beider Propheten mit dem Namen Schemaja möglich. Sweeney selber muss sich zudem auf wenige Handschriften um den Codex Vaticanus stützen (vgl. dagegen Schenker, Jeroboam's Rise and Fall, 372 f). Darüber hinaus hat Schenker, Jeroboam's Rise and Fall, 372, zu Recht darauf hingewiesen, dass es sich allenfalls um eine typologische Auslegung handeln könne, liegen doch einige Jahrhunderte zwischen Jerobeam und Jeremia; allerdings ist dies im Blick auf eine interpretierende Neudarstellung des Jerobeam-Erzählstoffs auch nicht grundsätzlich auszuschließen. Schwerer wiegt, dass eine Aussageabsicht im Sinne einer Desavouierung des Propheten in 3Kgt 12,24o angesichts der sonst nicht negativen Darstellung der Vorgänge um und mit Jerobeam nicht besonders wahrscheinlich erscheint und von einem großen Teil der Textüberlieferung auch nicht so wahrgenommen worden ist.

Dabei zeigt die Erzählung von V 24p – u in sich eine große Geschlossenheit. Die Ähnlichkeiten mit der Version in Kap. 12,1 – 19 sind unübersehbar, teilweise bis in die Formulierungen hinein, ihre Unabhängigkeit von dieser Darstellung allerdings auch, sodass es sich auch in dieser Erzählung um eine eigenständige Ausgestaltung handelt. Dabei werden inhaltliche Akzente durchaus ähnlich gesetzt. Die alten Ratgeber werden ebenfalls als πρεσβύτεροι bezeichnet, die Jüngeren, in 1Kön 12,1 – 18 ילדים genannt, sind hier die σύντροφοι, was inhaltlich aber der Vorstellung von Kap. 12,1 – 18* entspricht, wenn sie dort als אֲשֶׁר גָּדְלוּ אִתּוֹ beschrieben werden. Es werden aber auch eigene Akzente gesetzt. Noch deutlicher als in 12,1 – 18* wird hier gesagt, Rehabeam habe den Rat der Ältesten nicht nur verlassen (וַיַּעֲזֹב, V 8), sondern – wesentlich pointierter – zerstört (διεσκέδασεν), und hinzugesetzt, dass der Rat keinen Gefallen bei ihm gefunden habe. Zusätzlich wird ein besonderer Akzent dadurch gesetzt, dass dem Volk noch eine Wertung über Rehabeam in den Mund gelegt wird: οὗτος ὁ ἄνθρωπος οὐκ εἰς ἄρχοντα οὐδὲ εἰς ἡγούμενον (V 24 t), was als eine völlige Desavouierung Rehabeams als Herrscher zu verstehen ist. Er wird also nicht mehr implizit, sondern explizit ausformuliert kritisiert, ja in seiner Eignung als Herrscher grundsätzlich in Frage gestellt. So wird die Erzählung von einem allgemeinen Lehrstück über „königliche" Beratungsresistenz zu einer prinzipiellen Vernichtung Rehabeams als Herrscher.

Daneben ist bemerkenswert, dass am Ende von V 24u ebenfalls ein abschließender und auswertender Satz steht, dieser jedoch nicht V 19 entspricht, sondern dem Schlusssatz von V 20 und zudem neben Juda auch Benjamin nennt. Dabei kann es sich um eine Angleichung an die nachfolgenden V 24x – z handeln, die ihre Parallele in V 21 – 24 haben; es kann sich aber auch um eine ausformulierte Binnensicht handeln, in der sich der Verfasser ausdrückt. Das ist angesichts des neutralen Erzählstils nicht zu entscheiden.

4.10.5 3Kgt 12,24x – z – Prophetie gegen einen Krieg Judas mit Israel

Das LXX-„Sondergut" endet mit einer Dublette des Textes, an den sie in LXX angeschlossen ist: an die Prophezeiung Schemajas. Nach V 24x – z möchte Rehabeam, als ein Jahr vorüber ist, gegen den Norden kämpfen. Er versammelt alle Männer Judas und Benjamins und zieht hinauf gegen seinen Gegner, der hier allerdings explizit Jerobeam ist und nicht das Volk oder der Staat im Norden (V 24x). Was in V 24y – z erzählt wird, entspricht wörtlich dem Paralleltext in 12,22 – 24: Schemaja (Σαμαια) verbietet im Auftrag Gottes Rehabeam, dem Haus Juda, Benjamin und dem übrigen Volk, mit ihren Brüdern zu kämpfen und fordert sie auf heimzukehren; alles sei auf das Betreiben Gottes hin geschehen. Die so Angesprochenen hören auf das Wort Gottes und kehren um.

Die besondere Akzentsetzung dieser Passage liegt wohl vor allem in der Zeitangabe, die keine Entsprechung in 12,21–24 hat: Rehabeam braucht ein Jahr, um sich dem Kampf zu stellen. Auch darin zeigt sich seine Schwäche als Herrscher. Darüber hinaus braucht er ein gewaltiges Heer aus „allen Männern Judas und Benjamins", um gegen einen Gegner in den Kampf zu ziehen, der ihm erzählerisch allein gegenübersteht. Schließlich verhindert Schemaja durch seine Intervention den Kampf, sodass Jerobeam in seiner Position, die an dieser Stelle ja noch merkwürdig ungeklärt ist und innerhalb von V 24a–z auch keiner Klärung zugeführt wird, bleibt und durch Rehabeam nicht verdrängt werden kann. So erhält die Schemaja-Prophezeiung in V 24a–z eine neue Bedeutung, indem auch sie Rehabeams Begrenztheit zeigt, diesmal sogar durch eine göttliche Intervention.

Dabei weist diese Passage innerhalb von V 24a–z eine bedeutende Auffälligkeit auf. Denn als einziger Abschnitt innerhalb von V 24a–z entspricht sie in V 24y–z mit nur ganz geringen Abweichungen wörtlich einem Text aus 1Kön 11–14: Sie ist die fast wörtliche Aufnahme von 12,22–24, während der Verfasser von V 24a–z sonst sehr eigenständig mit dem Material umgegangen ist. Ist dieser Abschnitt erst bei der Einfügung in den Kontext von 3Kgt 11–14 entstanden und sollte die Wiederaufnahme von 12,21–24, an den sie ja anschließt, wiederum den erzählerischen Anschluss schaffen, indem die Erzählung an diesem Punkt wieder fortfahren kann? Gleichzeitig ist die Einleitung zum Gotteswort wiederum sehr selbstständig; sollte dies ein Hinweis darauf sein, dass V 24a–z für die Stelle geschrieben worden ist, an der der Text jetzt in LXX steht?

4.10.6 Der Erzählkranz als Einheit

Bei V 24a–z handelt es sich um eine eigenständige Zusammenstellung verschiedenen Materials, das mit den beiden Personen Rehabeam und Jerobeam sowie den angenommenen Ereignissen um die Reichsteilung bzw. die Gründung des Nordreichs Israel verbunden gewesen zu sein scheint. Wörtliche Übereinstimmungen mit dem auch aus dem übrigen Textkomplex von 1Kön 11–14 bekannten Material bei gleichzeitiger Freiheit gegenüber dem Erzählstoff durch den Verfasser legen nahe, dass beiden Darstellungen eine gemeinsame Überlieferung zugrunde gelegen hat. Dies ist wahrscheinlicher, als dass der Verfasser von V 24a–z auf die Gesamtdarstellung von 1Kön 11–14 direkt zurückgegriffen hat, gibt es in V 24a–z doch auch markante Auslassungen gegenüber 1Kön 11–14.[560] So

---

560 Dies gilt für ganze Texte, beispielsweise im Blick auf Kap. 13, aber auch für die kultischen Maßnahmen Jerobeams (12,25–33) und das Fehlen einer Todesnotiz. Zwar läge die Vermutung

fehlt insbesondere jeder Hinweis auf die Bearbeitungen des J-Stoffes von H und N. Dies kann jedoch kaum mit der direkten Rezeption von J erklärt werden, würde sich V 24a – z demgegenüber angesichts der unterschiedlichen Anordnung des Erzählstoffes insbesondere im Blick auf die prophetische Zeichenhandlung sowie auch der darin enthaltenen unterschiedlichen Namensüberlieferung (11,29 – 31 und 12,24o) als ungewöhnlich unabhängig erweisen. Allerdings ist auch eine literarisch allzu frühe Entstehung kaum plausibel, besteht doch eine besondere Nähe zu späteren Erzählstoffen in 1Kön 11 – 14 (vgl. 11,14 – 25 und 12,21 – 24). So bleibt die Annahme, dass es auch noch lange nach dem Exil nicht nur Überlieferungen zu Rehabeam und Jerobeam gab, sondern auch ein Interesse daran, und dass diese um der Aussage willen durchaus relativ frei bearbeitet werden konnten. Dafür würde auch die sehr ausführliche Beschäftigung mit demselben Thema im Chronistischen Geschichtswerk sprechen (vgl. 2Chr 10 – 13), die weit über die Darstellung in 1Kön 11 – 14 hinausgeht.[561] Als Datierung kommt aufgrund des Abschlusses in V 24x – z lediglich ein Zeitpunkt nach der Abfassung von 12,21 – 24 in Frage, sofern dieser nicht, wie oben angedeutet, erst für die Einfügung in den Zusammenhang von 1Kön 12 verfasst bzw. entsprechend adaptiert worden ist.

---

nahe, dass die Texte nur insoweit eingefügt worden seien, wie weit bis zu V 24 bereits erzählt worden ist, um gewissermaßen eine zweite Meinung zum Ausdruck zu bringen, doch kann dies für V 24g – n und Kap. 14 MT nicht geltend gemacht werden.

Für die Annahme einer gemeinsam zugrunde liegenden Überlieferung hat auch Debus, Sünde Jerobeams, 85, argumentiert; ähnlich Toews, Monarchy, 38, auch wenn er MT als näher an der gemeinsamen Überlieferung befindlich ansieht. Schenker, Division, 253.256, möchte demgegenüber plausibel machen, dass 3Kgt 12,24a – z LXX die ursprüngliche Version der Erzählungen in 1Kön 11 – 14 bietet. Doch dies lässt sich kaum mit der fortlaufenden Entstehung der in 1Kön 11 – 14 miteinander verbundenen Texte in Einklang bringen, die Schenker in seiner Darstellung als einen erratischen Block behandelt. Eine ähnliche Idee bietet Shaw, Sins of Rehoboam, 63 f, der V 24a – z in die Zeit Hiskias datiert und dementsprechend dem Text von 1Kön 11 – 14 vorordnet. Ebenso wenig ist aber auch aus den o.g. Gründen ein Verständnis als Midrasch zu 1Kön 11 – 14 bzw. Interpretation von 1Kön 11 – 14 überzeugend, wie es prominent Talshir, Alternative Story, und Sweeney, Reassessment, vertreten haben (vgl. auch Glatt, Chronological Displacement, 103 – 106). Insbesondere Sweeney begeht denselben Fehler wie Schenker und betrachtet 1Kön 11 – 14 als erratischen Block ohne Entstehungsgeschichte, was allerdings auch an seiner Datierung von 3Kgt 12,24a – z LXX in das 2./1. Jh. liegen kann, sodass er den Entstehungsprozess von 1Kön 11 – 14 für abgeschlossen hält (vgl. Sweeney, Reassessment, 193 – 195). Dagegen hat allerdings bereits überzeugend Schenker, Jeroboam's Rise and Fall, 369, argumentiert. Eine Auseinandersetzung mit älterer Literatur bietet Gorson, Second Account, 368 f.

561 Bodner, Jeroboam, 2, hat den Jerobeam-Erzählstoff deshalb durchaus zu Recht als „biblical blockbuster" bezeichnet – bemerkenswerterweise, obwohl er sich ausschließlich auf 1Kön 11 – 14 MT bezieht (vgl. a.a.O., 7).

Schwieriger zu beantworten ist die Frage nach der Aussageabsicht von V 24a – z. Üblicherweise wird dabei auf Jerobeam fokussiert.[562] Dies ist zweifellos dadurch motiviert, dass er eine prominente Rolle spielt und vor allem in den ersten beiden Episoden in V 24b – f.g – n im Vordergrund steht. Doch sollte nicht übersehen werden, dass der gesamte Erzählkranz mit Rehabeams Herrschaftsantritt und dessen negativer Bewertung beginnt und Jerobeam zwar am Anfang prominent vertreten ist, dann aber immer stärker in den Hintergrund tritt und in V 24p – u gar nicht und in V 24x – z nur am Rande erscheint. Ausführlich erzählt wird über Jerobeam im Grunde nur der Ägyptenaufenthalt, die Episode um seinen Sohn, die dazu genutzt wird, seinem Geschlecht den Untergang anzusagen, sowie die Verheißung Schemajas (V 24o). Als König kommt Jerobeam dagegen gar nicht in den Blick, allenfalls indirekt in V 24x.[563] Von einem Amtsantritt als König wie in 12,20 ist keine Rede, stattdessen bricht die Erzählung nach der Intervention Schemajas ab. Damit endet sie aber wiederum bei Rehabeam, der in V 24x der Protagonist ist und am Ende als schwacher König dasteht.

So stellt sich die Frage, ob nicht gerade darin die Aussageabsicht von V 24a – z liegt und es sich eigentlich nicht um einen Jerobeam–, sondern vielmehr um einen Rehabeam-Erzählkranz handelt. Dies könnte auch den Ort erklären, an dem er in den Verlauf von 1Kön 11 – 14 eingefügt worden ist. Die herausgehobene Rolle, die Jerobeam im Anfangsteil spielt, kann damit erklärt werden, dass der Verfasser tatsächlich einen zusammenhängenden Jerobeam-Erzählstoff verwendet hat, in dem es um Jerobeams Aufstand, seine Flucht nach Ägypten, die Geburt seines Sohnes und schließlich dessen Tod nach Jerobeams Rückkehr ging.[564] Überhaupt scheint der Verfasser von V 24a – z keine eigenen Erzählstoffe geschaffen, sondern vielmehr auf Überlieferungsstücke zurückgegriffen und diese neu angeordnet und neu formuliert zu haben, um seine Aussage inhaltlich zum Ausdruck zu bringen.[565] Als Erzähler geht er dabei sehr behutsam vor und äußert sich lediglich erzählungsimmanent sowie durch die Anordnung seines Materials.[566]

---

[562] Vgl. beispielhaft die Studien von Debus, Sünde Jerobeams, und Talshir, Alternative Story, und grundlegend bereits ganz knapp die Beurteilung von Montgomery, Kings, 253: „an abbreviated but clear story of Jeroboam".

[563] Bereits Schenker, Division, 214, hat den ausschließlichen Bezug auf Jerobeam aufgebrochen, indem er 3Kgt 12,24a – z LXX als „the History of Two Ambitions" bezeichnet.

[564] Vgl. ähnlich auch Talshir, Alternative Story, 281f.

[565] Schenker, Division, 214, hat sie zu Recht als „another ‚edition' of the devision of the two kingdoms" bezeichnet und gerade nicht als Bearbeitung von 1Kön 11 – 14 (vgl. a.a.O., 215).

[566] Von einer unübersichtlichen Handlung (so Plein, Erwägungen, 17) kann keine Rede sein, auch wenn der Erzählung kein historischer Wert im Blick auf die Ereignisse um die Gründung des Nordreichs zukommt (gegen den Versuch einer historischen Auswertung durch Seebass, Königserhebung, 325 – 333).

Dabei beginnt und schließt er mit Rehabeam. Von Anfang an ist deutlich, dass dieser nicht so ist und so handelt, wie er sollte. Erst durch einen erzählerischen Rückgriff in die Zeit seines Vaters Salomo wird Jerobeam eingeführt, der sich gegen Salomo erhebt und fliehen muss. In Ägypten verschwägert er sich, wobei unklar bleibt, wie dies zu werten ist. Nach Salomos Tod kehrt er zurück und baut sich seine eigene Festung. Doch der Erfolg währt nur kurz: sein Sohn wird todkrank, und was immer an weiteren Aspekten in der Erzählung von V 24g – n noch enthalten sein mag, für den Verfasser von V 24a – z ist vor allem die Ankündigung des Todes des Sohnes und des Untergangs der Jerobeam-Dynastie von Bedeutung. Jerobeams Herrschaft kann also nur von kurzer Dauer sein und steht von Anfang an unter dem Vorzeichen eines schlechten Starts. Dann leitet die Erzählung zur nächsten Episode über: zu den Verhandlungen in Sichem. Auf dem Weg dorthin erhält Jerobeam von Schemaja die Herrschaft über die zehn Stämme des Nordens zugesprochen. So kommt er zwar nach Sichem als designierter König, zugleich wird die Bedeutung dieser Episode aber zurückgenommen, indem sie gewissermaßen en passant geschieht und auch erzählt wird. In Sichem spielt Jerobeam dann auch bemerkenswerterweise keine Rolle mehr. Ab hier tritt Rehabeam ins Rampenlicht und verspielt durch sein unkluges Verhalten die Herrschaft über den Norden. Wesentlich deutlicher als in 12,1 – 18* wird er dafür kritisiert und erhält schließlich sogar unmissverständlich die Befähigung zur Herrschaft abgesprochen. Wie auch immer seine Reise nach Jerusalem verkehrstechnisch zu verstehen ist,[567] er kehrt als geschlagener Herrscher zurück: Wie der Schlusssatz festhält, sind von zwölf Stämmen nur noch zwei geblieben und zehn ausgeschieden. Und als er sich dann am Ende nach immerhin einem Jahr Zeit aufrafft, um um seine Herrschaft zu kämpfen, wird er von demselben Propheten, der Jerobeam den Norden zugesprochen hat, zurückgewiesen. So geht Rehabeam daraus nicht nur einfach geschwächt hervor, sondern erscheint grundsätzlich als der Herrscher, der durch seinen Ungehorsam (V 24a) und seine Ungeschicklichkeit (V 24p – u.x – z) alles verspielt hat.[568]

Im Zusammenhang von 1Kön 11 – 14 möchte V 24a – z wohl noch einmal deutlicher aufzeigen, als es in den Texten in Kap. 12 nach Meinung des Verfassers

---

567 Schenker, Zwillingsfrage, 111 – 117.

568 Von einer „Apologie des Hauses Davids" (Seebass, Teilung, 372) kann kaum die Rede sein. Sweeneys Überlegung, dass Rehabeam durch seine Herkunft und sein geringes Alter von 16 Jahren diskreditiert werden soll, ist mehr eine Frage an das eigene normative System der Leserin oder des Lesers, denn derselbe Sachverhalt könnte ja auch entschuldigend verstanden werden. Im Blick auf die Altersangabe handelt es sich angesichts von 1Kön 14,21 wahrscheinlich eher um eine der zahlreichen Abweichungen in den chronologischen Angaben von 1 – 2Kön in MT und LXX (vgl. Larsson, Chronological System, 69 – 72, der in der Frage der Ursprünglichkeit jedoch klar dem MT den Vorzug gibt; dort auch Hinweise auf weitere Literatur).

ausgesagt wird, dass es die Verfehlung Rehabeams war, aufgrund derer es zu dem gekommen ist, was geschehen ist.[569] Es ist seine Dummheit und Unzulänglichkeit, die dazu führt, dass er in Sichem eine Fehlentscheidung mit fatalen Folgen trifft, es ist aber wohl auch seine Verfehlung gegenüber seinem Gott, die erst den Horizont dafür eröffnet, dass jemand wie Jerobeam überhaupt aufkommen und Gott ihn zu Rehabeams Gegner designieren konnte. So handelt es sich bei V 24a – z eigentlich um einen Rehabeam-Erzählkranz, der der Verdeutlichung wegen an dieser Stelle eingefügt worden ist, bevor die Erzählung in 12,25 ff mit Jerobeam fortgesetzt wird.[570]

4.11 1Kön 12,25 – 30.31 – 33 – Jerobeams erste politische und religiöse Maßnahmen

Der Abschnitt der VV 25 – 33 ist nach vorne klar durch den Wechsel von Thema und Protagonist abgegrenzt, sowohl in MT als auch in LXX handelt es sich dabei um die Schemaja-Verkündigung, in der Rehabeam der Adressat ist. Nach hinten fällt die Abgrenzung aus inhaltlichen Gründen etwas schwerer, auch wenn Kap. 13,1 mit der Einführung des Gottesmannes ebenfalls einen Protagonistenwechsel vollzieht, und damit ein Neuanfang markiert ist.

In V 25 wird der Erzählfaden zu Jerobeam wieder aufgenommen. Er wird nun als Baumeister dargestellt, der Sichem und Pnuel erbaut, historisch gesehen aber wohl eher ausgebaut hat. Der ehemalige Baumeister aus Jerusalem festigt auf diese Weise nun seine eigene Herrschaft. Andeutungsweise klingt an, dass er in

---

569 Vgl. auch den Beitrag von Shaw, Sins of Rehoboam, der zu einer ähnlichen Einschätzung kommt, dann jedoch den Text bereits in die Zeit Hiskias datieren möchte: Hiskia habe eine Vereinigungspolitik mit dem Nordreich betrieben; durch die Schuldzuweisung für die Teilung der Königreiche an Rehabeam sollte nun die Geschichte für das Nordreich akzeptabel werden (a.a.O., 63). Doch damit übersieht Shaw die Nähe zu wesentlich jüngeren Texten in 1Kön 11 – 14, was diese Datierung und damit seine Interpretation sehr unwahrscheinlich werden lassen. Fleming, Legacy, 110, bietet eine ähnliche Deutung bereits für 1Kön 12,1 – 18, doch herrscht dort gegenüber 12,24a – z der paradigmatische Charakter vor und handelt es sich zudem kaum um einen historischen Vorgang (gegen a.a.O., 111.113).
570 Dass 3Kgt 12,24a – z LXX an dieser Stelle eingefügt worden ist, weil der Text von 1Kön 14,1 – 18 MT in LXX fehle und LXX deshalb V 24g – n brauche, um den Untergang des Hauses Jerobeam angekündigt zu haben, wie Sweeney, Reassessment, 191, annimmt, ist sehr unwahrscheinlich. Denn schließlich klingt dieses Thema in V 24m allenfalls am Rande an und könnte kaum eine Ausarbeitung wie 14,1 – 18 MT ersetzen.

Aufgrund der literarkritischen Geschlossenheit des Abschnitts wird auf eine nochmalige Textdarstellung verzichtet.

seinem Reich umhergezogen sei, doch lässt sich aus diesem Vers kaum eruieren, ob es sich dabei um einen Dauerzustand gehandelt hat, nach dem der König im Norden keine feste Residenzstadt gehabt hätte, sondern umhergereist sei. Dasselbe gilt für die Annahme, Pnuel sei seine zweite Hauptstadt zur Herrschaft im Ostjordanland.[571]

Mit V 26 beginnt eine innere Reflexion Jerobeams. Er fürchtet, dass das Königtum (ממלכה) wieder an das Herrscherhaus im Süden fallen könne, wenn das Volk weiterhin seine Opfer in Jerusalem darbringen werde. Dabei findet der Verfasser bemerkenswert deutliche Worte: Rehabeam wird im Gedankengang Jerobeams als der Herr des Volkes (אֲדֹנֵיהֶם) sowie als König (מֶלֶךְ), wenn auch nur von Juda, bezeichnet. So lässt er sich beraten,[572] macht zwei goldene Kälber und verkündet dem Volk, dass es für sie zu viel sei, nach Jerusalem zu ziehen, und ruft ihnen zu: „Hier sind deine Götter, die dich aus dem Land Ägypten heraufgeführt haben". Die pluralische Formulierung ist durch אֲשֶׁר הֶעֱלוּךָ klar gegeben[573] und kann sich im literarischen Kontext nur auf die Kälber beziehen, unabhängig von der Frage, wie dies religionsgeschichtlich zu verstehen ist.[574] Jerobeam stellt nun das eine in Beth El auf und das andere in Dan. Das Volk soll vor (!) dem einen Kalb her nach Dan gezogen sein (V 30b). Einen Satz davor wird der Erzählzusammenhang in V 30a durch den Kommentar unterbrochen, dass dies zur Sünde geworden sei.

Nimmt Jerobeam nach V 26 – 30 mit Kälbern eine Kultgründung vor und bindet sie an die Geschichte Israels, weitet sich der Blick in V 31 auf wesentlich umfangreichere Maßnahmen: Jerobeam baut einen Tempel auf den Höhen, setzt Priester ein, an denen ausdrücklich kritisiert wird, dass sie keine Leviten seien, und begründet ein Fest jeweils am 15. Tag des achten Monats, von dem gesagt wird, dass es wie das in Juda sei.

Nachdem all dies vollendet war, wird Jerobeam zum ersten Kulthandelnden und besteigt den Altar (V 32). Wie in einem abschließenden Kommentar wird nun

571 So Sweeney, I & II Kings, 175 f.
572 Aus dem Verb וַיִּוָּעַץ allein lässt sich nicht schließen, ob Jerobeam mit anderen oder mit sich selber zu Rate gegangen ist. Letzteres könnte sich auf die Einleitung in V 26 stützen, doch stellte sich dann die Frage, warum ein weiterer innerer Monolog nicht wieder so bezeichnet wird. So scheint es plausibler, von einem tatsächlichen Beratungsprozess auszugehen. Zur Diskussion vgl. Bodner, Jeroboam, 89 f, mit weiterer exemplarischer Literatur.
573 Siehe dazu unten.
574 Im literarischen Zusammenhang des Kanons betrachtet, bezieht sich Jerobeam hier auf die Kernüberlieferung Israels. Bodner, Jeroboam, 93: „Jeroboam focuses on the images, spaces and stories that form the core of Israel's memories." Doch dies gilt lediglich für ebendiesen kanonischen Zusammenhang, der nicht mit dem historischen Werdegang einer Überlieferung und eines Textes verwechselt werden darf.

festgehalten, dass er so in Beth El gehandelt habe, um den Kälbern (Plural!) zu opfern, und dass er in Beth El Priester für die Höhen eingesetzt habe.

Mit V 33 wird der Erzählfaden erneut aufgenommen, jedoch mit derselben Information wie schon in V 32: Jerobeam besteigt den Altar am 15. Tag des achten Monats – je nach Textüberlieferung zum Zeitpunkt des Festes oder anlässlich des Festes, der bzw. das als „selbst ausgedacht" (בְּדָא מִלְּבֹּו) charakterisiert wird – und vollzieht ein Fest und räuchert auf dem Altar.

Bereits die Redundanzen am Ende des Textes zeigen, dass dieser Abschnitt literarisch wahrscheinlich nicht einheitlich ist. Auch der Übergang von V 25 zu V 26 beinhaltet einen abrupten Wechsel des Erzählstils. Inhaltlich geht es in diesem Abschnitt um zwei wichtige Aspekte königlicher Selbstdarstellung und Ideologie: den des Bauens und den des Kultes, die beispielsweise in Königsinschriften als Einheit behandelt werden.[575]

Dabei ist angesichts des gegenüber Jerobeam negativen Gesamttenors hervorzuheben, dass in V 25 neutral von seinen Baumaßnahmen berichtet wird. Fast schon erweckt es den Eindruck, dass hier eine entsprechende Notiz verarbeitet worden ist.[576] Diese wäre nach 1Kön 12,20, also nach der Königswerdung Jerobeams, eine logische Folge, ginge es in ihr doch um eine Staatskonsolidierung, sodass es sich bei V 25 wahrscheinlich um die Fortsetzung des Erzählfadens von J handelt, in dem nun von den ersten Maßnahmen des ersten Königs des Nordreichs berichtet wird.

Während diese Einschätzung angesichts des neutral gehaltenen Tones für V 25 nicht weiter problematisch ist, erscheint sie für den restlichen Teil der V 26 – 33 unwahrscheinlich, verraten diese doch deutlich eine Südreichperspektive. Und doch stellt sich die Frage, ob nicht an die Baunotiz auch eine Notiz über kultische Maßnahmen angeschlossen war, was auch den Zusammenhang und die inhaltliche Reihenfolge in V 25 – 33 erklären würde. Dabei zeigt ein Blick auf V 26 ff, dass eine solche Notiz nicht mehr als in sich geschlossene Einheit zu erwarten ist. Allerdings gibt es im Umgang mit den zwei Kälbern textliche Spannungen, die

---

575 Vgl. mit umgekehrter Reihenfolge die Mescha-Inschrift (9. Jh.; TUAT I/6, 646 – 650), mit enger Verbindung von beiden Themen die Stele des Zakkur von Hamath (8. Jh.; TUAT I/6, 626 – 628, B 8 – 10), früher und stilbildend das Prisma Tiglat-Pilesers I. (1115 – 1076; TUAT.NF 2, 53 – 61 (insb. VI,85-VII,35)).

Schmitz, Prophetie, 131, weist für die Textebene von 1Kön 11 – 12 darauf hin, dass Jerobeam zwar nicht geboten, aber auch nicht verboten bekommen hat, einen Kult zu begründen.

576 So auch van Seters, Historians, 170 f. Die Annahme einer wie auch immer gearteten schriftlichen Aufzeichnung scheint wesentlich plausibler, als dass der Verfasser verstreute mündliche Überlieferungen in diesen wenigen Sätzen zusammengefasst habe (gegen Fritz, 1Kön, 136). Zu den historischen Hintergründen siehe bemerkenswerterweise ebd.

darauf hindeuten könnten, dass es eine ähnlich geartete Notiz wie zu den Baumaßnahmen auch für die kultischen Maßnahmen Jerobeams gegeben hat.

Doch zunächst beginnt mit V 26 wieder ein Erzählstück, in dem Jerobeam mit
sich zu Rate geht und kultische Maßnahmen einleitet.[577] Er äußert die Befürchtung, dass das Volk sich wieder dem Herrscherhaus im Süden zuwenden könnte,
wenn es weiterhin in Jerusalem opferte. Dabei verraten Wortwahl und Vorstel-
lungswelt deutlich den südlichen Blick auf die Dinge: Da ist zunächst die Erwähnung Jerusalems als Kultort. Dabei scheint es keine Frage zu sein, dass es
selbstverständlich keine weiteren geben dürfe. Weitere Heiligtümer scheinen keine
Option mehr zu sein, weder im Norden noch im Süden. Das macht plausibel, dass
der Jerobeam ins Herz gelegte Gedankengang einen spätkönigszeitlichen, wenn
nicht gar exilischen Zustand reflektiert, wie er sich aus der Perspektive des Südreichs darstellte: Jerusalem als alleiniger Kultort, dessen ebenso alleinige Legitimität fraglos ist. Auch wenn dies häufig mit Dtn 12 oder dem Deuteronomismus im
Allgemeinen verbunden wird, bedeutet es noch nicht, dass der Gedankengang dtr
sein muss, sondern kann auch nur heißen, dass er eine historische Realität abbildet.[578] Noch deutlicher zeigt sich die Südreichperspektive aber in der Bezeichnung Rehabeams als אֲדֹנֵיהֶם, ist doch Jerobeam nun eigentlich König und
könnte sich als legitimer Herr des Volkes verstehen. Doch nichts klingt an, was
Rehabeam desavouieren würde. Er wird am Satzende zwar nur als König von Juda
bezeichnet, doch lässt sich auch das auf eine lange gewohnte Praxis der Kö-
nigsbezeichnung im Südreich zurückführen und muss keinen Gedanken der
Trennung mehr zum Ausdruck bringen.[579]

Jerobeam berät sich (V 28) – mit wem, bleibt offen, ebenso, ob es sich
überhaupt um einen Anklang an Kap 12,1 – 18* handelt, auch wenn dies in der
Endtextreihenfolge nahe liegt.[580] Deutlich wird aber, dass der Vorgang des Be-
ratens und Sich-Beraten-Lassens so eng mit herrscherlichen Entscheidungen
verbunden ist, dass er auch hier nicht fehlen darf.

In der Folge wird nun erzählt (V 28), dass Jerobeam zwei goldene Kälber gemacht und dann seinem Volk vorgestellt habe. Hier sind nun Spannungen nicht zu

---

577 Schmitz, Prophetie, 133, zeigt auf, dass solche Einleitungen zumeist negativ konnotiert sind.
578 Aus diesen Sätzen kann allerdings keinesfalls auf die tatsächlichen Überlegungen Jerobeams
rückgeschlossen werden, sondern lediglich auf die Aussageabsicht des Verfassers. Auf dieser
Ebene wiederum ist Knoppers Recht zu geben, wenn er festhält: „Rather than divine mandate,
human anxiety motivates Jeroboam's enfranchisement of Bethel and Dan" (Knoppers, Two Nations II, 38).
579 Gegen die negative Interpretation dieser Bezeichnung, wie sie beispielsweise Sweeney, I & II
Kings, 176, vorgelegt hat.
580 Vgl. dazu auch Cogan, 1Kings, 358, der eine weitere Ausdeutung zu Recht für „subjective"
erklärt.

übersehen. So leitet er seine Rede mit der wohlmeinenden Überlegung ein, dass es für das Volk zu viel sei, nach Jerusalem zu ziehen. Im Kontext von V 26 ist dies nur als Heuchelei zu verstehen, die noch gesteigert wird, wenn man die Wegstrecke in Betracht zieht, auf die im nachfolgenden Satz angespielt wird. Dabei ist dieser Satz selber im Zusammenhang mit den beiden Kälbern eindeutig pluralisch zu verstehen: Jerobeam stellt dem Volk Götter (!) vor.[581] Nach der Abwendung von Jerusalem als alleinigem legitimen Kultort kommt es nun noch zur Abwendung von dem einen Gott, der dort verehrt wird. Dabei spielt es keine Rolle, dass in vorexilischen Zeiten die Religionsausübung weder in Juda noch in Israel monotheistisch war. Es geht hier um die religiöse Desavouierung Jerobeams mit allen Mitteln, auch wenn sich nicht verschweigen lässt, dass sich Jerobeam keineswegs von JHWH abgewandt habe – ein Umstand, dem selbst diese diskreditierende Formel Rechnung tragen muss. Und doch stellt sich die Frage, warum es sich um zwei Kälber gehandelt hat. Was sollte damit ausgedrückt werden? Anstelle einer Erklärung erscheint völlig unvermittelt ein Rückbezug auf den Exodus. In der Forschung ist dies als Rückgriff auf ein frühstaatliches Selbstverständnis des Nordreichs verstanden worden.[582] Doch lassen sich dafür weder weitere Hinweise finden,[583] noch wird hier deutlich, wozu dieser Rückbezug überhaupt dienen soll. Ein allgemeiner Hinweis auf Parallelen zwischen der Unterdrückung Salomos und der des Pharao reicht hier nicht, ganz abgesehen davon, dass diese Parallelen über ganz allgemeine Ähnlichkeiten nicht hinausgehen, wie Berner überzeugend nachgewiesen hat;[584] es kann auch kaum von

---

581 Vgl. Donner, Hier sind deine Götter, 46 f, der sich ausführlich den Fragen der Grammatik und Syntax widmet und schließlich mit der Formelhaftigkeit des Ausdrucks, der sonst immer im Singular und mit dem Gottesnamen formuliert ist, begründet, dass er an dieser Stelle und in Ex 32 tatsächlich pluralisch zu verstehen ist und es sich um den Vorwurf des Polyjahwismus handelt, nach dem JHWH an unterschiedlichen Kultorten nach lokalen Traditionen verehrt worden sei (a.a.O., 48 f). Etwas undifferenziert sprechen Montgomery, Kings, 255, und viel später immer noch Knoppers, Aaron's Calf, 101, von Polytheismus, scheinen aber dasselbe zu meinen wie Donner.

582 Sehr prominent Albertz, Religionsgeschichte, 217–219. Vgl. auch Toews, Monarchy, 145.

583 Auch ein Hinweis auf Hosea hilft nicht weiter, denn in Hos besteht ausschließlich in Hos 13 zwischen dem Kalb und der Herkunft aus Ägypten ein Zusammenhang, der allerdings auch nicht so hergestellt wird, wie es im Buch Ex Erwähnung findet. Hinzu kommt, dass nur in Hos 10,5 f von einem Kalb in Beth El die Rede ist; in Hos 8,5 f wird ein Zusammenhang mit Samaria hergestellt, der auch bedeuten kann, dass in Samaria ein Kalb stand, und in Hos 13,1 f ist das Kalb unlokalisiert. Eine weiteres Problem stellt die schwierige historische Einordnung hoseanischer Texte dar. So gibt Hos keine inhaltliche Auskunft über den Kult in Beth El mit Ausnahme dessen, dass Hos für diesen ebenfalls Kälber bezeugt. Vgl. dazu auch Machinist, Hosea, 171. Ähnliches gilt für die Episode in Ex 32 (siehe dazu unten).

584 Berner, Egyptian Bondage, 211–240. Mit demselben Ergebnis zuvor schon Blanco Wißmann, Sargon, 46 f. Ein ausführlicheres Beispiel für die Gegenposition bieten Oblath, Pharao, 23–30, und

einer Parallelisierung von Mose und Jerobeam die Rede sein.[585] So stellt sich die Frage, ob dieser Verweis wirklich auf Jerobeam zurückgeführt werden kann – und sie stellt sich um so dringender, als es sich um eine formelhafte Wendung handelt, die sich sonst schwerpunktmäßig in Dtn findet,[586] also in Literatur, die wesentlich später zu datieren wäre als das hier Erzählte.

In V 29 wird nun erzählt, dass Jerobeam das eine Kalb in Beth El aufgestellt habe und das andere in Dan. Letzterem sei das Volk vorangezogen (V 30b). Dazwischen erfolgt die Wertung als Sünde.

Fragt man nun nach möglichen kultischen Maßnahmen, dann kommen dafür in der Tat die beiden goldenen Kälber in Frage,[587] die sich durchaus gut in den

---

Linville, Israel, 172–175, knapp: Schmid, Erzväter, 140–142, aber mit weitreichenden Konsequenzen für die Bestimmung der Herkunft der Exodustradition (a.a.O., 158).

585 So Provan, 1 & 2 Kings, 42, der dann, ohne darauf aufmerksam zu machen, wegen der Kälber Jerobeam aufgrund von Ex 32 mit Aaron parallelisiert, sodass sich zwei Parallelen in ein und demselben Zusammenhang ergeben. Wenigstens versucht er, Jerobeam Gerechtigkeit widerfahren zu lassen, indem er auf Jerobeams von Provan angenommene positive Absichten hinweist, die vom biblischen Erzähler pervertiert worden seien (a.a.O., 71 f).

586 Vgl. die Untersuchung Schulmeister, Befreiung, die sich der dtn Terminologie widmet.

587 Zum Begriff עֵגֶל siehe Dohmen, Exodus, 297, der hier einen Rest der Einordnung JHWHs in das kanaanäische Pantheon findet, indem JHWH analog zu Baal gegenüber dem Stier El als Kalb bezeichnet wird. Das würde gut zur alten Kultstätte Els in Beth El passen (vgl. auch Hentschel, 1Könige, 85). Debus, Sünde Jerobeams, 43, rechnet dagegen ohne Bezug auf den El-Kult einfach mit mehreren Symbolen im JHWH-Kult, unter denen möglicherweise auch Kälberdarstellungen gewesen sein können. Fleming, Bull, 25*, möchte die Frage relativieren, weil man bei bildlichen oder plastischen Darstellungen meist nicht unterscheiden könne, ob es sich um einen Stier oder ein Kalb handele. Entsprechend rechnet Curtis, Bull Terminology, auch eher mit einer Gleichsetzung von JHWH und El. So auch Wyatt, Calves, 78–80, der sogar in den Widmungstext eingreift und ihn ursprünglich „... אל אלהך ישראל" und damit mit Hinweis auf den Gott El lesen möchte.

Dass es entsprechende Darstellungen in den Kulten des Nordreichs gab, belegen trotz der unsicheren Datierungen und der Polemik Hos 8,5 f; 10,5 f; 13,1 f und machen auch die archäologischen Funde plausibel. So gibt es zahlreiche Darstellungen von Stierbildern im Alten Orient (ANEP, 500–501; 531; 534?; vgl. auch Mazar, Bull Site, zur gleichnamigen Fundstätte und dem dortigen Fund eines Stierbildes aus der Bronzezeit). Als Aussageabsicht hat Keel, Recht der Bilder, 169–193, für die Eisenzeit vor allem das Motiv der Zeugungskraft hervorgehoben. Schroer, Ikonographie, 53, stellt demgegenüber noch für die Spätbronzezeit das Motiv der Kraft heraus (mit Verweis unter anderem auf die Abb. 887 (Rundplastik eines Stiers aus Hazor, 13. Jh.) sowie 889 (Elfenbeinpyxis aus Lachisch, 12.Jh.)), das sie vom Motiv der Fruchtbarkeit abgrenzt. Inschriftlich benennt möglicherweise das Samaria-Ostrakon 41 mit der Inschrift „אלישע עגליו" zwei Eigennamen, von denen der zweite nach Motzki, Stierkult, 477, JHWH als עגל bezeichne. All dies spricht gegen die Überlegungen von Pakkala, Jeroboam, der die Hinweise auf die Kälber als späteren Zusatz in den Text von 1Kön 12,26–32 verstehen möchte.

Kontext der Religionsgeschichte des Alten Orients und der Levante einfügen.[588] Auch der Satz in V 30b, dass das Volk vor dem einen Kalb hergezogen sei, lässt sich plausibel als Prozession erklären (vgl. 2Sam 6,4).[589] Schwierigkeiten bereiten allerdings die Hinweise auf die Lokalisierungen, denn sowohl Beth El als auch Dan waren zur Zeit Jerobeams I. unbesiedelt, wie Finkelstein jüngst herausgestellt hat.[590] Dies muss allerdings nicht zwingend der Perspektive des Verfassers wi-

---

[588] Cogan, 1Kings, 358, weist dementsprechend auch darauf hin, dass selbst die Erzählung in Ex 32 im Nordreich in einer positiven Variante erzählt worden sein könne (so auch Albertz, Religionsgeschichte, 224f; Motzki, Stierkult, 477f.479 (zudem mit einer Untersuchung zur Figur des Aaron a.a.O., 479 – 482); sowie Chung, Sin, mit einer umfangreichen Untersuchung zur Kalbdarstellung, in der er jedoch davon ausgeht, dass die biblische Reihenfolge der Darstellung der Geschichte auch der historischen entspricht und die Bearbeitung von 1Kön 12, 26 – 33 (a.a.O., 22 – 29) knapp ausfällt). Doch setzt dies voraus, dass sie älter ist als die Notiz hier. Dafür hat auch Knoppers, Aaron's Calf, literaturgeschichtlich präziser plädiert, indem er behauptet: „From a historical vantage point, Jeroboam's calves may explain Aaron's calf; but, from a literary vantage point, Aaron's calf predates Jeroboam's calves." (a.a.O., 93f). Knoppers weist allerdings auch, historisch wahrscheinlich durchaus zu Recht, darauf hin, dass Jerobeam niemals einen neuen Kult begründen wollte, sondern auf Bestehendes zurückgreift (a.a.O., 96). Ähnlich hatte schon vorher Beyerlin, Herkunft, 145 – 147, Ex 32 als Ätiologie des Kultes in Beth El (und Dan) verstanden (so auch Garbini, Myth, 92), der spätestens seit Jerobeam praktiziert worden sei; dabei seien beide Texte literarisch voneinander unabhängig, aber traditionsgeschichtlich miteinander verbunden. Dagegen geht Matthews, Kings, 532, davon aus, dass Jerobeam den Kult aus Ex 32 übernommen habe; er nimmt allerdings den gesamten Erzählkomplex von 1Kön 12 – 14 als historisch (ebd.). Leuchter, Jeroboam, 68, versteht im Anschluss an Cross, Canaanite Myth, 198 – 200, Ex 32 von vornherein als Polemik gegen Jerobeams Kult, und zwar aus der Perspektive der Propheten in Schilo, die sich angeblich von Jerobeam Privilegien erhofft, aber nicht erhalten hätten und auf diese Weise literarisch Rache übten (a.a.O., 70f). Dagegen interpretiert Sweeney, Wilderness, 294, Ex 32 als einen Reflex auf 1Kön 12, ebenso van Seters, Historians, 173, und Achenbach, Grundlinien, 70, der von einer „Retrojektion der typologischen dtr Erzählung in die paradigmatische Frühgeschichte Israels" spricht. Ähnlich auch Schmid, Literaturgeschichte, 120f, der Ex 32 als eine Aufnahme von 1Kön 12 versteht, mit der die „Sünde Jerobeams" auf das Volk übertragen werde, sodass es zu einer „thematische[n] Reziprozität" (Schmid, Deuteronomium, 209) komme. Dem ist zuzustimmen (wenn Schmid hier auch nicht in seiner Theorie zur Entstehung des Textkomplexes Ex-2Kön (vgl. ebd.) gefolgt wird), auch wenn die Verbindung wohl weniger literarisch als überlieferungsgeschichtlich bestanden hat, beschränken sich doch die Ähnlichkeiten letztlich auf das Kultbild des Kalbes und die dazu gemachte Deklaration mit ihrem Bezug auf den Exodus. Alles andere, vom erzählerischen Setting über den Charakter der Akteure bis zu deren Motivation und Verhalten, ist grundlegend unterschiedlich. Insofern kann auch kaum von einer „extraordinary similarity" (Aberbach/Smolar, Aaron, 129, die in ihrem Beitrag 13 solcher „Ähnlichkeiten" aufzählen, bei denen sie jedoch teilweise bereits bei deren Darstellung diese selbst relativieren müssen) gesprochen werden.

[589] So auch Noth, 1Könige, 285.

[590] Finkelstein, Forgotten Kingdom, 74f. Demgegenüber datiert Biran, Biblical Dan, 165 – 183, umfangreiche Bauarbeiten in die Zeit Jerobeams I. (kurz: a.a.O., 181). Doch lässt sich aus seiner

dersprechen; er scheidet damit lediglich als zeitgenössischer Chronist aus, der etwas historisch Verlässliches über das ausgehende 10. Jh. sagt. Versteht man dagegen sein Werk nicht als Bericht geschichtlicher Ereignisse, sondern in sich selber bereits als ideologisch geprägte Darstellung, die zudem eine propagandistische Absicht verfolgt, dann ist problemlos auch eine spätere Datierung möglich: Während die Nennung Beth Els dessen Bedeutung als Staatsheiligtum des Nordreichs entspricht, würde die Erwähnung Dans entweder die Vorstellung einer vergangenen Epoche oder aber Ansprüche oder Wunschdenken in der Gegenwart des Verfassers widerspiegeln.[591] Mit den drei Sätzen וַיַּעַשׂ שְׁנֵי עֶגְלֵי זָהָב וַיְשֶׂם אֶת־הָאֶחָד בְּבֵית־אֵל וְאֶת־הָאֶחָד נָתַן בְּדָן וַיֵּלְכוּ הָעָם לִפְנֵי הָאֶחָד עַד־דָּן würde die Notiz auch stilistisch der Darstellung der Baumaßnahmen in V 25 entsprechen und ginge wohl ebenfalls auf J zurück.[592]

Demgegenüber stehen die anderen Teile in V 26 – 28, in denen Jerobeam erzählerisch disqualifiziert wird. Ihr Kennzeichen ist eine klar erkennbare Südreichperspektive und der formelhafte Bezug auf den Exodus. Eine Zuweisung zu

---

Darstellung auch ein sehr unkritischer Umgang mit der biblischen Überlieferung erkennen, sodass diese Gleichsetzung ebenso ihre Fragen aufwirft. Ähnlich auch Biran, Chronicle, 41, und Biran, Dan (ABD), 14 f. Stärker archäologisch orientiert ist seine Darstellung in Biran, Dan (NEAEHL), 326 – 331. Vgl. auch Barrick, Cemeteries, 30. Eine Zusammenschau mit der zweiten Dan-Erzählung in Ri 17 f bietet Dohmen, Dan. Grundsätzlich stellt sich historisch jedoch die Frage, wie es zu der Aussage in 1Kön 15,20 kam, dass die Aramäer bald Dan erobert hätten. Zu Beth El im Blick auf die Archäologie und die damit biblisch verbundenen Theologien siehe zudem die umfangreichen Studien von Koenen, Bethel, und Köhlmoss, Bet-El. Einen Überblick über die Ausgrabungen zur Eisenzeit I gibt der Bericht von Kelso, Excavations, 32 – 35, sowie knapper Kelso, Bethel, 192 – 194. Dever, Beitin, 651, zeichnet das Bild eher bescheidener Ausmaße von Beth El in der Eisenzeit. Für den neuesten Forschungsstand siehe Finkelstein/Singer-Avitz, Bethel, 33 – 45, die eine Neubewertung der Chronologie Beth Els vornehmen. Damit sind auch die weitreichenden Schlussfolgerungen bei Gomes, Bethel, 214 f, fragwürdig, der für eine starke Rolle Beth Els bei der Traditionsweitergabe in Israel plädiert. Allerdings hat auch Zwickel, Priesthood, 415 f, darauf hingewiesen, dass 1Kön 12 keinen Tempelbau erwähnt, sondern von einer במה die Rede ist, es sich also um einen offenen Kultplatz handelt. Damit wären möglicherweise keine umfangreichen architektonischen Überreste zu erwarten, doch selbst wenn ein Heiligtum selber keine archäologisch verwertbaren Spuren hinterlässt, hätte seine Stellung als Staatsheiligtum zweifellos zu umfangreicheren Baumaßnahmen um es herum geführt, die ihrerseits zu erkennen sein müssten.

591 Motzki, Stierkult, 474 – 476, hält das Aufstellen des Kalbes in Dan aus literarischen Gründen für eine Fiktion, die nur dazu diene, den Götterplural in den Text zu bringen. Sein Hauptargument ist, dass die Propheten Amos und Hosea über Dan schwiegen. Ähnlich auch Würthwein, 1Könige, 164. Warum es ausgerechnet Beth El und Dan und nicht andere Kultorte waren, die J in den Blick nimmt, wird sich wohl aus heutiger Perspektive nicht mehr klären lassen (vgl. dazu allerdings die Überlegungen bei Motzki, Stierkult, 474).

592 Gegen Hahn, Goldenes Kalb, 302, der undifferenziert von Annalennotizen ausgeht, die aber nicht mehr erkennbar seien.

einer der herausgearbeiteten Bearbeitungsschichten fällt nicht leicht, denn so komplex hat bislang noch keine von ihnen gearbeitet. Am ehesten käme vielleicht H in Frage, der ja auch zu Salomo erzählende Teile verfasst hat, aber auch D wäre angesichts der Formelhaftigkeit des Exodusbezugs eine Möglichkeit. Für H spricht allerdings, dass er sich in seiner Darstellung auf den König konzentriert, wie es hier auch geschieht, D dagegen, vom Dtn herkommend, in diesen und den nachfolgenden Texten das Volk im Blick hat, was sich in pluralischen Formulierungen wie in 1Kön 14,22* – 24 niederschlägt.[593] So ist V 26 – 28 als Bearbeitung eines alten Textes durch H zu verstehen.[594]

Sicherer lässt sich dagegen V 30a als spätere Glosse erkennen, denn sie ist so knapp formuliert, dass sie alle wesentlichen Informationen schuldig bleibt, auf was sie sich genau bezieht, und vor allem auch, auf wen sie sich bezieht.[595] Wahrscheinlich wurde sie unter dem Einfluss von 1Kön 13,34 f hier nachgetragen.[596]

---

593 Kratz, Israel, 9 f, möchte dagegen den zugrunde liegenden Maßstab in Dtn 12,13 – 18 sehen; doch siehe dazu unten in Kap. 6.1.4.

594 Pakkala, Jeroboam, 505 f, versucht demgegenüber V 28aβ – 30 als eine später in den Text eingetragene Einheit zu verstehen (vgl. seine Rekonstruktion in Pakkala, Redaction, 142), weil sich ihre Aussageintention nicht mit der von V 26 f decke. Doch spricht seitens eines Verfassers nichts dagegen, auf eine politische Überlegung mit kultischen Maßnahmen zu antworten, zumal das Ziel, dass das Volk nicht mehr nach Jerusalem gehe, in beiden Fällen dasselbe ist. Auch seine Überlegung, dass V 30b nicht das Ende gewesen sein könne und in V 31 – 33 seine Fortsetzung finden müsse (a.a.O., 506 f), ist insofern unzutreffend, als seine Beobachtung, dass V 30b keine Problemanzeige beinhalte, gerade darauf zurückzuführen ist, dass der ursprüngliche Autor von V 30b, J, darin kein Problem sah. Es sind eben gerade die Zusätze bzw. Bearbeitungen von H und N, die Jerobeams Vorgehen problematisieren wollen. Dass die Kultbilder selber in V 31 – 33 nicht mehr thematisiert werden, liegt daran, dass sie N nicht mehr vor Augen hatte (vgl. a.a.O., 506 f) und seine eigenen Kritikpunkte einführt. Auch sein Argument, dass die Kälber ebenso wie Dan im weiteren Verlauf in 1 – 2Kön aus dem Blick gerieten (Pakkala, Jeroboam's Sin, 89), ist insofern nicht überzeugend, als Dan nach 1Kön 15,20 erobert und vom Nordreich abgetrennt wurde und deshalb keine Rolle mehr spielt. Dasselbe gilt für Garbini, Myth, 95, der das Kalb in Dan für einen späteren Zusatz hält und stattdessen mit V 32 von mehreren Kälbern in Beth El ausgeht; denn bei dieser Annahme stellt sich die Frage, wie und warum Dan in den Text später hätte eingefügt worden sein sollen.

595 So auch Noth, 1Könige, 284 f. Dietrich, Prophetie, 138, weist den ganzen V 30 DtrG zu, was V 30b und seiner Sprache kaum gerecht wird.

596 So auch Montgomery, Kings, 255, und im Anschluss an ihn Pakkala, Jeroboam, 506. Diese Deutung widerspricht nicht der erzählpragmatischen Überlegung von Hoffmann, Reform, 66, zu dieser Notiz, doch handelt es sich bei demjenigen, der dieses „Leitmotiv" hier eintrug, nicht um den Verfasser, sondern um einen Glossator. Dass V 30b nicht an V 29 anschlösse, weil das Volk und nicht Jerobeam Subjekt sei, lässt sich nur dann aufrecht erhalten, wenn man V 30a für ursprünglich hält. Denn ohne V 30a wäre in V 29 gesagt, dass Jerobeam das eine Kalb in Beth El und das andere in Dan aufgestellt habe, und in V 30b, dass das Volk daran mit einer Prozession kultisch teilgenommen habe.

Bei den nächsten Versen stellt sich die Textentwicklung wieder einfacher dar. In V 31 f geht es um zentrale kultische Fragen: ein Höhenheiligtum wird genannt, Priester werden erwähnt, an denen kritisiert wird, dass sie keine Leviten sind,[597] und schließlich das Fest im achten Monat, das wohl sein südliches Pendant im Laubhüttenfest im siebten Monat hat. Es geht also um Fragen des religiösen Rechts. Das allein spräche für N,[598] wobei die Frage der Datierung des Festes einen Hinweis auf die Datierung von N geben kann: In den Festkalendern von Ex 23,14 – 19 und Dtn 16,13 – 15 ist das Laubhüttenfest noch nicht auf einen bestimmten Tag festgelegt; dies ist erst in Lev 23,34 der Fall, sodass also auch erst danach eine „falsche" Festdatierung in Betracht kommen kann.[599] Hinzu kommt aber noch, dass V 31 f sogar sprachlich dieselbe Struktur aufweisen wie die N-Passage in Kap. 11,7 f MT bzw. 11,5 – 7 LXX, indem zuerst beschrieben wird, was der Akteur tut, und anschließend fortgeführt wird mit כֵּן עָשָׂה. Dabei erscheint ein ostinates וַיַּעַשׂ als durchgehendes Stilmittel, durch das sich V 31 f grundlegend von der vorangegangenen Erzählung unterscheidet.[600] So ist V 32 f sicher N zuzuweisen.[601]

---

597 Ob dabei Dtn 18,1 – 8 oder 26,12 – 15 im Hintergrund standen, wie es Hoffmann, Reform, 68, annimmt, erscheint fraglich, geht es in diesen Passagen doch nur um die Versorgung der Leviten und deren Beteiligung am Kult, jedoch nicht darum, dass Priester Leviten sein müssen. Von einer Ironisierung, wie sie Cogan, 1Kings, 360, vermutet, kann jedoch auch keine Rede sein.

598 Fritz, 1Kön, 138, betrachtet V 31 f einfach als Steigerung, erkennt aber auch den literarkritischen Bruch.

599 Schon Robinson, 1Kings, 158, hat die Tendenz des Textes gesehen, hält aber auch fest, dass Beth El möglicherweise einfach einen anderen Kultkalender hatte als Jerusalem. Hoffmann, Reform, 70, hält diesen Abschnitt für dtr, obwohl diesmal das Kriterium der Beurteilung auch seines Erachtens nicht aus Dtn stammen kann (a.a.O., 69). Dafür käme allenfalls 1Kön 8,2 als Gegenbild in Frage. Würthwein, 1Könige, 166, stellt sich diesem Problem, indem er V 31 – 33 als spät-dtr annimmt. Demgegenüber geht Talmon, Discrepancies, 54 – 58, von einem historischen Vorgang aus und erkennt in dem Text einen Bericht über die Einführung einer neuen Kalenderzählung. Gray, Kings, 292 f, diskutiert sogar unterschiedliche Erntezeiten zwischen Norden und Süden, versteht dann aber 1Kön 12,26 ff im Zusammenhang mit 1Kön 12,1 – 18 und geht davon aus, dass Rehabeam zum Erntefest in Sichem war, es dann in Jerusalem begangen habe und Jerobeam nun nachziehen wolle.

600 Hoffmann, Reform, 64, sieht das ostinate וַיַּעַשׂ ebenfalls als Stilmittel (vgl. a.a.O., 72), möchte aber dennoch den Bogen über V 31 f hinaus spannen und V 28 einbeziehen. Dagegen spricht allerdings, dass sich die satzweise Wiederholung nur in V 31 f findet und der Abstand zu V 28 wohl zu groß ist.

601 Es handelt sich also auch hier um eine theologische Auswertung einer Überlieferung, die nicht einfach als alte historische Notiz verstanden werden kann (gegen Veijola, Königtum, 26 f). Das zeigt insbesondere der Umgang mit der Bezeichnung בֵּית בָּמוֹת, denn der sachliche „Fehler", dass es in Höhenheiligtümern keine Tempelbauten gegeben hat, lässt sich wohl kaum mit Deuteronomismus erklären (gegen Hoffmann, Reform, 67), sondern unabhängig von jeder theologischen Ausrichtung des Verfassers durch dessen Abstand zu entsprechenden Heiligtümern in der

Mit V 33 beginnt demgegenüber ein Neueinsatz. Erneut wird berichtet, dass Jerobeam den Altar bestiegen habe, sowie auf die Angaben in V 31f rekurriert. Doch dabei handelt es sich um die Überleitung zur Erzählung in 1Kön 13, in der bereits vorausgesetzt wird, dass der König als Kulthandelnder auf dem Altar steht (13,4; 13,1 ist ebenfalls eine redaktionelle Ergänzung, die nach dem Einleitungssatz den Anschluss herstellt). Das doppelte וַיַּעַל עַל־הַמִּזְבֵּחַ braucht dabei nicht zu irritieren, weil es beim ersten um die Datierung geht – auf diese Weise wird der Anschluss zu V 32f erzeugt – und beim zweiten um den kultischen Vorgang, den Jerobeam vollzieht. So geht V 33 aller Wahrscheinlichkeit nach auf die Redaktion zurück, die Kap. 13 in den jetzigen Kontext eingebettet hat.[602]

Der vorliegende Abschnitt hat also seine Grundlage in einer Fortführung der Darstellung von J, die die baulichen (V 25) und kultischen Maßnahmen (וַיַּעַשׂ שְׁנֵי עֶגְלֵי זָהָב וַיִּשֶׂם אֶת־הָאֶחָד בְּבֵית־אֵל וְאֶת־הָאֶחָד נָתַן בְּדָן וַיֵּלְכוּ הָעָם לִפְנֵי הָאֶחָד עַד־דָּן in V 28 – 30*) Jerobeams thematisiert. Letztere hat H zu einer machtpolitischen Überlegung ausgestaltet (V 26 – 28*),[603] woran sich wiederum N anschloss und die Erfindung eines Festes zum falschen kalendarischen Zeitpunkt hinzufügte (V 31f). Dabei scheint N entweder einem pauschalen Vorurteil gegenüber dem Norden gefolgt zu sein oder hat die Überlieferungen durcheinander geworfen, denn er spricht zwar von Kälbern im Plural (V 32), geht dann aber davon aus, dass sie in Beth El situiert waren.[604] In jedem Fall ist die Verbindung von Kälbern und Exodus erst durch H hergestellt worden.[605] Dass die Kälber im weiteren Verlauf von 1 – 2Kön lediglich in späteren Zusätzen erwähnt werden[606] und sonst nicht mehr darauf zurückgegriffen wird, erklärt sich damit, dass sie letztlich kein zentrales Problem darstellten, weder für H noch für die meisten weiteren Bearbeiter.

Königszeit. Ob dies schon für einen Deuteronomisten in Anspruch genommen werden kann, ist jedoch fraglich. Dietrich, Prophetie, weist V 31f ebenfalls DtrG (nach seinem Zuschnitt) zu, führt dazu aber keine weitere Auseinandersetzung. Ähnlich lässt sich durch eine Zuschreibung an N gut erklären, warum Jerobeam nach V 32 mehreren Kälbern opfert, obwohl in Beth El nach der Überführung des einen Kalbes nach Dan ebenfalls nur noch eines gestanden haben kann. Denn entweder ist dieses Detail N nicht bewusst gewesen oder aber er hat allgemein eine Überlieferung vor Augen, die Jerobeam eben für Kälber (!) verurteilt, und nimmt sie hier auf.

602 Ähnlich auch Dietrich, Prophetie, 115.119, der jedoch im Blick auf V 32 von einer Abhängigkeit von Kap. 13 von Kap. 12 ausgeht. Siehe dazu unten zu Kap. 13,33 f. Auch Fritz, 1Kön, 138, beurteilt V 33 als redaktionelle Überleitung zur Erzählung in 1Kön 13.

603 Vgl. auch Würthwein, 1Könige, 161 – 165, der V 26 – 30 als einheitlich, jedoch als dtr versteht, dabei aber ältere, positiv gemeinte Vorlagen nicht ausschließt.

604 Vgl. Anm. 195.

605 So auch Knoppers, Aaron's Calf, 101, der jedoch von einem dtr Verfasser ausgeht.

606 Vgl. dazu Pakkala, Jeroboam, 511 – 516.

Der letzte Vers (V 33) gehört fast schon nicht mehr zu diesem Abschnitt, sondern nimmt eine Überleitungsfunktion zu Kap. 13 wahr, für die er dort redaktionell eingefügt worden ist.[607]

So zeigen sich in 1Kön 12,25–33 zahlreiche Quellen und Bearbeitungsschichten:

Redaktion	Glosse	N	H	J
				25 וַיִּבֶן יָרָבְעָם אֶת־שְׁכֶם בְּהַר אֶפְרַיִם
				וַיֵּשֶׁב בָּהּ
				וַיֵּצֵא מִשָּׁם
				וַיִּבֶן אֶת־פְּנוּאֵל:
			26 וַיֹּאמֶר יָרָבְעָם בְּלִבּוֹ	
			עַתָּה תָּשׁוּב הַמַּמְלָכָה לְבֵית דָּוִד:	
			27 אִם־יַעֲלֶה הָעָם הַזֶּה לַעֲשׂוֹת זְבָחִים בְּבֵית־יְהוָה בִּירוּשָׁלַם	
			וְשָׁב לֵב הָעָם אֶל־אֲדֹנֵיהֶם אֶל־רְחַבְעָם מֶלֶךְ יְהוּדָה:	
			28 וַיִּוָּעַץ	
				וַיַּעַשׂ שְׁנֵי עֶגְלֵי זָהָב
			וַיֹּאמֶר אֲלֵהֶם|אֶל העם	
			רַב־לָכֶם מֵעֲלוֹת יְרוּשָׁלַם	
			הִנֵּה אֱלֹהֶיךָ יִשְׂרָאֵל אֲשֶׁר הֶעֱלוּךָ מֵאֶרֶץ מִצְרָיִם:	
			29 וַיָּשֶׂם אֶת־הָאֶחָד בְּבֵית־אֵל וְאֶת־הָאֶחָד נָתַן בְּדָן:	
	30 וַיְהִי הַדָּבָר הַזֶּה לְחַטָּאת			
				וַיֵּלְכוּ הָעָם לִפְנֵי הָאֶחָד עַד־דָּן:
	31 וַיַּעַשׂ אֶת־בֵּית|בָּתֵּי בָּמוֹת			
	וַיַּעַשׂ כֹּהֲנִים מִקְצוֹת הָעָם אֲשֶׁר לֹא־הָיוּ מִבְּנֵי לֵוִי:			
	32 וַיַּעַשׂ יָרָבְעָם חָג בַּחֹדֶשׁ הַשְּׁמִינִי בַּחֲמִשָּׁה־עָשָׂר יוֹם לַחֹדֶשׁ כֶּחָג אֲשֶׁר בִּיהוּדָה			
	וַיַּעַל עַל־הַמִּזְבֵּחַ			
	כֵּן עָשָׂה בְּבֵית־אֵל לְזַבֵּחַ לָעֲגָלִים אֲשֶׁר־עָשָׂה			
	וְהֶעֱמִיד בְּבֵית אֵל אֶת־כֹּהֲנֵי הַבָּמוֹת אֲשֶׁר עָשָׂה:			
33 וַיַּעַל עַל־הַמִּזְבֵּחַ				
אֲשֶׁר־עָשָׂה				
בַּחֲמִשָּׁה עָשָׂר יוֹם בַּחֹדֶשׁ הַשְּׁמִינִי				
בַּחֹדֶשׁ|בַחֹג אֲשֶׁר־בָּדָא מִלִּבּוֹ				
וַיַּעַשׂ חָג לִבְנֵי יִשְׂרָאֵל				
וַיַּעַל עַל־הַמִּזְבֵּחַ לְהַקְטִיר:				

---

607 So auch Noth, 1Könige, 268 f; Cogan, 1Kings, 367; Toews, Monarchy, 29.

4.12 1Kön 13 – Der Gottesmann in Beth El

In Kap. 13 setzt eine neue Erzählung ein. Durch den neuen Handlungsanfang in V 1 ist ihr Beginn klar markiert.[608] Dasselbe gilt für das Ende, an dem sich einige auswertende Schlusssätze befinden. Darüber hinaus zeigt aber auch die Text-überlieferung, dass nach Kap. 13 eine Zäsur gesehen wurde, denn in MT schließt nun die Erzählung über den Tod des Sohnes Jerobeams an (1Kön 14,1 – 18), die in LXX an anderer Stelle und in anderer Form bezeugt ist, jedoch hier fehlt, sodass in LXX auf die Erzählung von Kap. 13 direkt die Sequenz über die Regierungszeit Rehabeams (1Kön 14,21 – 31) folgt.

Die Erzählung beginnt mit dem Auftreten eines namenlosen Gottesmannes aus Juda[609] „aufgrund des Wortes JHWHs" (V 1a), einer Formulierung, die in ihrer Häufung für 1Kön 13 charakteristisch ist.[610] Nach V 1b scheint er mitten in den in Kap. 12,33 erzählten Vorgang des Opferns durch Jerobeam hineinzuplatzen. Ohne erkennbare Motivation ruft er etwas in Bezug auf den Altar (V 2). Die Kälber aus dem vorhergehenden Kapitel spielen keine Rolle mehr. Dabei scheint der erste Satz in V 2 vorauszusetzen, dass er etwas über den Altar ausruft, d. h. anderen etwas über den Altar mitteilt. Nach einem zweiten וַיֹּאמֶר spricht er den Altar dann aber in direkter Rede an und verkündet ihm ein Gotteswort: Josia wird angekündigt, der auf diesem Altar die Höhenpriester schlachten und opfern werde. In V 3 wird dann angeschlossen, dass er – im Erzählverlauf kann es sich nur auf Josia beziehen – ein Zeichen tun werde: Der Altar werde zerbrochen werden und das Fett bzw. die Fettasche auf ihm zerstreut.

Als nun der König, der, wie die textkritische Diskussion gezeigt hat, im ganzen Kapitel lediglich in den Rahmenteilen (V 1.33.34) namentlich genannt wird,[611] das Gotteswort aus dem Mund des Gottesmannes hört, streckt er seine Hand aus und befiehlt, ihn festzunehmen. Doch seine Hand vertrocknet, und er kann sie nicht

---

608 Für die Formulierung mit וְהִנֵּה kann dies zwar nicht geltend gemacht werden, weil וְהִנֵּה in der Regel eine vorangegangene Handlung voraussetzt. Doch sprechen weitere Beobachtungen dafür, dass die konkrete Ausformulierung in V 1 auf eine Redaktion zurückgeht, die die Kontinuität mit 1Kön 12,33 herstellen wollte. Vgl. die Überlegungen von Simon, Prophetic Sign, 131f; Gross, Lying Prophet, 100. DeVries, 1Kings, 170, nimmt 12,33 als Redaktionsschicht zur Erzählung hinzu, Dozeman, Man of God, 381, möchte es dagegen offen halten.

609 Eine detaillierte Analyse im Blick auf die Rollen und Funktionen der Einzelfiguren hat Gross, Lying Prophet, 113 – 118, vorgelegt, in der er sich aber vor allem gegen die Interpretation Barths in KD II/2, 434ff, wendet.

610 Siehe Schmitz, Prophetie, 154f.

611 Vgl. dazu Gross, Lying Prophet, 101, sowie Hossfeld/Meyer, Prophet, 24, die dies als Vermutung für eine ursprüngliche Textfassung äußern, es aber nicht belegen können, weil sie lediglich mit MT arbeiten.

mehr bewegen (V 4). Danach zerbricht der Altar in der Erzählung, die Asche auf ihm wird zerstreut und der Vorgang damit kommentiert, dass es sich um die Erfüllung der Ansage in V 3 gehandelt habe. An dieser Stelle lassen sich gewisse Spannungen nicht mehr übersehen. So kann dem Erzählverlauf folgend V 3 nur so verstanden werden, dass sich das Zeichen auf Josia bezieht bzw. er es wirkt; deshalb überrascht das plötzliche Geschehen. Hinzu kommt, dass der König nach V 6 anscheinend immer noch auf dem Altar steht und dieser Vorgang im weiteren Verlauf keine Rolle mehr spielt. Schließlich wirkt auch der kommentierende Satz in V 5 angesichts des unmittelbaren Zusammenhangs merkwürdig.

So wird die Erzählung in V 6 fortgeführt, und das einzige Problem scheint die Hand des Königs zu sein. Der Gottesmann tritt für den König beschwichtigend bei Gott ein, und sie wird wieder wie vorher.

Danach lädt der König den Gottesmann zu sich ein, wohl um ihn zu belohnen (V 7).[612] Doch dieser weigert sich, und die Leserinnen und Leser erfahren von den besonderen Umständen, unter denen der Gottesmann seine Reise angetreten hat: Er darf weder essen noch trinken und muss zudem einen anderen Rückweg nehmen als den Weg auf der Hinreise (V 8f). Daran hält er sich und scheint den König einfach stehen zu lassen.

In V 11 beginnt eine neue Szene. Ein alter Prophet (נביא) wird eingeführt, der in Beth El wohnt. Er war bei dem Geschehen nicht dabei gewesen; stattdessen berichten ihm seine Söhne bzw. sein Sohn, auch dies ist in der Überlieferung nicht einheitlich, davon. „Sohn" muss hierbei nicht unbedingt einen leiblichen Nachkommen bezeichnen, sondern kann auch einen Schüler meinen. Sie erzählen ihm in einer parallelen Konstruktion von dem, was der Gottesmann getan (הַמַּעֲשֶׂה אֲשֶׁר־עָשָׂה) und was er gesagt (הַדְּבָרִים אֲשֶׁר דִּבֶּר) hat. Ausdrücklich wird festgehalten, dass es sich in Beth El abgespielt habe.

Das Interesse des alten Propheten ist geweckt, und er lässt sich den Weg zeigen, den der Gottesmann genommen hat (V 12), den Esel satteln (V 13) und reist ihm nach (V 14). Unter einem Baum, der auffälligerweise determiniert ist, findet er ihn[613] und lädt ihn zu sich nach Hause ein (V 14f), was dieser mit demselben Hinweis auf seinen Auftrag verweigert, wie er es schon beim König getan hat (V 16f). Doch der alte Prophet beruft sich darauf, dass er selber Prophet sei und ihm

---

612 Spekulationen, was mit diesem „Haus" gemeint sein könnte, gehen zweifellos an der Aussageintention der Erzählung vorbei, liegen jedenfalls nicht in ihrem Fokus. Vgl. zu solchen Spekulationen Cogan, 1Kings, 368. Reis, Vindicating God, 377, hat vorgeschlagen, 1Kön 13,7f als einen Handel zu verstehen.

613 Schmitz, Prophetie, 177, weist zu Recht darauf hin, dass der Baum merkwürdigerweise determiniert ist. Ein intertextueller Bezug zu Gen 35,8 lässt sich dadurch aber kaum rechtfertigen, schon gar nicht angesichts der Differenzen zwischen beiden Texten, die sie selber aufführt (ebd.).

ein Bote erschienen sei, der ihn im Namen JHWHs aufgefordert habe, den Gottesmann zurückzubringen (V 18).[614] So stehen sich zwei Aufträge gegenüber, zwei Männer, die sich beide auf eine Mitteilung und einen Auftrag Gottes berufen, ein Gottesmann und ein Prophet – nur, dass letzterer lügt, wie der Erzähler nach der Rede des Propheten den Leserinnen und Lesern mitteilt.

Doch der Gottesmann erkennt dies nicht (V 19). So bringt ihn der Prophet dazu zurückzukehren, und der Gottesmann isst und trinkt. Noch während sie am Tisch sitzen (V 20), ergeht ein Gotteswort an den Propheten, das er dem Gottesmann mitteilt (V 21): Dieser werde nicht im Grab seiner Vorfahren beerdigt werden (V 22), weil er sich gegen Gott aufgelehnt und das Gebot nicht gehalten habe, das Gott ihm geboten habe (V 21).

Völlig unkommentiert geht danach die Handlung weiter: Der Gottesmann sattelt seinen Esel und wendet sich zur Rückkehr (V 23). Doch unterwegs trifft ihn ein Löwe, der ihn tötet (V 24) – jedoch nur ihn. Denn anschließend stehen Löwe und Esel einträchtig nebeneinander bei dem Leichnam des daliegenden Gottesmannes. So wird auch im Erzählverlauf deutlich, dass es sich nicht um eine zufällige Begegnung handelt, in der der Gottesmann irgendeinem hungrigen Löwen zum Opfer fällt.

In V 25 beginnt wieder ein neuer Abschnitt.[615] Reisende sehen den Leichnam und den Löwen (der Esel findet keine Erwähnung in V 25) und berichten dies in der Stadt, in der der alte Prophet wohnt. Bemerkenswerterweise ist hier nicht von Beth El die Rede.

Als nun der alte Prophet davon hört, kommentiert er, er sei ein Mann Gottes gewesen, der sich gegen Gottes Wort aufgelehnt habe (V 26) – kein Wort von Geboten wie in V 21. So macht sich der Prophet auf den Weg, findet den Leichnam sowie den Esel und den Löwen daneben (V 28). Er lädt den Toten auf den Esel und bringt ihn in seine Stadt (wiederum nicht als Beth El bezeichnet) zurück (V 29). Dort bestattet er ihn in seinem eigenen Grab und betrauert ihn mit anderen als seinen Bruder (V 30).

---

614 Schmitz, Prophetie, 183: „Nachdem er im ersten Anlauf gescheitert ist, den Gottesmann zu überzeugen, eignet er sich im zweiten Anlauf die Mittel und Denkstrukturen des Gottesmannes an." Blum, Lüge, 329, hat zudem darauf hingewiesen, dass der erwähnte Bote ein Rückgriff auf die Heiligtumsätiologie aus Gen 28,10 – 22 sein könnte. Doch dies gilt natürlich nur für die Textstufe, in der Beth El als Wohnort des Propheten bereits eingetragen war.
615 Simon, Prophetic Sign, 134 – 141, und Walsh, 1Kings 13, 359, haben eine parallele Erzählführung von V 11 – 24 und V 25 – 32 herausgearbeitet. Vgl. auch Nelson, Kings, 85. Dagegen urteilen Hossfeld/Meyer, Prophet, 25: „Übergreifende Verklammerungen sind selten." Dozeman, Man of God, 383 – 392, sieht eher kleinere parallele oder konzentrische Einheiten.

Die Geschichte endet damit, dass der alte Prophet seine Söhne beauftragt, ihn ebenfalls in diesem Grab beizusetzen (V 31), weil sich das Wort, das er gesprochen habe, bewahrheiten werde (V 32).

Zum Abschluss wendet sich der Blick wieder Jerobeam zu. Zuerst wird in V 33 festgehalten, dass er sich nach diesen Ereignissen nicht abgewandt habe vom Bösen, sodass die Erzählung von V 1–32 bereits in V 33 als Lehrstück erscheint. Konkretisiert wird dies in Jerobeams fortlaufender (in diesem Sinne: וַיָּ֫שָׁב) Berufung von Priestern für die Höhen. Das Kapitel insgesamt schließt dann mit der Feststellung, dass dies für das Haus Jerobeam zur Sünde geworden sei, um es vom Erdboden auszutilgen.

Mit Ausnahme von Anfang und Ende präsentiert sich die Erzählung in Kap. 13 also in einer relativ großen Geschlossenheit.

Am Anfang gruppieren sich die Brüche um das Gotteswort, das der Gottesmann nach V 2a, je nach Verständnis der Präposition עַל, über oder gegen den Altar ausruft. Der erste Bruch besteht also darin, dass der erste Satz in V 2 im Folgenden damit inhaltlich gefüllt wird, dass er nicht über den Altar redet, sondern diesen direkt anspricht. Josia wird angekündigt, der dem Altar das Ende bereiten soll.[616] Auffälligerweise spielt das in der nachfolgenden Erzählung selber keine Rolle mehr und kommt erst wieder am Ende in V 32 ins Spiel, in dem der Altar und die Höhenheiligtümer wieder aufgegriffen werden. So legt sich nahe, dass es sich um einen späteren Zusatz zu dieser Gesamterzählung handelt, mit der das in V 2a angekündigte Gotteswort inhaltlich gefüllt werden soll. In diesem Aspekt den Zielpunkt der Erzählung sehen zu wollen (Walter Dietrich), ist angesichts des Duktus des Erzählverlaufs völlig abwegig, stehen in diesem doch ganz andere Themen im Vordergrund. Im Gegenteil: Erst dieser Zusatz stellt die Verbindung zu 2Kön 23 her.[617]

Noch auffälliger ist der Bruch bei dem Zeichen (מוֹפֵת), das in V 3 angekündigt wird und in V 5 eintritt. Denn dem Erzählduktus von V 2 zu V 3 folgend, müsste es erst unter Josia, also aus der erzählten Zeit heraus in der Zukunft, geschehen. So macht das unmittelbare Eintreten des Zeichens in V 5 plausibel, dass es sich bei V 3.5 um eine Einheit handelt, die nichts mit der Ankündigung Josias zu tun hat.[618] Zudem zeigt sich

---

616 Bodner, Jeroboam, 104, hat darauf hingewiesen, dass auf der literarischen Ebene Jerobeam, der als Strafe für das Haus David eingeführt wurde, nun selber bestraft werden wird, ironischerweise wiederum von einem Nachkommen aus dem Haus David.

617 Dietrich geht allerdings im Unterschied zum hier vorgelegten Entwurf auch nur bei V 2b von einem Zusatz aus (Dietrich, Prophetie, 117), den er als dtr identifiziert und für den er sogar zwei Stufen der Entstehung annimmt: V 2abαγ und V 2bβ (ebd.). Dozeman, Man of God, 383, entfernt dagegen V 2* ebenfalls aus dem ursprünglichen Text.

618 Ähnlich auch Würthwein, Gottesmann, 183; Hossfeld/Meyer, Prophet, 24, und Hentschel, 1Könige, 88, der V 3.5 jedoch als mit der Priesterschrift verwandt versteht. Dozeman, Man of God,

die Unabhängigkeit der V 3.5 von V 2* darin, dass das Zeichen am Versende von V 5 als Zeichen des Gottesmannes bezeichnet wird. Schließlich folgen beide Teile auch einer unterschiedlichen Logik: Geht es in V 2*.32 um das rein menschliche und immanente Handeln Josias,[619] ist in V 3.5 von einem Zeichen die Rede, das die Grenzen des Immanenten sprengt und an dem göttliches Handeln sichtbar wird – daher auch die Nifal-Formen, die als passiva divina zu deuten sind.[620]

Die Erwähnung des Gottesmannes in V 5 offenbart dabei einen größeren Bezug auf die in V 1 – 6 erzählte Szene als zu V 2*.32. Doch gilt dies nicht aus der Perspektive der Szene in V 1 – 6* selber. Folgt man nämlich dem Erzählduktus von V 1.3 – 6 und nimmt V 7 – 10 hinzu, dann lässt sich die freundliche Einladung des Königs wohl kaum mit dem Zerbersten des Altars erklären, sondern nur mit der Dankbarkeit für die Heilung seiner Hand. Mit V 3.5 verhält es sich also ebenso wie mit V 2*.32: auf beides wird in der nachfolgenden Erzählung kein Bezug genommen; das Eintreten des Zeichens von V 3 in V 5 hätte den weiteren Verlauf wohl eher verhindert und eine Flucht des Propheten nötig gemacht.[621] Stattdessen erfahren die Leserinnen und Leser im Gespräch des Gottesmannes mit dem König in V 7 – 10 ein weiteres Motiv in der Erzählung, an dem diese sich dann fortentwickelt. Bei V 3.5 handelt es sich also wahrscheinlich um einen Zusatz zu V 1 – 6*. Der engere Bezug auf die Grunderzählung und der Kontrast zwischen der sofortigen Erfüllung und der weitreichenden Ankündigung der Geburt Josias lässt es plau-

---

383, möchte dagegen nur V 5 ausnehmen und einer späteren Redaktion zuschreiben. Er geht dann von einer Grundschicht aus V 1a.2ab.3cd.5.6 – 10 aus. Ähnlich zuvor schon Noth, 1Könige, 197f. Walsh, 1 Kings 13, 357, fasst seinem streng literarisch auf den Endtext bezogenem Ansatz folgend V 3.5 jeweils als Parenthesen in einem konzentrischen Aufbau von V 1 – 10 auf. Eynikel, Prophecy, 231, belässt V 3.5 im Text und löst das o.g. Problem damit, dass er von einer vom Verfasser so geplanten grotesken Reaktion des Königs spricht.

619 Es gibt auch keinen Bezug zu 1Kön 12,31, denn es ist hier nicht von levitischen Priestern die Rede; diese mit den Höhenpriestern aus V 2 zu verbinden, ist methodisch fragwürdig (gegen Hentschel, 1Könige, 88f.).

620 Zu den Verbformen siehe auch Simon, Prophetic Sign, 139f.301.

621 Insofern handelt es sich bei der Erzählung in Kap. 13 wohl auch nicht um einen „Reflex des von nordisraelitischen und mit ihnen verbündeten judäischen Prophetenkreisen ausgehenden Widerstandes gegen die königliche Kultpolitik im Nordreich" (Dietrich, Prophetie, 118). Und angesichts des unterschiedlichen Settings in 1Kön 13 und Am 7 lässt sich ebenso wenig eine Reminiszenz an einen historischen Amos lediglich aufgrund der gemeinsamen Herkunft aus Juda plausibilisieren (gegen Dietrich, Prophetie, ebd.). Dabei reicht es auch nicht aus, im Blick auf V 3.5 von einer „Umstilisierung zu einem מופת" zu sprechen (ebd.), denn dazu ist der Bruch mit dem Folgenden entschieden zu groß. Schmitz, Prophetie, 162 – 165, hat demgegenüber eine synchrone Interpretation vorgelegt, in der sie die Vorgänge als gleichzeitig geschehend versteht. Doch auch sie kann damit nicht erklären, warum es im Folgenden der Erzählung nicht mehr um den Altar, sondern nur noch um die Heilung und den Dank des Königs geht.

sibel erscheinen, dass V 3.5 vor V 2*.32 in die Erzählung von V 1–6* eingefügt worden ist. Wahrscheinlich sollte sie die Legitimität des Gottesmannes unterstreichen oder seinen Auftritt spektakulärer machen, denn in der Tat fehlt nach der Entfernung von V 2* (ab וַיֹּאמֶר מִזְבֵּחַ מִזְבֵּחַ) eine inhaltliche Wiedergabe des ausgerufenen Gotteswortes, das der König nach V 4 ja auch gehört und das ihn so verärgert hat, dass er den Gottesmann festnehmen lassen wollte. Ob dieses Gotteswort durch die erste der beiden Zufügungen oder durch die zweite verloren gegangen ist oder ob es überhaupt jemals eine inhaltlich ausgeführte Rede gab, muss offen bleiben. V 2*.3 gehörten jedenfalls nicht dazu.

Im Folgenden verläuft die Erzählung sehr geschlossen und stringent. Nur zwei Einzelheiten fallen auf. So lebt der in V 11 eingeführte alte Prophet nach der Auskunft in V 11 in Beth El. Dass er von den Ereignissen in Beth El nichts erfahren hat und sie ihm erst von seinen Söhnen bzw. Schülern erzählt werden müssen, lässt sich noch einfach damit erklären, dass er in dem besagten Moment nicht anwesend war. Auffällig ist dagegen, dass sein Wohnort in V 25 und V 29 nicht mehr mit Beth El bezeichnet wird, sondern einfach nur mit עִיר, also einer namenlosen Stadt, die zudem in V 25 noch mit אֲשֶׁר הַנָּבִיא הַזָּקֵן יֹשֵׁב בָּהּ näher bezeichnet wird. Der Verdacht, dass es sich möglicherweise um eine Erzählung handelt, die ursprünglich gar nicht in Beth El, sondern in einer nicht weiter genannten Stadt situiert war, wird noch dadurch genährt, dass in V 11 die Söhne des alten Propheten zu diesem kommen und ihm erzählen, was der Gottesmann getan habe, und zwar in Beth El. Diese doppelte Nennung Beth Els in V 11 wäre nicht weiter auffällig, wenn die Stadt durchgängig mit ihrem Namen bezeichnet worden wäre. Die Tatsache aber, dass sie sonst anonym bleibt, führt zu der Annahme, dass die Söhne oder Schüler zuerst aus Beth El in ihre Heimatstadt bzw. ihren Wohnort, die Stadt des alten Propheten, kommen mussten, um ihrem Vater von den Vorkommnissen in Beth El zu berichten. Die Nennung Beth Els am Versanfang von V 11 würde dann entweder dazu dienen, den Anschluss an das Vorherige herzustellen, oder aber sie ist im Überlieferungsprozess hier eingetragen worden.[622]

Der zweite auffällige Punkt ist der Satz וְלֹא שָׁמַרְתָּ אֶת־הַמִּצְוָה אֲשֶׁר צִוְּךָ יְהוָה אֱלֹהֶיךָ in V 21. Vorher heißt es vor der Strafandrohung יַעַן כִּי מָרִיתָ פִּי יְהוָה, und genau das wird auch später in V 26 (אִישׁ הָאֱלֹהִים הוּא אֲשֶׁר מָרָה אֶת־פִּי יְהוָה) wieder aufgenommen – ohne einen Hinweis auf Gebote wie in V 21. Wahrscheinlich dient dieser Satz dazu,

---

622 Oder sollte es sich um eine durch den Kontext begünstigte Fehllesung handeln, in der אל בבית statt אחת בעיר gelesen wurde? In jedem Fall ist Noths Behauptung, „die lokale Bindung an Bethel und Umgegend" sei ein in der Erzählung „besonders stark ... hervortretender Zug", haltlos (Noth, 1Könige, 295). Ebenfalls nicht hilfreich sind seine Versuche, zwischen Heiligtum und Stadt zu differenzieren (a.a.O., 299). Wie er selbst festhält (a.a.O., 295), kann dazu nicht einmal das Prophetengrab herangezogen werden.

genauer zu fassen, was unter dem Widerstand des Propheten zu verstehen ist. Das dazu verwendete Vokabular erinnert an N, sodass es sich wahrscheinlich um einen späteren Zusatz wohl nicht durch N, sondern im geistigen Erbe von N handelt.[623]

Am Ende der Erzählung stellt sich die Frage, womit diese ursprünglich einmal geschlossen hat. V 31 ist zweifellos noch zur Geschichte hinzuzuzählen: Die Bestattungsszene kommt zum Abschluss, und der Wunsch des Alten erklärt sich aus den Begebenheiten. Doch V 32, der formal eine Fortsetzung der Rede des alten Propheten an seine Söhne aus V 31 darstellt, kommt bereits nicht mehr in Frage. Mag der Bezug auf den Altar in Beth El noch zum Kontext passen, kann dies für die Erwähnung der Höhenheiligtümer in Samaria schon nicht mehr geltend gemacht werden.[624] Vielmehr weist V 32 denselben josianischen Horizont auf wie V 2*, sodass sie beide wohl auf eine auf Josia zielende Redaktion zurückgehen.[625]

Ebenso scheiden V 33 f als Erzählende aus. In V 33 wird wieder auf Jerobeam rekurriert, der in der Erzählung selber keine namentliche Erwähnung fand. Wichtiger aber ist noch, dass hier gewissermaßen eine Quintessenz herausgestellt und darüber hinaus ein Anschluss an 12,31 f geschaffen wird. Dabei thematisiert 13,33 lediglich die Priesterfrage, was wohl dem letzten Satz in 12,32 geschuldet ist,

---

623 Diese Differenzierung im Blick auf ebendiesen Satz ist notwendig, weil הַמִּצְוָה auffälligerweise im Singular steht. Doch entspricht dies auch dem Duktus der Erzählung, in dem es ja nicht um das Halten „der Gebote" geht, sondern um für diesen Anlass konkret ergangene. Vgl. auch Gross, Lying Prophet, 104 f, der sich aufgrund dieser Differenz zum dtr Sprachgebrauch dafür entscheidet, den Satz im ursprünglichen Text zu belassen; doch bezieht er V 26 nicht mit ein.
624 Dozeman, Man of God, 381 f, möchte aus diesem Grund noch V 32a zur ursprünglichen Erzählung rechnen, denn er sieht darin deren Zielpunkt. Doch führt V 32a gegenüber V 31 ein neues bzw. altes Thema ein, die Bewahrheitung der Ankündigung aus V 2, das gerade nicht zur ursprünglichen Erzählung gehört. Vgl. auch Würthwein, 1Könige, 170 f.
625 Damit ist jedoch noch nicht gesagt, dass sie aus josianischer Zeit stammt, und schon gar nicht, dass 2Kön 23,16–18 das eigentliche Ende der Erzählung in 1Kön 13 sei (so Simon, Prophetic Sign) oder es sich um eine Ätiologie handele (Sweeney, I & II Kings, 182). Dagegen gehen dann auch Cogan, 1Kings, 375, und Barrick, Cemeteries, 39, davon aus, dass 2Kön 23,15–20 einen Rückgriff auf diese Verse in 1Kön 13 darstellten (vgl. auch seine Darstellung a.a.O., 107 f). Plausibler als die beiden Möglichkeiten von Abhängigkeit scheint demgegenüber jedoch zu sein, dass es sich bei 2Kön 23,15.16–20 und 1Kön 13,2*.32 um literarische Texte in beiden Überlieferungen handelt, mit denen ein Bogen von den „Irrwegen" des Nordreichs am Beginn seiner Existenz bis zu deren Beseitigung durch Josia geschlagen werden soll, wie es ähnlich auch in 1Kön 11,1–8 und 2Kön 23,13 f vorliegt. Nachexilische Verhältnisse, wie sie in Esr 2 ∥ Neh 7 reflektiert sind, könnten den historischen Hintergrund bilden, vor dem die südliche Dominanz über das nördliche Beth El gerechtfertigt würde. Vgl. auch Knauf, Israelite Impact, 296, der dies für judäisches Wunschdenken hält. Zu 2Kön 23,13 f.15.16–20 vgl. zuletzt Pietsch, Kultreform, 422–442, der jedoch im Großen und Ganzen von einer Abhängigkeit von 2Kön 23 von 1Kön 11; 13 und bei historischen Verortungen von vagen Überlegungen ausgeht; die Grunderzählung von 1Kön 13 betrachtet er jedenfalls als späte Erzählung (a.a.O., 434).

und bleibt ansonsten gegenüber 12,31 f sehr vage. Dies lässt sich am Besten mit der Absicht erklären, einen redaktionellen Übergang zu schaffen, und weniger mit dem Versuch, einen eigenen theologischen Akzent zu setzen.[626] In V 34 wird eine abschließende „Auswertung" geboten, dass dieses Vorgehen dazu geführt habe, dass das Haus Jerobeam später untergegangen sei.

Die Frage ist nun, was der Verfasser von V 34 vor Augen hatte, als er dieses Urteil schrieb. Dazu eignet sich zweifellos nicht die Erzählung von 13,1–32, in der es ja nicht einmal dann schwerpunktmäßig um Jerobeam geht, wenn man sie für alt oder in den Kontext von 12,26–32 eingeschrieben verstehen möchte. Aber auch V 33 eignet sich nicht, weil dieser im Gegensatz zu 12,31 f relativ vage bleibt. Es muss sich also um eine Fortführung entweder von 12,30 oder von 12,32 handeln, mit anderen Worten: von H oder von N. Grundsätzlich ist beides möglich. Doch spricht für H, dass in V 34 das grundlegende Kriterium für die gesamte weitere Beurteilung der Könige des Nordens in seiner Geschichtsdarstellung formuliert wird, und gegen N, dass es weder einen ausdrücklich genannten noch einen inhaltlichen Bezug zu Rechtsüberlieferungen gibt, die im Denken von N sonst eine zentrale Bedeutung haben. So ist mit einem Satz aus der Feder von H zu rechnen, der mit 12,26–30 die ihm überlieferten kultischen Maßnahmen Jerobeams zu einer politischen und kultpolitischen Trennung des Nordens vom Süden ausarbeitet, damit aber bereits über die Person Jerobeams hinaus die Dynastie Jerobeams und das Staatswesen des Nordens in den Blick genommen hat und beidem nun aufgrund der Abspaltung den Untergang ansagt.[627]

V 33 lässt sich dagegen ebenso wie V 1b als Bearbeitung der Redaktion bestimmen, die die Erzählung von Kap. 13 an ihren heutigen Platz eingefügt hat.[628] Auf sie geht dann wahrscheinlich auch die konkrete Ausformulierung des Erzählanfangs in V 1a zurück, der ursprünglich nicht mit וְהִנֵּה begonnen haben dürfte.[629]

---

626 Vgl. auch Toews, Monarchy, 29, sowie Dietrich, Prophetie, 116, der von einer umgekehrten Abhängigkeit ausgeht und dies mit der aus Ex 28,41 und damit aus der Priesterschrift bekannten Formel למלא את יד begründet. Doch dabei handelt es sich nur dann um eine zwingende Überlegung, wenn man 12,31 ff unbedingt vor P datieren möchte. Das jedoch lässt sich kaum eindeutig begründen. Vgl. auch Schmitz, Prophetie, 143, mit einer Aufstellung der Stichwortverbindungen und zahlreicher weiterer Literatur. Gegen Pakkala, Jeroboam, 508, der 13,33 für älter als 12,31 hält.
627 Vgl. ähnlich, allerdings im System von dtr und nach-dtr Zusätzen behaftet, Debus, Sünde Jerobeams, 35 f.
628 Vgl. auch Hossfeld/Meyer, Prophet, 24.
629 Gross, Lying Prophet, 100; Simon, Prophetic Sign, 131 f. Dozeman, Man of God, 381, möchte gegenüber diesen Ansätzen die Entscheidung offener halten: Auch er sieht, dass וְהִנֵּה wohl nicht der Erzählanfang gewesen ist, möchte sich aber nicht konkret auf 1Kön 12,33 als solchen festlegen.

„N" pro-Josia-Re- daktion	Redaktion	Zusatz	Grund- erzählung	H

1 וְהִנֵּה אִישׁ אֱלֹהִים בָּא מִיהוּדָה בִּדְבַר יְהוָה אֶל־בֵּית־אֵל
וְיָרׇבְעָם עֹמֵד עַל־הַמִּזְבֵּחַ לְהַקְטִיר:

2 וַיִּקְרָא עַל־הַמִּזְבֵּחַ בִּדְבַר יְהוָה

וַיֹּאמֶר מִזְבֵּחַ מִזְבֵּחַ
כֹּה אָמַר יְהוָה
הִנֵּה־בֵן נוֹלָד לְבֵית־דָּוִד
יֹאשִׁיָּהוּ שְׁמוֹ
וְזָבַח עָלֶיךָ אֶת־כֹּהֲנֵי הַבָּמוֹת
הַמַּקְטִרִים עָלֶיךָ
וְעַצְמוֹת אָדָם יִשְׂרְפוּ עָלֶיךָ:

3 וְנָתַן בַּיּוֹם הַהוּא מוֹפֵת לֵאמֹר
זֶה הַמּוֹפֵת אֲשֶׁר דִּבֶּר יְהוָה
הִנֵּה
הַמִּזְבֵּחַ נִקְרָע
וְנִשְׁפַּךְ הַדֶּשֶׁן אֲשֶׁר־עָלָיו:

4 וַיְהִי כִשְׁמֹעַ הַמֶּלֶךְ אֶת־דְּבַרִי אִישׁ־הָאֱלֹהִים
אֲשֶׁר קָרָא עַל־הַמִּזְבֵּחַ בְּבֵית־אֵל
וַיִּשְׁלַח אֶת־יָדוֹ מֵעַל הַמִּזְבֵּחַ לֵאמֹר
תִּפְשֻׂהוּ
וַתִּיבַשׁ יָדוֹ
אֲשֶׁר שָׁלַח עָלָיו
וְלֹא יָכֹל לַהֲשִׁיבָהּ אֵלָיו:

5 וְהַמִּזְבֵּחַ נִקְרָע
וַיִּשָּׁפֵךְ הַדֶּשֶׁן מִן־הַמִּזְבֵּחַ
כַּמּוֹפֵת אֲשֶׁר נָתַן אִישׁ הָאֱלֹהִים בִּדְבַר יְהוָה:

6 וַיַּעַן הַמֶּלֶךְ וַיֹּאמֶר אֶל־אִישׁ הָאֱלֹהִים
חַל־נָא אֶת־פְּנֵי יְהוָה אֱלֹהֶיךָ
וְהִתְפַּלֵּל בַּעֲדִי
וְתָשֹׁב יָדִי אֵלָי
וַיְחַל אִישׁ־הָאֱלֹהִים אֶת־פְּנֵי יְהוָה
וַתָּשׇׁב יַד־הַמֶּלֶךְ אֵלָיו
וַתְּהִי כְּבָרִאשֹׁנָה:

7 וַיְדַבֵּר הַמֶּלֶךְ אֶל־אִישׁ הָאֱלֹהִים
בֹּאָה־אִתִּי הַבַּיְתָה
וּסְעָדָה
וְאֶתְּנָה לְךָ מַתָּת:

8 וַיֹּאמֶר אִישׁ־הָאֱלֹהִים אֶל־הַמֶּלֶךְ
אִם־תִּתֶּן־לִי אֶת־חֲצִי בֵיתֶךָ
לֹא אָבֹא עִמָּךְ
וְלֹא־אֹכַל לֶחֶם
וְלֹא אֶשְׁתֶּה־מַּיִם
בַּמָּקוֹם הַזֶּה:

9 כִּי־כֵן צִוָּה אֹתִי בִּדְבַר יְהוָה לֵאמֹר
לֹא־תֹאכַל לֶחֶם
וְלֹא תִשְׁתֶּה־מָּיִם

וְלֹא תָשׁוּב בַּדֶּרֶךְ

אֲשֶׁר הָלַכְתָּ (בה):

10 וַיֵּלֶךְ בְּדֶרֶךְ אַחֵר

וְלֹא־שָׁב בַּדֶּרֶךְ

אֲשֶׁר בָּא בָהּ אֶל־בֵּית־אֵל:

11 וְנָבִיא אֶחָד זָקֵן יֹשֵׁב בְּבֵית־אֵל

וַיָּבוֹא בְנוֹ

וַיְסַפֶּר־לוֹ

אֶת־כָּל־הַמַּעֲשֶׂה אֲשֶׁר־עָשָׂה אִישׁ־הָאֱלֹהִים הַיּוֹם (ההוא) בְּבֵית־אֵל

אֶת־הַדְּבָרִים אֲשֶׁר דִּבֶּר אֶל־הַמֶּלֶךְ(ו)

וַיְסַפְּרוּם לַאֲבִיהֶם:

12 וַיְדַבֵּר אֲלֵהֶם אֲבִיהֶם

אֵי־זֶה הַדֶּרֶךְ הָלָךְ

ויראו בָנָיו אֶת־הַדֶּרֶךְ

אֲשֶׁר הָלַךְ אִישׁ הָאֱלֹהִים

אֲשֶׁר־בָּא מִיהוּדָה:

13 וַיֹּאמֶר אֶל־בָּנָיו

חִבְשׁוּ־לִי הַחֲמוֹר

וַיַּחְבְּשׁוּ־לוֹ הַחֲמוֹר

וַיִּרְכַּב עָלָיו:

14 וַיֵּלֶךְ אַחֲרֵי אִישׁ הָאֱלֹהִים

וַיִּמְצָאֵהוּ יֹשֵׁב תַּחַת הָאֵלָה

וַיֹּאמֶר אֵלָיו

הַאַתָּה אִישׁ־הָאֱלֹהִים

אֲשֶׁר־בָּאתָ מִיהוּדָה

וַיֹּאמֶר

אָנִי:

15 וַיֹּאמֶר אֵלָיו

לֵךְ אִתִּי

וֶאֱכֹל לָחֶם:

16 וַיֹּאמֶר

לֹא אוּכַל לָשׁוּב אִתָּךְ

וְלֹא־אָכֹל לֶחֶם

וְלֹא־אֶשְׁתֶּה מַיִם

בַּמָּקוֹם הַזֶּה:

17 כִּי־דָבָר אֵלַי בִּדְבַר יְהוָה

(Textbestand unsicher, aber Aussageabsicht klar erkennbar)

לֹא־תֹאכַל (שם) לֶחֶם

וְלֹא־תִשְׁתֶּה (שָׁם) מָיִם

לֹא־תָשׁוּב בַּדֶּרֶךְ

אֲשֶׁר־הָלַכְתָּ בָּהּ:

18 וַיֹּאמֶר לוֹ

גַּם־אֲנִי נָבִיא כָּמוֹךָ

וּמַלְאָךְ דִּבֶּר אֵלַי בִּדְבַר יְהוָה לֵאמֹר

הֲשִׁבֵהוּ אִתְּךָ|אֶל־בֵּיתֶךָ

וְיֹאכַל לֶחֶם

וְיֵשְׁתְּ מָיִם

וּכְחֶשׁ לוֹ:

19 וַיָּשָׁב אִתּוֹ

וַיֹּאכַל לֶחֶם (בְּבֵיתוֹ)

וַיֵּשְׁתְּ מָיִם (בביתו):

20 וַיְהִי הֵם יֹשְׁבִים אֶל־הַשֻּׁלְחָן

וַיְהִי דְּבַר־יְהוָה אֶל־הַנָּבִיא

אֲשֶׁר הֱשִׁיבוֹ:

21 וַיִּקְרָא אֶל־אִישׁ הָאֱלֹהִים

אֲשֶׁר־בָּא מִיהוּדָה לֵאמֹר

כֹּה אָמַר יְהוָה

יַעַן כִּי מָרִיתָ פִּי יְהוָה

וְלֹא שָׁמַרְתָּ אֶת־הַמִּצְוָה

אֲשֶׁר צִוְּךָ יְהוָה אֱלֹהֶיךָ:

22 וַתָּשָׁב

וַתֹּאכַל לֶחֶם

וַתֵּשְׁתְּ מָיִם

בַּמָּקוֹם (הַזֶּה)

אֲשֶׁר דִּבֶּר אֵלֶיךָ

אַל־תֹּאכַל לֶחֶם

וְאַל־תֵּשְׁתְּ מָיִם

לֹא־תָבוֹא נִבְלָתְךָ אֶל־קֶבֶר אֲבֹתֶיךָ:

23 וַיְהִי אַחֲרֵי אָכְלוֹ לֶחֶם

(Textbestand unsicher, aber Aussageabsicht klar erkennbar)

וְאַחֲרֵי שְׁתוֹתוֹ

(Textbestand unsicher, aber Aussageabsicht klar erkennbar)

וַיַּחֲבָשׁ־לוֹ הַחֲמוֹר

וישב:

24 וַיֵּלֶךְ

וַיִּמְצָאֵהוּ אַרְיֵה בַּדֶּרֶךְ

וַיְמִיתֵהוּ

וַתְּהִי נִבְלָתוֹ מֻשְׁלֶכֶת בַּדֶּרֶךְ

וְהַחֲמוֹר עֹמֵד אֶצְלָהּ

וְהָאַרְיֵה עֹמֵד אֵצֶל הַנְּבֵלָה:

25 וְהִנֵּה אֲנָשִׁים עֹבְרִים

וַיִּרְאוּ אֶת־הַנְּבֵלָה מֻשְׁלֶכֶת בַּדֶּרֶךְ

וְאֶת־הָאַרְיֵה עֹמֵד אֵצֶל הַנְּבֵלָה

וַיָּבֹאוּ

וַיְדַבְּרוּ בָעִיר

אֲשֶׁר הַנָּבִיא הַזָּקֵן יֹשֵׁב בָּהּ:

26 וַיִּשְׁמַע הַנָּבִיא

אֲשֶׁר הֱשִׁיבוֹ מִן־הַדֶּרֶךְ

וַיֹּאמֶר

אִישׁ הָאֱלֹהִים הוּא

אֲשֶׁר מָרָה אֶת־פִּי יְהוָה:

28 וַיֵּלֶךְ

וַיִּמְצָא אֶת־נִבְלָתוֹ מֻשְׁלֶכֶת בַּדֶּרֶךְ

וַחֲמוֹר וְהָאַרְיֵה עֹמְדִים אֵצֶל הַנְּבֵלָה

(ו)לֹא־אָכַל הָאֶרֶץ אֶת־הַנְּבֵלָה
וְלֹא שָׁבַר אֶת־הַחֲמוֹר׃
29 וַיִּשָּׂא הַנָּבִיא אֶת־נִבְלַת אִישׁ־הָאֱלֹהִים
וַיַּנִּחֵהוּ אֶל־הַחֲמוֹר
וַיְשִׁיבֵהוּ אֶל־עִיר הַנָּבִיא
לִקְבֹּר׃
30 וַיַּנַּח אֶת־נִבְלָתוֹ בְּקִבְרוֹ
וַיִּסְפְּדוּ עָלָיו
הוֹי אָחִי׃
31 וַיְהִי אַחֲרֵי קָבְרוֹ|סִפְדוּ אֹתוֹ
וַיֹּאמֶר אֶל־בָּנָיו לֵאמֹר
בְּמוֹתִי
וּקְבַרְתֶּם אֹתִי בַּקֶּבֶר (הַזֶּה)
אֲשֶׁר אִישׁ הָאֱלֹהִים קָבוּר בּוֹ
אֵצֶל עַצְמֹתָיו הַנִּיחוּ אֶת־עַצְמֹתָי׃

32 כִּי הָיֹה יִהְיֶה הַדָּבָר
אֲשֶׁר קָרָא בִּדְבַר יְהֹוָה
עַל־הַמִּזְבֵּחַ אֲשֶׁר בְּבֵית־אֵל
וְעַל כָּל־בָּתֵּי הַבָּמוֹת אֲשֶׁר בְּשֹׁמְרוֹן׃

33 אַחַר הַדָּבָר הַזֶּה
לֹא־שָׁב יָרָבְעָם מהרע

וַיָּשָׁב
וַיַּעַשׂ מִקְצוֹת הָעָם כֹּהֲנֵי בָמוֹת
הֶחָפֵץ יְמַלֵּא אֶת־יָדוֹ
וִיהִי כֹהֵן לַבָּמוֹת׃
34 וַיְהִי הַדָּבָר הַזֶּה לְחַטַּאת בֵּית יָרָבְעָם
וּלְהַכְחִיד וּלְהַשְׁמִיד מֵעַל פְּנֵי הָאֲדָמָה׃

Die 1Kön 13 zugrunde liegende Geschichte erweist sich also als eine selbstständige und in sich geschlossene, stringente Erzählung,[630] die mit ihrem kanonischen

---

630 Ähnlich Mead, Kings and Prophets, 194–196, der jedoch von einer dtr Einbettung in den Kontext ausgeht und sie aufgrund fehlender Textkritik für eine Jerobeamerzählung hält. Vgl. insgesamt auch Schmitz, Prophetie, 146–148, die verschiedene Gliederungsvorschläge vorstellt, die oftmals mit Erklärungen zur Textentstehung einhergehen. Sie selber orientiert sich ausschließlich am (masoretischen!) Endtext, ohne die Frage nach dessen Entstehung zu stellen (a.a.O., 148). Dazu legt sie a.a.O., 154–211, eine detaillierte Analyse vor. Blum, Lüge, 324–326, diskutiert verschiedene literarkritische Lösungsansätze (vgl. insbesondere Würthwein, 1Könige, 166–171). Gegen viele dieser Ansätze spricht, dass sie nicht mit der Mehrdimensionalität einer Erzählung rechnen (vgl. beispielsweise Fritz, 1Kön, 142 f). Wie unterschiedlich die Beobachtungen der Schwellenstelle von V 10.11 sein können, zeigen paradigmatisch neben Ansätzen, die V 1–10 und V 11 ff trennen möchten, Eynikel, Prophecy, der versucht, beides zusammenzuhalten, indem er von einer Fortschreibung von V 1–10 durch V 11 ff ausgeht, und Herr, Prophet, 72, der umgekehrt eine Voranstellung von V 1–10 vor die seines Erachtens ursprüngliche Erzählung von V 11 ff

Kontext ursprünglich durch nicht mehr verbunden war als die Hand des Redaktors.[631] Dementsprechend hat sie auch ihre eigene Aussage, die nicht im Kontext zu suchen ist. Angesichts der Komplexität der Erzählung ist allerdings keine eindimensionale Botschaft zu erwarten.[632]

Ein erster Aspekt liegt in der Begegnung des Gottesmannes mit dem König. Der Gottesmann ruft seine Botschaft über den Altar aus, ein Gotteswort, das nicht erhalten ist oder das es nie gab, weil der Fokus der Erzählung nicht auf dem Gotteswort liegt, sondern auf dem nachfolgenden Vorgang.[633] Der König streckt seine Hand aus und befiehlt, den Gottesmann festzunehmen – woraufhin seine Hand verdorrt. Lächerlich steht der Machthaber nun auf dem Altar,[634] nicht mehr Herr seiner Kräfte und mit

---

annimmt. Dabei hat schon Noth, 1Könige, 292, mit guten Argumenten für die Zusammengehörigkeit von V 1 – 10 und V 11 ff plädiert.

631 Ähnlich auch Noth, Überlieferungsgeschichtliche Studien, 79, der jedoch die Erzählung in Kap. 13 als Einschub in eine Achia-Erzählung versteht, zu der auch 12,26 – 31 gehört habe, was die Doppelung mit 13,33 zeige. Doch wäre 12,26 – 31 die wohl einzige Stelle in der Achia-Erzählung, in der von Achia keine Rede ist.

632 Vgl. beispielsweise die Auflistung der vielfältigen Versuche in Van Winkle, 1Kings 13, 38 f, sowie Barrick, Cemeteries, 52 – 58.

In der Forschung ist darüber hinaus vielfach auf Am 7,10 – 17 verwiesen worden: u. a. sehr pointiert bei Levin, Amos, und sehr differenziert im Beitrag von Werlitz, Gottesmann, mit einer fundierten Auseinandersetzung mit Utzschneider, Amazjaerzählung, und Blum, Lüge. Werlitz ist wohl letzten Endes Recht zu geben, wenn er schreibt: „Im Auftreten des Gottesmannes und des Amos in Bet-El besteht nun einmal die wesentliche Übereinstimmung beider Texte, nicht in der jeweils geschilderten Begebenheit" (Werlitz, Gottesmann, 121 f). In der Tat sind die Differenzen zwischen beiden Texten so groß und insbesondere 1Kön 13 viel zu komplex, als dass sie im literaturgenetischen Sinne einfach miteinander in Verbindung gebracht werden könnten, auch wenn dies nicht gegen eine rein intertextuelle Lektüre spricht, die den Endtexten durch ein gegenseitiges In-Beziehung-Setzen eine weitere Sinnebene entnimmt (vgl. beispielsweise die herausgearbeiteten Bezüge und Deutungen bei Utzschneider, Amazjaerzählung).

633 Insofern ist seine Anonymität sicherlich auch keine „vertrauensbildende Maßnahme", als die sie Schmitz, Prophetie, 155, beschreibt, weil der Gottesmann hinter seinem Auftrag zurücktrete. Es geht nicht um seine Botschaft, sondern um die nachfolgenden Ereignisse.

634 Dass Jerobeam auf dem Altar steht, kann eine Kultpraxis widerspiegeln, die sich später auch in 2Kön 16,12 zeigt: Der König tritt als Kulthandelnder auf den Altar. So schon Greßmann, Geschichtsschreibung, 247. Möglicherweise lässt sich auch Am 9,1 aus dieser Praxis, dass der Kulthandelnde auf dem Altar steht, erklären. (Bemerkenswerterweise wird in der Am-Forschung häufiger auf die Nähe von Am 9 und 1Kön 13 hingewiesen: Jeremias, Amos, 123, versteht על in diesem Zusammenhang als „auf", lehnt aber gerade mit Hinweis auf 1Kön 13 jeden priesterlichen Hintergrund für Am 9,1 ab – und setzt damit implizit voraus, dass Jerobeam in 1Kön 13 „neben" dem Altar gestanden habe, was er als den eigentlichen Ort des Priesters annimmt; Jeremias folgt damit (ungenannt) Wolff, Amos, 389, der ebenfalls Gott in Am 9,1 „auf" dem Altar stehend sieht, jedoch Jerobeam in 1Kön 13 „neben" dem Altar lokalisiert. Eine gewisse Inkonsistenz bei der Betrachtung beider Texte ist also nicht von der Hand zu weisen.) Vgl. auch 1Kön 1,53, wonach der

einem körperlichen Makel behaftet, der ihn, den im Kult Handelnden, kultisch unrein macht. Noch lächerlicher wird er, als er ausgerechnet die Person um Hilfe bitten muss, die er zuvor hatte entfernen lassen wollen und die er als ihm ausgeliefert betrachtet hatte. Der gebietende Herrscher wird zum Hilfe suchenden Bittsteller.[635] Und der Gottesmann, der gekommen war, um etwas im Auftrag Gottes mitzuteilen, erscheint nicht mehr als Mahner oder Warner, sondern geht in die Geschichte ein als Wundertäter, der als Mittler zwischen Gott und den Menschen Gott „beschwichtigen" kann. Mit seinem eigentlichen Auftrag hat das jedoch nichts mehr zu tun. Der König lädt danach seinen Wohltäter ein. Das, was ihn vorher so erzürnt hat, das Gotteswort, ist vergessen. Über allem steht die eigene Heilung.[636]

Doch der Gottesmann unterliegt Regeln, die ihm sein Gott auferlegt hat und die ihn von seiner Umwelt trennen und ihn zum Sonderling machen.[637] Daran hält er

---

Altar auch als Zufluchtsort fungieren kann. In eine andere Richtung weist allerdings 1Kön 18,26, in dem doch wohl eher ausgesagt werden soll, dass sich die Baal-Priester um den Altar herum bewegt hätten. Die Wendung על המזבח muss also nicht zwingend „auf", sondern kann auch „bei" bedeuten, sodass möglicherweise auch in 1Kön 13,4 der König beim Altar stand. Doch scheint 1Kön 13,4 mit dem Gefälle zwischen König und Gottesmann zu spielen, sodass hier doch wohl eher ein kultischer Vorgang wie in 2Kön 16,12 im Hintergrund steht.

635 So ähnlich auch Würthwein, Gottesmann, 182f, der darin den eigentlichen Zielpunkt von V 1–10 sieht und ausdrücklich betont, dass es nicht um den Altar gehe. Schmitz, Prophetie, 166, stellt zudem heraus, dass sich im Ergehen des Königs die Wirkungslosigkeit seines eigenen Betens und Opferns zeige. Ähnlich auch Gunneweg, Prophetenlegende, 78f.

636 Ein Nebenprodukt dieses Abschnitts ist, dass der Kult und der König als Kulthandelnder in den Blick kommen. Dabei handelt es sich allerdings im Unterschied zu Blum, Lüge, 332–334, um keinen zwingenden Grund, 1Kön 13 gewissermaßen als Fortsetzung von 12,26ff zu verstehen (ähnlich wie Blum auch van Seters, Reading, 225.227, der die Erzählung allerdings zusätzlich im Zusammenhang mit 2Kön 23 sieht). Denn der König wird in 12,26–32 lediglich am Rande als Kulthandelnder, vor allem aber als Kultgründender erwähnt, sodass eine solche Schwerpunktsetzung in 1Kön 13 daraus kaum ableitbar ist. Vielmehr nimmt die Erzählung an einem Punkt ihren Anfang, an dem die beiden Institutionen, die eine unmittelbare Verbindung zu Gott für sich beanspruchen, nicht nur einander gegenüber-, sondern sich auch entgegenstehen. Der König erscheint dabei zugleich in seiner Doppelfunktion als Herrscher und oberster Priester – und wird für beides untauglich, indem er kultisch unrein wird und die Macht über seine eigenen Kräfte verliert. Damit halten sich Königskritik und Kultkritik aber auch die Waage bzw. ergänzen sich gegenseitig. Darüber hinaus spricht das Fehlen der Kälber bzw. des Kalbes in 1Kön 13 dagegen, dass es sich um eine Fortsetzung von 12,26–32 handelt. Denn selbst wenn man 1Kön 13 vor einem wesentlich späteren historischen Hintergrund verstehen möchte, wären sie in 12,26–32 prominent vorgegeben. Pakkala, Jerobeam, 516, zieht daraus Rückschlüsse auf 12,26–32 und möchte die Kälber aus dem ursprünglichen Text von 12,26–32 entfernen. Dagegen siehe die Argumentation oben.

637 Dies gilt auch, wenn man diese Verbote positiv deuten möchte und sie als Wahrung der Unabhängigkeit des Gottesmannes (so Schmitz, Prophetie, 168f) oder als Zeichen der Ablehnung Beth Els (so Jepsen, Gottesmann, 178) versteht, vollends aber, wenn man in ihnen eine prophe-

sich und kehrt zurück. Diese Gottestreue soll im Folgenden auf die Probe gestellt werden, und darin liegt wohl ein Hauptaspekt der Erzählung. Der Antagonist des Gottesmannes wird als Prophet vorgestellt. Dass diese Terminologie vollständig durchgehalten wird, zeigt, dass sie für die Erzählung von zentraler Bedeutung ist, auch wenn sich aus dem Erzählten kein exaktes Profil eines Propheten erstellen lässt.[638] Den vorgesehenen Hörern und Lesern wird es jedoch bewusst gewesen sein. Die erzählerische Funktion, die dem Alter des Propheten zukommt, ist jedoch unklar; es kann die Begründung dafür liefern, dass er nicht bei den Vorgängen in Beth El dabei war, es kann ihm Würde geben, es kann aber auch nur erklären, dass er erwachsene Söhne hat, wenn sie denn leibliche Söhne sind.[639] Ebenso bleibt unklar, was sein großes Interesse an dem Gottesmann geweckt hat und warum er ihm trotz seines hohen Alters nachreist. Nur eines macht der Erzähler mit Hilfe eines eigenen Kommentars deutlich: dass der Prophet lügt.[640] Damit jedoch trifft er den Nerv der Prophetie, die durch die Lüge ihre Grundlage entzogen bekommt und ihre Reputation verliert. Denn wie kann man wissen, dass ein Prophet die Wahrheit sagt? Eine Frage, die sich um so dringlicher stellt, als in dieser Geschichte nicht einmal der Gottesmann zwischen wahrer und falscher Prophetie, zwischen Wahrheit und Lüge unterscheiden kann. Er ersetzt das alte durch ein vermeintlich neues Gotteswort und folgt dem Propheten. Sollte darin das Problem liegen?[641] Dieser empfängt dann ein wahres Gotteswort und muss dem Gottesmann den Tod in der Fremde mitteilen.

---

tische Zeichenhandlung sieht (so Simon, Prophetic Sign; im Anschluss daran Cogan, 1Kings, 369). Eine Deutung als Engel, wenn auch in menschlicher Gestalt (so Rofé, Prophetical Stories, 175–177), lässt sich daraus jedoch kaum entnehmen. Zu verschiedenen Deutungen der Verbote siehe auch Blum, Lüge, 322; er selber interpretiert sie ebenfalls als Zeichen der Ablehnung Beth Els und der Wallfahrten dorthin (a.a.O., 328). Mead, Kings and Prophets, 198f, sieht in ihnen mehr einen Hinweis für die Leserinnen und Leser, die durch die Verbote die Schwere des Wortes Gottes mitgeteilt bekommen, die auf dem Propheten liege. Gelander, Two Kingdoms, 23f, geht dagegen davon aus, dass der Gottesmann selber den Sinn der Verbote nicht verstanden habe und es um eine Prüfung seines Gehorsams gehe.

638 So auch Bosworth, Story, 125f, gegen Crenshaw, Prophetic Conflict, 42; vgl. dazu auch Blum, Lüge, 327. Von einer Gleichsetzung in V 18 kann keine Rede sein (gegen Cogan, 1Kings, 367; Wiseman, Kings, 142f), schließlich handelt es sich auch textimmanent lediglich um eine Behauptung des alten Propheten, die zudem eine suggestive Absicht hat, also abseits jeder Neutralität ist.

639 Bodner, Jeroboam, 108, sieht darin die Mitteilung, dass er die Regierungszeit mehrerer Könige erlebt habe, und Gunneweg, Prophetenlegende, 79, versteht es als Hinweis, dass er noch aus der Zeit vor der Reichsteilung und damit auch vor der Gründung des „schismatischen Altars" stamme.

640 Vgl. auch Sternberg, Poetics, 380. Es kann dabei keine Rede davon sein, dass der Prophet in Gottes Namen lüge, wie es Amit, Biblical Narratives, 101, annimmt; vielmehr handelt es sich um einen erläuternden Kommentar seitens und aus der Perspektive des Erzählers.

641 Vgl. Schmitz, Prophetie, 186f.189.

Glaubt dieser es nicht? Oder warum sattelt er seinen Esel, als wäre nichts gewesen, und macht sich auf den Weg nach Hause?[642]

Der Tod durch einen Löwen erinnert an ein Märchenmotiv,[643] mag aber auch „nur" eine Übersteigerung der tatsächlichen Gefahr darstellen, der sich ein alleine Reisender aussetzte.[644] Vollends märchenhaft oder wunderlich wird es jedoch, wenn der Tod bringende Löwe selber zum Totenwächter wird (und weder den unschuldigen Esel antastet noch die Vorüberreisenden oder gar den alten Propheten, der den Leichnam holt). Doch dabei handelt es sich wohl um eine phantastische Ausschmückung, die dem Ganzen vielleicht eine ironische Spitze gibt.

Am Ende der Geschichte wird die Unsicherheit im Umgang mit Gottesmännern, Propheten und ihren Botschaften und Mitteilungen noch einen Schritt weitergeführt. Denn auch der Prophet selber nimmt erst am Ende, nach dem Tod des Gottesmannes, diesen als Gottesmann ernst (V 26). Er nimmt aber auch die Gottesbotschaft, die er selber empfangen hat, erst im Nachhinein ernst. Mit anderen Worten: Es muss erst eingetreten sein, was als Gotteswort verkündet wurde,

---

642 Es nur als Vollzug des Gotteswortes an den Propheten aufzufassen (so Schmitz, Prophetie, 198), hieße, dieser Frage die Schärfe zu nehmen. Vgl. auch Simon, Prophetic Sign, 143 f.

643 So auch Jepsen, Gottesmann, 178; Hentschel, 1Könige, 90; Nelson, Kings, 87. Sweeney, I & II Kings, 181, möchte dagegen sowohl den Esel als auch den Löwen ausdeuten: Letzterer symbolisiere den Löwen von Juda, und für den Esel weist er auf ein in Sichem gefundenes Ritualgrab für einen Esel hin (mit Hinweis auf Toombs, Shechem, 1182, der jedoch beschreibt, dass das Grab aus der Spätbronzezeit Ib (Stratum XIV) stamme); so werde das Nordreich als ein Reich der Lüge dargestellt und Juda mit JHWH identifiziert, der gegen die Lüge streite. Zurückhaltender versteht er in Sweeney, King Josiah, 90, den Löwen in 1Kön 13 als Rückgriff auf die Löwen in 2Kön 17, sodass schließlich auch 1Kön 13 erst nach 2Kön 17 bzw. mit der von Sweeney angenommenen josianischen Redaktion von 1–2Kön an seine jetzigen Stelle eingefügt worden sei (ebd.). Mead, Kings and Prophets, 203 f, macht eine Aufstellung verschiedener Texte, in denen von Löwen gesprochen wird, und arbeitet heraus, dass der Löwe in 1Kön 13 die Verkörperung JHWHs sei. Vgl. auch Crenshaw, Prophetic Conflict, 45, mit einer Auseinandersetzung mit älterer Literatur. Ob in diesem Zusammenhang auch die Löwenabbildung auf dem Siegel eines Knechtes Jerobeams II. aus Megiddo zu sehen ist (vgl. Avigad/Sass, Corpus, 49 (Abb. 2)), muss wohl offen bleiben.

644 Vgl. auch Cogan, 1Kings, 371, der zudem auf den Vertrag Asarhaddons mit Baal von Tyrus (ANET, 534 = TUAT I/2, 158 f, Z. IV, 6 f), in dem in den abschließenden Fluchandrohungen ein gefräßiger Löwe von Seiten der Götter Beth-El (^{d}Ba-a-a-ti-ili^{MEŠ}) und Anath-Beth-El (^{d}A-na-ti-ba-a-[a-ti-il]î^{MEŠ}) angedroht wird (Transkription nach Borger, Inschriften, 109), sowie auf 2Kön 17,25 aufmerksam macht. Doch dies mag allenfalls ein Nebenaspekt oder die Hintergrundvorstellung für die konkrete Ausgestaltung dieses Motivs gewesen sein. Zu beiden Aspekten siehe die umfangreiche Studie von Strawn, Lion, der neben den biblischen Perspektiven auf Löwen vor allem das ikonographische Material aufarbeitet, jedoch auf 1Kön 13 nur am Rande eingeht.

um es auch als solches zu identifizieren – eine ironische, fast schon zynische erzählerische Aufarbeitung des Kriteriums in Dtn 18,21 f.[645]

Was am Ende bleibt, ist die Verehrung von heiligen Männern. Denn am Schluss erhofft sich sogar der lügnerische Prophet etwas von der Nähe zum Gottesmann,[646] trotz aller epistemischen Unsicherheiten. Auch darin liegt ein ironischer Zug der Erzählung.[647] Doch am stärksten zeigt er sich wohl darin, dass der überführte Lügner nicht bestraft wird. Während das gutgläubige Opfer seines eigenen Irrtums sein Ende findet, erhofft sich sein Versucher Anteil an dessen Sphäre. Schicksalswirkend war die des alten Propheten jedenfalls nicht, denn er geht am Ende gewissermaßen straffrei aus.

So treten Gottesmänner zwar im Namen Gottes auf, sind aber eigentlich Wundertäter. Propheten und ihre Aussagen sind unsicher, denn wie könnte man zwischen Wahrheit und Lüge unterscheiden? Eine Frage, die sich verschärft stellt, wenn dies nicht einmal ein Gottesmann kann; eine Frage, die aber auch den Gottesmann selber in Frage stellt, sodass sie alle, die sich auf unmittelbare Gottesäußerungen beziehen, unter dem Verdacht der Zweifelhaftigkeit stehen.[648] Aber auch der Umgang mit alten und neuen Prophetien steht in Frage: Können neue die alten ersetzen? Kann überhaupt die eine die andere ersetzen? Die Unterscheidung von wahrer und falscher Prophetie scheint sich aufzulösen.[649]

---

645 Blum, Lüge, 331, verweist stattdessen im Anschluss an van Winkle, 1Kings 13, 40 – 42, auf Dtn 13,2: Dabei sei es der Prophet, der den Gottesmann zum Abfall verführe. Doch setzt dies zum einen voraus, dass der Prophet auch im ursprünglichen Text tatsächlich aus Beth El kommt, und ist zum anderen festzuhalten, dass Dtn 13,2ff die Situation in 1Kön 13 eben doch nicht ganz trifft, auch wenn Blum dies als „Erleichterung" versteht.
646 Cogan, 1Kings, 372, geht davon aus, dass dadurch die Knochen der beiden Männer nicht mehr voneinander zu trennen wären.
647 Damit schließt die Erzählung wahrscheinlich an Traditionen von Gräbern heiliger Männer an (vgl. bereits Wellhausen, Composition, 277f). Zu einem bestimmten Grab wird das Grab aus 1Kön 13 erst in 2Kön 23. Insofern handelt es sich in 1Kön 13 aber genauso wie bei allen anderen Einzelelementen um ein ironisches Element, dem keine konkrete Heiligtumslegende zugrunde liegen muss.
648 Insofern ist die konsequente Unterscheidung zwischen der Bezeichnung איש אלהים und נביא inklusiv zu verstehen (gegen Jepsen, Gottesmann, 179 – 181, der den Gottesmann trotz seines Versagens als den „wahren" sieht und Skepsis allenfalls gegenüber dem Propheten erkennen kann). Crenshaw, Prophetic Conflict, 47 f, hat konsequenterweise von der „Totenglocke" („death knell") für alle Versuche, wahrer von falscher Prophetie zu unterscheiden, gesprochen.
649 Vgl. auch Schmitz, Prophetie, 212f; etwas anders Wiseman, Kings, 145.

Die Erzählung in 1Kön 13 geht vielen verschiedenen Einzelfragen nach[650] und spielt in einem gewissen Sinne auch ironisierend mit ihren Elementen,[651] doch in ihrer Hauptsache geht es um die Unsicherheit unmittelbar ergangener Gottesäußerungen, ob diese nun wahr oder falsch, echt oder unecht seien, und hält fest, dass es keine absolute Sicherheit gibt.[652] Dies wird auch dann nicht entschärft, wenn man den Hinweis, dass der Prophet gelogen habe, als abschwächenden Kommentar verstehen möchte, der für die Leserinnen und Leser kläre, welche Botschaft denn nun richtig sei.[653] Zwar erscheint damit Gott nicht als der Künder sich widersprechender Nachrichten, doch das Grundproblem der Verlässlichkeit seiner Mitteilungen wird dadurch keineswegs gelöst.[654] So offen wie die Frage nach Gewissheit, so offen ist auch das Ende der Erzählung: Sie schließt mit der Aufforderung des alten Propheten an seine Söhne bzw. Schüler; ob diese sie umsetzen, erfahren die Leserinnen und Leser jedoch nicht.[655]

Die Mehrdimensionalität der Grunderzählung von Kap. 13[656] lässt auf einen Verfasserkreis schließen, der bildungsnah war und zugleich eine kritische Haltung gegenüber Gottesmännern, Propheten und anderen Menschen hatte, die ihre

---

650 Dazu gehört sicherlich auch die Frage nach dem Gehorsam des Gottesmannes, wie es Gross, Lying Prophet, 108, und Mead, Kings and Prophets, 196, und viele andere herausgestellt haben, doch liegt darin angesichts des Schlusses der Erzählung kaum deren Hauptaussage.
651 Ironie nachzuweisen, ist ein schwieriges und wahrscheinlich niemals vollständig gelingendes Unterfangen (vgl. Organ, Irony, zu 1Kön 12 und die dieses Problem in sich selber tragende Studie Duncker, Salomo, zur Salomo-Erzählung). Das gilt für gegenwärtige Kommunikation nicht minder als für antike, altorientalische oder biblische. Ein Hinweis auf Ironie für die ursprüngliche Erzählung in 1Kön 13 könnten aber die Fülle der in ihr vorkommenden und behandelten Phänomene auf engem Raum sowie deren Übersteigerung und das Brechen mit traditionell zu erwartenden Mustern sein (vgl. Hartung, Ironie, 150–158, der von einer intentionalen Unangemessenheit spricht). Spezifisch zu 1Kön 13 vgl. auch Marcus, Elements, 67–74, der den verschiedenen Elementen der Erzählung nachgeht und ihre ironischen Facetten aufzeigt.
652 Das ist zu differenzieren von der Frage nach wahrer und falscher Prophetie, wie sie beispielsweise in Jer 28 verhandelt wird.
653 So Schmitz, Prophetie, 190.
654 Schmitz, Prophetie, 191, hält schließlich selber fest: „Die Erzählung selbst lässt offen, ob der Prophet ... tatsächlich gelogen hat." Und so erscheint auch ihre Deutung, „den eigentlichen Sinn des Gotteswortes erfasst man erst dann, wenn das Wort Gottes im Modus eines aktiven, unterscheidenden Mitdenkens mit den sich verändernden Situationen in Beziehung gesetzt wird" (a.a.O., 204), als für die Frage nach Gewissheit wenig hilfreich. Als scheinbar eindeutigeres Kriterium nennt van Winkle, 1Kings 13, 40, den konstanten Gehorsam gegenüber Gottes Gebot. Doch ist dies weder im Rahmen der altisraelitischen Gegebenheiten ein sinnvoller Hinweis noch im dtr Denkhorizont (trotz seines Bezugs auf Dtn 13, denn die Anweisungen an den Gottesmann und die Problematik hinter Dtn 13 liegen auf verschiedenen Ebenen).
655 Diesen Spannungsbogen kann dann die Erzählung in 2Kön 23 aufgreifen.
656 Vgl. dazu auch Schmitz, Prophetie, 215–225.

Aussagen unüberprüfbar unmittelbar auf Gott zurückgeführt haben, zudem einen Verfasserkreis, der einen reflektierenden Abstand zum Gegenstand seiner Beschäftigung gewohnt war.[657] Weisheitliche Kreise sind also wahrscheinlich, folgen sie doch ihrem Anspruch nach der Erfahrung und deren Auswertung und nicht Privatoffenbarungen, die letztlich ungewiss sind. Bei 1Kön 13,1 – 31* handelt es sich also um eine antiprophetische, wahrscheinlich weisheitliche Erzählung. Smend nennt sie vielleicht nicht ganz zu Unrecht „Traktat".[658] Einen Bezug zu Jerobeam hat sie nur am Rande, zu Josia hatte sie ursprünglich keinen.[659]

Warum wurde diese Erzählung an dieser Stelle eingefügt? Dies lässt sich wahrscheinlich schlicht damit erklären, dass die Anfangsszene gut zu 1Kön 12,26 – 32 passte. Da der König hier auch noch alleine als Kulthandelnder auftritt, legt sich 12,32 und 13,34 als der Textzusammenhang nahe, der durch die Einfügung zur Rahmengeschichte wurde.[660] Die Propheten- bzw. Antiprophetenerzählung wurde also ursprünglich in den von N ergänzten Text von H eingefügt.[661] Die redaktionellen Ergänzungen in 12,33 und 13,33 sind wohl diesem Arbeitsschritt zuzu-

---

657 Zutreffend beschreibt Marcus, Balaam, 91, die Hauptaussage: „The principal concern of the story is to satirize its targets". Er beschränkt dies auf den Gottesmann und den Propheten, aber es betrifft natürlich auch den König, auch wenn er ab der zweiten Hälfte der Geschichte aus dem Blick gerät. Für den Umgang mit dieser Erzählung ist dabei die Geisteshaltung der Verfasser wichtiger als die einzelnen stilistischen Elemente.

658 Smend, Entstehung, 135. Hossfeld/Meyer, Prophet, 26: „Lehrerzählung". Barrick, Cemeteries, 53: „didactic fiction". Dem Charakter als „Traktat" oder als Abhandlung ist es wohl auch geschuldet, dass alle auftretenden Personen namenlos sind. Durch die namenlosen Protagonisten und Antagonisten wird zeitlose Gültigkeit ausgedrückt. Dies erscheint wahrscheinlicher, als dass keine sichere alte Tradition zur Zeit der Verschriftlichung mehr vorgelegen hat, wie es Jepsen, Gottesmann, 177, annimmt. Demgegenüber wollen Hossfeld/Meyer, Prophet, 26 f, dennoch historische Haftpunkte feststellen, bleiben dabei jedoch in allgemeinen Überlegungen zu Heiligengräbern und zur Opposition gegen Beth El stehen.

659 Gegen die allzu eindimensionale Lektüre in Halpern, First Historians, 248 – 254; Schmitz, Prophetie, 220; Cogan, 1Kings, 374. Aus diesen Gründen kann sie aber auch nicht als im Kern historisch verstanden werden, wie es DeVries, 1Kings, 171 f, tut (noch vorsichtiger in seiner vorangegangenen Studie DeVries, Prophet, 60 f; 101), und stellt auch keine „National Allegory" dar, wie Boer, National Allegory, 106 – 112, versucht, plausibel zu machen. Vgl. auch Toews, Monarchy, 110 – 115.

660 Blum, Lüge, 333, schließt daraus, dass die Erzählung selber für diesen Zusammenhang verfasst worden sei. Sein Hauptargument ist: „Das Anathema über den Altar ergeht nicht irgendwann, sondern sinnvollerweise bei der Einweihung." Doch dies ist keineswegs zwingend, ergeht doch alle andere in den biblischen Texten bewahrte prophetische Kritik an Kulten auch literarisch erst während deren Betrieb (vgl. Hos; insb. Am 7). Nocquet, Unité, 322, sieht in 1Kön 13 eine grundsätzliche Bestreitung, dass in Beth El eine Gottesbegegnung möglich sei.

661 Bei der Ergänzung in V 21 handelt es sich, wie oben dargestellt, nicht um eine Erweiterung von N, sondern um eine in dessen Sinn.

schreiben.[662] Die Distanziertheit der Grunderzählung zu ihrem Stoff scheint dabei nicht mehr verstanden worden zu sein oder keine Rolle mehr gespielt zu haben.[663]

Der Zusatz in V 3.5 diente dann wahrscheinlich dazu, das in der Grunderzählung möglicherweise fehlende Gotteswort zu „ergänzen" und zugleich auch die Autorität des Gottesmannes durch das Eintreffen seiner Ankündigung zu stärken. Ähnliches gilt für den pro-josianischen Redaktor in V 2*.32, der hier einen Anknüpfungspunkt fand, um eine Verschränkung zur Josia-Geschichte in 2Kön 22f herzustellen. Er ist nach der Zufügung von V 3.5 anzusetzen, weil sich durch seine Ergänzung von V 2* das Subjekt in V 3 entgegen der Intention von V 3.5 geändert hat. Die Eintragung von Beth El in den ersten Satz von V 11 lässt sich dagegen nicht sicher zuordnen: Möglich ist bereits die erste Redaktion, die den Text in seinen heutigen Kontext einfügte, möglich ist aber auch, dass diese Veränderung erst im Laufe des Überlieferungsprozesses geschehen ist. Für den vorliegenden Kontext geschrieben worden ist sie jedenfalls nicht;[664] dagegen spricht das Fehlen sowohl der namentlichen Nennung Jerobeams als auch der Lokalisierung in Beth El in der ursprünglichen Erzählung.

4.13 1Kön 14,1–18 MT – Jerobeams Sohn (nach MT)

Die Erzählung in 1Kön 14,1–18 MT ist gut nach vorne und hinten abgegrenzt: Zum einen bildet V 1 trotz des Erzählbeginns mit בָּעֵת הַהִיא inhaltlich einen anschlusslosen Neueinsatz und V 18 am Ende einen abgerundeten Schluss, bevor in V 19f die Todesnotiz folgt. Zum anderen ist die Erzählung in der ursprünglichen

---

662 So auch Dietrich, Prophetie, 119, der diese Redaktionstätigkeit jedoch seinem DtrP zuschreibt. Ähnlich Cogan, 1Kings, 373, der sie als „wholly Deuteronomistic" bezeichnet und mit V 2.32b zusammennimmt.

663 Auch dies entspricht dem Wesen der Ironie, dass sie eben nur verstanden wird, wenn zwischen Sprecher und Adressat ein geteilter Wissensbestand existiert. Geht dieser verloren, schwinden auch Fähigkeit und Möglichkeit, die entsprechende Distanziertheit oder gar Ironie zu verstehen (vgl. die Untersuchung Hartung, Ironie). Damit ist aber auch van Seters Einwand, gegen eine ironische Lesart der Erzählung (ders., Reading, 230) ausgeräumt, der sich konkret gegen Marcus, Balaam, 67–91, wendet.

664 Gegen Blum, Lüge, 333, und Schmitz, Prophetie, 224 (die sich an Blum anschließt). Blum, Lüge, 336, geht dann auch von einer Datierung in die spätere Perserzeit aus und nimmt als Aussageabsicht eine Abwehr eines erneuten Interesses an Beth El als Kultort an. Zuvor hatte schon Stipp, Elischa, 403, von einer sekundären Einfügung in DtrG gesprochen; dem ist mit der Einschränkung, dass es sich eben nicht um ein dtr Geschichtswerk handelt, in das 1Kön 13 eingefügt worden ist, zuzustimmen.

LXX nicht überliefert, nicht einmal in Ant, was für eine späte Aufnahme des Textes in den Kontext spricht.[665]

Die Erzählung beginnt damit, dass Jerobeams Sohn Abia krank wird. Auffälligerweise wird dieser nur in V 1 namentlich genannt und sonst als נער (in V 3 aus dem Mund Jerobeams und in V 17 vom Erzähler), בן (in V 5 aus dem Mund Gottes) und als ילד (in V 12 aus dem Mund Achias) bezeichnet.[666]

Jerobeam beauftragt nun seine Frau, die in der Version von MT vollkommen namenlos bleibt, sich zu verkleiden, um nicht erkannt zu werden, und nach Schilo zu Achia zu gehen (V 2). Dazu soll sie ihm etwas mitbringen und ihn fragen, was mit dem Jungen werden soll (V 3) – die Frage ist ergebnisoffener formuliert als in 12,24g. Die Erzählung deutet an, dass Jerobeam Achia vertraut, weil er ihm das Königtum zugesprochen hat. Dabei mag das Fehlen der namentlichen Nennung Israels in diesem Satz eine Distanz des Erzählers zu diesem Vorgang ausdrücken. Warum Jerobeam nicht selber geht, wird nicht thematisiert.

Jerobeams Frau macht sich auf und kommt nach Schilo (V 4). Mit einer kurzen Zwischenbemerkung wird eingeführt, dass Achia aufgrund seines Alters nicht mehr sehen konnte. Doch dies ist auch nicht nötig, denn Gott selber teilt ihm mit, wer zu ihm gekommen ist – ein ironisches Moment, das die Bemühungen Jerobeams und seiner Frau, unerkannt zu bleiben, konterkariert. Gott teilt Achia auch mit, was er ihr zu antworten habe (V 5).

Als sie nun ankommt – erneut wird festgehalten, dass sie sich verkleidet hat –, ruft Achia sie herein. Er nennt sie – ihr Versteckspiel erneut konterkarierend – beim Namen und spricht sie sogar auf ihr Verhalten an. Dann teilt er ihr das Unheil mit, das sie ihrem Mann ausrichten soll (V 6): Gott habe ihn aus dem Volk heraus erhoben und ihn zu einem נגיד gemacht – auffällig wird der Königstitel vermieden (V 7).[667] Gott habe dann das Königtum (ממלכה) vom Haus David weggerissen und es ihm, Jerobeam, gegeben. Dabei greift die Erzählung auf die Terminologie aus Kap. 11

---

[665] Eine Auslassung in LXX ist unwahrscheinlich, weil die Erzählung in LXX ja bereits in 3Kgt 12,24g – n überliefert ist. Dass sie dagegen gerade deshalb ausgelassen worden sei, wie Gooding, Problems, 12f, und Cogan, 1Kings, 383, annehmen, ist angesichts der sonstigen Doppelüberlieferungen in 1Kön 11 – 14 MT und 3Kgt 12,24a – z LXX sowie deren unterschiedlicher Abfolge in der Darstellung des Erzählstoffs kaum plausibel. Zur Textbezeugung siehe Brooke/McLean/Thackeray, 263 – 265.

[666] Cogan, 1Kings, 377, weist auch darauf hin, dass sich Jerobeam durch die Namensvergabe an JHWH als Nationalgott hält. Ob dies allerdings historischen Wert hat, lässt sich nicht mehr nachweisen. Es ist allerdings auch bemerkenswert, dass dieses Element in der weiteren Auseinandersetzung um Jerobeam und den sich um ihn rankenden Erzählstoff nicht in Frage gestellt wird.

[667] Diese Veränderung ist in diesem Kontext auffällig, auch wenn man נגיד als königlichen Ehrentitel versteht und sich dabei auf andere Textkomplexe bezieht (vgl. dazu Fischer, Saul-Überlieferung, 170 f, im Gegensatz zu Alt, Staatenbildung, 23).

zurück, jedoch mit einer bemerkenswerten Abweichung: Die ממלכה wird hier nicht Salomo oder seinem Sohn Rehabeam entrissen, sondern dem בית דוד, also dem Staat oder der Herrscherdynastie, je nach Verständnis des Begriffs. Doch Jerobeam sei nicht wie David gewesen, der sich an die Gebote gehalten habe und der Gott mit seinem ganzen Herzen nachgefolgt sei, um geradlinig zu handeln (V 8). Er habe vielmehr wesentlich schlechter gehandelt als alle seine Vorfahren und sich andere Götter und Gussbilder gemacht, um Gott zu verärgern, und habe Gott „hinter sich geworfen" (V 9). Deshalb nun werde Gott Schlechtes über das Haus Jerobeam bringen und es vollständig vernichten (V 10 f). Während der umfangreichste Teil dieser Vernichtungsansage das Haus Jerobeam im Sinne einer Familie bzw. Dynastie im Blick hat, hebt sich die kleine Notiz עָצוּר וְעָזוּב בְּיִשְׂרָאֵל (V 10) davon ab und scheint den Ausdruck בית ירבעם darüber hinaus auf den ganzen Staat zu beziehen.

Nach dieser umfangreichen Begründung ergeht die Mitteilung an die Frau Jerobeams, dass ihr Sohn sterben werde, sobald sie nach Hause komme (V 12). Sie sollten ihn dann begraben und betrauern, weil er der einzige der Familie sei, der in einem Grab beigesetzt werde (V 13).

Danach folgt die Ankündigung eines Königs, der im Auftrag Gottes das Haus Jerobeams ausrotten werde (V 14). Was sich nach V 14 auf einen Aufstand beziehen kann, in dem die Jerobeam-Dynastie durch einen anderen Herrscher abgelöst wird, erhält in V 15 einen universellen Horizont, indem nun von der völligen Vernichtung Israels (und nicht mehr nur des Hauses Jerobeam) sowie der Vertreibung aus dem Land die Rede ist. Dabei wird auch hier neben der Aschera als fremder Göttin das Verärgern Gottes als Movens genannt, doch ist hier Israel das Agens, was in V 16 wiederum mit Jerobeam verbunden und auf ihn zurückgeführt wird: Er habe gesündigt und das Volk sündigen lassen.

Am Ende der Geschichte wird nun erzählt, dass Jerobeams Frau zurückkehrt, ihr Sohn stirbt, beerdigt und betrauert wird, ganz nach den Worten Achias (V 17f).

So zeigt sich bei der Lektüre, dass die Erzählung von 1Kön 14,1–18 MT von sehr unterschiedlichen Horizonten geprägt ist, die in den Blick genommen werden. Dabei erweist sich der Erzählzusammenhang von V 1–6 als stringent fortlaufend und literarisch einheitlich. Dazu gehört auch noch die Aufforderung Achias an Jerobeams Frau am Anfang von V 7, dass sie ihm etwas im Auftrag Gottes mitteilen möge.[668] Doch dann entsteht ein Bruch, der sich zum einen durch einen veränderten Horizont zu erkennen gibt, zum anderen aber auch dadurch ausweist, dass in der Parallelerzählung in 3Kgt 12,24g–n LXX ein Pendant fehlt.

---

668 Im Unterschied zu vielen literarkritischen Lösungen, die V 7 als Ganzes mit dem Folgenden aus der Erzählung herauslösen, nimmt auch Noth, 1Könige, 311, V 7a als zum Grundbestand zugehörig an.

Der andere Horizont zeigt sich vor allem in der Terminologie. So ist in V 7 von Jerobeam singulär als נגיד die Rede, nachdem er in 12,20 bereits zum König gemacht worden war und in 12,25 ff von seinen ersten Regierungsmaßnahmen die Rede war, die klar königliches Gepräge tragen. Daher stellt sich die Frage, ob hier also im Unterschied zu den sonstigen Jerobeam-Stoffen der Königstitel bewusst vermieden wird. Dieselbe Ausdrucksweise inklusive Rückbezug auf Jerobeam wird auch in 1Kön 16,2 verwendet, dort gegenüber Bascha, der die Dynastie Jerobeams beendet hatte und dem mit diesen Worten das Ende der eigenen Dynastie angesagt wird.[669] In V 8 findet sich zunächst die Terminologie der Überlieferungen aus Kap. 11 – 12 wieder. So entspricht der erste Satz fast wörtlich 11,35, bemerkenswerterweise ohne die in 11,35 als Glosse identifizierten Worte. David erscheint wieder als Maßstab des Handelns, der jedoch nicht nur mit seinem ganzen Herzen Gott folgte – wie es H wichtig war –, sondern auch Gottes Gebote hielt – das Kennzeichen für N. In V 9 wird dieser Gedankengang fortgesetzt, dabei jedoch erneut eine völlig neue Terminologie eingeführt. So war von מַסֵּכָה bislang keine Rede. Zwar lässt der Zusammenhang auf die Kälber schließen, doch wird in 1Kön 12,26 ff nicht ihre Herstellungsart thematisiert. Diese Verbindung ergibt sich erst durch Ex 32,1–8, sodass hier auf eine Tradition zurückgegriffen wird, die in einem ganz anderen Textkomplex ihren Niederschlag gefunden hat als in der Darstellung der Geschichte der Königtümer, nämlich in der Darstellung der (Früh-) Geschichte des Volkes. Desweiteren wird hier der Vorwurf erhoben, Jerobeam habe andere Götter verehrt; doch davon war nicht einmal in 1Kön 12,26–33 die Rede, sondern es handelt sich um einen Vorwurf an Salomo in 1Kön 11,1–13. Ähnliches wie in V 7 gilt für die Rede vom Verärgern Gottes (לְהַכְעִיסֵנִי). Sie findet sich in 1Kön 11–14 lediglich in 14,9 und 14,15, ist dafür jedoch der bestimmende Faktor in Notizen zur Geschichtsdarstellung vor der Jehu-Revolution (1Kön 15 f), in der Geschichtsauswertung in 2Kön 17 sowie in den letzten Kapiteln in 2Kön. Singulär in 1–2Kön ist schließlich die Rede, Gott „hinter sich zu werfen" (וְאֹתִי הִשְׁלַכְתָּ אַחֲרֵי גַוֶּךָ); dieser Begriff ist lediglich dreimal in MT bezeugt: neben 1Kön 14,9 nur noch in Ez 23,35 und Neh 9,26.

In V 10–13 finden sich nun ähnliche Aussagen wie auch in 3Kgt 12,24g–n, nur in anderer Reihenfolge, denn hier wird der Blick zuerst auf das Haus Jerobeam gerichtet und danach erst auf den Sohn, was sich wohl damit erklärt, dass letzteres mit der Aufforderung zur Rückkehr an Jerobeams Frau verbunden ist. Wie 3Kgt 12,24g–n zeigt, handelt es sich dabei aber um einen festen Bestandteil der Erzählung, der zwar unterschiedlich erzählt werden konnte, aber in seinen

Grundzügen doch nicht verhandelbar war.[670] Lediglich die Erwähnung der Freien und Unfreien in Israel stellt eine spätere Zufügung dar, denn hier wird das „Haus Jerobeam" nicht mehr als Dynastie aufgefasst, sondern als Ausdruck für das Staatsgebilde, in dem es Freie und Unfreie gibt.[671] Und auch das V 10 einleitende לָכֵן gehört nicht zum Grundbestand.[672]

So ist also V 7*–9 als eigener Abschnitt innerhalb der Erzählung zu Jerobeams Sohn zu verstehen, dessen Begrifflichkeit zum einen auf die vorangegangenen Darstellungen von H und N zurück- und zum anderen in die nachfolgenden Zusammenhänge von 1–2Kön vorverweist. Dabei ist offensichtlich, dass V 8 nicht für sich allein in die Erzählung eingefügt sein kann, sondern auf den Zusammenhang in V 7*–9 angewiesen ist. Es könnte sich also um eine spätere Zufügung handeln, sodass sich allerdings die Frage stellt, wann diese geschehen sein soll, wenn sich die Erzählung in 14,1–18 insgesamt als so spät erweist, dass sie keine Aufnahme mehr in den ursprünglichen Zusammenhang der LXX gefunden hat. Wahrscheinlicher ist, dass es sich bei V 7*–9 um eine in sich geschlossene Ergänzung handelt, die nicht nur in ihrem eigenen Vokabular dachte und sich ausdrückte, sondern auch das von anderen Texten aufgenommen und verwendet hat. Dies tritt noch deutlicher im Zusammenhang mit dem zweiten größeren Zusatz in V 14–16 hervor.

Auch V 14–16 ist unverkennbar von der eigentlichen Erzählung unterschieden, und zwar ähnlich wie V 7*–9 durch die Terminologie und den veränderten Gedankenhorizont.[673] Denn in V 14 geht es nicht mehr um Jerobeams Sohn, sondern (nach V 10f erneut) um die Dynastie. Was zunächst wie ein erneuter Rückgriff auf V 10f klingt, erhält eine andere Dimension, wenn man den textlich allerdings unsicheren Versschluss hinzunimmt. Denn dieser scheint den Blick von der einmaligen Vernichtung auf die Zukunft zu weiten, indem er die Frage stellt, was noch kommen werde (זֶה הַיּוֹם וּמֶה גַּם־עָתָּה). V 15f beantwortet die indirekte Frage. Im Un-

---

670 Dies spricht gegen eine Abtrennung dieser Aussagen von der Erzählung, wie sie Dietrich, Prophetie, 112, vornimmt, zugleich aber auch gegen eine Einheit aus V 7–11 (a.a.O., 52). Cogan, 1Kings, 380, weist auf den literaturgeschichtlichen Hintergrund in den Vasallenverträgen Asarhaddons hin (ANET, 538 = TUAT I/2, 170f: Z. 426f.451f).

671 Zur Diskussion um den Ausdruck עָצוּר וְעָזוּב siehe Holder, Presuppositions, 31f, sowie Ben Zvi, Prophets, 342f, der 14,10 in den Kontext der weiteren prophetischen Aussagen mit diesem Vokabular stellt. Die Wendung מַשְׁתִּין בְּקִיר hat McKenzie, Dog Food, 417, als Entlehnung aus Fluchsätzen in Verträgen und Smith, Divination, 716, als unbewusste Übernahme eines Ausdrucks aus neuassyrischen mantischen Praktiken verstanden.

672 So auch Noth, 1Könige, 311.

673 Auch Noth, Überlieferungsgeschichtliche Studien, 81, erkennt in V 14–16 einen Zusatz, allerdings den einzigen in 14,1–18. Er betrachtet ihn als dtr. Einen Zusammenhang mit V 7–9* sieht er nicht. Diese Position hat er später in Noth, 1Könige, 311, revidiert und neben V 14–16 auch V 7*–9 als Zusätze identifiziert, wie es hier ebenfalls vertreten wird.

terschied zu V 14 ist JHWH nun der unmittelbar und allein Handelnde, der Israel schlagen, ausreißen und zerstreuen werde, weil es sich Ascheren gemacht und Gott verärgert hätte, sodass er Israel nun hingebe, wegen all der Sünden Jerobeams, die dieser selber getan und zu denen er Israel gebracht habe. Auf den ersten Blick sieht dieser Abschnitt damit aus wie viele weitere, die ihm in 1 – 2Kön folgen. Doch es gibt markante Unterschiede, die ihn als ziemlich späten Text erscheinen lassen, der bekannte Motive aufnimmt und verarbeitet, sie aber niemals einfach zitiert. Da sich bei den Veränderungen keine besonderen theologischen oder geschichtsschreibenden Tendenzen erkennen lassen, ist es nicht plausibel, von bewussten Veränderungen von Zitaten oder Anspielungen auszugehen, sondern eher von einer an altem Sprachgebrauch anknüpfenden Ausdrucksweise, derer sich der Verfasser bediente. Dies zeigt sich beispielsweise an der Rede vom Schilfrohr im Wasser, am Ausdruck עֵבֶר לַנָּהָר sowie der Nennung Israels als Objekt in V 16.

Das Schilfrohr ist eine vielfältig benutzte Metapher als abgeknicktes Rohr für Ägypten als unzuverlässiger Partner (2Kön 18,21||Jes 36,6), für Gebrechlichkeit (Jes 42,3) oder allgemein Zerbrechlichkeit (Ez 29,6). Doch die Verbindung mit לנוד und die Erwähnung des Wassers als Vegetationsort des Schilfrohrs zeigen den eigenen Sprachgebrauch. Der Begriff עֵבֶר לַנָּהָר erinnert an die fest gefügte Wendung עֵבֶר הַנָּהָר. Diese bezeichnet in Jos 24,2f.14f; Jes 7,20 Mesopotamien (blickt also aus der Levante „über den Fluss") und in Esr/Neh die Levante, dabei allerdings die konkreten politischen Gebilde der Provinzen Samaria und Jehud (blickt also von Mesopotamien „über den Fluss"). Die Wendung עֵבֶר לַנָּהָר, allerdings mit נהר im Plural, findet sich lediglich bezogen auf Kusch und setzt dort nicht einen (bekannten) Fluss voraus, sondern mehrere (Jes 18,1; Zef 3,10). Nun ist mit dem Fluss in 1Kön 14,15 MT zweifellos der Euphrat gemeint, sodass es sich bei עֵבֶר לַנָּהָר aller Wahrscheinlichkeit nach um die Wiedergabe von עֵבֶר הַנָּהָר handelt. Damit stellt sich die Frage, an welcher Blickrichtung sich 1Kön 14,15 MT orientiert. Da die Israeliten in 14,15 MT *aus* עֵבֶר לַנָּהָר zerstreut werden sollten und dann ja *in* Mesopotamien zerstreut wurden, zeigt das מִן klar eine Blickrichtung aus Mesopotamien „über den Fluss" an, entspricht also dem Sprachgebrauch in Esr/Neh. Da 1Kön 14,15 MT den Terminus technicus in Esr/Neh nun aber gerade nicht benutzt, aber dasselbe Gebiet bezeichnet, führt das zu der Schlussfolgerung, dass hier keine korrekte Wiedergabe des in späterer nachexilischer Zeit feststehenden Ausdrucks עֵבֶר הַנָּהָר vorliegt, weil es sich für den Verfasser des Zusatzes in V 14 – 16 nicht mehr um eine gegenwärtige, sondern um eine vergangene Größe handelte. Dies spricht für eine späte Abfassungszeit, was sich auch gut mit der fehlenden Aufnahme von 1Kön 14,1 – 18 MT in LXX verbinden lässt. Schließlich verrät auch V 16 den Bruch mit dem Vorherigen und einen späteren Rückblick, denn hier ist von Israel als Objekt des Handelns Gottes die Rede. Es geht also um das Volk, das „sündigen gemacht" wurde, und nicht um die Dynastie oder ein Staatswesen, das als בית ירבעם bezeichnet würde. V 16 zeigt also einen anderen Sprachgebrauch als der Kontext der Erzählung.

In V 17 wird nun die Erzählung von V 13 her bruchlos fortgesetzt und der Abschluss als Eintritt der Ankündigung Achias dargestellt. Wie auch schon in der Parallelerzählung in 12,24g – n LXX wird jedoch auch hier nur vom Tod des Sohnes berichtet und die Ankündigung des Untergangs der Dynastie (hier in V 10f*) nicht mehr in den Blick genommen. So scheint das Eintreten der einen Ankündigung als Vorbote und Versicherung für die Geltung der anderen zu fungieren.

Die Erzählung von 1Kön 14,1–18 MT erweist sich in ihrem Grundbestand, das heißt der ursprünglichen Erzählung, wie auch 12,24g – n LXX, als eigenständige Darstellung eines Teils des Jerobeam-Erzählstoffes, die nachträglich erweitert wurde.[674] Wie 12,24g – n LXX zeigt, ist sie fester Bestandteil des Jerobeam-Erzählstoffes.[675] Die Textgeschichte macht es jedoch unwahrscheinlich, dass sie auf J oder eine andere „Gesamtdarstellung" der Jerobeamüberlieferungen zurückgehen könnte,[676] auch wenn damit ausgesagt werden muss, dass diese Erzählung in J fehlte, was jedoch auch angesichts des Darstellungsinteresses von J nicht verwundert.[677] So drückt sich in ihr wahrscheinlich, wie in V 24a – z LXX auch, das ungebrochene Interesse an Jerobeam auch noch in späten Zeiten aus.

Die Erweiterungen der Grunderzählung erweisen sich ebenfalls als späte Texte, die bereits die Jerobeam-Darstellung von H inklusive der Bearbeitung von N, aber auch den Sprachgebrauch, den Stil und die Schwerpunktsetzungen der weiteren Darstellungen in 1–2Kön kannten und darauf zurückgegriffen haben,

---

674 Vgl. ähnlich Noth, 1Könige, 312; Würthwein, 1Könige, 172–179, sowie Dietrich, Prophetie, 51–54, die alle von einem ähnlichen Grundbestand ausgehen, diesen dann jedoch dtr überarbeitet sehen.
675 Möglicherweise geht die ursprüngliche Erzähltradition auf Vorstellungen zurück, wie sie sich auch in der Orakel- und Ominaliteratur findet (vgl. beispielsweise KTU 1.140 (Übersetzung in TUAT II/1, 99) und KTU 1.103; 1.145 (Übersetzung in TUAT II/1, 96–99)).
676 Gegen Dietrich, Prophetie, 112, der in 14,1–6.12.13a.17–18 eine Achia-Erzählung ausmachen möchte, die DtrP in das Gesamtwerk aufgenommen habe, Noth, 1Könige, 312, für den es Dtr war, der die Geschichte vorfand und aufnahm (vgl. auch a.a.O., 318), Herr, Sünde Jerobeams, 61f, der in ihr „exaktes Detailwissen" erkennt, das „am ehesten aus der Nähe zu den entsprechenden Geschehnissen" erklärt werden könne, und McKenzie, Trouble, 39, der 3Kgt 12,24a – z LXX insgesamt für eine „Readers Digest ®"-Fassung (a.a.O., 21) des Jerobeam-Stoffes hält. Plein, Erwägungen, 22, schließt aus der Bezahlung des Propheten mit Naturalien auf ein hohes Alter. In all diesen Ansätzen zeigt sich die Schwäche von Studien, die allein auf einem Textzeugen beruhen. Vgl. darüber hinaus Blanco Wißmann, Beurteilungskriterien, 194–198, der allerdings ebenfalls nicht die Textgeschichte berücksichtigt.
677 Das Fehlen in J und damit auch in der Darstellung von H bzw. später 1–2Kön erklärt auch das Fehlen in 2Chr, die sich trotz ihres verstärkten Interesses an Jerobeam doch an 1–2Kön zu orientieren scheint.

allerdings bereits ihre eigene Ausdrucksweise verwendet haben und sich dadurch von dem ihnen vorgegebenen Material abheben. Insbesondere bei der Verwendung des Verbs להכעיס und mit der Vorstellung, dass Jerobeam das Volk zu seiner Sünde verleitet habe (vgl. V 16), zeigen sie eine große Nähe zu Dtr. Doch weisen die oben gemachten sprachlichen Beobachtungen in Übereinstimmung mit der Textüberlieferung eher in eine spätere Zeit und lassen folglich darauf schließen, dass mit den Zusätzen in 14,1–18 dtr Sprache aufgenommen und nachgeahmt wird, weil eine ähnliche Vorstellung mitgeteilt werden soll, es sich jedoch tatsächlich nicht um dtr Spuren im engeren Sinne handelt.

Zusätze	Grunderzählung
	1 בָּעֵת הַהִיא חָלָה אֲבִיָּה בֶן־יָרָבְעָם׃
	2 וַיֹּאמֶר יָרָבְעָם לְאִשְׁתּוֹ
	קוּמִי נָא
	וְהִשְׁתַּנִּית
	וְלֹא יֵדְעוּ כִּי־אַתִּי [אַתְּ] אֵשֶׁת יָרָבְעָם
	וְהָלַכְתְּ שִׁלֹה
	הִנֵּה־שָׁם אֲחִיָּה הַנָּבִיא
	הוּא־דִבֶּר עָלַי לְמֶלֶךְ׀לוּלַמֶלֶךְ עַל־הָעָם הַזֶּה׃
	3 וְלָקַחַתְּ בְּיָדֵךְ עֲשָׂרָה לֶחֶם וְנִקֻּדִים וּבַקְבֻּק דְּבַשׁ
	וּבָאת אֵלָיו
	הוּא יַגִּיד לָךְ
	מַה־יִּהְיֶה לַנָּעַר׃
	4 וַתַּעַשׂ כֵּן אֵשֶׁת יָרָבְעָם
	וַתָּקָם
	וַתֵּלֶךְ שִׁלֹה
	וַתָּבֹא בֵּית אֲחִיָּה
	וַאֲחִיָּהוּ לֹא־יָכֹל לִרְאוֹת
	כִּי קָמוּ עֵינָיו מִשֵּׂיבוֹ׃
	5 וַיהוָה אָמַר אֶל־אֲחִיָּהוּ
	הִנֵּה אֵשֶׁת יָרָבְעָם בָּאָה
	לִדְרֹשׁ דָּבָר מֵעִמְּךָ אֶל־בְּנָהּ כִּי־חֹלֶה הוּא
	כָּזֹה וְכָזֶה תְּדַבֵּר אֵלֶיהָ
	וִיהִי כְבֹאָהּ
	וְהִיא מִתְנַכֵּרָה׃
	6 וַיְהִי כִשְׁמֹעַ אֲחִיָּהוּ אֶת־קוֹל רַגְלֶיהָ
	בָּאָה בַפֶּתַח
	וַיֹּאמֶר
	בֹּאִי אֵשֶׁת יָרָבְעָם
	לָמָּה זֶּה אַתְּ מִתְנַכֵּרָה
	וְאָנֹכִי שָׁלוּחַ אֵלַיִךְ קָשָׁה׃
	7 לְכִי
	אִמְרִי לְיָרָבְעָם
	כֹּה־אָמַר יְהוָה אֱלֹהֵי יִשְׂרָאֵל
יַעַן אֲשֶׁר הֲרִימֹתִיךָ מִתּוֹךְ הָעָם	

וָאֶתֶּנְךָ נָגִיד עַל עַמִּי יִשְׂרָאֵל:
8 וָאֶקְרַע אֶת־הַמַּמְלָכָה מִבֵּית דָּוִד
וָאֶתְּנֶהָ לָךְ
וְלֹא־הָיִיתָ כְּעַבְדִּי דָוִד
אֲשֶׁר שָׁמַר מִצְוֺתַי
וַאֲשֶׁר־הָלַךְ אַחֲרַי בְּכָל־לְבָבוֹ
לַעֲשׂוֹת הַיָּשָׁר בְּעֵינָי:
9 וַתָּרַע
לַעֲשׂוֹת מִכֹּל אֲשֶׁר־הָיוּ לְפָנֶיךָ
וַתֵּלֶךְ
וַתַּעֲשֶׂה־לְּךָ אֱלֹהִים אֲחֵרִים וּמַסֵּכוֹת
לְהַכְעִיסֵנִי
וְאֹתִי הִשְׁלַכְתָּ אַחֲרֵי גַוֶּךָ:
10 לָכֵן

הִנְנִי מֵבִיא רָעָה אֶל־בֵּית יָרָבְעָם
וְהִכְרַתִּי לְיָרָבְעָם מַשְׁתִּין בְּקִיר
עָצוּר וְעָזוּב בְּיִשְׂרָאֵל
וּבִעַרְתִּי אַחֲרֵי בֵית־יָרָבְעָם
כַּאֲשֶׁר יְבַעֵר הַגָּלָל עַד־תֻּמּוֹ:
11 הַמֵּת לְיָרָבְעָם בָּעִיר יֹאכְלוּ הַכְּלָבִים
וְהַמֵּת בַּשָּׂדֶה יֹאכְלוּ עוֹף הַשָּׁמָיִם
כִּי יְהוָה דִּבֵּר:
12 וְאַתְּ
קוּמִי
לְכִי לְבֵיתֵךְ
בְּבֹאָה רַגְלַיִךְ הָעִירָה
וּמֵת הַיָּלֶד:
13 וְסָפְדוּ־לוֹ כָל־יִשְׂרָאֵל
וְקָבְרוּ אֹתוֹ
כִּי־זֶה לְבַדּוֹ יָבֹא לְיָרָבְעָם אֶל־קָבֶר

יַעַן נִמְצָא־בוֹ דָּבָר טוֹב אֶל־יְהוָה אֱלֹהֵי יִשְׂרָאֵל בְּבֵית יָרָבְעָם:
14 וְהֵקִים יְהוָה לוֹ מֶלֶךְ עַל־יִשְׂרָאֵל
אֲשֶׁר יַכְרִית אֶת־בֵּית יָרָבְעָם
זֶה הַיּוֹם וּמֶה גַּם־עָתָּה: (Text unsicher)
15 וְהִכָּה יְהוָה אֶת־יִשְׂרָאֵל
כַּאֲשֶׁר יָנוּד הַקָּנֶה בַּמַּיִם
וְנָתַשׁ אֶת־יִשְׂרָאֵל מֵעַל הָאֲדָמָה הַטּוֹבָה
אֲשֶׁר נָתַן לַאֲבוֹתֵיהֶם
וְזֵרָם מֵעֵבֶר לַנָּהָר
יַעַן אֲשֶׁר עָשׂוּ אֶת־אֲשֵׁרֵיהֶם
מַכְעִיסִים אֶת־יְהוָה:
16 וְיִתֵּן אֶת־יִשְׂרָאֵל בִּגְלַל חַטֹּאות יָרָבְעָם
אֲשֶׁר חָטָא
וַאֲשֶׁר הֶחֱטִיא אֶת־יִשְׂרָאֵל:

17 וַתָּקָם אֵשֶׁת יָרָבְעָם
וַתֵּלֶךְ
וַתָּבֹא תִרְצָתָה

הִיא בָאָה בְסַף־הַבַּ֫יִת
וְהַנַּ֫עַר מֵת:
18 וַיִּקְבְּרוּ אֹתוֹ
וַיִּסְפְּדוּ־לוֹ כָּל־יִשְׂרָאֵל כִּדְבַר יְהֹוָה
אֲשֶׁר דִּבֶּר בְּיַד־עַבְדּוֹ אֲחִיָּהוּ הַנָּבִיא:

4.14 1Kön 14,19 – 20 MT – Todesnotiz Jerobeams (MT)

Ebenfalls nur in MT überliefert ist die Todesnotiz Jerobeams, was zu dem merk-
würdigen Phänomen führt, dass in LXX von Jerobeams Tod nichts berichtet wird.
Die V 19 f sind ganz nach dem Schema der in 1– 2Kön eine Königsdarstellung
abschließenden Todesnotizen gestaltet, wie sie ja bereits in 11,41 – 43 für Salomo
vorliegt. Sie weist mit הִנָּם כְּתוּבִים denselben Sprachgebrauch auf wie 2Kön 15 für die
ermordeten Könige aus der Endphase des Nordreichs (Sacharja V 11, Schallum
V 15, Pekachja V 26[678], Pekach V 31). Doch ist fraglich, ob sich daraus etwas für
diese Notiz ableiten lässt.[679]

Auffällig ist allerdings die zweigliedrige Auflistung in V 19: אֲשֶׁר נִלְחַם וַאֲשֶׁר מָלָךְ. Sie
beinhaltet keinerlei Wertung, gibt also keine Tendenz in ihrer Sicht auf Jerobeam zu
erkennen. Dies macht es unwahrscheinlich, dass es sich um einen Text aus der Feder
von H oder N handelt. Üblicherweise steht an dieser Stelle der Zusatz אֲשֶׁר עָשָׂה oder
וְכָל־אֲשֶׁר עָשָׂה, der nur in fünf Fällen ausgelassen oder ersetzt wird: neben Jerobeam bei
Simri (1Kön 16,20) und Schallum (2Kön 15,15) mit einem Hinweis auf die Verschwö-
rung, die sie an die Macht gebracht hat, sowie bei Amazja (2Kön 14,18) und Secharja
(2Kön 15,11), die gar keinen Zusatz haben. Während bei den letzten vier die textliche
Überlieferung jedoch zweifelsfrei ist bzw. in 2Kön 14,18 LXX eine Harmonisierung
vorliegt, stellt sich angesichts der Abweichung und der textlichen Überlieferung bei
1Kön 14,19 f MT die Frage, ob es sich um einen späten Text handelt, der Jerobeam der
Vollständigkeit halber eine Todesnotiz zukommen lassen wollte, auch wenn dies
nicht erklärt, warum es zu der Abweichung gekommen ist. So bleiben viele Fragen
offen und einzig die Textüberlieferung gibt einen Anhalt, der dazu führt, die Notiz

---

678 Sein Vater Menachem starb friedlich und hat das Amt an ihn vererbt. Er erhält denn auch eine
vollständige Notiz inklusive der Wendung הֲלוֹא־הֵם כְּתוּבִים.
679 Vgl. Römer, Väter, 280 – 285, insb. 282f.284, der aufgrund seiner Untersuchung dieses Rahmens von dessen Einheitlichkeit in 1– 2Kön ausgeht und sich gegen eine Zuordnung zu verschiedenen Redaktoren ausspricht, wie sie beispielsweise Weippert, Beurteilungen, 306f, vorgenommen hat.

R^präMT zuzuschreiben, der sie geschaffen hat, als er die Erzählung in V 1–18 in den Kontext einfügte.[680]

4.15 1Kön 14,21–28 – Rehabeams Regierung

Nach allem, was nun über Jerobeam erzählt worden ist, folgt in der kanonischen Reihenfolge noch ein kurzer Text über die Regierungszeit Rehabeams. Sie beginnt mit Informationen, wie sie viele der Einleitungssätze zu den Regierungszeiten der Könige in Israel und Juda beinhalten. Auch wenn dies nichts über ihre historische Verlässlichkeit aussagt, zeigt ein Vergleich jedoch auch, dass es sich bei der Apposition הָעִיר אֲשֶׁר־בָּחַר יְהוָה לָשׂוּם אֶת־שְׁמוֹ שָׁם מִכֹּל שִׁבְטֵי יִשְׂרָאֵל nicht nur um eine grammatikalische Ergänzung handelt, sondern auch um einen Zusatz, mit dem die Erwählung Jerusalems unterstrichen wird.

In V 22 folgt zunächst die Bewertung der Herrschaft Rehabeams, wie sie solchen Einleitungssätzen in der Regel angehängt ist. Doch dann wechselt das Subjekt. Der Text berichtet nun im Plural von mehreren, die Gott eifersüchtig werden ließen durch ihre Sünde: Sie bauten Höhenheiligtümer, Mazeben und Ascheren (V 23), es habe sogar „Geweihte" gegeben (V 24), deren Funktion nicht weiter ausgeführt wird,[681] und sie hätten sich so verhalten wie die Völker, die Gott vor ihnen vertrieben habe – ein eindeutiger Rückgriff auf Landgabeerzählungen.

In V 25 geschieht ein erneuter Wechsel. Es folgt ein Bericht über einen Feldzug Scheschonqs, der in das fünfte Jahr der Regierungszeit Rehabeams datiert wird

---

680 So spricht auch hier die Textüberlieferung gegen eine allzu programmatische Ausdeutung der Notiz im Blick auf die Geschichtskonzeption, wie sie beispielsweise Hoffmann, Reform, 61, vornimmt, wenn er 14,19–20 als vorgegeben annimmt, stattdessen aber das Fehlen einer einleitenden Königsnotiz für Jerobeam als Hinweis darauf versteht, dass dieser ja illegitim auf den Thron gekommen sei.
  Angesichts der literarkritischen Einheitlichkeit wird auf eine erneute Textdarstellung verzichtet.
681 Oft werden sie mit Kultprostitution in Verbindung gebracht, doch weist Fritz, 1Kön, 149, zu Recht darauf hin, dass es für Kultprostitution in Jerusalem keinen Beleg gibt. Er geht von Menschen aus, die der Gottheit im Heiligtum durch Übereignung in besonderer Weise zugehörig gewesen seien, ohne dies weiter zu erläutern. Vgl. dazu insbesondere Stark, Kultprostitution, insb. 146 f. Sie zeigt in ihrer Untersuchung ausführlich auf, dass keine Verbindung zur Kultprostitution hergestellt werden kann, sodass die sonst übliche Übersetzung fraglich wird. Schon zuvor hat Cogan, 1Kings, 387, die Deutung als Kultprostituierte in Frage gestellt, den Ausdruck jedoch in der Textübersetzung beibehalten. Vgl. zudem Bird, Prostitute, insb. 74 f. Dagegen möchte Stipp, Qedešen, 233–236, an einer Verbindung zur Kultprostitution festhalten.

und in dessen Zuge Scheschonq Jerusalem geplündert habe, und Rehabeams dürftigen Versuch, Teile des Geplünderten, die Schilde Salomos, zu ersetzen.

So lässt sich auf den ersten Blick erkennen, dass dieser Abschnitt nicht aus einem Guss ist. Wie bereits oben gesagt, handelt es sich in V 21 bei der Apposition הָעִיר אֲשֶׁר־בָּחַר יְהוָה לָשׂוּם אֶת־שְׁמוֹ שָׁם מִכֹּל שִׁבְטֵי יִשְׂרָאֵל um eine spätere Zufügung, weil sie den formalen Rahmen der sonst üblichen Königsnotizen sprengt.[682] Sie ist wohl durch die Nennung Jerusalems motiviert und weist die gleiche dtr Sprache auf, wie in den bereits vorher besprochenen Zusätzen. Sie ist also der Bearbeitung von D zuzuweisen. In V 21* dagegen zeigt sich das Grundgerüst,[683] an dem die Darstellung der Geschichte der beiden Reiche Israel und Juda aufgehängt ist und das wahrscheinlich königlichen Annalen entstammt. Auf diese Informationen konnte H zurückgreifen, als er seine Königsbewertungen einfügte, die sich hier im ersten Satz von V 22 befinden.

Danach jedoch folgt ein literarischer Bruch. Es wird nun nicht mehr auf den König, sondern auf das Volk fokussiert. Denn in V 22* – 24 ist es das Volk, das sündigt, indem es unerlaubte Kultpraktiken an unerlaubten Orten einführt.[684] Dabei entspricht V 23 fast wörtlich 2Kön 17,9b – 10 und der Schlusssatz in V 24 inhaltlich 2Kön 17,8. Dies zeigt, dass es sich um einen dtr Zusatz handelt, der erst nachträglich in die Darstellung Rehabeams eingefügt worden ist. Dieser intendierte vermutlich nicht eine weitere oder detailliertere Diskreditierung der Herrschaft Rehabeams, sondern sollte eher den Beleg dafür bieten, dass das Volk auch unabhängig von seinen Königen schon von Anfang an schuldig geworden sei.[685] Zugleich wird auf diese Weise gezeigt, dass die dem Nordreich in 2Kön 17 zur Last gelegten Verfehlungen in gleicher Weise auch Juda betreffen, weil es sich von Anfang an nicht anders verhalten hat.

Bei V 25 – 28 handelt es sich möglicherweise um eine historische Notiz, die ebenfalls aus der Geschichtsschreibung des Königreichs Juda stammt.[686] Denn hier finden sich nicht mehr die Ausdrucksweisen, wie sie in den vorangegangenen Darstellungen zu sehen waren, um Aussageabsichten oder Tendenzen erkennen

---

[682] So auch Spieckermann, Juda, 189 f.

[683] Vgl. auch Person, Deuteronomic School, 47, der noch V 22 – 24 (ohne den ersten Satz in V 22) zu dieser Schicht hinzunimmt.

[684] Wie Blanco Wißmann, Beurteilungskriterien, 236, nachgewiesen hat, hat dieser Wechsel durchaus Bedeutung und kann nicht einfach mit einer Austauschbarkeit von König und Volk aufgehoben werden, wie es Hoffmann, Reform, 75, behauptet.

[685] So auch Hoffmann, Reform, 77.

[686] DeVries, 1Kings, 184, versteht es als „memorandum of the temple archives". Vgl. auch Naaman, Royal Inscriptions, 199 f, sowie seine Auswertung, a.a.O., 204. Woher die in V 25 – 28 verarbeitete Notiz stammt, lässt sich wohl nicht mehr mit Sicherheit bestimmen.

zu lassen. Scheschonqs Feldzug[687] wird auch nicht in das Schema von Schuld und Strafe eingebunden.[688] Trotzdem stellt sich die Frage, ob mit den Sätzen ab וְאֶת־מָגִנֵּי הַזָּהָב nicht doch eine Aussageabsicht verbunden war, die über die bloße Feststellung, dass Rehabeam die geplünderten Schilde Salomos ersetzt habe, hinausgeht. Mit ihr könnte ganz vorsichtig auf den Verfall hingewiesen worden sein, der sich nach Meinung des Verfassers im Laufe der Zeit eingestellt habe. Ob dies dann wirklich unter Rehabeam war oder später, kann dahingestellt bleiben; möglicherweise bot die Notiz über den Feldzug nur den passenden Rahmen. Die Vorsicht in der Äußerung und ihrer Formulierung, vielleicht auch ihre Rückdatierung auf Rehabeam könnten dann ein Hinweis sein, dass hier ein Schreiber bereits in der Königszeit einen Verfall wahrnahm und diesen so festhielt, dass es ihn nicht den Kopf kostete. Doch das lässt sich nicht nachweisen, allenfalls als plausibel betrachten.

So bleibt Rehabeam selber in seiner Regierungszeit relativ farblos im Vergleich zu seinen Vorgängern und auch zu seinem Konkurrenten im Norden.[689]

D/dtr	H
	21 וּרְחַבְעָם בֶּן־שְׁלֹמֹה מָלַךְ בִּיהוּדָה
	בֶּן־אַרְבָּעִים וְאַחַת שָׁנָה רְחַבְעָם בְּמָלְכוֹ
	וּשְׁבַע עֶשְׂרֵה שָׁנָה מָלַךְ בִּירוּשָׁלַם
הָעִיר אֲשֶׁר־בָּחַר יְהוָה לָשׂוּם אֶת־שְׁמוֹ שָׁם מִכֹּל שִׁבְטֵי יִשְׂרָאֵל	
	וְשֵׁם אִמּוֹ נַעֲמָה הָעַמֹּנִית:
	22 וַיַּעַשׂ הַרַע בְּעֵינֵי יְהוָה
וַיְקַנְאוּ אֹתוֹ	
מִכֹּל|בכל אֲשֶׁר עָשׂוּ אֲבֹתָם	
בְּחַטֹּאתָם|ובחטאתם אֲשֶׁר חָטָאוּ:	
23 וַיִּבְנוּ לָהֶם	
בָּמוֹת וּמַצֵּבוֹת וַאֲשֵׁרִים	
עַל כָּל־גִּבְעָה גְבֹהָה	

---

687 Vgl. dazu jüngst Ben-Dor, Shishak, 11– 22, mit einer Auseinandersetzung zu Scheschonqs Darstellung des Feldzugs und weiterer auf die historische Fragestellung bezogener Literatur (insb. a.a.O., 11) sowie kurz zuvor die ausführliche Untersuchung Wilson, Campaign, in der er die Darstellung Scheschonqs mit anderen Triumphdarstellungen vergleicht und abschließend auch die biblischen Texte dazu in Beziehung setzt, und Clancy, Shishak, 3 – 23; Finkelstein, Shoshenq I, 109 – 135; Naaman, Israel, Edom and Egypt, 126 – 133; Schipper, Israel und Ägypten, 121 – 132; Handy, Dating, 99 – 101.

688 Gegen Mullen, Crime, 236, der V 25 – 28 als Strafe für V 22* – 24 versteht und dabei die genauen Formulierungen in den Texten außer Acht lässt.

689 2Chr bietet demgegenüber Zusätze, durch die Rehabeam stärker profiliert wird, unter anderem eine Liste von Baumaßnahmen. Vgl. dazu Finkelstein, Fortified Cities, 92 – 107, der die Frage nach einem hasmonäischen Hintergrund dieser Sonderüberlieferung stellt, sie jedoch nicht zweifelsfrei beantworten möchte.

וְתַ֫חַת כָּל־עֵ֥ץ רַעֲנָֽן׃
24 וְגַם־קָדֵ֖שׁ הָיָ֣ה בָאָ֑רֶץ
עָשׂ֕וּ כְּכֹל֙ הַתּוֹעֲבֹ֣ת הַגּוֹיִ֔ם
אֲשֶׁר֙ הוֹרִ֣ישׁ יְהֹוָ֔ה מִפְּנֵ֖י בְּנֵ֥י יִשְׂרָאֵֽל׃

25 וַיְהִ֞י בַּשָּׁנָ֤ה הַחֲמִישִׁית֙ לַמֶּ֣לֶךְ רְחַבְעָ֑ם
עָלָ֛ה שׁוּשַׁק [שִׁישַׁ֥ק] מֶֽלֶךְ־מִצְרַ֖יִם עַל־יְרוּשָׁלָֽ͏ִם׃
26 וַיִּקַּ֞ח אֶת־אֹצְר֣וֹת בֵּית־יְהֹוָ֗ה
וְאֶת־אוֹצְרוֹת֙ בֵּ֣ית הַמֶּ֔לֶךְ
וְאֶת־הַכֹּ֖ל לָקָ֑ח
ואת־מָגִנֵּ֥י הַזָּהָ֖ב
(אֲשֶׁ֥ר עָשָׂ֖ה שְׁלֹמֹֽה)׃
27 וַיַּ֨עַשׂ הַמֶּ֤לֶךְ רְחַבְעָם֙ תַּחְתָּ֔ם מָגִנֵּ֖י נְחֹ֑שֶׁת
וְהִפְקִ֗יד עַל־יַד֙ שָׂרֵ֣י הָרָצִ֔ים
הַשֹּׁ֣מְרִ֔ים פֶּ֖תַח בֵּ֥ית הַמֶּֽלֶךְ׃
28 וַיְהִ֛י מִדֵּי־בֹ֥א הַמֶּ֖לֶךְ בֵּ֣ית יְהֹוָ֑ה
(ו)יִשָּׂאוּם֙ הָֽרָצִ֔ים
וֶהֱשִׁיב֖וּם אֶל־תָּ֥א הָרָצִֽים׃

4.16 1Kön 14,29 – 31 – Todesnotiz Rehabeams

Nach den Notizen zur Regierungszeit Rehabeams folgt seine Todesnotiz. Diese entspricht voll und ganz dem üblichen Schema dieser Notizen, die H zuge-schrieben werden können, wie bereits oben dargelegt.[690]

Bemerkenswert ist der Hinweis in V 30. Wie die übrigen solcher kurzen An-merkungen in den Todesnotizen der Königsdarstellungen haben sie eine hohe historische Verlässlichkeit und in diesem Fall in der Anfangszeit der beiden Kö-nigreiche auch eine große Plausibilität – jedenfalls eine wesentlich höhere als der angebliche Frieden zwischen beiden, der in 1Kön 12,21 – 24 beschworen wird.

---

690 Aus diesem Grund wird auch auf eine erneute Textdarstellung verzichtet.

5 Die Erzählungen und Erzählstränge in ihrem Zusammenhang

Die literarische und literarkritische Analyse der Texte von 1Kön 11–14 hat gezeigt, dass die Darstellung der Reichsteilung, als die die Vorgänge kanonisch betrachtet erscheinen, aus sehr verschiedenen, spannungsvoll zusammengestellten Elementen besteht. In diesem Kapitel geht es darum, diese einzelnen Bausteine in ihrem je eigenen Profil und mit ihrer je eigenen Aussageabsicht nachzuzeichnen und, soweit es sich um längere Erzählstränge handelt, auch die Frage nach ihrem weiteren Verlauf zu stellen. Dabei soll die sukzessive Textentstehung in der Reihenfolge der Darstellung berücksichtigt werden, sofern dies möglich ist.

5.1 Die Jerobeam-Erzählung von J

Der Jerobeam-Erzählstoff ist vielfältig und, da das Nordreich Israel wie alle Königreiche eine Gründungslegende gehabt haben wird, in seinen Anfängen wohl auch sehr alt. Das Erstaunliche an diesem Stoff ist, dass er sich über Jahrhunderte hindurch erhalten hat, und zwar nicht nur als Überlieferungsbestand, sondern als ein lebendiger Erzählstoff, an dem immer wieder gearbeitet worden ist. Das verdankt sich wohl der Tatsache, dass Jerobeam im Laufe der Überlieferung zum Negativbild eines Herrschers geworden ist. Jerobeam hat gewissermaßen den Wandel von einer historischen zu einer literarischen Persönlichkeit vollzogen, wenn auch um den Preis seines guten Rufs.

Die älteste Überlieferung im Textkomplex von 1Kön 11–14 wird wahrscheinlich die Erzählung von J sein. Wie die Sonderüberlieferungen zu Jerobeam in 3Kgt 12,24a–z LXX und in 2Chr zeigen, handelt es sich dabei nicht um die einzige Darstellung des Jerobeam-Erzählstoffs. Vielmehr ist mit mehreren, voneinander unabhängigen Erzählungen zu rechnen, die sich nebeneinanderher entwickelt haben, sowie mit einem andauernden Interesse, das sich in Texten wie 1Kön 14,1–18 oder eben in 2Chr niedergeschlagen hat.

Das Hauptcharakteristikum von J ist die positive Darstellung Jerobeams. Es ist die Erzählung von einem Königsbeamten,[690] der infolge seiner Tüchtigkeit „ent-

---

690 Die Wendung עֶבֶד לִשְׁלֹמֹה ist von der bei Titeln sonst meist üblichen Constructus-Verbindung zu unterscheiden. Sie findet sich auch in Gen 41,12 (vgl. auch 44,16); 44,33; 47,19.25; 1Sam 17,8; 30,13; 2Sam 8,14; 9,12; 1Kön 2,39 und drückt dort aus, dass es sich nicht um das unmittelbare Verhältnis handelt, wie es wohl für einen עבד המלך vorauszusetzen ist, sondern um einen Untergebenen von vielen (besonders deutlich in 1Sam 30,13 oder 1Kön 2,39, unter anderem

deckt" wird – zunächst von Salomo und dann von Gott –, der sich dann nach der Legitimation durch einen Propheten mit der Billigung Gottes von seinem Herrn löst, deswegen fliehen muss und nach seiner Rückkehr die Gunst der Stunde zu nutzen weiß, um König zu werden und ein eigenständiges Reich zu begründen, das er durch bauliche und kultische Maßnahmen äußerlich und innerlich, politisch und religiös festigt. Kurz: Jerobeam entspricht allen Anforderungen an einen altorientalischen Herrscher. Er ist von seinem Gott für die Aufgabe erwählt und legitimiert, er sorgt für dessen Kult und baut zudem das Staatswesen auf bzw. aus.

Dabei ist die Darstellung nicht frei von Dramaturgie. Jerobeam wird einerseits eingeführt als Sohn einer Witwe, weist aber andererseits eine vorzeigbare Herkunft auf, und zwar sowohl in familiärer Hinsicht, wie durch den Vaternamen gezeigt werden soll, als auch in geographischer und ethnischer, wie durch die Nennung Ephraims und des Ortes Zereda ausgedrückt wird. In dieser schwierigen Lage bewährt er sich in der Residenzstadt Jerusalem bei dortigen Baumaßnahmen. Daraufhin wird er von Salomo wahrgenommen und in eine verantwortungsvolle Position befördert. In dieser Phase,[691] an einem bedeutenden Karriereschritt angekommen, wird er durch den Propheten Achia berufen und damit durch Gott zum Herrscher der zehn Stämme im Norden legitimiert. Indem es der Prophet ist, der den Mantel zerreißt (V30), ist es letztlich Gott selber, der die Verbindung von Norden und Süden zerschneidet; Jerobeam wird dies also lediglich nachvollziehen.[692] J spiegelt darin eine Darstellungstradition, die sich auch bei Saul und David, und in eingeschränkterem Maße auch bei Salomo findet, nach der der Herrscher die Macht nicht selber anstrebt, sondern an die Macht „gelangt", indem er von außen berufen wird bzw. in Salomos Fall andere ihn dazu bringen.[693]

In der Folge muss Jerobeam vor Salomo fliehen (V 40). Zwischen der prophetischen Zeichenhandlung und der Flucht besteht erzählerisch eine Lücke, in der ein Bericht vom Aufstand Jerobeams zu erwarten wäre, der die Reaktion in V 40 erklären würde. Es ist zwar grundsätzlich möglich, dass dieser Bericht von der ausführlichen

---

Vorzeichen aber auch in 2Sam 8,14). Offen ist allerdings, ob die Wendung in 1Kön 11,26 ursprünglich ist und es sich bei Jerobeam um einen „mittleren" Beamten gehandelt hat, der Salomo irgendwann auffiel, oder ob das ל später eingefügt wurde, um die Constructus-Verbindung und die damit ausgesagte enge Verbindung zu Salomo zu zerstören.

691 Es ist mit בָּעֵת הַהִיא nicht gesagt, dass Achia Jerobeam unmittelbar nach dessen Beauftragung durch Salomo auf seinem Weg nach Ephraim begegnet ist, sodass es angemessener ist, von einer gewissen zeitlichen Erstreckung auszugehen.

692 Leuchter, Jeroboam, 59, hält zu Recht fest, dass die in Jerusalem vertretene Theologie im Norden durchaus nicht denselben Anklang gefunden hat wie im Süden und sich im Norden alte Traditionen noch lange erhalten haben. Dazu gehören wohl auch die Bedeutung Silos und der dortigen Propheten.

693 Vgl. auch Meier, Themes, 133 f, der weitere Beispiele inklusive prophetischer Beteiligung bietet.

Begründung der Zeichenhandlung in V 32–39 durch spätere Bearbeiter verdrängt worden ist, doch sollte diese gedankliche Lücke aufgefallen sein. Wahrscheinlicher erscheint doch, dass es niemals einen solchen Bericht gab. Das Motiv der Flucht hat J entweder nicht interessiert, oder er konnte oder wollte es nicht preisgeben.[694] Er nutzt es aber als dramatisches Element: der Protagonist verschwindet für eine Zeit von der Bühne. Was zunächst nach einem Scheitern aussieht, wird dann jedoch in der Fortsetzung von J in 1Kön 12,20 zu einem fulminanten Erfolg, wenn Jerobeam nach seiner Rückkehr vom Volk geholt und zum König gemacht wird. Die Wendung עַל־כָּל־יִשְׂרָאֵל spiegelt noch den Herrschaftsanspruch wider.

In 1Kön 12,25 setzt sich die Quelle J fort. Es handelt sich wohl um die ersten Baumaßnahmen Jerobeams. Der Text wirkt fragmentarisch, da die Angaben zu Sichem und Pnuel in ihrer Ausführlichkeit sehr unterschiedlich ausfallen.[695] Ob dies auf die unmittelbar an die Pnuel-Notiz anschließende Bearbeitung durch H zurückgeht oder bereits so in J vorlag, wird sich nicht mehr klären lassen.

Nach den Baumaßnahmen folgen die kultischen Maßnahmen. Der Bericht darüber ist nach der Bearbeitung von H nur noch völlig fragmentarisch erhalten. Ihm zufolge hat Jerobeam zwei goldene Kälber gemacht, das eine in Beth El und das andere in Dan aufgestellt, wobei das letztere durch das Volk prozessionsartig dorthin begleitet worden ist. Dabei sind die Kälber völlig frei von jeder Polemik als Teil der Ausgestaltung eines altorientalischen Kultes zu betrachten. So erscheint Jerobeam ganz im Rahmen altorientalischer Königsideologie als Bauherr und Kultgründer bzw. -förderer.

Dann bricht die Darstellung von J ab. Ob damit die ursprüngliche Erzählung von J vollständig erfasst worden ist, muss offen bleiben. Dass der Fokus deutlich auf den Anfängen Jerobeams liegt und keine weiteren Regierungsmaßnahmen oder gar Ereignisse in seiner Herrschaftszeit in den Blick kommen,[696] könnte zu der Annahme führen, dass nur eine Auswahl vorliegt. Möglich ist aber auch, dass es sich um eine Gründungslegende des Nordreichs handelt, in der die Geschichte seines Gründers und von seinen Anfängen erzählt wird. Das Interesse an der Person Jerobeams und das Desinteresse am weiteren Verlauf der Ereignisse mögen zu dieser Zusammenstellung geführt haben, die nicht einmal von H vorgenommen worden sein muss. Denn die thematische Auswahl ist mit Ausnahme der Episode

---

694 Das Motiv muss schließlich nichts mit einer Rivalität mit Salomo und schon gar nicht mit einer Beauftragung durch den Propheten Achia zu tun haben. Letztere gehört wahrscheinlich ohnehin in den legendarischen Teil der Darstellung von J.

695 Zu Sichem und Pnuel siehe Campbell, Shechem, 1345–1354. Pnuel ist nicht sicher identifiziert; möglicherweise handelt es sich um Deir Alla (siehe van der Kooij, Deir Alla, 338).

696 1Kön 14,30 nennt beispielsweise Kriege Jerobeams. Doch diese Notiz stammt wohl aus einer alten Rehabeam-Überlieferung und wurde von H aufgenommen.

über Jerobeams Sohn in J und 3Kgt 12,24a – z LXX weitgehend identisch. In jedem Fall ist von J nur noch das erhalten, was H in seine Bearbeitung des Jerobeamstoffes eingefügt hat, was H also für überlieferungswürdig hielt bzw. woran H seine Überlegungen gut anschließen konnte.

Die Darstellung von J ist im Nordreich zu lokalisieren und entsprechend auch vor 722 zu datieren. Eine genauere zeitliche Eingrenzung ist rückblickend nur schwer möglich, denn wie die Sargon-Literatur zeigt, können Gründungslegenden auch wesentlich später verfasst worden sein, als die ihnen zugrunde liegenden Ereignisse stattgefunden haben.[697] Einen Hinweis kann die fehlende Besiedlung Dans zur Zeit Jeroebams I. geben,[698] die es zumindest unwahrscheinlich macht, J in der zeitlichen Nähe zum 10. Jh. zu datieren. So ist wohl in der Tat von einer Gründungslegende auszugehen, die im Laufe der Geschichte des Nordreichs entstanden ist. Anscheinend war die Rückbesinnung auf den Staatsgründer trotz mehrfachem Dynastiewechsels immer noch ein probates Mittel, um wahrscheinlich Ansprüche der Gegenwart zu legitimieren. Ob diese wirklich im Bereich der territorialen Ausdehnung nach Dan lagen, wie in Kapitel 4.11 angedeutet, muss letztlich offen bleiben; plausibel wäre dann aber eine Datierung in das 8. Jh., möglicherweise in die Zeit Jerobeams II.[699]

5.2 Die weisheitliche Erzählung in 1Kön 12,1–18*

Die mögliche Entwicklung der Erzählung in 1Kön 12,1–18* von einer Geschichte auf dem „Schmierzettel" zum Baustein offizieller Geschichtsschreibung ist bereits im vorherigen Kapitel beschrieben worden. Bei ihr handelt es sich um eine in sich geschlossene Erzähleinheit, die unabhängig von ihrem jetzigen Kontext verfasst worden ist und ursprünglich auch für sich selber stand und überliefert wurde. Wahrscheinlich repräsentiert sie eine literarische Bewältigung königlicher Beratungsresistenz aus Kreisen sich auf diese Weise missachtet Fühlender. Sie wollten ursprünglich wohl sich selber untereinander zeigen, wohin es führt, wenn ein König auf ein paar profilsüchtige Gleichaltrige setzt. Mit den historischen Ereignissen um den Beginn der Königsherrschaft Rehabeams hat die Erzählung nicht

---

697 Blanco Wißmann, Sargon, 52 f, möchte einen Grundbestand von 1Kön 11 f in die Zeit der Jehu-Dynastie datieren, doch das ist letztlich nicht mehr als Spekulation, auch wenn es denkbar wäre.
698 Finkelstein, Forgotten Kingdom, 74 f.
699 Vgl. auch Zwickel, Priesthood, 416 f, der darauf hinweist, dass es auch für die Regierungszeit Jerobeams II. keinen Hinweis auf den Bau eines Heiligtums in Dan gebe. Doch, wie oben gesagt, muss es sich bei J nicht um einen Reflex auf ein historisches Ereignis handeln, sondern kann auch einen Anspruch ausdrücken.

mehr zu tun, als dass ihre Verfasser diese als ihren erzählerischen Ausgangspunkt nahmen und das Thema daran entwickelt und zu einer weisheitlichen Lehrererzählung ausgestaltet haben.

Dennoch ist es bemerkenswert, dass sie das Thema gerade von hier ausgehend entfaltet haben.[700] Handelt es sich um einen Reflex darauf, dass die politische Entwicklung nach Salomo im Süden nicht nur als Trennung, sondern auch als elementare Erfahrung des Scheiterns empfunden wurde und über Jahrhunderte das Trauma für die Großreichsphantasien eines Staates war? Oder gibt es doch eine größere Nähe zur Davidgeschichte als oben angenommen? Schließlich hat die Davidgeschichte durchaus Tendenzen, die Dominanz des Südens gegenüber dem Norden zu propagieren, wie beispielsweise die letztendliche Übernahme der Macht durch David auch im Herrschaftsbereich Sauls oder gerade auch das Kommen der Nordstämme zu David (2Sam 5), um ihn zum König zu machen, oder den doch noch geschehenen Sieg gegen Schimi (2Sam 20) zeigen. Wenn in 1Kön 12,1–18* auf das Kommen der Nordstämme zu David in 2Sam 5 oder die Beratung in 2Sam 16f angespielt werden sollte, dann wird in 1Kön 12 dazu ein Gegenbild entworfen und werden die Konsequenzen dargestellt. Sollten sie deshalb im selben Verfasserkreis entstanden sein? Historisch Gewisses wird sich darüber kaum noch sagen lassen.

Mit einem gewissen Maß an Sicherheit lässt sich allein die vorexilische Datierung der Erzählung sowie ihre Lokalisierung im Süden aussagen.[701]

5.3 Die Antiprophetenerzählung in 1Kön 13

Auch die ursprüngliche, in 1Kön 13 erhaltene Erzählung ist in ihrer Tendenz und Aussageabsicht bereits ausführlich besprochen worden.[702] In ihrer Komplexität und mit ihren zahlreichen Seitenaspekten lässt sie sich nicht erschöpfend auf ein Thema oder eine Hauptaussage reduzieren. Sie repräsentiert vielmehr eine kritische Auseinandersetzung mit verschiedenen Facetten der Prophetie, in der die distanzierte Haltung gegenüber diesem Phänomen implizit, aber durch die Übersteigerung und Fülle der angesprochenen Motive durchaus deutlich zum Vorschein kommt. Ihre Verfasser sind wohl in weisheitlichen Kreisen zu suchen, deren Zugang zur Welt, zur Gesellschaft und insbesondere zu relevanten Fragen ein grundlegend anderer ist als

---

700 Im Unterschied zur Erzählung in 1Kön 13, in der Jerobeam ursprünglich nicht Bestandteil der Erzählung war, ist 1Kön 12,1–18* von Anfang an mit den genannten Akteuren verfasst worden.
701 Siehe dazu oben 4.7. Zum Redaktionsprozess, der zur Einfügung der Erzählung in den jetzigen Kontext geführt hat, siehe unten 5.6.
702 Siehe dazu oben 4.12.

in der Prophetie, indem er zur kritischen Reflexion einlädt und diese voraussetzt, um dann auf deren Basis zu gültigen Aussagen zu gelangen.

Für die Datierung der Erzählung gibt es aus ihr selber heraus keine tragfähigen Hinweise, die auf eine bestimmte Epoche hindeuten oder den Zeitraum einschränken würden. Weder die Gestalt des Königs an ihrem Beginn noch das Nordreich-Setting oder gar Beth El müssen darauf verweisen, dass sie auch im Nordreich oder zur Zeit von dessen Existenz entstanden ist, denn dabei könnte es sich um literarische Kunstgriffe handeln, ging doch die Erinnerung daran nach 722 nicht verloren und hatte der Norden auch danach eine unbestreitbare politische und religiöse Präsenz auch für den Süden. Allerdings zeigt sich ebenso, dass sich das Thema der kritischen Hinterfragung des Phänomens Prophetie in der Spätzeit des Königtums und in der Zeit danach häuft (vgl. 1Kön 22; Jer 28; Dtn 13; 18), dann allerdings naturgemäß auf das Südreich beschränkt ist. Möglicherweise entstammt die Erzählung von 1Kön 13 dieser Epoche, doch lässt sich das keinesfalls sicher bestimmen.[703]

5.4 Die Gestaltung und Bearbeitung von H

Das Wirken von H ist die prägende Kraft der Geschichtsdarstellung von 1–2Kön, das sich ab 1Kön 11 durch das gesamte spätere Werk weiterverfolgen lässt. H gestaltet den Anfang seines Entwurfs der Geschichte der beiden Königreiche so, dass ihm Jerobeam als das Negativbild des Herrschers schlechthin gilt und ihm fortan zur Beurteilung der Könige im Nordreich dient. Dabei hat er auf diese Darstellung besonderes Engagement verwendet.

Innerhalb des Komplexes von 1Kön 11–14 erscheint H erstmalig in 11,4–8. Dort präzisiert er, dass Salomo erst in seinem Alter nicht mehr mit ganzem Herzen bei JHWH gewesen sei und sich an anderen Göttern orientiert habe (V 5 MT). Die Angabe der konkreten Götter hat er wahrscheinlich aus der Tradition übernommen. Sein Augenmerk liegt vor allem auf der Bewertung, deren Kriterium hier klar zu Tage tritt: Es ist die Orientierung an den Vätern, konkret an David, der hier

---

703 Dies spricht gegen Ansätze, die eine konkrete Datierung vorschlagen, vgl. jüngst Barrick, Cemeteries, 51, der mit Verweis auf Ähnlichkeiten zur Jona-Erzählung 1Kön 13 in das 5. Jh. datieren möchte.

Zum Redaktionsprozess, der zur Einfügung der Erzählung in den jetzigen Kontext geführt hat, siehe unten 5.6.

zunächst noch als leiblicher Vater erscheint, später dann als Dynastiegründer in den Blick kommt.[704]

Im Anschluss daran erzählt H, dass Gott Salomo gezürnt habe, weil er sein Herz oder dessen Herz sich von JHWH abgewandt habe (11,9). Deshalb lässt H Gott Salomo ankündigen (11,11), dass er ihm das Königtum entreißen und seinem Knecht geben werde (11,11). Im Vokabular zeigt sich hier, dass H älteres Material aufnimmt, konkret auf die Prophetenerzählung aus J Bezug nimmt, es aber so bearbeitet, dass es den historischen Realitäten gerecht wird. Dass die Teilung des salomonischen Reiches erst nach dessen Tod angesetzt wird (11,12–13), wird weniger einem theologischen Konzept geschuldet sein als vielmehr der judäischen Geschichtsüberlieferung und wohl auch der Faktizität, dass geschichtsschreibende Notizen über beide Reiche erst seit Rehabeam und Jerobeam vorlagen, während die Kenntnisse über David und Salomo wohl eher Überlieferungsgut waren.

Im weiteren Verlauf nimmt H die Jerobeam-Erzählung von J auf und arbeitet sie in seine Darstellung ein. Ob er sie dabei ganz verwendet oder eine Auswahl getroffen hat, lässt sich naturgemäß nicht mehr feststellen. Allenfalls das Fehlen der Erzählung vom Tod des Jerobeam-Sohnes könnte darauf schließen lassen, dass er selektiv vorging. Wie bereits in Abschnitt 4.2 gesagt, betätigt er sich als Historiker, indem er Geschichten aufnimmt, auswertet, verarbeitet und als Geschichte präsentiert.

So bearbeitet er auch J mit seiner Einführung Jerobeams und der prophetischen Zeichenhandlung. Dabei greift er zumindest nicht in deren Darstellung durch J ein, nimmt allerdings „erläuternde" Ergänzungen vor, die er Achia in den Mund legt. H arbeitet also erzählungsimmanent und bringt seine Gedanken in einer Figur zum Ausdruck. Inhaltlich geht es ihm darum, dass diese Verheißung und Zeichenhandlung Achias überhaupt nur möglich und notwendig wurde, weil Salomo JHWH verlassen und nicht das Rechte getan habe, wobei er sich erneut auf David bezieht (11,33). Deshalb habe Gott bereits beschlossen – das soll wohl das Perfekt in V 35 ausdrücken –, seinem Sohn die Herrschaft wegzunehmen und sie Jerobeam zu geben (11,35*), wobei diesem sogar die Wahl zugestanden wird (V 37).

V 38* zeigt nun, dass auch H nicht frei von Dramaturgie ist. Denn hier greift H auf den Stoff der Nathansverheißung in 2Sam 7 zurück. Ob er diese im Detail vor Augen hatte, nur eine bestimmte Fassung davon oder gar nur den Erzählinhalt, lässt sich angesichts dessen, dass er nur das Schlagwort vom בית נאמן und die Verbindung mit David übernommen hat, kaum bestimmen. Bekannt war sie ihm allerdings, und er nutzt sie, wohlwissend um das Ende, ursprünglich einmal in konditionaler Form, um die Dramatik zu steigern und Jerobeam die größtmögliche

704 Vgl. 1Kön 15,3.11; 2Kön 14,3; 16,2; 18,3; 22,2 sowie in den Begräbnisnotizen 1Kön 15,24; 22,51; 2Kön 15,38.

Verwirklichung in Aussicht zu stellen: Gründer eines Staates zu werden sowie einer Dynastie mit ewigem Bestand. So groß die Verheißung, so tief der Fall, wie ihn H später konzipieren wird.

Nach diesem sowohl rück- als auch ausblickenden Einschub greift H wieder auf J zurück und berichtet durch ihn von der Flucht Jerobeams nach Ägypten sowie davon, dass dieser dort blieb, bis Salomo tot war (11,40). Damit beendet H zugleich die Darstellung der Ära Salomo, indem er sie mit der Todesnotiz abschließt, die er in ähnlichen Formen allen Königen (mit Ausnahme Jerobeams) zuteil werden lässt (11,41–43).

Unmittelbar danach kann H deshalb auch wieder auf J zurückgreifen und dessen Notiz aufnehmen, dass Jerobeam zurückgekehrt sei, Israel ihn geholt und zum König gemacht habe (12,20). Jerobeams Rückkehr wird dabei nicht erzählt. Möglicherweise erscheint sie gewissermaßen nach der Todesnotiz vorgegeben, oder es handelt sich um eine ähnliche Leerstelle wie im Fall des fehlenden Aufstandes Jerobeams vor 11,40.

Jerobeam wird also im Norden König und leitet die ersten Regierungsmaßnahmen ein, indem er für die innere und äußere Festigkeit des Reiches sorgt. Ebenfalls noch nach dem Bericht von J geht es zunächst um die Baumaßnahmen (12,25) und anschließend um seine kultischen Ordnungen.

In diesen kultischen Maßnahmen sieht H offensichtlich das entscheidende Problem, denn ihnen widmet er sich ausführlich (12,26–27.28*.29.30*). Dabei nimmt er J auf und entwickelt dessen Notiz bzw. das, was H davon übrig gelassen hat, zu einer Szene weiter, in der Jerobeam als ängstlicher Provinzfürst erscheint, der nicht nur Angst haben muss vor seinem mächtigen Nachbarn im Süden, dessen eigentlichen Herrschaftsanspruch er sogar vor sich selber anerkennt, sondern auch vor seinem eigenen Volk, das ihn zuvor noch zum König gemacht hat. Der von Gott beauftragte Machthaber wird als wankelmütig, unsicher und furchtsam gezeichnet. Seine Kultmaßnahmen, die eigentlich der inneren Festigung des Reiches und der Herrschaft dienen, sollen als Verzweiflungsakt erscheinen, in dem alles denkbar ist, nur nicht die Orientierung an Jerusalem. Die Anbiederung an das Volk (רַב־לָכֶם מֵעֲלוֹת יְרוּשָׁלַם) wirkt geradezu lächerlich und die Erinnerung an den Auszug aus Ägypten als Farce, fehlt doch jeder Zusammenhang.

So demontiert H den König nachhaltig. Am Ende fällt er das abschließende und in seiner Totalität völlig vernichtende Urteil nicht nur über Jerobeam, sondern über sein „Haus", das heißt zumindest über seine Dynastie, wenn nicht den ganzen Staat (13,34), um den es ja bereits in 12,26–30 ging.

Jerobeam hat für H also eine elementare Verfehlung begangen, doch worin besteht sie? Auswahl gibt es gerade bei einer kanonischen Betrachtung genug: die Kälber als Kultbilder, die Priester ohne priesterliche Abstammung aus dem Volk, die Zweizahl der Kultorte. Doch trifft dies alles nicht den Kern der Aussage von H.

Seine Perspektive bringt er wiederum erzählungsimmanent zum Ausdruck, indem er sie Jerobeam ins Herz und in den Mund legt: Die „Sünde Jerobeams" besteht darin, sich vom Kult in Jerusalem loszusagen; alles andere ist Beiwerk. So formuliert H in 13,34 seinen Spitzensatz, auf den er im Folgenden seines Geschichtsentwurfs immer wieder zurückkommt. Dabei erweist sich 13,34 deutlich als retrospektive Formulierung: Sie blickt zurück auf den Untergang des Nordreichs und wahrscheinlich auch des Südreichs. Erst aus dieser Perspektive erschließt sich, dass die darin angesprochene „Sünde" für H nicht die Qualität einer „schicksalswirkenden Tatsphäre" hatte, denn alle sich im Folgenden an Jerobeam orientierenden Könige handeln aktiv und folgen ihm, sind aber nicht schicksalshaft an ihn gebunden.[705]

In seiner weiteren Darstellung kommt H anschließend auf Rehabeam zu sprechen. Dabei begegnet in 14,21 erstmalig im Zusammenhang von 1Kön 11–14 eine weitere Quelle, die H nutzt und an der er sich in der folgenden Darstellung in seinem Werk in 1–2Kön orientieren wird: eine Chronik, in der jeweils Auskunft gegeben wird über den Namen des Königs, sein Alter beim Herrschaftsantritt, die Herrschaftszeit und den Namen der Mutter. An sie hängt H seine Bewertung an (14,22 am Versanfang). Wie die Analyse gezeigt hat, liegt in V 25–28 wahrscheinlich eine historische Notiz vor, die von H als überliefertes Material aufgenommen und eingearbeitet worden ist. Den Komplex 1Kön 11–14 schließt dann die von H verfasste Todesnotiz für Rehabeam ab.

Im letzten Abschnitt von 1Kön 11–14 begegnen damit viele Elemente, die die weitere Darstellung von 1–2Kön, soweit sie auf H zurückzuführen ist, prägen: die Aufnahme chronistischer Notizen, die im weiteren Verlauf Nord- und Südreich miteinander verbinden werden, daran anschließend die Bewertung der Herrscher durch H, bei der er sich bei den Königen des Südreichs im Wesentlichen an David bzw. am Vorvater orientieren und bei den Königen des Nordreichs auf die von ihm in 1Kön 11–14 ausführlich eingeführte Sünde Jerobeams zurückgreifen wird,[706]

---

705 Dieser Rückbezug auf die Vorväter ist im nachfolgenden Text von 1–2Kön das Hauptmerkmal von H. Zugleich unterscheidet sich H damit von anderen Auseinandersetzungen mit dem Untergang des Nordreichs, wie beispielsweise Jes 9,7–20 zeigt. Hier wird der Grund für den Untergang von 722 ebenfalls in der Oberschicht lokalisiert, doch ist diese wesentlich breiter gefasst als der Fokus auf den König bei H und zudem wesentlich gegenwartsbezogener als das geschichtliche Modell einer immer wiederholten Sünde. Darin zeigt sich natürlich auch, dass der eine Geschichte schreibt und der andere nur einen Moment in der Historie erfassen möchte.

706 Dabei ist zu unterscheiden zwischen dem Satz וַיַּעַשׂ הָרַע בְּעֵינֵי יְהוָה וַיֵּלֶךְ בְּדֶרֶךְ יָרָבְעָם, der in seinen verschiedenen, kontextbezogenen Ausformulierungen auf H zurückzuführen ist, und dem Nachsatz וּבְחַטָּאתוֹ אֲשֶׁר הֶחֱטִיא אֶת־יִשְׂרָאֵל, der zum einen wegen des Bezugs auf das Volk und zum anderen aufgrund der Vorstellung vom „Sündigen-Lassen" bzw. „zur Sünde Verführen" dtr ist (gegen Blanco Wißmann, Beurteilungskriterien, 126–135). Blanco Wißmann, Beurteilungskriterien, 31–173, zeigt

sowie die Aufnahme überlieferten, teils historischen Materials und jeweils abschließend die Todesnotiz mit einem Verweis auf anderes Quellenmaterial. So ist im Blick auf den weiteren Verlauf von 1–2Kön davon auszugehen, dass die Chronik H bereits vorlag und er sie als Grundgerüst für seine Darstellung benutzt und die Bewertungen sowie das Material, das ihm wichtig war, daran angehängt und die Chronik so zu einer Geschichtsdarstellung ausgebaut hat. So lässt sich H über weite Teile von 1–2Kön nachweisen.[707]

Wann und wo ist mit der Arbeit von H zu rechnen? Die vorliegende Studie ist im Zusammenhang mit einem anderen Textkomplex zu ähnlichen Ergebnissen gekommen wie die Untersuchung von Blanco Wißmann zu den Königsbeurteilungen in 1–2Kön. Was er als Grundschrift der Geschichtsdarstellung in 1Sam 1–2Kön 25 herausarbeitet,[708] entspricht ab dem Textkomplex 1Kön 11–14 im Wesentlichen dem Werk von H.[709] Insofern führt diese Untersuchung die von Blanco Wißmann dahingehend weiter, dass zum einen gezeigt werden konnte, dass H Überlieferungen aufnimmt und wie er sie in seine Konzeption einarbeitet und verwendet. Zum anderen konnte sie die detaillierte Fortentwicklung von H im Bereich von 1Kön 11–14 nachweisen. Unter Zugrundelegung der überzeugenden Ergebnisse Blanco Wißmanns erscheint eine Datierung von H in den Bereich der

---

aber deutlich Ähnlichkeit und Unterschiede dieses Vorgehens in älteren und zeitgenössischen altorientalischen Texten auf. Siehe auch zuvor schon die kurze Darstellung von Evans, Naram-Sin, der jedoch in 1Kön 14,1–18 einen alten dtr Text erkennen möchte und von dort her Jerobeam als Unheilsherrscher charakterisiert sehen will (a.a.O., 118 f). Dies ist jedoch insofern nicht zutreffend, als die Textüberlieferung gezeigt hat, dass es sich um einen jungen Text in dtr Geist handelt und das Urteil eigentlich in 1Kön 13,34 gefällt wird. Unabhängig von 1Kön 14,1–18 spricht Ash, Jeroboam, von einer „ideology of the founder" in der Geschichtsdarstellung von DtrG, das für ihn 1–2Sam mit umfasst: David sei ein Heilsherrscher, Jerobeam dagegen der Unheilsherrscher. Daran ist zwar der stete Bezug auf die Reichsgründer richtig beobachtet, doch übersieht auch Ash, dass es sich stärker um Maßstäbe handelt, anhand derer H zu seinen Urteilen kommt. Dennoch ist der Bezug auf den „founder" und eine dahinterstehende „ideology" nicht von der Hand zu weisen.

707 Eine exakte Bestimmung sowie eine Antwort auf die Frage nach der Art und Weise der Einbindung des zahlreichen weiteren, insbesondere des erzählenden Materials erfordert jedoch genauere Analysen der entsprechenden Passagen. Dasselbe gilt auch für das Ende der Darstellung in 2Kön.

708 Blanco Wißmann, Beurteilungskriterien, 246–249. Vgl. dazu auch seine Einzeluntersuchungen.

709 Dass ihm dabei Notizen wie aus Annalen zugrunde lagen, wie es Levin, Exzerpt, 636–628, vermutet, ist sehr wahrscheinlich, doch ob diese in das 7. Jh. zu datieren sind, wie Levin annimmt, lässt sich wohl kaum noch klären. Mit der obigen Aussage ist allerdings nicht gesagt, dass 1–2Kön und 1–2Sam ursprünglich einmal zusammengehörten (vgl. dazu Hutzli, Relationship, 514–516, auch wenn ihm in der frühen Datierung der Grundschrift von 1–2Kön nicht Recht zu geben ist).

spätbabylonischen im Übergang zur persischen Zeit naheliegend.[710] Deuteronomistisch im Sinne eines Bezugs auf Dtn und einer Weiterentwicklung des dort
formulierten Gedankenguts ist die Darstellung von H jedenfalls nicht.[711]

5.5 Die Bearbeitung von N

N ist zwar die erste Bearbeitungsschicht, die im Komplex 1Kön 11–14 erscheint, jedoch nicht die älteste. Vielmehr liegt N das Werk von H bereits vor und jener fügt darin
seinen Schwerpunkt, den Bezug auf die Gebote, ein. Dabei zeigt bereits der Anfang in
11,1–2/3, dass sich N nicht auf ein heute noch greifbares Gesetzeskorpus bezieht. N
kann also auch nicht einfach mit dtr Gedankengut in Verbindung gebracht werden,
auch wenn beispielsweise die Bedeutung des Verbs לאהב in 1Kön 11,1 Assoziationen
an Dtn 6,5 weckt. So wie sich N in 1Kön 11–14 erkennen lässt, repräsentiert er
stattdessen einen Rückgriff auf Gebote und Gebotenes, die bzw. das allgemeiner
gehalten zu sein scheint als in Rechtstexten oder aber deren konkrete Gebotstradition
im Laufe der Überlieferung verloren gegangen ist. Eine gewisse gedankliche Nähe zu
dtn/dtr Ausdrucksweisen muss das nicht ausschließen.

Am Beginn seiner Bearbeitung in 1Kön 11–14 fügt N der Herrschaft Salomos
einen negativen Beigeschmack zu, indem er durch das Verb לאהב eine Verbindung
zu 1Kön 3,3 herstellt und die dortige Aussage konterkariert. Im Unterschied zu H
sieht N darin jedoch kein Problem am Ende der Herrschaft Salomos, sondern
formuliert so allgemein, dass sein Urteil die gesamte Regierungszeit betrifft
(11,1–2/3). Die Verbindung mit der Notiz zu Salomos Harem geht dabei wohl erst
auf die unterschiedlichen Redaktionen von MT und LXX zurück, wie es sich von
der Textüberlieferung her nahelegt; diese werden auch erst die Verbindung von
Vielheit und Fremdheit hergestellt haben. Das in dem „zitierten" Gebot Befürchtete führt N dann am Beispiel der salomonischen Heiligtumsbauten aus (11,7 f MT ∥
11,5–7 LXX). Dabei handelt es sich um das umfangreichste zusammenhängende
Material von N im Komplex 1Kön 11–14. Anscheinend lag sein Augenmerk auf
dieser abschließenden Bewertung Salomos, auf deren gedanklicher Grundlage er

---

710 Siehe dazu Blanco Wißmann, Beurteilungskriterien, 249–254. Auch in der Lokalisierung
überzeugt die Studie von Blanco Wißmann, der eine Entstehung im Exil vorschlägt (a.a.O., 254 f).
Einen ähnlichen Vorschlag hat bereits Aurelius, Zukunft, 56 f, gemacht.
711 Die dtr Schlüsseltexte, die immer wieder herangezogen werden, um einen planvollen Aufbau
inklusive theologischer Aussage nachzuweisen (vgl. beispielsweise die Darstellung von Römer,
Entstehungsphasen, 54), lassen sich wesentlich besser als spätere Zusätze erklären, die genau
diese Aussage ein- bzw. nachtragen. Die Schwäche solcher Ansätze besteht darin, dass sie sich auf
Einzeltexte stützen, aber nicht auf tatsächlich durchlaufende, nachweisbare Quellen.

dann im Gefolge der Darstellung von H auch zu Jerobeam überleiten kann. So weist N in diesem Zusammenhang immer wieder auf das Nicht-Einhalten der Gebote bzw. des Gebotenen durch Salomo hin (11,10.11; 11,33*), weitet diesen Gedanken aber auch auf Jerobeam aus, indem er ihn in die schon von H als bedingt formulierte Verheißung in 11,38 einfügt.

Mit einem längeren Abschnitt tritt N dann erst wieder am Ende der Jerobeam-Darstellung von H in Erscheinung. In 12,31–32 nimmt er aus den kultischen und kultpolitischen Überlegungen H's in 12,26–30 und insbesondere 13,33*–34 das Moment der Priesterschaft auf und fügt diesem weitere „Verfehlungen" hinzu. So habe Jerobeam ein בָּמוֹת בֵּית gebaut und dann eigenmächtig ein Fest zu einem von N als „falsch" verstandenen Datum begründet. Im Blick auf die Priester erscheint N besonders problematisch, dass sie nicht levitisch sind; die sprachliche Aufnahme von H in 11,33* ist unverkennbar. Wie schon in 11,7f MT ‖ 11,5–7 LXX benutzt N auch hier dieselbe sprachliche Struktur aus Narrativen und einem abschließenden כֵּן-Satz. Damit endet die Bearbeitung von N in 1Kön 11–14, und auf diesem Komplex lag zweifellos sein Hauptaugenmerk, doch mit 1Kön 15,5* und 2Kön 18,6 finden sich auch weitere Spuren der Bearbeitung von N in 1–2Kön.

Im Blick auf die Datierung gibt neben der Tatsache, dass N auf H aufbaut, ihm also nachfolgt, vor allem 12,31f den entscheidenden Hinweis. Denn hier setzt N voraus, dass es bereits ein festes Datum für das Herbstfest gab, was jedoch erst für Lev 23,34 gilt, also für das Heiligkeitsgesetz. Dies weist auf eine Entstehung in dessen zeitlichem Kontext und damit auf die nachexilische Zeit, genauer möglicherweise auf das 5. Jh., hin.[712]

5.6 Die Einfügungen von 1Kön 12,1–18* sowie von 1Kön 13* und die damit zusammenhängenden Redaktionsprozesse

In einem weiteren Stadium ist wahrscheinlich die Einzelerzählung aus Kap. 13* eingefügt worden. Die redaktionellen Eingriffe am Anfang und Ende der Antiprophetenerzählung finden sich in 12,33 und 13,33. In 12,33 werden das Setting für das Auftreten des Propheten und zugleich der Anschluss an die als konkretes Ereignis verstandene Kritik von N geschaffen. Nach dem einleitenden Satz in 13,1 erinnert

---

712 Vgl. Artus, Pentateuch-Gesetze, 171f; Blanco Wißmann, Beurteilungskriterien, 238.
    In dieselbe Zeit könnte die Sorge über die fremden Frauen führen, die sich in dem in 1Kön 11,1–3 angeführten Verbot äußert. Denn dieses lässt sich nicht im dtn Rechtskorpus nachweisen, auch wenn es eine gewisse Nähe zu dtn Gedankengut hat. Doch diese besteht auch zu den radikalen Maßnahmen in Esr 10, sodass N an dieser Stelle auch Gedanken äußert, die in jener Zeit virulent waren.

dieselbe Redaktion nach diesem erzählerischen Neueinsatz noch einmal daran, sodass dann die Erzählung selber mit V 4 einsetzen kann. Am Ende der Erzählung in V 31 fügt die Redaktion noch V 33 an und schafft so wieder den Übergang zum Text von H.

Die Redaktion gibt damit der ursprünglich selbstständigen Erzählung ein neues Gesicht. Die erste Episode, die vorher den Gottesmann als Wundertäter dargestellt hat und dann als Auftakt für den weiteren Verlauf diente, bekommt ein größeres Gewicht, indem sie am Beginn des Nordreichkultes situiert wird. Entgegen ihrer ursprünglichen Intention erhält sie so einen „historischen" Ort und eine neue Aussage: Nun gibt sie dem „neuen" Nordreichkult von Anfang an eine negative Konnotation mit auf den Weg.

Diese Aussage haben die Redaktionen in V 3.5 und die pro-josianische Redaktion in V 2*.32 je auf ihre Weise aufgenommen und ausgeführt. Die Redaktion von V 3.5 verdeutlicht die Verwerfung des Altars durch eine Vernichtungsankündigung und deren unmittelbares Eintreffen. Dass dabei die theologische Aussage stärker im Vordergrund stand als der Sinnzusammenhang der Erzählung, zeigt die ebendiesen durchbrechende Einfügung der Aussage von V 5 an dieser Stelle.

Demgegenüber gibt die pro-josianische Redaktion der Erzählung einen neuen Rahmen und verwendet sie als Ankündigung und Vorausschau auf Josia und schlägt eine Brücke zu 2Kön 23,15–18. So wird zugleich ein Rahmen um die Königszeit zwischen Jerobeam und Josia geschaffen, indem dieser wieder beseitigt, was jener eingerichtet bzw. „angerichtet" hat.

Auf dieselbe Redaktion gehen auch die Zufügungen von 12,19 und des letzten Satzes in V 20 zurück, in denen die Gründung des Nordreichs als Trennung vom Südreich sowie die alleinige Treue Judas zum Haus Davids thematisiert werden. Auch damit soll wohl die Überlegenheit Judas gegenüber Israel herausgestellt und mögliche Ansprüche auf den Norden zur Wiederherstellung der Einheit legitimiert werden.

Die pro-josianische Redaktion spricht vom „Haus Davids" und unterscheidet bemerkenswerterweise zwischen dem Haus Davids als Herrscherhaus und dem Stamm Juda als Volk. Dass sie erst relativ spät in Erscheinung tritt, muss nicht irritieren, denn sie findet ihren Gegenwartsbezug möglicherweise in der Vorstellung eines Großreiches, das Josia wiederhergestellt haben soll und das dann wohl nachexilisch wieder anzustreben wäre, oder einfach in der Glorifizierung des aus ihrer Sicht letzten großen Königs von Juda.

Damit stellt sich die Frage, ob auch die Erzählung über die Verhandlung in Sichem (12,1–18*) erst durch den pro-josianischen Redaktor an ihren heutigen Ort gekommen ist. Doch dies ist keineswegs sicher, denn die redaktionellen „Klarstellungen" der pro-josianischen Redaktion können sich gut auch an das Ende der Erzählung angeschlossen haben, als diese sich bereits in ihrem heutigen Kontext befand. Wie sie dorthin gelangte, wird sich allerdings angesichts sonst fehlender

Hinweise nicht mehr abschließend klären lassen; das kann auch bereits zu einem sehr frühen Stadium geschehen sein, ohne dass die Redaktion Spuren hinterlassen hat. Vielleicht war es einfach der Eindruck eines inneren Zusammenhangs, der ihr diesen Platz verschaffte, denn nun stellt sie gewissermaßen das „Ereignis" dar, das zur Spaltung der Einheit des Reiches geführt haben soll. Daran konnte sich der pro-josianische Redaktor gut anschließen, weil er herausstellen wollte, dass Josia diese wiederhergestellt habe. Ihre Überlieferung in 3Kgt 12,24a – z LXX zeigt, dass sie ihren Platz im Jerobeam-Erzählstoff nicht allzu spät erhalten hat.

5.7 Die Einfügungen von 1Kön 12,21 – 24 und 1Kön 11,14 – 25

Die kurze Episode in 12,21 – 24 hat sich in der Analyse als ein relativ spätes Stück herausgestellt, das seinen eigentlichen Hintergrund wohl ebenfalls in einer Verhältnisbestimmung zum Norden hat. Diese fällt im Unterschied zur oben genannten pro-josianischen Redaktion jedoch deutlich weniger kriegerisch aus, betont vielmehr eine friedliche Koexistenz von Norden und Süden und verankert diese Vorstellung gleich zu Beginn des Auseinandergehens der Wege beider Regionen. Echte redaktionelle Tätigkeit bei der Einfügung von 12,21 – 24 ist nicht zu erkennen. Deshalb ist wohl davon auszugehen, dass dieser Abschnitt tatsächlich für jene Stelle geschrieben worden ist. Dass er sehr schnell eng mit dem Jerobeam-Erzählstoff verbunden worden ist, zeigt die Dublette in 12,24x – z, die den Versen 12,22 – 24 wörtlich entspricht.

Auch bei der Erzählung von Hadad sowie der Notiz von Rezon in 11,14 – 25 handelt es sich, wie oben dargestellt, aller Wahrscheinlichkeit nach um relativ späte Stücke. Auch bei ihrer Einfügung sind keine redaktionellen Nahtstellen erkennbar, obwohl sie offensichtlich so spät zu datieren sind, dass die Anordnung ihres Stoffs in MT und LXX unterschiedlich erhalten ist. Über die Bedeutung und die Aussageabsicht dieses Abschnitts herrscht Uneinigkeit, sofern er nicht einfach als Darstellung historischer Realität aus der Ära Salomo aufgefasst wird. Da dies nach der obigen Analyse ausscheidet, bleibt die Frage nach dem theologischen und/oder historischen Gehalt. Zwei Überlegungen seien als die beiden plausibelsten hervorgehoben: Diana Edelman sieht in 11,14 – 25 einen nach-dtr Zusatz, der entgegen der dtr Verschiebung des Urteils gegen Salomo in 11,9 – 13 dessen Vollzug noch zu Salomos Lebzeiten darstellen möchte.[713] Erich Bosshard-Nepustil erkennt dagegen in 11,14 – 25 einen Text mit einem hohen Aktualitätsbezug vor dem Hintergrund des Aufkommens bzw. Erstarkens der Nabatäer und in Abgrenzung zu den Seleukiden, was für die Entste-

---

713 Edelman, Adversaries, 166 – 191.

hungszeit in das 3.Jh. weist.[714] Beide Deutungen haben viel für sich, und eine abschließende Klärung scheint kaum möglich.

5.8 Weitere Ergänzungen und Glossen

Viele von den Texten, die in dieser Studie mit H oder N identifiziert werden, werden sonst in der Regel einer dtr Bearbeitung und/oder Verfasserschaft zugeschrieben. Die vorliegende Studie ist dem nicht gefolgt, weil sich die herausgearbeiteten Charakteristika für H und N keineswegs zwingend auf das Dtn und ein sich daran anschließendes dtr Gedankengut zurückführen lassen. Dtr sind dagegen zwei andere Aspekte, die sich ebenfalls in 1Kön 11–14 finden: der Bezug auf Jerusalem als den Ort, den JHWH erwählt hat (11,13 Versende; 11,32.36 Versende; 14,21*),[715] und der Blick auf das Volk als Akteur (14,22*–24). Zwar setzt H Jerusalem als religiöses und politisches Zentrum voraus, doch befrachtet er es nicht mit Theologumena, wie z. B. der Erwählung; dieses entstammt vielmehr dem Dtn (insb. Kap. 12; 14; 15,20; 16; 17; 18 u. ö.). Ebenso stammt die Ausrichtung auf das Volk, das in Dtn der Adressat ist (sowie in Jos und Ri Gegenstand der Geschichtsschreibung, im Unterschied zu 1–2Sam und 1–2Kön) aus dem Dtn und nicht von H. So sind das Versende von 11,13 sowie 11,32, das Versende von 11,36, die Versmitte von 14,21 und 14,22*–24 einer dtr Bearbeitung zuzuschreiben, die auch durch den weiteren Verlauf der Darstellung von 1–2Kön hindurch immer wieder erkennbar ist.[716]

Eine weitere Zufügung, die einer Bearbeitungsschicht zugeordnet werden kann, ist die ניר-Ergänzung in 11,36, denn diese rätselhafte Notiz ist auch in 1Kön 15,4 und 2Kön 8,19 überliefert.

Dagegen finden sich im Text von 1Kön 11–14 auch immer wieder einzelne Zufügungen, die nicht auf Bearbeitungen zurückgeführt werden können, mit denen planvoll ein Buchabschnitt oder das Buchganze durchgearbeitet worden wäre, um eine bestimmte Perspektive oder Aussage einzutragen. Es handelt sich hierbei vielmehr um einzelne Glossen, die im Laufe des Überlieferungsprozesses wohl zur Verdeutlichung einzelner Aussagen oder Abschnitte eingefügt worden sind, so beispielsweise die Notiz in 11,4, dass es die Frauen waren, die Salomos

---

714 Bosshard-Nepustil, Hadad, 95–109.

715 Vgl. dazu die Studie Richter, Name Theology, auch wenn sie nur am Rand auf die Vorkommen in 1Kön 11–14 eingeht (zur geistesgeschichtlichen Einordnung siehe a.a.O., 204 f; für einen Überblick siehe a.a.O., 207–217).

716 Beispielsweise 1Kön 15,12–15; 16,31–33; 22,44.53bβ–54 u. ö. sowie insbesondere die Stellen, an denen gesagt wird, der König habe das Volk zur Sünde Jerobeams verführt (להחטיא): siehe 1Kön 15,16bβ.34bβ; 16,2bβ.19bβ.26aβ.b u. ö.

Herz abwandten, die Erinnerung an Salomos Gottesbegegnungen in 11,9, die Einführung Jerobeams als Aufständischer in 11,27, die Zeitangabe in 11,39, die Begründung in 12,15, die Erklärungen in 12,17 und in 12,30a.

Einen Aktualitätsbezug scheint dagegen die Glosse in 11,34 zu haben. Hier geht es darum, auch in Zeiten ohne ein eigenes Königtum einem Davididen eine herausragende Rolle zuzusichern. Wohl aus Gründen der Autorität, und um ihre Bedeutung zu unterstreichen, wurde die Bemerkung als Zusicherung Gottes im Moment der größten Krise des angenommenen davidischen Großreiches eingefügt.

5.9 Das Sondergut in MT und LXX

5.9.1 Der Rehabeam-Erzählkranz in 3Kgt 12,24a – z LXX

Mit 3Kgt 12,24a – z LXX hat ein Verfasser seine eigene Deutung der Vorgänge um die von ihm als historisch angenommene Teilung des salomonischen Großreiches vorgelegt. Das eigene Profil von V 24a – z tritt vor allem im Vergleich zu dem großen anderen Geschichtsentwurf zu Tage, der den Kanon prägt. Während H die Verantwortung bei Salomo sucht und sie in dessen Abwendung von JHWH am Ende seines Lebens findet und N mit seiner eigenen Akzentsetzung sogar die gesamte Regierungszeit Salomos dieser Kritik unterzieht, stützt sich der Verfasser von V 24a – z auf Rehabeam. Dabei übernimmt auch er überliefertes Material, verhält sich dem gegenüber aber sehr frei, indem er es selbstständig neu auszuformulieren scheint. Eine Abhängigkeit von der Darstellung von J oder von H lässt sich nicht nachweisen. Viel wahrscheinlicher scheint es zu sein, dass die Darstellung von V 24a – z ein Ausdruck eines auch in nachexilischer Zeit ungebrochenen Interesses an den Vorgängen um Salomo, Rehabeam und Jerobeam ist. Für diese späte Datierung sprechen die motivliche Nähe zur Hadad-Erzählung in 11,14 – 25 und die Aufnahme des Schemaja-Orakels aus 12,21 – 24. Selbst wenn Letzteres als redaktionelles Bindeglied fast wortgleich eingefügt sein kann, verhält sich V 24x gegenüber 12,21 ebenso frei wie der gesamte Duktus von V 24a – z gegenüber 1Kön 11 – 14, sodass nicht davon auszugehen ist, dass hier eine Verfassertätigkeit einfach geendet hat.

Der Verfasser von V 24a – z möchte also zum Ausdruck bringen, es sei Rehabeams Schuld gewesen, dass es zur Teilung des Reiches Salomos gekommen ist. Salomo erscheint zwar nur am Rande, wird aber auch mit keinem negativen Wort belegt. Dagegen wird Rehabeam von Anfang an mit einer negativen Wertung eingeführt und anschließend als schwacher Herrscher präsentiert, während Jerobeam mehr und mehr aus dem Blickfeld gerät. Die Verheißung an Jerobeam, die nach der Darstellung von H (1Kön 11) die Handlung erst ausgelöst hat, erscheint in V 24a – z als konkrete göttliche Konsequenz aus dem negativen Urteil über Rehabeam, wird also in dessen

Geschichte eingebunden. An keiner Stelle in 1–2Kön wird einem König so explizit die Qualifikation zum Herrscher abgesprochen wie Rehabeam (V 24t), und am Ende steht er als der Verlierer da, der durch seinen Ungehorsam (V 24a) und seine Ungeschicklichkeit (V 24p – u.x – z) alles verspielt hat.

Mit dem Einschub von V 24a – z in den Erzählverlauf wird also eine allzu stark auf Salomo, aber auch auf Jerobeam konzentrierte Darstellung durchbrochen; stattdessen erfährt sie mit der Fokussierung auf Rehabeam eine Korrektur auf eine Figur hin, die sonst in 1Kön 11–14 eher am Rand erscheint.[717]

5.9.2. Die Jerobeam-Erzählung in 1Kön 14,1–18 MT

In 1Kön 14,1–18 wird in MT ein Erzählstück über Jerobeam aufgegriffen und im Textverlauf ergänzt, das in der Darstellung von J wahrscheinlich nicht vorkam. Wie die Zusammengehörigkeit von 3Kgt 12,24b – f.g – n LXX zeigt, scheint es aber durchaus ein fester Bestandteil des Jerobeam-Erzählstoffs gewesen zu sein, sodass es sich gewissermaßen um einen Nachtrag handelt. Dabei hat der Grundtext von 14,1–18 seine eigene Wachstumsgeschichte durchlaufen. Im Unterschied zu 3Kgt 12,24g – n LXX, wo das Ende der Dynastie Jerobeams in den Blick kommt, wird in den Bearbeitungsschichten in 14,1–18 MT das Schicksal des Sohnes Jerobeams intensiv und sehr ausführlich auf den Untergang des Nordreichs insgesamt hin gedeutet. Die dtr Sprache in diesen Bearbeitungsschichten ist unverkennbar, und doch hat die Analyse gezeigt, dass es sich um einen wesentlich jüngeren Sprachgebrauch handelt. Die Verfasser der Zusätze scheinen sich also eher an den dtr Wortschatz und die dtr Ausdrucksweise anzulehnen, indem sie entsprechendes Vokabular aufnehmen. Hier wird noch nachgetragen, was in kanonischer Perspektive im Blick auf 2Kön 17 vorwegzunehmen ist, nämlich dass das Nordreich von Anfang an zum Scheitern verurteilt war.

5.10 Spuren von Redaktions- und Überlieferungsprozessen

Wie gerade der Anfang des Komplexes 1Kön 11–14 zeigt, unterlag er lange redaktionellen Arbeiten bzw. war lange schriftlich-mündlichen Überlieferungspro-

---

717 3Kgt 12,24a – z LXX entspricht damit bemerkenswerterweise dem ebenfalls gegenüber 1Kön 11–14 ausgeprägteren Interesse an Rehabeam, das sich auch in 2Chr 10 – 12 äußert. Im Unterschied zu 3Kgt 12,24 finden sich in 2Chr 10 – 12 jedoch bei aller Kritik im Detail mehrfach positive Hervorhebungen Rehabeams als gottesfürchtigem Herrscher, sodass 2Chr ein wesentlich positiveres Rehabeam-Bild transportiert als 3Kgt 12,24.

zessen unterworfen. So handelt es sich bei der unterschiedlichen Textanordnung in 11,1–8 in MT und LXX gerade nicht einfach nur um einen Aufbau, der von einem zu einem anderen Textzeugen verändert worden ist, sondern um einen Überlieferungsprozess, in dem die Einbindung von Texten und deren Anordnung noch lange in der Schwebe waren.[718] Hier werden die jeweiligen Redaktionen als R[präMT] und R[präLXX] bezeichnet.

Dasselbe gilt für Textstücke wie 11,43* LXX und 12,2–3a MT, die eine große gemeinsame Übereinstimmung haben, aber durch differierende Enden eine unterschiedliche Aussage machen. Gemeinsam ist ihnen, dass sie wohl eine empfundene Lücke füllen. Dass sie dies unterschiedlich tun, verweist auf ihren schriftlich-mündlichen Entstehungsprozess.

Ein Redaktionsstück ausschließlich in MT liegt wohl in 14,19f vor. Vermutlich hat hier R[präMT] eine Todesnotiz für Jerobeam ergänzt, die sonst in der Darstellung fehlen würde. Dabei standen die Formulierungen von H Pate, denen sie im Wesentlichen entspricht, doch weicht sie in V 19 so stark von diesen ab, dass sie wahrscheinlich nicht aus der Feder von H stammt.

Schließlich zeigt das jeweils in MT und LXX vorhandene Sondergut von 3Kgt 12,24a–z LXX und 1Kön 14,1–18 MT, dass in beiden Textversionen weiter gearbeitet wurde und durchaus umfangreiche Textstücke unabhängig von der jeweils anderen Texttradition Eingang gefunden haben. Auch dies wird auf R[präMT] bzw. R[präLXX] zurückzuführen sein.

---

[718] Vgl. auch Polak, Septuagint Account, der zwischen RecM und RecL unterscheidet und ebenfalls die Abweichungen zwischen MT und LXX nicht einfach als Änderungen durch LXX verstehen möchte.

6 Die Erzählungen in ihrem theologiegeschichtlichen Kontext

Die verschiedenen Quellen und Bearbeitungen in 1Kön 11–14, wie sie im vorangehenden Kapitel umrissen und eingeordnet worden sind, stehen literarisch und theologisch nicht allein, sondern sind vielmehr Teil eines Diskussionsprozesses. Wie sie Ereignisse, gesellschaftliche Realitäten und Vorstellungen voraussetzen, sei es als literarische Texte, Überlieferungen oder als historische Gegebenheiten, so treten sie gleichzeitig mit diesen in einen Diskurs, indem sie sie aufnehmen, ihnen widersprechen, sie korrigieren oder umformen – und ihrerseits Auseinandersetzungen ermöglichen, aufgenommen, korrigiert oder umgeformt werden.

In diesem Kapitel wird nun der theologiegeschichtliche Rahmen angedeutet, in dem sie sich bewegen, mit dem sie sich auseinandergesetzt oder auf den sie sich ausgewirkt haben. Da bei Weitem nicht allen Bezügen nachgegangen werden kann, sollen an dieser Stelle exemplarisch Themenbereiche besprochen bzw. Verhältnisbestimmungen vorgenommen werden, wie die Frage nach den Kultkälbern, das Verhältnis zu Ex 32, zur Exodustradition sowie zum Deuteronomismus.

6.1 Die Kälber, die Archäologie, Hosea und J

Überlegungen zu den Stier- oder Kalbdarstellungen in Beth El und Dan, die Jerobeam nach J aufgestellt haben soll, müssen mehr Dimensionen umgreifen als lediglich eine Betrachtung vor dem Hintergrund des Bilderverbots, welches zwar aus moderner Perspektive nahe zu liegen scheint, aber von keiner der Bearbeitungsschichten thematisiert wird. So stellt sich zuerst die archäologische Frage nach Stier- und Kalbdarstellungen. Dann ist der Auseinandersetzung mit solchen Kultbildern im biblischen Schrifttum nachzugehen, bei der zunächst Hos eine besondere Bedeutung zukommt, während Ex 32 im nachfolgenden Abschnitt behandelt wird. Schließlich stellt sich die Frage nach dem Verhältnis von J zu den materialen und schriftlichen Überlieferungen.

6.1.1 Archäologische Aspekte

Unter den archäologischen Funden ist zu unterscheiden zwischen Stieren bzw. Kälbern als Rundplastik und auf Reliefdarstellungen. Während die ersten zumeist als Einzelstücke gefunden worden sind, zeigen die Reliefabbildungen eine deutbare Aussage. So wurden im 8. Jh. sowohl in Jekke[719] (ca. 33 km nordöstlich von Aleppo) als auch in Arslan Tash[720] (ca. 9 km südwestlich von Ain al-Arab) der Sturmgott auf einem Stier stehend dargestellt.[721] Ein Fragment aus Til-Barsib (Tell Ahmar), das in das 12./11. Jh. datiert wird,[722] zeigt, dass es sich um eine alte Darstellungstradition handelt. Die Reliefs machen durch ihre Darstellungsweise deutlich, dass der Stier nicht den Gott selber abbildet; er hat vielmehr eine Doppelfunktion als Postament für den Gott und als bildhafter Ausdruck für dessen Macht und Stärke, sodass bei der alleinigen Darstellung eines Stiers von einer Repräsentanz und nicht von einer Abbildung des Gottes selber auszugehen ist. Im Blick auf das altorientalische Götterpantheon zeigt sich, dass der Stier ikonographisch dem Sturmgott zugeordnet ist.

In der Levante sind vor allem Stierdarstellungen als Rundplastiken oder als Abbildungen auf Siegeln[723] gefunden worden. Zu nennen sind insbesondere die Funde aus Hazor[724] und von der nach einem Fund in den 1970er Jahren entsprechend benannten „Bull Site", 5 km südsüdöstlich von Jenin,[725] aber auch aus der Umgebung des israelitischen Siedlungsgebiets in Aschkelon[726] und, weiter entfernt, in Byblos[727] und Ugarit[728]. Dabei haben im Blick auf die Frage nach einer möglichen kultischen Bedeutung die Rundplastiken besondere Aufmerksamkeit erfahren, auch wenn sie im Unterschied zu den Orthostatreliefs Mesopotamiens und Nordsyriens aus sich heraus keine konkrete Verhältnisbestimmung zu einer bestimmten Gottheit aufweisen. Dennoch lässt es in allen Fällen der Fundzusammenhang als wahrscheinlich erscheinen, dass die Abbildungen kultisch verwendet wurden: In Aschkelon wurde die Stierdarstellung in einem Magazinraum eines Heiligtums in einem Gefäß mit Öffnung gefunden, das Keel als „Modell eines Heiligtums" inter-

---

719 Publikation bei Barnett, Aleppo, pl. 19, nach S. 128. Darstellung auch in ANEP, 500.

720 Publikation bei Thureau-Dangin, Arslan-Tash Texte, 65 f; Abbildung in Thureau-Dangin, Arslan-Tash Atlas, pl. 2/1. Darstellung auch in ANEP, 501.

721 Vgl. eine ähnliche Darstellung in ANEP, 537.

722 Publikation bei Thureau-Dangin/Dunand, Barsib, 135 f; Abbildung a.a.O., pl. 3. Abbildung auch in ANEP, 531.

723 Unter anderen Ornan, Bull, 20.

724 Yadin, Hazor III – IV Text, 258 f; Abbildung in Yadin, Hazor III – IV Plates, pl. 341. Siehe auch die Zusammenfassung bei Yadin, Hazor, 67 – 105 (insb. a.a.O., 94), und die Abbildung pl. 20 b.

725 Mazar, Bull Site, 27 – 42 (zur Fundstätte insb. 32 – 35).

726 Stager, Ashkelon, 24 – 29, mit Bildern, die zugleich einen guten Eindruck der Größenverhältnisse geben.

727 Dunand, Byblos 1, pl. 55 Nr. 1662; pl. 56; pl. 59 Nr. 2056 und öfter.

728 Schaeffer, El et Baal, 1 – 19 (Abbildungen pl. 1 und a.a.O., 9, Fig. 5). Keel, Recht der Bilder, 171.

pretiert.[729] In Hazor wurde sie im innersten Raum des Heiligtums entdeckt,[730] und auch für die „Bull Site" kann ein kultischer Gebrauch plausibel gemacht werden, wenn Mazar unter Berufung auf den Entdecker den Fundort als „near the western wall of the cult site" angibt.[731] In der Tat sprechen für die Existenz von entsprechenden Kultzusammenhängen bildliche Darstellungen wie beispielsweise auf der Südfront des Tempels und auf einem Siegelabdruck aus Alaca Höyük aus dem 15. Jh.[732] Diese stammen jedoch aus der weiter entfernten „Umwelt" Israels. Zudem erstaunt die geringe Größe der Objekte, von denen der Stier von der „Bull Site" mit 12,4 cm Höhe der größte ist (in Hazor nur 4,5 cm mit einer Länge von 5,5 cm). Zwar belegen die Zapfen unter den Hufen, dass die Stierdarstellungen auf etwas befestigt waren und also wohl einen erhöhten Platz, möglicherweise auf einer Standarte, hatten;[733] dennoch stellt sich die Frage, ob dies für eine Identifikation als Kultbild ausreicht.[734] Wahrscheinlicher ist wohl eher eine Verwendung als Repräsentanz des Kultbildes, dem anscheinend zumindest in Aschkelon eine ähnliche Behandlung zukam wie dem Kultbild selber.[735]

Othmar Keel hat nun in seiner Studie zu den Stierdarstellungen vom Beginn des 2. Jt. bis in das 9./8. Jh. durch den Vergleich mit weiterem Material die verschiedenen Facetten von Stierdarstellungen herausgearbeitet. Er hat dabei aufgezeigt, dass sich zunächst von der MBZ IIa bis in die SBZ I die mit Stieren verbundenen Vorstellungen von einer Verbindung mit dem Wettergott in Richtung auf sexuelle Konnotationen gewandelt haben.[736] Als in der SBZ IIb die Ägypter die Herrschaft in der Levante übernahmen, wurden der Wettergott Baal und der Sturmgott Seth miteinander verbunden; Seth stand jedoch für die vernichtende Kraft des Sturmes, sodass se-

---

729 Keel, Recht der Bilder, 169 f; Abbildung a.a.O., 182 (Abb. 142). Er verweist auf eine mbz Siegelabrollung aus Acemhöyük in Zentralanatolien, auf der ein Verehrer vor einem Stierkopf zu sehen ist, der aus einem bienenkorbähnlichen Bau herausschaut (Abb. a.a.O., 182, Abb. 143).

730 Keel, Recht der Bilder, 171: im innersten Raum des Tempels H (Stratum Ia aus dem 13. Jh.).

731 Mazar, Bull Site, 27.

732 Keel, Recht der Bilder, 170; Abbildung a.a.O., 183 (Abb. 145). Abbildung des Sphinxtors in Alaca Höyük bei Bittel, Hethiter, 186 f. Keel behauptet zusätzlich textliche Belege und verweist dazu auf Calmeyer-Seidl, W, 153. Diese bespricht jedoch nur bildliche Darstellungen und verweist ihrerseits nur allgemein auf Brandenstein, Götter. Bei ihm käme jedoch allenfalls der Text KBo II 1 I 28 f in Frage (Brandenstein, Götter, 63; vgl. jedoch auch die kritische Auseinandersetzung bei Brandenstein, Götter, 75 f), sodass sich zumindest daran keine sicheren textlichen Belege nachweisen lassen.

733 Vgl. Keel, Recht der Bilder, 171 f; Abbildung a.a.O., 185 (Abb. 150).

734 So urteilt bereits Negbi, Hazor III-IV Text, 357, zurückhaltend und verweist lediglich auf die Diskussion bei Mazar, Bull Site.

735 Stierdarstellungen finden sich auch in den Kultständern von Yavneh (siehe Kletter/Ziffer/ Zwickel, Cult Stands, 152).

736 Keel, Recht der Bilder, 173 f.

xuelle und Fruchtbarkeitsaspekte wieder in den Hintergrund traten. Der Stier er-
schien nun als Darstellung der „kämpferischen Kraft", die sich häufig auch darin
zeigt, dass der Stier einen Löwen überwindet, ohne dass in allen Fällen sicher zu
klären wäre, ob nicht einfach Tierkämpfe abgebildet worden sind.[737] So hält Keel
fest: „In der SB IIB sowie in der EZ I und IIA dominiert dort, wo der Stier in Syrien/
Palästina nicht als isolierte ‚Vokabel', sondern in Kompositionen auftaucht, der
Aspekt der Aggressivität, der Kampfeslust und Kampfeskraft"[738], und schließt
daraus, dass auch die Stierdarstellungen, in denen nur der Stier abgebildet wird,
nicht allein im Sinne der Fruchtbarkeit gedeutet werden können, die von der SBZ IIb
bis in die EZ IIb ikonographisch vor allem durch das säugende Muttertier ausgedrückt wurde.[739] Die aggressiven Aspekte finden sich auch noch später in dem oben
erwähnten Orthostaten von Tiglat-Pileser III. (745–727) in Arslan Tash. Gleichzeitig
erhält der Stier in der neuassyrischen Glyptik des 9./8. Jh. wiederum den Aspekt der
Zeugungskraft zurück, diesmal jedoch ohne eine erotische Seite.[740] Tallay Ornan hat
nun aufgezeigt, dass bei alldem der Stier nicht eindimensional auf den Wetter- bzw.
Sturmgott bezogen werden kann. Sie arbeitet stattdessen heraus, dass sich offenbar
Wetter- und Mondgott den Stier als Symbol „geteilt" hätten.[741] Für Israel kann sie
zunächst auf ein bei ihr erstmals publiziertes Relief zweier Stiere mit Mondsymbol
verweisen,[742] dann aber vor allem auf Siegelabdrücke aus den 8./7. Jh., auch wenn
diese nicht lokalisiert sind.[743] Auch vor diesem Hintergrund lässt es sich wahrscheinlich religionsgeschichtlich nicht abschließend klären, mit welchem Gott
JHWH in Zusammenhang mit einem Stier/Kalb identifiziert worden ist.[744]

---

737 Keel, Recht der Bilder, 175 f. Vgl. auch Schroer, Ikonographie, 53.

738 Keel, Recht der Bilder, 176.

739 Keel, Recht der Bilder, 177. Mit Verweis auf Num 23,22 und Dtn 33,17 deutet Keel daher auch
1 Kön 12,28b im Kontext des kriegerischen Aspektes des Stiers.

740 Keel, Recht der Bilder, 193 (Abb. 174–176).
   Dass sich allerdings das Setting einer auf einem Tier stehenden Gottheit auch in Israel noch
lange durchzieht, zeigt ein jüngst in Chirbet Qeiyafa gefundenes Siegel, auf dem eine Göttin auf
einem Löwen stehend abgebildet ist und das aus der persischen Zeit stammt (Schroer/Wyssmann,
Göttin, 165).

741 Ornan, Bull, 3, spricht von „sharing identical emblems by different deities" und sieht darin
eine henotheistische Entwicklung (a.a.O., 25 f).

742 Ornan, Bull, 11. Sie bespricht die Darstellung im Kontext der Ur-III-Periode, geht aber nicht
auf Datierung und Lokalisierung des Fundstücks selber ein (a.a.O., 10–12).

743 Ornan, Bull, 20. Siehe auch die umfangreiche Studie Bernett/Keel, Stadttor, die sich zwar
hauptsächlich mit dem Stelenfund in Betsaida beschäftigt, aber zahlreiche Parallelen zieht und so
eine weite Perspektive ermöglicht.

744 Zumeist wird die Frage im Blick auf eine Verschmelzung JHWHs mit El oder Baal diskutiert.
Für eine Identifikation mit Baal plädieren Keel, Geschichte Jerusalems, 348 (anders noch Keel/
Uehlinger, GGG, 219); Curtis, Bull Terminology, 31; Wyatt, Calves, 78–80. Für eine Identifikation

Die Problematik der Funde und ihrer Auswertung liegt jedoch nicht nur in der ungeklärten Zuordnung der Götter untereinander bzw. ihrer Identifikation miteinander, sondern wesentlich grundsätzlicher in der Frage nach der Aussagekraft der Funde allgemein für die Geschichte und Religionsgeschichte Israels in der Königszeit. Denn mit Ausnahme der oben erwähnten Siegel sind sie alle älter und stammen zudem größtenteils aus der Umgebung, nicht jedoch aus Israel selber.[745] Zum anderen ist bei den Rundplastikfunden nicht sicher zu klären, was mit ihnen ausgedrückt werden sollte und worauf sie sich beziehen.[746]

So lässt sich der konkrete religionsgeschichtliche Bezug der Kälber, den J vor Augen hatte, als er seinen Teil im Text von 1Kön 12,26–30 verfasste, vor dem archäologischen Hintergrund nur unbefriedigend mit einem allgemeinen Hinweis auf Kampfeskraft und/oder Fruchtbarkeit benennen.[747] Deutlich ist jedoch, dass Stierdarstellungen bis in die EZ hinein unproblematisch sein konnten, und das nicht nur im Norden, sondern auch im Süden, wie die Siegelfunde belegen. Auf ihnen fungiert der Stier als Postament eines allerdings nicht näher zu bestimmenden Gottes.[748] Darüber hinaus gibt es Terrakottadarstellungen von Stieren, die

---

mit Baal hat sich insbesondere Dohmen, Exodus, 297, ausgesprochen. Dagegen hat Fleming, Bull, 25*, darauf aufmerksam gemacht, dass sich anhand der Darstellungen meist nicht entscheiden lässt, ob es sich um eine Kalb- oder eine Stierabbildung handelt, die für eine Identifikation mit El oder Baal sprechen würde, sodass sich diese Frage aus der Ikonographie nicht beantworten lässt.

745 Die Darstellungen aus Hazor und von der „Bull Site" werden beide in das 13. Jh. datiert (Mazar, Bull Site, 29; Keel, Recht der Bilder, 171). Über das Problem, das sich aus der frühen Datierung ergibt, lässt sich auch nicht hinwegtäuschen, wenn man die Nutzer der „Bull Site" als frühe israelitische Siedler bezeichnet (so Mazar, Bull Site, 38, der in seiner Auswertung einen historisch unkritischen Umgang mit den biblischen Texten zeigt (a.a.O., 38–40)). Die neben den nur eingeschränkt deutbaren Siegeln aus Israel einzigen interpretierbaren Funde aus dem 8. Jh., die Orthostaten in Jekke und Arslan Tash, standen eben weit von Israel entfernt in neuassyrischem Herrschaftsgebiet.

746 Vgl. ähnlich auch Keel, Recht der Bilder, 172, sowie a.a.O., 176, mit der vagen Aussage, dass man die Stierfigurinen angesichts der kämpferischen Bedeutung des Stiers in umfassenderen Darstellungen nicht ausschließlich auf den Aspekt der Fruchtbarkeit reduzieren dürfe, mit der er sich einer konkreten Ausdeutung der Stierfigurinen entzieht und deren Aussageabsicht offen lässt. Auch die Identifikation mit El, die Schaeffer, El et Baal, 8f, für den Fund in Ugarit vornimmt, lässt sich nicht mit Sicherheit verifizieren. Auch Mazar, Bull Site, 32, lässt die Identifikation offen, während sich Wenning/Zenger, Baal-Heiligtum, 81–86, in Auseinandersetzung mit Mazar für eine Zuordnung zu Baal entscheiden.

747 Keels Bezug auf 1Kön 12,28 (Keel, Recht der Bilder, 176f; ders., Geschichte Jerusalems, 348f) kann vor dem Hintergrund der in dieser Studie erarbeiteten Zusammensetzung von 1Kön 12,26–33 deshalb nicht überzeugen, weil er unkritisch von 1Kön 12,26–33 als einer Einheit ausgeht und so der Komplexität des Textes nicht gerecht wird.

748 Keel/Uehlinger, GGG, 216f.

ebenfalls nicht aus dem Nordreich, sondern aus Juda stammen.[749] Stierabbildungen im kultischen Kontext sind also bei Weitem weder im Norden noch im Süden durchgängig negativ bewertet worden.

6.1.2 Die Verurteilungen in Hosea

Die negative Beurteilung der Stier- oder Kalbdarstellungen findet sich erst im Buch Hosea. An drei Stellen wird auf einen עֵגֶל im kultischen Kontext verwiesen: Hos 8,5f; 10,5f; 13,1f.[750] Damit belegt Hos zugleich den Begriff עֵגֶל als Terminus technicus, denn an keiner Stelle im Kanon wird ein anderer Ausdruck für Rinder gebraucht. Ein Durchgang durch die Hos-Texte offenbart die verschiedenen Bezüge, in denen sich die Verfasser der hoseanischen Texte mit den Stier- oder Kalbdarstellungen beschäftigt haben.[751]

Hos 8,5f befindet sich zwischen einem Schuldvorwurf mit folgender Untergangsankündigung (V 1–4) und einer weiteren Gerichtsmitteilung in V 7f; alle drei Sequenzen sind durch die jeweiligen Themenwechsel und vorausgesetzten historischen Gegebenheiten voneinander unterschieden. Dabei bietet Hos 8,5f zahlreiche textkritische Schwierigkeiten, die das Verständnis des Abschnitts beeinflussen und deshalb hier ausführlicher diskutiert werden sollen als in den folgenden beiden Abschnitten. Die grundlegende Differenz besteht bereits beim ersten Wort in V 5, denn hier ist aus der Überlieferung heraus unklar, ob es sich bei זנח ursprünglich um eine Perfekt-Form (so MT) oder um eine Imperativ-Form (so LXX) gehandelt hat. Der Unterschied liegt zwar nur in der Vokalisierung, verändert aber massiv die Aussage von V 5f: Denn mit MT wäre gesagt, dass jemand, gemeint ist JHWH, das Kalb Samarias verworfen habe; V 5f wäre also eine Gerichtsmitteilung des Propheten, in der in den nachfolgenden Sätzen Gott zitiert würde (Rede in der 1. Person Singular: חָרָה אַפִּי בָּם), ohne dass es dazu einen textlich markierten Übergang zwischen der Propheten- und der Gottesrede gäbe. LXX bietet demgegenüber einen Imperativ und versteht nicht nur den ganzen Vers als Anrede Gottes, sondern die gesamte Sequenz, wie das in V 6 am Ende gegenüber MT ergänzte σου zeigt. Dabei bietet das σου in V 6 den Ansatzpunkt zur Lösung der Frage. Denn seine Ergänzung weist LXX als einen Versuch aus, dem auch sonst textlich schwierigen Abschnitt in V 5f einen Sinn abzugewinnen, indem er als Anrede verstanden wurde.[752] Dabei muss es sich nicht um eine bewusste Ände-

---

749 Keel/Uehlinger, GGG, 218f, mit Hinweis auf ältere Literatur und Grabungsberichte.
750 Zu Ex 32 siehe unten.
751 Vgl. dazu auch den Überblick bei Utzschneider, Hosea, 91–98.
752 Gegen Wolff, Hosea, 169, der LXX für ursprünglich hält.

rung im Übersetzungsprozess handeln, sondern sie kann auch durch die unbeabsichtigte Übernahme des Suffixes von עֶגְלֵךְ in V 5 im Zuge schriftlich-mündlicher Überlieferung geschehen sein.[753] In jedem Fall bietet MT den schwierigeren und damit den vorzuziehenden Text.[754] So ist von MT als Textgrundlage auszugehen, auch wenn dieser so große Schwierigkeiten aufweist, dass er kaum der ursprüngliche Text gewesen sein wird.[755]

Inhaltlich betrachtet ist in Hos 8,5 f vor dem Hintergrund von 1Kön 12 bemerkenswert, dass von einem Kalb im Zusammenhang mit Samaria die Rede ist:[756] In V 5 wird es als Samarias Kalb bezeichnet, in V 6 werden beide Worte sogar in einer Constructus-Verbindung miteinander verbunden. Darin muss allerdings nicht zwingend eine Lokalisierung zum Ausdruck kommen, sondern die Verbindung kann auch einfach dem historischen Umstand Rechnung tragen, dass Samaria die Residenzstadt des Königreichs war und für dieses als Synonym fungierte.[757] In jedem Fall aber wäre es eine offizielle Äußerung des Staatskults. Die Kritik macht sich an seiner Materialität fest, die sich darin zeigt, dass das Kalb das Werk menschlicher Handwerker ist. Der Satz וְלֹא אֱלֹהִים הוּא impliziert dabei, dass in den kultischen Vollzügen Kultbild und Kultadressat, das heißt Gott und seine Repräsentanz, aus der Perspektive Hoseas miteinander verwechselt worden seien.[758] Damit ist allerdings nicht gesagt, dass dies auch seitens der offiziellen Theologie geschehen ist. Letztlich sagt der Text weder etwas über das theologische Selbstverständnis der im Zusammenhang mit dem Kalb kultisch Handelnden noch

---

753 Andersen/Freedman, Hosea, 494, gehen auch bei der Wendung עֶגְלֵךְ שֹׁמְרוֹן in V 5 von einer Constructus-Verbindung aus und verweisen dazu auf Am 8,14.

754 Das gilt auch für die beiden weiteren textkritisch relevanten Stellen in V 6: So wird in LXX der Versanfang geglättet und dem schwierig zu verstehenden Begriff שְׁבָבִים durch eine Ableitung von שוב im Pilel eine Bedeutung gegeben (πλανάω irreführen). Wolff, Hosea, 170, versteht den problematischen Versanfang als „einpolige[n] Nominalsatz", der ohne Subjekt auskomme. Das ist auch nicht unproblematisch, allerdings wiederum nicht so schwierig wie der Vorschlag von Torczyner/Tur Sinai, כִּי מִי שֹׁר אֵל כִּי מִישְׂרָאֵל als (Denn wer ist der Stier El?) zu lesen, den Wolff, ebd., unter Hinweis auf die Encyclopaedia Biblica, Bd. 1, hg. v. Bialik Institute, 1950, referiert.

755 Vgl. darüber hinaus BHQ zur Stelle sowie a.a.O., 63*.

756 Zu literarkritischen Überlegungen zu dieser und den folgenden Texten in Hos vgl. u. a. Pfeiffer, Bethel, 101–170, sowie weitere Studien zu Hos, auf die an dieser Stelle nicht weiter einzugehen ist, um den Fokus der Untersuchung nicht weiter zu belasten.

757 So auch Wolff, Hosea, 180, der zudem auf die im Folgenden besprochene Stelle Hos 10,5 f hinweist.

758 Angesichts des Argumentationszusammenhangs in Hos 8,5 f ist die Ablehnung Hoseas wohl auf diesen Aspekt zu beschränken und nicht auf angebliche Identifikationen von Gott und Kalb in Ex 32 und 1Kön 12 auszuweiten (gegen Wolff, Hosea, 181). Jeremias, Hosea, 106, sieht das Problem der Differenzierung zwischen Postament und Kultbild und folgert daraus, dass sich diese Differenzierung zwangsläufig nicht habe durchhalten lassen.

etwas über Ätiologie, Inhalt und Ähnliches des Kultes, sondern bleibt vielmehr in seiner Polemik stehen.

Ähnliches gilt für Hos 10,5 f. Auch dieser Abschnitt ist textkritisch mit zahlreichen Fragen belastet,[759] und es ist davon auszugehen, dass keine der erhaltenen Versionen den ursprünglichen Wortlaut mehr bietet. Doch auch unabhängig davon zeigt sich, dass das Kalb[760] in Beth El im Blick ist, und zwar diesmal aus der Perspektive nach 733 bereits als zukünftiges Beutestück der Assyrer.[761] Dabei bleibt auch hier unklar, ob es als Gott bzw. Gottesdarstellung oder als Gottesrepräsentanz verstanden wird. Ebenso wird über den Kult und seine mit ihm verbundenen Inhalte nichts ausgesagt.[762] Vielmehr zeigt sich für Hosea an der Wegführung des Kalbes die Niederlage des Nordreichs und die Abwesenheit Gottes, sodass nicht nur der Vorgang als solcher als göttliches Zeichen dient, sondern auch das Kalb implizit zu einem Zeichen der Präsenz Gottes wird.

Komplizierter stellt sich die Situation in Hos 13,1 f dar. Das betrifft nicht nur die textliche Überlieferung, in der massive Abweichungen der Textzeugen untereinander bestehen, sondern infolgedessen auch das Verständnis des Inhalts.[763] Dabei

---

759 Am Versanfang liest MT לְעֶגְלוֹת (Plural), LXX dagegen τῷ μόσχῳ (Singular); P ist nicht zu entscheiden, Vg folgt MT. Textkritisch ist MT zu bevorzugen; zur Deutung siehe unten. Die nächste Varianz besteht bei שְׁכֵן, das LXX, P und Vg im Plural wiedergeben; so ist dem wohl zu folgen. Demgegenüber handelt es sich bei der Wiedergabe von וּכְמָרָיו mit καὶ καθὼς παρεπίκραναν αὐτόν deutlich um ein Missverständnis; dasselbe gilt für den schon in MT fehlerhaft wiedergegebenen Titel מלך רב. Für Weiteres siehe BHQ zur Stelle sowie a.a.O., 66*, und Wolff, Hosea, 222. Die Hinzufügung von δήσαντες in LXX deutet Glenny, Hosea, 146, als Verdeutlichung der Unfreiwilligkeit.

760 Andersen/Freedman, Hosea, 555, verstehen den Plural לְעֶגְלוֹת als „plurale majestatis" einer Göttin, die möglicherweise Partnerin des Kalbs von Samaria in 8,5 f gewesen sein könnte. In der Regel wird es jedoch als Verballhornung aufgefasst (Jeremias, Hosea, 130; Bons, Hosea, 128; ähnlich auch Stuart, Hosea, 161: „nickname"). Wolff, Hosea, 222.227, nimmt demgegenüber einen Singular an.

761 Zu einem ähnlichen Vorgang vgl. Uehlinger, Götter, 741–771. Zur Datierung des Hos-Textes vgl. Wolff, Hosea, 224 f. Rudnig-Zelt, Hoseastudien, 59, geht dagegen für Hos 8,5 f; 10,5 f von einer Datierung nach 722 aus. Noch später setzt sie Tropper an: er möchte diese Äußerungen als Rückprojektion aus der persischen Zeit verstehen, die jedoch ihren Aussagegehalt als Warnung und ihren Aktualitätsbezug in der nachexilischen Epoche hätten (Trotter, Hosea, 203 f).

762 Wolffs Interpretation zur Stelle ist dementsprechend verräterisch ohne Textbelege (vgl. Wolff, Hosea, 228).

763 In V 1 handelt es sich bei רְתֵת um ein Hapaxlegomenon mit der Bedeutung ‚zittern, beben', das von P und Vg auch entsprechend wiedergegeben wird; dagegen bietet LXX δικαιώματα, sie scheint also תֹּרֹת gelesen und in der Folge auch die Satzstruktur geändert zu haben (Wolff, Hosea, 286). Doch das beruht auf einem Missverständnis, sodass bei MT zu bleiben ist. Am Ende von V 1 scheint LXX eine Verlesung von ויאשם zu וישם zu bieten, der jedoch nicht zu folgen ist. Die bedeutendste Differenz in V 2 betrifft das Versende, siehe dazu oben im Text. Weitere textkritische

hat V 1 wahrscheinlich das Verhalten, Ergehen und schließlich den Untergang des Nordreichs zum Thema.[764] In V 2 scheint nun die Zeit danach in den Blick zu kommen: „Sie" haben weiterhin gesündigt, sich ein gegossenes Bild aus Silber sowie – nach ihrem Verständnis (so wohl MT) oder nach ihren Vorbildern (so wohl LXX) –[765] weitere Götterbilder gemacht, die als Menschenwerk abqualifiziert werden. Erst am Versende werden Kälber thematisiert: In MT scheint es sich um eine Sentenz zu handeln: „Wer Menschen opfert, küsst [auch] Kälber." Dabei ist unklar, ob es sich bei diesen Kälbern um Opfertiere handelt, die vor dem Opfer rituell geküsst werden, oder ob mit dem Küssen eine Verehrungshandlung gegenüber kultischen Stierabbildungen bezeichnet ist (vgl. 1Kön 19,18).[766] In LXX ist diese Unklarheit beseitigt, indem der Satz hier als Aufruf bezeugt ist: „Opfert Menschen, denn Kälber sind [uns] ausgegangen."[767] In LXX wird also vorausgesetzt, dass es keine Opfertiere mehr gibt und man deshalb auf Menschenopfer ausweichen müsse.[768] Bei aller textkritisch begründeten Vorsicht könnte MT tatsächlich etwas über den Kult in Beth El mitteilen, nämlich den Ritus des Kälberküssens.[769] Doch befreit man sich vom Duktus der Polemik in Hos, dann muss es bei dieser Feststellung bleiben; eine Baalisierung des Kultes durch diese Praxis lässt sich lediglich aufgrund ähnlicher Kultpraktiken (und angesichts des Fehlens ähnlicher Informationen aus dem Süden) kaum schlüssig belegen.[770]

Diskussion, die für die vorliegende Fragestellung jedoch nicht von Relevanz ist, bietet BHQ zur Stelle sowie BHQ, 70*, und Wolff, Hosea, 286. Gegen Jeremias, Hosea, 159–162, ist jedoch an der Einheitlichkeit des Textes festzuhalten.

764 Um was es sich bei dem mit dem Satz וַיֶּאְשַׁם בַּבַּעַל umrissenen Verschulden handelt, bleibt angesichts der Formelhaftigkeit offen. Vgl. Jeremias, Baal, 90 f.

765 LXX hat statt כתבונם entweder כתמונם (Bons, LXX.E, 2334) oder כתבנית (Wolff, Hosea, 286) gelesen.

766 In der Regel wird von Letzterem ausgegangen (vgl. Andersen/Freedman, Hosea, 632; Jeremias, Hosea, 162, der das Küssen jedoch auf kleine Stierstatuetten im privaten Gebrauch beziehen möchte).

767 Am Satzanfang liest LXX also זבחו statt זבחי. Am Satzende ist die Vorlage der LXX nicht so deutlich zu erkennen, möglich wäre ישבתו.

768 Jeremias, Hosea, 159, möchte nur den Imperativ von LXX als ursprünglich akzeptieren und lässt unmittelbar danach eine Sentenz mit dem Inhalt „Menschen küssen Kälber" beginnen, doch lässt sich das nur schwer mit der Textüberlieferung in Einklang bringen.

769 Vorausgesetzt ist eine Datierung zwischen 733 und 722. Wolff, Hosea, 291; Deissler, Hosea, 57; Jeremias, Hosea, 163.

770 Gegen Jeremias, Hosea, 162. Auch ergibt sich aus V 1 keine Beziehung zu Ex 32, ist das Kalb dort doch aus Gold und nicht aus Silber. Vgl. auch Wolff, Hosea, 292, der darin ebenfalls kein konkretes Kultbild sehen möchte, sondern „das vielfach wiederkehrende Muster kleiner Bronzestatuetten, die mit Silber überzogen wurden", worauf seines Erachtens auch der Plural עֲצַבִּים (allerdings auch der Plural bei עֲגָלִים; siehe dazu oben) hindeutet. Vgl. auch Glenny, Hosea, 171.

So bezeugt Hos die Existenz von Kälbern bzw. Stierdarstellungen im Kult des Nordreichs; 13,1 f könnte sogar etwas über den dortigen Kult verraten. Sie leisten jedoch keinen Beitrag zum inhaltlichen Verständnis dieses Kultes, sondern bleiben ganz in ihrer Polemik gegen ihn stehen.[771] Allenfalls lässt sich aus Hos 10,5 f die Bedeutung ermessen, die die Kalbdarstellungen für die Menschen, für die Priester und das Volk hatten. Hos repräsentiert damit eine Position, die die Materialität eines Kultbildes grundsätzlich problematisiert. Er steht in einer Fundamentalopposition zum Kalb des Nordreichs, die keinen Raum für Zwischentöne und Differenzierungen lässt. Das zeigt sich auch daran, dass die Form des Kultbildes als Stier oder Kalb in ihrer Bedeutung an keiner Stelle aufgenommen und thematisiert wird und auch keine anderen Formen zur Darstellung der Gottespräsenz präferiert, ja nicht einmal angesprochen werden. Für das Selbstverständnis der Priester des Nordreichkults hat Hos damit jedoch auch keine Aussagekraft.[772]

6.1.3 Das Schweigen der weiteren Überlieferungen

Nach der massiven Polemik in Hos gegen die Kalbdarstellungen im Nordreich ist immer wieder aufgefallen, dass sich Ähnliches in den weiteren Schriften, die auf diese Zeit zurückgehen oder sich mit ihnen im Nachhinein befassen, nicht findet. So wird in Am 7,10–17 kein Kalb erwähnt und die Legitimität Beth Els als Heiligtum an sich nicht in Frage gestellt. Auch der sich mit der JHWH-allein-Verehrung auseinandersetzende Elia-Zyklus nennt kein Kultbild in Beth El oder an anderen Orten des Nordreichs; und dies gilt insgesamt auch für die Darstellung in 1–2Kön. Juha Pakkala hat nun daraus schließen wollen, dass die Erwähnung der Kälber in 1Kön 12 eine späte Eintragung sei.[773] Doch lässt sich dieses Phänomen auch damit erklären, dass ein Stier oder ein Kalb als Postament Gottes oder auch die Repräsentation Gottes durch ein Kalb bzw. einen Stier trotz der Kritik am Königshaus wie in Am und/oder dessen Kultpolitik, wie sie sich im Elia-Zyklus

---

771 Utzschneider, Hosea, 91, fasst gut zusammen: „Anstoß der späteren Polemik konnte nicht der inhaltliche Aspekt dieser Theologie [der Nordreichstheologie, FUe] sein, sondern eben nur der Jungstier." Siehe auch seine auf das Ganze des Hos-Buches bezogene Zusammenfassung a.a.O., 98–104.
772 Das gilt auch für die Frage nach dem Stellenwert und der Bedeutung des Exodus, der zwar bei Hos prominent aufgegriffen wird, jedoch noch einen anderen Aussagegehalt zu haben scheint als die spätere Exodusüberlieferung und wahrscheinlich auch die mit dem Exodus verbundene Formel, wie sie in 1Kön 12,28 erscheint.
773 Pakkala, Jeroboam, 505–507.

ausspricht, kein grundsätzliches Problem gewesen sein muss.[774] So interpretiert würde dieser Befund also vielmehr zeigen, dass die Religionsgeschichte Israels weder in einer einlinigen Entwicklung verlaufen ist noch bildlos war, sondern eine Vielstimmigkeit beinhaltete, in der jeweils unterschiedliche Aspekte zum Tragen kamen bzw. Anstoß erregten.[775]

6.1.4 Die Kälber bei J

Innerhalb der oben skizzierten Bandbreite stehen sich damit Hos und die Quelle J an den beiden entgegengesetzten Enden gegenüber. Während der eine von der Errichtung der Stierdarstellungen durch den ersten König des Nordreichs berichtet, lehnt der andere solche materialen Präsenzzeichen ab. Gemeinsam ist beiden aber, dass sie nicht verschweigen, welch große Bedeutung das Kalb bzw. bei J die Kälber für das Volk haben. Denn J stellt die Beteiligung des Volkes bei der Kultbegründung oder -erneuerung Jerobeams ausdrücklich heraus (1Kön 12,30b) und auch Hos 10,5 spiegelt die Bedeutung der Gottesrepräsentanz in der Gestalt des Kalbes für das Volk wider.

Gemeinsam ist beiden aber auch, dass sich am Kult die politischen Entwicklungen ablesen lassen. So geht es J primär um eine Darstellung Jerobeams als erstem Herrscher des Nordreichs. Als solcher ist er Bauherr (1Kön 12,25) und auch Kultbegründer, -erneuerer und/oder -förderer. Das zu sagen, scheint das Hauptinteresse J's gewesen zu sein, auch wenn hier angesichts des fragmentarischen Charakters von J nur mit Vorsicht zu urteilen ist. So fehlt beispielsweise jeder Hinweis auf die Bedeutung der Stier- oder Kalbdarstellung, ohne dass noch zu rekonstruieren wäre, ob diese bereits nicht in J's Interesse lag oder ob sie durch die Bearbeitung von H ausgefallen ist, der J an dieser Stelle sein eigenes Gepräge aufdrückte. Für J scheint jedenfalls zu einem neuen Staat auch ein neuer Kult oder zumindest eine Kulterneuerung zu gehören. Für Hos ist es ähnlich, nur dass es bei ihm um das Ende des Nordreichs geht: Für ihn spiegelt sich der Untergang des

---

[774] Insofern werden allzu pauschale Beschreibungen und Wertungen, wie beispielsweise bei Danelius, Sins, 97, weder den historischen Realitäten noch den Aussageabsichten der jeweiligen Quellen gerecht.

[775] Vgl. auch Utzschneider, Hosea, 91, der zwar ebenfalls im Kalb den Stein des Anstoßes sieht, aber durchaus zutreffend darauf hinweist, dass die Schärfe der Polemik gegen den Kult des Nordreichs ein Hinweis darauf sein kann, dass seine „Rechtgläubigkeit" nicht in Frage zu stellen war.

Neben der Stier/Kalb-Darstellung in Beth El kann auch auf den Nechuschtan in Jerusalem hingewiesen werden (2Kön 18,4) (vgl. dazu van der Toorn, Figurines, 49).

Königreiches im Ende des Kultes wider. Damit geben beide die staatstragende Rolle des Kultes zu erkennen,[776] nutzen allerdings auch beide den Kult lediglich als Indikator bzw. als Ausdruck eines politischen Geschehens, während sein Selbstverständnis und seine Aussageabsicht unabhängig von dieser staatstragenden Funktion nicht in den Blick kommen bzw. sich bei J nicht mehr nachweisen lassen. Der Exodus hat mit dem Kalb jedenfalls nichts zu tun. Er wurde erst wesentlich später durch H in die Erzählung eingetragen.[777]

6.2 Der Exodus, Ex 32,1–6 und H

Die engste Parallele zum „Stiftungsspruch" für die Kälber in Beth El und Dan nach 1Kön 12,28 findet sich in Ex 32,4, sodass sich die Frage nach dem Verhältnis beider Sprüche, aber auch beider Erzählungen stellt. Da es sich bei beiden Texten um gewachsene Größen handelt, ist an dieser Stelle zuerst nach der Ursprungsüberlieferung von Ex 32,1–6 zu suchen und danach nach seiner Um- bzw. Ausgestaltung bis hin zu seiner Funktion im heutigen Kontext zu fragen.[778]

Der Text Ex 32,1–6 enthält nur einige wenige textkritisch relevante Punkte, die zu erwähnen sind. MT, der Samaritanus (Smr) und die Bezeugung in Qumran (4Q22/4QpaleoExod^m, Kol. 37[779]) weisen in diesem Abschnitt einen gemeinsamen Text auf. Dagegen bietet LXX einige Sonderlesarten, die sich jedoch alle als Interpretationen erweisen lassen: So wird der schwierige Ausdruck בַּחֶרֶט mit ἐν τῇ γραφίδι wiedergegeben; vor allem aber werden die Verben in V 4 und 6, die in der hebräischen Überlieferung im Plural formuliert sind, sich also auf das Volk beziehen, im Singular geboten, sodass die damit verbundenen Handlungen als Taten Aarons erscheinen.[780] Verbunden mit der ebenfalls als Angleichung an kulturelle Gegebenheiten zu verstehenden Auslassung der Söhne in der Aufzählung von V 2 erweist sich LXX in dieser Passage als interpretierende Übersetzung, sodass bei der Textform von MT zu bleiben ist.

776 Jeremias, Hosea, 106, auch mit Verweis auf Utzschneider, Hosea, 88–105.
777 Auch in Hos werden die Kälber nicht im Zusammenhang mit dem Exodus oder der Herkunft Israels aus Ägypten erwähnt.
778 Es ist deutlich erkennbar, dass es sich bei Ex 32,7 ff um eine Fortschreibung handelt, die dazu dient, die in V 1–6 beschriebene „Sünde" zu verarbeiten. Deshalb soll an dieser Stelle nicht weiter darauf eingegangen werden. Ausführlicher zu den Kapiteln insgesamt siehe die Studie Mark, Angesicht, 294–381.
779 Von Ex 32 sind V 2–19.25–30 in 4Q22/4QpaleoExod^m (Kolumne 37–38) und V 32–34 in 2Q2/2QExod^a, Fragm. 10 erhalten.
780 Vgl. Gurtner, Exodus, 444 f. LXX hält die Fokussierung auf Aaron jedoch nicht durch, wie die pluralische Übersetzung in V 8 zeigt.

6.2.1 Ex 32,1–6* als Kultätiologie Beth Els?

Erstmals hat Robert Kennett die These geäußert, dass die Grundlage von Ex 32,1–6 eine Kultlegende aus Beth El sei, die die Kultbegründung Jerobeams durch eine Rückführung in die Frühzeit begründen wolle.[781] Seine Überlegungen haben ein großes Echo gefunden und sind bis in Lehrbücher wie Rainer Albertz' „Religionsgeschichte Israels in alttestamentlicher Zeit" übernommen worden.[782] Für diese These sprechen in der Tat mehrere Beobachtungen: Zum Einen kann so erklärt werden, dass Aaron einerseits hier mit der „Ursünde" Israels in Verbindung gebracht wird, er aber andererseits als Ahnvater aller legitimen Priester gilt. Zum Zweiten kann Ri 20,26–28 ein Hinweis darauf sein, dass in Beth El aaronitische Priester amtierten. Zum Dritten tragen die Söhne Aarons Nadab und Abihu (Lev 10,1–3) fast dieselben Namen wie Jerobeams Söhne (Nadab und Abija; 1Kön 14,17; 15,27), was sich dadurch erklären ließe, dass die Priester von Beth El die Jerobeam-Söhne in ihre Genealogie integriert haben, sich dann aber, nach dem Sturz der Jerobeam-Dynastie, über andere Söhne herleiteten.[783] Albertz charakterisiert den Kult in Beth El dann auch aufgrund der Kritik Hoseas als „ausgelassener und lauter ..., als dies in Jerusalem schicklich war" und macht dies beispielsweise auch an Ex 32,6 fest. Mit dieser Konnotation attestiert er ihm einen „volksnahe[n] Charakter".[784]

Die Problematik dieser These liegt darin, dass sich die Ex 32,1–6 zugrunde liegende Überlieferung nicht mehr fassen lässt[785] und die Erwähnung Abias als Sohn Jerobeams, wie in Kapitel 4.10.1–2 und 4.13 gezeigt, einem späteren nachexilischen Überlieferungsstadium angehört. Damit bleibt die Notiz in Ri 20, aus der sich aber kaum Rückschlüsse auf den Kult in Beth El und den Zusammenhang mit Ex 32 ziehen lassen. Hinzu kommt, dass Ex 32 zwar eine Auseinandersetzung mit dem Kalb bietet, aber keinen Hinweis auf Beth El gibt. So datiert Albertz selber den Grundbestand von Ex 32 erst in die Exilszeit.[786]

---

781 Kennett, Origin, 166–168. Zur weiteren älteren Forschung siehe den Überblick bei Utzschneider, Hosea, 89f.

782 Albertz, Religionsgeschichte, 224–226. Exemplarisch sei zudem auf Beyerlin, Herkunft, 24–28 sowie 145–153; Garbini, Myth, 92, und Motzki, Stierkult, 477f.479, verwiesen.

783 Vgl. Albertz, Religionsgeschichte, 224 Fn. 59, mit weiteren Aspekten und Überlegungen.

784 Albertz, Religionsgeschichte, 225.

785 Koenen, Eherne Schlange, 368f. Albertz, Religionsgeschichte, 225 Fn. 61, verweist für diese These konkret auf einen Grundbestand in V 4–6. Aber auch unabhängig von der Theorie einer Kultätiologie ist die Frage der literarischen Einheitlichkeit von V 1–6 heftig umstritten.

786 Seines Erachtens setzt Ex 32 bereits die Kritik Hoseas, die dtr Beurteilung des Kalbs als grundlegender Sünde Israels und auch den dtn/dtr Dekalog (Dtn 5,22 mit Dtn 9f) voraus (Albertz, Religionsgeschichte, 224 Fn. 60). Er nimmt an, dass Ex 32 mit Ausnahme von V 7–14 und einigen kleinen Veränderungen einheitlich sei.

6.2.2 Das Verhältnis von Ex 32,1–6 und 1Kön 12,26–32

Ex 32,1–6 eröffnet einen ganzen Abschnitt, der sich zwischen den Anordnungen zum Bau des Heiligtums und deren Ausführung und thematisch durchaus im Zusammenhang mit diesen mit einem kultischen Vergehen des Volkes, dem fürbittenden Eintreten des Mose und der erneuten Zuwendung Gottes und dem Bundesschluss beschäftigt.[787] Es geht also um eine Verfehlung des Volkes und deren Bewältigung. Die Akteure sind das Volk, der Priester Aaron und der Vertreter des Gotteswillens, Mose.[788]

Darin unterscheidet sich Ex 32 grundlegend von 1Kön 12,26–32. J bietet einen Tatenbericht des ersten Königs des Nordreichs, innerhalb dessen zwar auch das Volk Erwähnung findet (1Kön 12,30b), es aber nicht als von sich aus handelnde Größe erscheint. Dies ändert sich in der Beurteilung der Taten Jerobeams durch H und auch durch N. Denn diese fokussieren ausschließlich auf den König und lassen das Volk völlig aus dem Blick. Dasselbe gilt für das Kalb, das bei H und N keine Aufnahme mehr findet; ihre Kritik an Jerobeam folgt vielmehr ganz anderen Gesichtspunkten, in denen es auch um den Kult geht, aber nicht um ein mögliches Kultbild.

Wenn nun in Ex 32 das Volk statt des Königs als Akteur erscheint, dann geschieht damit eine grundlegende Verschiebung in der Geschichtsschreibung, die wohl erst möglich geworden ist, als das Königtum nicht mehr existierte:[789] Das Volk liefert das Material zur Herstellung des Kultbilds, das heißt aber auch: zur Begründung des Kultes an sich, und spricht zumindest nach MT auch die Widmung aus; es übernimmt damit die Rolle des Königs als Initiant, Begründer und Widmender des Kultes, die in 1Kön 12 noch Jerobeam ausgefüllt hat. Die 1Kön 12 und Ex 32 gemeinsamen Punkte beschränken sich letztlich auf den Wunsch der Vergewisserung der Gegenwart Gottes und die Erwähnung des Kalbs als Zeichen dieser Gottespräsenz. Doch darüber hinaus weist Ex 32,1–6 zahlreiche andere Details auf, die eine nicht unwesentliche Rolle spielen, die aber keinerlei Entsprechung in 1Kön 12,26–32 finden. Dazu gehört neben dem Volk, von dessen Wunsch ausgehend sich

---

[787] Eine detaillierte Analyse bieten Dohmen, Exodus, 290–314, sowie die einschlägigen Kommentare. Für den älteren Forschungsstand sei exemplarisch auf Beyerlin, Herkunft, 24–28, und Weimar, Goldenes Kalb, 118–125, sowie dessen Ergebnis (a.a.O., 142–160), hingewiesen. Den neueren Forschungsstand bieten Schmid, Sinai, 9–40, und zuletzt Konkel, Exodus 32–34, 169–184, der sein Augenmerk insbesondere auf die Querbezüge von Ex 32 zu den Texten von Gen bis 2Kön legt, sodass sich Ex 32 als später Text erweist. Vgl. auch Gertz, Exodus, 88–106. Entsprechendes kann und soll an dieser Stelle nicht geboten werden, ist aber auch nicht geboten.
[788] Zur Rolle des Aaron vgl. Dohmen Exodus, 294.
[789] Die ersten Ansätze dieses Denkens kommen im Dtn zum Ausdruck, als man offensichtlich bereits gegen Ende des Königtums über alternative Gesellschaftsmodelle nachdachte. Vgl. auch Blanco Wißmann, Beurteilungskriterien, 135.

die ganze Sequenz entfaltet, das Motiv des Schmucks, der abgenommen werden soll und aus dem dann das Kalb geformt wird, der dabei zugleich die materiale Beteiligung des Volkes zum Ausdruck bringt,[790] aber auch die Liebe zum Detail bei der Schilderung der Herstellung, bei der Bezeichnung des Kalbs als עֵגֶל מַסֵּכָה[791] sowie bei der Schilderung der Begründung des Kultes durch den Altarbau und der Ausrufung und Begehung des ersten Kultfestes.[792] Schließlich spiegelt die Rede von nur einem Kalb bei gleichzeitigem pluralischen Widmungsspruch wohl die Situation wider, in der es nur noch die Erinnerung an ein Kalb in Beth El und nicht mehr an das in Dan gab, wie sie noch in 1Kön 12 vorliegt.

All dies lässt vermuten, dass es sich bei dem Text von Ex 32,1–6 zwar um einen Rückgriff auf 1Kön 12,26–32 handelt,[793] der allerdings nicht letzteren kommentieren möchte, sondern Motive als Anklänge aufnimmt, um seine eigene Aussage zu unterstreichen.[794] Der Grund für die Übernahme könnte der von H formulierte Widmungsspruch sein, der sich fast wörtlich in beiden Texten findet, im Unterschied zu 1Kön 12 in Ex 32 jedoch auch einen erzählerischen Zusammenhang hat. Hinzu kommt aber wohl auch die Situation eines Neuanfangs, sodass Ex 32 indirekt zu erkennen gibt, dass die Dramatik von Neuanfang und Fall, die H dem Geschichtsverlauf gegeben hat, wahrgenommen worden ist.

Im Abschnitt von Ex 32,1–6 wird also ein ähnliches Phänomen wie in 1Kön 12,26–32 behandelt: Nach einem alles verändernden Neuanfang, dem eine große Verheißung innewohnte, folgt der tiefe Fall durch die Abkehr vom wahren Kult. Doch bietet Ex 32 im Zusammenhang mit den nachfolgenden beiden Kapiteln über

---

790 Zur Bedeutung des Schmucks siehe Dohmen, Exodus, 295 f. Seine Beobachtungen sprechen wie die Überlegungen weiter unten für eine späte Entstehung von Ex 32.

791 Diese Bezeichnung findet sich in 1Kön 11–14 erst im späten Nachtragsabschnitt von 1Kön 14,1–18 in MT. Danelius, Sins, 108, erkennt in dieser Differenz zwischen 1Kön 12 und Ex 32 eine bedeutende Aussageabsicht, doch sollte hier nicht mehr in die Texte hineingelesen werden, als dass der eine ein Interesse an der Machart des Kalbes hat und der andere nicht.

792 Zu Ähnlichkeiten und Differenzen siehe darüber hinaus Dohmen, Exodus, 298 f.

793 So auch mit unterschiedlichen Perspektiven und Aussageabsichten Cross, Canaanite Myth, 198–200; Leuchter, Jerobeam, 68; Sweeney, Wilderness, 294; van Seters, Historians, 173; ders., Moses, 295–301; Achenbach, Grundlinien, 70; Schmid, Literaturgeschichte, 120, und weitere.

794 Für eine Entwicklung in diese Richtung spricht, dass in 1Kön 12 das Kalb fraglos als Repräsentant JHWHs gilt, es jedoch in Ex 32 als Gegenbild Gottes erscheint. Während es in 1Kön 12 um die Maßnahmen des Königs geht, ist das Kalb in Ex 32 nun selber zum Symbol des Abfalls geworden. Dies ist jedoch nur vorstellbar in einer Entwicklung von 1Kön 12 zu Ex 32. Siehe auch Willi-Plein, Auszug, 211 f: „Erfahrungen der späteren Geschichte Israels, vor allem die entscheidende Sünde Jerobeams (1Kön 12), der im Nordreich Israel Stierheiligtümer aufstellen ließ, haben so nachhaltig gewirkt, daß in ihrem Licht auch die allererste Auflehnung gegen den besonderen, bildlosen Gottesdienst Israels gesehen und erzählt wird." Dagegen hat Beyerlin, Herkunft, 145, dafür plädiert, beide Texte gleichermaßen als vom Kult in Beth El beeinflusst zu verstehen.

die Beschäftigung mit dem Thema in 1Kön 12 hinaus eine Perspektive des Umgangs mit solch einem Vergehen. So wird in Ex 32 nicht nur die Schuld konstatiert und als Ausgangspunkt der Darstellung für eine fatale Entwicklung bis zum Untergang genommen, sondern der Weg aus der Schuld heraus zu einem erneuten Anfang gewiesen, der in einem Bundesschluss kulminiert und den Bau des Heiligtums ermöglicht, mit dem nun sichtbar Gottes Präsenz zum Ausdruck gebracht wird. Zudem geht es dabei um das Volk, und damit um die Entität, die bei allen ge- schichtlichen Veränderungen, Um- und Einbrüchen bestehen bleibt und für die es gilt, Zukunft zu gewinnen und zu gestalten. Auf einen weiteren Aspekt in Ex 32–34 hat Christoph Dohmen durch seinen Hinweis auf Ex 32,15 f aufmerksam gemacht: Die V 15 f zeigten über die Auseinandersetzung mit dem Kalb hinaus, „dass die Geschichte vom Goldenen Kalb keine Geschichte ist, die primär um das Problem von Bild oder Bilderverbot kreist, sondern dass es eine Geschichte ist, die die Frage nach möglichen Gegenwartsweisen Gottes in den Blick nimmt: Ist Gott in seinem Wort oder in einem Kultbild anwesend?"[795] Solch vertiefte und differenzierte theologische Diskussion in Ex 32–34 ist wohl nur von 1Kön 12 herkommend, aber niemals umgekehrt denkbar.[796] Dies zeigt sich auch im Verweis auf den Exodus: Während er in 1Kön 12,28 eine Formel ist, hat er in Ex 32 seinen erzählerisch breit ausgeführten Rahmen gefunden; gibt er in 1Kön 12,28 keinen unmittelbaren Sinnzusammenhang zu erkennen, ist er in Ex 32 zum Ausgangspunkt für die Einschreibung einer theologischen Auseinandersetzung in ihren heutigen Kontext geworden. Dagegen bietet 1Kön 12 zumindest den Rahmen für das Verständnis der Formulierung im Plural, auch wenn nur ein Gott gemeint ist, während ein solcher Rahmen in Ex 32 vollkommen fehlt.[797]

---

795 Dohmen, Exodus, 292 f.
796 Vgl. auch Schmitt, Goldenes Kalb, 237–239, der Ex 32* einer den Pentateuch mit dem DtrG verbindenden Schicht zuweist und damit spät datiert (siehe dort auch weitere Hinweise zur Forschungsgeschichte). Für eine späte Datierung von Ex 32 spricht auch der Sprachgebrauch bei der Bezeichnung der Kalbdarstellung, wie Uehlinger, Kultbilderverbot, 49, herausgestellt hat. Vgl. auch Achenbach, Grundlinien, 69–72, der sich zudem mit Dtn 9 auseinandersetzt.
797 Über die Frage, ob 1Kön 12 und Ex 32 bereits in einem zusammenhängenden Text standen, ist damit noch nichts gesagt, muss doch eine Auseinandersetzung mit einem anderen Text nicht bedeuten, dass sie im Zusammenhang ein und derselben Großerzählung stattfindet. Da diese Frage in den Bereich der Pentateuchforschung überleitet, soll an dieser Stelle auf eine weitere Bearbeitung verzichtet werden.

6.2.3 Die Bedeutung des Exodus in 1Kön 12,26–32

Die Bedeutung des Verweises auf den Exodus in 1Kön 12,28 durch H lässt sich, wie oben dargestellt, aus dem Text selber heraus nicht klären. Auch Ex 32 kann aufgrund der oben skizzierten Entwicklung nichts zum Verständnis von 1Kön 12 beitragen. Der Satz in 1Kön 12,28 gibt sich aber deutlich als Formel zu erkennen. Damit weist er allerdings bereits durch seine Form auf eine längere Entwicklung hin, in deren Verlauf eine Vorstellung von einer Erzählung zu einer Formel wird, sodass es schließlich reicht, mit Hilfe dieser Formel auf die ihr zugrunde liegende Erzählung zurückzuverweisen.[798]

Die Nähe der Formulierung zum Dtn ist unbestreitbar. Doch unterliegt der dortige, ebenfalls formelhafte Verweis auf den Exodus denselben Überlegungen, sodass sich hieraus ebenfalls nur schließen lässt, dass der Auszug aus Ägypten bereits vor dem ausgehenden 7. Jh. zum zentralen Identifikationsmerkmal Israels geworden ist – und zwar ganz Israels, denn es gibt in 1Kön 12 keinen Hinweis darauf, dass diese Formel von H anders gebraucht würde als in Dtn, in dem sie sich auf ganz Israel und nicht nur auf das Nordreich bezieht.[799] Umgekehrt bedeutet dies aber nicht, dass H dtn oder dtr Theologie vertrete. Vielmehr ist davon auszugehen, dass beide, H und Dtn, an einem Entwicklungsprozess teilhaben, in dessen Zuge sich Israel als aus Ägypten stammend und von dort in das Land heraufgeführt verstand. Für H steht mit dem Verweis auf JHWH als Gott des Exodus (im Unterschied zu Ex 32) jedoch eindeutig fest, dass es sich bei dem Gott, den Jerobeam verehrt hat, um denselben handelte, den auch Juda, und eben auch H selber, verehrt. Im Festhalten an dieser Identifikation besteht eine von H's großen

---

798 Vgl. auch die Untersuchungen von Rendtorff, Herausführungsformel, 501–527, sowie die Studie von Schulmeister, Befreiung, zum Dtn. Schmid, Erzväter, 130, verweist darauf, dass die Heraus- bzw. Heraufführungsformel wesentlich häufiger belegt ist als die Rede vom Gott Abrahams, Isaaks und Jakobs. Dies spiegelt die identitätsbildende Kraft der Exodus-Formel wider. Wichtiger an dieser Formel ist aber wohl, dass sie sich auf das Volk bezieht und nicht auf ein Königshaus oder das Königtum.

799 Zu Vorstufen vgl. Blum, Mose, 42f, der allerdings aufgrund von 1Kön 12 auf eine sehr alte Tradition aus der Anfangszeit des Königtums in Israel schließt (a.a.O., 44).
Auch Hos greift mehrfach und prominent konzeptionell auf die Vorstellung der Herkunft Israels aus Ägypten zurück. Doch zum einen bringt er dies nicht mit dem Kultbild des Kalbes zusammen und zum anderen scheint er noch keine formelhafte Verwendung und inhaltliche Füllung dieser Formel zu kennen, wie sie in Dtn belegt ist. Insgesamt ist diese Frage so komplex, dass sie einer eigenen, späteren Studie bedarf.

historiographischen Leistungen, mit der er der Wahrheit bei aller Kritik ihr Recht eingeräumt hat.[800]

6.3 Die Deuteronomisten, H und N

In den meisten Studien werden viele der Texte und Textabschnitte, die in dieser Arbeit H und N, aber auch anderen Quellen und Bearbeitungen zugewiesen wurden, den Deuteronomisten oder der Deuteronomistischen Schule zugeschrieben. Als Kriterien dienten und dienen die Motive der Kulteinheit, der Kultreinheit und der Orientierung an der Tora.[801]

In dieser Studie wird die Existenz der Deuteronomisten oder einer deuteronomistischen Schule keineswegs bestritten. Es wird aber auch davon ausgegangen, dass ein Verfasser in der exilischen Zeit nicht zwingend Deuteronomist gewesen sein muss, um Jerusalem als einzig legitimen Kultort für den Staatskult Israels anzusehen, wenn er aus Juda stammt. Ebensowenig muss er Deuteronomist sein, um „monotheistisch" zu denken, sich an Normen zu orientieren, die von Gott geboten seien etc.[802] All dies findet sich in P und bei Esr/Neh in ähnlicher Form auch, ohne dass diese deuteronomistisch wären. So ist die Verwendung des Begriffs „deuteronomistisch", nachdem sie unmittelbar nach Noths „Überlieferungsgeschichtlichen Studien" eine steile Karriere erlebt hat, in den letzten zwei Jahrzehnten auch wieder problematisiert worden.[803]

Als spezifisch deuteronomistisch wird in dieser Untersuchung die Ausrichtung der Reden in Jos 1; 24; 1Sam 12; 1Kön 8, des Geschichtsentwurfs in Ri 2 und

---

800 Ein spannendes Zeugnis der Rezeptionsgeschichte ist in diesem Zusammenhang die Darstellung Ben Siras in Sir 47,13 – 25 (vgl. dazu Witte, Share, 91 – 117).
801 Vgl. bereits bei Noth, Überlieferungsgeschichtliche Studien, 103 f. Vgl. auch die Kriterien bei Weinfeld, Deuteronomy, 1.
802 Insofern greift auch Römers Ansatz, das DtrG von Dtn 12 und seinen verschiedenen Entstehungsphasen her zu entfalten, zu kurz (vgl. Römer, Entstehungsphasen, 45 – 70, sowie sein umfangreicher Entwurf in: ders., Deuteronomistic History, insb. 45 – 65).
803 Es ist an dieser Stelle nicht der Ort, um eine Forschungsgeschichte zum Deuteronomismus nachzuzeichnen. Siehe dazu Schmid, Wellhausen, 19 – 21; Coggins, Deuteronomistic, 22 – 35; Lohfink, Deuteronomistische Bewegung, 313 – 382 (mit einer gewissen Selbstironie a.a.O., 316), der selber von sprachlichen Aspekten ausgeht (a.a.O., 325), obwohl auch diese nicht eindeutig Klarheit schaffen, können sie doch kopiert werden oder sprachbildend wirken, ohne dass die, die sie übernehmen, selber Deuteronomisten sind (vgl. den Hinweis bei Schmid, Deuteronomium, 197, sowie beispielsweise Rösel, Josua, 17 – 19); Wilson, Deuteronomist, 78 – 82; Schmid, Deuteronomium, 205; Auld, Deuteronomists, 118 – 121; und schon älter Friedman, School, 70 – 80, und McKenzie, Book, 281 – 307. Dabei hat schon Westermann die Frage gestellt: „Gab es ein deuteronomistisches Geschichtswerk?" (Westermann, Geschichtsbücher, 122 – 124).

insbesondere des „Auswertungskapitels" zur Geschichte des Nordreichs in 2Kön 17 verstanden, die sich ebenfalls im Setting des Dtn widerspiegelt:[804] Im Unterschied zur Geschichtsdarstellung in 1–2Kön und auch zu 1–2Sam ist dort das Volk im Blick.[805] Dasselbe gilt für die Konzeption der Geschichtsdarstellung der vorstaatlichen Zeit in Jos und Ri und das Dtn. Dass sich die Konzeptionen in Jos und Ri nicht an Königen orientieren, liegt nicht nur daran, dass es kein Königtum gab, sondern repräsentiert eine Auseinandersetzung mit einem anderen Akteur der Geschichte: dem Volk. Die Absicht der dtr Texte ist, die Verantwortung des Volkes aufzuzeigen. Im Gesamtkomplex der Geschichtsdarstellung von (Dtn-)Jos–2Kön wird diese der Königsgeschichte sogar konzeptionell vorangestellt,[806] sodass schließlich die Geschichte der Könige zwar als Endpunkt, aber doch eben nur im Rahmen der Geschichte des Volkes zu verstehen ist und damit auch die Verfehlungen der Könige im Rahmen der Verfehlungen des Volkes zu sehen sind. Beide, Volk und König, werden so zu einer Handlungs- und Schicksalsgemeinschaft zusammengefügt, in der beide – und eben nicht nur der König – Akteure sind und damit auch Verantwortung tragen.

Die dtr Gestaltung ist dabei nicht nur auf der Makroebene zu erkennen, sondern auch in konkreten Einzeltexten, bei denen sich in 1–2Kön zeigen lässt, wie sie nachträglich in die Darstellung eingetragen wurden. Im Textkomplex von 1Kön 11–14 gibt dies beispielsweise der harte Bruch in 14,22 zu erkennen, der die dtr Sequenz 14,22*–24 einleitet. Ähnlich durchbrechen aber auch die für Dtr konzeptionellen Texte wie 2Kön 17,7ff die Geschichtsdarstellung und tragen ihre spezifische Sicht ein.

So kommt in dieser Studie der „Deuteronomismus" als *eine* Stimme in einem vielstimmigen Diskurs in den Blick, von dem nicht einfach alle Entwicklungslinien auszuziehen sind, sondern neben dem Gedanken geäußert werden und Literatur entsteht, in denen sich ähnliche Vorstellungen und Ideale finden, ohne dass diese als dtr zu klassifizieren wären.[807] Mit diesem Modell eines andauernden Diskurses lässt sich auch wesentlich besser erklären, wie es zeitgleich und nachfolgend zu weiteren großen Werken kommen konnte, die ähnliche Vorstellungen teilen, ohne

---

804 Zur Textauswahl vgl. bereits Noth, Überlieferungsgeschichtliche Studien, 5f, und die umfangreiche Studie Nentel, Trägerschaft, die sich diesen Kapiteln widmet.

805 Vgl. die Differenzierung bei Blanco Wißmann, Beurteilungskriterien, 235f. Ohne weitere Differenzierung verweist auch Nentel, Trägerschaft, auf das Volk als der zentralen Größe im Blick der dtr Geschichtskonzeption; dies gilt sowohl für die von ihm herausgearbeitete Grundschicht DtrH (a.a.O., 272) als auch für die von ihm angenommene Überarbeitung von DtrS (a.a.O., 274–294).

806 Vgl. Auld, History, 360. Sponk, Judges, 15–28 (insb. 27).

807 Vgl. dazu auch die Auseinandersetzung mit Zuschreibungen an den „Deuteronomismus" in Kap. 4.2.

dass sie als deuteronomistisch zu identifizieren wären. Zugleich kann damit wesentlich differenzierter auf die einzelnen Aspekte und Bezugsgrößen der Texte selber geschaut werden, die sonst vereinheitlichend als dtr bezeichnet werden.

7 Auswertung

Die Kapitel 1Kön 11–14 stehen an einer Schnittstelle israelitischer Geschichts-schreibung. Von den Großerzählungen über einzelne Herrscher herkommend, bildet der Textkomplex den Übergang zu einer Geschichtsdarstellung, die im Großen und Ganzen an kürzeren Notizen und einem über einen langen Zeitraum reichenden chronologischen Gerüst orientiert ist, in das wiederum an einzelnen Stellen Erzählkomplexe integriert wurden, die in der jeweiligen historischen Epoche angesiedelt waren oder worden sind. Dabei hat die Forschung 1Kön 11–14 erst spät und bislang noch immer nur vereinzelt als einen zwar mit den voran-stehenden und den folgenden Erzählungen und Darstellungen verbundenen, aber doch durch ein eigenes Profil geprägten Textkomplex verstanden. Stattdessen wird zumeist zwischen 1Kön 11 und 12 ein Einschnitt gesehen, der die Salomo-Erzählung von der Geschichte der beiden Reiche trenne, obwohl bereits Gary N. Knoppers dem Text bescheinigt hat: „The literary and thematic complexity in 1 Kings 11–14 therefore represents deliberate authorial artifice."[808] Doch erst Robin G. Branch hat den Zusammenhang von 1Kön 11–14 zur Sprache gebracht, als er den Textkomplex als „Jeroboam cycle" bezeichnete, der mit einer positiven Dar-stellung Jeroboams beginne, dann von seiner Berufung und der Verheißung an ihn handle, schließlich aber von Jeroboams Ungehorsam berichte, aufgrund dessen zuerst seine Familie und dann sein Staat untergingen.[809] Branch sah darin sogar eine Parallele zur Saul-Erzählung.[810] Zuletzt hat insbesondere Lissa M. Wray Beal 1Kön 11–14 explizit als „bounded set"[811] und als „unit"[812] bezeichnet und damit seine Einheit festgehalten.

So hat auch die vorliegende Untersuchung gezeigt, dass es sich bei 1Kön 11–14 um eine Einheit handelt, die zwar nicht von ihrem Kontext zu lösen ist, wohl aber ein eigenes Profil besitzt. Inhaltlich geht es vordergründig um die Ereignisse, die zur Teilung des davidischen Großreiches geführt haben sollen, sowie um den Beginn der Geschichtsschreibung der beiden Königreiche Israel und Juda. Dabei lässt bereits dieser Zusammenhang erkennen, dass er judäischer Perspektive entstammt und dementsprechende Schwerpunkte und Bewertungen gesetzt werden.

Doch es geht nicht nur um eine Reichsteilung und die Anfänge zweier König-tümer. Vielmehr offenbart ein genauerer Blick, dass 1Kön 11–14 im Laufe seiner

---

808 Knoppers, Two Nations I, 55.
809 Branch, Jeroboam's Wife, 85–87.
810 Branch, Jeroboam's Wife, 87.
811 Wray Beal, Prophets, 110.
812 Wray Beal, Prophets, 117.

Entwicklung zu einem Sammelbecken sehr verschiedener Texte geworden ist, deren inhaltlicher Zusammenhang mit den Themen Reichsteilung und Reichsgründungen eher periphär, wenn überhaupt besteht. Stattdessen handelt es sich um Abrechnungen mit verschiedenen Aussageabsichten aus unterschiedlichen Zeiten und Epochen von zahlreichen Autoren. Daher besteht die Einheit von 1Kön 11–14 zu einem nicht unbedeutenden Maß gerade aus seiner Uneinheitlichkeit, in der der Textkomplex zu einem solchen Sammelbecken geworden ist, an dem sich thematisch die Auseinandersetzungen mit verschiedenen Phänomenen der Gesellschaft Judas angliedern ließen. So ist 1Kön 11–14 im Laufe der Entwicklung zu einem literarischen Ort kritischer Auseinandersetzungen geworden, dies macht seine Einheit aus.

Als grundlegend für dieses Verständnis von 1Kön 11–14 hat sich die intensive Analyse der verschiedenen Textzeugen erwiesen. Die gleichberechtigte Bearbeitung von MT, LXX und Ant sowie P, Vg und, soweit vorhanden, VL hat ermöglicht, eine große Bandbreite der Textüberlieferung in den Blick zu nehmen und gegeneinander abzuwägen. Dies hat sich auch als notwendig erwiesen, hat doch keiner der Textzeugen und keine der Textüberlieferungen den wahrscheinlich ursprünglichen Text bewahrt, sodass es sich auch als zu kurz gegriffen erwiese, würde lediglich MT Berücksichtigung finden und bloß an einzelnen Stellen Textkritik geübt. Auf einige Erträge infolge der textkritischen Analyse sei explizit hingewiesen:

Die umfangreiche textkritische Auseinandersetzung hat einerseits ermöglicht, größere Textabschnitte als Bestandteile von 1Kön 11–14 in den Blick zu nehmen, die sonst eher ein Schattendasein fristen, wie 3Kgt 12,24a–z LXX, und andererseits die Bedeutung von anderen zu relativieren, die oftmals als fester Bestandteil behandelt werden, wie insbesondere 1Kön 14,1–18 MT, weil sie in MT bezeugt sind, ohne dass berücksichtigt würde, dass sie in LXX fehlen.

Darüber hinaus hat sich gezeigt, dass nicht alle textlichen Differenzen zu entscheiden sind. In diesem Zusammenhang hat sich das Modell der „oral-written transmission" bewährt, das David Carr ursprünglich im Zusammenhang literarkritischer bzw. überlieferungsgeschichtlicher Überlegungen entwickelt hat. In der Folge gibt es in dieser Studie Textstellen, in denen mehrere Texte nebeneinander stehen (so in 1Kön 11,1–8) oder an denen vermerkt werden muss, dass sich zwar eine Übereinstimmung in der Aussageabsicht zeigt, sich aber kein ursprünglicher Text mehr rekonstruieren lässt. Deshalb bleiben manche Entscheidungen offen, was auf den ersten Blick unbefriedigend erscheint, doch letztlich methodisch redlicher ist, als einen Textzeugen zu bevorzugen, ohne dies begründen zu können.

So gibt die textkritische Analyse und Bewertung zu erkennen, wie lange und umfangreich an den Texten im Bereich von 1Kön 11–14 gearbeitet worden ist – ein Phänomen, dass zugleich deutlich macht, welchen Stellenwert diese Passage in der biblischen Überlieferung hatte.

Zu Recht haben Paul Ash und andere auf die altorientalische „ideology of the founder" auch in der israelitischen und judäischen Geschichtsschreibung hingewiesen, nach der das Ergehen eines Reiches mit dem Verhalten seines ersten Herrschers korreliere.[813] Doch zeigt der Textkomplex von 1Kön 11–14, dass die Bearbeitung der eigenen Geschichte weit darüber hinausging. Denn wie bereits oben angedeutet, geht es in diesem Abschnitt in seinem heutigen Umfang nicht mehr nur um die beiden Gründer, vielmehr werden grundlegende theologische und gesellschaftliche Themen ebenfalls an diesem einschneidenden Punkt angesiedelt und einer grundlegenden Kritik unterzogen. Gewissermaßen zeigt sich hier dasselbe Phänomen wie in anderen Textkomplexen des Alten Testaments: fundamentale Fragen werden an den Anfängen geklärt. Dafür sprechen die zahllosen Rückprojektionen in der Geschichtsdarstellung Israels gerade außerhalb von 1–2Kön wie insbesondere in Gen, Ex und Num.

Für 1Kön 11–14 lässt sich auf diese Weise beobachten, dass lediglich eine kritiklose Quelle vorliegt: die Darstellung von J.[814] Sie diente wohl ursprünglich auch zu Jerobeams (nachträglichem) Ruhm. Doch bereits H und N gestalten den H vorliegenden Text von J in 1Kön 11 zu einer Abrechnung mit dem sich an fremde Götter hängenden Salomo um, indem sie Jerobeam aus der Erzählung von J zuerst zu einem Werkzeug der Vollstreckung des göttlichen Willens machen, ihn literarisch sogar nah an David heranführen, dann aber die auf ihn zurückgeführte Kultgründung und -ausgestaltung im Nordreich zum Anlass nehmen, ihn zum Prototyp des Sünders zu machen, dessen Beispiel alle Könige des Nordreichs gefolgt seien, sodass es schließlich auch untergegangen sei. So wird 1Kön 11–14 in einem ersten Schritt zu einer Abrechnung mit Salomo und in einem zweiten zu einer Abrechnung mit Jerobeam und dem auf ihn zurückgehenden Nordreich gestaltet. H und N unterscheiden sich dabei nicht in ihrer Absicht, sondern lediglich in ihren Kriterien, nach denen sie die Verwerfung beider, Salomos und Jerobeams, vornehmen. Jerobeam wird so zur Personifikation des Ungehorsams gegen Gott, obwohl nicht einmal H in seiner Überarbeitung von J in 1Kön 12,26–30 daran zweifelt, dass es sich um einen JHWH-Kult handelt, und als Name seines Sohnes in den unterschiedlichen Überlieferungen übereinstimmend Abia mit dem theophoren Element יה bezeugt ist. Doch der Stein des Anstoßes für H ist vor allem die Trennung von Jerusalem als Kultort. Das Stier- oder Kalbpostament und eine Priesterschaft, die nicht den Jerusalemer Kriterien entsprach, scheinen demgegenüber in zweiter Linie zu stehen. Es brauchte N, um dies mit der Behauptung

---

813 Ash, Jeroboam, 16–24. Siehe dort auch weitere Literatur.
814 Für eine Übersicht der in 1Kön 11–14 auszumachenden Texte, Quellen und Bearbeitungsschichten siehe Kap. 5 dieser Studie.

eines abweichenden Festkalenders zu ergänzen und die Kritik an der Priesterschaft zu präzisieren, und schließlich einen Eingriff durch eine weitere Bearbeitung in die angehängte Antiprophetenerzählung in 1Kön 13, um Josia als Wiederhersteller der Ordnung voranzukündigen und auf diese Weise Jerobeam in seinen kultischen Maßnahmen endgültig zu diskreditieren. Und doch bleibt, dass sich Jerobeam nicht in das Amt gedrängt hat, sondern von Gott berufen worden ist. Dabei handelt es sich zwar um Nordreich-Ideologie, wird aber nicht einmal von H in Frage gestellt, sondern in seine Geschichtsdarstellung eingebaut. Die Bearbeitung von H bleibt allerdings eine Antwort auf die Frage schuldig, wie sich im Norden ein Königreich hätte etablieren sollen, das kultisch auf Jerusalem bezogen geblieben wäre. Darin zeigt sich, dass H eben kein Staatstheoretiker war, sondern auch, wenn er Traditionen aus dem Nordreich aufnimmt, klar auf das Südreich bezogen denkt und von dessen kultischen Gegebenheiten nicht abstrahieren kann oder will. Ihm geht es ausschließlich darum, Jerobeam hochzujubeln, um ihn dann umso tiefer fallen zu lassen, und von dort her die Geschichte beider Reiche darzustellen und ihren Verlauf zu begründen.

In diese Konzeption der Darstellung des Endes des Reiches Salomos und der Begründung der beiden Königreiche Israel und Juda haben später Einzelerzählungen Eingang gefunden, die ebenfalls abrechnenden Charakter haben. So erscheint 1Kön 12,1–18* heute als eine weitere Begründung für das Auseinanderbrechen des davidisch-salomonischen Großreiches. Doch ursprünglich war sie wohl einmal eine selbstständige Erzählung, mit der die Verfasser hart mit der Beratungsresistenz der Könige ins Gericht gingen, denen sie dienten. Zweifellos handelte es sich dabei nicht um „offizielle" Geschichtsschreibung, sondern um eine Privatmeinung; und auch wenn der handelnde König zweifellos immer mit Rehabeam identifiziert war, diente er wohl eher als literarische Projektionsfläche für aktuelle Probleme, als dass es sich bei der Erzählung um eine Wiedergabe historischer Geschehnisse handelte. In den heutigen Kontext eingefügt, veränderte sie ihr Gesicht: Rehabeam avancierte von einer literarischen Gestalt zu einer „historischen" Persönlichkeit; aus der Abrechnung mit der Beratungsresistenz von Königen wurde eine Abrechnung mit Rehabeams Dummheit und eine zweite Begründung für die Teilung des davidisch-salomonischen Großreiches.

Auch 1Kön 13* hat sich aufgrund der textkritischen Untersuchung als eine ursprünglich einmal selbstständige Erzählung erwiesen, die entgegen ihrer heutigen Ausgestaltung weder einen Bezug zu ihrem kanonischen Kontext noch zu Jerobeam hatte. In ihr ging es vielmehr um eine grundsätzliche Abrechnung mit der Prophetie und der Unsicherheit ihrer Aussagen. Ironisch wird eine Fülle von Motiven präsentiert, diese werden übersteigert und ins Absurde geführt. Doch später ist dieses ironische Verständnis verloren gegangen, und die Erzählung wurde, wohl ihres Anfangs wegen, mit Jerobeam und dem Text in 1Kön 12,26–32 verbunden. So wurde aus der Abrechnung mit der Prophetie eine mit Jerobeam, die als Reaktion auf seine kultischen Maßnahmen erscheint.

In den mittlerweile entstandenen Zusammenhang wurden die Passagen von 1Kön 11,14 – 25 und 12,21 – 24 eingearbeitet. Je nach Verständnis korrigiert 11,14 – 25 den von H aufgrund der historischen Gegebenheiten auf Rehabeam verschobenen Vollzug des göttlichen Urteils über Salomo in dessen Lebenszeit hinein.[815] Es handelt sich also um eine erneute Zuspitzung der Abrechnung mit Salomo selber. 1Kön 12,21 – 24 hingegen stellt ein Plädoyer gegen kriegerische Auseinandersetzungen zwischen den als Brüder bezeichneten Bevölkerungen im Norden und Süden und damit gewissermaßen wohl eine Abrechnung mit einer konfliktorientierten Politik des Südens dar, deren Bezug in der Verfassergegenwart dieses Abschnitts zu suchen ist.

Demgegenüber fokussieren die beiden zuletzt hinzugekommenen Abschnitte wieder auf die beiden ersten Könige des Nordens und des Südens: Bezog sich 12,1 – 18* trotz Rehabeam als Hauptperson wahrscheinlich allgemein auf Könige, führt 3Kgt 12,24a – z LXX Rehabeam nun endgültig als den Schuldigen ein, an dessen Verhalten der Fortbestand seines ererbten Reiches gescheitert ist. Dagegen fügt R[präMT] mit 1Kön 14,1 – 18 MT eine fundamentale spät-dtr Kritik an Jerobeam ein, der wohl ihrerseits ursprünglich eine eigene Abrechnung mit Wunderglauben zugrunde lag, die sich in ähnlicher Weise auch in 3Kgt 12,24a – z LXX findet.

Bei allen Einfügungen erscheinen doch letztlich die drei Könige Salomo, Rehabeam und Jerobeam als die Schuldigen am Verlauf der Geschichte nach ihnen. Wie in den weiteren Erzählungen über Anfänge werden die späteren Ereignisse und Folgen an die Ursprünge zurückverlegt und personifiziert – im Unterschied zu beispielsweise den Erzählungen in Gen und Ex hier jedoch sogar in Gestalt greifbarer historischer Persönlichkeiten: Jerobeam wird zum Sünder par excellence; Salomo bleibt zwar der glorreiche Herrscher der Vergangenheit, erfährt aber eine deutliche Abwertung. Rehabeam erscheint demgegenüber als der unfähige König schlechthin, der sein ererbtes Reich verspielt; ein fehlendes theologisches Urteil wird erst durch den dtr Eintrag in 14,22* – 24 ergänzt, der sich typisch dtr zwar auf das Volk bezieht, aber wohl durch die Notiz von H in V 22* motiviert ist und diese inhaltlich füllen soll.

So betrifft die negative Beurteilung alle Könige des Anfangs mit Ausnahme Davids, der aus der auch in der späteren Überlieferung nicht mehr korrigierten Perspektive von H Maßstab allen Handelns ist. Doch dies sollte nicht darüber hinwegtäuschen, dass es sich bei 1Kön 11 – 14 nicht allein um eine Abrechnung mit den ersten

---

815 So Edelman, Adversaries, 166 – 191; dagegen sieht Bosshard-Nepustil, Hadad, 95 – 109, für den Abschnitt eine stärker auf die Zeit seiner Abfassung orientierte Aussageabsicht.

Königen Israels und Judas handelt, sondern auch mit zahlreichen weiteren Lebens-
äußerungen der israelitischen und judäischen Gesellschaft, insbesondere religiöser
Natur, wie als falsch erachtete Kulte oder Kultpraktiken, aber auch allgemeinere
Phänomene wie die Prophetie und die Hoffnung auf Heilungswunder, und schließlich
auch eine Abrechnung mit politischen Fehlentscheidungen.

Überlieferung, Literar- und Textgeschichte haben gezeigt, dass gerade dies
1Kön 11–14 zu einer Einheit mit eigenem Charakter gemacht hat, die auf eine lange
Entstehungs- und Bearbeitungszeit zurückgeht. In deren Verlauf hat dieser Abschnitt mit seiner von H vorgegebenen Struktur aus „Anfang" und „Anfang vom
Ende" immer wieder Interesse auf sich gezogen, sodass die besagten Erzählungen
und Abrechnungen angeknüpft wurden. So entstand aus dem Gründungsmythos
des Nordreichs die Komposition einer in vielfältigen Stimmen erklingenden
Symphonie des Untergangs.

Literaturverzeichnis

Editionen benutzter Quellen

Avigad, Nahman/Sass, Benjamin, Corpus of West Semitic Stamp Seals, Jerusalem 1997.

Biblia Hebraica Stuttgartensia, hg. v. Karl Elliger/Wilhelm Rudolph, Stuttgart ⁵1997.

Biblia sacra iuxta Latinam Vulgatam Versionem, Bd. 6: Malachim, hg. v. Kloster des Heiligen Hieronymus, Rom 1945.

Biblia sacra iuxta Vulgatam Versionem, hg. v. Robert Weber/Roger Gryson, Stuttgart ⁵2007.

Discoveries in the Judaean Desert of Jordan, Bd. 3,1–2: Les ‚Petites Grottes' de Qumran, hg. v. Maurice Baillet/Jozef T. Milik/Roland de Vaux, Oxford 1962.

El Texto Antioqueno de la Biblia Griega, Bd. 2: 1–2 Reyes, hg. v. Natalio Fernández Marcos/José Ramón Busto Saiz, Madrid 1992.

Flavii Iosephi Opera, Bd. 2: Antiquitatum Iudaicum Libri VI-X, hg. v. Benedikt Niese, Berlin 1955.

Septuaginta. Editio altera, hg. v. Alfred Rahlfs/Robert Hanhart, Stuttgart 2006.

The Ancient Near East in Pictures Relating to the Old Testament, hg. v. James B. Pritchard, Princeton, NJ ²1969.

The Cuneiform Alphabetic Texts from Ugarit, Ras Ibn Hani and Other Places (KTU: second, enlarged edition), hg. v. Manfred Dietrich/Oswald Loretz/Joaquín Sanmartín, Münster 1995.

The Old Testament in Greek according to the Text of Codex Vaticanus. Supplemented from Other Uncial Manuscripts, with a Critical Apparatus Containing the Variants of the Chief Ancient Authorities for the Text of the Septuagint, Bd. 3, hg. v. Alan E. Brooke/Norman McLean/Henry St. J. Thackeray, Cambridge 2009 (Nachdruck der Ausgabe von 1935).

The Old Testament in Syriac according to the Peshiṭta Version, Bd. 2/4: Kings, hg. v. Peshiṭta Institute, Leiden 1976.

Wahl, Otto, Die Sacra-Parallela-Zitate aus den Büchern Josua, Richter, 1/2 Samuel, 3/4 Könige sowie 1/2 Chronik, MSU 29, Göttingen 2004.

Literatur

Aberbach, Moses/Smolar, Leivy, Aaron, Jeroboam, and the Golden Calves, JBL 86 (1967), 129–140.

Aberbach, Moses/Smolar, Leivy, Jeroboam's Rise to Power, JBL 88 (1969), 69–72.

Achenbach, Reinhard, Levitische Priester und Leviten im Deuteronomium. Überlegungen zur sog. „Levitisierung" des Priestertums, ZAR 5 (1999), 285–309.

Achenbach, Reinhard, Grundlinien redaktioneller Arbeit in der Sinai-Perikope, in: Otto, Eckart/Achenbach, Reinhard (Hgg.), Das Deuteronomium zwischen Pentateuch und Deuteronomistischem Geschichtswerk, FRLANT 206, Göttingen 2004, 56–80.

Aharoni, Yohanan, Excavations at Ramat Raḥel. Seasons 1959 and 1960, Rom 1962.

Albertz, Rainer, Die Intentionen und die Träger des Deuteronomistischen Geschichtswerks, in: ders./Golka, Friedemann W./Kegler, Jürgen (Hgg.), Schöpfung und Befreiung, FS Claus Westermann, Stuttgart 1989, 37–53.

Albertz, Rainer, Religionsgeschichte Israels in alttestamentlicher Zeit, 2 Bde., ATD.E 8/1–2, Göttingen ²1996/²1997.

Albertz, Rainer, In Search of the Deuteronomists. A First Solution to a Historic Riddle, in: Römer, Thomas (Hg.), The Future of the Deuteronomistic History, BEThL 147, Leuven 2000, 1–17.

Albertz, Rainer, Die Exilszeit. 6. Jahrhundert v. Chr., BE 7, Stuttgart/Berlin/Köln 2001.

Allen, Nigel, Jeroboam and Shechem, VT 24 (1974), 353–357.

Alt, Albrecht, Die Staatenbildung der Israeliten in Palästina [1930], KS II, München ²1959, 1–65.

Alt, Albrecht, Zelte und Hütten [1950], KS III, München 1959, 233–242.

Amit, Yairah, The Dual Causality Principle and Its Effect on Biblical Literature, VT 37 (1987), 385–400.

Amit, Yairah, Reading Biblical Narratives. Literary Criticism and the Hebrew Bible, Minneapolis, MN 2001.

Andersen, Francis I./Freedman, David N., Hosea. A New Translation with Introduction and Commentary, AncB 24, Garden City, NY 1980.

Artus, Olivier, Die Pentateuch-Gesetze, in: Römer, Thomas/Macchi, Jean-Daniel/Nihan, Christophe (Hgg.), Einleitung in das Alte Testament. Die Bücher der Hebräischen Bibel und die alttestamentlichen Schriften der katholischen, protestantischen und orthodoxen Kirchen, Zürich 2013, 163–175.

Ash, Paul S., Jeroboam I and the Deuteronomistic Historian's Ideology of the Founder, CBQ 60 (1998), 16–24.

Ash, Paul S., David, Solomon and Egypt. A Reassessment, JSOT.S 297, Sheffield 1999.

Auld, A. Graeme, The Deuteronomists and the Former Prophets, or What Makes the Former Prophets Deuteronomistic?, in: Schearing, Linda S./McKenzie, Steven L. (Hgg.), Those Elusive Deuteronomists. The Phenomenon of Pan-Deuteronomism, JSOT.S 268, Sheffield 1999, 116–126.

Auld, A. Graeme, The Deuteronomists between History and Theology, in: Lemaire, André/Sæbø, Magne (Hgg.), Congress Volume Oslo 1998, VT.S 80, Leiden/Boston/Köln 2000, 353–367.

Auld, A. Graeme, Prophets Shared – but Recycled, in: Römer, Thomas (Hg.), The Future of the Deuteronomistic History, BEThL 147, Leuven 2000, 19–28.

Auld, A. Graeme, From King to Prophet in Samuel and Kings, in: Moor, Johannes C. de (Hg.), The Elusive Prophet. The Prophet as a Historical Person, Literary Character and Anonymous Artist, OTS 45, Leiden/Boston/Köln 2001, 31–44.

Aurelius, Erik, Zukunft jenseits des Gerichts. Eine redaktionsgeschichtliche Studie zum Enneateuch, BZAW 319, Berlin/New York 2003.

Avioz, Michael, The Book of Kings in Recent Research (Part I), CBR 4 (2005), 11–55.

Avioz, Michael, The Book of Kings in Recent Research (Part II), CBR 5 (2006), 11–57.

Bar, Shay/Kahn, Daniel/Shirley J. J. (Hgg.), Egypt, Canaan and Israel: History, Imperialism, Ideology and Literature, Culture and History of the Ancient Near East 52, Leiden/Boston 2011.

Barnett, Richard D., Hittite Hieroglyphic Texts at Aleppo, Iraq 10 (1948), 122–140.

Barrick, W. Boyd, The King and the Cemeteries. Toward a New Understanding of Josiah's Reform, VT.S 88, Leiden/Boston/Köln 2002.

Barthélemy, Dominique, Les Devanciers d'Aquila. Première Publication intégrale du Texte des Fragments du Dodécapropheton trouvés dans le Désert de Juda, précédée d'une Étude sur les Traductions et Recensions grecques de la Bible réalisées au premier Siècle de notre Ére sous l'Influence du Rabbinat palestinien, VT.S 10, Leiden 1963.

Barthélemy, Dominique, Studies in the Text of the Old Testament. An Introduction to the Hebrew Old Testament Text Project, Winona Lake 2012.

Bartlett, John R., An Adversary against Solomon, Hadad the Edomite, ZAW 88 (1976), 205–226.

Beaulieu, Paul-Alain, The Reign of Nabonidus King of Babylon 556–539 B.C., New Haven/London 1989.

Becker, Uwe, Die Reichsteilung nach I Reg 12, ZAW 112 (2000), 210–229.

Becking, Bob, From David to Gedaliah. The Book of Kings as Story and History, OBO 228, Freiburg (CH)/Göttingen 2007.

Begg, Christopher, The Destruction of the Golden Calf Revisited (Exod 32,20 / Deut 9,21), in: Vervenne, Marc/Lust, Johan (Hgg.), Deuteronomy and Deuteronomic Literature, FS Chris Brekelmans, Leuven 1997, 469–479.

Begrich, Joachim, Die Chronologie der Könige von Israel und Juda und die Quellen des Rahmens der Königsbücher, BHTh 3, Tübingen 1929.

Ben-Dor, Shirly, Shishak's Karnak Relief – More Than Just Name-Rings, in: Bar, Shay/Kahn, Daniel/Shirley J. J. (Hgg.), Egypt, Canaan and Israel: History, Imperialism, Ideology and Literature, Culture and History of the Ancient Near East 52, Leiden/Boston 2011, 11–22.

Ben-Dov, Rachel (Hg.), Dan III: Avraham Biran Excavations 1966–1999. The Late Bronze Age, Annual of the Nelson Glueck School of Biblical Archaeology 9, Jerusalem 2011.

Ben Zvi, Ehud, Prophets and Prophecy in the Compositional and Redactional Notes in I-II Kings, ZAW 105 (1993), 331–351.

Berlejung, Angelika, Quellen und Methoden, in: Gertz, Jan Chr. (Hg.), Grundinformation Altes Testament, Göttingen ³2009, 21–58.

Berlinger, Jakob, Die Peschitta zum 1 (3) Buch der Könige und ihr Verhältnis zu MT, LXX und Trg., Syriac Studies Library 247, Piscataway, NJ 2012 (Nachdruck der Ausgabe Berlin 1897).

Berner, Christoph, The Egyptian Bondage and Solomon's Forced Labor. Literary Connections between Exodus 1–15 and 1Kings 1–12?, in: Dozeman, Thomas B./Römer, Thomas/Schmid, Konrad (Hgg.), Pentateuch, Hexateuch, or Enneateuch? Identifying Literary Works in Genesis through Kings, SBL.AIL 8, Atlanta 2011, 211–240.

Bernett, Monika/Keel, Othmar, Mond, Stier und Kult am Stadttor. Die Stele von Betsaida (et-Tell), OBO 161, Freiburg (CH)/Göttingen 1998.

Beyerlin, Walter, Herkunft und Geschichte der ältesten Sinaitraditionen, Tübingen 1961.

Bin-Nun, Shoshana, Formulas from Royal Records of Israel and of Judah, VT 18 (1968), 414–432.

Biran, Avraham, Art.: Dan (Place), ABD 2, New York u. a. 1992, 12–17.

Biran, Avraham, Art.: Dan, NEAEHL 1, Jerusalem 1993, 323–332.

Biran, Avraham, Biblical Dan, Jerusalem 1994.

Biran, Avraham/Ilan, David/Greenberg, Raphael (Hgg.), Dan I: A Chronicle of the Excavations, the Pottery Neolithic, the Early Bronze Age and the Middle Bronze Age Tombs, Annual of the Nelson Glueck School of Biblical Archaeology, Jerusalem 1996.

Biran, Avraham, A Chronicle of the Excavations 1966–1992, in: Biran, Avraham/Ilan, David/Greenberg, Raphael (Hgg.), Dan I. A Chronicle of the Excavations, the Pottery Neolithic, the Early Bronze Age and the Middle Bronze Age Tombs, Annual of the Nelson Glueck School of Biblical Archaeology, Jerusalem 1996, 7–63.

Biran, Avraham/Ben-Dov, Rachel (Hgg.), Dan II. A Chronicle of the Excavations and the Late Bronze Age „Mycenaean" Tomb, Annual of the Nelson Glueck School of Biblical Archaeology, Jerusalem 2002.

Biran, Avraham, Art.: Dan, NEAEHL 5, Jerusalem 2008, 1686–1689.

Bird, Phyllis A., The End of the Male Cult Prostitute. A Literary-Historical and Sociological Analysis of Hebrew qādēš-qĕdēšîm, in: Emerton, John A. (Hg.), Congress Volume Cambridge 1995, VT.S 66, Leiden/New York/Köln 1997, 37–80.

Bittel, Kurt, Die Hethiter. Die Kunst Anatoliens vom Ende des 3. bis zum Anfang des 1. Jahrtausends vor Christus, München 1976.

Blanco Wißmann, Felipe, Sargon, Mose und die Gegner Salomos. Zur Frage vor-assyrischer Ursprünge der Mose-Erzählung, BN 110 (2001), 42–54.

Blanco Wißmann, Felipe, „Er tat das Rechte...". Beurteilungskriterien und Deuteronomismus in 1Kön 12–2Kön 25, AThANT 93, Zürich 2008.

Blenkinsopp, Joseph, Bethel in the Neo-Babylonian Period, in: Lipschits, Oded/Blenkinsopp, Joseph (Hgg.), Judah and the Judeans in the Neo-Babylonian Period, Winona Lake 2003, 93–107.

Blum, Erhard, Textgestalt und Komposition. Exegetische Beiträge zu Tora und Vordere Propheten, hg. v. Wolfgang Oswald, FAT 69, Tübingen 2010.

Blum, Erhard, Ein Anfang der Geschichtsschreibung? Anmerkungen zur sog. Thronfolgegeschichte und zum Umgang mit Geschichte im alten Israel, in: ders., Textgestalt und Komposition. Exegetische Beiträge zu Tora und Vordere Propheten, hg. v. Wolfgang Oswald, FAT 69, Tübingen 2010, 281–318 (Wiederabdruck aus: Trumah 5 (1996), 9–46).

Blum, Erhard, Die Lüge des Propheten. Ein Lesevorschlag zu einer befremdlichen Geschichte (1Kön 13), in: ders., Textgestalt und Komposition. Exegetische Beiträge zu Tora und vorderen Propheten, hg. v. Wolfgang Oswald, FAT 69, Tübingen 2010, 319–338 (Wiederabdruck aus: Mincha, FS Rolf Rendtorff, hg. v. Erhard Blum, Neunkirchen-Vluyn 2000, 27–46).

Blum, Erhard, Das exilische deuteronomistische Geschichtswerk, in: Stipp, Hermann-Josef (Hg.), Das deuteronomistische Geschichtswerk, ÖBS 39, Frankfurt/M. 2011, 269–295.

Blum, Erhard, Der historische Mose und die Frühgeschichte Israels, HeBAI 1 (2012), 37–63.

Boda, Mark J./Wray Beal, Lissa M. (Hgg.), Prophets, Prophecy, and Ancient Israelite Historiography, Winona Lake 2013.

Bodner, Keith, Jeroboam's Royal Drama, Oxford/New York 2012.

Boer, Roland, Jameson and Jeroboam, SBL.DS, Atlanta 1996.

Boer, Roland, National Allegory in the Hebrew Bible, JSOT 74 (1997), 95–116.

Boer, Roland, Rehoboam Meets Machiavelli, in: Corley, Jeremy/ van Grol, Harm (Hgg.), Rewriting Biblical History, FS Pancratius C. Beentjes, DCLSt 7, Berlin/New York 2011, 159–172.

Bogaert, Pierre-Maurice, La Fille de Pharaon et l'Arche du Seigneur selon les Livres des Rois (TM et LXX) et des Chroniques, in: Lichtert, Claude/Nocquet Dany (Hgg.), Le Roi Salomon. Un Héritage en Question, FS Jacques Vermeylen, Brüssel 2008, 325–338.

Bons, Eberhard, Das Buch Hosea, NSK.AT 23/1, Stuttgart 1996.

Bons, Eberhard, Osee/Hosea, in: Septuaginta Deutsch. Erläuterungen und Kommentare zum griechischen Alten Testament, Bd. 2: Psalmen bis Daniel, hg. v. Martin Karrer/Wolfgang Kraus, Stuttgart 2011, 2287–2338.

Borger, Riekele, Die Inschriften Asarhaddons Königs von Assyrien, AfO 9, Graz 1956.

Bösenecker, Jobst, Basileion III. Das dritte Buch der Königtümer / Das erste Buch der Könige, in: Septuaginta Deutsch. Erläuterungen und Kommentare zum griechischen Alten Testament, Bd. 1: Genesis bis Makkabäer, hg.v. Martin Karrer/Wolfgang Kraus, Stuttgart 2011, 898–945.

Bosshard-Nepustil, Erich, Hadad, der Edomiter. 1Kön 11,14–22 zwischen literarischem Kontext und Verfassergegenwart, in: Kratz, Reinhard G./Krüger, Thomas/Schmid, Konrad (Hgg.), Schriftauslegung in der Schrift, FS Odil Hannes Steck, BZAW 300, Berlin/New York 2000, 95–109.

Bosworth, David, Revisiting Karl Barth's Exegesis of 1 Kings 13, BibInter 10 (2002), 360–383.

Bosworth, David A., The Story within a Story in Biblical Hebrew Narrative, CBQ.MS 45, Washington D.C. 2008.

Branch, Robin G., The wife of Jeroboam, 1Kings 14:1–18. The incredible, riveting, history-changing significance of an unnamed, overlooked, ignored, obscure, obedient woman, OTE 17 (2004), 157–167.

Branch, Robin G., Jeroboam's Wife. The Enduring Contribution of the Old Testament's Least-Known Woman, Grand Rapids 2009.

Branch, Robin G., A Case of Spousal Abuse? A Study of the Marriage of Jeroboam I (I Kings 14:1–18), OTE 22 (2009), 253–280.

Brandenstein, Carl-Georg von, Hethitische Texte in Umschrift, mit Übersetzung und Erläuterungen, Bd. 8: Hethitische Götter nach Bildbeschreibungen in Keilschrifttexten, MVAG 46/2 (1943).

Brenner, Athalja, A Feminist Companion to Samuel and Kings, Sheffield 1994.

Brettler, Marc Zvi, The Creation of History in Ancient Israel, London/New York 1995.

Brock, Sebastian, The Bible in the Syriac Tradition, Piscataway, NJ [2]2006.

Brueggemann, Walter, 1 & 2 Kings, Smyth & Helwys Bible Commentary, Macon, GA 2000.

Brunner, Hellmut, Die Weisheitsbücher der Ägypter. Lehren für das Leben, Düsseldorf/Zürich 1998.

Bulka, Reuven P., The Golden Calves. What Happened?, JBQ 37 (2009), 250–254.

Busto Saiz, José Ramón, On the Lucianic Manuscripts in 1–2 Kings, in: Cox, Claude E. (Hg.), VI Congress of the IOSCS Jerusalem 1986, SBL.SCSt 23, Atlanta 1987, 305–310.

Calmeyer-Seidl, Ursula, W, in: Boehmer, Rainer M./Hauptmann, Harald (Hgg.), Beiträge zur Altertumskunde Kleinasiens, FS Kurt Bittel, Mainz 1983, 151–154.

Campbell, Antony F., Of Prophets and Kings. A Late Ninth-Century Document (1 Samuel 1–2 Kings 10), CBQ.MS 17, Washington D.C. 1986.

Campbell, Edward F., Art.: Shechem, NEAEHL 4, Jerusalem 1993, 1345–1354.

Carr, David M., Writing on the Tablet of the Heart. Origins of Scripture and Literature, Oxford 2005.

Carr, David M., Empirische Perspektiven auf das Deuteronomistische Geschichtswerk, in: Witte, Markus/Schmid, Konrad/Prechel, Doris/Gertz, Jan Christian (Hgg.), Die deuteronomistischen Geschichtswerke. Redaktions- und religionsgeschichtliche Perspektiven zur „Deuteronomismus"-Diskussion in Tora und Vorderen Propheten, BZAW 365, Berlin/New York 2006, 1–17.

Carr, David M., The Formation of the Hebrew Bible. A New Reconstruction, Oxford u. a. 2011.

Carr, David M., The Moses Story. Literary-Historical Reflections, HeBAI 1 (2012), 7–36.

Chalmers, R. Scott, The Struggle of Yahweh and El for Hosea's Israel, Sheffield 2008.

Chavalas, Mark W., Recent Trends in the Study of Israelite Historiography, JETS 38 (1995), 161–169.

Childs, Brevard S., A Study of the Formula „Until This Day", JBL 82 (1963), 279–292.

Chun, S. Min, Whose Cloak Did Ahijah Seize and Tear? A Note on 1 Kings xi 29–30, VT 56 (2006), 268–274.

Chung, Youn Ho, The Sin of the Calf. The Rise of the Bible's Negative Attitude Toward the Golden Calf, LHB/OTSt 523, London 2010.

Clancy, Frank, Shishak/Sheshonq's Travels, JSOT 86 (1999), 3–23.

Cogan, Mordechai/Tadmor, Hayim, II Kings. A New Translation with Introduction and Commentary, AncB 11, Garden City, NY 1988.

Cogan, Mordechai, 1 Kings. A New Translation with Introduction and Commentary, AncB 10, New York u. a. 2001.

Coggins, Richard, What Does „Deuteronomistic" Mean?, in: Schearing, Linda S./McKenzie, Steven L. (Hgg.), Those Elusive Deuteronomists. The Phenomenon of Pan-Deuteronomism, JSOT.S 268, Sheffield 1999, 22–35.

Cohen, Robert L., Literary Technique in the Jeroboam Narrative, ZAW 97 (1985), 23–35.

Cohen, Robert L., The Literary Structure of Kings, in: Lemaire, André/Halpern, Baruch (Hgg.), The Book of Kings. Sources, Composition, Historiography and Reception, VT.S 129, Leiden/Boston 2010, 107–122.

Corley, Jeremy/van Grol, Harm (Hgg.), Rewriting Biblical History, FS Pancratius C. Beentjes, DCLSt 7, Berlin/New York 2011.

Crawford, Sidnie W./Joosten, Jan/Ulrich, Eugene, Sample Editions of the Oxford Hebrew Bible: Deuteronomy 32:1–9, 1 Kings 11:1–8, and Jeremiah 27:1–10 (34G), VT 58 (2008), 352–366.

Crenshaw, James L., Prophetic Conflict. Its Effect Upon Israelite Religion, BZAW 124, Berlin/New York 1971.

Cross, Frank M., Canaanite Myth and Hebrew Epic. Essays in the History of the Religion of Israel, Cambridge, MA/London 1973.

Crüsemann, Frank, Der Widerstand gegen das Königtum. Die antiköniglichen Texte des Alten Testamentes und der Kampf um den frühen israelitischen Staat, WMANT 49, Neukirchen-Vluyn 1978.

Curtis, Adrian H. W., Some Observations on „Bull" Terminology in the Ugaritic Texts and the Old Testament, in: Van der Woude, Adam S. (Hg.), In Quest of the Past. Studies on Israelite Religion, Literature and Prophetism. Papers Read at the Joint British-Dutch Old Testament Conference, Held at Elspeet 1988, OTS 26, Leiden u. a. 1990, 17–31.

Danelius, Eva, The Sins of Jeroboam Ben-Nabat, JQR 58 (1967), 95–114.

Davidovich, Tal, The Mystery of the House of Royal Women. Royal Pīlgašīm as Secondary Wives in the Old Testament, AUU.SSU 23, Uppsala 2007.

Davidovich, Tal, Emphasizing the Daughter of Pharaoh, SJOT 24 (2010), 71–84.

Davies, Philip R., The Trouble with Benjamin, in: Rezetko, Robert/Lim, Timothy H./Aucker, W. Brian (Hgg.), Reflection and Refraction. Studies in Biblical Historiography, FS A. Graeme Auld, VT.S 113, Leiden/Boston 2007, 93–111.

Deboys, David G., 1Kings XIII – A „New Criterion" Reconsidered, VT 41 (1991), 210–212.

Debus, Jörg, Die Sünde Jerobeams. Studien zur Darstellung Jerobeams und der Geschichte des Nordreichs in der deuteronomistischen Geschichtsschreibung, FRLANT 93, Göttingen 1967.

Deissler, Alfons, Zwölf Propheten: Hosea. Joël. Amos, NEB, Würzburg 1981.

De Troyer, Kristin, Der lukianische Text. Mit einer Diskussion des A-Textes des Estherbuches, in: Kreuzer, Siegfried/Lesch, Jürgen Peter (Hgg.), Im Brennpunkt: Die Septuaginta. Bd. 2:

Studien zur Entstehung und Bedeutung der Griechischen Bibel, BWANT 161, Stuttgart/Berlin/Köln 2004, 229–246.

De Vaux, Roland, Das Alte Testament und seine Lebensordnungen, Bd. 1: Fortleben des Nomadentums; Gestalt des Familienlebens; Einrichtungen und Gesetze des Volkes, Freiburg/Basel/Wien ²1964.

Dever, William G., Art.: Tell Beitin, ABD 1, New York u. a. 1992, 651f.

DeVries, Simon J., Prophet against Prophet. The Role of the Micaiah Narrative (I Kings 22) in the Development of Early Prophetic Tradition, Grand Rapids 1978.

DeVries, Simon J., 1Kings, WBC 12, Waco, TX 1985.

Dietrich, Walter, Prophetie und Geschichte. Eine redaktionsgeschichtliche Untersuchung zum deuteronomistischen Geschichtswerk, Göttingen 1972.

Dietrich, Walter, Das harte Joch (1 Kön 12,4). Fronarbeit in der Salomo-Überlieferung, BN 34 (1986), 7–16.

Dietrich, Walter, Die frühe Königszeit in Israel. 10. Jahrhundert v. Chr., BE 3, Stuttgart/Berlin/Köln 1997.

Dietrich, Walter, Prophetie im Deuteronomistischen Geschichtswerk, in: Römer, Thomas (Hg.), The Future of the Deuteronomistic History, BEThL 147, Leuven 2000, 47–65.

Dietrich, Walter, History and Law. Deuteronomistic Historiography and Deuteronomic Law Exemplified in the Passage from the Period of the Judges to the Monarchical Period, in: Pury, Albert de/Römer, Thomas/Macchi, Jean-Daniel (Hgg.), Israel Constructs Its History. Deuteronomistic Historiography in Recent Research, JSOT.S 306, Sheffield 2000, 315–342.

Dijkstra, Meindert, „I am neither a prophet nor a prophet's pupil". Amos 7:9–17 as the Presentation of a Prophet like Moses, in: Moor, Johannes C. de (Hg.), The Elusive Prophet. The Prophet as a Historical Person, Literary Character and Anonymous Artist, OTS 45, Leiden/Boston/Köln 2001, 105–128.

Di Pede, Elena, Roboam et Jéroboam, Héritiers de Salomon? (1 R 12), in: Lichtert, Claude/Nocquet, Dany (Hgg.), Le Roi Salomon. Un héritage en question, FS Jacques Vermeylen, Brüssel 2008, 282–299.

Dohmen, Christoph, Das Heiligtum von Dan. Aspekte religionsgeschichtlicher Darstellung im Deuteronomistischen Geschichtswerk, BN 17 (1982), 17–22.

Dohmen, Christoph, Exodus 19–40, HThK.AT, Freiburg/Basel/Wien 2004.

Donner, Herbert, „Hier sind deine Götter, Israel", in: Gese, Hartmut/Rüger, Hans Peter (Hgg.), Wort und Geschichte, FS Karl Elliger, AOAT 18, Neukirchen-Vluyn 1973, 45–50.

Donner, Herbert, Geschichte des Volkes Israel und seiner Nachbarn in Grundzügen, 2 Bde., ATD.E 4/1–2, Göttingen 1984/1986.

Dozeman, Thomas B., The Way of the Man of God from Judah. True and False Prophecy in the Pre-Deuteronomistic Legend of 1 Kings 13, CBQ 44 (1982), 379–393.

Dozeman, Thomas B./Römer, Thomas/Schmid, Konrad (Hgg.), Pentateuch, Hexateuch, or Enneateuch? Identifying Literary Works in Genesis through Kings, SBL.AIL 8, Atlanta 2011.

Driver, Samuel R., A Treatise on the Use of the Tenses in Hebrew and Some Other Syntactical Questions, The Biblical Resource Series, Grand Rapids/Cambridge (GB) 1998 (= Nachdruck der dritten Auflage von 1892).

Dunand, Maurice, Fouilles de Byblos, Bd. 1: 1926–1932 Atlas, Paris 1937.

Duncker, Christina, Der andere Salomo. Eine synchrone Untersuchung zur Ironie in der Salomo-Komposition 1 Könige 1–11, Frankfurt/M. u. a. 2010.

Dyk, Janet W./van Keulen, Percy S. F., Language System, Translation Technique, and Textual Tradition in the Peshitta of Kings, Monographs of the Peshitta Institute Leiden. Studies in the Syriac Versions of the Bible and Their Cultural Contexts 19, Leiden/Boston 2013.

Edelman, Diana V., Solomon's Adversaries Hadad, Rezon and Jeroboam. A Trio of „Bad Guy" Characters Illustrating the Theology of Immediate Retribution, in: Holloway, Steven W./ Handy, Lowell K. (Hgg.), The Pitcher is Broken, FS Gösta W. Ahlström, JSOT.S 190, Sheffield 1995, 166–191.

Evans, Carl D., Naram-Sin and Jeroboam. The Archetypal Unheilsherrscher in Mesopotamian and Biblical Historiography, in: Hallo, William W./Moyer, James C./Perdue, Leo G. (Hgg.), Scripture in Context, Bd. 2: More Essays on the Comparative Method, Winona Lake 1983, 97–125.

Evans, D. Geoffrey, Rehoboam's Advisers at Shechem, and Political Institutions in Israel and Sumer, JNES 25 (1966), 273–279.

Eynikel, Erik, Prophecy and Fulfillment in the Deuteronomistic History. 1 Kgs 13; 2 Kgs 22,16–18, in: Brekelmans, Christian/Lust, Johan (Hgg.), Pentateuchal and Deuteronomistic Studies. Papers Read at the XIIth IOSOT Congress Leuven 1989, BEThL 94, Leuven 1990, 227–237.

Eynikel, Erik, The Reform of King Josiah 2Kings 23:1–24, in: Karrer, Martin/Kraus, Wolfgang (Hgg.), Die Septuaginta – Texte, Kontexte, Lebenswelten. Internationale Fachtagung veranstaltet von Septuaginta Deutsch (LXX.D), Wuppertal 20.–23. Juli 2006, WUNT 219, Tübingen 2008, 394–425.

Fabry, Heinz-Josef/Offerhaus, Ulrich (Hgg.), Im Brennpunkt: Die Septuaginta. Bd. 1: Studien zur Entstehung und Bedeutung der Griechischen Bibel, BWANT 153, Stuttgart/Berlin/Köln 2001.

Fabry, Heinz-Josef/Böhler, Dieter (Hgg.), Im Brennpunkt: Die Septuaginta. Bd. 3: Studien zur Theologie, Anthropologie, Ekklesiologie, Eschatologie und Liturgie der Griechischen Bibel, BWANT 174, Stuttgart/Berlin/Köln 2007.

Fabry, Heinz-Josef, Der Text und seine Geschichte, in: Zenger, Erich u. a. (Hgg.), Einleitung in das Alte Testament, hg. v. Christian Frevel, Stuttgart [8]2012, 37–66.

Feldman, Louis H., Studies in Josephus' Rewritten Bible, JSJ.S 58, Leiden/Boston/Köln 1998.

Fernández Marcos, Natalio, Literary and Editorial Features of the Antiochian Text in Kings, in: Cox, Claude E. (Hg.), VI Congress of the IOSCS. Jerusalem 1986, SBL.SCSt 23, Atlanta 1987.

Fernández Marcos, Natalio, Scribes and Translators. Septuagint and Old Latin in the Book of Kings, VT.S 54, Leiden/New York/Köln 1994.

Fernández Marcos, Natalio, The Vetus Latina of 1–2 Kings and the Hebrew, in: Greenspoon, Leonard/Munnich, Olivier (Hgg.), VIII Congress of the IOSCS Paris 1992, SBL.SCSt 41, Atlanta 1995, 153–163.

Fernández Marcos, Natalio, The Textual Context of the Hexapla: Lucianic Texts and Vetus Latina, in: Salvesen, Alison (Hg.), Origen's Hexapla and Fragments. Papers Presented at the Rich Seminar on the Hexapla, Oxford Centre for Hebrew and Jewish Studies, 25th–3rd August 1994, TSAJ 58, Tübingen 1998, 408–420.

Fernández Marcos, Natalio, The Septuagint in Context. Introduction to the Greek Version of the Bible, Leiden/Boston/Köln 2000.

Fernández Marcos, Natalio, Der antiochenische Text der griechischen Bibel in den Samuel- und Königebüchern (1–4 Kön LXX), in: Kreuzer, Siegfried/Lesch, Jürgen Peter (Hgg.), Im

Brennpunkt: Die Septuaginta. Bd. 2: Studien zur Entstehung und Bedeutung der Griechischen Bibel, BWANT 161, Stuttgart/Berlin/Köln 2004, 177–213.

Fewell, Danna N. (Hg.), Reading between Texts. Intertextuality and the Hebrew Bible, Louisville, KY 1992.

Finkelstein, Israel, The Campaign of Shoshenq I to Palestine. A Guide to the 10th Century BCE Polity, ZDPV 118 (2002), 109–135.

Finkelstein, Israel/Naaman, Nadav, Shechem of the Amarna Period and the Rise of the Northern Kingdom of Israel, IEJ 55 (2005), 172–193.

Finkelstein, Israel/Singer-Avitz, Lily, Reevaluating Bethel, ZDPV 125 (2009), 33–48.

Finkelstein, Israel, Rehoboam's Fortified Cities (II Chr 11,5–12). A Hasmonean Reality?, ZAW 123 (2011), 92–107.

Finkelstein, Israel, The Forgotten Kingdom, SBL.ANEM 5, Atlanta 2013.

Fischer, Alexander A., Die Saul-Überlieferung im deuteronomistischen Samuelbuch (am Beispiel von I Samuel 9–10), in: Witte, Markus/Schmid, Konrad/Prechel, Doris/Gertz, Jan Christian (Hgg.), Die deuteronomistischen Geschichtswerke. Redaktions- und religionsgeschichtliche Perspektiven zur „Deuteronomismus"-Diskussion in Tora und Vorderen Propheten, BZAW 365, Berlin/New York 2006, 163–181.

Fischer, Alexander A., Der Text des Alten Testaments. Neubearbeitung der Einführung in die Biblia Hebraica von Ernst Würthwein, Stuttgart 2009.

Flavius Josephus, Jüdische Altertümer, übersetzt und mit Einleitung und Anmerkungen versehen von Dr. Heinrich Clementz, Wiesbaden 2004.

Fleming, Daniel E., If El is a Bull, Who is a Calf? Reflections on Religion in Second-Millenium Syria-Palestine, EI 26, Jerusalem 1999, 23*–27*.

Fleming, Daniel E., The Legacy of Israel in Judah's Bible. History, Politics, and the Reinscribing of Tradition, Cambridge (GB) 2012.

Fohrer, Georg, Die symbolischen Handlungen der Propheten, AThANT 54, Zürich/Stuttgart [2]1968.

Fox, Nili, Royal Officials and Court Families: A New Look at the ילדים (yēlādîm) in 1 Kings 12, BA 59 (1996), 225–232.

Frankel, David, The Destruction of the Golden Calf. A New Solution, VT 44 (1994), 330–339.

Freedman, David N./Welch, Andrew, Art.: שקץ, ThWAT 8, Stuttgart/Berlin/Köln 1995, 461–465.

Fretheim, Terence E., First and Second Kings, WBC, Louisville, KY 1999.

Frevel, Christian, Grundriss der Geschichte Israels, in: Zenger, Erich u. a., Einleitung in das Alte Testament, hg. v. Christian Frevel, Stuttgart [8]2012, 701–854.

Friedman, Richard E., The Deuteronomistic School, in: Beck, Astrid/Bartelt, Andrew H./ Raabe, Paul R./ Franke, Chris A. (Hgg.), Fortunate the Eyes That See, FS David Noel Freedman, Grand Rapids/Cambridge 1995, 70–80.

Frisch, Amos, Shemaiah the Prophet versus King Rehoboam. Two Opposed Interpretations of the Schism (1 Kings XII 21–4), VT 38 (1988), 466–468.

Frisch, Amos, ועניתם (I Reg 12,7). An Ambiguity and Its Function in the Context, ZAW 103 (1991), 415–418.

Frisch, Amos, Structure and Its Significance. The Narrative of Solomon's Reign (1 Kings 1–12.24), JSOT 51 (1991), 3–14.

Frisch, Amos, תיאולוגי-ספרותי ניתוח (ח- יא א„מל) שלמה חטאי תיאור, Shnaton 11, Jerusalem 1997, 167–179.

Frisch, Amos, The Exodus Motif in 1 Kings 1–14, JSOT 87 (2000), 3–21.

Frisch, Amos, Jeroboam and the Division of the Kingdom. Mapping Contrasting Biblical Accounts, JANES 27 (2000), 15 – 29.

Frisch, Amos, The Attitude towards Jerusalem in Two Rebellion Narratives. A Literary and Theological Investigation, BN 150 (2011), 35 – 48.

Frisch, Amos, מלכים בספר הממלכה פילוג סיפור. יגדולה הקריעה, Beer Scheva 2013.

Fritz, Volkmar, Die Entstehung Israels im 12. und 11. Jahrhundert v. Chr., BE 2, Stuttgart/Berlin/Köln 1996.

Fritz, Volkmar, Das erste Buch der Könige, ZBK.AT 10.1, Zürich 1996.

Fuhs, Hans F., Art.: נער, ThWAT 5, Stuttgart u. a. 1986, 507 – 518.

Galil, Gershon, The Chronology of the Kings of Israel and Judah, SHCANE 9, Leiden/New York/Köln 1996.

Galil, Gershon, מלכים לספר 'השבעים תרגום'ב הכרונולוגיים הנתונים, Shnaton 11, Jerusalem 1997, 56 – 77.

Galil, Gershon, Dates and Calendars in Kings, in: Lemaire, André/Halpern, Baruch (Hgg.), The Book of Kings. Sources, Composition, Historiography and Reception, VT.S 129, Leiden/Boston 2010, 427 – 443.

Galvin, Garrett, Egypt as a Place of Refuge, FAT 2/51, Tübingen 2011.

Garbini, Giovanni, Myth and History in the Bible, JSOT.S 362, Sheffield 2003.

Gelander, Shamai, From Two Kingdoms to One Nation – Israel and Judah. Studies in Division and Unification, SSN 56, Leiden/Bosten 2011.

Gelinas, Margaret M., United Monarchy – Divided Monarchy: Fact or Fiction?, in: Holloway, Steven W./Handy, Lowell K. (Hgg.), The Pitcher is Broken, FS Gösta W. Ahlström, JSOT.S 190, Sheffield 1995, 227 – 237.

Geoghegan, Jeffrey C., The Time, Place, and Purpose of the Deuteronomistic History. The Evidence of „Until this Day", BJS 347, Providence, RI 2006.

Gertz, Jan Chr., Beobachtungen zu Komposition und Redaktion in Exodus 32 – 34, in: Köckert, Matthias/Blum, Erhard (Hgg.), Gottes Volk am Sinai. Untersuchungen zu Ex 32 – 34 und Dtn 9 – 10, VWGTh 18, Gütersloh 2001, 88 – 106.

Gertz, Jan Chr. (Hg.), Grundinformation Altes Testament, Göttingen [3]2009.

Gertz, Jan Chr., Tora und Vordere Propheten, in: ders. (Hg.), Grundinformation Altes Testament, Göttingen [3]2009, 193 – 311.

Gesenius, Wilhelm/Kautzsch, Emil/Bergsträsser, Gotthelf, Hebräische Grammatik, Hildesheim [18]1962.

Gesenius, Wilhelm, Hebräisches und Aramäisches Handwörterbuch über das Alte Testament, hg. v. Herbert Donner, Heidelberg u. a. [18]2013.

Gittlen, Barry M. (Hg.), Sacred Time, Sacred Place. Archaeology and the Religion of Israel, Winona Lake 2002.

Glatt, David A., Chronological Displacement in Biblical and Related Literatures, SBL.DS 139, Atlanta 1993.

Glenny, W. Edward, Hosea. A Commentary Based on Hosea in Codex Vaticanus, SCS, Leiden 2013.

Gomes, Jules Francis, The Sanctuary of Bethel and the Configuration of Israelite Identity, BZAW 368, Berlin/New York 2006.

Gooding, David W., Pedantic Timetabling in 3rd Book of Reigns, VT 15 (1965), 153 – 166.

Gooding, David W., The Septuagint's Rival Versions of Jeroboam's Rise to Power, VT 17 (1967), 173 – 189.

Gooding, David W., Problems of Text and Midrash in the Third Book of Reigns, Textus 7 (1969), 1–29.

Gooding, David W., Jeroboam's Rise to Power. A Rejoinder, JBL 91 (1972), 529–533.

Gooding, David W., Relics of Ancient Exegesis. A Study of the Miscellanies in 3 Reigns 2, SOTS.MS 4, Cambridge 1976.

Gordon, Robert P., The Second Septuagint Account of Jeroboam: History or Midrash?, VT 25 (1975), 368–393.

Görg, Manfred, Ein „Machtzeichen" Davids 1Könige XI 36, VT 35 (1985), 363–368.

Görg, Manfred, Namen und Titel in 1Kön 11,19f, in: ders., Ägyptica – Biblica. Notizen und Beiträge zu den Beziehungen zwischen Ägypten und Israel, ÄAT 11, Wiesbaden 1991, 187–191 (Nachdruck von BN 36 (1987), 22–26).

Grabbe, Lester L., Priests, Prophets, Diviners, Sages. A Socio-Historical Study of Religious Specialists in Ancient Israel, Valley Forge, PA 1995.

Grabbe, Lester L. (Hg.), Can a „History of Israel" Be Written?, JSOT.S 245, Sheffield 1997.

Gray, John, I & II Kings. A Commentary, OTL, Philadelphia, PA 1963.

Greßmann, Die älteste Geschichtsschreibung und Prophetie Israels, Göttingen 1910.

Groeben, Norbert/Scheele, Brigitte, Produktion und Rezeption von Ironie. Pragmalinguistische Beschreibung und psycholinguistische Erklärungshypothesen, Tübinger Beiträge zur Linguistik 263, Tübingen 1984.

Groß, Walter, Lying Prophet and Disobedient Man of God in 1 Kings 13. Role Analysis as an Instrument of Theological Interpretation of an OT Narrative Text, Semeia 15 (1979), 97–135.

Gunneweg, Antonius H. J., Die Prophetenlegende I Reg 13 – Mißdeutung, Umdeutung, Bedeutung, in: Fritz, Volkmar/Pohlmann, Karl-Friedrich/Schmitt, Hans-Christoph (Hgg.), Prophet und Prophetenbuch, FS Otto Kaiser, BZAW 185, Berlin/New York 1989, 73–81.

Gurtner, Daniel M., Exodus. A Commentary on the Greek Text of Codex Vaticanus, SCS, Leiden 2013.

Hagedorn, Anselm C./Pfeiffer, Henrik (Hgg.), Die Erzväter in der biblischen Tradition, FS Matthias Köckert, BZAW 400, Berlin/New York 2009.

Hahn, Joachim, Das „Goldene Kalb". Die Jahwe-Verehrung bei Stierbildern in der Geschichte Israels, EHS 23/154, Frankfurt/M. u.a. ²1987.

Halpern, Baruch, The Constitution of the Monarchy in Israel, HSM 25, Chico, CA 1981.

Halpern, Baruch, The First Historians. The Hebrew Bible and History, San Francisco 1988.

Halpern, Baruch/Vanderhooft, David S., The Edition of Kings in the 7th–6th Centuries B.C.E., HUCA 62, Cincinnati 1991, 179–244.

Halpern, Baruch/Lemaire, André, The Composition of Kings, in: Lemaire, André/Halpern, Baruch (Hgg.), The Book of Kings. Sources, Composition, Historiography and Reception, VT.S 129, Leiden/Boston 2010, 123–153.

Handy, Lowell K. (Hg.), The Age of Solomon. Scholarship at the Turn of the Millennium, SHCANE 11, Leiden/New York/Köln 1997.

Handy, Lowell K., On the Dating and Dates of Solomon's Reign, in: ders. (Hg.), The Age of Solomon. Scholarship at the Turn of the Millennium, SHCANE 11, Leiden/New York/Köln 1997, 96–105.

Hanhart, Robert, Die Übersetzung der Septuaginta im Licht ihr vorgegebener und auf ihr gründender Traditionen [1992], in: ders., Studien zur Septuaginta und zum hellenistischen Judentum, hg. v. Reinhard G. Kratz, FAT 24, Tübingen 1999, 110–133.

Hannig, Rainer, Die Sprache der Pharaonen. Großes Handwörterbuch Ägyptisch-Deutsch (2800–950 v. Chr.) – Marburger Edition, Mainz ⁵2009.

Hartung, Martin, Ironie in der Alltagssprache. Eine gesprächsanalytische Untersuchung, Opladen/Wiesbaden 1998.

Hatch, Edwin/Redpath, Henry A., A Concordance to the Septuagint and Other Greek Versions of the Old Testament (Including Apocryphal Books), 2 Bde., Graz 1954.

Heider, George C., Art.: Molech, DDD, Leiden/Boston/Köln ²1999, 581–585.

Hens-Piazza, Gina, 1–2 Kings, AOTC, Nashville, TN 2006.

Hentschel, Georg, 1 Könige, NEB, Würzburg 1984.

Herr, Bertram, Welches war die Sünde Jerobeams? Erwägungen zu 1Kön 12,26–33, BN 74 (1994), 57–65.

Herr, Bertram, Der wahre Prophet bezeugt seine Botschaft mit dem Tod. Ein Versuch zu 1 Kön 13, BZ 41 (1997), 69–78.

Herrmann, Siegfried, „Realunion" und „charismatisches Königtum". Zu zwei offenen Fragen der Verfassungen in Juda und Israel, EI 24, Jerusalem 1993, 97*–103*.

Herzog, Reinhart/Schmidt, Peter Liebrecht (Hgg.), Handbuch der lateinischen Literatur der Antike, Bd. 4: Die Literatur des Umbruchs. Von der römischen zur christlichen Literatur, 117 bis 284 n. Chr., hg. v. Klaus Sallmann, München 1997.

Hesse, Hermann, Stufen. Ausgewählte Gedichte, Berlin ³2013.

Hoffmann, Hans-Detlef, Reform und Reformen. Untersuchungen zu einem Grundthema der deuteronomistischen Geschichtsschreibung, AThANT 66, Zürich 1980.

Holder, John, The Presuppositions, Accusations, and Threats of 1 Kings 14:1–18, JBL 107 (1988), 27–38.

Hong, Koog P., The Deceptive Pen of Scribes. Judean Reworking of the Bethel Tradition as a Program for Assuming Israelite Identity, Bib 92 (2011), 427–441.

Horn, Siegfried, Who Was Solomon's Father-in-Law?, BR 12 (1967), 3–17.

Hossfeld, Frank Lothar/Meyer, Ivo, Prophet gegen Prophet. Eine Analyse der alttestamentlichen Texte zum Thema: Wahre und falsche Propheten, BB 9, Freiburg (CH) 1973.

Hugo, Philippe, Le Grec ancien des livres des Règnes. Une histoire et un bilan de la recherche, in: Goldman, Yohanan A.P./van der Kooij, Arie/Weis, Richard D. (Hgg.), Sôfer Mahîr, FS Adrian Schenker, VT.S 110, Leiden/Boston 2006, 113–141.

Hutzli, Jürg, The Literary Relationship between I-II Samuel and I-II Kings. Considerations Concerning the Formation of the Two Books, ZAW 122 (2010), 505–519.

Jacobs, Mignon R./Person, Raymond F. (Hgg.), Israelite Prophecy and the Deuteronomistic History. Portrait, Reality, and the Formation of a History, SBL.AIL 14, Atlanta 2013.

Janzen, J. Gerald, The Character of the Calf and Its Cult in Exodus 32, CBQ 52 (1990), 597–607.

Japhet, Sara, 2 Chronik, HThK.AT, Freiburg/Basel/Wien 2003.

Jenni, Ernst, Lehrbuch der hebräischen Sprache des Alten Testaments. Neubearbeitung des „Hebräischen Schulbuchs" von Hollenberg-Budde, Basel ⁴2009 [1981].

Jenni, Ernst, Die hebräischen Präpositionen, Bd. 1: Die Präposition Beth, Stuttgart/Berlin/Köln 1992.

Jepsen, Alfred, Die Quellen des Königsbuches, Halle/Saale ²1956.

Jepsen, Alfred, Zur Chronologie der Könige von Israel und Juda, in: ders./Hanhart, Robert, Untersuchungen zur israelitisch-jüdischen Chronologie, Berlin 1964, 1–48.

Jepsen, Alfred, Gottesmann und Prophet. Anmerkungen zum Kapitel 1. Könige 13, in: Wolff, Hans W. (Hg.), Probleme biblischer Theologie, FS Gerhard von Rad, München 1971, 171–182.

Jeremias, Jörg, Der Prophet Hosea. Übersetzt und erklärt, ATD 24/1, Göttingen 1983.

Jeremias, Jörg, Der Prophet Amos, ATD 24/2, Göttingen 1995.

Jeremias, Jörg, Der Begriff „Baal" im Hoseabuch und seine Wirkungsgeschichte, in: ders., Hosea und Amos. Studien zu den Anfängen des Dodekapropheton, FAT 13, Tübingen 1996, 86–103.

Johannessohn, Martin, Der Gebrauch der Kasus und der Präpositionen in der Septuaginta, Kirchhain N.-L. 1910.

Johannessohn, Martin, Der Gebrauch der Präpositionen in der Septuaginta, NGWG.PH.Beiheft, Berlin 1925.

Jones, Gwilym H., 1 and 2 Kings, Bd. 1, The New Century Bible Commentary, Grand Rapids 1984.

Jonker, Louis (Hg.), Historiography and Identity (Re)Formulation in Second Temple Historiographical Literature, LHB/OTS 534, New York 2010.

Joosten, Jan, The Verbal System of Biblical Hebrew. A New Synthesis Elaborated on the Basis of Classical Prose, JBS 10, Jerusalem 2012.

Kaiser, Otto, Der geknickte Rohrstab. Zum geschichtlichen Hintergrund der Überlieferung und Weiterbildung der prophetischen Ägyptensprüche im 5. Jahrhundert, in: Gese, Hartmut/Rüger, Hans Peter (Hgg.), Wort und Geschichte, FS Karl Elliger, AOAT 18, Kevelaer/Neukirchen-Vluyn 1973, 99–106.

Kallai, Zecharia, Judah and Israel. A Study in Israelite Historiography, IEJ 28 (1978), 251–261.

Karrer, Martin/Kraus, Wolfgang (Hgg.), Die Septuaginta – Texte, Kontexte, Lebenswelten. Internationale Fachtagung veranstaltet von Septuaginta Deutsch (LXX.D), Wuppertal 20.–23. Juli 2006, WUNT 219, Tübingen 2008.

Keel, Othmar, Die Welt der altorientalischen Bildsymbolik und das Alte Testament. Am Beispiel der Psalmen, Zürich/Einsiedeln/Köln/Neukirchen-Vluyn ²1977.

Keel, Othmar, Das Recht der Bilder, gesehen zu werden. Drei Fallstudien zur Methode der Interpretation altorientalischer Bilder, OBO 122, Freiburg (CH)/Göttingen 1992.

Keel, Othmar, Der Pharao als Sonnengott. Eine Gruppe ägypto-palästinischer Siegelamulette des 10./9. Jahrhunderts, in: ders., Studien zu den Stempelsiegeln aus Palästina/Israel, Bd. 4, OBO 135, Freiburg (CH)/Göttingen 1994, 53–134.

Keel, Othmar/Uehlinger, Christoph, Göttinnen, Götter und Gottessymbole. Neue Erkenntnisse zur Religionsgeschichte Kanaans und Israels aufgrund bislang unerschlossener ikonographischer Quellen, Freiburg (CH) ⁶2010.

Keel, Othmar, Die Geschichte Jerusalems und die Entstehung des Monotheismus, 2 Bde., Göttingen 2007.

Kelso, James L., The Excavation of Bethel (1934–1960), AASOR 39, Cambridge (GB) 1968.

Kelso, James L., Art.: Bethel, NEAEHL 1, Jerusalem 1993, 192–194.

Kennett, Robert H., The Origin of the Aaronite Priesthood, JTS 6 (1905), 161–186.

Kim, Jung-Hoon, Die hebräischen und griechischen Textformen der Samuel- und Königebücher. Studien zur Textgeschichte ausgehend von 2Sam 15,1–19,9, BZAW 394, Berlin/New York 2009.

Klein, Ralph W., Jeroboam's Rise to Power, JBL 89 (1970), 217–218.

Klein, Ralph W., Once More: Jeroboam's Rise to Power, JBL 92 (1973), 582–584.

Kletter, Raz/Ziffer, Irit/Zwickel, Wolfgang, Cult Stands of the Philistines. A Genizah from Yavneh, NEA 69 (2006), 146–159.

Knauf, Ernst A., Bethel: The Israelite Impact on Judean Language and Literature, in: Lipschits, Oded/Oeming, Manfred (Hgg.), Judah and the Judeans in the Persian Period, Winona Lake 2006, 291–349.

Knoppers, Gary N., Rehoboam in Chronicles: Villain or Victim?, JBL 109 (1990), 423–440.

Knoppers, Gary N., Two Nations under God. The Deuteronomistic History of Solomon and the Dual Monarchies, Bd. 1: The Reign of Solomon and the Rise of Jeroboam, HSM 52, Atlanta 1993.

Knoppers, Gary N., Two Nations under God. The Deuteronomistic History of Solomon and the Dual Monarchies, Bd. 2: The Reign of Jeroboam, the Fall of Israel, and the Reign of Josiah, HSM 53, Atlanta 1994.

Knoppers, Gary N., Aaron's Calf and Jeroboam's Calves, in: Beck, Astrid/Bartelt, Andrew H./ Raabe, Paul R./ Franke, Chris A. (Hgg.), Fortunate the Eyes That See, FS David Noel Freedman, Grand Rapids/Cambridge 1995, 92–104.

Knoppers, Gary N., The Deuteronomist and the Deuteronomistic Law of the King. A Reexamination of a Relationship, ZAW 108 (1996), 329–346.

Knoppers, Gary N., Solomon's Fall and Deuteronomy, in: Handy, Lowell K. (Hg.), The Age of Solomon. Scholarship at the Turn of the Millennium, SHCANE 11, Leiden/New York/Köln 1997, 392–410.

Knoppers, Gary N./McConville, J. Gordon (Hgg.), Reconsidering Israel and Judah. Recent Studies on the Deuteronomistic History, Winona Lake 2000.

Knoppers, Gary N., Rethinking the Relationship between Deuteronomy and the Deuteronomistic History: The Case of Kings, CBQ 63 (2001), 393–415.

Knoppers, Gary N., Theories of the Redaction(s) of Kings, in: Lemaire, André/Halpern, Baruch (Hgg.), The Book of Kings. Sources, Composition, Historiography and Reception, VT.S 129, Leiden/Boston 2010, 69–88.

Köckert, Matthias/Blum, Erhard (Hgg.), Gottes Volk am Sinai. Untersuchungen zu Ex 32–34 und Dtn 9–10, VWGTh 18, Gütersloh 2001.

Koenen, Klaus, Eherne Schlange und goldenes Kalb. Ein Vergleich der Überlieferungen, ZAW 111 (1999), 353–372.

Koenen, Klaus, Bethel. Geschichte, Kult und Theologie, OBO 192, Freiburg (CH)/Göttingen 2003.

Köhlmoos, Melanie, Bet-El – Erinnerungen an eine Stadt. Perspektiven der alttestamentlichen Bet-El-Überlieferung, FAT 49, Tübingen 2006.

Konkel, Michael, Exodus 32–34 and the Quest for an Enneateuch, in: Dozeman, Thomas B./Römer, Thomas/Schmid, Konrad (Hgg.), Pentateuch, Hexateuch, or Enneateuch? Identifying Literary Works in Genesis through Kings, SBL.AIL 8, Atlanta 2011, 169–184.

Konzise und aktualisierte Ausgabe des Hebräischen und Aramäischen Lexikons zum Alten Testament, hg. v. Walter Dietrich/Samuel Arnet, Leiden/Boston 2013.

Körting, Corinna, Art.: Laubhüttenfest (AT), WiBiLex, April 2008 (abgerufen am 21. April 2014: http://www.bibelwissenschaft.de/stichwort/37040/)

Kratz, Reinhard G., Die Komposition der erzählenden Bücher des Alten Testaments. Grundwissen der Bibelkritik, Göttingen 2000.

Kratz, Reinhard G., Israel als Staat und als Volk, ZThK 97 (2000), 1–17.

Kratz, Reinhard G./Spieckermann, Hermann (Hgg.), Liebe und Gebot. Studien zum Deuteronomium, FS Lothar Perlitt, FRLANT 190, Göttingen 2000.

Kraus, Wolfgang/Karrer, Martin (Hgg.), Die Septuaginta – Texte, Theologien, Einflüsse. 2. Internationale Fachtagung veranstaltet von Septuaginta Deutsch (LXX.D), Wuppertal 23.–27.7.2008, WUNT 252, Tübingen 2010.

Kreuzer, Siegfried/Lesch, Jürgen Peter (Hgg.), Im Brennpunkt: Die Septuaginta. Bd. 2: Studien zur Entstehung und Bedeutung der Griechischen Bibel, BWANT 161, Stuttgart/Berlin/Köln 2004.

Kreuzer, Siegfried, Die Bedeutung des Antiochenischen Textes für die älteste Septuaginta (Old Greek) und für das Neue Testament, in: Karrer, Martin/Kreuzer, Siegfried/Sigismund, Marcus (Hgg.), Von der Septuaginta zum Neuen Testament. Textgeschichtliche Erörterungen, ANTF 43, Berlin/New York 2010, 13–38.

Kreuzer, Siegfried/Meiser, Martin/Sigismund, Marcus (Hgg.), Die Septuaginta – Entstehung, Sprache, Geschichte. 3. Internationale Fachtagung veranstaltet von Septuaginta Deutsch (LXX.D), Wuppertal 22.–25. Juli 2010, WUNT 286, Tübingen 2012.

Kreuzer, Siegfried, Textform, Urtext und Bearbeitungen in der Septuaginta der Königebücher, in: Kreuzer, Siegfried/Meiser, Martin/Sigismund, Marcus (Hgg.), Die Septuaginta – Entstehung, Sprache, Geschichte. 3. Internationale Fachtagung veranstaltet von Septuaginta Deutsch (LXX.D), Wuppertal 22.–25. Juli 2010, WUNT 286, Tübingen 2012, 18–37.

Kreuzer, Siegfried/Meiser, Martin/Winter, Franz, Basileion I-IV. Die Bücher der Königtümer. Einleitung, in: Septuaginta Deutsch. Erläuterungen und Kommentare zum griechischen Alten Testament, Bd. 1: Genesis bis Makkabäer, hg. v. Martin Karrer/Wolfgang Kraus, Stuttgart 2011, 714–744.

Kunz-Lübke, Andreas, Das Kind in den antiken Kulturen des Mittelmeers. Israel – Ägypten – Griechenland, Neukirchen-Vluyn 2007.

Kunz-Lübke, Andreas, Art.: Jugend, WiBiLex, Februar 2008 (abgerufen am 5. Nov. 2013: https://www.bibelwissenschaft.de/stichwort/22956/).

Lange, Armin, Vom prophetischen Wort zur prophetischen Tradition. Studien zur Traditions- und Redaktionsgeschichte innerprophetischer Konflikte in der Hebräischen Bibel, FAT 34, Tübingen 2002.

Lange, Armin, Handbuch der Textfunde vom Toten Meer, Bd. 1: Die Handschriften biblischer Bücher von Qumran und den anderen Fundorten, Tübingen 2009.

Larsson, Gerhard, The Chronological System of the Old Testament, Frankfurt/M. u.a. 2008.

Lasine, Stuart, Reading Jeroboam's Intentions. Intertextuality, Rhetoric, and History in 1 Kings 12, in: Fewell, Danna N. (Hg.), Reading between Texts. Intertextuality and the Hebrew Bible, Louisville, KY 1992, 133–152.

Lausberg, Heinrich, Handbuch der literarischen Rhetorik. Eine Grundlegung der Literaturwissenschaft, München 1960.

Lefebvre, Philippe, Le troisième livre des Règnes, in: d'Hamonville, Marc u.a. (Hgg.), Autour des livres de la Septante. Séminaire organisé par le Centre d'Étude du Saulchoir (1994–1995), Paris 1995, 79–122.

Lemaire, André/Halpern, Baruch (Hgg.), The Book of Kings. Sources, Composition, Historiography and Reception, VT.S 129, Leiden/Boston 2010.

Lemche, Niels Peter, Die Vorgeschichte Israels. Von den Anfängen bis zum Ausgang des 13. Jahrhunderts v. Chr., BE 1, Stuttgart/Berlin/Köln 1996.

Leuchter, Mark, Jeroboam the Ephratite, JBL 125 (2006), 51–72.

Leuchter, Mark/Adam, Klaus-Peter (Hgg.), Soundings in Kings. Perspectives and Methods in Contemporary Scholarship, Minneapolis 2010.

Levin, Christoph, Amos und Jerobeam I, VT 45 (1995), 307–317.

Levin, Christoph, Das synchronistische Exzerpt aus den Annalen der Könige von Israel und Juda, VT 61 (2011), 636–628.

Levinson, Bernard M., The Reconceptualization of Kingship in Deuteronomy and the Deuteronomistic History's Transformation of Torah, VT 51 (2001), 511–534.

Liddell, Henry G./Scott, Robert, A Greek-English Lexicon, hg. v. Henry S. Jones, Oxford ⁹1973.

Linville, James R., Israel in the Book of Kings. The Past as a Project of Social Identity, JSOT.S 272, Sheffield 1998.

Lipschits, Oded/Blenkinsopp, Joseph (Hgg.), Judah and the Judeans in the Neo-Babylonian Period, Winona Lake 2003.

Lipschits, Oded/Oeming, Manfred (Hgg.), Judah and the Judeans in the Persian Period, Winona Lake 2006.

Lipschits, Oded/Knoppers, Gary N./Albertz, Rainer (Hgg.), Judah and the Judeans in the Fourth Century B.C.E, Winona Lake 2007.

Lipschits, Oded/Tal, Oren, The Settlement Archaeology of the Province of Judah. A Case Study, in: Lipschits, Oded/Knoppers, Gary N./Albertz, Rainer (Hgg.), Judah and the Judeans in the Fourth Century B.C.E, Winona Lake 2007, 33–52.

Lipschits, Oded/Knoppers, Gary N./Oeming, Manfred (Hgg.), Judah and the Judeans in the Archaemenid Period. Negotiating Identity in an International Context, Winona Lake 2011.

Liver, Jacob, The Book of the Acts of Solomon, Bib 48 (1967), 75–101.

Liverani, Mario, Israel's History and the History of Israel, London 2005.

Liverani, Mario, The Book of Kings and Ancient Near Eastern Historiography, in: Lemaire, André/Halpern, Baruch (Hgg.), The Book of Kings. Sources, Composition, Historiography and Reception, VT.S 129, Leiden/Boston 2010, 163–184.

Lohfink, Norbert, Welches Orakel gab den Davididen Dauer? Ein Textproblem in 2 Kön 8,19 und das Funktionieren der dynastischen Orakel im deuteronomistischen Geschichtswerk, in: Struppe, Ursula (Hg.), Studien zum Messiasbild im Alten Testament, SBAB 6, Stuttgart 1989, 127–154.

Lohfink, Norbert, Gab es eine deuteronomistische Bewegung?, in: Groß, Walter (Hg.), Jeremia und die „deuteronomistische Bewegung", BBB 98, Weinheim 1995, 313–382.

Lohfink, Norbert, Der Zorn Gottes und das Exil. Beobachtungen am deuteronomistischen Geschichtswerk, in: Kratz, Reinhard G./Spieckermann, Hermann (Hgg.), Liebe und Gebot. Studien zum Deuteronomium, FS Lothar Perlitt, FRLANT 190, Göttingen 2000, 137–155.

Long, Burke O., 1Kings with an Introduction to Historical Literature, FOTL 9, Grand Rapids 1984.

Long, V. Philips (Hg.), Israel's Past in Recent Research. Essays on Ancient Israelite Historiography, Winona Lake 1999.

Machinist, Peter, The Transfer of Kingship. A Divine Turning, in: Beck, Astrid/Bartelt, Andrew H./ Raabe, Paul R./ Franke, Chris A. (Hgg.), Fortunate the Eyes That See, FS David Noel Freedman, Grand Rapids/Cambridge 1995, 105–120.

Machinist, Peter, Hosea and the Ambiguity of Kingship in Ancient Israel, in: Strong, John T./Tuell, Steven S. (Hgg.), Constituting the Community. Studies on the Polity of Ancient Israel, FS S. Dean McBride Jr., Winona Lake 2005, 153–181.

Magen, Yitzhak, The Land of Benjamin in the Second Temple Period, in: ders. u. a. (Hgg.), The Land of Benjamin, Jerusalem 2004, 1–28.

Malamat, Abraham, Kingship and Council in Israel and Sumer. A Parallel, JNES 22 (1963), 247–253.

Mandell, Sara/Freedman, David N., The Relationship between Herodotus' *History* and Primary History, South Florida Studies in the History of Judaism 60, Atlanta 1993.

Marcus, David, Elements of Ridicule and Parody in the Story of the Lying Prophet from Bethel, in: Assaf, David (Hg.), Proceedings of the Eleventh World Congress of Jewish Studies. Division A: The Bible and Its World, Jerusalem 1994, 67–74.

Marcus, David, From Balaam to Jonah. Anti-Prophetic Satire in the Hebrew Bible, BJS 301, Atlanta 1995.

Mark, Martin, „Mein Angesicht geht" (Ex 33,14). Gottes Zusage personaler Führung, HBS 66, Freiburg/Basel/Wien 2011.

Mason, Rex, Propaganda and Subversion in the Old Testament, London 1997.

Matthews, Victor H., Kings of Israel: A Question of Crime and Punishment, SBL.SP, Atlanta 1988, 517–526.

Matthews, Victor H., Back to Bethel: Geographical Reiteration in Biblical Narrative, JBL 128 (2009), 149–165.

Mayes, Andrew D. H., The Story of Israel between Settlement and Exile. A Redactional Study of the Deuteronomistic History, London 1983.

Mazar, Amichai, The „Bull Site". An Iron Age I Open Cult Place, BASOR 247 (1982), 27–42.

McCann, J. Clinton Jr., Exodus 32:1–14, Interp. 44 (1990), 277–281.

McConville, J. Gordon, God and Earthly Power. An Old Testament Political Theology: Genesis-Kings, London/New York 2006.

McKenzie, Steven L., The Source for Jeroboam's Role at Shechem (1 Kgs 11:43–12:3, 12, 20), JBL 106 (1987), 297–300.

McKenzie, Steven L., The Trouble with Kings. The Composition of the Book of Kings in the Deuteronomistic History, VT.S 42, Leiden/New York/Kopenhagen/Köln 1991.

McKenzie, Steven L./Graham, M. Patrick (Hgg.), The History of Israel's Traditions. The Heritage of Martin Noth, JSOT.S 182, Sheffield 1994.

McKenzie, Steven L., The Book of Kings in the Deuteronomistic History, in: McKenzie, Steven L./Graham, M. Patrick (Hgg.), The History of Israel's Traditions. The Heritage of Martin Noth, JSOT.S 182, Sheffield 1994, 281–307.

McKenzie, Steven L./Römer, Thomas (Hgg.), Rethinking the Foundations. Historiography in the Ancient World and in the Bible, FS John van Seters, BZAW 294, Berlin/New York 2000.

McKenzie, Steven L., The Divided Kingdom in the Deuteronomistic History and in Scholarship on It, in: Römer, Thomas (Hg.), The Future of the Deuteronomistic History, BEThL 147, Leuven 2000, 135–145.

McKenzie, Steven L., Dog Food and Bird Food: The Oracles Against the Dynasties in the Book of Kings, in: Knoppers, Gary N./McConville, J. Gordon (Hgg.), Reconsidering Israel and Judah. Recent Studies on the Deuteronomistic History, Winona Lake 2000, 397–420.

McKenzie, Steven L., The Still Elusive Deuteronomists, in: Nissinen, Martti (Hg.), Congress Volume Helsinki 2010, VT.S 148, Leiden/Boston 2012, 401–408.

McLay, Tim, Kaige and Septuagint Research, Textus 19 (1998), 127–139.

Mead, James K., Kings and Prophets, Donkeys and Lions: Dramatic Shape and Deuteronomistic Rhetoric in 1 Kings XIII, VT 49 (1999), 191–205.

Meier, Samuel A., Themes and Transformations in Old Testament Prophecy, Downer's Grove, IL 2009.

Mez, Adam, Die Bibel des Josephus untersucht für Buch V bis VII der Archäologie, Basel 1985.

Millard, Alan R., Books and Writing in Kings, in: Lemaire, André/Halpern, Baruch (Hgg.), The Book of Kings. Sources, Composition, Historiography and Reception, VT.S 129, Leiden/Boston 2010, 155–160.

Montgomery, James A., The Book of Kings, hg.v. Henry S. Gehman, ICC, Edinburgh 1951.

Moor, Johannes C. de (Hg.), The Elusive Prophet. The Prophet as a Historical Person, Literary Character and Anonymous Artist, OTS 45, Leiden/Boston/Köln 2001.

Moore, Megan Bishop/Kelle, Brad E., Biblical History and Israel's Past. The Changing Study of the Bible and History, Grand Rapids/Cambridge (GB) 2011.

Moreno Hernández, Antonio, Las glosas marginales de Vetus Latina an las Biblias Vulgatas españolas. 1–2 Reyes, TECC 49, Madrid 1992.

Morgenstern, Julian, The Festival of Jeroboam I, JBL 83 (1964), 109–118.

Motzki, Harald, Ein Beitrag zum Problem des Stierkultes in der Religionsgeschichte Israels, VT 25 (1975), 470–485.

Mulder, Martin J., 1 Kings. 1Kings 1–11, HCOT 1/1, Leuven 1998.

Mullen, E. Theodore Jr., The Sin of Jeroboam: A Redactional Assessment, CBQ 49 (1987), 212–232.

Mullen, E. Theodore Jr., Crime and Punishment: The Sins of the King and the Despoliation of the Treasuries, CBQ 54 (1992), 231–248.

Muraoka, Takamitsu, A Greek-English Lexicon of the Septuagint, Leuven/Paris/Walpole 2009.

Muraoka, Takamitsu, A Greek-Hebrew/Aramaic Two-Way Index to the Septuagint, Leuven/Paris/Walpole 2010.

Naaman, Nadav, Death Formulae and the Burial Place of the Kings of the House of David, Bib 85 (2004), 245–254.

Naaman, Nadav, Ancient Israel's History and Historiography. The First Temple Period, Collected Essays 3, Winona Lake 2006.

Naaman, Nadav, Israel, Edom and Egypt in the Tenth Century BCE [1992], in: ders., Ancient Israel's History and Historiography. The First Temple Period, Collected Essays 3, Winona Lake 2006, 120–138.

Naaman, Nadav, The Contribution of Royal Inscriptions for a Re-evaluation of the Book of Kings as a Historical Source [1999], in: ders., Ancient Israel's History and Historiography. The First Temple Period, Collected Essays 3, Winona Lake 2006, 198–210.

Naaman, Nadav, Dismissing the Myth of a Flood of Israelite Refugees in the Late Eigth Century BCE, ZAW 126 (2014), 1–14.

Negbi, Ora, The Metal Figurines, in: Yadin, Yigael, Hazor III-IV. An Account of the Third and Fourth Seasons of Excavations, 1957–1958. Text, Jerusalem 1961, 348–362.

Negbi, Ora, Canaanite Gods in Metal. An Archaeological Study of Ancient Syro-Palestinian Figurines, Tel Aviv 1976.

Nelson, Richard D., The Double Redaction of the Deuteronomistic History, JSOT.S 18, Sheffield 1981.

Nelson, Richard D., First and Second Kings, Int., Louisville, KY, 1987.

Nentel, Jochen, Trägerschaft und Intention des deuteronomistischen Geschichtswerks. Untersuchungen zu den Reflexionsreden Jos 1; 23; 24; 1Sam 12 und 1Kön 8, BZAW 297, Berlin/New York 2000.

Nicholson, Ernest, Deuteronomy and Tradition, Oxford 1967.

Niehr, Herbert, Art.: נשׂיא, ThWAT 5, Stuttgart u. a. 1986, 647–657.

Nocquet, Dany, L'Unité prophétique d'Israël et de Juda (1 R 13,1–34), in: Lichtert, Claude/Nocquet, Dany (Hgg.), Le Roi Salomon, un héritage en question, FS Jacques Vermeylen, Brüssel 2008, 300–322.

Nodet, Étienne, The Text of 1–2Kings Used by Josephus, in: Lemaire, André/Halpern, Baruch (Hgg.), The Book of Kings. Sources, Composition, Historiography and Reception, VT.S 129, Leiden/Boston 2010, 41–66.

Noth, Martin, Überlieferungsgeschichtliche Studien. Die sammelnden und bearbeitenden Geschichtswerke im Alten Testament, Tübingen ³1967 [1943].

Noth, Martin, Geschichte Israels, Berlin ²1953.

Noth, Martin, Könige, 1. Teilband: 1Könige 1–16, BK.AT 9/1, Neukirchen-Vluyn ³2003.

Oblath, Michael D., Of Pharao and Kings – Whence the Exodus?, JSOT 87 (2000), 23–42.

O'Brien, Marc A., The Deuteronomistic History Hypothesis. A Reassessment, OBO 92, Freiburg (CH)/Göttingen 1989.

Organ, Barbara E., „The Man Who Would Be King". Irony in the Story of Rehoboam, in: Wood, Joyce R./Harvey, John E./Leuchter, Marc (Hgg.), From Babel to Babylon, FS Brian Peckham, New York/London 2006, 124–132.

Ornan, Tallay, The Bull and Its Two Masters: Moon and Storm Deities in Relation to the Bull in Ancient Near Eastern Art, IEJ 51 (2001), 1–26.

Oswald, Wolfgang, Staatstheorie im Alten Israel. Der politische Diskurs im Pentateuch und in den Geschichtsbüchern des Alten Testaments, Stuttgart 2009.

Otto, Eckart, Das Deuteronomium im Pentateuch und Hexateuch. Studien zur Literaturgeschichte von Pentateuch und Hexateuch im Lichte des Deuteronomiumrahmens, FAT 30, Tübingen 2000.

Otto, Eckart/Achenbach, Reinhard (Hgg.), Das Deuteronomium zwischen Pentateuch und Deuteronomistischem Geschichtswerk, FRLANT 206, Göttingen 2004.

Otto, Eckart, Die Erzählung vom Goldenen Kalb in ihren literarischen Kontexten. Zu einem Buch von Michael Konkel, ZAR 15 (2009), 344–352.

Pakkala, Juha, Jeroboam's Sin and Bethel in 1Kgs 12:25–33, BN 112 (2002), 86–94.

Pakkala, Juha, Jeroboam without Bulls, ZAW 120 (2008), 501–525.

Pakkala, Juha, Deuteronomy and 1–2 Kings in the Redaction of the Pentateuch and Former Prophets, in: Schmid, Konrad/Person, Raymond F. Jr. (Hgg.), Deuteronomy in the Pentateuch, Hexateuch, and the Deuteronomistic History, FAT II/56, Tübingen 2012, 133–162.

Parker, Kim Ian, The Limits to Solomon's Reign. A Response to Amos Frisch, JSOT 51 (1991), 15–21.

Peckham, Brian, The Composition of the Deuteronomistic History, HSM 35, Atlanta 1985.

Person, Raymond F. Jr., The Deuteronomic School. History, Social Setting, and Literature, SBL.SBL 2, Leiden/Boston/Köln 2002.

Person, Raymond F. Jr., The Deuteronomistic History and the Book of Chronicles. Scribal Works in an Oral World, SBL.AIAIL 6, Atlanta 2010.

Person, Raymond F. Jr., Prophets in the Deuteronomic History and the Book of Chronicles: A Reassessment, in: Jacobs, Mignon R./Person, Raymond F. (Hgg.), Israelite Prophecy and the Deuteronomistic History. Portrait, Reality, and the Formation of a History, SBL.AIL 14, Atlanta 2013, 187–199.

Pfeiffer, Henrik, Das Heiligtum von Bethel im Spiegel des Hoseabuches, FRLANT 183, Göttingen 1999.

Pietsch, Michael, Von Königen und Königtümern. Eine Untersuchung zur Textgeschichte der Königsbücher, ZAW 119 (2007), 39–58.

Pietsch, Michael, Die Kultreform Josias. Studien zur Religionsgeschichte Israels in der späten Königszeit, FAT 86, Tübingen 2013.

Plein, Ina, Erwägungen zur Überlieferung von I Reg 11,26–14,20, ZAW 78 (1966), 8–24.

Polak, Frank H., The Septuagint Account of Solomon's Reign. Revision and Ancient Recension, in: X Congress of the IOSCS. Oslo 1998, hg. v. Barnard A. Taylor, SBL.SCSt 51, Atlanta 2001, 139–164.

Provan, Iain W., 1 & 2 Kings, OTGu, Sheffield 1997.

Puech, Emile, Art.: Milkom, DDD, Leiden/Boston/Köln ²1999, 575f.

Pury, Albert de/Römer, Thomas/Macchi, Jean-Daniel (Hgg.), Israel Constructs Its History. Deuteronomistic Historiography in Recent Research, JSOT.S 306, Sheffield 2000.

Rabin, Chaim, The Translation Process and the Character of the Septuagint, Textus 6 (1968), 1–26.

Rabin, Chaim, The Origin of the Hebrew Word Pīlegeš, JJS 25 (1974), 353–364.

Rad, Gerhard von, Die deuteronomistische Geschichtstheologie in den Königsbüchern, in: ders., Gesammelte Studien zum Alten Testament, München ³1965, 189–204.

Rad, Gerhard von, Theologie des Alten Testaments, 2 Bde., München ⁹1987.

Rahlfs, Alfred, Septuaginta-Studien I-III, Bd. 1: Studien zu den Königsbüchern, Göttingen (1904) ²1965, 17–104.

Rahlfs, Alfred, Septuaginta-Studien I-III, Bd. 3: Lucians Rezension der Königsbücher, Göttingen (1911) ²1965, 361–658.

Rasmussen, N., Salmanassar den II's Indskrifter, Bd. 1: Kileskrift, Transliteration og Translation, samt Commentar til Monolith-Indskriften Col. 1, Kopenhagen 1897.

Redford, Donald B., Egypt, Canaan, and Israel in Ancient Times, Princeton 1992.

Rehm, Martin, Textkritische Untersuchungen zu den Parallelstellen der Samuel-, Königebücher und der Chronik, ATA 13/3, Münster 1937.

Reinhartz, Adele, Anonymous Women and the Collapse of the Monarchy. A Study in Narrative Technique, in: Brenner, Athalja, A Feminist Companion to Samuel and Kings, Sheffield 1994, 43–65.

Reis, Pamela T., Vindicating God: Another Look at 1 Kings XIII, VT 44 (1994), 376–386.

Reis, Pamela T., Unspeakable Names: Solomon's Tax Collectors, ZAW 120 (2008), 261–266.

Rendsburg, Gary A., Word Play in Biblical Hebrew. An Eclectic Collection, in: Noegel, Scott B. (Hg.), Puns and Pundits. Word Play in the Hebrew Bible and Ancient Near Eastern Literature, Bethesda, MD 2000, 137–162.

Rendtorff, Rolf, Die Herausführungsformel in ihrem literarischen und theologischen Kontext, in: Vervenne, Marc/Lust, Johan (Hgg.), Deuteronomy and Deuteronomic Literature, FS Chris Brekelmans, Leuven 1997, 501–527.

Renz, Johannes/Röllig, Wolfgang, Handbuch der althebräischen Epigraphik, Bd. 1: Text und Kommentar, Darmstadt 1995.

Rezetko, Robert/Lim, Timothy H./Aucker, W. Brian (Hgg.), Reflection and Refraction. Studies in Biblical Historiography, FS A. Graeme Auld, VT.S 113, Leiden/Boston 2007.

Rice, Gene, Nations under God. A Commentary on the Book of 1 Kings, International Theological Commentary, Grand Rapids/Edinburgh 1990.

Richter, Sandra L., The Deuteronomistic History and the Name Theology. lᵉšakkēn šᵉmô šam in the Bible and the Ancient Near East, BZAW 318, Berlin/New York 2002.

Robinson, Joseph, The First Book of Kings, CNEB, Cambridge 1972.

Rofé, Alexander, The Prophetical Stories. The Narratives about the Prophets in the Hebrew Bible. Their Literary Types and History, Jerusalem 1988.

Rofé, Alexander, Elders or Youngsters? Critical Remarks on 1 Kings 12, in: Kratz, Reinhard G./Spieckermann, Hermann (Hgg.), One God – One Cult – One Nation. Archaeological and Biblical Perspectives, BZAW 405, Berlin/New York 2010, 79–90.

Römer, Thomas, Israels Väter. Untersuchungen zur Väterthematik im Deuteronomium und in der deuteronomistischen Tradition, OBO 99, Freiburg (CH)/Göttingen 1990.

Römer, Thomas (Hg.), The Future of the Deuteronomistic History, BEThL 147, Leuven 2000.

Römer, Thomas, Entstehungsphasen des „deuteronomistischen Geschichtswerks", in: Witte, Markus/Schmid, Konrad/Prechel, Doris/Gertz, Jan Christian (Hgg.), Die deuteronomistischen Geschichtswerke. Redaktions- und religionsgeschichtliche Perspektiven zur „Deuteronomismus"-Diskussion in Tora und Vorderen Propheten, BZAW 365, Berlin/New York 2006, 45–70.

Römer, Thomas, The So-called Deuteronomistic History. A Sociological, Historical and Literary Introduction, London/New York 2009.

Römer, Thomas/Macchi, Jean-Daniel/Nihan, Christophe (Hgg.), Einleitung in das Alte Testament. Die Bücher der Hebräischen Bibel und die alttestamentlichen Schriften der katholischen, protestantischen und orthodoxen Kirchen, Zürich 2013.

Rösel, Hartmut N., Von Josua bis Jojachin. Untersuchungen zu den deuteronomistischen Geschichtsbüchern des Alten Testaments, VT.S 75, Leiden/Boston/Köln 1999.

Rösel, Martin, Does a Comprehensive „Leitmotiv" exist in the Deuteronomistic History?, in: Römer, Thomas (Hg.), The Future of the Deuteronomistic History, BEThL 147, Leuven 2000, 195–211.

Rudnig-Zelt, Susanne, Hoseastudien. Redaktionskritische Untersuchungen zur Genese des Hoseabuches, FRLANT 213, Göttingen 2006.

Rüterswörden, Udo, Erwägungen zum Abschluss des Deuteronomistischen Geschichtswerks, in: Gillmayr-Bucher, Susanne/Giercke, Annett/Nießen, Christina (Hgg.), Ein Herz so weit wie der Sand am Ufer des Meeres, FS Georg Hentschel, Würzburg 2006, 193–203.

Särkiö, Pekka, Die Weisheit und Macht Salomos in der israelitischen Historiographie. Eine traditions- und redaktionskritische Untersuchung über 1Kön 3–5 und 9–11, Schriften der Finnischen Exegetischen Gesellschaft 60, Helsinki/Göttingen 1994.

Särkiö, Pekka, Exodus und Salomo. Erwägungen zur verdeckten Salomokritik anhand von Ex 1–2; 5; 14 und 32, SFEG 71, Helsinki/Göttingen 1998.

Sasson, Victor, King Solomon and the Dark Lady in the Song of Songs, VT 39 (1989), 407–414.

Schaeffer, Claude F. A., Nouveaux Témoignages du Culte de El et de Baal à Ras Shamra-Ugarit et ailleurs en Syrie-Palestine, Syria 43 (1966), 1–19.

Schaper, Joachim, Exodus / Das Zweite Buch Mose, in: Septuaginta Deutsch. Erläuterungen und Kommentare zum griechischen Alten Testament, Bd. 1: Genesis bis Makkabäer, hg. v. Martin Karrer/Wolfgang Kraus, Stuttgart 2011, 258–324.

Schearing, Linda S./McKenzie, Steven L. (Hgg.), Those Elusive Deuteronomists. The Phenomenon of Pan-Deuteronomism, JSOT.S 268, Sheffield 1999.

Schenker, Adrian, Septante et texte masorétique dans l'histoire la plus ancienne du texte de 1 Rois 2–14, CRB 48, Paris 2000.

Schenker, Adrian, Jeroboam and the Division of the Kingdom in the Ancient Septuagint: LXX 3 Kingdoms 12.24 a–z, MT 1 Kings 11–12;14 and the Deuteronomistic History, in: Pury, Albert de/Römer, Thomas/Macchi, Jean-Daniel (Hgg.), Israel Constructs Its History.

Deuteronomistic Historiography in Recent Research, JSOT.S 306, Sheffield 2000, 214–257.

Schenker, Adrian, Älteste Textgeschichte der Königsbücher. Die hebräische Vorlage der ursprünglichen Septuaginta als älteste Textform der Königsbücher, OBO 199, Freiburg (CH)/Göttingen 2004.

Schenker, Adrian, Jeroboam's Rise and Fall in the Hebrew and Greek Bible. Methodological Reflections on a Recent Article: Marvin A. Sweeney, „A Reassessment of the Masoretic and Septuagint Versions of the Jeroboam Narratives in 1 Kings/3 Kingdoms 11–14", JSJ 38 (2007):165–195, JSJ 39 (2008), 367–373.

Schenker, Adrian, The Septuagint in the Text History of 1–2 Kings, in: Lemaire, André/Halpern, Baruch (Hgg.), The Book of Kings. Sources, Composition, Historiography and Reception, VT.S 129, Leiden/Boston 2010, 3–17.

Schenker, Adrian, Die Zwillingsfrage einer fahrbaren Strasse von Sichem nach Jerusalem und des ursprünglichen Textes von 1Kön 12,18. Historische Geographie im Lichte einer kaum beachteten Lesart der alten griechischen Bibel, in: ders., Anfänge der Textgeschichte des Alten Testaments. Studien zu Entstehung und Verhältnis der frühesten Textformen, BWANT 194, Stuttgart 2011, 111–118.

Schipper, Bernd, Israel und Ägypten in der Königszeit. Die kulturellen Kontakte von Salomo bis zum Fall Jerusalems, OBO 170, Freiburg (CH)/Göttingen 1999.

Schipper, Bernd, Art.: Tachpenes, WiBiLex, Okt. 2010 (abgerufen am 14.3.2014: http://www.bibelwissenschaft.de/de/stichwort/32234/).

Schmid, Konrad, Erzväter und Exodus. Untersuchungen zur doppelten Begründung der Ursprünge Israels innerhalb der Geschichtsbücher des Alten Testaments, WMANT 81, Neukirchen-Vluyn 1999.

Schmid, Konrad, Israel am Sinai. Etappen der Forschungsgeschichte zu Ex 32–34 in seinen Kontexten, in: Köckert, Matthias/Blum, Erhard (Hgg.), Gottes Volk am Sinai. Untersuchungen zu Ex 32–34 und Dtn 9–10, VWGTh 18, Gütersloh 2001, 9–40.

Schmid, Konrad, Das Deuteronomium innerhalb der „deuteronomistischen Geschichtswerke" in Gen – 2Kön, in: Otto, Eckart/Achenbach, Reinhard (Hgg.), Das Deuteronomium zwischen Pentateuch und Deuteronomistischem Geschichtswerk, FRLANT 206, Göttingen 2004, 193–211.

Schmid, Konrad, Hatte Wellhausen Recht? Das Problem der literarhistorischen Anfänge des Deuteronomismus in den Königebüchern, in: Witte, Markus/Schmid, Konrad/Prechel, Doris/Gertz, Jan Christian (Hgg.), Die deuteronomistischen Geschichtswerke. Redaktions- und religionsgeschichtliche Perspektiven zur „Deuteronomismus"-Diskussion in Tora und Vorderen Propheten, BZAW 365, Berlin/New York 2006, 19–44.

Schmid, Konrad, Literaturgeschichte des Alten Testaments. Eine Einführung, Darmstadt 2008.

Schmid, Konrad/Person, Raymond F. Jr. (Hgg.), Deuteronomy in the Pentateuch, Hexateuch, and the Deuteronomistic History, FAT II/56, Tübingen 2012.

Schmid, Konrad, The Deuteronomistic Image of History as Interpretive Device in the Second Temple Period: Towards a Long-Term Interpretation of „Deuteronomism", in: Nissinen, Martti (Hg.), Congress Volume Helsinki 2010, VT.S 148, Leiden/Boston 2012, 369–388.

Schmitt, Hans-Christoph, Das spätdeuteronomistische Geschichtswerk Genesis I – 2 Regum XXV und seine theologische Intention, in: Emerton, John A. (Hg.), Congress Volume Cambridge 1995, VT.S 66, Leiden/New York/Köln 1997, 261–279.

Schmitt, Hans-Christoph, Die Erzählung vom Goldenen Kalb Ex. 32* und das Deuteronomistische Geschichtswerk, in: McKenzie, Steven L./Römer, Thomas (Hgg.),

Rethinking the Foundations. Historiography in the Ancient World and in the Bible, FS John van Seters, BZAW 294, Berlin/New York 2000, 235–250.

Schmitt, Hans-Christoph, Erzvätergeschichte und Exodusgeschichte als konkurrierende Ursprungslegenden Israels – ein Irrweg der Pentateuchforschung, in: Hagedorn, Anselm C./Pfeiffer, Henrik (Hgg.), Die Erzväter in der biblischen Tradition, FS Matthias Köckert, BZAW 400, Berlin/New York 2009, 241–266.

Schmitz, Barbara, Prophetie und Königtum. Eine narratologisch-historische Methodologie entwickelt an den Königebüchern, FAT 60, Tübingen 2008.

Schroer, Silvia, Die Ikonographie Palästinas/Israels und der Alte Orient. Eine Religionsgeschichte in Bildern, Bd. 3: Die Spätbronzezeit, Freiburg (CH) 2011.

Schroer, Silvia/Wyssmann, Patrick, Eine Göttin auf dem Löwen aus Ḥirbet Qēyafa, ZDPV 128 (2012), 158–169.

Schulmeister, Irene, Israels Befreiung aus Ägypten. Eine Formeluntersuchung zur Theologie des Deuteronomiums, ÖBS 36, Frankfurt/M. u. a. 2010.

Seebass, Horst, Zur Königserhebung Jerobeams I, VT 17 (1967), 325–333.

Seebass, Horst, Zur Teilung der Herrschaft Salomos nach I Reg 11,29–39, ZAW 88 (1976), 363–376.

Seeligman, Isac L., Hebräische Erzählung und biblische Geschichtsschreibung, ThZ 18 (1962), 305–325.

Septuaginta Deutsch. Das griechische Alte Testament in deutscher Übersetzung, hg. v. Wolfgang Kraus/Martin Karrer, Stuttgart [2]2010.

Septuaginta Deutsch. Erläuterungen und Kommentare zum griechischen Alten Testament, hg. v. Martin Karrer/Wolfgang Kraus, Stuttgart 2011.

Sergi, Omer, Judah's Expansion in Historical Context, TA 40 (2013), 226–246.

Shaw, Charles S., The Sins of Rehoboam. The Purpose of 3 Kingdoms 12:24a-z, JSOT 73 (1997), 55–64.

Shenkel, James D., Chronology and Recentional Development in the Greek Text of Kings, Cambridge, MA 1968.

Simon, Uriel, Reading Prophetic Narratives, Bloomington/Indianapolis 1997.

Simon, Uriel, A Prophetic Sign Overcomes Those Who Would Defy It. The King of Israel, the Prophet from Bethel, and the Man of God from Judah, in: ders., Reading Prophetic Narratives, Bloomington/Indianapolis 1997, 130–154 (überarbeitete Fassung von: I Kings 13. A Prophetic Sign – Denial and Persistance, HUCA 47 (1976), 81–117).

Ska, Jean-Louis, Salomon et la Naissance du Royaume du Nord: Fact or Fiction?, in: Lichtert, Claude/Nocquet, Dany (Hgg.), Le Roi Salomon, un héritage en question, FS Jacques Vermeylen, Brüssel 2008, 36–56.

Slivniak, Dimitri, The Golden Calf Story. Constructively and Deconstructively, JSOT 33 (2008), 19–38.

Smend, Rudolf, Die Entstehung des Alten Testaments, Stuttgart [4]1989 [1978].

Smith, Duane E., „Pisser against the Wall". An Echo of Divination in Biblical Hebrew, CBQ 72 (2010), 699–717.

Soggin, Jan A., Der Entstehungsort des Deuteronomistischen Geschichtswerkes. Ein Beitrag zur Geschichte desselben, ThLZ 100 (1975), 3–8.

Sokoloff, Michael, A Syriac Lexicon. A Translation from the Latin, Correction, Expansion, and Update of C. Brockelmann's Lexicon Syriacum, Winona Lake/Piscataway, NJ 2009.

Spieckermann, Hermann, Juda unter Assur in der Sargonidenzeit, Göttingen 1982.

Sponk, Klaas, The Book of Judges as a Late Construct, in: Jonker, Louis (Hg.), Historiography and Identity (Re)Formulation in Second Temple Historiographical Literature, LHB/OTS 534, New York 2010, 15–28.

Spottorno, Victoria, Some Remarks on Josephus' Biblical Text for 1–2Kgs, in: Cox, Claude (Hg.), VI Congress of the IOSCS Jerusalem 1986, SBL.SCSt 23, Atlanta 1987, 277–285.

Spottorno, Victoria, Josephus' Text for 1–2 Kings (3–4 Kingdoms), in: Greenspoon, Leonard/Munnich, Olivier (Hgg.), VIII Congress of the IOSCS Paris 1992, SBL.SCSt 41, Atlanta 1995, 145–152.

Stacey, W. David, Prophetic Drama in the Old Testament, London 1990.

Stager, Lawrence E., When Canaanites and Philistines Ruled Ashkelon, BAR 17/2 (1991), 24–29.

Stähli, Hans-Peter, Knabe – Jüngling – Knecht. Untersuchung zum Begriff נער im Alten Testament, BET 7, Frankfurt/M. 1978.

Stark, Christine, „Kultprostitution" im Alten Testament? Die Qedeschen der Hebräischen Bibel und das Motiv der Hurerei, OBO 221, Freiburg (CH)/Göttingen 2006.

Sternberg, Meir, The Poetics of Biblical Narrative. Ideological Literature and the Drama of Reading, Bloomington, IN 1985.

Stipp, Hermann-Josef, Elischa – Propheten – Gottesmänner, ATSAT 24, St. Ottilien 1987.

Stipp, Hermann-Josef, Die Qedešen im Alten Testament, in: Hagedorn, Anselm C./Pfeiffer, Henrik (Hgg.), Die Erzväter in der biblischen Tradition, FS Matthias Köckert, BZAW 400, Berlin/New York 2009, 209–240.

Stipp, Hermann-Josef (Hg.), Das deuteronomistische Geschichtswerk, ÖBS 39, Frankfurt/M. 2011.

Strawn, Brent A., What Is Stronger than a Lion? Leonine Image and Metaphor in the Hebrew Bible and the Ancient Near East, OBO 212, Freiburg (CH)/Göttingen 2005.

Stuart, Douglas, Hosea-Jonah, WBC 31, Waco 1987.

Sweeney, Marvin A., The Wilderness Traditions of the Pentateuch. A Reassessment of Their Function and Intent in Relation to Exodus 32–34, SBL.SP, Atlanta 1989, 291–299.

Sweeney, Marvin A., The Critique of Solomon in the Josianic Edition of the Deuteronomistic History, JBL 114 (1995), 607–622.

Sweeney, Marvin, King Josiah of Judah. The Lost Messiah of Israel, Oxford/New York 2001.

Sweeney, Marvin, I & II Kings. A Commentary, OTL, Louisville, KY/London 2007.

Sweeney, Marvin A., A Reassessment of the Masoretic and Septuagint Versions of the Jeroboam Narratives in 1 Kings/3 Kingdoms 11–14, JSJ 38 (2007), 165–195.

Talmon, Shemaryahu, Discrepancies in Calendar-Reckoning in Ephraim and Judah, VT 8 (1958), 48–74.

Talshir, Zipora, לדמותה של מהדורת ספר מלכים המשתקפת בתרגום השבעים. הערכות כלליות וניתוח פרק יא יא מל"א, הצללים במלכות שלמה, Tarbiz 59 (1990), 249-302.

Talshir, Zipora, The Alternative Story of the Division of the Kingdom (3 Kingdoms 12:24 a–z), JBS 6, Jerusalem 1993.

Talshir, Zipora, למבנה ספר מלכים – סינכרוניזם וסינכרוניזם נוסחתי וסינכרוניזם סיפורי (מל"א יב-מל"ב, יז) in: Fox, Michael V. u. a. (Hgg.), Texts, Temples, and Traditions, FS Menahem Haran, Winona Lake 1996, 73*–87*.

Talshir, Zipora, 1Kings and 3Kingdoms – Origin and Revision. Case Study: The Sins of Solomon (1Kgs 11), Textus 21 (2002), 71–105.

Texte aus der Umwelt des Alten Testaments, Bd. I/6: Historisch-chronologische Texte III, hg. v. Diethelm Conrad u. a., Gütersloh 1995.

Texte aus der Umwelt des Alten Testaments, Bd. II/1: Deutungen der Zukunft in Briefen, Orakeln und Omina, hg. v. Manfred Dietrich u. a., Gütersloh 1986.

Texte aus der Umwelt des Alten Testaments. Neue Folge, Bd. 2: Staatsverträge, Herrscherinschriften und andere Dokumente zur politischen Geschichte, hg. v. Bernd Janowski/Gernot Wilhelm, Gütersloh 2005.

Thackeray, H. St. John, The Septuagint and Jewish Worship. A Study in Origins, London 1921 (Nachdruck: München 1980).

Thompson, Thomas L., Early History of the Israelite People. From the Written and Archaeological Sources, SHANE 4, Leiden/New York/Köln 1994.

Thureau-Dangin, François/Barrois, Augustin/Dossin, Georges/Dunand, Maurice, Arslan-Tash, Bd. 1: Texte, Paris 1931.

Thureau-Dangin, François/Barrois, Augustin/Dossin, Georges/Dunand, Maurice, Arslan-Tash, Bd. 2: Atlas, Paris 1931.

Thureau-Dangin, François/Dunand, Maurice, Til-Barsib, Paris 1936.

Tilly, Michael, Einführung in die Septuaginta, Darmstadt 2005.

Toboła, Łukasz, The Divine Name Chemosh. A New Etymological Proposal, Bib 94 (2013), 573–575.

Toews, Wesley I., Monarchy and Religious Institution in Israel under Jeroboam I, SBL.MS 47, Atlanta 1993.

Toombs, Lawrence E., Art.: Shechem (Place), ABD 5, New York u. a. 1992, 1174–1186.

Tov, Emanuel, The Text-Critical Use of the Septuagint in Biblical Research, JBS 8, Jerusalem ²1997.

Tov, Emanuel, Hebrew Bible, Greek Bible, and Qumran, TSAJ 121, Tübingen 2008.

Tov, Emanuel, The Nature of the Large-Scale Differences between the LXX and MT S T V, Compared with Similar Evidence in Other Sources [2003], in: ders., Hebrew Bible, Greek Bible, and Qumran, TSAJ 121, Tübingen 2008, 155–170.

Tov, Emanuel, Three Strange Books of the LXX: 1Kings, Esther, and Daniel Compared with Similar Rewritten Compositions from Qumran and Elsewhere, in: Karrer, Martin/Kraus, Wolfgang (Hgg.), Die Septuaginta – Texte, Kontexte, Lebenswelten. Internationale Fachtagung veranstaltet von Septuaginta Deutsch (LXX.D), Wuppertal 20.–23. Juli 2006, WUNT 219, Tübingen 2008, 367–393.

Trebolle Barrera, Julio, Jeroboán y la Asamblea de Siquén (1 Rey. TM 12,2–3a; LXX 11,43; 12,24d.f.p), EstBib 38 (1979–1980), 189–220.

Trebolle Barrera, Julio, Salomón y Jeroboán. Historia de la recensión y redacción de I Reyes 2–12;14, Salamanca 1980.

Trebolle Barrera, Julio, The Text-Critical Use of the Septuagint in the Book of Kings, in: Cox, Claude E. (Hg.), VII Congress of the IOSCS 1989, SBL.SCSt 31, Atlanta 1991, 285–299.

Trebolle Barrera, Julio, Textual Affiliation of the Old Latin Marginal Readings in the Book of Judges and Kings, in: Braulik, Georg/Groß, Walter/McEvenue, Sean (Hgg.), Biblische Theologie und gesellschaftlicher Wandel, FS Norbert Lohfink, Freiburg/Basel/Wien 1993, 315–329.

Trebolle Barrera, Julio, Redaction, Recension, and Midrash in the Book of Kings, in: Knoppers, Gary N./McConville, J. Gordon (Hgg.), Reconsidering Israel and Judah. Recent Studies on the Deuteronomistic History, Winona Lake 2000, 475–492.

Trebolle, Julio, Kings (MT/LXX) and Chronicles. The Double and Triple Textual Tradition, in: Rezetko, Robert/Lim, Timothy H./Aucker, W. Brian (Hgg.), Reflection and Refraction.

Studies in Biblical Historiography, FS A. Graeme Auld, VT.S 113, Leiden/Boston 2007, 483–501.

Trebolle, Julio, Qumran Fragments of the Book of Kings, in: Lemaire, André/Halpern, Baruch (Hgg.), The Book of Kings. Sources, Composition, Historiography and Reception, VT.S 129, Leiden/Boston 2010, 19–39.

Trotter, James M., Reading Hosea in Achaemenid Yehud, JSOT.S 328, Sheffield 2001.

Turkanik, Andrzej S., Of Kings and Reigns. A Study of Translation Technique in the Gamma/Gamma Section of 3Reigns (1Kings), FAT 2/30, Tübingen 2008.

Ueberschaer, Frank, Weisheit aus der Begegnung. Bildung nach dem Buch Ben Sira, BZAW 379, Berlin/New York 2007.

Ueberschaer, Frank, Der Verlust der Eindeutigkeit. Methodologische Überlegungen zur Textgeschichte, in: Wagner, Thomas/Robker, Jonathan M./Ueberschaer, Frank (Hgg.), Text – Textgeschichte – Textwirkung, FS Siegfried Kreuzer, AOAT 419, Münster 2014, 265–281.

Uehlinger, Christoph, „… und wo sind die Götter von Samaria?" Die Wegführung syrisch-palästinischer Kultstatuen auf einem Relief Sargons II. in Ḫorṣābād/Dūr-Šarrukīn, in: Dietrich, Manfred/Kottsieper, Ingo (Hgg.), „Und Mose schrieb dies Lied auf". Studien zum Alten Testament und zum Alten Orient, FS Oswald Loretz, AOAT 250, Münster 1998, 739–776.

Uehlinger, Christoph, Exodus, Stierbild und biblisches Kultbildverbot. Religionsgeschichtliche Voraussetzungen eines biblisch-theologischen Spezifikums, in: Hardmeier, Christof/Kessler, Rainer/Ruwe, Andreas (Hgg.), Freiheit und Recht, FS Frank Crüsemann, Gütersloh 2003, 42–77.

Ulrich, Eugene, 4QSam³ and Septuagintal Research, BIOSCS 8 (1975), 24–39.

Ulrich, Eugene, The Qumran Text of Samuel and Josephus, HSM 19, Missoula, MT 1978.

Ulrich, Eugene, The Relevance of the Dead Sea Scrolls for Hexaplaric Studies, in: Salvesen, Alison (Hg.), Origen's Hexapla and Fragments. Papers Presented at the Rich Seminar on the Hexapla, Oxford Centre for Hebrew and Jewish Studies, 25th–3rd August 1994, TSAJ 58, Tübingen 1998, 401–407.

Utzschneider, Helmut, Hosea. Prophet vor dem Ende. Zum Verhältnis von Geschichte und Institution in der alttestamentlichen Prophetie, OBO 31, Freiburg (CH)/Göttingen 1980.

Utzschneider, Helmut, Die Amazjaerzählung (Am 7,10–17) zwischen Literatur und Historie, BN 41 (1988), 76–101.

Van der Kooij, Arie, Zum Verhältnis von Textkritik und Literarkritik. Überlegungen anhand einiger Beispiele, in: Emerton, John A. (Hg.), Congress Volume Cambridge 1995, VT.S 66, Leiden/New York/Köln 1997, 185–202.

Van der Kooij, Gerrit, Art.: Tell Deir Alla, NEAEHL 1, Jerusalem 1993, 338–342.

Van der Toorn, Karel, Israelite Figurines. A View from the Texts, in: Gittlen, Barry M. (Hg.), Sacred Time, Sacred Place. Archaeology and the Religion of Israel, Winona Lake 2002, 45–62.

Van Keulen, Percy S.F., A Case of Ancient Exegesis: The Story of Solomon's Adversaries (1 Kgs. 11:14–25) in Septuagint, Peshitta, and Josephus, in: Cook, Johann (Hg.), Bible and Computer. The Stellenbosch AIBI-6 Conference. Proceedings of the Association Internationale Bible et Informatique „From Alpha to Byte". University of Stellenbosch 17–21 July, 2000, Leiden/Boston 2002, 555–571.

Van Keulen, Percy S.F., Two Versions of the Solomon Narrative. An Inquiry into the Relationship between MT 1Kgs. 2–11 and LXX 3Reg. 2–11, VT.S 104, Leiden/Boston 2005.

Vanoni, Gottfried, Literarkritik und Grammatik. Untersuchung der Wiederholungen und Spannungen in 1 Kön 11–12, ATSAT 21, St. Ottilien 1984.

Van Seters, John, Histories and Historians of the Ancient Near East: The Israelites, Or 50 (1981), 137–185.

Van Seters, John, In Search of History. Historiography in the Ancient World and the Origins of Biblical History, New Haven/London 1983.

Van Seters, John, The Life of Moses. The Yahwist as Historian in Exodus-Numbers, CBET 10, Kampen (NL) 1994.

Van Seters, John, On Reading the Story of the Man of God from Judah in 1 Kings 13, in: Black Fiona C./Boer, Roland/Runions, Erin (Hgg.), The Labour of Reading. Desire, Alienation, and Biblical Interpretation, SBL.Semeia Studies 36, Atlanta 1999, 225–234.

Van Seters, John, The Deuteronomistic History. Can It Avoid Death by Redaction?, in: Römer, Thomas (Hg.), The Future of the Deuteronomistic History, BEThL 147, Leuven 2000, 213–222.

Van Seters, John, The „Shared Text" of Samuel-Kings and Chronicles Re-examined, in: Rezetko, Robert/Lim, Timothy H./Aucker, W. Brian (Hgg.), Reflection and Refraction. Studies in Biblical Historiography, FS A. Graeme Auld, VT.S 113, Leiden/Boston 2007, 503–515.

Van Winkle, Dwight W., 1Kings 13. True and False Prophecy, VT 29 (1989), 31–43.

Van Winkle, Dwight W., 1 Kings XII,25-XIII,34: Jeroboam's Cultic Innovations and the Man of God from Judah, VT 46 (1996), 101–114.

Veijola, Timo, Das Königtum in der Beurteilung der deuteronomistischen Historiographie. Eine redaktionsgeschichtliche Untersuchung, AASF.B 198, Helsinki 1977.

Vervenne, Marc/Lust, Johan (Hgg.), Deuteronomy and Deuteronomic Literature, FS Chris Brekelmans, Leuven 1997.

Vieweger, Dieter, Archäologie der biblischen Welt, Gütersloh 2012.

Volgger, David, Verbindliche Tora am einzigen Tempel. Zu Motiv und Ort der Komposition von 1.2Kön, ATSAT 61, St. Ottilien 1998.

Wälchli, Stefan, Der weise König Salomo. Eine Studie zu den Erzählungen von der Weisheit Salomos in ihrem alttestamentlichen und altorientalischen Kontext, BWANT 141, Stuttgart/Berlin/Köln 1999.

Walsh, Jerome T., The Context of 1 Kings 13, VT 39 (1989), 355–370.

Walsh, Jerome T., 1 Kings, Berit Olam. Studies in Hebrew Narrative and Poetry, Collegeville, MN 1996.

Walsh, Jerome T., The Organization of 2 Kings 3–11, CBQ 72 (2010), 238–254.

Walters, Peter, The Text of the Septuagint. Its Corruptions and Their Emendation, hg. v. David W. Gooding, Cambridge (GB) 1973.

Watson, Wilfred G. E., Classical Hebrew Poetry. A Guide to Its Techniques, JSOT.S 26, Sheffield 1984.

Watts, James W., Aaron and the Golden Calf in the Rhetoric of the Pentateuch, JBL 130 (2011), 417–430.

Weimar, Peter, Das Goldene Kalb. Redaktionskritische Erwägungen zu Ex 32, BN 38/39 (1987), 117–160.

Weinfeld, Moshe, Deuteronomy and the Deuteronomistic School, Winona Lake 1992 (Nachdruck von 1972).

Weippert, Helga, Die „deuteronomistischen" Beurteilungen der Könige von Israel und Juda und das Problem der Redaktion der Königsbücher, Bib 53 (1972), 301–339.

Weippert, Helga, Die Ätiologie des Nordreichs und seines Königshauses (I Reg 11,29–40), ZAW 95 (1983), 344–375.

Weippert, Manfred, Historisches Textbuch zum Alten Testament, GAT 10, Göttingen 2010.

Weitzman, Michael P., The Syriac Version of the Old Testament. An Introduction, Cambridge 1999.

Wellhausen, Julius, Die Composition des Hexateuchs und der historischen Bücher des Alten Testaments, Berlin ⁴1963.

Wenning, Robert/Zenger, Erich, Ein bäuerliches Baal-Heiligtum im samarischen Gebirge aus der Zeit der Anfänge Israels, ZDPV 102 (1986), 75–86.

Werlitz, Jürgen, Was hat der Gottesmann aus Juda mit dem Propheten Amos zu tun? Überlegungen zu 1Kön 13 und den Beziehungen des Textes zu Am 7,10–17, in: Frühwald-König, Johannes/Prostmeier, Ferdinand R./Zwick, Reinhold (Hgg.), Steht nicht geschrieben? Studien zur Bibel und ihrer Wirkungsgeschichte, FS Georg Schmuttermayr, Regensburg 2001.

Werlitz, Jürgen, Die Bücher der Könige, NSK.AT 8, Stuttgart 2002.

Westbrook, Raymond, Law in Kings, in: Lemaire, André/Halpern, Baruch (Hgg.), The Book of Kings. Sources, Composition, Historiography and Reception, VT.S 129, Leiden/Boston 2010, 445–466.

Westermann, Claus, Die Geschichtsbücher des Alten Testaments. Gab es ein deuteronomistisches Geschichtswerk?, TB 87, München 1994.

Wevers, John W., Exegetical Principles Underlying the Septuagint Text of 1Kings 2,12–21,43, OTS 8 (1950), 300–322.

Whitelam, Keith W., The Identity of Early Israel. The Realignment and Transformation of Late Bronze-Iron Age Palestine, JSOT 63 (1994), 57–87.

(Willi-)Plein, Ina, Erwägungen zur Überlieferung von I Reg 11,26–14,20, ZAW 78 (1966), 8–24.

Willi-Plein, Ina, Das Buch vom Auszug/2. Mose, Kleine Biblische Bibliothek, Neukirchen-Vluyn 1988.

Willi-Plein, Ina, Nach deinen Zelten Israel. Grammatik, Pragmatik und eine kritische Episode in der Davidshausgeschichte, ZAH 17–20 (2004–2007), 218–229.

Willis, Timothy M., The Text of 1 Kings 11:43–12:3, CBQ 53 (1991), 37–44.

Wilson, Kevin A., The Campaign of Pharao Shoshenq I into Palestine, FAT II/9, Tübingen 2005.

Wilson, Robert R., Who Was the Deuteronomist? (Who Was Not the Deuteronomist?). Reflections on Pan-Deuteronomism, in: Schearing, Linda S./McKenzie, Steven L. (Hgg.), Those Elusive Deuteronomists. The Phenomenon of Pan-Deuteronomism, JSOT.S 268, Sheffield 1999, 67–82.

Wilson, Robert R., Unity and Diversity in the Book of Kings, in: Olyan, Saul M./Culley, Robert C. (Hgg.), „A Wise and Discerning Mind", FS Burke O. Long, BJS 325, Providence, RI 2000, 293–310.

Wilson, Robert R., How Was the Bible Written? Reflections on Sources and Authors in the Book of Kings, in: Dolansky, Shawna (Hg.), Sacred History, Sacred Literature, FS Richard E. Friedman, Winona Lake 2008, 133–143.

Wiseman, Donald J., 1 and 2 Kings. An Introduction and Commentary, TOTC, Leicester 1993.

Witte, Markus/Schmid, Konrad/Prechel, Doris/Gertz, Jan Christian (Hgg.), Die deuteronomistischen Geschichtswerke. Redaktions- und religionsgeschichtliche Perspektiven zur „Deuteronomismus"-Diskussion in Tora und Vorderen Propheten, BZAW 365, Berlin/New York 2006.

Witte, Markus, „What Share do we have in David ...?" – Ben Sira's Perspectives on 1 Kings 12, in: Kratz, Reinhard G./Spieckermann, Hermann (Hgg.), One God – One Cult – One Nation. Archaeological and Biblical Perspectives, BZAW 405, Berlin/New York 2010, 91–117.

Wolff, Hans Walter, Dodekapropheton 2: Joel und Amos, BK 14/1, Neukirchen-Vluyn ³1985.

Wolff, Hans Walter, Dodekapropheton 1: Hosea, BK 14/1, Neukirchen-Vluyn ²2004.

Wray Beal, Lissa M., Jeroboam and the Prophets in 1 Kings 11–14: Prophetic Word for Two Kingdoms, in: Boda, Mark J./Wray Beal, Lissa M. (Hgg.), Prophets, Prophecy, and Ancient Israelite Historiography, Winona Lake 2013, 105–124.

Würthwein, Ernst, Die Erzählung vom Gottesmann aus Juda in Bethel. Zur Komposition von 1 Kön 13, in: Gese, Hartmut/Rüger, Hans Peter (Hgg.), Wort und Geschichte, FS Karl Elliger, AOAT 18, Kevelaer/Neukirchen-Vluyn 1973, 181–189.

Würthwein, Ernst, Die Bücher der Könige. 1.Kön 17–2.Kön 25, ATD 11,2, Göttingen 1984.

Würthwein, Ernst, Das erste Buch der Könige. Kapitel 1–16, ATD 11,1, Göttingen/Zürich 1985.

Wyatt, Nicolas, Of Calves and Kings. The Canaanite Dimension in the Religion of Israel, SJOT 6 (1992), 68–91.

Yadin, Yigael, Hazor III-IV. An Account of the Third and Fourth Seasons of Excavations, 1957–1958. Plates, Jerusalem 1961.

Yadin, Yigael, Hazor. The Head of all those Kingdoms (Joshua 11:10), London 1972.

Yadin, Yigael, Hazor III-IV. An Account of the Third and Fourth Seasons of Excavations, 1957–1958. Text, Jerusalem 1961.

Zelzer, Klaus, Vetus Latina, HLL 4, München 1997, 352–367.

Zenger, Erich u. a. (Hg.), Einleitung in das Alte Testament, hg. v. Christian Frevel, Stuttgart ⁸2012.

Zevit, Ziony, Deuteronomistic Historiography in 1 Kings 12–2 Kings 17 and the Reinvestiture of the Israelian Cult, JSOT 32 (1985), 57–73.

Zwickel, Wolfgang, Priesthood and the Development of Cult in the Book of Kings, in: Lemaire, André/Halpern, Baruch (Hgg.), The Book of Kings. Sources, Composition, Historiography and Reception, VT.S 129, Leiden/Boston 2010, 401–426.

Register